Huchler: Wir Piloten

Norbert Huchler

Wir Piloten

Navigation durch die fluide Arbeitswelt

edition sigma

Ein umfangreicher Anhang zu diesem Buch mit weiteren Informationen, empirischen Daten und methodischen Erläuterungen steht im Internet als PDF-Datei zum kostenfreien Download zur Verfügung:
www.edition-sigma.de/3589/WirPiloten_Anhang.PDF

Weitere Informationen zum Verlagsprogramm: **www.edition-sigma.de**

Bibliografische Information der Deutschen Nationalbibliothek

Die Deutsche Nationalbibliothek verzeichnet diese
Publikation in der Deutschen Nationalbibliografie;
detaillierte bibliografische Daten sind im Internet
über http://dnb.d-nb.de abrufbar.

ISBN 978-3-8360-3589-7

Lektorat: Frank Seiß
Umschlagillustration: Karla Kempgens, Norbert Huchler

Druck: Rosch-Buch, Scheßlitz Printed in Germany

Inhaltsübersicht

Inhalt

Vorwort

Warum schreibt ein ‚Fußgänger' über Piloten? Es ging unter anderem darum, die relevanten Arbeitsbedingungen von Piloten zu sondieren, um diese dann, arbeitssoziologisch aufbereitet, wieder in das Untersuchungsfeld zurückzuspiegeln. Dies geschah mittels speziell angepasster qualitativer Methoden und mit einem dezidiert subjektorientierten Blick, also sehr nah an den Relevanzsetzungen der Interviewten. Deren Aussagen wurden unterfüttert durch umfangreichende weitere Informationen aus Expertengesprächen, Datensichtungen, Literaturstudien etc. Vor allem im Luftverkehr scheint eine methodische Fremdbeschreibung durch ‚Nicht-Flieger' besonders wichtig zu sein. Denn die alle Arbeitsbereiche im Luftverkehr durchdringende fliegerische Kultur, der ‚Kerosingeruch', der sowohl in den Interviews als auch in vielen Veröffentlichungen von ‚luftfahrtaffinen' Autor/inn/en zu spüren ist, scheint systematisch bestimmte Aspekte und Themen auszublenden, wie zum Beispiel die Thematisierung von Unsicherheit, Demotivation, Ausstieg aus dem Beruf usw. Ein offenes methodisches Vorgehen und gerade der fremde Blick von außen ermöglichten es hier, hinter die Ideologien und Mythen des Felds und seiner Akteure zu blicken. Dazu gehörte es auch, die Besonderheiten in der Routine bzw. in der Normalität des Alltags von Piloten zu erkennen.

Gegenüber der (Arbeits-)Soziologie lässt sich die Untersuchung dieser recht kleinen, privilegierten Berufsgruppe zunächst mit der Erschließung des Luftverkehrs als Untersuchungsfeld für weitere Forschungen begründen. Das Hauptinteresse lag jedoch in der Erforschung des (aktuellen) Wandels von Arbeit, wofür sich die arbeitsbedingte Mobilität von Piloten besonders gut eignet. Piloten stellen insofern ein gesellschaftliches Leitbild für die Entwicklung der modernen Gesellschaft dar, als sich an dieser Berufsgruppe Entwicklungsstufen im individuellen, betrieblichen und gesellschaftlichen Umgang mit Wandel besonders deutlich und über eine relativ lange Zeitspanne nachzeichnen lassen. Mit dem Blick auf aktuelle Entgrenzungs- und Subjektivierungsaspekte in Arbeit und im Privatleben können Piloten durchaus als Vorreiter angesehen werden. Insofern werden wir gewissermaßen ‚alle zu Piloten', zumindest was die Anforderung betrifft, in der zunehmend mobilisierten, flexibilisierten und entgrenzten (Arbeits-)Gesellschaft zu navigieren und Orientierung zu behalten.

München, Dezember 2012 *Norbert Huchler*

1 Einleitung

„Also der größte Wunsch wär natürlich, sei es mit Passagieren oder mit Cargo, ins All zu fliegen. Das ist definitiv auch so ein Ziel von mir, dass ich mich aus der Atmosphäre mal so rausschieße.“ (H08)

Immer schneller, immer höher und weiter hinaus scheint die Devise unserer modernen, hochmobilen und flexiblen Fortschritts-, Wachstums- und Leistungsgesellschaft zu sein. Wer nicht mitkommt oder stehen bleibt, hat verloren. Das hier vorliegende Buch greift ein, wenn nicht *das* Kernelement der Gesellschaftsentwicklung heraus: den (aktuellen) Wandel von Arbeit. Es wird aufgezeigt, wie Subjekte mit denjenigen Veränderungen in der Arbeitswelt – inklusive ihrer institutionellen gesellschaftlichen, betrieblichen und privaten Einbettung – umgehen, die in der Soziologie mit dem Begriff der *Entgrenzung* gefasst werden und sich im Alltag als Flexibilisierungsanforderungen äußern. Im Mittelpunkt steht die Beobachtung, dass sich in voller gesellschaftlicher Breite bislang relativ stabile, etablierte und gewohnte Strukturen und Gewissheiten zunehmend auflösen, verflüssigen, verunklaren etc. und durch neue Formen der Orientierungen ersetzt werden (müssen). Das vorliegende Buch zeigt auf, wie Menschen die mit dem beschleunigten sozialen Wandel neu entstehenden Möglichkeiten und Chancen nutzen und mit welchen neuen Anforderungen und Risiken dies jeweils verbunden ist. Dies wird anhand von *arbeitsbedingter Mobilität* – genauer: anhand des *Arbeits-* und *Lebensalltags* von Verkehrspiloten im kommerziellen deutschen Personenluftverkehr – untersucht.

Es existieren einige handfeste Gründe dafür, Piloten als Vorreiter flexibilisierter bzw. ‚entgrenzter' Arbeit heranzuziehen und an ihnen diese für unsere Gesellschaft zunehmend relevanter werdende Form der kapitalistischen Nutzung von Arbeits- und Lebenskraft zu analysieren. Mit Blick auf die zunehmende Mobilisierung der gesamten Gesellschaft und ihrer Ressourcen und die damit einhergehenden Ungewissheiten und Unsicherheiten in Arbeit und Privatleben bzw. mit Blick auf die steigenden Chancen und Risiken einer immer dynamischeren Gesellschaftsentwicklung kann dieser Berufsgruppe eine besonders symbolträchtige und zukunftsweisende Rolle zugesprochen werden.

Die Berufsgruppe der Piloten hat seit knapp einem Jahrhundert Erfahrung mit raum-zeitlicher Mobilität bzw. ‚Entgrenzung' und vor allem mit den damit verbundenen vielseitigen Flexibilitätsanforderungen. Dies trifft natürlich auch auf das Gesamtsystem Luftverkehr zu. Insgesamt haben sich hier an verschiedenen zentralen Stellen – sei es auf Seiten der Gesetzgeber, der Interessenpolitik, in der Betriebsorganisation, in den Arbeitsprozessen, aber auch auf Seiten der Piloten, in Bezug auf die Arbeit oder in Verbindung mit ihrem privaten sozialen Umfeld – relativ stabile und erprobte Formen der Einbettung (bzw. *Begrenzung*) arbeitsbedingter Mobilität etabliert.

Im Folgenden werden auf Basis von zahlreichen Interviews mit Piloten und weiteren Experten im Luftverkehr neben den betrieblichen Rahmenbedingungen vor allem typische *Arrangements* und *Strategien* aufgezeigt, wie Piloten vor dem Hintergrund eines steigenden Mobilitätsbedarfs der Gesellschaft und sich stetig wandelnder institutioneller (vor allem gesetzlicher und ökonomischer) Bedingungen mit den Flexibilitätsanforderungen des Berufs in ihrer täglichen Arbeits- und Lebenspraxis umgehen. Diese Arrangements fallen je nach Arbeits- und Lebenssituation und je nach den subjektiven Erwartungen und Einstellungen der Piloten höchst unterschiedlich aus.

Aus den langjährigen Erfahrungen der Piloten (und des Systems Luftverkehr insgesamt) ist einiges für den erfolgreichen und dauerhaften Umgang mit den aktuellen Anforderungen der flexiblen (Arbeits-)Gesellschaft zu lernen, mit denen viele Beschäftigte in anderen (mobilen und nicht mobilen) Arbeitsfeldern erst in letzter Zeit zunehmend konfrontiert sind.

Der Blick in die Empirie[1] zeigt jedoch auch, dass die bislang relativ stabilen Formen des (institutionellen, betrieblichen und persönlichen) Umgangs mit Mobilität im Luftverkehr aktuell mit ähnlichen Entwicklungen konfrontiert sind, wie sie in jüngster Zeit die gesamte Arbeitswelt prägen. Die Globalisierung und Liberalisierung des kommerziellen Personenluftverkehrs hat im letzten Jahrzehnt in Deutschland in Form eines erhöhten ‚Marktdrucks' und der damit verbundenen Rationalisierungsmaßnahmen voll auf die Betriebe und ihre Beschäftigten durchgeschlagen. So unterlagen die Airlines in den letzten Jahren einem extrem starken Wandel, sowohl was ihre Organisationsformen als auch was die Arbeits- und Beschäftigungsbedingungen betrifft. Betrachtet man die konkrete Arbeits- und Lebenspraxis von Piloten genauer, zeigt sich recht eindringlich, dass die bisher mehr oder weniger stabilen Arrangements im Umgang mit Mobilitäts- und Flexibilitätsanforderungen, so unterschiedlich, wie sie sind, aktuell jeweils vor ähnlichen Herausforderungen stehen und potenziell gefährdet sind. Die auf

---

1 Hier wurde auf das Datenmaterial eines Forschungsprojekts zurückgegriffen, das 72 Interviews mit Piloten sowie 43 mit Flugbegleitern umfasst, die im Zeitraum von 2005 bis 2007 erhoben wurden. Hinzu kommen eine große Zahl von Interviews mit Experten aus dem Luftverkehr (Management, Interessenvertretung, Regelungsinstitutionen, Ausbildung etc.), schriftliche Daten und Notizen und Aufzeichnungen von Beobachtungen in den Luftfahrtbetrieben und auf Flügen (in Cockpit und Kabine). Den Schwerpunkt bilden jedoch 40 ausgewählte und vertieft ausgewertete Interviews mit Piloten.

Grund der arbeitsbedingten Mobilität bereits ‚entgrenzte' Arbeits- und Lebenssituation ‚entgrenzt' sich aktuell ein zweites Mal, so dass von ‚entgrenzter Entgrenzung' bzw. von einer ‚Entgrenzung zweiter Ordnung' gesprochen werden kann.

In diesem Buch werden die lang gewachsenen und erprobten unterschiedlichen Mobilitäts- bzw. Entgrenzungsarrangements im Luftverkehr mit den aktuellen vielseitigen Herausforderungen des *ökonomischen Wandels im Luftverkehr* systematisch in Beziehung gesetzt. Es lässt sich eine gesamtgesellschaftliche Tendenz aufzeigen: Die Lösung der zentralen Ambivalenzen aktuellen kapitalistischen (globalen) Wirtschaftens wird in die Arbeits- und Lebenspraxis der Beschäftigten verlegt – was in der (Arbeits-)Soziologie als ‚Subjektivierung' bezeichnet wird. Piloten berichten von vehementen strukturellen Zwängen und kulturellem Druck auf ihr Arbeitshandeln und auf ihre Orientierungen sowohl in der Arbeit als auch im Privatleben, was sich vor allem in wachsenden Widersprüchen in ihrer Tätigkeit, aber auch in verschärften Konflikten zwischen Arbeit und Privatleben äußert. Mit den Worten eines interviewten Piloten: Als neuer Piloten- bzw. Arbeitnehmertypus ist eine „eierlegende Wollmilchsau" (B07) gefordert. Das klingt, als ob hier die Tür zur Fabelwelt aufgestoßen würde – doch es geht es durchaus um reale betriebliche Ansprüche und praktische Gestaltungsmöglichkeiten in der Arbeits- und Lebenssituation von Piloten, mit Konsequenzen für alle am Luftverkehr Beteiligten – neben den Beschäftigten nicht zuletzt auch für deren privates Umfeld, für die Passagiere und die mobile Gesellschaft im Ganzen.

Das eher praktische, gegenstandsnahe Ziel dieser Studie ist es, exemplarisch die *Risiken und Chancen einer flexibilisierten Arbeitswelt* aufzuzeigen und erfolgreiche und weniger erfolgreiche Formen der institutionellen – rechtlichen, interessenpolitischen, betrieblichen, organisationalen, sozialen (z.B. familialen), individuellen (z.B. Orientierungen) etc. – *Einbettung* zu sondieren.

Konkret geschieht dies am Beispiel der Arrangements und Strategien, wie Piloten mit arbeitsbedingter Mobilität in der Arbeit und im Privatleben umgehen. Dabei wird die *raum-zeitliche Mobilität* als ursächlich angenommen für die damit verbundenen Folgeaspekte (soziale, körperliche, motivationale etc.). Es wird aufgezeigt, mit welchen speziellen Herausforderungen die jeweiligen Arrangements verbunden sind, zum einem im Umgang mit den alltäglichen Anforderungen arbeitsbedingter Mobilität, zum anderen im Umgang mit dem aktuellen Wandel in der Arbeitswelt. Welche Formen des Lebens in Mobilität (bzw. Entgrenzung) sind erfolgreich? Welche spezifischen Probleme gehen mit ihnen einher?

Dahinter steht die Überlegung, dass Mobilität ein besonders alltagsnaher, greifbarer und weit verbreiteter Gegenstand ist, der symbolhaft für Anforderungen steht, die auf alle Menschen in einer flexibilisierten Arbeitswelt zunehmend zukommen. Letztlich geht es – anhand von arbeitsbedingter Mobilität – um Aussagen über den Umgang mit sich verändernden, kontingenten und ambivalenten Bedingungen und die resultierenden Folgen. Die ur-soziologische Frage „Wie ist soziale Ordnung eigentlich möglich?" lautet im Kontext einer zunehmend mobilen Gesellschaft: „Wie ist Verortung eigentlich möglich?" bzw. „Wie sind beständige feste Strukturen möglich?" Übersetzt auf die individuelle Ebene: „Wie sind Orientierung und Identität möglich?" „Wie kann sozialer Wandel gesellschaftlich, institutionell/organisational und individuell gestaltet werden?"

Ein weiteres Ziel des Buchs ist es, die *Berufsgruppe* der Piloten und das Feld *Luftverkehr* insgesamt für die (arbeits-)soziologische Forschung zu erschließen. Die Studie bietet umfangreiche und detaillierte Beschreibungen der Arbeits- und Lebenssituation von Piloten und der aus ihrer Sicht relevanten Aspekte ihres Arbeitsfelds und systematisiert diese.

Des Weiteren wird *Mobilität* als *Arbeit* gefasst und damit der mit ihr verbundene Freiheitsmythos ein Stück weit entzaubert. Dies trifft auch auf die generalisierende Positiv-Besetzung von Mobilität im Allgemeinen zu, zum Beispiel was die kausale Verbindung von Mobilität mit einer besonderen sozialen Kompetenz oder mit der Ausbildung einer ‚kosmopolitischen' Mobilitätselite betrifft. Mobilität muss von Mobilen und vielen anderen erarbeitet werden. Damit hat Mobilität auch immer etwas mit sozialer Ungleichheit, Macht und Herrschaft zu tun. Ein Ziel ist es deshalb auch, die *Kosten der Produktion von Mobilität* zu bestimmen. Es lässt sich zeigen, dass je nach Mobilitätsarrangement die am Arrangement beteiligten ‚Immobilen' im weiten Sinne sogar ‚mobiler' sein bzw. ein weltoffeneres Verhalten aufweisen können als die arbeitsbedingt Mobilen selbst.

Der theoretische Fokus richtet sich auf Forschungen zu den Themenfeldern *Mobilität, Entgrenzung, Subjektivierung, Arbeit und Leben* und auf das Konzept der *Alltäglichen Lebensführung*. Dabei werden Überlegungen aus den bislang nur rudimentär ausgearbeiteten Untersuchungen zur *‚multiplen Entgrenzung'* aufgegriffen (siehe Abs. 4.3.5). Hier geht es primär um die Frage, wie Menschen mit vielseitigen (positiven und negativen) einander ergänzenden, aber auch einander entgegenwirkenden strukturellen Unsicherheiten und Flexibilitätsanforderungen umgehen (können). Die arbeitsbedingte Mobilität von Piloten wurde als Untersuchungsgegenstand ausgewählt in der Annahme, dass hier sehr viele die moderne fluide, flexible, mobile Gesellschaft prägende Aspekte von Arbeit zusammentreffen. Es wird also eine konzeptionelle Verwandtschaft zwischen Mobilität und jenen Auflösungstendenzen von Strukturen und Gewissheiten angenommen, die allgemein unter dem Begriff ‚Entgrenzung' gefasst werden. Die Überlegung ist, dass der tägliche Umgang mit räumlich und zeitlich entgrenzter Arbeit auch eines flexibleren Umgangs mit traditionell eher gefestigten Strukturen auf vielen anderen Ebenen bedarf, zum Beispiel auf sozialer Ebene, in Bezug auf Technik usw. – sowohl in der Arbeit als auch im Privatleben. Anhand der Analyse der Strategien und Handlungsmuster der Subjekte im Umgang mit den vieldimensionalen Entgrenzungsformen und anhand des systematischen In-Beziehung-Setzens dieser Strategien zu den relevanten sozialen, organisationalen und gesellschaftlichen Strukturen werden neue Erkenntnisse zum Zusammenwirken unterschiedlicher Entgrenzungsprozesse und damit zum Konzept der ‚multiplen Entgrenzung' gewonnen. Die Tatsache, dass Piloten schon sehr lange mobil arbeiten, ermöglicht die konzeptionelle Trennung zwischen den Entgrenzungsaspekten, die schon immer mit mobiler Arbeit einhergingen *(konstitutive Entgrenzung),* und solchen, die sich erst aktuell (verstärkt) äußern *(transformierende Entgrenzung)*. Durch das systematische Aufgreifen dieser Unterscheidung können also Erkenntnisse über das Zusammenwirken verschiedener Formen und Prozesse von Entgrenzung gewonnen, aber auch allgemeinere Aussagen über Tendenzen aktueller gesellschaftlicher Entwicklung ermöglicht werden.

Die Wechselwirkung zwischen Arbeit und Privatleben bei der Auflösung und Neubildung von Strukturen und Gewissheiten und die Bedeutung von verfestigten Orientierungen und Strukturen für den dauerhaften und routinierten Umgang mit arbeitsbedingter Mobilität bzw. Entgrenzung werden mit dem Konzept der *Alltäglichen Lebensführung* erfasst. Es wird also ein Blickwinkel eingenommen, der den gesamten Alltag von Subjekten einbezieht und dort vor allem auf die *Formen* fokussiert, wie Menschen die alltäglichen Herausforderungen des Lebens bewältigen und Chancen nutzen. Dies ermöglicht die Sondierung und Systematisierung stabiler Muster bzw. erprobter Arrangements und Strategien von Piloten im Umgang mit entgrenzten Bedingungen in ihrem gesamten Lebensalltag, welche eine Basis für die Begegnung mit aktuellem sozialen Wandel bereitstellen. Es zeigt sich, dass sich die Arrangements von Piloten im Umgang mit Mobilität und Entgrenzung entlang der bekannten Grundformen der Alltäglichen Lebensführung – *traditional, strategisch* und *situativ* – ordnen lassen. Sie werden hier jedoch durch eine weitere Form – die *gemeinschaftliche Lebensführung* – ergänzt.[2]

Insgesamt arbeitet die Studie mit einem *subjektnahen* Blickwinkel.[3] Auch von dieser Seite her bietet sich Mobilität als Gegenstand an, da diese eng ver-

---

2 Diese Erweiterung des Lebensführungskonzepts beruht auf einer aus der Empirie erzeugten systematischen Gegenüberstellung einer *strukturellen* und einer *sozialen* Dimension im Umgang mit ‚Offenheit' (bzw. Entgrenzung). Sie ermöglicht zum einen eine trennschärfere Unterscheidung der bisherigen Lebensführungsformen und zum anderen die Einordnung gängiger empirischer Phänomene alltäglicher Lebensführung, die bislang nicht eindeutig mit einer der drei bisherigen Formen erfasst werden konnten.

3 Mit diesem subjektnahen Zugang wird an die Tradition der „Münchener Subjektorientierten Soziologie" angeknüpft, die in den 1970er Jahren im stark durch *Karl Martin*

bunden ist mit der Bewegung von Personen und mit Körperlichkeit und da sie immer sphärenübergreifend stattfindet, also Arbeit und Privatleben betrifft. Die subjektnahe Perspektive prägt jedoch nicht nur die theoretischen, sondern auch die methodischen Konzepte, also letztlich die gesamte Anlage der Untersuchung – von der Fragestellung bis zur Darstellung der Ergebnisse. Um dies zu unterstreichen, wurden an ausgewählten Stellen immer wieder Interviewpassagen integriert, in denen die Piloten selbst zu Wort kommen.

Die Untersuchung greift zum einen auf die Erkenntnisse aus dem DFG-Forschungsprojekt „Multiple Entgrenzung der Arbeit des fliegenden Personals im kommerziellen Luftverkehr" (ALU)[4] zurück. Die Ansätze und Ergebnisse des Projekts werden an passenden Stellen aufgegriffen und integriert. Zum anderen wurden 40 qualitative Interviews mit Piloten aus dem Datenmaterial des Projekts ausgewählt und einer intensiven Zweitauswertung unterzogen, die stark theoriegeleitet verlief. Theoriekonzeption und empirische Auswertung verschränkten und ergänzten einander mehrfach als sich gegenseitig fortschreibende Prozesse. Ein Großteil der Konzeption der Untersuchung ist Ergebnis dieses rekursiven Vorgehens.

Zwei Hinweise: Zum einen wird im weiteren Verlauf oft vom „Beruf" Pilot gesprochen, auch wenn es sich im strengen Sinne (nach dem Berufsbildungsgesetz) um eine Anlerntätigkeit handelt. Dass die Bezeichnung „Beruf" hier dennoch angemessen ist, wird unten (vgl. 4.7) näher begründet. Zum zweiten wird bei den Berufsbezeichnungen Pilot, Kapitän, Co-Pilot, Flugbegleiter, Purser (Chef der Kabine) etc. immer auf die männliche Form zurückgegriffen, der Einfachheit bzw. Lesbarkeit halber und da dies im Feld so üblich ist. Die genannten Berufsbezeichnungen werden auch von Pilotinnen (z.B. in den Interviews) ausschließlich männlich verwendet.[5] An Stellen, an denen dezidiert auf das Geschlecht hingewiesen werden soll, werden davon abweichend geschlechtsbezogene Formulierungen benutzt („männliche Piloten", „weibliche Piloten", „Pilotin" etc.). Das Buch ist wie folgt aufgebaut:

Bolte geprägten Umfeld des Sonderforschungsbereichs 101 „Theoretische Grundlagen sozialwissenschaftlicher Betriebs- und Arbeitskräfteforschung" entstand und im nachfolgenden SFB 333 („Entwicklungsperspektiven von Arbeit") ausgebaut und weiterentwickelt wurde. Vgl. Bolte/Treutner (1983), darin vor allem Bolte (1983); Voß/Pongratz (1997b), darin vor allem Pongratz/Voß (1997b).

4 Abgekürzt: „ALU – Arbeit im Luftverkehr". TU Chemnitz, November 2005 bis Oktober 2008 – http://www.tu-chemnitz.de/hsw/soziologie/institut/_mehr-230.html. Für einen breiten Überblick über die Forschungen des Projekts zum Luftverkehr siehe: Matuschek (2008).

5 Das Tätigkeitsfeld von Piloten ist stark von Männern dominiert. Der Anteil von Pilotinnen wird auf ca. 5 bis 7% geschätzt.

Das anschließende *Kapitel 2* enthält die Fragestellung der Untersuchung, differenziert nach ihrer Bedeutung für den näheren Gegenstand (Luftverkehr, Luftfahrtunternehmen, Piloten etc.), für die mobile Gesellschaft und für die soziologische Forschung, und die Erkenntnisziele sowie die erwarteten Ergebnisse.

Im *Kapitel 3* wird das Untersuchungsfeld Luftverkehr als Beschäftigungsfeld von Piloten vorgestellt. Zunächst wird die Frage beantwortet, warum es Sinn macht, die relativ kleine und exotische Gruppe der Piloten so aufwändig zu untersuchen. Danach wird auf die Relevanz des Untersuchungsfeldes insgesamt eingegangen und es werden einige Informationen und Daten zum Luftverkehr bereitgestellt. Den Abschluss bildet ein Abriss der aktuellen Wandlungstendenzen im Luftverkehr (z.B. Liberalisierungs- und Ökonomisierungsprozesse) und in der Arbeit von Piloten (z.B. Veränderungen der Tätigkeit und des Berufsbilds).

Im *Kapitel 4* werden zunächst Diskussionsstränge aus der sozialwissenschaftlichen Mobilitätsforschung sondiert. Als Resultat wird ein Mobilitätsbegriff abgesteckt, der der Untersuchung zugrunde liegt. Es folgt eine Darstellung des Konzepts der Entgrenzung mit Fokus auf die Entgrenzung von Arbeit, die Entgrenzung von Arbeit und Leben und Überlegungen zur multiplen Entgrenzung. Diese werden dann mit dem Aspekt der Subjektivierung von Arbeit in einen systematischen Zusammenhang gebracht. Anschließend wird ausführlich auf einzelne Aspekte des Konzepts der Alltäglichen Lebensführung eingegangen und einschlägige Forschungen vorgestellt. Das Kapitel schließt mit einer Zusammenschau der Konzepte Mobilität, Entgrenzung und Lebensführung und einem professionssoziologischen Exkurs zum „Beruf“ Pilot.

In *Kapitel 5* folgt eine Vorstellung verschiedener ‚Alltagstypologien’ bzw. ‚Realtypen’ von Orientierungen, die Piloten mehr oder weniger explizit von sich selbst und ihren Kollegen entwerfen und sich gegenseitig zuschreiben.

Die empirischen Grundlagen und das methodische Vorgehen sind Gegenstand von *Kapitel 6.* Hier werden hauptsächlich die Schritte bei der Sekundärauswertung des Interviewmaterials und der anschließenden Typenbildung dargelegt.

Mit dem *Kapitel 7* beginnt die Präsentation der Ergebnisse der zentralen Auswertung. Unter dem Stichwort ‚konstitutive Entgrenzung’ werden die relativ persistenten Entgrenzungs- bzw. Flexibilitätsanforderungen sondiert, die die Arbeit von Piloten traditionell bestimmt haben. Die hier entwickelten Typologien werden zunächst für die Ebenen Arbeit, Privatleben und Vermittlungsformen von Arbeit und Privatleben getrennt vorgestellt. Für jede dieser drei Ebenen werden vier typische Arrangements beschrieben, wie Piloten mit ihrer mobilen Arbeit umgehen. Denkt man diese Arrangements über die Ebenen hinweg zusammen, lassen sich vier allgemeine Muster nachzeichnen. Diese Gesamtarrangements werden bezüglich ihrer Strukturabhängigkeit, zeitlichen Stabilität und inhaltlichen Konsistenz diskutiert und schließlich als (allgemeine) Lebensführungsmuster gedeutet.

In *Kapitel 8* werden unter dem Stichwort ‚transformierende Entgrenzung' aktuelle Entgrenzungstendenzen in der Arbeit von Piloten vorgestellt (vor allem ökonomische und technische Rationalisierungsmaßnahmen).

Das *Kapitel 9* bringt die neuen Anforderungen ‚transformierender Entgrenzung' mit den vier Grundarrangements von Piloten im Umgang mit (mobilitätsbedingter) ‚konstitutiver Entgrenzung' kontrastierend zusammen. Anhand einer systematischen Gegenüberstellung wird der Frage nachgegangen, welche Auswirkungen die aktuellen Entwicklungen in der Luftfahrt auf die Entgrenzungsarrangements von Piloten haben. Es zeigt sich, dass Piloten, je nach ihren individuellen Arrangements, den neuen Entwicklungen unterschiedlich gut gerüstet gegenüberstehen.

Im Zwischenfazit des *Kapitels 10* werden neue Grundstrategien angedeutet, die ihrerseits mit alten und neuen Chancen und Risiken einhergehen. Vor allem das Lebensführungsarrangement, auf das sich das berufliche Leitbild des ‚klassischen Piloten' gründet, scheint vehement gefährdet zu sein. Dennoch lässt sich ein recht einheitlicher Veränderungsdruck auf alle Lebensführungsmuster im Umgang mit entgrenzter Arbeit identifizieren, der von widersprüchlichen Anforderungen und Erwartungen an die Beschäftigten begleitet wird. Dies hat letztlich auch Auswirkungen auf die Lebensführung allgemein, welche zunehmend ‚reflexiv' bzw. zugänglich für bewusste Planung wird und in der Folge Arbeitscharakter erhält.

Im *Schlusskapitel 11* werden zum einen die theoretischen Implikationen der Arbeit entlang der Konzepte Mobilität, Entgrenzung und Lebensführung diskutiert. Mobilität wird als Machtressource, aber auch als Gegenstand von Rationalisierungs- und Subjektivierungsprozessen gefasst, und der kausale Zusammenhang zwischen raum-zeitlicher Mobilität und einer sozialen bzw. kulturellen Offenheit wird in Frage gestellt. Auch Entgrenzung wird, auf der Basis der Unterscheidung zwischen ‚konstitutiver' und ‚transformierender' Entgrenzung, in einen Zusammenhang mit Macht gestellt und letztlich als Gestaltungsprozess definiert. In Bezug auf das Konzept der Alltäglichen Lebensführung wird deren ‚Homogenität' bzw. innere Widersprüchlichkeit diskutiert und danach gefragt, inwieweit Lebensführung von den Subjekten selbst ‚reflexiv' gestaltet werden kann. Zudem wird begründet, weshalb zumindest in Bezug auf Piloten oder auch arbeitsbedingte Mobilität die ‚situative' Lebensführung als ‚Übergangsform' bezeichnet werden kann. Zusätzlich zu den bisher meist postulierten drei Formen der Alltäglichen Lebensführung wird eine weitere vorgeschlagen: die ‚gemeinschaftliche' Lebensführung. Nach dieser eher theorieorientierten Diskussion geht es um die Folgerungen für die Praxis, also im engeren Sinne für Piloten (in Bezug auf Arbeit, Beruf, Lebensführung und Geschlechterthematik), für die Airlines, den Luftverkehr und die Passagiere, für die Interessenpolitik, für andere (mobile) Berufe bzw. (mobile) Arbeit und letztlich auch für die flexible/mobile Gesellschaft insgesamt. Hier wird zum einen darauf hingewiesen, dass es auf die Verteilung der aufgezeigten Kosten ankommt, die mit der immer weiter steigenden Mobilität der Gesellschaft einhergehen. Den Abschluss bildet eine Diskussion zukünftiger Entwicklungsszenarien für den Personenluftverkehr.

Zu diesem Buch existiert ein umfangreicher Anhang, der über den folgenden Link im Internet aufgerufen und heruntergeladen werden kann:

www.edition-sigma.de/3589/WirPiloten_Anhang.PDF

Dieser Anhang enthält eine ausführliche Zusammenstellung zentraler Aspekte der Arbeit und des Privatlebens von Piloten, so wie sie sich anhand des empirischen Datenmaterials nachzeichnen ließen. Hier wird auch außenstehenden Lesern ein breiter Einblick in den Personenluftverkehr ermöglicht. Zudem befindet sich in diesem Anhang umfangreiches empirisches Material zum qualitativen Vorgehen, wie ein Leitfaden für die Interviews mit Piloten, eine tabellarisch aufgeschlüsselte Beschreibung der Zusammenstellung des Samples (Daten zu den interviewten Pilot/inn/en), eine kurze und eine ausführliche Version des Kodebaums zur Kodierung mit MaxQDA und eine ausführliche Beschreibung einzelner empirischer Auswertungs- und Konkretisierungsschritte zur abstrahierenden Typenbildung.

2 Fragestellung

Der Beruf und die konkrete Arbeit von Piloten bestimmen deren Leben mehr, als dies bei vielen herkömmlichen Berufen der Fall ist. Das beginnt bei den hohen Ausbildungskosten, setzt sich fort bei den Auswirkungen der monatlichen Personaleinsatzplanung auf die private Lebensgestaltung und gilt schließlich auch für die Folgeerscheinungen der hochmobilen Tätigkeit, wie (vermeintlich) erhöhte Scheidungsquoten und bestimmte körperliche Probleme. Damit reihen sich Piloten in die Beschäftigungsgruppen ein, für die eine starke Vermengung von Arbeit und Leben angenommen wird. Zu diesen werden allgemein Hochqualifizierte, aber auch prekär Beschäftigte gezählt. Das Gros der Entgrenzungsforschung nimmt an, dass derartige Vermengungsprozesse von Lebensbereichen für die aktuelle Gesellschaftsentwicklung insgesamt symptomatisch sind. Insofern können Piloten als Prototyen für Entwicklungen in der Arbeitswelt bzw. gesellschaftlichen Wandels gelten.

Gerade die *mobile Arbeit* ist ein sehr dominierender Aspekt in der Lebensführung von Piloten. Die raum-zeitliche Entgrenzung geht mit vielen weiteren sozialen, körperlichen, qualifikatorischen etc. Voraussetzungen und Folgen einher. Piloten haben bestimmte individuelle Strategien entwickelt und Arrangements gebildet, um mit dem komplexen Zusammenspiel von Anforderungen und Möglichkeiten aus Arbeit und Privatleben auf Dauer umzugehen. Nun ist die Arbeit von Piloten jedoch auch geprägt vom technischen Fortschritt und Veränderungen der ökonomischen und politischen (vor allem rechtlichen) Rahmenbedingungen. Im Folgenden werden die Folgen des aktuellen massiven strukturellen Wandels im Luftverkehr für die bislang relativ stabilen Arrangements von Piloten aufgezeigt, mit deren Hilfe sie zwischen den Anforderungen und Bedürfnissen aus Arbeit und Leben vermitteln. Zudem wird untersucht, wie die strukturellen Veränderungen im Feld Luftverkehr durch allgemeine gesellschaftliche Wandlungsprozesse (Stichwort: ‚Wertewandel') begleitet werden, die sich vor allem im privaten Umfeld von Piloten äußern. Es geht also darum, die Arrangements, die Piloten im Umgang mit ihrer arbeitsbedingten Mobilität gebildet haben, systematisch aufzudecken und die Folgen aktueller Entwicklungen im Luftverkehr für diese Arrangements zu eruieren, um damit letztlich auch Erkenntnisse in Bezug auf arbeitsbedingte Mobilität und Entgrenzung von Arbeit im Allgemeinen zu gewinnen. Die wesentlichen Punkte des Vorhabens sind also:

1. Ausgangspunkt ist die Annahme, dass eine zunehmende (arbeitsbedingte, also fremdinduzierte) Mobilität ähnliche Anforderungen an die mobilen Subjekte stellt wie viele andere Entgrenzungstendenzen, die in der Arbeitswelt aktuell konstatiert werden. Da Mobilität direkt an den Köper der Subjekte

gebunden ist, eignet sie sich sehr gut, um das Zusammentreffen vieler verschiedener Entgrenzungsdimensionen am Subjekt direkt zu untersuchen.

2. Die erste zentrale Frage ist: Wie arrangieren sich Piloten mit ihrer arbeitsbedingten Mobilität? Wie gehen sie mit den strukturellen, psychosozialen und körperlichen Anforderungen ihrer entgrenzten Arbeit, aber auch ihres übrigen Lebens (inklusive den Bedürfnissen der eigenen Person) um? Welche Chancen und Ressourcen nutzen sie in beiden Sphären? Welche Folgen hat dies für ihre Performanz in der Arbeit und im Privatleben und für ihre Person?
3. Wie bewähren sich diese Arrangements hinsichtlich aktueller Veränderungen in der Arbeitswelt (wie Globalisierung, Individualisierung, Deregulierung, Liberalisierung, Ökonomisierung, Technisierung/Automatisierung/Informatisierung etc.), die zum einen die bislang existierenden Mobilitäts- und Flexibilitätsanforderungen erhöhen, zum anderen aber auch neue Formen der Mobilität und Flexibilität erfordern?
4. Was kann aus der Betrachtung der Mobilitäts- bzw. Entgrenzungsarrangements von Piloten für die aktuelle Situation im Luftverkehr, für den Umgang mit zunehmenden Mobilitäts- und Flexibilitätsanforderungen und für die Lebensführung in der vielseitig entgrenzten Arbeitswelt insgesamt gelernt werden?

Die nachfolgenden Überlegungen konzentrieren sich im Wesentlichen auf drei Kernbereiche des Lebens von Piloten: die *Arbeit* (Arbeits- und Beschäftigungsbedingungen etc.), das (direkte) *soziale Umfeld* (Familie, Freunde etc.) und die individuellen Prioritätensetzungen im *Verhältnis von Arbeit und Privatleben* (z.B. die Rolle des Berufs im Privatleben). Dies geschieht unter dem übergeordneten Fokus auf *Mobilität.* Hierfür werden die Arbeits- und Lebensbedingungen von Piloten und ihre Orientierungen in Bezug auf ‚Arbeit und Leben' umfassend empirisch beschrieben und konzeptionell gefasst. Weitere wichtige Aspekte, wie gesetzliche und betriebliche Regelungen, allgemeine Entwicklungen im Luftverkehr, Technikentwicklung, Unternehmensstrategien, Ausbildungsformen und -inhalte, Arbeitsmarkt, gesellschaftliche Normen und Werte und der Wandel all dieser Faktoren, werden nur punktuell an geeigneter Stelle als äußere intervenierende oder rahmende Aspekte aufgegriffen. Ziel ist es, auf Bewältigungsstrategien der Subjekte in Bezug auf arbeitsbedingte Mobilität und entgrenzte Arbeit zu schließen. Der mögliche Erkenntnisgewinn eines solchen Vorgehens ist außerordentlich weitreichend.

Für den Luftverkehr – also für Piloten, Flugbetriebe, Luftfahrtunternehmen, Berufs- und Interessenverbände, Ausbildungs- und Regelungsinstitutionen, Gesetzgeber etc. – ist es von zentraler Bedeutung, wie die Balance zwischen Arbeitsanforderungen und Anforderungen aus dem Privatleben auf Dauer bzw.

nachhaltig gelingen kann. Was sind die Chancen und was sind die Risiken der multipel entgrenzten Arbeit von Piloten? Wie können sie die Möglichkeiten ihrer arbeitsbedingten Mobilität positiv nutzen, zum Beispiel zur Steigerung der Leistungsmotivation, Arbeitszufriedenheit, Sicherheit etc.? Wie können die Risiken (Krankheit, De-Motivation, Folgeprobleme und -gefahren) minimiert werden? Welche Bedeutung nimmt dabei das Verhältnis von Arbeit und Privatleben ein? Bislang galt das Privatleben von Piloten als ‚black box' und wurde nicht systematisch in Belastungsstudien oder Arbeitskonzepte einbezogen. Gerade unter dem Aspekt der Sicherheit müssen aber die Bereiche Arbeit und Privatleben gleichermaßen und in ihrem Wechselverhältnis in den Blick genommen werden. Ein ganzheitlicher systemischer Sicherheitsansatz kommt an einer systematischen Auseinandersetzung mit den Lebensarrangements als Kumulationspunkt der Arbeits- und Lebensanforderungen von Piloten nicht vorbei. Die Erkenntnisse dieser Untersuchung haben also hohe Relevanz für die betriebliche Arbeitsorganisation, für die Interessenpolitik, für den Gesetzgeber und für weitere rahmende Institutionen. Es werden jedoch auch für jeden einzelnen Piloten nützliche Erkenntnisse geboten, zum Beispiel für die eigene nachhaltige Lebensgestaltung. Es geht um spezifische Belastungen der Piloten, um Bewältigungsstrategien und deren (institutionelle, materielle und soziale) Voraussetzungen und um deren Wechselwirkung mit betrieblichen Maßnahmen und institutionellen und ökonomischen Rahmenbedingungen im Luftverkehr. Dabei wird systematisch auch der aktuelle Wandel im Luftverkehr einbezogen und es werden Entwicklungstendenzen aufgezeigt und eingeschätzt, vor allem auf technischer und ökonomischer Ebene, aber auch mit Blick auf rechtliche Rahmenbedingungen und die Zukunft des Berufs Pilot.

Ziel der Studie ist es darüber hinaus, die gewonnenen Erkenntnisse auf andere Berufsfelder und Wandlungstendenzen von Arbeit im Allgemeinen zu übertragen. Zentral geht es um eine möglichst umfassende Erfassung der Bedingungen und Folgen arbeitsbedingter Mobilität bzw. vielfach entgrenzter Arbeit. Es wird angenommen, dass der Mobilitätsbedarf der Gesellschaft weiter steigen wird und damit die hier behandelnden Themen noch weiter an Relevanz gewinnen. Es geht um die Folgen dieser Entwicklung und darum, wie gesellschaftliche Mobilität, die ja immer erst durch die Arbeit Vieler hergestellt wird, auf Dauer sicher und nachhaltig aufrechterhalten werden kann. Der aktuell erhöhte Mobilitätsbedarf der Gesellschaft wird von Unternehmen aufgegriffen und unter anderem durch den Einsatz von Piloten als ‚Mobilitätsdienstleister' erfüllt. Die Studie untersucht die Arbeitsbedingungen, die daran geknüpft sind. Dabei wird der Umstand systematisch in den Blick genommen, dass ein Teil der Kosten der Herstellung dieser gesellschaftlichen Mobilität über die Betriebe und die mobil Beschäftigten an ‚Immobile' (Personen und Institutionen) externalisiert wird. Diese Kosten müssen systematisch erfasst werden, um einer dauerhaften Gefährdung der Arrangements, die die Beschäftigten mit ihrem sozialen Umfeld eingehen, entgegenzuwirken. Der Arbeit und Privatleben umfassende Blick auf Mobilität und Entgrenzung ermöglicht es also, auch vielseitig betroffene ‚Immobile' konzeptionell einzuschließen. Es geht also auch um Fragen sozialer Ungleichheit: darum, wie die Kosten der gesellschaftlichen Mobilität bzw. der Mobilität Einzelner verteilt werden. Das Gleiche gilt für die Risiken und Chancen von entgrenzter Arbeit insgesamt.

Schließlich trägt die Studie zur Weiterentwicklung der (arbeits-)soziologischen Konzepte Entgrenzung, Subjektivierung und Alltägliche Lebensführung und zur weiteren soziologischen Einbettung des Phänomens Mobilität bei, indem sie diese Konzepte in einen systematischen Zusammenhang stellt. Vor allem ermöglicht es die Untersuchung, die erst rudimentär existierenden Überlegungen zur ‚multiplen Entgrenzung' weiterzubringen. Hierfür werden die interdependenten alten und neuen Flexibilitätsanforderungen an Piloten in einen systematischen Zusammenhang gebracht. Dabei spielt der Begriff Alltägliche Lebensführung eine zentrale Rolle.

Einen wesentlichen Anstoß für die Ausrichtung der hier vorliegenden Untersuchung gab eine Beobachtung im Zuge der Datenerhebung: Es zeigte sich eine gewisse Kontingenz in den Orientierungen und Bezügen von Piloten zu ihrer Arbeit, eine Heterogenität in der Schilderung von Belastungs- und Motivationsaspekten und eine Verschiedenartigkeit von Umgangsformen mit den Chancen und Risiken des mobilen Berufs. Diese Differenzen ließen sich nicht (allein) mit einzelnen Strukturmerkmalen (Unternehmen, Arbeitsbedingungen, Alter, Streckenprofil etc.) erklären. Der Umgang mit Entgrenzung schien stark mit anderen Faktoren zusammenzuhängen, ein Konglomerat, das im Lauf der Untersuchung entlang aller Sozialdimensionen von Entgrenzung aufgeschnürt wurde. *Ein erstes Ziel dieser Untersuchung ist das systematische Erfassen von Strategien und Arrangements von Piloten im Umgang mit arbeitsbedingter Mobilität bzw. mobilitätsbedingter Entgrenzung.*

Um diesen umfassenden Blick zu ermöglichen, ist es nötig, Entgrenzung nach verschiedenen relevanten Lebensbereichen differenziert zu betrachten. Bei der Auswertung erwies es sich als sinnvoll, zwischen Entgrenzungsaspekten in der Arbeit und solchen, die im Privatleben auftreten, zu unterscheiden. Sowohl die subjektnahe Ausrichtung der Untersuchung als auch die spezielle Arbeits- und Lebenssituation von Piloten legen es zudem nahe, Fragen der Vermittlung von ‚Arbeit und Leben' noch einmal separat zu erfassen. Die dahinterstehende Annahme ist, dass sowohl Orientierungen und Haltungen als auch Macht und Ressourcen auf den jeweiligen Ebenen einander gegenseitig ergänzen, aber auch einander entgegenstehen können. Die Umgangsformen mit Entgrenzung in den jeweiligen Kontexten werden folglich als interdependent angenommen. Das heißt: Individuelle Konzeptionen bezüglich des Verhältnisses von Arbeit und

Leben sind nicht unabhängig von Orientierungen in der Arbeit und im Privatleben – und umgekehrt.

Eine weiterführende Frage ist, ob sich aus den unterschiedlichen Teilarrangements in Arbeit, Privatleben und in der Vermittlung von Arbeit und Leben Gesamtarrangements im Umgang mit Entgrenzung über diese drei Kontexte hinweg bilden lassen. Und weiter: Entsprechen diese ‚Gesamtarrangements' dem, was in der Soziologie mit dem Begriff der Alltäglichen Lebensführung gefasst wird, welche sich ja zentral mit dem Umgang von Subjekten mit ‚Offenheit' beschäftigt? Wenn das zutrifft, erlaubt es die systematische Gegenüberstellung bzw. Kombination von Teilarrangements, nach *Konsistenzen* und *Inkonsistenzen* innerhalb der einzelnen Gesamtarrangements zu suchen, die sich in stimmigen oder divergierenden Mustern über *Arbeit, Privatleben* und *Arbeit und Leben* hinweg ergeben. Auf diese Weise kann der Komplexität der sozialen Wirklichkeit ein Stück weit entgegengekommen und die potenzielle innere Widersprüchlichkeit von Lebensarrangements bzw. alltäglicher Lebensführung aufgezeigt werden. Dieses Vorgehen sollte es ermöglichen, zentrale Annahmen des Lebensführungskonzepts neu zu beleuchten, wie zum Beispiel die zeitliche Konsistenz von Lebensführungsformen oder deren Strukturabhängigkeit auf der einen und deren Veränderbarkeit durch die Subjekte auf der anderen Seite.

An dieser Stelle erfolgt ein Schnitt: Eine weitere zentrale Differenzierung wird systematisch eingeführt. Entsprechend den bisherigen Ergebnissen der Forschungen zur multiplen Entgrenzung wird unterschieden zwischen Entgrenzungsaspekten, die eng und dauerhaft mit dem mobilen Beruf zusammenhängen *(‚konstitutive Entgrenzung'),* und solchen, die in der Empirie als neue, aktuelle und von außen auf Piloten und den Luftverkehr zukommende allgemeine Entwicklungen beschrieben werden *(‚transformierende Entgrenzung').* Während aus der konstitutiven Entgrenzung Teilarrangements und möglicherweise auch Lebensführungsmuster (im Umgang mit Entgrenzung und Mobilität) abgeleitet werden, werden diese in einem *zweiten Schritt* mit den aktuell veränderten Arbeits- und Lebensbedingungen ‚konfrontiert'. Aus dem ersten Schritt lassen sich Umgangsformen mit mobiler bzw. multipel entgrenzter Arbeit ableiten, aus dem zweiten Folgen aktueller (gesamtgesellschaftlicher) Entwicklungen für die Lebensführung von Piloten.[1] Hierfür werden aktuelle Entgrenzungsprozesse in der Arbeit von Piloten systematisch separat erfasst, ausgewertet und dargestellt. Anschließend erfolgt eine systematische Gegenüberstellung der im ersten Schritt

---

1 Damit kann auch der häufig im Zusammenhang mit aktueller Gesellschaftsanalyse hervorgebrachten Kritik entgegengetreten werden, dass es die aufgezeigten (Entgrenzungs-) Phänomene schon immer gegeben habe und sie keine neue Qualität aufwiesen, denn hier wird systematisch (methodisch und theoretisch) zwischen alten und neuen Entgrenzungsprozessen unterschieden.

gebildeten typischen Muster des Umgangs mit Entgrenzung und der neuen Entgrenzungsprozesse. So ergeben sich Antworten auf die folgenden zentralen Forschungsfragen:

- Wie sehen stabile (nachhaltige?) Strategien und Arrangements im Umgang mit Entgrenzung aus?
- Was sind die spezifischen Bedingungen für die Aufrechterhaltung stabiler Arrangements im Umgang mit Entgrenzung in Arbeit, Privatleben und im Bezug auf Arbeit und Leben? Mit welchen ‚Kosten' gehen die jeweiligen Mobilitäts- bzw. Entgrenzungsrrangements einher und wie sind diese verteilt?
- Bewähren sich bestimmte Formen der Lebensführung in Entgrenzung besser als andere?
- Verändert sich an diesen Bedingungen etwas auf Grund der aktuellen Entwicklungen im Luftverkehr? Was verändert sich, mit welchen Folgen?
- Führen neuere, nicht allein auf Mobilität zurückzuführende Entgrenzungsprozesse zu einer Homogenisierung von Lebensführungsmustern? Werden also bestimmte Entgrenzungsarrangements strukturell gefördert und andere stärker belastet?
- Führen diese Entwicklungen zu zunehmend inkonsistenten, ‚gebrochenen' Lebensführungsmustern? Erhöht sich also die innere Spannung bzw. Widersprüchlichkeit der alltäglichen Lebensführung von Piloten?

Mit dem hier gewählten Zugang zu Mobilität, der alle Sozialdimensionen der Entgrenzung umfasst und Verbindungen zwischen diesen herstellt, sind nicht nur Aussagen zum konkreten Untersuchungsfeld, sondern zumindest zum Teil auch Aussagen zu allen Formen entgrenzten Arbeitens und Lebens möglich. Die Studie zielt unter anderem auf die theoretische und konzeptionelle Weiterentwicklung der theoretischen Grundlagen, vor allem was die Mobilitätsforschung, die Entgrenzung und Subjektivierung von Arbeit und das Lebensführungskonzept. So werden etwa beim Lebensführungskonzept durch die Aufsplittung von Gesamtarrangements nach zentralen (oftmals konfliktreich zueinander stehenden und konkurrierenden) Lebensbereichen die Ambivalenz, die Zwänge und die Belastungen, die mit der Lebensführung einhergehen, zugänglich. Es wird ein Vorgehen vorgeschlagen, wie es möglich ist, abweichenden und gebrochenen Formen der praktischen Lebensführung zu erfassen – und damit nicht zuletzt auch ihren Arbeitscharakter. Schließlich geht es um die Frage, ob Lebensführung zunehmend selbst ‚reflexiv' wird, also bewusster und zugänglicher für eine individuelle Gestaltung – oder aber ‚prekär' im Sinne einer erhöhten Unsicherheit durch ständigen, diffusen Anpassungsdruck.

3 Der deutsche Personenluftverkehr als Beschäftigungsfeld von Piloten

Das Fliegen ist für weite Teile der Bevölkerung zur Normalität geworden. Zwar nutzen noch immer relativ wenige Personen diese Verkehrsmittel regelmäßig und häufig (z.B. als Geschäftsreisende), aber dennoch macht ein Großteil der Bevölkerung diese Erfahrung in gewissen Abständen (Urry 2007, S. 138). Vor allem die starke Reduktion der Ticketpreise (national wie international) hat dazu geführt, dass das Fliegen in direkte Konkurrenz zur Bahn und zum Bus/Automobil getreten ist und sich als allgemeines Verkehrsmittel neben diesen einreiht. Im Zuge der Entwicklung des Flugzeugs zum Massenverkehrsmittel ist es zu einer ‚Entzauberung' dieser Art des Reisens gekommen, zumindest bei manchen Passagieren und in der Öffentlichkeit. Aber nicht nur das Image, sondern die gesamte Organisdation der Arbeit der ‚Mobilitätsdienstleister' Piloten hat sich verändert.

Im folgenden Abschnitt wird argumentiert, weshalb Piloten eine gesellschaftlich relevante Untersuchungsgruppe darstellen: Piloten können auf Grund ihrer bisherigen und aktuellen Erfahrung mit Mobilität und Flexibilität als ideale Vergleichsschablone für aktuelle Entwicklungen in der Arbeitswelt herangezogen werden. Die Relevanz der Untersuchungsgruppe und des Luftverkehrs wird dann durch einige Zahlen komplementiert. Darauf folgt ein Abriss aktueller Entwicklungen im Personenluftverkehr, von der Liberalisierung des Marktes bis hin zur Ausbildung unterschiedlicher Unternehmenskonzepte auf Seiten der Airlines. Abgeschlossen wird der Abschnitt durch einen Einblick in die veränderte Arbeitswelt von Piloten und in die Herausforderungen, vor denen der Beruf Pilot steht.

3.1 Warum Piloten als Untersuchungsgruppe?

Um Entgrenzung von Arbeit sowohl als aktuelles multifaktorielles Strukturproblem als auch als gesellschaftlichen Entwicklungsprozess zu fassen und zugleich verschiedene Entgrenzungsformen und ihr Zusammenwirken zu untersuchen, macht es Sinn, mobile Berufe zu betrachten, wie Bahnpersonal, LKW-Fahrer, Schiffsbesatzungen oder eben Piloten. Denn auf Grund ihrer Mobilität arbeiten sie in vielfacher Weise entgrenzt. In ihrer täglichen Arbeit gehen Piloten nicht nur mit erhöhten räumlichen, sondern auch zeitlichen Flexibilitätsanforderungen um: Schichtarbeit, Nachtarbeit, kurzfristige Einsatzpläne, Standbys etc. Zur raum-zeitlichen Bewegung kommen viele weitere (sekundäre) Folge-Entgrenzungen hinzu: Anforderungen und Möglichkeiten, mit bestimmten, bei resident arbeitenden Personen normalerweise stabilen Strukturen flexibel umzugehen – mit den entsprechenden Risiken und Chancen in der Arbeit und im Privatleben.

Damit wird eine Übertragbarkeit von Ergebnissen auf viele andere mobile Berufe oder auf solche Bereiche in der Arbeitswelt wahrscheinlich, in denen von Mitarbeitern zunehmend Mobilität und Flexibilität eingefordert werden; hierzu gehören zum Beispiel ‚Expatriates', Manager, Vertreter, Beschäftigte in der Montage und Inbetriebnahme, Führungskräfte im Einzelhandel bis hin zu scheinbar strukturell behüteten Büroangestellten. Arbeiten auf Abruf, an den betrieblichen Bedarf angepasste Arbeitszeiten, in verschiedenen Teams an unterschiedlichen Orten zusammen zu arbeiten, zu und von der Arbeit zu pendeln, Umzüge etc. sind Anforderungen, die zunehmend weite Teile der Bevölkerung betreffen. Das Zusammenwirken dieser verschiedenen Mobilitäts- und Flexibilitätsanforderungen am Beispiel der Piloten ist der zentrale Gegenstand dieses Buchs. Im System Luftverkehr haben sich auf allen sozialen Ebenen bewährte Strukturen und Strategien ausgebildet, mit diesen Anforderungen umzugehen. Vor diesem Hintergrund liegt es nahe, den Luftverkehr als Vorreiterfeld für Mobilität und multiple Entgrenzung zu betrachten und nach Möglichkeiten der Übertragung auf andere mobile oder anderweitig entgrenzte Tätigkeiten zu suchen.

Hinzu kommt, dass der Luftverkehr aktuell stark im Wandel begriffen ist (siehe 3.3). Auf gesellschaftlicher und makroökonomischer, auf betrieblicher und organisationaler Ebene und auch auf der Ebene der Subjekte – der Piloten – zeigen sich im Luftverkehr verstärkt Entgrenzungs- bzw. Auflösungstendenzen (und auch Neustrukturierungstendenzen), wie sie in der gesamten Arbeitswelt momentan zu beobachten sind und die Gesellschaft prägen. Auf Grund der Mobilität hat die Tätigkeit Pilot einigen Aspekten aktueller Entgrenzung vorgegriffen. Daher ist es möglich, verschiedene Entgrenzungsfaktoren zu separieren: die der mobilen Arbeit (also einer bei Piloten schon immer vorherrschenden Entgrenzungsform) und die aktueller ökonomischer, technischer und kultureller Entwicklungen. Auf diese Weise lassen sich unterschiedliche Szenarien der gesellschaftlichen und individuellen Organisation arbeitsbedingter Mobilität und Flexibilität entwerfen und miteinander vergleichen – und sie lassen sich zugleich von allgemeinen Flexibilisierungstendenzen abtrennen. Piloten können, was bestimmte Ausprägungen von Entgrenzung angeht, quasi als Vorbild aus einer anderen Zeit bzw. als historische Kontrastfolie zu anderen zunehmend mobilen Berufen dienen, denn bei ihnen fand die Integration von gesellschaftlichen Mobilitätsanforderungen in ihre Arbeit im Kontext fordistischer gesellschaftlicher Strukturbedingungen statt. So kann anhand der Frage, inwieweit Piloten mit Blick auf den Wandel ihrer Arbeit dort und im Privatleben auf bereits bewährte Strategien und institutionell abgesicherte Strukturen zurückgreifen, nach Gestaltungsmöglichkeiten im gesellschaftlichen Strukturwandel gesucht werden.

Auf vielen weiteren Ebenen lassen sich Bezüge zu anderen Berufsfeldern herstellen. Typischerweise werden Piloten gerne mit statushohen risikobehafteten Professionen[1] und Semi-Professionen[2] verglichen. Zum Beispiel teilen sie mit Chirurgen nicht nur die uniformierte Arbeitskleidung, den Status, das relativ hohe Einkommen und das sexuelle Moment des Berufs, sondern auch die hohe Sicherheitsrelevanz, den Einsatz von komplexer Technik, die Konzentration auf bestimmte riskante Phasen und die hohe Verantwortung. Andererseits werden auch Bezüge zu anderen hoch routinisierten und technikbestimmten mobilen Tätigkeiten und Berufen hergestellt, wie Busfahreren.[3] Aktuell verlagert sich das Berufsbild etwas in letztere Richtung. Mit veränderten Arbeits- und Beschäftigungsbedingungen wandelt sich auch das Ansehen des Berufs. „Das ist nicht mehr der Beruf, der interessant ist. Heute wird man vielleicht Zahnarzt. Oder man wird Medienstar“ (H01). Einkommen („Zahnarzt“) und Status/Glanz („Medienstar“) haben bei Piloten abgenommen. Bei Piloten lassen sich aktuell gut De- und Re-Professionalisierungstendenzen und ein Wandel der Beruflichkeit beobachten, wie sie auch für andere Berufe möglich sind, zum Beispiel eine Segregation von Ausbildungswegen.[4] Die Tätigkeit Pilot steht aber auch für stetig weiterentwickelte, hoch komplexe Technik,[5] optimierte und durchrationalisierte Arbeitsorganisation und sich kontinuierlich wandelnde Arbeitsumwelten.

Eine Besonderheit, die dieses Arbeitsfeld für die Arbeitsforschung zusätzlich interessant macht, ist die hohe Sicherheitsrelevanz. Die Arbeit im Luftverkehr kann als Schablone für konsequentes qualitätsorientiertes Arbeiten gelten, was gesetzliche Regelungen, Arbeitsorganisation, Technik und den Umgang mit dem Faktor Arbeitskraft angeht. Im Fall von Piloten besteht eine sehr unmittelbare Verbindung zwischen Qualität der Arbeit (sicherer Flug von A nach B) und den Beschäftigungs-, Arbeits- und sogar Lebensbedingungen der Beschäftigten. Auf Grund der Risikobehaftetheit der Arbeit kommt diesem Zusammenhang im Luftverkehr hohe Aufmerksamkeit zu, zum Beispiel in Form von Ruhezeitregelungen. Gerade vor dem Hintergrund eines allgemein steigenden Arbeitsdrucks

---

1 Typischerweise werden Richter, Ärzte, Priester als Angehörige von Professionen bezeichnet. Zu möglichen Definitionen von Profession siehe 4.7.

2 Eine typische Semi-Profession ist z.B. der Beruf Polizist, der viele Ähnlichkeiten zu Professionen aufweist (vgl. 4.7.1).

3 In einer Umfrage stimmten 75 Prozent der Befragten zu: „airline trip is just like a bus trip“ (Cwerner 2009, S. 5).

4 Einerseits findet eine Privatisierung von Ausbildungskosten und -risiken zu Lasten der Piloten statt, parallel dazu besteht andererseits eine Tendenz zur innerbetrieblichen Ausbildung einer Kernbelegschaft.

5 So lässt sich die Interaktion zwischen Mensch und Technik gut an der Mensch-Maschine-Schnittstelle Cockpit erforschen. Bislang finden Piloten in der Techniksoziologie nur in Bezug auf Technik und Risiko gelegentlich Erwähnung (z.B. Rammert 2002).

und komplexerer und qualitativ höherwertiger Produkte kann der Luftverkehr bzw. die Arbeit von Piloten in diesem Sinne (Risiko/Sicherheit bzw. Produktqualität) (noch) als Vorbild für viele andere Arbeitsbereiche dienen.[6]

Was interessenpolitische und Ungleichheitsthemen angeht, nehmen Piloten zwar auf Grund ihrer Schlüsselstellung in der Luftfahrt eine herausragende Position ein – dennoch liegt ein hoch differenziertes Berufsfeld mit großen Ungleichheiten und Karriereunsicherheiten vor; zum Beispiel zwischen Piloten verschiedener Airlines, verschiedenen Alters oder Geschlechts etc. Der Umgang mit dieser Heterogenität stellt aktuell eine große Herausforderung für die Interessenvertretungsorgane dar, die sich auf andere Beschäftigungsbereiche übertragen lässt. Ungleichheitsthemen betreffen aber auch das Privatleben von Piloten, zum Beispiel deren Verhältnis zu Residenten bezüglich der Familienorganisation und anderer Abstimmungsprobleme im Zusammenhang mit der berufsbedingten Mobilität. Hier existiert ein komplexes Netz an mehr oder weniger institutionell eingebetteten Absicherungen. Insgesamt ist der Umgang mit den Risiken und Chancen der arbeitsbedingten Mobilität und den entsprechenden Gestaltungsmöglichkeiten ein hoch relevantes Thema, nicht nur für Piloten und deren Interessenvertreter, sondern auch für die Betriebe und den Gesetzgeber und nicht zuletzt für die Soziologie.

Nur knapp über 10.000 Personen üben diesen Beruf in Deutschland bei kommerziellen Airlines aus. Jedoch besetzen sie eine Schlüsselposition im Luftverkehr, der wiederum bereits 2002 mit über 480.000 indirekt luftverkehrsbedingten Arbeitsplätzen (DeStatis 2002) einen Eckpfeiler der Infrastruktur in Deutschland darstellte. Gerade im indirekten Bereich, zum Beispiel an Flughäfen, steigt die Zahl der Beschäftigten. Zudem wird erwartet, dass der Flugverkehr vor allem global noch extrem zunimmt.

3.2 Relevanz des Feldes Luftverkehr

3.2.1 Gesellschaftliche Bedeutung

Technisch gesehen spielt die kommerzielle Luftfahrt eine ähnliche Rolle im modernen Leben wie Automobile, öffentlicher Verkehr und Seefahrt. Ein wesentlicher Unterschied sind die Höhe und die Geschwindigkeit (Cwerner 2009, S. 4f.). Während aus verkehrspolitischer Sicht die Geschwindigkeit (neben dem Zugang und dem Preis) des Luftverkehrs am bedeutsamsten ist und auch kultursoziolo-

6 So bestehen z.B. bereits Trainings und Konzepte, wie die Erfahrungen des Luftverkehrs auf andere Tätigkeitsfelder übertragen werden können (z.B. Ärzte im OP: Schwaebische 2008).

gisch auf die immer engere Verknüpfung von kulturellen Räumen hingewiesen wird, spielt für die Arbeit im Luftverkehr eher die Höhe bzw. der Umstand, dass ‚nicht angehalten werden kann',[7] eine zentrale Rolle. Der Luftverkehr hat jedoch nicht nur große Bedeutung für den Transport von Menschen und Gütern, sondern auch für die Infrastruktur am Boden bzw. die Raumordnung (ebd., S. 3, siehe auch Urry 2007, S. 136ff.). Als Element der gesellschaftlichen Infrastruktur kommt ihm eine Schlüsselrolle für die Mobilität und auch für die Sozialordnung der Gesellschaft zu.[8] Damit ist Luftverkehr nicht nur ein wichtiger Gegenstand der Soziologie, sondern auch ein idealer Messindikator für gesellschaftlichen Strukturwandel. So spiegelt das „Netz der globalen Flugverbindungen (...) eine weltumfassende Raumkonzeption wider" und ist „faktisch eng mit der Kosmopolitisierung der modernen Welt verwoben" (Kesselring 2007, S. 826). Nach Kesselring „lassen sich Flugverbindungen zwischen zentralen Orten als aussagekräftige Messindikatoren für die globalen Transformationen auffassen".

> „Der Strukturwandel der Mobilität in Richtung einer stärkeren gesellschaftlichen Bedeutung der *aeromobility* verweist auf den Prozess der globalen Umstrukturierung, in dem sich die meisten Gesellschaften heute befinden" (ebd., S. 828, Hervorh. im Orig.).[9]

Gerade in Hinsicht auf die Globalisierung wäre die aktuelle Gesellschaft eine andere ohne den Luftverkehr (Urry 2009).

Die „high-carbon societies" (ebd., S. 36) bergen jedoch vielfältige Risiken, vor allem auf Grund der zunehmenden Komplexität des globalen Systems Luftverkehr (siehe ebd., S. 28ff.), wie technische und ökonomische Risiken, aber auch Klimaschäden und andere Umweltbelastungen, soziale Ungleichheit und weitere soziale und kulturelle Risiken. Zum Beispiel machte der 11. September 2001 die Globalisierung von Risiken und die Rolle des Luftverkehrs für die nationale Sicherheit besonders deutlich.[10]

Auch die Digitalisierung und neue Kommunikationstechnologien bremsen diese Entwicklung nicht. Im Gegenteil „kann man davon ausgehen, dass der Flugverkehr für die Entwicklung moderner Gesellschaften weiterhin an Bedeu-

---

7 In dieser gängigen Abgrenzung zu anderen Verkehrssystemen hat die besondere Sicherheitskultur im Luftverkehr ihren Ursprung, die sich überall im Feld widerspiegelt; z.B. auch im professionellen bzw. beruflichen Selbstverständnis von Piloten.

8 Zur Bedeutung des Luftverkehrs für die gegenwärtige globale Ordnung bzw. für die globalisierte Gesellschaft siehe Urry (2007, S. 149ff.). Zur Frage „Why do aeromobilities matter?" siehe auch die kurze Zusammenstellung von Argumenten bei Cwerner (2009, S. 1–21).

9 Zu den weitreichenden Globalisierungs- und gesellschaftlichen Transformationseffekten des Luftverkehrs siehe auch Urry (2009, S. 30ff.).

10 Zu den vielfachen (strukturellen, ökonomischen, politischen und auch sozialen) Risiken des Luftverkehrs für die Gesellschaft siehe auch Urry (2007, S. 139ff.).

tung gewinnt", „trotz aller Virtualisierungsprozesse" (Kesselring 2007, S. 842) und ungeachtet der Digitalisierung bzw. Informatisierung weiter Teile der gesellschaftlichen Kommunikation, die räumliche Bewegungen weniger notwendig machen könnten (vgl. 4.1). Der Luftverkehr dient der Herstellung von Lokalität in Bezug auf Orte oder Personen bzw. Face-to-face-Kontakte, die aus vielfältigen Gründen sogar relevanter werden (vgl. 4.1.5): zum Beispiel in Form von räumlichem Erleben, sozialen Beziehungen, Vernetzungen, Körperlichkeit und Gemeinsamkeit etc.

> „Die räumliche Ausdehnung sozialer Netzwerke wird durch die Existenz eines leistungsfähigen, zuverlässigen und (insbesondere durch die low-cost-carriers) billigen Flugverkehrssystems zunehmen." (Ebd., S. 831)

Dabei weist Kesselring (ebd.) darauf hin, dass Billigflieger nicht nur Mittelmeertouristen transportieren, sondern oft auch von Migranten mit Blick auf die eigenen Familiennetzwerke genutzt werden. Der Luftverkehr spielt also auch für die Transnationalisierung sozialer Beziehungen eine verstärkende Rolle; aber auch in Bezug auf grenzüberschreitende Arbeit. Gerade mit Blick auf die aktuelle Preisentwicklung für Flugtickets lässt sich feststellen, dass die Teilhabe an „Aero-Mobilität" (ebd.) immer weiteren Bevölkerungsschichten ermöglicht wird. Damit fördert der Luftverkehr nicht nur die Demokratisierung der Freizeitmobilität, sondern erfüllt nach Pompl (1991, S. 49) eine noch weitereichende gesellschaftliche Funktion: Der Luftverkehr stellt Mobilität als ein wichtiges Gut demokratischer Staaten bereit, das zur Sicherung der Demokratie beiträgt. Im Vergleich der Daten zur Verkehrsmittelnutzung zwischen den entwickelten Ländern und Schwellenländern (vgl. Cwerner 2009, S. 2) lässt sich am Luftverkehr deutlich soziale Ungleichheit nachzeichnen. Soziale Ungleichheit im Luftverkehr bleibt aber nicht auf die Verkehrsmittelnutzung beschränkt. So lassen sich am Luftverkehr besonders eindringlich auch die gesellschaftlichen Folgen einer stark verbilligten Mobilitäts-Infrastruktur[11] aufzeigen, wie sie für die moderne Mobilitätsgesellschaft üblich ist.

Auf Grund seiner wirtschaftlichen Bedeutung,[12] der hohen wirtschaftlichen Dynamik des Feldes – von der Deregulierung (ab den 1970er Jahren in den USA) bis zu den aktuellen „open skies"-Abkommen –, der Ausbildung internationaler Organisationen (z.B. der International Air Transport Association, IATA) und der Rolle von Airports als Mobilitätsinfrastruktur und Orte des Konsums ist der Luftverkehr ein reiches Feld für die soziologische Forschung. Hinzu kommen arbeits-, technik-, berufs- und professionssoziologische Themen wie etwa die Mensch-Maschine-Schnittstelle Cockpit, die Auswirkung der technischen

---

11 Wesentlich kostengünstigere Kommunikationstechnologien eingeschlossen.

12 Eine umfassende betriebswirtschaftliche Analyse des Luftverkehrs als Markt, seiner Produktionsfaktoren und des Produkts Flug (Stand Mitte 2002) findet sich in Schmitt (2003).

und ökonomischen Entwicklung auf die Arbeit und die Qualifikation etc. Und offensichtlich ist das Feld geprägt von Genderaspekten – einer Aerosexualität.

Unter Umweltgesichtspunkten wird Mobilität gesellschaftspolitisch zunehmend kritisch betrachtet, vor allem in Verbindung mit Technik und Infrastrukturmaßnahmen.[13] Im kommerziellen Luftverkehr besteht hier viel Handlungsbedarf. „Die ökologischen und sozialen Bilanzen des Flugverkehrsystems fallen bislang verheerend aus“ (Kesselring 2007, S. 827). „Sustainable aviation“ (Thomas et al. 2003) spielt in diesem Buch allerdings nur insofern eine Rolle, als sie direkt oder indirekt die Arbeit und das Privatleben von Piloten (inklusive ihres sozialen Umfelds) betrifft.

Nicht zuletzt kommt dem Luftverkehr eine hohe symbolische Bedeutung zu. Das gesamte Feld prägt eine besondere Kultur, ein „aeromobility habitus“ (Cwerner 2009, S. 5), der sich jedoch im Zuge des Wandels der Luftverkehrs bzw. mit dem verstärkten Auftreten von Low-Cost-Airlines wandelt. Entwicklungen im Luftverkehr werden stark medial beobachtet und von einer intensiven Berichterstattung begleitet. Zentral sind die Themen Flugsicherheit[14], Service, Preise und die turbulenten ökonomischen Tendenzen. Auch sind einige der Fachtermini aus der Luftfahrt in unseren alltäglichen Sprachgebrauch übergegangen – zum Beispiel der ‚Absturz' von Börsenkursen oder, bezogen auf das gesellschaftliche Prestige, Wendungen wie: als ‚Senkrechtstarter' mit der Karriere ‚durchstarten' (Seidel 2010).

Die Bedeutung und die Potenziale des Luftverkehrs als Gegenstand soziologischer Forschung lassen sich mit Cwerner folgendermaßen zusammenfassen:

> „In very few other fields would one encounter such intricate relationships between social life, technology and the environment, or more contradictory sets of mobilities and immobilities. The challenges of aeromobilities involve, simultaneously and to a similar degree, technology, community, governance, time/space perceptions, social interaction, urban development and the environment, among other issues.“ (Cwerner 2009, S. 9)

> „Without systematic analyses of aeromobilities, scholars in the humanities and social sciences may miss out on much-needed insights about the shape of things to come.“ (Ebd., S. 6)

---

13 Zum Diskurs um Nachhaltigkeit und Zukunftsfähigkeit gesellschaftlicher Mobilität siehe z.B. Bonß/Kesselring (1999, S. 50f.).

14 Ein in Pilotenkreisen bekannteres Buch ist das des Journalisten Tim van Beveren (1996): „Runter kommen sie immer. Die verschwiegenen Risiken des Luftverkehrs“, ein umfangreiches Sammelsurium von Wissen und Erfahrungen zum Thema Sicherheit im Luftverkehr. Anhand von Beispielen zu Problemen und Abstürzen werden technische, aber auch menschliche Fehlerquellen aufgezeigt. Gegenstand ist auch das mediale Interesse am Thema.

3.2.2 Daten zum Luftverkehr

Nachdem in der Pionierzeit der Fliegerei ein Rekord den anderen jagte, waren die Erwartungen an die zukünftige Bedeutung der Fliegerei von einer hohen Euphorie geprägt. So kursierten zum Beispiel 1930 Spekulationen, dass im Amerika der Zukunft jeder Bürger ein (kostengünstiges) Flugzeug besitzen und fliegen und damit der Luftverkehr die gleiche Entwicklung einschlagen würde, wie dies für Automobile der Fall war (ebd., S. 1). So weit ist es nicht gekommen. Ein erwachsener Engländer zum Beispiel flog 2001 durchschnittlich 1,3-mal im Jahr, wobei die Hälfte gar nicht, ein Viertel einmal, ein Achtel zweimal und ein weiteres Achtel dreimal und öfter im Jahr mit dem Flugzeug reiste (Urry 2007, S. 138). Ca. 4 Millionen Menschen am Tag nutzten weltweit ein Flugzeug und es fanden jährlich 1,9 Milliarden Flugreisen (inkl. Anschlussflüge) statt (ebd., S. 138, Urry 2003, S. 154). Neue Zahlen der IATA (International Air Transport Association) belegen einen extremen Anstieg der Passagierzahlen in den Jahren vor der jüngsten Finanzmarktkrise, der so nicht erwartet wurde.[15] Im Jahr 2008 wurde der bisherige Höchststand von 4,17 Milliarden Passagieren (nach IATA) erreicht, der aktuell (2010) nahezu wieder eingeholt wurde. Auch wenn nicht jeder Amerikaner sein eigenes Kleinflugzeug als Individualverkehrsmittel benutzt, befinden sich doch zu jeder Zeit mehr als 360.000 Menschen im Luftraum über den USA (Urry 2007, S. 3). Weit über 17.000 Flugzeuge sind weltweit aktiv, über 15.000 Flugplätze werden vom kommerziellen Personenluftverkehr angeflogen, der ein Flugnetz von 15 Millionen Kilometern bedient (Günther 2002), mit stark zunehmender Tendenz. 2006 schätzte der Flugzeugbauer Boeing, dass sich die Zahl der Verkehrsflugzeuge von 2006 bis 2026 weltweit verdoppeln wird, von derzeit über 18.000 auf über 36.000. Dies entspräche einem zusätzlichen Bedarf an bis zu 360.000 Piloten (vgl. Pilotenboard 2009).[16]

Allgemein hat sich die durchschnittliche Reisetätigkeit (gemessen an der zurückgelegten Strecke) in den letzten 200 Jahren nahezu vertausendfacht und es wird erwartet, dass sie sich bis 2050 noch einmal vervierfachen wird, während der Zeitaufwand in etwa gleich geblieben ist. Menschen reisen vor allem weiter und schneller (Urry 2007, S. 3f.) Dies ist zu einem erheblichen Teil auf

---

15 Es kursieren recht unterschiedliche Zahlen zum Passagieraufkommen. Zum Beispiel erwartet Cwerner für das Jahr 2011 eine Zunahme des internationalen Luftverkehrs auf 2,75 Milliarden Passagiere (Cwerner 2009, S. 2), während die IATA bereits für 2008 4,17 Milliarden Passagiere angibt (2007: 4,01 Milliarden) und die amerikanische Flughafenvereinigung Airport Council International (ACI) schon für das Jahr 2007 4,65 Milliarden Passagiere errechnet hat (Focus 2008a).

16 Der „Crewfactor“ (die Größe der Crew pro Flugzeug) liegt in der Regel zwischen fünf und sieben. Bei Zweimann-Flügen ergibt das dann zehn bis 14 Piloten und bei Dreimann-Flügen ([Ultra-]Langstrecke) 15 bis 21 Piloten pro Flugzeug.

den Luftverkehr zurückzuführen. So sind in der zweiten Hälfte des letzten Jahrhunderts die jährlich zurückgelegten Passagierkilometer um mehr als 700 Prozent gestiegen (ebd., S. 138). Während 1964 noch 155 Millionen Passagiere gezählt wurden, waren es 1999 bereits 1,3 Milliarden. Seitdem wird bis zum Jahr 2030 ein Wachstum um 80% erwartet (Günther 2002). Vor allem in den Schwellenländern nehmen die Zahlen stark zu. Die geringe Bedeutung, die dem Luftverkehr in manchen Ländern zukommt, verdeutlicht dessen enormes Entwicklungspotenzial, sie ist aber auch ein Indikator für soziale Ungleichheit. So fliegt zwar bereits jeder zweite Engländer mindestens einmal im Jahr, in Brasilien trifft dies jedoch nur auf 8% der Bevölkerung zu und in Indien fliegt nur ein Mensch von 44 (Cwerner, S. 2). Aber auch in der EU besteht ein aktuelles Wachstumsziel: Die Verdreifachung des Verkehrsaufkommens in Europa bis 2020 (Referenzpunkt 2001) soll durch entsprechende Forschungs- und Infrastrukturmaßnahmen ermöglicht werden (Eißfeldt 2009, S. 74). Parallel zum Wachstum findet eine fortgesetzte Verkehrsverlagerung hin zum Flugzeug statt. Es wird angenommen, dass der Anteil des Luftverkehrs am gesamten Verkehrsaufkommen weiter zunimmt (Kesselring 2007, S. 843).

Damit wird auch die wirtschaftliche Bedeutung des Luftverkehrs weiter steigen. Im Jahr 2005 erwirtschaftete der Flugverkehr 3 Billionen US-Dollar. Weltweit arbeiten 5 Millionen Beschäftigte direkt im Luftverkehr und einige weitere Millionen Jobs hängen indirekt von diesem Verkehrssegment ab (Cwerner 2009, S. 6).

In Deutschland existierten im Jahr 2008 ca. 300 Luftfahrtunternehmen mit ca. 65.000 Beschäftigten. Es waren ca. 30.000 Personen als Bodenpersonal und ca. 35.000 als fliegendes Personal beschäftigt – davon über 10.000 Piloten und ca. 25.000 Flugbegleiter. Mit insgesamt knapp 1.300 Flugzeugen erwirtschafteten die Luftfahrtunternehmen zusammen einen Umsatz von ca. 26 Milliarden Euro. Der Umsatz nahm im Vergleich zum Vorjahr (2007) um ca. 3% zu, während die Anzahl der Unternehmen leicht zurückging (DeStatis 2010).[17] Laut dem Flughafenverband ADV (Arbeitsgemeinschaft Deutscher Verkehrsflughäfen) und dem Deutschen Zentrum für Luft- und Raumfahrt (DLR) war 2009 fast jeder dritte Passagier an deutschen Verkehrsflughäfen ein Low-Cost-Kunde. Damit kommt dieses Segment auf einen Marktanteil von knapp 29 Prozent (Mobilitymanager 2010).

> „Im Winterflugplan 2010 boten 17 Low Cost Carrier in Deutschland mehr als 4.100 wöchentliche Flüge an. [...] Insgesamt nutzten 2009 über 53 Millionen Passagiere die Angebote von Low Cost Airlines." (Mobilitymanager 2010)

---

17 Auf Grund der Wirtschaftskrise ab 2008, die 2009 viele Unternehmen veranlasste, Dienstreisen massiv einzuschränken, verzeichnete der deutsche Luftverkehr einen Rückgang um 7,5%. Da hiervon vor allem traditionelle Airlines betroffen waren, ist dabei der Anteil sogenannter Billig-Airlines am Flugaufkommen auf über 25% gestiegen.

Insgesamt sind in Deutschland ca. 480.000 Arbeitsplätze indirekt vom Luftverkehr abhängig (DeStatis 2002). Bei der Lufthansa zum Beispiel hängen allein knapp 300 Jobs direkt zusammen mit dem Betreiben eines Flugzeugs (z.B. eines A340-600) (Stern 2010). Bei diesem relativ hohen Personalschlüssel wären dies, umgelegt auf die oben genannte Gesamtzahl der Flugzeuge, allein schon über 380.000 Jobs bei den Airlines,[18] die vielen weitere Stellen am Flughafen nicht berücksichtigt.

3.3 Wandel des Luftverkehrs und der Arbeit von Piloten

Gerade in einer zunehmend globalisierten Ökonomie besteht ein wachsender Bedarf an Mobilität.[19] Vor allem in den Schwellenländern, aber auch in Europa und Deutschland ist dies deutlich zu spüren. Politische und wirtschaftliche Entwicklungen, wie die Deregulierung und Globalisierung der Märkte und ein gestiegener Wettbewerb etc., schlagen sich im kommerziellen Personenluftverkehr besonders deutlich nieder. Luftfahrtunternehmen reagieren mit Preiskampf und Verdrängungswettbewerb und mit häufigen und umfassenden Veränderungen und Diversifizierungen ihrer Produktstrategie.[20] Zudem stoßen politische Programme Veränderungsprozesse an. Eine europäische Leitlinie besagt zum Beispiel, dass bis zum Jahr 2020 ein Wachstum des Flugverkehrsaufkommens um 300 Prozent (im Vergleich zu 2001) ermöglicht werden soll (Eißfeldt 2009, S. 74). Politisch ist der Ausbau von beliebigen neuen Infrastrukturen, zum Beispiel neuen Flughäfen oder Startbahnen, aber schwer durchsetzbar. Die Folge ist ein hoher organisationaler Rationalisierungsdruck in der Luft und am Boden. Die Überlegungen, wie das Verkehrsaufkommen der Zukunft gewährleistet und organisiert werden kann, reichen von der freien Flugstreckenwahl (free flight) und der Verdichtung der Mindestabstände im Luftraum bis zu kürzeren Turnaround-

18 Die durchschnittliche Flugzeuggröße und auch der eigens vorgehaltene Personalanteil pro Flugzeug wird im Schnitt jedoch geringer sein.

19 Die Verkehrsgeschichte von Flugzeugen (als Mittel zur Kommunikation, zur Erkundung abgelegener Gebiete, zur militärischen Nutzung, zum zivilen Passagiertransport) wird in diesem Buch weitestgehend ausgeklammert. Jedoch finden die jüngeren politischen, ökonomischen und technischen Entwicklungen im Luftverkehr dahingehend Berücksichtigung, dass ihre Auswirkungen auf die Arbeit, den Beruf und das Privatleben von Piloten erfasst werden. Ein kurzer Abriss zur historischen Entwicklung des Luftverkehrs zum Massenverkehrsmittel und zu dessen wachsender globaler Bedeutung findet sich bei Urry (2007, S. 136ff.). Für einen kurzen Überblick zur historischen (vor allem technischen) Entwicklung des Luftverkehrs siehe Merki (2009, S. 63ff.).

20 Zu diesen Entwicklungen siehe zum Beispiel: finanznachrichten (2006), Maurer (2006 S. 58ff.), Cichorowski/Führ (2005), McKinsey&Company (2005), FAZ (2004), Sterzenbach/Conrady (2003 S. 171ff.)

Zeiten, schnelleren Start- und Landevorgänge und weniger Rollen am Boden. Diese organisationalen Veränderungsprozesse gehen wiederum Hand in Hand mit der entsprechenden Technikentwicklung. Neue Kommunikations-, Ortungs- und Steuerungssysteme ermöglichen eine stärkere Zentralisierung und Steuerung vom Boden aus, während gleichzeitig automatisierte Prozesse der Flugkoordination in der Luft und selbstständiges Kommunizieren der Flugzeuge miteinander eine stärkere Dezentralisierung möglich machen. Der Wandel im Luftverkehr beruht also auf einem engen Zusammenspiel wirtschaftlicher, politischer und technischer Entwicklungen. Ein Beispiel ist das umfangreiche EU-Projekt IFATS (http://ifats-project.org), das den Weg für einen vollautomatisierten Luftverkehr (im Jahr 2050) bereiten soll. All diese Veränderungen haben starke Auswirkungen auf die Arbeit, den Beruf und die Lebenskonzepte von Piloten, d.h. auch auf deren Privatleben und soziales Umfeld.

3.3.1 Liberalisierung und Ökonomisierung

Ein bedeutsamer Aspekt in der Entwicklung des Flugzeugs hin zum Massenverkehrsmittel war die Liberalisierung zuerst des amerikanischen und dann auch des europäischen Personenluftverkehrs.[21] Im Zuge der Deregulierung in den letzten 60 Jahren sind die Ticketpreise bislang stark gesunken, was eine Voraussetzung für die stetig steigende Zahl der Flüge und Passagiere war. Daher kommt zum Beispiel Schmitt (2003, S. 53ff.) zu einer positiven Einschätzung der Auswirkungen der Deregulierung in den USA und in Europa: Vor allem durch neue „No-Frills“[22]-Gesellschaften ist das Preisniveau gesunken, der ‚Service‘ (hier allein gemessen an der Anzahl der zur Verfügung gestellten Sitzplätze und Flüge) hat zugenommen und Sicherheit (gemessen an Unfällen und Todesfälle an Bord) ist auf lange Sicht[23] tendenziell gestiegen.[24]

International, aber auch in Deutschland lässt sich die jüngere Entwicklung im kommerziellen Luftverkehr entlang dreier – für ehemals staatlich organisierte Bereiche typischer – Tendenzen nachzeichnen:

---

21 Eine umfangreiche Abhandlung zum Prozess der Liberalisierung des europäischen Luftverkehrs von 1957 bis 2006 präsentiert Dobson (2007).

22 „No-Frills“ kann übersetzt werden als „kein Schnickschnack“. Es handelt sich um eine Kosteneinsparungsstrategie (z.B. von zusätzlichem Service), die vor allem von den sogenannten „Billig-Airlines“ verfolgt wird/wurde.

23 Seit 1992 nimmt die Zahl der Unfälle jedoch wieder leicht zu.

24 Das gleiche Fazit zieht Stanovsky (2003) für die Deregulierung des europäischen Personenluftverkehrs. Auch für Deutschland empfehlen Ehmer et al. (2000) eine weitere Liberalisierung unter ständiger Marktbeobachtung ohne direkte oder indirekte Interventionen in den Markt und entwerfen ein „Wettbewerbsleitbild“ mit wettbewerbsfördernden und -erhaltenden Maßnahmen.

(1) Angestoßen durch eine Phase, in der die zentralen Bereiche des Luftverkehrs *privatisiert* wurden, liberalisierten sich die Rahmenbedingungen des gesamten Feldes, das nun für die kommerzielle Nutzung bzw. für die Privatwirtschaft interessant wurde.
(2) In Folge dessen *diversifizierte* sich der kommerzielle Luftverkehr so weit aus, bis
(3) schließlich wieder *Konsolidierungen* erfolgten, die meistens auf erheblichen Rationalisierungen beruhten.

Mit der *Privatisierung* ehemals staatlicher Fluggesellschaften wurde auch das Gros der relevanten Teilbereiche des Luftverkehrs liberalisiert;[25] in Amerika zum Teil schon in den 1970er Jahren (z.B. Freigabe der Flugpreise, vgl. den Überblick in Almond 2003), in England vor allem in den 1980er Jahren, in Deutschland in den 1990er Jahren. So wurden nicht nur die Flughäfen weitgehend privatisiert, sondern teilweise auch die Regulierung und Überwachung des Flugverkehrs. So wurde die Flugsicherung in Deutschland, ehemals staatliche Behörde (Bundesanstalt für Flugsicherung), in die privatwirtschaftliche Deutsche Flugsicherung GmbH überführt (Ewert 1998). Vor allem auf internationaler Ebene ist die Liberalisierung des kommerziellen Luftverkehrs noch nicht abgeschlossen, wie die Verhandlungen um die 2007 und 2010 vereinbarten Open-Skies-Abkommen[26] zwischen Europa und den USA gezeigt haben. Ziel ist es, den bisher eher regional ausgetragenen Wettbewerb im Luftverkehr weiter zu globalisieren und intensivieren.

> „Die Freigabe des transatlantischen Luftverkehrs werde dazu führen, dass in fünf Jahren die Zahl der Fluggäste zwischen der EU und den USA auf 76 Millionen steigen wird, schätzt die EU-Kommission." (SZ 2010)

Auf die Privatisierung folgte die *Diversifizierung* des kommerziellen Luftverkehrs. Die Unternehmen differenzierten sich entlang der von ihnen bedienten Strecken aus: *regional, kontinental* und *interkontinental,* mit Konsequenzen zum Beispiel für die Größe der Flieger, die Komplexität der Infrastruktur, die Zusammenarbeit mit Konkurrenten etc. Nach und nach traten deshalb verschieden große neue Marktteilnehmer mit unterschiedlichen Strategien und Konzepten in Erscheinung und es bildeten sich neue Allianzen. Zum einen entstanden so ge-

---

25 Für einen Überblick zur Privatisierung und Liberalisierung des Luftverkehrs siehe auch Matuschek (2008, S. 15–18).

26 Sie ermöglichen innerkontinentale Flugverbindungen für nichtkontinentale Airlines und erweiterte Beteiligungsrechte. Zum ersten „Open Skies"-Abkommen siehe Ginten (2007). Zu weiteren Schritten nach dem ersten „Open Skies"-Abkommen zwischen den USA und der Europäischen Union und zur Entwicklung von Zukunftsszenarien für die Regulierung des Luftverkehrs siehe ausführlich Brian (2009). 2010 wurde das zweite „Open Skies"-Abkommen unterzeichnet.

nannte *Major Carrier*, die weltweit agieren und über eine entsprechend ausdifferenzierte Flotte und komplexe Infrastruktur verfügen. Sie teilen sich in der Regel in Mutter- und Tochtergesellschaften auf, die zum Teil auch gegenseitig in Konkurrenz stehen, und bedienen dabei alle Strecken. Zum anderen deckten kleine unabhängige oder an die Strategie größerer Luftfahrtunternehmen angebundene *Regionalfluggesellschaften* die relativ kurzen, vor allem nationalen Flugstrecken ab oder dienten als Zubringer mit der entsprechenden Flotte und angepassten Organisationsformen. Ferner wurden manche Fluggesellschaften an Touristikkonzerne angebunden, die mehr oder weniger stark Einfluss nahmen und die ökonomische Entscheidungsmacht der für sie agierenden *Chartergesellschaft* einschränkten. Sie konzentrieren sich vor allem auf Pauschalreisende. Überwiegend im Regional- und Kontinentalbereich traten schließlich die so genannten *Low-Cost-Carrier* auf den Markt, welche sich durch einen in verschiedenen Bereichen (Buchung, Einchecken, Komfort, Verpflegung an Bord etc.) reduzierten Service zu Gunsten von niedrigen Preisen auszeichnen. Es kam also zu einer Diversifizierung in verschieden große Gesellschaften mit unterschiedlichen Flotten, Infrastrukturen, Streckenangeboten, Produkten, Preisstrukturen und nicht zuletzt Beschäftigungsbedingungen (vgl. Matuschek 2008, S. 18f.).

Typisch für neue Märkte, wurde die Diversifizierung gefolgt von einer *Konsolidierung.* In Deutschland ist der nationale Markt mittlerweile (ab 2006/2007) deutlich in eine Phase der Konsolidierung eingetreten und die zeitweise große Anzahl von unabhängig operierenden Airlines einer überschaubaren Menge gewichen: insbesondere mit der Übernahme der Airlines DBA und LTU durch die Air Berlin und die Verhandlungen um die Anbindung der TUIfly[27] und der Condor an Eurowings (vermarktet und gelenkt durch die Lufthansa) und deren Tochter Germanwings. Langfristig wird damit gerechnet, dass maximal zwei bis drei eigenständige deutsche Luftfahrtgesellschaften bestehen bleiben können (Hoppe/Krummheuer 2007).

Dass sich der deutsche Markt in der Mitte oder nahe am Ende einer Konsolidierungsphase befindet, bedeutet jedoch nicht, dass sich der *betriebliche Wandel* – also die Veränderung und Anpassung der Organisationsstrukturen – verlangsamt hat. Auf der einen Seite wird unabhängig von möglichen Störfaktoren wie Kriegen, internationalem Terror, Epidemien (wie z.B. SARS) und der Finanzmarkt- bzw. Wirtschaftskrise mit weltweit steigenden Passagierzahlen und wachsendem Frachtvolumen gerechnet (DeStatis 2002). Auch die International Air Transportation Association (IATA) geht von einem kontinuierlichen Wachstum des Markts aus. Auf der anderen Seite bleibt die nationale wie inter-

27 Hier ließ sich in sehr kurzer Zeit ein rasanter Unternehmenswandel beobachten, wie schon der ständige Namenswechsel der Markenauftritte verdeutlicht: erst Hapag-Lloyd Flug, dann Hapag Fly und Hapag Lloyd Express (HXL) und zuletzt TUIfly.

nationale ökonomische Konkurrenz ungebremst, da sich der Markt zunehmend globalisiert. Durch die im Zuge der Privatisierung und Liberalisierung diversifizierte Unternehmenslandschaft auf der Angebotsseite angestoßen, versuchen die Luftverkehrsgesellschaften verstärkt neue Märkte, d.h. vor allem neue Kunden und Kundengruppen zu erschließen. Wie in den USA entwickelt sich dadurch auch in Deutschland das Flugzeug weiter zum Massenverkehrsmittel und wird für weite Teile der Gesellschaft zu einem von mehreren ‚normalen' Transportmitteln.[28] Für viele Menschen ist das Fliegen längst schon Normalität geworden und in der Folge hat der Passagiertransport per Flugzeug einiges von seiner früheren Exklusivität verloren. Im Zuge der Entwicklung – zu mehr Konkurrenz – wurden bereits viele verschiedene Organisationsformen, Produktstrategien und Servicekonzepte ausprobiert, nicht immer mit dem erwarteten Erfolg. Stark getrieben wurde der Strukturwandel in der Luftfahrt durch die so genannten ‚Billigflieger' bzw. Low-Cost-Carrier (LCC), die im Niedrigpreissegment vor allem der Regional- und Kontinentalstrecken operieren, Regionalflughäfen nutzen und weitestgehend auf aufwändige Netzwerkstrukturen verzichten. Sie zeichnen sich vor allem durch Einsparungen bei den Service-Konzepten aus. Als ausgegründete Tochtergesellschaften oder investitionsintensive kleinere Betriebe stehen sie in direkter Konkurrenz zu etablierten Gesellschaften und gelten als innovative Strategie, die Nachfrage über den Preis zu stimulieren und den Strukturwandel in den Betrieben voranzutreiben. Obwohl sich im ‚Billigsegment' in Deutschland Einiges relativiert hat, besteht im nationalen Markt weiterhin ein nicht unerheblicher Preisdruck. Zudem ist die globale Konkurrenz bislang nur rudimentär ausgeprägt. Die Fluggesellschaften stehen also ökonomisch nach wie vor unter Druck, wie die zum Teil spektakulären Markenvariationen, Ausgründungen und Unternehmensfusionen bzw. -übernahmen zeigen.

Damit wandelt sich das *System Luftverkehr*. So kommt es zum Beispiel zur ständigen Veränderung bestehender und zur Bildung neuer, auch internationaler Allianzen.[29] „Code-Sharing, Verflechtungen, Leasinggeschäfte, Verträge zur technischen Wartung wie auch die operative und dienstleistungsbezogene Zusammenarbeit zwischen Wettbewerbern zeichnen ein Bild kooperativer Konkurrenz in der Luftfahrt." Diese ist laut Matuschek (2008, S. 19f.) „kooperativ", da

> „z.B. für den Fall der Insolvenz eines Unternehmens gegenseitige Transportgarantien [gegeben werden]. Im Zuge der kooperativen Konkurrenz zwischen den Wettbewerbern wird so die Stabilität des Luftverkehrssystems insgesamt gesichert."

28 Parallel dazu entwickeln sich die Flughäfen zu „suburbanen Konsumstandorten" (Korn 2006) – eine weitere Öffnung zum Massenkonsum.

29 Zu den rechtlichen Aspekten neuerer Prozesse der kommerziellen Zusammenarbeit von Luftfahrtunternehmen, wie „Wet-Lease", „Dry-Lease", „Franchising", „Strategische Allianzen" etc. und vor allem zu „Code-Sharing" siehe Götting (2002).

National wie international ist die kommerzielle Luftfahrt in gewissem Maße ein selbstständiges System, gelenkt durch ein gemeinsames (eventuell unterschiedlich ausgeprägtes) Interesse aller beteiligten Akteure an Sicherheit. Ehemals hoheitliche Aufgaben wurden internationalisiert und zum Teil privatisiert und damit partiell der Selbstregulation übertragen (ebd., S. 10). In der Folge hat sich der Luftverkehr auch mit Blick auf das Luftverkehrsrecht von bilateralen Regimes hin zu einem (jedoch noch schwach ausgeprägten) multilateral geregelten System entwickelt (Wrangell 1999). Die einzelnen Staaten üben jedoch nach wie vor einen starken Einfluss auf diese Verkehrs- bzw. Versorgungsbetriebe aus. Nicht zuletzt auf Grund der volkswirtschaftlichen Bedeutung werden erhebliche Mittel in den Ausbau der Infrastruktur gelenkt und dem Luftverkehr steuerliche Vorteile eingeräumt (Treber/Dirk 2004).[30] Die partielle ‚Selbstregulation' im Luftverkehr äußert sich – vor allem jüngst in Deutschland – auch durch Unternehmenszukäufe und Zusammenschlüsse etc., wodurch etwas Unsicherheit aus dem Markt genommen wird. Die Konzerne *diversifizieren* sich intern jedoch tendenziell weiter aus. Die Lufthansa zum Beispiel entwickelt sich zu einem divisionierten Konzern, der unterschiedliche luftfahrtspezifische Geschäftsmodelle vereint. Nicht selten werden Unternehmenszukäufe als eigenständige Unternehmen weitergeführt; nicht zuletzt um neue, für die Mitarbeiter meist ungünstigere Beschäftigungsbedingungen zu realisieren. „Entsprechend dem jeweiligen Geschäftsmodell und der Stärke bzw. Schwäche der Beschäftigtenorganisationen haben sich völlig unterschiedliche Entgeltstrukturen, Arbeitszeitmodelle und Formen industrieller Beziehungen entwickelt" (Matuschek 2008, S. 23). In der Folge ist im kommerziellen Personenluftverkehr ein recht heterogener Arbeitsmarkt entstanden, und die institutionelle Landschaft (z.B. Verbände und Interessenvertretung) hat sich verändert bzw. zu einem komplexen System ausdifferenziert – wie es Matuschek (ebd., S. 11) in seiner „Morphologie der kommerziellen Luftfahrt" vorstellt.

Insgesamt ist der Luftverkehr durch eine stärkere *‚Ökonomisierung'* gekennzeichnet – also durch eine Vermischung der Seite der Verkehrsversorgung mit der Ökonomie bzw. durch einen stärkeren Einzug ökonomischer Kalküle; und dies nicht nur im Kernbereich – dem ‚Fliegen' – sondern auch in den Randbereichen. Dies äußert sich zum Beispiel in der stärkeren wirtschaftlichen Verflechtung von Flughäfen und Fluggesellschaften, in Verbindung mit Reiseunternehmen[31] oder mit Kontroll- und Regelungsorganisationen[32], u.a. um stärker auf

30 Vgl. Matuschek/Voß (2008a, S. 185ff.). Mit dem Koordinator der Bundesregierung für Luft- und Raumfahrt wurde 2007 auch erstmals ein zentraler Ansprechpartner institutionalisiert.

31 Dafür steht insbesondere die Marke TUIfly, eine Verbindung des Tourismuskonzerns TUI mit der Fluggesellschaft Hapag Fly und dem Unternehmen HLX.

verkehrspolitische Infrastrukturentscheidungen Einfluss zu nehmen. Fliegen und Wirtschaften rücken immer weiter zusammen bzw. ‚entgrenzen' sich zunehmend – d.h. die bisherigen, institutionell und organisatorisch gefestigten Grenzziehungen zwischen diesen Zwecken verwischen sich in der kommerziellen Luftfahrt. Mit Blick auf die Kommerzialisierung des Luftverkehrs wird das Fliegen zusehends zum (Massen-)Produkt – mit den entsprechenden Risiken. Wenn sich die Produktion nicht mehr genügend rentiert, wird das Produkt gewechselt bzw. das Kapital zieht sich aus dem Bereich zurück. Damit befindet sich der Luftverkehr nicht nur in Konkurrenz zu Verkehrssystemen wie Automobil und Bahn (vgl. Matuschek/Voß 2008a, S. 185ff.), sondern auch zu allen weiteren renditeversprechenden Anlagemöglichkeiten. Welche Folgen hat dies für die Betriebe, die Mitarbeiter und ihre Arbeit?

> „Wenn es dem [Geschäftsführer] nicht mehr gefällt, dann verscherbelt der uns. Was passiert dann mit unserem Arbeitsplatz? Also wirklich diese Existenzängste, die immer wieder hoch kommen. Und da muss ich jetzt ehrlich sagen, da gibt es jetzt unterschiedliche Ansichten, wie man denen begegnen sollte." (D02)

3.3.2 Vom Flieger über den Systemüberwacher zum Systemmanager

Das Tätigkeitsfeld von Piloten ist einem stetigen politisch, technisch und ökonomisch induzierten Wandel unterworfen. Es sind neue Arbeitsanforderungen identifizierbar, an die sich Piloten aktuell anpassen. Derartige Anpassungsprozesse bergen natürlich sowohl Chancen wie auch Risiken; auch für die Entwicklung des Berufs. So zeichnen sich neue Qualifizierungschancen für Piloten ab, aber auch de-qualifizierende Tendenzen. Die Tätigkeitsbilder ‚Flieger' und ‚Systemüberwacher' – auf die ich später noch zurückkomme – stehen für den wachsenden Konflikt zwischen (bisheriger) Autonomie und (zunehmender) Ökonomisierung und Automatisierung.

Auf der einen Seite bestehen gegenwärtig Überlegungen, bisherige Verantwortlichkeiten der Bodenkontrolle verstärkt an die Piloten zu delegieren (EATCHIP 1998). In gewisser Weise gewinnt dadurch die Arbeit von Piloten an Autonomie. Insbesondere mit den Free-Flight-Konzepten findet eine Ausweitung des Verantwortungsbereichs der Piloten statt. Unterstützt durch neue Techniken der automatischen Luft-Luft-Kommunikation zur Kollisionsvermeidung geht die Tendenz dahin, dass Piloten ihre Flugroute selbstständig festlegen und den unmittelbaren Luftraum gegebenenfalls ohne Unterstützung von Bodenstationen überwachen (Hemker 1996; Johnsson 2001; DFS 2003; Schlönhardt 2008). Diese Verlagerung von Verantwortlichkeiten der Lotsen (Mensen 2004) erfordert zwangsläufig eine höhere Arbeitsleistung im Cockpit (Stark 2000). In

32 Zum Beispiel die Lufthansa und die Deutsche Flugsicherung (DFS).

die gleiche Richtung zielen neuere Flugplanverhandlungen und Data-Link-Prozesse, die von den Piloten zusätzlich übernommen werden müssen. So genannte Multi-Sektor-Planer entlasten zwar die Fluglotsen, treten aber als neue Kommunikationsanforderungen gegenüber den Piloten auf (Fricke et al. 2001). Insgesamt nehmen also Kommunikations- und Kontrolltätigkeiten tendenziell zu.

Auf der anderen Seite werden parallel zu dieser Arbeitsausweitung auch Entwicklungen angestoßen, die eine Substitution von Arbeiten durch die Technik und partiell auch eine Verlagerung von Tätigkeiten auf den Boden bewirken. Ein Szenarium ist zum Beispiel, dass einem im Cockpit (alleine) anwesenden Piloten ein Kooperationspartner am Boden zur Seite gestellt wird, der die Systeme von dort aus bedient, aber auch die technischen Möglichkeiten von Lotsen zur Verfügung hat (vgl. Walther 2009). Hart umkämpfte Fragen bei der Verwirklichung eines derartigen Konzepts werden unter anderem die Ausbildung dieses am Boden arbeitenden ‚Piloten' bzw. ‚Lotsen' und der Aspekt sein, mit wie vielen Flugzeugen dieser gleichzeitig zusammenarbeitet – also inwieweit nicht einfach ein Pilot wegrationalisiert wird. Durch die Weiterentwicklung der Technik im Cockpit werden die Piloten natürlich auch von vielen Tätigkeiten entlastet, wodurch sich das Fliegen insgesamt verändert hat. Der technische Fortschritt im Cockpit, symbolisiert durch Ausdrücke wie ‚Glas-Cockpit' für die elektronische Bildschirmanzeige anstelle klassischer Instrumente oder ‚Fly-by-Wire' für die Übertragung der physikalischen Eingaben der Piloten (z.B. beim Steuern) als elektronische Daten an Elektromotoren, entlastet die Piloten auch vielfach. Diese Entlastung wird von manchen durchaus kritisch gesehen: Zum einen wird befürchtet, dass die neuen, allein auf solchen Geräten ausgebildeten Piloten als sogenannte ‚Computer-Kids' das klassische Fliegen ver- bzw. gar nicht lernen. Zum anderen wird die Technik zunehmend komplexer und schwieriger zu verstehen, die Piloten werden in die Rolle von bloßen Anwendern gedrängt. Das vielfach beschworene umfangreiche Grundverständnis der ‚dahinter stehenden' Technik kann angesichts der Komplexität nicht mehr eingefordert werden. Selbst den an der Herstellung beteiligten Experten ist ein solches Grundverständnis nicht (mehr) möglich. Ein Teil des bisherigen Pilotenwissens geht damit verloren – verbunden mit Befürchtungen, dass sich dies auch auf die Sicherheit auswirkt. Der Pilot wird zum *Systemüberwacher.*

Mit dem Argument, dass vor allem die Technik Arbeitspotenzial im Cockpit freisetzt, werden aktuell jedoch – quasi in einer zweiten Rationalisierungsschleife – mehr oder weniger direkt bzw. formalisiert bisherige Arbeiten des Umfelds an Piloten übertragen. Die momentane Arbeitsentlastung wird also als Argument genommen, die Tätigkeit von Piloten zunehmend mit bisherigen Randtätigkeiten und Zuarbeiten anzufüllen. Dies reicht von der zunehmenden Schnittstellenarbeit bzw. dem ‚Management' (Organisation, Kommunikation, Führung etc.) bis zur partiellen Übernahme von Arbeitsaufgaben bei der Passagierbetreuung in der Kabine, etwa per Bordfunk (in Form von humorvollen Ansagen oder auch Werbesprüchen; vgl. Matuschek/Voß 2008a, S. 10), oder sogar bis zur Beteiligung am Aufräumen in der Kabine, um Kosten für das Cleaning zu sparen, wie es bei einer europäischen Airline Praxis ist (vgl. Walther 2009). Gleichzeitig werden die Arbeitsabläufe am Boden immer weiter optimiert und vor allem die ‚Turnaround'[33]-Zeiten immer weiter verringert, was den Zeitdruck erhöht. Insgesamt nehmen also vor allem kontrollbezogene und ökonomische Aspekte in der Arbeit von Piloten zu (Hoffmann et al. 1999), die eigentliche Kerntätigkeit – ‚das Fliegen' – rückt weiter in den Hintergrund. Piloten werden zu *Systemmanagern.*

Aktuell lassen sich also im Luftverkehr zwei einander gegenseitig bedingende, größtenteils parallel laufende Entwicklungen aufzeigen: eine *technikzentrierte* – eher langfristige – und eine *arbeitsorganisatorische* – schnell greifende – Rationalisierung. Es ist offen, inwieweit die neuen Formen des Umgangs mit der veränderten Technik im Cockpit und die Akkumulation von ehemaligen Zuarbeiten bzw. Randtätigkeiten bei den Piloten zur Qualifizierung und zu einer neuen Stärkung des Berufsbilds beitragen.

Zudem zeichnen sich im Luftverkehr zunehmend Ungleichheiten zwischen verschiedenen Airlines, ihren Marken und auch innerhalb einzelner Marken ab, zum Beispiel zwischen älteren Piloten mit einem hohen Einkommen und viel Erfahrung (und in der Folge mit einer guten Machtstellung im Betrieb) und neu einsteigenden Copiloten mit neuen Verträgen, schlechteren Gehaltsaussichten und weinig Einfluss auf die Arbeitszeiten (vgl. Matuschek/Voß 2008a, S. 12). Es kommt zu einer Stratifikation innerhalb des Berufs bzw. innerhalb der Pilotenschaft:

> „Man ist – in den Augen eines [Airline-] Piloten – Hobbyflieger. [...] Es ist eine Katastrophe, kein [Airline-Mitarbeiter] zu sein, wenn Sie kein hohes Selbstbewusstsein haben." (A01)

Ungleiches Image bzw. Unterscheidungen zwischen Airlines werden im Luftverkehr traditionell letztlich an Kompetenz und Safety-Aspekten festgemacht. Damit wird am Kernelement des Berufsethos von Piloten angesetzt, was die Betroffenen stark verletzt. In Wirklichkeit geht es jedoch – wie weiter unten gezeigt wird – um Arbeits- und Beschäftigungsbedingungen, wie Arbeitszeiten, Geld und Statussymbole (Größe des Fliegers, Attraktivität der Destinationen etc.). Insgesamt sind die goldenen Zeiten im Luftverkehr vorbei (Cwerner, S. 5f.).

---

33 Mit ‚Turnaround' wird das ‚Umdrehen' des Flugzeugs nach der Landung und vor dem nächsten Start bezeichnet – bei Kurz- und Mittelstrecken beläuft es sich mittlerweile auf 20 bis 45 Minuten. Vor ein paar Jahren war dafür noch wesentlich mehr Zeit (vgl. Cichorowski/Führ 2005).

4 Mobilität, Entgrenzung, Alltägliche Lebensführung und Beruf

Es existieren kaum soziologische bzw. sozialwissenschaftliche Forschungen zum Luftverkehr. Noch spärlicher sind die Veröffentlichungen, die sich aus einer subjektnahen Perspektive mit Arbeitsaspekten in der Luftfahrt oder mit der Wechselwirkung zwischen der Arbeit und dem Privatleben von Piloten beschäftigen. Es lassen sich nur zwei explizit soziologische Forschungsstränge identifizieren, die sich in ähnlicher Art wie die vorliegende Studie auf den Luftverkehr als Gegenstand beziehen: zum einen natürlich das erwähnte Forschungsprojekt „Multiple Entgrenzung der Arbeit fliegenden Personals im kommerziellen Luftverkehr" (ALU), auf dessen Datenmaterial und Erkenntnissen das Buch aufbaut. Zum anderen die Forschungen des internationalen Cosmobilities-Netzwerks (http://www.cosmobilities.net) unter dem Schlagwort „Aeromobilities" (Cwerner et al. 2009).

Es fehlt an Forschungen, die die Arbeit von Piloten in einem umfassenden Zusammenhang mit deren privatem sozialem Umfeld untersuchen. Hierfür sind Methoden und Theorien notwendig, die in der Lage sind, das individuelle Handeln von Subjekten (Piloten) in Arbeit und Privatleben mit den jeweiligen organisationalen und gesellschaftlichen Rahmenbedingungen in Verbindung zu bringen. Gebraucht werden also theoretische und methodische Konzepte, die sowohl die Mikro-Ebene sozialen Handelns als auch die Meso-Ebene (Betrieb, relevante Institutionen im Luftverkehr oder im Privatleben von Piloten) und die Makro-Ebene (gesamtgesellschaftliche Entwicklungen) umfassen. Neben dieser ‚vertikalen Tiefe', also einer alle gesellschaftlichen Ebenen einschließenden Betrachtung, besteht auch der Anspruch einer möglichst großen horizontalen Spannweite, vor allem auf der Mikro-Ebene. Im Folgenden wird kein idealisierter Akteur im Mittelpunkt stehen, sondern ein reichhaltiges Subjekt, dessen Konzeption der Komplexität des Sozialen gerecht wird. Um das Handeln des Subjekts zu verstehen, müssen seine relevante Umwelt und die individuellen Bezüge zu dieser möglichst umfassend in die Betrachtung eingeschlossen werden.

Was folgt daraus für die Wahl der Theorien? *Entgrenzung* ist ein Konzept, das Strukturauflösungen und Neustrukturierungen (Begrenzung) auf allen Sozialebenen (Subjekt, Organisation und Gesellschaft) auf einer breiten Basis von Sozialdimensionen erfassen kann. Bislang fehlen jedoch Erkenntnisse dazu, wie Entgrenzungsphänomene auf den verschiedenen Ebenen und zwischen den diversen Dimensionen (auf der horizontalen Ebene) zusammenwirken. Um diese Lücke zu füllen, wird im Folgenden auf zwei Konzepte zurückgegriffen: auf Mobilität zum einen und die Alltägliche Lebensführung zum anderen. *Mobilität* findet bislang eher als empirischer Gegenstand Verwendung denn als eigenständiges theoretisches Konzept. Hier werden zunächst die theoretischen Implikationen vorgestellt, die mit dem Mobilitätsbegriff verbunden sind. Als Gegenstand eignet sich Mobilität im Hinblick auf die Frage, wie einzelne Entgrenzungsphänomene zusammenwirken, besonders gut, da in der Mobilität von Personen vielfache Entgrenzungsaspekte kumulieren und viele weitere durch die raumzeitliche Bewegung von Personen berührt werden. Gerade was die konzeptionelle (theoretische und methodische) Ausgereiftheit angeht, bietet die *Alltägliche Lebensführung* eine hohe Anschlussfähigkeit an die Zielsetzung dieser Untersuchung. Dem liegt die Überlegung zu Grunde, dass sich im alltäglichen Umgang von Subjekten mit vielfach entgrenzten Bedingungen Strategien, Muster und Arrangements erkennen lassen, die das Zusammenwirken multipler Entgrenzung abbilden.

In diesem Kapitel werden zuerst Grundthemen soziologischer Mobilitätsforschung vorgestellt mit dem Ziel, letztlich zu einer Bestimmung des im weiteren Verlauf verwendeten Mobilitätsbegriffs zu kommen. Ein besonderer Fokus liegt dabei auf arbeitsbedingter Mobilität. Dann wird das Konzept der Entgrenzung von Arbeit und unter dem Schlagwort ‚multiple Entgrenzung' dessen Vieldimensionalität vorgestellt. Beide Begriffe – Mobilität und Entgrenzung – werden in einen systematischen Zusammenhang gebracht. Anschließend wird das Konzept der Alltäglichen Lebensführung vorgestellt, verbunden mit einschlägigen Forschungsarbeiten. Zuletzt werden Verbindungslinien zwischen Mobilität, Entgrenzung und Lebensführung aufgezeigt und diskutiert. Ergänzt wird das Kapitel durch einen professionssoziologischen Exkurs zum Beruf Pilot, da sich viele Veränderungen in der Arbeit und im Privatleben von Piloten im Beruf(sbild) manifestieren. Eine Analyse des Forschungsstands und eine Darstellung des Aufbaus des theoretischen Rahmens der Arbeit führen dann zur theoretischen Präzisierung der Fragestellung und zu ihrer Konkretisierung im Hinblick auf die Empirie in den folgenden Kapiteln.

4.1 Mobilität

Aktuell wird Mobilität als einer eigenständigen soziologischen Kategorie zunehmend Bedeutung zugesprochen. Internationale Mobilitätsforscher haben jüngst einen „mobility turn" und ein neues „mobility paradigm" (Cwerner 2009, S. 2) in den Sozialwissenschaften ausgerufen. Im Folgenden werden die zentralen Diskussionslinien der Mobilitätsforschung komprimiert vorgestellt: Mobilität als Gesellschaftsbeschreibung, als Kompetenz und Kapital, als Freiheit und Zwang und das Verhältnis von Mobilität und Lokalität.

4.1.1 Mobilität als Gesellschaftsbeschreibung

Mobilität ist nach Schneider et al. (2002, S. 13ff.) ein „Schlüsselbegriff der Moderne". Viele weitere Autoren weisen explizit auf den engen Zusammenhang zwischen Mobilität und Gesellschaftsentwicklung hin, etwa Beck/Beck-Gernsheim (1994), Beck (1999), Lash/Urry (1994), Urry (2000, 2009), Berger (1996), Castells (1996), Albrow (1997, 1998), Sennett (1998), Bonß/Kesselring (1999).[1] Es kann eine „Wahlverwandtschaft von Moderne und Mobilität" behauptet werden, wobei Mobilität sowohl auf die zunehmende gesellschaftliche Differenzierung (integrierend) reagiert als auch neue Differenzierungen erzeugt (Rammler 1999, vgl. auch 2001 und 2008).

Eine gängige Sondierung der Forschungslandschaft zur Mobilität ist die Einteilung in Autoren, die eher die Risiken einer zunehmend mobilen modernisierten Moderne sehen, und jenen, die die Chancen betonen (siehe z.B. Bonß/ Kesselring 1999, S. 45ff. und Pelizäus-Hoffmeister 2001a, S. 1). Als Autoren, die eher die positiven Aspekte von Mobilität auf die Gesellschaft wie auch auf die Mobilen betonen, etwa in Bezug auf soziale Ungleichheit, soziale Beziehungen bzw. soziale und kulturelle Kompetenzen, werden zum Beispiel (neben Simmel) Albrow (1997, 1998), Berger (1996) und Beck (1986) genannt. Autoren, die eher auf die Gefahren hinweisen, sind (neben Durkheim, Parsons und Merton) zum Beispiel Castells (1996), Sennett (1998) und Urry (2000).[2] Auch bei Leadbeater (2001) steht „der mobile Mensch" in Anlehnung an Sennets „flexiblen Menschen" (1998) als Sinnbild für eine Kritik der modernen Gesellschaft.

Für Bonß und Kesselring (1999, S. 51) ist der kritische Blick auf Mobilität Kennzeichen für den strukturellen Übergang in die Zweite Moderne. Der historische Wandel im Umgang mit und in der Deutung von Mobilität vollzieht sich parallel zu den zentralen Kennzeichen gesellschaftlicher Entwicklung. Relevante „Strukturations- und Vergesellschaftungsmuster (traditionelle Gesellschaft, Erste Moderne, Zweite Moderne)" verweisen auf „spezifische *Mobilitätsphasen*", in denen bestimmte *„Mobilitätskonzepte"* als „Deutungsmuster" favorisiert werden (ebd., S. 48).[3] Die gesellschaftliche Entwicklung lässt sich also an Mobilitäts-

---

1 Ein Überblick findet sich z.B. in Pelizäus-Hoffmeister (2001, S. 2) oder in Kaufmann (2003, S. 3ff.). Kaufmann stellt verschiedene Zugänge zu gesellschaftlicher Mobilität Vorstellungen von modernen mobilen Gesellschaften gegenüber.

2 In der Regel greift eine solche Einteilung jedoch zu kurz, da sowohl der Mobilitätsbegriff als auch das empirische Phänomen viel zu komplex und vielseitig sind, um eine derartige Positionierung vorzunehmen. Diese wird also weder dem Gegenstand noch den Autoren gerecht.

3 Bonß und Kesselring (1999, S. 56ff.) ordnen die Forschungslandschaft, indem sie Vergesellschaftungsmuster und Mobilitätskonzepte aus der Literatur (Pilger und Touristen [Bauman], Tourist als individualisierter mobiler Mensch [Urry], Migranten [Treibel])

formen und Mobilitätsdiskursen festmachen. Auch die Diskussionen, die den aktuellen Stand gesellschaftlichen Wandels beschreiben, zum Beispiel die um „Individualisierung", „Risikogesellschaft" oder die „reflexive Moderne" (Beck 1986), weisen immer spezifische Bezüge zu Mobilität auf. Vor allem seit der Industrialisierung wird Mobilität in einen engen Zusammenhang mit Individualisierung gestellt (Bonß/Kesselring 1999, S. 43). Die Deutungen und Formen von Mobilität sind also ein zentrales Moment gesellschaftlichen Wandels.

Aber auch die reale Zunahme an räumlicher Mobilität kann als Resultat der gesellschaftlichen Entwicklung gesehen werden, zum Beispiel hin zu einer Dienstleistungsgesellschaft, da diese mit einer abnehmenden Standortbindung einhergeht (Barth 1998, S. 4). Globale Warenströme verlangen ebenfalls ein Mehr an Mobilität, das durch den technischen Fortschritt ermöglicht wird. Jedoch wird vor allem im Zusammenhang mit sozialer Ungleichheit intensiv die Frage diskutiert, ob der Raum und die Raumüberwindung aktuell in der Gesellschaft eine zunehmende oder abnehmende Rolle spielen. Einerseits lässt sich deutlich ein Zusammenhang zwischen dem Ausmaß an Verkehrsmobilität und dem Grad gesellschaftlicher Entwicklung feststellen:

> „Man ist aus heutiger Sicht fast geneigt, den Grad der Modernisierung im Sinne hoher sozialer Mobilität auch an den zurückgelegten Verkehrsmengen festzumachen. Denn es gibt nicht nur den [...] Zusammenhang zwischen individueller Einkommenshöhe, Verkehrsleistungen und -mittel. Im historischen Kontext sind mit dem Übergang von der ‚formierten' zur ‚postmodernen Gesellschaft' die Kilometerleistungen erheblich gestiegen und von rund 3.000 Jahreskilometer im Jahre 1950 pro Jahr und Person auf über 10.000 Jahreskilometer im Jahre 2005 angewachsen." (Knie 2007, S. 50)

Andererseits kann argumentiert werden, dass neue Kommunikationsformen den Raum als soziale Kategorie immer weiter verdrängen werden.[4] So machen zum Beispiel Bonß und Kesselring (1999, S. 52ff.) eine historische Sequenz von vier Mobilitätskonzepten auf: von traditionaler über territoriale und globalisierte zu virtualisierter Mobilität. Letztere benennen sie als prägend für die modernisierte Moderne. Sie sprechen insofern von einem *„‚Strukturbruch' der Mobilisierungsdynamik"*, als „neben der globalisierten die virtualisierte Mobilität als gesellschaftliches Leitbild an Bedeutung gewinnt" und die Möglichkeit zur *„immobilen Mobilität"* (ebd., S. 60).

---

einander gegenüberstellen. Das Resultat sind verschiedene historische Mobilitätstypen: Armer Reisender/Pilger/Händler für traditionale Gesellschaften, Wanderer/Flaneur/Berufspendler, aber auch Kosmopolit/Emigrant bzw. Immigrant für die Erste Moderne und (Massen-)Tourist, Transmigrant/Global Manager und Digitaler Nomade/Netsurfer für die zweite Moderne (ähnlich auch Kreutzer/Roth 2006b, S. 16).

4 Zur Überlegung, dass Digitalisierung und Informatisierung Mobilitätsbedarf aufheben, siehe Bonß/Kesselring 1999, S. 52, 55f.

Aktuell resultieren Digitalisierung und Informatisierung jedoch eher nicht in weniger Mobilität, obwohl in der Arbeitswelt Orte teilweise weniger relevant werden (Barth 1998). Gerade Wirtschaftseliten sind zunehmend hoch mobil (Kesselring 2007). In der Folge existieren verschiedene Vorstellungen in Bezug auf Mobilität und Gesellschaft: von Mobilität als Randerscheinung mit nahezu keinem Effekt auf die soziale Differenzierung über ein dialektisches Verhältnis zwischen Mobilität und Lokalität in der Netzwerkgesellschaft[5] (z.B. Castells 1996) und die „liquid modernity" (Bauman 2000), bei der sich die Gesellschaft entlang von Mobilitätschancen stratifiziert, bis zu Modellen, die räumliche Distanz als überwundene Kategorie betrachten (vor allem durch Technologie) (vgl. Kaufmann 2003, S. 3ff.).

Die Tatsache, dass (räumliche) Mobilität in der Gesellschaft einerseits zunimmt, andererseits zum Teil unnötig wird, sorgt für Konfusion in der Wissenschaft (Kaufmann et al. 2004). Mit Blick auf die Gleichzeitigkeit von zunehmender Mobilität bzw. Geschwindigkeit und Digitalisierung bzw. Virtualisierung muss von einander gegenseitig bedingenden Prozessen gesprochen werden. Das dialektische Verhältnis zwischen Mobilität und Lokalität bzw. Raum und Virtualität beschreibt Kesselring (2007, S. 832) folgendermaßen:

> „Daten- und Informationsströme verbinden sich mit physischen Strömen von Menschen und Gütern, wobei Digitalisierungs- und Materialisierungsphänomene kaum mehr streng voneinander getrennt analysiert und verstanden werden können."

Kaufmann et al. (2004) bieten hier „Motility" bzw. „Motilität" als Lösungskonzept an, welches unter anderem eine Spaltung zwischen räumlichem und zeitlichem Fokus vorsieht. Motilität als Fähigkeit zur Bewegung bzw. Beweglichkeit muss nicht in tatsächlicher Mobilität resultieren. Der Modernisierungsgrad von modernen Gesellschaften ist jedoch nicht allein durch Mobilitätsmöglichkeiten zu erfassen, sondern auch eine Frage „der Aneignung von Technologien" (Canzler/Kesselring 2006, S. 4162). Es ist eine zunehmende Anforderung vor allem an die (reflexiven) Subjekte, mit den Unsicherheiten und Risiken einer gesteigerten Mobilität umzugehen (vgl. Bonß/Kesselring 1999, S. 46). Für die reflexive Moderne ist kennzeichnend, „daß Bewegung zu einem Dauerzustand und die Herstellung von Erwartbarkeit und Verläßlichkeit zu einer neuen Gestaltungsaufgabe wird" (ebd., S. 59) Ein allein räumlicher Mobilitätsbegriff erfasst Mobilität immer weniger (ebd., S. 43). Auch Voß (2010, S. 12) konstatiert, dass Mobilität auf ein „wesentlich umfassenderes und tiefergehendes *allgemeines In-Bewegung-Setzen des modernen Menschen* verweist und daher eine wesentlich offenere Beschäftigung mit dieser Zentralkategorie der Moderne erfordert" als den reinen Bezug auf die Bewegung im Raum bzw. den Verkehr.

---

5 Wobei Mobilität eher dem Gewinn an ökonomischem Kapital dienlich ist und Lokalität beim Aufbau kulturellen Kapitals unterstützend wirkt.

> „Moderne Gesellschaften zeichnen sich durch eine nachhaltige ‚Verflüssigung' sozialer Strukturen aus – ein Prozeß, der als Individualisierung und Mobilisierung gleichermaßen beschrieben werden kann. Denn der individualisierte ist ein hochmobiler Mensch, der unter den Bedingungen der modernisierten Moderne mit wachsenden räumlichen, zeitlichen und sozialen Flexibilitätszumutungen konfrontiert ist." (Bonß/Kesselring 1999, S. 39)

Damit sind einige der Kategorien bzw. Dimensionen benannt, die unten mit dem Konzept der (multiplen) Entgrenzung erfasst werden sollen. Mobilität und Entgrenzung stehen so in einem engen (theoretischen) Zusammenhang.

4.1.2 Mobilität als Gegenstand aktueller Soziologie

Mobilität wird bislang vor allem unter einzelnen Blickwinkeln betrachtet (Bonß/ Kesselring 1999, S. 44), zum Beispiel räumlich, zeitlich, sozial in Bezug auf Ungleichheit, Demokratisierungspotenzial (Pompl 1991, S. 49) und Recht auf Mobilität, Mobilität und Sicherheit[6]. Ebenso wird Mobilität bei Forschungen um soziale Lebenslagen, Milieus und Lebensstile[7] in Zusammenhang mit Infrastrukturfragen und Verkehrspolitik,[8] Migration, Freizeitmobilität oder Alltagsmobilität,[9] Mobilitätsverhalten[10], Verkehrshandeln,[11] Verkehrsmittelnutzung bzw. -bezug[12], internationalen Karrieren und transnationaler Mobilität[13] untersucht. Zu all

---

6 Lüthi und Purtschert (2009) z.B. begreifen Mobilität und Sicherheit als zwei schon immer miteinander verbundene Aspekte von Gesellschaft. So kann der Zugang zu Mobilität Sicherheitsaspekten entgegenstehen. Siehe auch die Kritik dazu in Meyer (2009). Zur Sicherheit an Airports und ihren Auswirkungen auf die individuelle und gesellschaftliche Mobilität am Beispiel der USA siehe Ortlepp (2009).

7 Etwa Modelle zur quantitativen Untersuchung von sozialer Mobilität und Lebensstilen (Stein 2006).

8 Einen guten Einblick bietet das *Handbuch Verkehrspolitik* (Schöller 2007).

9 Zur „Alltagsmobilität" siehe Rosenbaum (2007). Zu verschiedenen Lebensformen von Mobilen im Alltag siehe z.B. Kesselring (2007, S. 830f.), u.a. mit einem Überblick über vielfältige Arten von Passagieren.

10 Zu sozialer Mobilität und Lebensstilen siehe z.B. Stein (2006). Eine quantitative Studie zur Mobilität privater Haushalte bietet Hensel (2002).

11 Elaborierte theoretische Konzeptionen und quantitative Längs- und Querschnittsuntersuchungen zur Individualisierung bzw. „Subjektivierung" des Verkehrshandelns und der Wohnstandortwahl abhängig von Lebensstil und Lebenslage anhand von Mobilitätsbiografien finden sich in Schneider (2009).

12 Siehe z.B. die Studien von Tully und Baier (2006) zum Verhältnis von Jugendlichen und Automobilität.

13 Eine Sammlung interessanter Beiträge zu transnationaler (vor allem arbeitsbedingter) Mobilität und Lebensführung von „Transmigrantinnen" findet sich in Kreutzer/Roth (2006a). Die Subjekte reichen von Expatriates und anderen Hochmobilen über fliegende Ordensschwestern bis zu „gemischtkulturellen Flugbegleitercrews". Bei Letzteren geht es um

diesen Einzelthemen existieren theoretisch ausgerichtete wie auch empirische (quantitative und qualitative) Studien. Es werden verschiedene Formen von Mobilität unterschieden, z.B. räumliche (damit immer auch zeitliche) Mobilität, soziale Mobilität, körperlich-mentale Beweglichkeit oder geistige Beweglichkeit (vgl. Schneider 2005; Voß 2010a);[14] ebenso verschiedene Mobilitätseinheiten (z.B. Körper, Objekte, Vorstellungen, Virtualität, Kommunikation; vgl. Urry 2007). Daneben lassen sich Überblickswerke finden, wie zum Beispiel Günther (2002), mit kurzen Informationen zu Themen wie Kommunikationstechnologien, Mobilität der Arbeit, Mobilität im Freizeitverhalten, Mobilität und Verkehr etc.[15] Eine umfangreiche Zusammenstellung verschiedener Mobilitätsbegriffe und theoretischer wie konzeptioneller Zugänge findet sich bei Urry (2007, S. 17ff.).[16]

Trotz oder eben auf Grund dieser vielfältigen Zugänge macht es Sinn, Mobilität als ein Gesamtphänomen zu betrachten, entsprechende konzeptionelle Überlegungen voranzutreiben und sie sowohl systematisch in den Theoriebestand der Soziologie zu integrieren als auch aus diesem als theoretisches Konstrukt zu extrahieren. Denn:

> „Mobilität ist kein Bindestrichthema der Soziologie, sondern ein modernes Basisprinzip, vergleichbar der Rationalität, der Individualität und der Globalität. Damit ist Mobilität ein umfassendes konzeptionelles Thema der Soziologie und wird als solches in aktuellen Theorien entwickelt." (Canzler/Kesselring 2006, S. 4161)

„Mobilitätsforschung gehört in den Bereich der allgemeinen Soziologie und Modernisierungstheorie", so Canzler und Kesselring (ebd., S. 4172) weiter. Sie wird aber gerade in Hinblick auf aktuelle Gesellschaftstheorien und -konzeptionen vernachlässigt (ebd., S. 4161). Deshalb haben die Autoren „Argumente für

---

interkulturelle Konflikte zwischen japanischen und deutschen Flugbegleitern, die in Japan für eine deutsche Airline fliegen (Leifeld/Schröer 2006).

14 Unter „räumliche (und in Verbindung damit auch um so etwas wie eine zeitliche) Mobilität" subsumiert Voß (2010, S. 12f.) Aspekte wie Dauer/Reichweite, Orte/Abfolge, Anlass/Ziel, Dauerhaftigkeit, das Nutzen von Verkehrsmitteln etc. Soziale Mobilität (vertikal und horizontal) kann innerhalb des Lebenslaufs oder von einer familiären Generation zur nächsten (intergenerative Mobilität) betrachtet werden, sich aber auch auf den Arbeitszusammenhang beziehen, von der überbetrieblichen und innerbetrieblichen Mobilität bis hin zu Mobilarbeit. Während die körperliche bzw. mentale Mobilität von Menschen eher „das pflegerisch-sozialbetreuerische Problemfeld der lebenspraktischen Beweglichkeit im Alltag" betrifft, ist die geistige Beweglichkeit von Menschen „im Sinne einer flexiblen Anpassung an neue kognitive oder kulturelle Anforderungen" „bis zur Idee einer *informationellen* Beweglichkeit (im weiteren Sinne von *Kommunikativität*)" zu verstehen, was „zum Teil auch als ‚virtuelle' Mobilität bezeichnet" wird.

15 Einen leicht lesbaren und ausführlichen Überblick über die „Anthropologie", „Soziologie", „Technologie", „Transformation" und „Futurologie der Mobilität" bietet Böttinger (2007).

16 Auch Bonß und Kesselring (1999) bieten einen kompakten und informativen Überblick über die Soziologie der Mobilität.

eine Stärkung der sozialwissenschaftlichen Mobilitätsforschung“ zusammengestellt. In drei Richtungen sehen sie Perspektiven für die sozialwissenschaftliche Mobilitätsforschung: Die „Moving-masses-Perspektive“ bringt eine Steuerungsintention mit und konzentriert sich auf Ungleichheiten, unterschiedliche Ausstattung von Menschen mit „Kapitalien“ (z.B. Bourdieu, Allmendinger, Kaufmann) oder unintendierte Nebenfolgen (z.B. Urry). Die „Mobile-subject-Perspektive“ fokussiert auf die Ermöglichung einer Mobilität der Subjekte, zum Beispiel um Ungleichheit abzubauen. Und die „Motile-hybrid-Perspektive“ erfasst Ambivalenzen, globale Komplexität und Räume zur Nutzung von Mobilitätspotenzialen, die sich mit Entgrenzung auftun (ebd., S. 4170f.). Weiter konstatieren sie, dass sich insgesamt zwei Themen als zunehmend wichtig abzeichnen: „Bewegung und Beweglichkeit“ und „Arbeit und Technik“ (ebd., S. 4172). Das Thema „Bewegung und Beweglichkeit“ erfasst die Auswirkungen von Bewegung auf die Lebenssituation und verknüpft soziale Ungleichheit mit Mobilität:

> „Unterschiedliche Potenziale und Kompetenzen, Ressourcen und Zugänge zu Mobilitätschancen spielen eine eminente Rolle. Sie konstituieren die Fähigkeit zur Bewegung, wie sie mit der Wortschöpfung ‚motility' umschrieben werden kann. ‚Motilitätsforschung' im Sinne von Kaufmann [...] kann Aussagen über die politische und soziale Konstruktion von Bewegung und Beweglichkeit generieren.“ (Ebd.)

Arbeit und Technik bilden ein zunehmend intensives thematisches Spannungsfeld mit Mobilität im Kontext der „Modernisierung der Moderne“. Zum Beispiel schaffen sich moderne globale Unternehmen ihre eigene „Motilitätsstruktur“ und nutzen die Potenziale bereits vorhandener „Infrastrukturen, Wissensbestände und Kompetenzen“ (ebd.). In diesem Spannungsfeld kann auch die hier vorliegende Arbeit verortet werden.

Auch die Forscher/innen um das internationale und interdisziplinäre Netzwerk „cosmobilities“ verweisen auf die zunehmende Bedeutung von Mobilität bzw. „the recent ‚mobility turn' in the social sciences“ (Cwerner et al. 2009, S. ix). Dabei wird nicht nur auf Interdisziplinarität gesetzt, sondern auch auf „Postdisziplinarität“. „The mobility turn is post-disciplinary“ (Urry 2007, S. 6). Es wird das „mobilities paradigm“ (ebd., S. 44ff.) formuliert: „It is argued that thinking through a Mobilities ‚lens' provides a distinctive social science that is productive of different theories, methods, questions and solutions.“ Dieses zielt sogar auf eine „scientific revolution“ ab (ebd., S. 18). Die Mobilitätsforschung scheint also Zukunft zu haben und ihr wird eine bedeutende Rolle für zukünftige Gesellschaftsanalysen zugesprochen. Interessant ist, dass gerade dem Luftverkehr sowohl empirisch für die Gesellschaft als auch in der Forschung zu Mobilität eine Schlüsselrolle zugewiesen wird. „In fact, the study of aviation and air travel lies at the core of the development of Mobilities research in general“

(Cwerner et al. 2009, S. x). Um der Antwort auf die Frage näher zu kommen, weshalb die Luftfahrt ein so unverzichtbares Element modernen sozialen Lebens ist, verweist Cwerner auf das eben erwähnte „new mobilities paradigm".

> „The new mobilities paradigm allows us to look at aeromobilities in their relations with various social networks and systems, therefore *grounding or embedding* them in processes whereby these mobilities, and their own distinctive spaces, networks, systems and environments, are effectively produced, reproduced, performed and regulated." (Cwerner 2009, S. 3f.)

Es kann also konstatiert werden, dass trotz des post-disziplinären Anspruchs eines Teils der Mobilitätsforschung weiterhin eine genuin soziologische Betrachtung von Mobilität bzw. des Luftverkehrs angebracht ist.

4.1.3 Mobilität als Kompetenz und Kapital des mobilen Subjekts (Motilität)

Das bereits mehrfach erwähnte Konzept der Motilität (Kaufmann 2003; Kaufmann et al. 2004) beansprucht für sich, einige der zentralen konzeptionellen Probleme der Mobilitätsforschung zu lösen. Es bietet eine wesentliche Ausweitung des Begriffs Mobilität, auf die sich die hier vorliegende Untersuchung an einzelnen Punkten immer wieder explizit oder implizit bezieht. Nachfolgend sind die Kernelemente des Konzepts kurz zusammengefasst.

Der erste Aspekt ist, dass ein systematischer Zusammenhang zwischen räumlicher und sozialer Mobilität hergestellt wird, was lange Zeit als zentrales Desiderat der Mobilitätsforschung galt (vgl. Bonß/Kesselring 1999, S. 40). Ausgangspunkt ist, dass vor allem mit Hilfe neuer Technologie Räume immer enger zusammenrücken und sich Geschwindigkeit und „spatial mobility" insgesamt erhöhen – mit positiven und negativen Effekten. Raumbezogene Mobilitätsthemen reichen von Migration über arbeits- und freizeitbezogenes Reisen bis zu residenzieller Mobilität und täglichen Bewegungen. Die Frage ist nun, ob sich in der Folge auch eine „social fluidification of societal structures" (Kaufmann et al. 2004, S. 746) ergibt oder eben nicht. Führt die quantitativ erhöhte Mobilität (z.B. zurückgelegte Kilometer pro Person und Jahr) beispielsweise zu einer Reduktion sozialer Ungleichheit bzw. zu einer Erhöhung von „social mobility"? Diese wird definiert als „transformation in the distribution of resources or social position of individuals, families or groups within a given social structure or network" (ebd., S. 747). Sie fokussiert damit vor allem die soziale Auf- und Abstiegsmobilität zwischen und innerhalb von Generationen. Die Überlegung zielt auf den Wandel der Bedeutung bisheriger Entitäten sozialer Ungleichheit ab. Wie wirksam sind diese noch für die gesellschaftliche Stratifikation im Hinblick auf immer schnellere und einfachere Raumüberwindung? Werden sie allmählich aufgehoben? Kaufmann et al. (2004, S. 749) schlagen hier „motility as the link between spatial and social mobility“ vor, da Motilität auf die *Möglichkeit* verweist, Güter, Informationen oder Menschen zu bewegen, nicht (allein) auf tatsächliche Bewegungen.

> „Focusing on the relation between spatial and social mobility, we (...) argue that social structures and dynamics are interdependent with the actual or potential capacity to displace entities, i.e. goods, information or people.“ (Ebd., S. 745)

Damit wäre der zweite Punkt angesprochen: Das Konzept ermöglicht es, zwischen tatsächlicher Mobilität und (erkannten) Mobilitätsmöglichkeiten zu unterscheiden. In der Praxis berücksichtigt die Mobilitätsforschung in der Regel nur tatsächlich stattgefundene Bewegungen – sei es räumlich oder sozial. Mobilitätspotenziale, geplante Mobilität oder auch nicht genutzte Möglichkeiten bleiben in der Regel außen vor. Mit „Motility“ wird das Mobilitätspotenzial („mobility potential“) der Individuen erfasst, ebenso wie die Art und Weise, wie Akteure Mobilitätsmöglichkeiten annehmen und nutzen (Kaufmann 2003). Noch etwas weiter wird von Kaufmann et al. (2004) Motilität sowohl als Möglichkeit zur Mobilität als auch als Aneignung von Mobilitätsmöglichkeiten und damit auch als eine Kompetenz mobiler Entitäten (Güter, Informationen oder Personen) gefasst:

> „Motility can be defined as the capacity of entities (e.g. goods, information or persons) to be mobile in social and geographic space, or as the way in which entities access and appropriate the capacity for socio-spatial mobility according to their circumstances. (...) Generally, motility encompasses interdependent elements relating to access to different forms and degrees of mobility, competence to recognize and make use of access, and appropriation of a particular choice, including the option of non-action.“ (Ebd., S. 750)

Alle bislang genannten Ansatzpunkte des Motilitätsbegriffs sind auch Gegenstand der hier vorliegenden Untersuchung zu Piloten: die Zugänge und Formen von Mobilität, die physische, qualifikatorische und die organisationale Kompetenz zur Mobilität und die Aneignung von Möglichkeiten der Nutzung und Nicht-Nutzung von Mobilität.

Des Weiteren konstruieren Kaufmann et al. (2004) Motilität unter anderem mit Bezug auf Pierre Bourdieus Kapitalien (ökonomisches, kulturelles und soziales Kapital) als eine neue Kapitalform und zeigen Anwendungsmöglichkeiten auf:[17]

> „Depending on context, individual actors, groups and institutions differ in access, competence and appropriation, and have thus at their disposal different motility

17 Aufgeteilt nach Mako-, Meso- und Mikroebene und jeweils mit Bezug auf räumliche und soziale Mobilität werden Forschungen aufgegriffen und Vorschläge zur weiteren Erforschung und Anwendung des Konzepts gegeben (ebd., S. 752ff.).

> options. Just as economic capital is related to knowledge, cultural wealth and social position, so does motility represent a form of capital that may form links with, and be exchanged for, other forms of capital." (Ebd., S. 754)

Mobilität ist ein zentraler Wert moderner Gesellschaft und ein zunehmend relevanter Indikator für soziale Ungleichheit (Kaufmann 2003). Immer neue und schnellere Mobilitätstechniken und -strukturen prägen und beschleunigen sozialen Wandel und erhöhen die Bedeutung von Motilität (ebd., S. 2). Die Möglichkeit zur Bewegung, also Motilität, „represents a new form of social inequality" (Kaufmann et al. 2004, S. 754). Denn Motilität, genutzt oder ungenutzt, eröffnet – über Zugänge zu Mobilität, Mobilitätskompetenzen und Formen der Aneignung von Mobilitätsmöglichkeiten – Entscheidungsspielräume, die sonst nicht vorhanden wären, und ist somit ein Element sozialer Differenzierung. Motile Menschen verfügen über eine bestimmte neue Kapitalsorte: Motilität. Motilität „is becoming a type of capital in much the same way as education or social contracts" (Kaufmann 2003).

Im Motility-Konzept werden die Kosten der Mobilität weitestgehend ausgeblendet, indem auf die Möglichkeit der Nicht-Nutzung von Mobilitätsmöglichkeiten verwiesen wird. Die Frage nach den Mobilitätskosten, sei es für die mobile Person selbst oder für ihre Umwelt, und nach ihrer Verteilung ist jedoch nicht unerheblich. So kann Mobilität auf Kosten lokaler Strukturen und auch sozialer Kompetenzen gehen, inklusive der Kompetenz, sich andere Formen der Mobilität anzueignen. Zudem wird Arbeit als Kontext weitgehend ausgeblendet, vor allem die Arbeit, die während der Mobilitätsphasen stattfindet. Allgemein ist bei arbeitsbedingter Mobilität, aber auch bei anderen Mobilitätsformen zu bedenken, wie freiwillig bzw. fremdbestimmt die Bewegung stattfindet in Bezug auf ihre Gründe, Orte, Zeiten, Formen, die verwendeten Technologien etc. So kann in bestimmten Zusammenhängen die Nicht-Nutzung (wie sie im Motilitäts-Konzept ja inkludiert ist) bedeutsamer sein als die Nutzung von Mobilitätsmöglichkeiten. Das Verhältnis zwischen Nutzung und Nicht-Nutzung bleibt im Konzept jedoch unklar. Ebenso ist es fraglich, ob eine erhöhte Wahrscheinlichkeit, sich in Situationen zu befinden, die durch ein Mehr an Mobilitätsmöglichkeiten gekennzeichnet sind, tatsächlich ein positiver Indikator für Handlungschancen bzw. in Bezug auf soziale Ungleichheit ist. Letztlich bleibt die der Mobilität inhärente Dialektik zwischen Freiheit und Zwang bestehen, die zum Beispiel bei der Analyse von ‚guter' Arbeit eine zentrale Rolle spielt. Wann lässt sich also von ‚guter Mobilität' sprechen?

4.1.4 Mobilität als Freiheit und Zwang

Moderne Gesellschaften zeichnen sich dadurch aus, dass sie von erzwungener Mobilität abkommen (vom Sklavenhandel und Militär über Arbeitserziehungslager bis zu Migration). Die gesellschaftliche Entwicklung geht von der „Zwangsmobilität“ zur „‚Wahlmobilität‘, die zum Selbstzweck und zum individuellen Entwicklungsziel wird. Zugleich entsteht die Vision einer ‚mobilen Gesellschaft‘, die sich physisch, sozial und kulturell in Bewegung setzt“ (Bonß/Kesselring 1999, S. 41). Die Frage ist jedoch, ob sich nur die Formen gesellschaftlicher *„Mobilmachung“* (Bröckling 2000) gewandelt haben. Äußert sich der Zwang zur Mobilität heute nur indirekter, wie dies im Bereich Arbeit (z.B. anhand der Formen der Leistungssteuerung) zu beobachten ist?[18]

> „Die fortgeschrittene Moderne inszeniert nachgerade in einem regelrechten Mobilitätshype eine kulturelle Überhöhung von allem, was mit Mobilität zu tun hat. Die Botschaft lautet: Nur ‚mobile‘ Menschen sind modern und damit leistungs- und zukunftsfähige Mitglieder der Gesellschaft.“ (Voß 2010, S. 1)

Mobilität bewegt sich also weiterhin zwischen den Dimensionen Freiheit und Zwang. Allerdings wird auch in diesem Zusammenhang die Unterscheidung zwischen Freiheit und Zwang unklarer, wie es Kennzeichen der reflexiven Moderne ist.

Mobilität entwickelt sich zur gesellschaftlichen Leistungsanforderung.[19] Im Arbeitszusammenhang wird dies besonders deutlich, da die hier klar bestehende Fremdbestimmung besonders intensiv mit dem Drang zur Selbstzuschreibung der individualisierten Individuen (vgl. Beck 1999, S. 58) konfligiert. Basierend auf den Erkenntnissen aus einem Projekt zu „Mobilitätspionieren“ im IT- und Medienbereich unterscheiden Canzler und Kesselring (2006, S. 4168f.) zwei arbeitsbezogene Mobilitätsmuster: „Transit- und Connectivity-Mobilität“. „Transit-Mobilität“ erfasst die rein zweckorientierte Nutzung von Mobilitätsmöglichkeiten. Sie findet immer im betrieblichen Kontext statt und wirkt wie eine verlängerte Werkbank des Betriebs. Sie wird durch ein zentralisiertes „Mobilitätsmanagement“ unterstützt, seitens der Betriebe aber auch durch einen lokalen familiären oder partnerschaftlichen *„Stabilitätskern“*, der den Rücken frei hält. Bei „dual career couples“ erfolgt dieses „Mobilitätsmanagement“ von beiden Seiten auf hohem finanziellem Niveau. Bei der arbeitsbedingten „Transit-Mobilität“ drängt sich die Frage auf, „ob diese Personen wirklich mobil im Sinne von beweglich sind, oder ob sie sich nicht vielmehr flexibel den Anforderungen und Zwängen von außen anpassen“ (ebd., S. 4168). (Vor allem hier lassen sich Piloten einordnen, wie unten ausgeführt.) Mobile arrangieren ihre Mobilität zwischen Selbst- und Fremdzwängen, die sowohl aus der Arbeit als auch aus dem Privatleben herrühren. Vor allem Letzteres ist abhängig vom Alter bzw. von bio-

18 Siehe z.B. Huchler et al. (2007, S. 39ff.), insbesondere die Erläuterungen zum Wandel des Transformationsproblems.

19 Mobilität wird nicht mehr als Mehrleistung hervorgehoben und belohnt, sondern Immobilität wird zunehmend gesellschaftlich negativ sanktioniert (Kesselring/Vogl 2010).

grafischen Phasen, wie Partnerschaft, Kinder, Wohneigentum etc. Möglichkeiten transformieren sich zu Verpflichtungen:

> „Nach der Phase der ‚biografischen Schließung', wenn sich die individuellen Möglichkeitsräume zu Verpflichtungsräumen wandeln, wenn Selbst- und Fremdzwänge an die eigene Alltagspraxis durch weitgehende berufliche und private Festlegungen stärker werden" (ebd., S. 4166),

verändern sich auch die Umgangsformen mit Mobilitätsmöglichkeiten, was Canzler und Kesselring zwar für die private Verkehrsmittelnutzung festhalten, was aber ebenso auch für die mobile Arbeit gilt. Auch bei Piloten lassen sich biografische Schließungen und lebensphasen- bzw. situationsspezifische Mobilitätsarrangements beobachten, aber auch übergreifende Strategien und Muster.

„Connectivity-Mobilität" beschreibt eher einen „modus vivendi", eine als intrinsisch erlebte aktive Herstellung von Mobilität, das Nutzen von verschiedenen Mobilitätspotenzialen und die Kombination unterschiedlicher Technologien, individuelle Lösungen und einen offenen Umgang mit Raum etc. „Die Folge oder die Bedingung dafür ist ein dezentralisiertes räumliches und soziales Mobilitätsmanagement" (ebd., S. 4169f.). Diese Form „ungerichteter Mobilität" (ebd., S. 4170) trifft im Zusammenhang mit Arbeit vor allem auf Selbstständige oder mit Verweis auf den Arbeitskraftunternehmer (Voß/Pongratz 1997a, Pongratz/Voß 2003) auf ‚Motilitätsunternehmer'[20] zu. Diese selbstbestimmtere Rahmung der Mobilität spielt bei Piloten kaum eine Rolle.[21]

Die Dialektik zwischen Freiheit und Zwang betrifft aber nicht nur das Mobil-Sein im Sinne von Beweglichkeit, Bewegbarkeit, Flexibilität etc., sondern auch das Mobil-Sein als Prozess. So kann die Phase der Mobilität als ein zeitlich limitierter Zwang wahrgenommen werden, fix an einem ‚Ort' zu bleiben (z.B. im Auto, im Zug, im Flugzeug etc.), um Freiheit (das Ziel) zu erreichen. Ebenso kann diese Tatsache selbst wieder Freiheit bedeuten: Der Zwang, an einem Ort zu bleiben, kann auch die Möglichkeit bieten, anderen Zwängen zu entkommen, allen voran dem Zeitdruck, aber auch dem Kontakt zu Menschen, Tätigkeiten etc., und daher entlastend wirken (Canzler/Kesselring 2006, S. 4164; Freudendal-Pedersen 2009, S. 61ff.). Dies bezeichnen Canzler und Kesselring (2006, S. 4163) als den „Doppelcharakter der Mobilität". Die „Monomodalität" der Mobilität lässt sich jedoch durch Kommunikationstechniken zunehmend einfacher überwinden (ebd., S. 4164), so dass auch in den Mobilitätsphasen gearbeitet, soziale Kontakte gepflegt oder Dinge zu Hause geregelt werden können.

---

20 Motilität kann neben Flexibilität im Kontext von arbeitsbedingter Mobilität als ein Teil der Menschen inhärenten Arbeitskraft verstanden werden. Sie bezieht sich aber auch auf äußere (ebenso veräußerbare) Mobilitätsmöglichkeiten.

21 Höchstens begrenzt auf die freie Zeit im Layover (Übernachtungen unterwegs), wobei auch hier die Mobilität des fliegenden Personals stark eingeschränkt ist.

Auch Kesselring und Vogl (2010) zeigen eine zunehmende fremdbestimmte Nutzung von Mobilitätspotenzialen auf; gesellschaftspolitisch[22], vor allem aber betrieblich. Mobilität unterliegt erstens einer „Normalisierung“, d.h. dass zunehmend mehr Beschäftigte mobil sind, Mobilität zur Selbstverständlichkeit wird, keine besondere Anerkennung erfährt und sich von einer Chance zum Imperativ ‚sei mobil!‘ entwickelt. Mit der Normalisierung und dem Exklusivitätsverlust ist Mobilität zweitens zunehmend Gegenstand der betrieblichen Rationalisierung. Unternehmen sparen an der Ausstattung der Reisen, an der Anerkennung von Zeiten und versuchen zu forcieren, dass während der Mobilität möglichst viel gearbeitet wird. Ebenso ist Mobilität auch Gegenstand der Selbstrationalisierung der Mitarbeiter, welche verstärkt ihre Mobilitätskompetenzen im Sinne des Betriebs einbringen (Subjektivierung). Drittens kommt es zu einer Verdichtung von Raum und Zeit. Immer mehr Orte werden arbeitsbedingt aufgesucht, Termine möglichst dicht aneinandergereiht und an mehreren Themen gleichzeitig gearbeitet etc. Mobilität verliert also zunehmend an Freiraum und Gestaltungsspielräumen für die Mobilen, an Ferne von betrieblicher (und familiärer) Kontrolle und an Exklusivität.

Modernisierungstheoretisch wäre es konsequent, davon auszugehen, dass es zunehmend schwieriger wird, zwischen Aspekten der Freiheit und des Zwangs in der Mobilität zu unterscheiden, und dass es zunehmend auf die Mobilen selbst ankommt, zwischen den beiden Polen auszutarieren und ihr individuelles Mobilitätsarrangement zu gestalten.

4.1.5 Mobilität und Lokalität – Mobilität als Anforderung an Mobile und Residente

Es besteht ein wechselseitiger Bedingungszusammenhang zwischen Mobilität und Lokalität. Voß (2010a) sieht in Bezug auf die aktuelle Gesellschaftsentwicklung hin zu mehr Mobilität einen parallel wachsenden Bedarf an Stabilität und konstatiert:

> „Wenn Menschen ‚mobiler‘ als bisher sein müssen (was immer das meint), um im Modernisierungsprozess mithalten zu können, dann sind sie mehr denn je auf eine zuverlässige (nicht nur räumliche) *Stationarität* und auf bewährte stabile (nicht nur soziale) *Bindungen* angewiesen.“ (Ebd., S. 1)

Ähnlich konstatieren auch Bonß und Kesselring (1999, S. 39):

> „Denn der individualisierte ist ein hochmobiler Mensch, der unter den Bedingungen der modernisierten Moderne mit wachsenden räumlichen, zeitlichen und sozialen Flexibilitätszumutungen konfrontiert ist. Allerdings können die damit zu-

22 So sind manche staatlichen Leistungen, wie beispielsweise das Arbeitslosengeld, an Mobilitätsbereitschaft gekoppelt, wie Pendeln oder auch einen Umzug.

sammenhängenden Mobilitätsanforderungen nur dann bewältigt werden, wenn es gelingt, in einer sich permanent verändernden Welt gleichwohl Erwartbarkeit, Verläßlichkeit und damit Stabilität herzustellen. Wie diese Prozesse der subjektiven und kollektiven Konstruktion von Verlässlichkeit im sozialen und physischen Raum vor sich gehen, ist eine bislang weitestgehend offene Forschungsfrage."[23]

Mobile müssen sich mit Lokalität auseinandersetzen und sind dabei oft angewiesen auf Residente. Als das zentrale Ergebnis des Forschungsprojekts „Mobilitätspioniere" stellen Canzler und Kesselring (2006, S. 4166) fest: „Mobilität geht immer einher mit Immobilität."[24]

> „Hinzu kommt der sozial bindende Charakter von Mobilität, ihre Dynamik, soziale Ungleichheit zu erzeugen. Denn ein hohes Maß an Immobilität und Stabilität ist notwendig, um Bewegung zu ermöglichen." (Ebd., S. 4162)

Da das Gros der Mobilitätsforschung davon ausgeht, dass Mobilität tendenziell mit erhöhten Chancen einhergeht bzw. sich sogar als eine weitere Kapitalform definieren lässt (z.B. Kaufmann et al. 2004, siehe 4.1.3), wird das Verhältnis zwischen Mobilen und Residenten bzw. zwischen Mobilität und Immobilität als in der Regel spannungsreich und mit spezifischen Formen sozialer Ungleichheit gepaart betrachtet.

Ohne zwischen Mobilität und Immobilität zu gewichten, kann allgemein konstatiert werden, dass Mobilität für die Mobilen und ihre Umgebung Chancen und Risiken mit sich bringt und ebenso punktueller wie andauernder Anstrengungen bedarf. Wie bei jedem Kraftaufwand Reibungsverluste unvermeidbar sind, ist Mobilität auch mit speziellen Kosten und Belastungen verbunden. Hier können Konflikte um die Verteilung der Kosten entstehen, vor allem zwischen Mobilen und Residenten. Verschärft werden diese dadurch, „dass die soziale Beweglichkeit gerade bei Personen rasant abnimmt, die räumlich hochgradig in Bewegung sind" (Canzler/Kesselring 2006, S. 4162).

> „Mobilität erfordert, sie produziert nachgerade Immobilität. Sie erzwingt sie und ist in diesem Sinne Ausdruck von Macht- und Herrschaftsverhältnissen innerhalb einer Gesellschaft. Man kann so weit gehen zu sagen, wer für sich in Anspruch nimmt, mobil zu sein, nimmt die Immobilität, die erzwungene Präsenz und die Unbeweglichkeit anderer billigend in Kauf." (Ebd., S. 4166)

Mobilität ist Ausdruck von Macht und Herrschaft innerhalb von Gesellschaft, in der Arbeitswelt, innerhalb von Unternehmen und auch in Familien und Paarbeziehungen. Deshalb müssen bei einer sozialwissenschaftlichen Betrachtung

---

23 Genau hier setzt die Untersuchung der Arbeits-Lebens-Arrangements von Piloten im Kontext von Mobilität und (multipler) Entgrenzung an.

24 Wie im Fall von Entgrenzung, die immer mit Begrenzung einhergeht, lässt sich auch hier mit Giddens auf das Konzept der Strukturierung bzw. auf die „Dualität von Struktur" verweisen (Giddens 1992).

von Mobilität die gesellschaftshistorischen Entwicklungen mit beachtet werden. Wandelt sich der gesellschaftliche Kontext, verändern sich auch die Bedingungen für Mobilität. Wenn Ehe und Familie, auf Grund eines Wertewandels bzw. im Zuge der Individualisierung, nicht mehr am männlichen Alleinverdiener ausgerichtet sind und die Ehe für die Frau nicht mehr „Berufsverzicht, Familienzuständigkeit und ‚Mitmobilität' unter den beruflichen Sternen des Ehemannes bedeutet" (Beck/Beck-Gernsheim 1990, S. 53), verändern sich die Bedingungen für Mobilität auf allen Seiten deutlich. Im Verlauf dieser Studie wird am Beispiel von Piloten der Frage nachgegangen, wie genau die „Mobilitätskonstellationen" (Canzler/Kesselring 2006, S. 4167) zwischen Mobilen und Immobilen in Arbeit und Privatleben gestaltet sind. Welche Faktoren bestimmen das Verhältnis?

Auf eine ganz andere Art gehen Kesselring (2007) und Urry (2007) dem Wechselverhältnis zwischen Mobilität und Lokalität nach. Sie tun das ebenfalls am Beispiel des Luftverkehrs, jedoch wählen sie als Gegenstand Flughäfen als „places of flows" mit „‚glokalem' Charakter", welche sie als paradigmatisch für die mobile Risikogesellschaft ansehen (Kesselring 2007, S. 827f.). Flughäfen fungieren als „*da*s Drehkreuz der Globalisierung" (ebd., S. 833) und „bilden das Rückgrat einer global orientierten zweiten Moderne. Die Modernisierung der Moderne hat einen Punkt erreicht, an dem der nationalstaatliche Rahmen gesprengt wird und transnationale stabile Strukturen entstehen" (ebd., S. 835). Dies hat zwei Implikationen, die das Zusammenspiel von Mobilität und Lokalität betreffen: eine räumliche und eine soziale. Der räumliche Aspekt bezieht sich auf die lokalen Infrastrukturen, die notwendig sind, Mobilität der Gesellschaft zu gewährleisten. Zum Beispiel: „Flughäfen stehen für diese fast ontologische Dialektik aus *fixity and motion*, aus der sich die spezifische Räumlichkeit der Weltgesellschaft bestimmt" (ebd., S. 840). Hier lassen sich deutliche Parallelen zum Flugzeug als Arbeitsort ziehen. Auch wenn während des Flugs nationale Grenzen überschritten werden, herrschen weiter die Arbeitsregelungen des Heimatlandes und des Arbeitgebers.[25] Flughäfen produzieren aber auch „neue soziale Ungleichheiten, indem sie die einen zum stationären Hilfspersonal der Beweglichkeit der anderen machen" (ebd., S. 827). Dies trifft in anderer Weise auch auf das fliegende Personal zu. Piloten sind zwar mobil, aber arbeiten in den Phasen der Mobilität und können nur selten die Früchte der Mobilität ernten – etwa während langer Aufenthalte im Ausland, die jedoch nur noch seltener Bestandteil der Arbeit (eines Teils) der Piloten sind. In Bezug auf die genaue Ausgestaltung der arbeitsbedingten Mobilität herrschen große Ungleichheiten innerhalb der Pilotenschaft.

---

25 Im Flugzeug sind Teile der jeweiligen territorialen Rechte außer Kraft gesetzt. So gilt das Arbeitsrecht des Landes, in dem der Arbeitgeber sitzt, und auch den Piloten werden territorial unabhängige Rechte zugesprochen, z.B. in Bezug auf Maßnahmen gegenüber Passagieren bei Regelverletzungen.

Die Mobilität der einen ist eingebettet in die Arbeit anderer, die Stabilität her- und damit Motilität bereitstellen.

> „These dialectical processes help to realize globality as a social phenomenon. In other words, there must be people and objects that stay in certain relations of flexibility and inflexibility in order that other people and objects can be contingently on the move. To create mobility, transition and modernity there are flexible systems of people and materials that provide the specific mobility potential (motility) in form of services, infrastructures, technologies and person power." (Urry 2007, S. 146)

Manche Arbeitende im Infrastrukturbereich müssen jedoch selbst mobil sein, wie zum Beispiel das fliegende Personal bei Airlines. Die Kosten ihrer Mobilität müssen durch die Mobilität verkaufenden Betriebe sowie durch die Mobilen selbst und ihre Umwelt getragen werden: durch die Gesellschaft (z.B. Umwelt- und Infrastrukturkosten), die Familie (z.B. Organisation der Abwesenheit), die Freunde (z.B. flexible Zeitplanung) etc. Die Mobilität der einen muss erst durch andere ermöglicht werden (Canzler/Kesselring 2006), aber auch die mobil Arbeitenden ermöglichen wiederum die Mobilität weiterer Personen – gleichsam eine Hierarchie in der gesellschaftlichen Mobilitätsproduktion, in der auch zwischen den Mobilen Ungleichheit herrscht.

4.2 Arbeitsbedingte Mobilität von Piloten

Aufbauend auf den bislang vorgestellten theoretischen Überlegungen zu Mobilität nähere ich mich nun dem Mobilitätsverständnis an, das der Studie zugrunde liegt. Es handelt sich um einen Zugang, der sich auf Mobilität im Zusammenhang mit Arbeit konzentriert bzw. auf Subjekte, die in der Arbeit mobil sind. Dabei wird Mobilität aus einer subjektnahen Sicht (nahe an den mobilen Subjekten) möglichst umfassend betrachtet. So werden die Folgen raum-zeitlicher Flexibilität sowohl für die Arbeit als auch für das Privatleben von Piloten und die entsprechenden alltäglichen Mobilitätspraktiken in den Blick genommen, was die Wechselwirkungen mit den jeweiligen relevanten Umwelten (seien es Betriebe, Interessenvertretungen, Kontrollorganisationen etc. oder Familien, Freunde, soziales Engagement etc.) und auch die Gesellschaft als Ganzes (z.B. ihren Bedarf an Mobilität) einschließt. Im Folgenden werden Forschungen zu verschiedenen Formen der Mobilität von Personen vorgestellt und der Aspekt der arbeitsbedingten Mobilität genauer beleuchtet. Jeweils wird diskutiert, wie sich Piloten in diese Differenzierungen einordnen lassen. Dann wird anhand von Überlegungen zur ‚Multilokalität' von Piloten die Raum-Zeit-Dimension der Mobilität noch einmal genauer in den Blick genommen, um schließlich die im weiteren Verlauf verwendete Mobilitätskonzeption vorzustellen.

4.2.1 Piloten als Mobilitätseliten, Touristen oder Berufsnomaden?

Das regelmäßige Reisen per Flugzeug war lange Zeit einer kleinen Gruppe von gesellschaftlichen Eliten vorbehalten: Politikern und anderen bekannten und wichtigen Personen der Öffentlichkeit oder der Wirtschaftselite etc. Privatpersonen reisten als Touristen in Verbindung mit einem lange geplanten Urlaub, auf den das Jahr über oder länger hingearbeitet wurde. Zwar sind auch heute „die Reisepraktiken von Wirtschaftseliten [...] mehr und mehr auf den Flugverkehr eingestellt" (Kesselring 2007, S. 829), jedoch sind im Zuge der Liberalisierung des Luftverkehrs die Flugpreise stark gesunken und der Zugang zum Verkehrsmittel Flugzeug hat sich immer weiteren Bevölkerungsschichten und Reisezwecken geöffnet. Dies ist nicht ohne Folgen für das Ansehen des Berufs, aber auch für die konkreten Beschäftigungsbedingungen geblieben. Zieht man noch die hohe Ungleichheit im Beschäftigungsfeld von Piloten in Betracht, kann bei Piloten kaum mehr einheitlich von Mobilitätseliten oder „Touristen" (im Sinne von Bauman 1999) gesprochen und können diese auch nicht mit mobilen Managern gleichgesetzt werden.[26]

Der Zusammenhang zwischen räumlicher und sozialer Mobilität ist – wie erwähnt – ein beliebtes Thema der Mobilitätsforschung; vor allem mit Blick auf soziale Ungleichheit. Um die Chancen und Risiken von Mobilität zu fassen, werden zum Beispiel verschiedenen Mobilitätsformen Arten der Vergesellschaftung gegenübergestellt (Bonß/Kesselring 1999) oder wie bei Kreutzer und Roth (2006a, S. 16) Typen transnationaler Mobilität nach ihrem Grad an Mobilität und Integration eingeteilt. Kreutzer und Roth ordnen dabei das Flugpersonal der Kategorie der „Berufsnomaden" zu, also der mobilsten und am wenigsten integrierten Form. Zudem weisen sie darauf hin, dass Flugbegleiter und Piloten ebenso wie die Personen, die sie transportieren, „zur privilegierten Gruppe der beruflichen Jetsetter, die selbst ein Teil der globalen Transportstrukturen sind" (ebd., S. 17), gehören. Sie grenzen diese etwa gegenüber Seeleuten ab, die kaum Landgang haben und bei denen sich die Zusammensetzung der Schiffsmannschaft ständig ändert (Kreutzer/Roth 2006b, S.16f.). Dies trifft allerdings auch für das Flugpersonal zu: Auch im Luftverkehr wechselt die Crewzusammensetzung ständig, und auch hier werden die ‚Landgänge' bzw. die Over-Nights der speziellen Gruppe der Langstreckenpiloten immer kürzer.[27] Deshalb bleibt in der Regel kaum Zeit zur Verortung bzw. zur Ausbildung einer transnationalen Karriere.[28]

---

26 Auf Übertragungsmöglichkeiten der Ergebnisse zur Mobilität von Piloten auf andere Berufe und Tätigkeiten wird im Schlusskapitel (vor allem 11.2.4) intensiver eingegangen.

27 Dass das fliegende Personal gegenüber Schiffsmannschaften privilegiert ist, liegt wohl eher an den Beschäftigungs- und Arbeitsbedingungen – allen voran an der kürzeren Dauer der Mobilitätsphasen und am Gehalt.

28 Im weiteren Verlauf werden einige wenige Beispiele dafür aufgezeigt, dass manche Piloten durchaus dauerhafte Beziehungen (z.B. wirtschaftliche) zu ihren Aufenthaltsorten

Dass arbeitsbedingte Mobilität grundsätzlich von Freizeitmobilität abzugrenzen ist und selbst die Mobilität von Wirtschaftseliten mit spezifischen hohen Belastungen einhergeht, darauf weist zum Beispiel Lassen (2009) hin. Anhand der Flugzeugnutzung von Wissensarbeitern zeigt er die Konsequenzen arbeitsbedingten internationalen Reisens per Flugzeug auf und hebt auch die Nachteile hervor (z.B. zeitliche Abhängigkeiten). Arbeitsbedingte Mobilitätseliten können in Baumans (1999) Gegenüberstellung des „cosmopolitan tourist" und des „vagabond" nicht einfach der ersten Gruppe zugewiesen werden (Lassen 2009). Dasselbe soll hier auch für das Flugpersonal konstatiert werden. Zudem sind Piloten von der Gruppe der arbeitsbedingt Mobilen bzw. der Wirtschaftseliten, mobilen Manager etc. zu unterscheiden, denn Piloten arbeiten während der Mobilitätsphase. Deshalb wird hier auch von Mobilitätsdienstleistern gesprochen.

Auch wenn man die Ungleichheiten innerhalb der Pilotenschaft vernachlässigt, lassen sich Piloten nicht einfach auf der Skala zwischen ‚Mobilitätseliten' und prekärer Mobilität einordnen. Für sie ist Mobilität einerseits Ausdruck von Status und mit einem hohen Einkommen verbunden, andererseits ist ihre Mobilität nur sehr bedingt selbstbestimmt und mit spezifischen Belastungen verbunden.

4.2.2 Piloten als arbeitsbedingt Mobile, mobil Arbeitende und Mobilitätsdienstleister

Es wurde mehrfach auf die Tatsache Bezug genommen, dass Piloten auf Grund ihrer *Arbeit* mobil sind. Ein Aspekt war, dass sie damit in ihrer Mobilität weitestgehend fremdbestimmt sind. Der Kontext „Arbeit" bestimmt aber auch zu einem hohen Grad das Verhältnis zwischen Mobilität und Immobilität bzw. zwischen den Mobilen und den Residenten (vgl. 4.1.5). Wenn Mobilität berufsbedingt ist, wird häufig Zuarbeit von Immobilen notwendig bzw. geleistet (sei es betrieblich oder privat). Zudem wurde darauf hingewiesen, dass sich Menschen, die aufgrund ihrer Arbeit mobil sind, durch spezifische Belastungen von Privatreisenden signifikant unterscheiden und dass dies noch einmal speziell auf diejenigen zutrifft, die während ihrer Mobilität arbeiten.

Die Tätigkeit von Piloten vereint vielseitige Aspekte von Arbeit und Mobilität, die hier in drei Formen unterteilt werden, von denen jede für sich besondere empirische und theoretische Implikationen enthält:

1. Arbeitsbedingt Mobile
2. Mobil Arbeitende
3. Mobilitätsdienstleister

---

aufbauen. Diese Aspekte transnationaler Lokalisierungen sind jedoch selten und werden auch im Folgenden nicht intensiv weiter verfolgt.

Die Bezeichnung von Piloten als *arbeitsbedingt Mobile* erfasst alle Formen der Mobilität, die Piloten auf Grund ihrer Arbeit annehmen, von der täglichen Schichtarbeit, kurzfristigen Einsätzen und Auslandsaufenthalten über Pendeln bis zu Umzügen etc. Piloten sind hier vergleichbar mit anderen berufsbedingt Mobilen wie Vertretern, Managern usw., die sich häufig auf Dienstreisen befinden. Inhaltlich spielen hier alle oben genannten Punkte eine Rolle: Zeit, Ort, Zweck und Form der Mobilität sind weitgehend fremdbestimmt. Arbeitsbedingte Mobilität wird mehr oder weniger betrieblich organisiert und ist institutionell gerahmt (z.B. durch betriebliche Bestimmungen). Sie geht in der Regel mit einer weitreichenden Arbeitsteilung zwischen Mobilen und Residenten einher – sowohl auf betrieblicher als auch auf privater Seite – und ist mit Entlohnung bzw. Einkommen, aber auch mit speziellen Belastungen verbunden.

Mobil Arbeitende meint Personen, die in ihrer Mobilität arbeiten. Eine typische Definition „mobiler Arbeit" ist, dass Personen

> „mindestens 10 Stunden pro Woche an einem anderen Ort als der zentralen Betriebsstätte und Wohnung arbeiten – also z.B. auf Dienstreise oder vor Ort bei Kunden – und dabei Online-Datenübertragung nutzen." (Hess 2007, S. 17 mit Verweis auf die ECaTT-Norm – aus Kesselring/Vogl 2010, S. 65)[29]

Die elektronische Datenübertragung wird hier nicht als notwendige Bedingung für mobile Arbeit angesehen, jedoch muss der Kontakt zum Betrieb bzw. zur Wertschöpfungskette irgendwie hergestellt sein. Mobil Arbeitende sind also sowohl diejenigen, die als Passagiere mit ihrem Laptop im Verkehrsmittel sitzen, als auch diejenigen, die das Verkehrsmittel bedienen, zum Beispiel Seefahrer (Gerstenberger 2007) oder Lkw-Fahrer (Knoll 2008).

Mit der Bezeichnung *Mobilitätsdienstleister* wird letztlich darauf abgezielt, dass diese speziellen Mobilen mit ihrer Arbeit die Mobilität anderer ermöglichen. Voß (2010, S. 13) spricht hier von „Mobilarbeit". Damit werden vor allem Tätigkeiten im Verkehrsinfrastrukturbereich erfasst, wie Bahnpersonal (Poppitz/Brückner 2004), Schiffs- und Flugzeugbesatzungen, Bus- und Taxifahrer etc. Ihre Arbeit findet während der Mobilitätsphasen statt. Inhaltlich wird hier stärker auf spezielle Aspekte der Arbeit abgezielt, die unterwegs stattfindet, wie Interaktion mit Technik, Umgang mit Risiko und Sicherheit, Arbeitskooperation mit Kollegen ‚an Bord' und Schnittstellen nach außen, Navigation und Nutzung örtlicher Gegebenheiten etc. Im Zentrum stehen also Themen aktueller Mobilität. Eine Unterscheidung zwischen denjenigen, die transportiert werden, und denjenigen, die den Transport durch ihre Arbeit ermöglichen bzw. Mobilität herstel-

---

29 Ähnlich wurde in einem aktuellen Forschungsprojekt (OnFormA) mobile Arbeit definiert: „Mobile Beschäftigte leisten mehr als 20 Prozent ihrer Arbeit außerhalb des Firmenbüros oder des Heimarbeitsplatzes und nutzen dabei (...) neue Informationstechnologien" (Brandt 2010, S. 12).

len, ist in vielfacher Weise sinnvoll; zum Beispiel um die spezifischen Belastungen und Formen der Fremdbestimmung zu erfassen. Sie zielt einerseits auf den Dienstleistungscharakter, entsprechende Arbeitsweisen und berufliche Aspekte ab, andererseits jedoch auch auf Infrastruktur- und Ungleichheitsthemen und die gesellschaftliche Arbeitsteilung in Bezug auf Mobilität.

Arbeitsbedingt Mobile bilden folglich den Oberbegriff, während mobil Arbeitende und Mobilitätsdienstleister jeweils weitere Spezifikationen darstellen. Im weiteren Verlauf werden alle drei Begriffe mit implizitem Rekurs auf ihre jeweiligen Implikationen verwendet, ohne sie erneut zu definieren oder voreinander abzugrenzen.

4.2.3 Raum-zeitliche Mobilität und Multilokalität von Piloten

In der Mobilitätsforschung wird vielfach kritisiert, dass Mobilität nicht als ein einheitliches Konstrukt definiert wird, sondern in der Regel nur einzelne Aspekte von Mobilität in abgegrenzten Kontexten untersucht werden. Zudem wird häufig konstatiert, dass ein Mobilitätsbegriff, der auf die raum-zeitliche Bewegung von Personen abzielt, zu eng greift (vgl. Bonß/Kesselring 1999, S. 40; Voß 2010, S. 12; auch Kaufmann et al. 2004). Dennoch soll eben diese raum-zeitliche Bewegung von Menschen (genauer: Mitarbeitern) den Ausgangspunkt der Untersuchung bilden, um eine empirische und inhaltliche Grenzziehung zu ermöglichen. Erst in einem (jeweils mehr oder weniger explizierten) zweiten Schritt werden dann von dieser primären Bewegung aus weitere Mobilitäts- und Flexibilitätserscheinungen hinzugezogen und zu einem Gesamtkonzept der Mobilität von Piloten verknüpft. Denn Piloten sind auf Grund ihrer Arbeit primär erst einmal raum-zeitlich mobil, erst in Folge dessen müssen sie in weiterer Hinsicht Mobilität bzw. Flexibilität beweisen und die entsprechenden Kompetenzen und Zugänge aufbauen: in Bezug auf soziale Beziehungen, Orte, Technik, Arbeitsinhalte etc. Diese vielfältige sekundäre Mobilität wird dann mit dem Konzept der (multiplen) Entgrenzung aufgegriffen (4.3.5).

Dieser Abschnitt widmet sich deshalb etwas intensiver der raum-zeitlichen Mobilität. Dies geschieht relativ nah an der Empirie, um dem komplexen Zusammenspiel der Mobilitätsformen von Piloten gerecht zu werden. Die verschiedenen Formen der Mobilität von Piloten werden erst nach ihrer Dauer und ihrem Kontext und dann entlang unterschiedlicher Raumbezüge getrennt betrachtet. Es werden zuerst systematisch drei typische Phasen der Mobilität von Piloten unterschieden: eine situativ-arbeitsbezogene, eine alltagsorganisatorische und eine biografisch-individuelle Mobilität. Danach wird das Konzept der Multilokalität vorgestellt, mit dessen Hilfe die Raum-Dimension noch intensiver in den Blick genommen werden kann, und auf die Arbeits- und Lebenssituation von Piloten angewendet.

Drei Ausprägungen auf der Zeitachse: Phasen der Mobilität von Piloten

In einer Studie zu den Lebensformen beruflich bedingt mobiler Menschen von Schneider et al. (2002) wurden Piloten zusammen mit Fernfahrern, Vertretern, Managern usw. der Gruppe der *„Varimobilen"* zugeordnet, also derjenigen, die beruflich an wechselnden Orten tätig sind und dort übernachten. Damit gehören sie den Autoren zufolge zu den wenigen Mobilen, die eher freiwillig mobil sind (im Vergleich zu Fernpendlern, Shuttles oder Fernbeziehungen etc.). In ihrer Studie machen die Autor/inn/en an den Mobilitätsformen verschiedene Orientierungen fest. Danach sind Fernpendler eher familienorientiert (da sie z.B. nicht umziehen wollen), Personen in einer Fernbeziehung eher karriereorientiert (da sie die gemeinsame Zeit mit dem Partner eher hintanstellen) und Varimobile (u.a. Piloten) an Freiheit interessiert (wohl da sie einen mobilen Beruf gewählt haben). Jedoch weisen Piloten in ihrem Alltag nahezu alle der in der genannten Studie erfassten Mobilitätsformen auf (z.B. Elemente von „Umzugsmobilen" und „Fern- und Wochenendpendlern") und (davon abhängig oder nicht) auch all die verschiedenen Orientierungsformen – was im empirischen Teil meiner Studie anhand von Mobilitäts- bzw. Entgrenzungstypen noch eingehend aufgezeigt wird. Damit sind Piloten auch mit all den unterschiedlichen Anforderungen dieser Mobilitätsformen konfrontiert, die bei Schneider et al. quantitativ erfasst und miteinander verglichen wurden. Die Zuordnung von Piloten allein zur Gruppe der „Varimobilen" greift also zu kurz.

Betrachtet man die spezifischen Mobilitätskonstellationen im Alltag von Piloten, ergibt sich ein höchst heterogenes Bild aus unterschiedlichen Mobilitätsformen. In der Empirie lassen sich drei unterschiedliche Formen arbeitsbedingter Mobilität identifizieren und deren strukturelle Bedingungen aufzeigen. Diese werden im Folgenden nach ihrem zeitlichen Wirkungsbereich differenziert: die tägliche Arbeit, die Organisation von Arbeit und Leben in einer Lebensphase und den Lebensverlauf betreffend.

Situativ-arbeitsbezogene Mobilität

Die Arbeit eines Piloten ist schon allein auf Grund seiner Kerntätigkeit stark durch raum-zeitliche Mobilität geprägt, da sich sein primärer Arbeitsort – das Flugzeug – bewegt. Neben den spezifischen körperlichen und geistigen Anforderungen des Fliegens zeigt sich diese primäre Mobilität vor allem in der Auseinandersetzung mit verschiedenen Orten. Erstens an den Flughäfen: bei der täglichen Flugvor- und -nachbereitung, bei der Organisation der ‚Turnarounds' (das Flugzeug ‚umdrehen') und bei eventuellen Aufenthalten (‚Stopps'). Zweitens gehören Übernachtungen außerhalb – ‚Over-Nights' bzw. ‚Lay-Over' – in der Regel ebenso zum Arbeitsalltag, ob geplant oder unvorhergesehen. Drittens müssen manche Piloten auch vor oder nach dem Flug noch eine Strecke (vom Einsatz- zum Stationsort und umgekehrt – ‚Proceedings') zurücklegen, wenn der Arbeitstag nicht an der Heimatstation startet oder endet. Zudem ist eine hohe zeitliche Flexibilität gefordert, z.B. durch die monatlichen bzw. 14-tägigen Einsatzpläne, variierende Einsatzzeiten, Rufbereitschaft, Planänderungen etc. Piloten sind also bereits auf Grund ihrer täglichen fliegerischen Tätigkeit mit direkten situativen, relativ kurzfristigen Mobilitäts- und Flexibilitätsanforderungen konfrontiert.

Alltagsorganisatorische Mobilität

Eine weitere Form der Mobilität bei Piloten geht auf die relativ häufige *Trennung zwischen Stations- und Wohnort* zurück.[30] Der Ort, an dem die Arbeit in der Regel beginnt und endet, muss nicht dem eigentlichen Wohnort entsprechen. Gründe hierfür sind z.B. temporäre Stationierungen, Stationsverlegungen und Stationsschließungen, die Beschaffenheit des bzw. Veränderungen im lokalen und globalen Arbeitsmarkt, die unterschiedliche Attraktivität von Wohn- und Stationsort, die Lärmbelastung rund um die Flughäfen, die Arbeit des Partners/der Partnerin, die Eingebundenheit in ein lokales soziales Umfeld etc. Dabei richten sich Piloten ihre Situation unterschiedlich ein. Manche mieten sich dauerhaft eine Schlafgelegenheit am Stationsort, z.B. in Wohnungen und Wohngemeinschaften in der Nähe des Flughafens – den so genannten ‚Pilotenbunkern', die oft vollständig von fliegendem Personal bewohnt werden, das untereinander eher lose soziale Beziehungen pflegt. Nicht selten sind auch deviante Wohnstrukturen, z.B. wenn am Stationsort nur eine Scheinadresse (ein Briefkasten) existiert, obwohl das fliegende Personal eigentlich verpflichtet ist, in einem Umkreis von ca. 50 km um den Heimatflughafen zu wohnen, um z.B. bei Rufbereitschaft (Standby) pünktlich innerhalb einer Stunde den Crewraum am Flughafen erreichen zu können. An den notwendigen Tagen (an den Diensttagen, inklusive des Standby) wird dann privatfinanziert in Hotels oder bei Freunden übernachtet, der Tag auf der Basis verbracht oder vor und nach der Arbeit gependelt, obwohl bei Letzterem in der Regel die vorgeschriebenen Ruhezeiten nicht mehr eingehalten werden können. Je nach Arbeitsbedingungen und individueller Wohnsituation pendelt das fliegende Personal täglich oder vor und nach mehrtägigen Einsätzen (‚Kette') – mit dem Flugzeug zum Teil auch über weite Strecken bzw. zum Teil sogar aus anderen Ländern.[31] Bei dieser alltagsorganisatorischen Mobilität kommt es vereinzelt auch zu einer losgelösten dezentralen Verortung mancher Beschäftigter – die sich selbst als ‚immer unterwegs' beschreiben. Sie verfügen nicht mehr über einen zentralen Lebensmittelpunkt.[32]

---

30 Zu aus arbeitsbedingter Mobilität resultierender Multilokalität siehe Rolshoven (2004) und Reuschke (2009).

31 Zum Pendeln zwischen Arbeits- und Wohnort siehe z.B. Ott/Gerlinger (1992) und Winkelmann (2003).

32 Zu aus Mobilität resultierenden Strategien der Alltagsorganisation siehe auch Weiske et al. (2009).

Biografisch-individuelle Mobilität

Die dritte bei Piloten zu beobachtende Form der Mobilität bezieht sich – *biografisch-individuell* – auf den Lebensverlauf. Die Karriere von Piloten beinhaltet verschiedene Stationen, die mit Ortswechseln einhergehen. Schon in der Ausbildung müssen Piloten häufig für längere Zeit ihren Lebensort wechseln – oftmals für mehrere Monate ins Ausland. Der Berufseinstieg ist in der Regel mit einem Umzug verbunden. Und auch der Aufstieg zum Kapitän ist selten ohne einen Stations- oder gar Unternehmenswechsel möglich. Diese gesteigerte Wohn- bzw. „residentielle Mobilität" (Rolshoven 2006, S. 4) kann mit oder ohne Wohnortwechsel erfolgen, abhängig von der momentanen Lebenssituation. Es besteht aber auch die Tendenz, sich im Laufe der Karriere wieder zu verorten. Während jüngere Piloten in der Regel eine höhere Umzugsmobilität aufweisen, werden im Laufe der Karriere nicht selten z.B. Arbeiten am ‚Boden' (d.h. im Flugbetrieb) übernommen, um sich stärker zu lokalisieren. Mit einer zusätzlichen Bodentätigkeit neben dem eigentlichen Fliegen können Piloten einem geregelten Arbeitsrhythmus zu ‚Bürozeiten' an einem festen Arbeitsort nachgehen. Das ‚Grounding' ist letztlich ein vorübergehender oder völliger Exit aus dem mobilen Beruf auf den festen Boden zurück. Gerade bei gesundheitlichen Problemen, bei einer endgültigen Fluguntauglichkeit oder auch vorübergehend bei Schwangerschaften kommt der (seltenen) Option einer (zeitweiligen) Bodentätigkeit eine große Bedeutung zu.

Alle drei angeführten Formen von Mobilität – die situativ-arbeitsbezogene, die alltagsorganisatorische und auch die biografisch-individuelle – lassen sich der oben vorgestellten *arbeitsbedingten Mobilität* zuordnen.

Erfassung der Raum-Achse: Raumbezüge von Piloten

Heute wohnen und arbeiten die meisten Erwerbstätigen an getrennten Orten. Die räumliche Differenz von Wohn- und Arbeitsort hat sich zu einem gesamtgesellschaftlichen Phänomen entwickelt – mit berufsgruppenspezifischen Ausprägungen. Während im vorindustriellen Zeitalter gewöhnlich im selben Haus gewohnt und gearbeitet wurde, etablierte sich im 19. Jahrhundert mit zunehmender Industrialisierung eine Trennung von Wohn- und Arbeitsstätte (Mikl-Horke 2000), in der Regel über eine geringe räumliche Distanz. In der modernisierten Moderne jedoch scheint sich die räumliche Dimension der Arbeit immer weiter auszudehnen und das Verhältnis von Wohn- und Arbeitsort eine immer geringere Rolle zu spielen. Allgemein hat sich die räumliche Mobilität von einem Ärgernis zum Leitbild einer „Utopie immerwährender Mobilität" (Bonß/Kesselring 1999, S. 42f.) entwickelt. In der Folge erreicht die arbeitsbedingte Mobilität eine neue Qualität und nimmt zunehmend unterschiedliche Formen an. Sie reichen vom täglichen oder wöchentlichen Pendeln zwischen Arbeits- und Wohnort (vgl. Ott/

Gerlinger 1992; Winkelmann 2003), was mit Hilfe ausgebauter Verkehrssysteme – vor allem des Flugzeugs – über immer weitere Strecken möglich ist, bis zu saisonbezogenen bzw. weltweiten Ortswechseln oder Umzügen. Dies geht einher mit multilokalen Lebensweisen, die zunehmend das Bild der modernen (Arbeits-)Welt prägen.[33]

Räumliche arbeitsbedingte Mobilität und soziale Beziehungen

Inwieweit wirkt sich arbeitsbedingte räumliche Mobilität förderlich oder negativ auf soziale Beziehungen aus? Ähnlich wie bei der Frage, ob im Zeitalter der Digitalisierung Mobilität von Menschen wichtiger oder weniger wichtig wird (vgl. 4.1), gibt es unterschiedliche Auffassungen darüber, inwieweit der Raum bzw. Orte noch das ausschlaggebende Kriterium für soziale Beziehungen darstellen. Erzeugen Globalisierung und zunehmende Mobilität Gemeinschaft (eventuell in neuer Qualität) oder führen sie zu Vereinzelung? Während manche Orte, die in einer Welt globaler Mobilität nur noch als Aufenthaltsorte dienen, wie zum Beispiel „airport spaces", auf Grund mangelnder sozialer Einbindung als „non-places [...] where people coexist or cohabit without living together" beschrieben werden (siehe dazu Urry 2007, S. 146f.), gehen viele Ansätze von einer zunehmenden Unabhängigkeit sozialer Beziehungen von Orten aus. „Geografisches und soziales Zusammenleben, das gewöhnlich als unauflösliche Einheit galt, muss nun – bedingt durch steigende räumliche Mobilität – auch getrennt gedacht werden", so zum Beispiel Pelizäus-Hoffmeister (2001, S. 2f.). Unter Hinweis auf moderne Kommunikationsmedien wird argumentiert, dass der Wohnort im Hinblick auf die sozialen Beziehungen an Bedeutung verliere. So sei der Ersatz von Face-to-face-Kontakten durch medienvermittelte Kommunikation ein Merkmal aller berufsbedingt Mobilen, vor allem jedoch der jüngeren (ebd., S. 16). Auch Kesselring und Vogl (2010, S. 154ff.) weisen auf die bedingt kompensatorische Wirkung von mobiler Technologie bzw. Kommunikationstechnologien in Bezug auf die negativen sozialen Effekte der arbeitsbedingten Mobilität hin. Gerade an „transnationalen Räumen" (Beck 1997, S. 58) lasse sich zeigen, dass sie „die Ortsbindung von Gemeinschaft aufheben" (Pelizäus-Hoffmeister 2001, S. 2). So beschreibt Urry (2007, S. 146ff.) Flughäfen als spezielle Orte der Mobilität, die in vielerlei Hinsicht typisch seien für aktuelle und zukünftige moderne Städte.

Ob in der modernen Gesellschaft der Ort noch die wesentliche Rolle für die Generierung von Gemeinschaft darstellt, hat Pelizäus-Hoffmeister (2001) an-

33 So werden z.B. in den Statistiken der Einwohnermelderegister vermehrt Zweitwohnsitze erfasst (Sturm/Meyer 2009), wobei vor allem ein Anstieg der Zahl berufs- und ausbildungsbezogener Zweitwohnsitze zu verzeichnen ist (Reuschke 2009).

hand von freien Journalist/inn/en untersucht.[34] Sie geht der Frage nach, inwieweit berufsbedingte Mobilität eine Chance oder ein Risiko für soziale Beziehungen als „sozialen Kitt" spätmoderner Gesellschaften darstellt (ebd., S. 1). Auf diese einschlägige Studie soll hier kurz intensiver eingegangen werden. Mobilität bedeutet ihr zufolge für die mobilen Subjekte

> „eine zunehmende Konfrontation mit räumlichen, zeitlichen und auch sozialen Mobilitäts- und Flexibilitätsanforderungen, die in das alltägliche Leben eingebaut werden müssen und nicht ohne Konsequenzen für die Sozialbeziehungen bleiben können." (Ebd., S. 1)

Sie wird also durchaus erst einmal als eine Anforderung konzipiert, die die Mobilen mit ihrem sozialen Netzwerk vereinbaren müssen. Dieses soziale Moment der Mobilität steht im Vordergrund der Studie. Sozialpsychologische Untersuchungen haben die hohe Bedeutung sozialer Netzwerke für die „Lebenszufriedenheit" aufgezeigt (ebd., S. 4). Wie Mobile mit dieser Anforderung umgehen, „hängt sowohl von vielfältigen strukturellen als auch von individuellen Bedingungen ab" (ebd.). Raum, Zeit und Beziehungsoptionen verbinden sich mit individuellen Handlungsorientierungen, aber auch sozialen Ressourcen und der sozialstrukturellen Einbettung der Mobilen. Gemeinsam konstituieren die strukturellen und die individuellen Aspekte ein Optionenfeld sozialer Leistungen, anhand dessen sich verschiedene Beziehungsformen ausdifferenzieren lassen. Im Ergebnis kommt die Studie auf drei verschiedene Typen, die sich in ihren personenbezogenen Verhaltensmustern nach „Bindung", „Unabhängigkeit" und „Balance" ausdifferenzieren und sich zudem in ihrer Prioritätensetzung hinsichtlich sozialer Unterstützungsleistungen zwischen „intensiven emotionalen Leistungen" und „sachlichen, aktivitätsorientierten Leistungen" sowie hinsichtlich ihrer Berufsorientierung unterscheiden lassen (ebd., Tabelle S. 16). Anhand dieser drei Typen werden verschiedene Aspekte des Zusammenhangs zwischen Mobilität und informellen sozialen Netzwerken unter dem Fokus auf „soziale Leistungen" beschrieben.

Als Ergebnis der Studie hält Pelizäus-Hoffmeister fest, dass arbeitsbedingte Mobilität eine „Pluralisierung sozialer Beziehungen" (ebd., S. 17) hervorbringt, aber nicht die Auflösung sozialer Netzwerke verursacht. Sie schränkt bestimmte dauerhafte und lokale Formen sozialer Beziehungen ein und ermöglicht zugleich andere Formen sozialer Netzwerke. Dies gilt zumindest bei „frei wählbarer Mobilität" (ebd., S. 18), die sich auf Fernpendeln beschränkt (und nicht z.B. Umzüge einschließt).[35] Mit Ulrich Beck argumentiert sie: Es „gilt zunehmend:

34 Eine qualitative Studie anhand von Interviews mit sieben freien Journalist/inn/en.

35 Zudem verweist Pelizäus-Hoffmeister (2001, S. 8) auf die „hohe materielle Ressourcenausstattung, die offensichtlich einen maßgeblichen Anteil daran hat, dass Mobilität als

‚Nicht der Ort stiftet die Gemeinschaft', sondern gemeinsame Interessen, Sinnhorizonte, Werte und Lebenskonzept" (ebd., S. 17). Sie weist aber auch auf die Gefahr einer abnehmenden Intensität sozialer Beziehungen in arbeitsbedingter Mobilität hin (ebd., S. 16f.).

Schneider et al. (2002) zeigen in ihrer umfangreichen empirischen Studie auf, dass die Partner von „Varimobilen", also in der Arbeit mobilen Menschen (u.a. Piloten), im Vergleich zu anderweitig berufsbedingt Mobilen (z.B. Fernpendler, Shuttles etc.) überdurchschnittlich belastet sind, häufiger auf eine klassische Rollenaufteilung in der Partnerschaft rekurrieren, eher kinderlos bleiben (vor allem wenn die Frauen mobil arbeiten) und oftmals einen Verlust an sozialen Beziehungen außerhalb der Kernfamilie beklagen. Auch Kesselring und Vogl (2010, S. 123ff.) weisen umfangreich auf die sozialen Kosten der mobilen Arbeit hin.

Im Fall von Piloten werden in einschlägigen Zeitschriften und Internetforen häufig die erhöhten Scheidungsraten und die Kinderlosigkeit betont. Dies liegt sicher einerseits an den speziellen Mobilitätsbelastungen, andererseits auch an den erweiterten Optionen bzw. Gelegenheiten der arbeitsbedingten Mobilität. Das komplexe Zusammenspiel individueller und struktureller Bedingungen mit seinen Auswirkungen auf die Chancen und Risiken räumlicher Mobilität ist Gegenstand der hier vorliegenden empirischen Untersuchung. Auch bei Piloten lassen sich verschiedene Muster sozialer Beziehungsführung ausmachen, unter anderem eine neue Qualität mobiler Lebensführung, die auf Unverbindlichkeit abzielt.[36]

Das Konzept der Multilokalität

Um den residenziellen Charakter der räumlichen Dimension Mobilität stärker in den Blick zu nehmen, also zum Beispiel die Auseinandersetzung mit wechselnden Orten und verschiedene Raumbezüge, bietet sich das Konzept der ‚Multilokalität' als ein weiterer Zugang zur arbeitsbedingten Mobilität von Piloten an. Multilokalität verbindet sozialwissenschaftliche Erkenntnisse zur Mobilität (z.B. Pendeln) und zum Wohnen. Das Konzept reagiert zum Beispiel auf die Tatsache, dass „die Praxis mehrerer Wohnsitze" in der mobilen Gesellschaft oftmals eine „berufsbedingte Alltagsnotwendigkeit" ist (Rolshoven 2004). Die Forschungen beschränken sich jedoch nicht auf gemeldete Wohnsitze. Im Vergleich zum Pendler[37] nutzt der Multilokale verschiedene Örtlichkeiten über eine bestimmte

---

Chance wahrgenommen werden kann. Denn es ist naheliegend, dass ein gewisses Maß an finanziellen Mitteln unentbehrlich ist, wenn aufgrund hoher Mobilitätszumutungen Substitutionsleistungen, beispielsweise in Form von Kinderbetreuung, nötig werden."

36 Ähnlich wie die „Reisebekanntschaft" bei Simmel durch soziale Offenheit und Unverbindlichkeit geprägt und nicht auf Dauer angelegt ist (Simmel 1908, S. 672ff.).

37 Pendeln wird definiert als das Überschreiten mindestens einer Gemeindegrenze auf dem Weg zwischen Wohn- und Arbeitsort (Rolshoven 2006, S. 3).

Dauer. Entscheidend ist das Vorhandensein von „Mehrörtigkeit“, d.h. das Leben findet nicht nur an einem zentralen Ort, einem Lebensmittelpunkt, statt. Auch hier wird zwischen arbeitsbedingter und freizeitinduzierter Mehrörtigkeit unterschieden (vgl. Rolshoven 2006, S. 3). Während die arbeitsbedingte Mehrörtigkeit Wohnformen beinhaltet, die aus Berufs- bzw. Karrieregründen (mehr oder weniger freiwillig) gewählt wurden,[38] wie zum Beispiel Zweitwohnungen, Hotelzimmer zur Dauermiete etc., sind Ferien- und Wochenendhäuser oder auch Camping vorwiegend freizeitbedingte und gewöhnlich freiwillige Formen von Multilokalität (ebd., S. 3f.).

Die erhöhten räumlichen Disparitäten der mobilen Gesellschaft greift Beck (1997, S. 127ff.) mit dem Begriff der „Ortspolygamie“ auf, der den Bruch mit der Tradition, ‚monogam’ an einem Ort zu arbeiten und zu leben, umschreibt. Er enthält ebenfalls sowohl Aspekte der Freiwilligkeit als auch des Zwangs. Ortspolygamie umschreibt Beck (1997, S. 129) als das „Verheiratetsein mit mehreren Orten, die verschiedenen Welten zugehören“. Ein auf diese Weise translokales bzw. „transnationales“ Leben führt nach Beck zu einer globalisierten Biografie bzw. zu einem „glokalen“ Leben. Dabei prognostiziert er eine Auflösung der Ortseingebundenheit bzw. Sesshaftigkeit hin zu einem „Nomaden-Leben“ (ebd., S. 129). In Abgrenzung zu Beck konstatiert Englisch (2001) lediglich ein „Jobnomadentum“. Vor allem globale Konzerne setzen Mitarbeiter zunehmend in verschiedenen Niederlassungen an verschiedenen Orten ein, wobei längere Phasen der Abwesenheit und Übernachtungen nicht selten sind und teilweise auch Umzüge notwendig werden.

Forschungen zur Multilokalität bzw. zum räumlichen Aspekt der Mobilität ist in der Regel der Hinweis auf notwendige technische Unterstützungen wie Verkehrsmittel (Flugzeug, Auto, Zug) und Kommunikationsmedien (Telefon, Internet etc.) gemein – also Verbesserungen sowohl der Verkehrs- als auch der virtuellen Mobilität. Nach Beck waren diese Technologien ausschlaggebend für den Übergang von der ersten zur zweiten Moderne, das heißt: auch für den Übergang von der Ortsmonogamie zur Ortspolygamie der Lebensformen (Beck 1997, S. 131). Piloten arbeiten als Dienstleister bei einem Garanten dieser gesellschaftlichen Verkehrsmobilität – dem Luftverkehr – und führen auf Grund dieser Arbeit in mehrfacher Hinsicht ein multilokales Leben. Zur Organisation ihrer eigenen Ortspolygamie sind auch sie auf unterstützende Technik angewiesen.

In der Pendlerforschung wird zudem darauf hingewiesen, dass Multilokalität nicht nur Risiken, sondern auch Potenziale beherbergt (Rolshoven 2006, S. 11f.; Schneider et al. 2002). Im Gegensatz zur reinen Mobilität bietet Multilokalität Möglichkeiten, das eigene Leben zu einem nicht unerheblichen Teil

38. Zum Anstieg berufs- oder ausbildungsbedingter Zweitwohnsitze siehe auch Reuschke (2009).

auch außerhalb eines Lebensmittelpunktes zu führen und zu gestalten (Rolshoven 2004, S. 214f.). Multilokalität erweist sich dabei jedoch als von Grund auf ambivalent: „als psychosoziale Zumutung“ einerseits und als Option bzw. „wohlüberlegte, sinnvolle und rationale Handlungsstrategie“, um eigenen „Bedürfnissen und Interessen“ nachzukommen, andererseits (Rolshoven 2006, S. 11f.). Auch beim fliegenden Personal besteht ein starker Druck, sich mit den verschiedenen lokalen Ansprüchen und Anforderungen auseinanderzusetzen, die teils nur schwer zu vereinbaren sind; das gilt besonders für die Anforderungen arbeitsbedingter Aufenthalte und die Ansprüche derjenigen, die zu Hause warten. Denn ähnlich dem Verhältnis von Mobilität und Immobilität (4.1.5) sind Multilokalität und Sesshaftigkeit zwei „aufeinander bezogene, gleichzeitig miteinander konkurrierende“ Dimensionen (Merkel 2002, S. 240). Eine der Hauptanforderungen an Multilokale scheint die zielgerichtete situative Herstellung von Lokalität zu sein. „Als lebensweltliche Kulturtechnik ist Multilokalität eine Strategie der mobilen Akteure, um Umkehrbarkeit von Alltagsmobilitäten zu gewährleisten“, so Rolshoven und Winkler (2009, S. 99) in Bezug auf Vincent Kaufmanns Begriff der „Reversibilität“. Eine multilokale Lebensweise erfordert unter anderem eine intensive Auseinandersetzung mit den verschiedenen Örtlichkeiten abseits des Lebensmittelpunkts, um zusätzliche Möglichkeiten zu nutzen und Probleme zu vermeiden. Als Strategie der Verortung in der Mobilität ist Multilokalität „relational statt metrisch-räumlich, akteurszentriert und prozesshaft, gedacht als Ergebnis von Strategien und Praxen der lebensweltlichen Vernetzung und Selbstverortung“ (ebd.). Mit Blick auf Lay-over bei Piloten konstatiert auch Schultz (2008), dass sich Multilokale mit Lokalität auseinandersetzen müssen, nicht zuletzt da Partner und Kinder in der Regel in feste Alltagsstrukturen eingebunden sind. Dabei wird jedoch auf Grund des „Fehlen[s] temporaler Muster während der Arbeitszeit und der freien Zeit zu Hause“ (ebd., S. 176) die Organisation von Arbeit und Leben auf die Probe gestellt. Das Flugpersonal muss sich die besonderen Gegebenheiten der arbeitsbedingten Aufenthaltsorte aktiv als vorübergehenden Lebensraum aneignen, sowohl mit Blick auf den Moment als auch vorausschauend auf die bevorstehende Arbeit und die Zeit zu Hause (Huchler et al. 2010; Schultz 2008).

Insgesamt kann Multilokalität als ein Kernaspekt zentraler sozialwissenschaftlicher Kategorien wie Lebensstil bzw. Lebensform (Stock 2009) oder Lebensalltag an verschiedenen Orten zu unterschiedlichen Zeiten (Rolshoven/ Winkler 2009; Hilti 2009) definiert und als Strategie der Alltagsorganisation (Weiske et al. 2009) analysiert werden. Dennoch gilt angesichts der Tatsache, dass sich multilokale Lebensformen zunehmend etablieren, Multilokalität in der Forschung als bislang „ideologisch vernachlässigte“ Dimension und es existieren immer noch wenig wissenschaftliche Studien zu diesem Thema (Rolshoven 2004, S. 214). Piloten sind ein idealer empirischer Forschungsgegenstand, da sie auf jahrzehntelange Erfahrungen mit vielfältigen Formen arbeitsbedingter Multilokalität zurückblicken. Damit kommt dem Luftverkehr gewissermaßen eine Vorreiterrolle gegenüber Arbeitsfeldern zu, die erst in jüngster Zeit zunehmend mit Multilokalität konfrontiert sind.

4.2.4 Der Mobilitätszugang der vorliegenden Studie

Für diese Untersuchung sind drei Dinge zentral: Erstens geht es um arbeitsbedingte, also fremdinitiierte und zum großen Teil fremdbestimmte Mobilität. Zweitens wird Mobilität als intra-subjektive (mobile Person), inter-subjektive (soziale Umwelt) und sozialstrukturelle Herstellungsleistung (gesetzliche, betriebliche, organisationale Strukturen) konzipiert. Und drittens wird Mobilität als untrennbare Arbeits- und Lebenspraxis von Subjekten begriffen.

Der Schwerpunkt liegt auf dem *raum-zeitlichen* Aspekt von Mobilität. Die (betriebliche) Festlegung von spezifischen Zeitpunkten und Orten bildet den Ausgangspunkt der Betrachtung. Die Arbeitszeiten (Schichtarbeit, geringe Planbarkeit, zum Teil Zeitzonenüberschreitungen) und die Planung von Strecken bzw. Destinationen sind die zentralen bestimmenden Faktoren der mobilen Arbeit von Piloten. Der hier verwendete Mobilitätsbegriff beinhaltet unterschiedlich ausgeprägte *Formen* räumlicher Mobilitäts- und zeitlicher Flexibilitätsanforderungen: Pendeln, Umziehen, Abwesenheit, Schichtarbeit, Planunsicherheit, verschiedene Kooperationspartner etc. Um diese jedoch umfassend zu verstehen, muss Mobilität insgesamt weiter gefasst werden, als *multidimensionales Phänomen.* Verschiedene Dimensionen wie Raum und Zeit, aber auch soziale Aspekte greifen interdependent ineinander. Veränderungen in einer Dimension stellen Anforderungen an die anderen Dimensionen.

Mobilität ist dabei implizit immer Gegenstand einer *Mehrebenenbetrachtung.* Auch wenn der Schwerpunkt darauf liegt, wie Subjekte mit zunehmender ‚Geschwindigkeit', schnell wechselnden Orten, ständig neuen Informationen, komplexer Technik und veränderten sozialen Beziehungen im Alltag umgehen, wie sie die Orientierung behalten, wie sie ‚navigieren', werden immer auch die institutionellen (z.B. gesetzlichen) Einbettungen und organisationalen (z.B. betrieblichen) Rahmungen mitgedacht und auch gesellschaftliche Interdependenzen mit reflektiert (wie z.B. Funktion und Kosten der Mobilität).

Des Weiteren werden auch im Fall von arbeitsbedingter Mobilität die *Arbeit und das Privatleben* von Piloten systematisch beachtet und zusammengedacht, dies geschieht vor allem mit Hilfe des Konzepts der Alltäglichen Lebensführung. Gegenstand ist damit nicht nur das einzelne Subjekt, sondern immer auch seine *soziale Umwelt,* sowohl im privaten Zusammenhang (von Familie und Freunden über den Kindergarten bis zu den Medien) als auch bezogen auf die Arbeit (von den Arbeitskollegen über betriebliche und überbetriebliche Themen bis zu politischen und rechtlichen Regelungen des Luftverkehrs). Besonderes Augenmerk gilt der Auseinandersetzung mit spezifischen Gegebenheiten von Orten und Fragen der Sesshaftigkeit. *Multilokalität* wird also ständig mit bedacht.

Einen wesentlichen Aspekt in der konkreten Ausgestaltung der Mobilität von Piloten bilden die *Interaktion mit der Technik* (z.B. im Cockpit) und entsprechenden *technologischen Veränderungen.* Denn „[t]echnologische Innovationen wirken zurück auf Mobilitätskonzeptionen, -perzeptionen und -praktiken" (Canzler/Kesselring 2006, S. 4173). Der enge Zusammenhang zwischen *„Mobilität – Arbeit – Technik"* (ebd.) soll in dieser Untersuchung erforscht werden.

Neben den sozialen Mobilitätsbelastungen wird im Weiteren mit einem dezidiert subjektorientierten Blick *Körperlichkeit* als zentrales Moment von Mobilität konzipiert. Vor allem die raum-zeitlichen, aber auch die sozialen Mobilitätsanforderungen sind verbunden mit *körperlichen* und *geistigen Belastungen.* Dass Piloten ‚mit ihrem Körper' mobil sind, ist ein zentrales Element der vorliegenden Studie und unterscheidet sie von Forschungen zur Mobilität von Gütern, Informationen und Kommunikationen.

Arbeitsbedingte Mobilität (inklusive der Besonderheiten der mobilen Arbeit und der Mobilitätsdienstleistung) wird arbeitssoziologisch betrachtet bzw. *als Arbeit* gefasst, sowohl im Sinn der Möglichkeit der Selbstverwirklichung und einer Quelle für Anerkennung als auch als Anforderung und Belastung. Mobilität kann daher auch ein Gradmesser für die Prekarität der Arbeit sein, denn „De-Regulierungen der Arbeitsverhältnisse sind häufig verbunden mit räumlichen Mobilitätsprozessen" (Pelizäus-Hoffmeister 2001, S. 4). Arbeitsbedingte Mobilität entwickelt sich daher parallel zum *Wandel von Arbeit,* zum Beispiel in Bezug auf Leistungssteuerung, Arbeitsbedingungen, Arbeitsinhalten, Beruf und Qualifikation, Technik usw. Deshalb wird dezidiert die betriebliche Rahmung, Steuerung und Kontrolle von Mobilität und die konkrete betriebliche Nutzung von Arbeitskraft bzw. Mobilitätspotenzialen in den Blick genommen. Es geht also um Mobilität als Gegenstand *betrieblicher Rationalisierung* und Flexibilisierung, inklusive von Momenten der Selbstrationalisierung. Dabei geht es im Folgenden (im Fall von Piloten) nicht um die Mobilität von Selbstständigen[39], sondern von abhängig Beschäftigten. Im Fokus steht also eher „Transit-Mobilität", d.h. die rein zweckorientierte Nutzung der Motilität von Subjekten als „verlängerte Werkbank", die durch ein externes „Mobilitätsmanagement" begleitet wird (Canzler/Kesselring 2006, S. 4168f.) und in der konkreten Ausgestaltung der arbeitsbedingten Mobilität hochgradig fremdbestimmt ist.

Um den Doppelcharakter der Mobilität zwischen Freiheit und Zwang, Chance und Risiko zu fassen, werden die oben angeführten Erkenntnisse zu den

39 Also nicht so sehr um Aspekte „frei wählbarer Mobilität", wie dies bei den von Pelizäus-Hoffmeister (2001) untersuchten freien Journalist/inn/en der Fall war (ebd., S. 18).

Ambivalenzen der Mobilität inkludiert. Auch das wechselseitige Verhältnis von Mobilität und Lokalität wird systematisch in den Blick genommen, zum Beispiel notwendige Unterstützungsleistungen Residenter.

Zudem wird das *Dienstleistungsmoment* der mobilen Arbeit von Piloten hervorgehoben. Dies geschieht vor allem in zwei Richtungen. Zum einen arbeiten Piloten bei Verkehrsdienstleistern mit mehr oder weniger direktem Kontakt zu den Klienten/Kunden. Die Passagiere sind ein wesentlicher Teil der Arbeit von Piloten. Zum anderen kann ein funktionaler Blick auf den Dienstleistungsaspekt geworfen werden: Als Mobilitätsdienstleister stellen Piloten die Mobilität anderer her und tragen damit zur gesellschaftlichen Mobilität bzw. Mobilisierung bei.

Nicht zuletzt ist Mobilität ein wesentliches Element des Berufs von Piloten. Qualifikation, Karriere, Status, Berufsethik etc. sind rund um Mobilität konzipiert. Prinzipiell kann ein enger Zusammenhang zwischen Mobilität und *Beruflichkeit* angenommen werden.

Schließlich geht Mobilität immer mit *Macht- und Ungleichheitsaspekten* einher. Mobilität ist eine Veränderung von Relationen zwischen dem mobilen Subjekt und seiner Umwelt, sei es räumlich, zeitlich oder sozial. Entscheidungsgewalt über die eigene Mobilität oder die anderer ist eine grundlegende Form der Kontrolle und die konkrete Ausgestaltung arbeitsbedingter Mobilität ein hoch relevantes interessenpolitisches Thema.

Im weiteren Verlauf geht es um die Bewährung des hier skizzierten Mobilitätskonzepts in der Empirie und auch um dessen Weiterentwicklung. Umgekehrt ist die hier erfolgte Zusammenstellung der Theorien aber bereits der empirischen Arbeit geschuldet. Zum Beispiel hat sich erst im Verlauf der intensiven Auseinandersetzung mit den Interviewmaterial gezeigt, dass das Konzept der Alltäglichen Lebensführung eine Schlüsselfunktion bei der Arbeit und Privatleben umfassenden Betrachtung von Mobilität und Entgrenzungsprozessen hat. Mobilität und Lebensführung scheinen sehr eng miteinander verbunden. Im Folgenden werden die drei Themenfelder Mobilität, Entgrenzung (inklusive multiple Entgrenzung) und Alltägliche Lebensführung (theoretisch und empirisch) in einen systematischen Zusammenhang gestellt.

4.3 Entgrenzung und Entgrenzung von Arbeit

Als Pendant zur arbeitsbedingten Mobilität wird hier vor allem die Entgrenzung von Arbeit in den Blick genommen. Die Arbeit von Piloten bildet den Ausgangspunkt der Überlegungen. Um jedoch die konkreten Folgen entgrenzter Arbeit umfassend untersuchen zu können, ist es unabdingbar, Arbeit und Privatleben zusammen zu denken, denn vielfältige Aspekte entgrenzter Arbeit wirken hier unterschiedlich (z.B. verstärkend oder kompensierend) zusammen, was sich an der arbeitsbedingten Mobilität von Piloten besonders gut analysieren lässt. Im Folgenden wird kurz auf die Begriffe der Entgrenzung und der „Entgrenzung von Arbeit" eingegangen, dann die Sozialdimensionen der Entgrenzung vorgestellt und schließlich ein Konzept multipler Entgrenzung beschrieben. Anschließend wird auf das Verhältnis von Mobilität und Entgrenzung eingegangen. Schließlich wird das Konzept der *Alltäglichen Lebensführung* eingeführt, welches sich in der Empirie als besonders geeignet für die Untersuchung des Zusammenhangs zwischen Mobilität und Entgrenzung (bezogen auf Arbeit und Privatleben) erwiesen hat.

4.3.1 Entgrenzung

Ausgehend von der Tatsache, dass sich nationalstaatliche Grenzen verschieben und in politischer und ökonomischer Hinsicht zum Teil an Bedeutung verlieren, also im Zuge der Diskussionen um Globalisierung, hat sich ab Mitte der 1990er Jahre Entgrenzung zu einem Leitbegriff der Soziologie entwickelt (Honegger et al. 1999; Minssen 1999). Er basiert ursprünglich auf der Beobachtung nationalökonomischer Prozesse wie Liberalisierung und Deregulierung in westlichen Gesellschaften in der zweiten Hälfte des letzten Jahrhunderts, hat sich dann aber zu einem Konzept weiterentwickelt, das aktuelle Wandlungsprozesse auf allen Sozialebenen beschreibt, also gesellschaftlichen Wandel, organisationale bzw. betriebliche Veränderungen und neue Leitlinien, Muster und Strategien im Handeln von Subjekten fasst (Kratzer 2003; Gottschall/Voß 2005; Huchler et al. 2007).

Entgrenzung beschreibt die Auflösung von Gewissheiten, die bislang eher unterschwellig Entscheidungen ermöglichten und nun verstärkt thematisiert werden (Beck/Bonß 2001). Bewährtes wird zunehmend in Frage gestellt. Das ständige Neuüberdenken bisheriger Gewissheiten wird sowohl zu einer Leitidee als auch zu einer alltäglichen Anforderung. Damit weist Entgrenzung enge Bezüge zum Prozess der Individualisierung auf, welche nach Beck (1986, S. 206) entlang von drei Dimensionen verläuft: „Herauslösung aus historisch vorgegebenen Sozialformen, Verlust von traditionalen Sicherheiten und neue Formen der sozialen Einbindung" (vgl. Pelizäus-Hoffmeister 2001, S. 3). Die Folge ist eine erhöhte „Reflexivität" und Selbstbezüglichkeit,[40] sowohl was Handlungsentscheidungen als auch was die individuelle Zurechnung von Handlungsfolgen angeht. Die Menschen werden „zu Autoren ihres eigenen Lebens gemacht" (Beck 1999, S. 58). In allen gesellschaftlichen Teilbereichen verschwimmen vormals feste Abgrenzungen. Strukturelle Grenzziehungen zwischen ehemals funktional ausdifferenzierten gesellschaftlichen Bereichen lösen sich zusehends auf bzw. verwischen.

---

40 Als Sinnbild für diese Entwicklung kann auch der Arbeitskraftunternehmer dienen (Voß/Pongratz 1997a; Pongratz/Voß 2003).

Gottschall und Voß (2005, S. 11) konstatieren, dass daher „kulturell normalisierte ‚Grenzen' und soziale Zuordnungen in Bewegung geraten sind" und sich „die Dynamik der ‚Ent-Grenzung' [...] in allen Dimensionen sozialer Strukturierung und sozialen Handelns zeigt" (ebd., S. 16):

> „die Abgrenzungen zwischen *Geschlechts-* und *Rollenidentitäten,* ja überhaupt die Konturierung fester personaler *‚Identitäten',* die eindeutige Zuordnung von Menschen zu festen *Alters-* und *Generationslagen,* die immer problematischere starre *berufliche Arbeitsteilung* und *Berufsordnung,* die verstärkt in Frage gestellte feste Verteilung von *Funktionen in Betrieben* und *Organisationen* (horizontal wie vertikal), die scharfe *Abgrenzung von Organisationen* gegenüber ihren vor- und nachgelagerten *Umwelten,* die bisher als Begrenzung von sozialen Folgen der Wirtschaftsdynamik wirkenden *arbeits-* und *sozialrechtlichen Regulierungen* von Arbeit und Beschäftigung, die Abgrenzungen zwischen bis dahin für eindeutig gehaltenen sozialen *Schichten, Klassen, Milieus* oder *Lebensstilen;* bis hin zum (historisch gesehen) abrupten Zusammenbruch der steingewordenen und minenbewehrten ‚Grenze' zwischen den *‚Blöcken' des kalten Krieges."* (Ebd., S. 11f.)

Mit Entgrenzung wird also die Auflösung von trennenden Strukturen und das Verschwimmen klarer Gewissheiten in allen Teilbereichen der Gesellschaft beschrieben. Der allgemeine gesellschaftliche Wandlungsprozess eröffnet neue Chancen und Freiheiten, er birgt aber auch Risiken und neue Zwänge sowohl für Individuen als auch für die Gesellschaft und ihre Institutionen (vgl. Beck 1986, Beck/Beck-Gernsheim 1994). Dies trifft in besonderem Maße auf die Entgrenzung von Arbeit zu. Die konkrete Ausgestaltung dieser strukturellen Heterogenität wird als noch offen angenommen (Kratzer/Sauer 2003).

4.3.2 Entgrenzung von Arbeit

Nahezu parallel zum Entgrenzungskonzept entwickelte sich das Konzept der Entgrenzung von Arbeit.[41] Anstoß gaben vor allem die Diskussionen um die Erosion des Normalarbeitsverhältnisses ab Mitte der 1980er Jahre und die Debatten um Flexibilisierung und Deregulierung von Arbeit sowie Beobachtungen des Aufbrechens von Strukturen tayloristischer und fordistischer Arbeitsregulierung, sei es auf gesellschaftlicher, betrieblicher oder auf der konkreten Arbeitsebene (Kratzer 2003, S. 38).[42] Besonders ab Mitte der 1990er Jahre gewann der Begriff Entgrenzung von Arbeit erheblich an Verbreitung.

---

41 Zur Entgrenzung von Arbeit siehe z.B. Voß (1998), Minssen (1999), Döhl et al. (2001), Kratzer (2003), Gottschall/Voß (2005), Jurczyk et al. (2009).

42 Für einen umfassenden Überblick über den Wandel der Arbeitswelt und die institutionelle Rahmung von Arbeit siehe z.B. Deutschmann (2002).

Das Normalarbeitsverhältnis[43] fungiert weiterhin als Referenzfolie, um Veränderungen in der Arbeitswelt zu fassen. Entgrenzung bedeutet die Abkehr von *„Normalarbeit fordistisch-tayloristischer Prägung"* (ebd., S. 44, Herv. im Orig.) mitsamt ihren institutionellen Einbettungen bzw. betrieblichen Absicherungen. Flexibilisierungen hinsichtlich von Arbeitszeiten und Arbeitsorten, die Abflachung von Hierarchien und in der Folge eine Zunahme an Selbstorganisation in der Arbeit (Pongratz/Voß 1997a) (wie z.B. Gruppen- und Projektarbeit, Kratzer 2003) bzw. „De-Strukturierungen entlang zentraler Dimensionen der Arbeitssteuerung, wie Arbeitszeit, Arbeitsraum und Sozial-Organisation sowie veränderte Arbeitsinhalte" (Pelizäus-Hoffmeister 2001, S. 3) sind also Kernthemen der Entgrenzung von Arbeit. Es lassen sich mithin auch hier „Sozialdimensionen" (Voß 1998, S. 474) der Entgrenzung von Arbeit ableiten, welche nachfolgend zusammengestellt sind (vgl. Voß 1998; Gottschall/Voß 2005; Voß/Weiss 2005; Huchler et al. 2007; Voß 2010).[44]

Als Sozialdimensionen der Entgrenzung von Arbeit werden genannt: die zeitliche, räumliche, fachliche/sachliche/qualifikatorische, technische, soziale, sinnhafte/kulturelle/motivationale, emotionale/körperliche, rechtliche/vertragliche und berufsstrukturelle Dimension. Unter all diesen Aspekten

> „geraten bisher als relativ stabil und verbindlich angesehene Strukturen der Organisation erwerbsförmiger Arbeit und Beschäftigung auf allen Ebenen (betroffene Berufstätige und ihr Handeln, Arbeitsplatz und Arbeitsorganisation, Betriebsorganisation, Arbeitsmarkt, Beschäftigungsformen und -verhältnisse, soziale Sicherung usw.) in Bewegung." (Voß 2010a, S. 4)

In der Folge müssen Arbeitende für sich, aber auch gegenüber anderen mit zunehmender Regelmäßigkeit klären:

- *(zeitlich)* wann, wie lange, wie schnell, mit welcher Zeitlogik usw. sie in einem Arbeitszusammenhang arbeiten;
- *(räumlich)* an welchem Ort, mit welchen Bewegungen im Raum, mit welchem Grad und mit welchen Medien der Mobilität sie tätig werden;
- *(fachlich/sachlich/qualifikatorisch)* mit welcher Sachlogik sie die Tätigkeit ausüben, welche konkrete betriebliche und/oder berufliche Funktion sie wie übernehmen, welche Qualifikationen dazu erforderlich sind und wann und wie diese erworben werden können und müssen;
- *(technisch)* mit welchen technischen Hilfs-/Arbeitsmitteln und anderen Artefakten gearbeitet wird, wie diese konfiguriert werden, wie und wo sie beschafft werden, wer sie besitzt bzw. wer Verfügung darüber hat;

43 Einen Literaturüberblick zum Normalarbeitsverhältnis bietet Kress (1998).

44 Bei Voß/Weiss (2005) und Voß (2010) als „Sozialdimensionen der Subjektivierung von Arbeit".

- *(sozial)* mit welchen Personen konkret zusammengearbeitet wird, wie die Arbeitsteilung bzw. Kooperation organisiert wird, wer für was zuständig ist, welche sozialen Rangfolgen gelten;
- *(sinnhaft/kulturell/motivational)* mit welchen sinnhaften Deutungen gearbeitet wird, welche sprachlichen und anderen Ausdrucksformen zu verwenden sind und welche Motivationen und Werte für die Ausübung der Tätigkeit hilfreich, erforderlich bzw. zulässig sind;
- *(emotional/körperlich)* mit welcher emotionalen Befindlichkeit (sachlich, sorgend/einfühlend, herrschaftlich, technisch-rational, kreativ-expressiv usw.) gearbeitet werden muss, wie man sich körperlich gibt und einbringt;
- *(rechtlich/vertraglich)* wie individuelle Verträge gestaltet sind, welche Regeln und interessenpolitische Absicherungen gelten bzw. erkämpft und in Anspruch genommen werden;
- *(berufsstrukturell)* in welcher beruflichen Form gearbeitet wird bzw. ob auf den verberuflichten Arbeitnehmer gesetzt werden kann oder (z.B. auf Grund von betrieblicher Rationalisierung und arbeitsmarktpolitischen Maßnahmen) nur noch die Allein-Selbstständigkeit möglich ist.

Die Vielgestaltigkeit dieser Dimensionen unterstreicht, dass Entgrenzung von Arbeit als ein einheitlicher Prozess gefasst werden kann, der entsprechend bestimmten historisch-gesellschaftlichen Bedingungen alle sozialen Ebenen betrifft:

> „übernationale und gesamtgesellschaftliche Strukturen von Arbeit, die Betriebsorganisation nach außen und innen, Arbeitsplatzstrukturen, Marktpositionen und das unmittelbare Arbeitshandeln sowie schließlich auch die Arbeitssubjekte, d.h. ihre Persönlichkeitseigenschaften (vor allem Qualifikationen) sowie ihre Lebensverhältnisse." (Gottschall/Voß 2005, S. 18)

Vor allem der letzte Punkt ist für die Betrachtung der Arbeit von Piloten besonders wichtig, da ich davon ausgehe, dass die arbeitsbedingte Entgrenzung und die Mobilität von Piloten nur umfassend verstanden werden können, wenn die Entgrenzung von Arbeit *und* Leben (siehe 4.3.3) gleichermaßen betrachtet wird. Des Weiteren wirken die Sozialdimensionen natürlich nicht unabhängig voreinander, sondern sind (sowohl gesellschaftshistorisch als auch im praktischen Handeln der Subjekte) hochgradig interdependent. Dieser Aspekt wird unten unter dem Schlagwort ‚multiple Entgrenzung' separat aufgegriffen. Eine besondere Bedeutung hat dabei das Wechselverhältnis zwischen Ent- und Begrenzung (4.3.4).

4.3.3 Entgrenzung von Arbeit und Leben

Die in der Regel als Sonderdimension von Entgrenzung gehandelte ‚Entgrenzung von Arbeit und Leben' weist enge konzeptionelle Parallelen zum Gesamtkonzept der Entgrenzung auf. ‚Arbeit und Leben' impliziert einerseits eine Erweiterung des Blicks auf die Entgrenzung von Arbeit und andererseits eine Fokussierung im allgemeinen gesellschaftlichen Entgrenzungsprozess auf den Zusammenhang zwischen Erwerbsarbeit und Privatleben. Entgrenzung von Arbeit und Leben lässt sich entlang derselben „Sozialdimensionen" differenzieren, wie sie für die Entgrenzung von Arbeit (Voß 1998, S. 479f.) bzw. Entgrenzung insgesamt (4.3.1) angewendet werden, entlang von Aspekten der zeitlichen, räumlichen, inhaltlichen, sozialen etc. Trennung zwischen Arbeit und Privatleben.[45] Unter all diesen thematischen Perspektiven lässt sich eine zunehmende Entgrenzung des Verhältnisses zwischen Arbeit und Privatleben beobachten, zum Beispiel zwischen Arbeits- und Freizeit, Arbeits- und Wohnort, privaten und arbeitsbezogenen Kompetenzen, Kollegen und privaten Freunden.

Häufig geht der Impuls für derartige Verwischungen zwischen Arbeit und Privatleben auf Veränderungen in der Arbeitswelt zurück, zum Beispiel auf betriebliche Flexibilisierungs- oder Rationalisierungsmaßnahmen. Aber kulturell bedingte strukturelle gesellschaftliche Entwicklungen und veränderte individuelle Präferenzen und Orientierungen tragen ebenfalls vielfältig zur Auflösung traditionaler Trennungslinien zwischen Arbeit und Privatleben bei. Konsequenterweise sprechen Schier et al. (2008) in diesem Zusammenhang von einer „doppelten Entgrenzung": Es wirken auch allgemeingesellschaftliche Entgrenzungstendenzen, die sich primär im Privatleben niederschlagen, auf die Arbeit ein – wie zum Beispiel die „Erosion des Ernährermodells". Weiter sind hier Folgephänomene des Wertewandels, der Emanzipation und der Individualisierung zu nennen, wie erhöhte Scheidungsraten, zunehmend multilokale Familien- und Lebensformen, der Anstieg der Zahl der Ernährerinnen und der Alleinverdienerinnen, zunehmende Unabhängigkeit von Ehe und Nachwuchs etc. (ebd.). In Anlehnung an das Normalarbeitsverhältnis kann hier von der Abkehr vom Normallebensverhältnis bzw. von einer Erosion des Normallebensverhältnisses gesprochen werden. Ein systematischer Bezug des Privatlebens auf die Sozialdimensionen von Entgrenzung steht jedoch noch aus. Erste Erkenntnisse weisen auf eine Verkomplizierung familialer Arrangements und einen erhöhten Aufwand für die Vereinbarung von Erwerbsarbeit und Familie hin (Schier/Szymenderski 2007; Schier et al. 2007). Im Folgenden wird sich zeigen, dass vor allem Synchronisierungsprobleme, die abnehmende räumliche Kopräsenz im familialen Alltag, der allgemein erhöhte Stress und die vermehrten Belastungen enge Bezüge zu den Folgeproblemen arbeitsbedingter Mobilität aufweisen.

Für die Analyse der Folgen veränderter Arbeitsbedingungen für die Subjekte und ihre soziale Umwelt ist insgesamt ein erweiterter Blick auf die Entgrenzung von Arbeit überaus notwendig. Praktisches Arbeitshandeln, aber auch rahmende Strukturen und Prozesse können nur umfassend begriffen werden,

45 Vgl. die Tabelle bei Voß (1998, S. 480), ausführlich auch Gottschall/Voß (2005, S. 19).

wenn Arbeitende als ‚reichhaltige' Subjekte konzipiert werden.[46] Der Umgang der Subjekte mit neueren Auflösungs- und Umstrukturierungstendenzen in der Arbeitswelt – ebenso wie mit Arbeit allgemein – steht in einer engen Verbindung mit ihrer Rolle als Familienmitglied, als Konsument (Voß/Rieder 2006), als Träger von Bedürfnissen und Zwängen, Qualifikationen, Kreativität und Leidenschaften und ebenso auch mit ihrem Körper als natürlichem Hort endlicher Ressourcen.

4.3.4 Entgrenzung und Begrenzung

Für Entgrenzung allgemein gilt, dass sich einerseits bewährte und gewohnte Strukturen und Handlungsleitlinien auflösen, andererseits vor allem die Individuen neue Gewissheiten, von Routinen bis zu gefestigten Institutionen, schaffen, um Komplexität zu reduzieren und handlungsfähig zu bleiben.

> „Unterscheidungen und Grenzen, die essentialistisch begründet schienen, lösen sich auf, und neue Grenzen, wie vorläufig und fiktiv auch immer, müssen gezogen werden, weil nur so Entscheidungen getroffen werden können." (Beck/Bonß 2001, S. 13)

Was das soziale Handeln angeht, ist Entgrenzung also unweigerlich mit Begrenzung verbunden.

Dasselbe gilt für die Entgrenzung von Arbeit. Spätestens seit dem Start des Projektverbunds „Grenzen der Entgrenzung von Arbeit" wird auch in der Arbeitssoziologie auf die Notwendigkeit von (neuen) Begrenzungsleistungen hingewiesen – sei es mit Blick auf die Herstellungsleistung durch die Arbeitenden selbst oder auf strukturelle und institutionelle Rahmungen.[47] Entgrenzungen als *„ambivalente* Prozesse" erzeugen immer auch Widerstand und Anstrengungen in Richtung einer „(Re-)Integration". Daher „sind zunehmend *gegenläufige Dynamiken* erkennbar: Versuche der Neu-Begrenzung und Re-Regulierung, überraschende Persistenzen und Resistenzen, Ängste und Mahnungen vor der Erosion gewohnter Ordnungen" (Gottschall/ Voß 2005, S. 12). Damit ist ein zentrales Thema der Gesellschaftsanalyse angestoßen, das von nahezu allen Klassikern der Soziologie erkannt und konzeptualisiert wurde, zum Beispiel mit Bezug auf Giddens als Bildung von Strukturen oder auch mit Bezug auf gesellschaft-

---

46 Diesen Blick hat die „subjektorientierte Soziologie" zum Thema (Überblick in Voß/Pongratz 1997b). Aus dieser sich zunehmend verbreitenden Einsicht resultieren auch Diskussionen um einen erweiterten Arbeitsbegriff (Voß 2010b) und fachliche Neujustierungen, allen voran der Arbeits- und Industriesoziologie (Huchler 2008a).

47 Zur aktiven Begrenzung als „neue Anforderung an die Arbeitenden" siehe bereits Voß (1998, S. 476), zur Begrenzung im Sinne von neuen „Normen und Regelungsmechanismen" siehe Wolf und Mayer-Ahuja (2002, S. 198).

liche Differenzierung und Arbeitsteilung (ebd., S. 13f.). Entgrenzung wird von Gottschall und Voß als „*Umkehrung* von Arbeitsteilung, Differenzierung, Trennung, Spezialisierung, Strukturierung gedacht“ (ebd., S. 14).

Die Diskussion um Entgrenzung bleibt also schon seit langem nicht mehr bei der Beschreibung von Phänomenen der Auflösung bewährter Strukturen stehen, sondern befasst sich auch mit Restrukturierungsprozessen und den Restrukturierungsleistungen der Einzelnen (Matuschek et al. 2004). Damit erhält Entgrenzung ein dynamisches Element, das den Begriff anschlussfähig an Mobilität macht. Werden die Begriffe Entgrenzung und Begrenzung jedoch als allgemeine Beschreibung für die Auflösung überkommener und die Bildung neuer Strukturen in der Gesellschaft verwendet, gerät ‚Entgrenzung' in Gefahr, nur noch ein Äquivalent zu den Begriffen Strukturierung oder sozialer Wandel darzustellen.[48] Es muss also nach der besonderen Qualität von Entgrenzungsprozessen und danach gefragt werden, wie das dynamische Element in Entgrenzung bzw. wie der Prozess der Ent- und Begrenzung empirisch und theoretisch gefasst werden kann. Eine Möglichkeit bietet das nachfolgend dargestellte Konzept der multiplen Entgrenzung.[49]

4.3.5 Multiple Entgrenzung von Arbeit

Die vorliegende Untersuchung schließt an ein Forschungsprojekt an, das sich unter anderem mit den verschiedenartigen Formen der Entgrenzung der Arbeit von Piloten beschäftigte und zum Ziel hatte, das Zusammenwirken dieser Einzelphänomene in der Arbeit und im Privatleben von Piloten entlang von ‚Entgrenzungsdimensionen' umfassend zu untersuchen. Da die wenige Literatur, die die besonderen Anforderungen mehrfach entgrenzter Arbeit dezidiert mit neueren arbeitssoziologischen Theorien und den entsprechenden Methoden analysiert, kein Konzept zur systematischen Erfassung des Zusammenwirkens von Entgrenzungsprozessen bereitstellt, wird an dieser Stelle vor allem auf eine Veröffentlichung zurückgegriffen, die im Rahmen des oben genannten Projekts entstanden ist: Matuschek und Voß (2008a) bieten erste Ansatzpunkte für ein Konzept multipler Entgrenzung.

Wie im Abschnitt zu den aktuellen Entwicklungen im Luftverkehr eingangs dargestellt, sind Piloten aktuell auf verschiedenen Ebenen mit Entgrenzungstendenzen konfrontiert, mit ökonomischen (Luftverkehr), betrieblichen (Luftfahrtunternehmen), technischen und beruflichen (Status) Veränderungsprozessen, aber auch mit vielen weiteren Aspekten, die enger an die Piloten als Personen

---

48 Vgl. die „Dualität von Struktur“ (Giddens 1988); zur Problematik siehe Huchler (2010).

49 Ein anderer Ansatz zur analytischen Trennung zwischen Ent- und Begrenzung entlang des Wandels sozialer Steuerungsmechanismen findet sich in Huchler (2010).

gebunden sind: zeitliche, räumliche, soziale, organisatorische Aspekte im Privatleben und in der Arbeit. Die Frage ist nun, wie die einzelnen Entgrenzungsphänomene, zum Beispiel differenziert nach den oben dargestellten Sozialdimensionen von Entgrenzung, zusammenwirken. Dies ist der Ausgangspunkt des Konzepts multipler Entgrenzung. Die Annahme ist, dass multiple Entgrenzung nicht als bloße Addition paralleler Prozesse in unterschiedlichen Arbeits- bzw. Lebensbereichen und daraus entstehender Belastungen oder Freiräume verstanden werden kann, sondern komplexer gedacht werden muss.

Ein wesentlicher Ansatzpunkt zur empirischen und theoretischen Analyse von (multiplen) Entgrenzungsphänomenen bzw. zu einem Konzept multipler Entgrenzung ist die Unterscheidung zwischen neuen und alten Entgrenzungsprozessen bzw. – für einen bestimmten Zusammenhang (z.B. für ein Berufsfeld) – *konstitutiver* und *transformierender* Entgrenzung (ebd.). Diese von Grund auf verschiedenen Entgrenzungsformen werden hier erstmals systematisch differenziert: in Entgrenzungsprozesse, wie sie für eine bestimmte Tätigkeit bzw. ein Berufsfeld eher typisch, also mit dem Arbeitsprozess bzw. der Sache ursächlich verbunden sind, und solche, die auf aktuelle, eher externe Entwicklungen zurückzuführen sind. Im Luftverkehr bzw. in der Arbeit von Piloten zeigt sich der Unterschied zwischen diesen beiden Formen deutlich:

> „Erkennbar wird, dass unterschiedliche Formen der Entgrenzungen parallel wirken: räumliche wie zeitliche Entgrenzungen sind klassisches Kennzeichen der Arbeit in der Luftfahrt, geraten aktuell aber in Entwicklungsprozesse, wenn z.B. Arbeitszeiten verdichtet werden bzw. räumliche Entfernungen zu schrumpfen scheinen." (Ergebnisbericht 2010, S. 9)

Beide Formen beeinflussen einander wechselseitig, wobei die ‚alten' Entgrenzungsprozesse eher einen dauerhaften und die ‚neuen' eher einen dynamischen Charakter aufweisen.

> „Für die Analyse von Entgrenzungsprozessen ist damit [...] festzuhalten, dass diese einerseits *konstitutive* (z.B. Raum und Zeit) und andererseits *transformierende* (z.B. im Falle der Arbeitszeitverdichtung) *Eigenschaften* innehaben können", die im Alltag ineinandergreifen (Matuschek/Voß 2008a, S. 196).

Diese Überlegungen zu einem Konzept multipler Entgrenzung stellen zudem ein paar erste Aussagen zum *Zusammenwirken* von Entgrenzungsprozessen bereit. Eine Ausgangsfrage lautet,

> „ob (und unter welchen Bedingungen) mehrfache Entgrenzung immer *kumulativ* und sich *verstärkend* (und dann besonders belastend) wirkt oder ob (und unter welchen Bedingungen) komplexe Balancen von kombinierten Entgrenzungserscheinungen im Gegenteil nicht auch zu *absorbierenden* oder *kompensierenden* Wirkungen in Bezug auf Einzelphänomene führen können." (Ebd., S. 184)

Die Frage ist also, wie sich komplexere Bündel von einzelnen Entgrenzungsaspekten auf die Subjekte und ihre Umwelt auswirken. Auch das Konzept der Multiplen Entgrenzung gibt hier bislang keine eindeutige Antwort. Es wird jedoch betont, dass sich die Einzelphänomene nicht einfach „additiv" zueinander verhalten, sondern „relational", also entweder „kumulative Belastungen" oder „nivellierende Balancen" hervorrufen (ebd., S. 196f.). Des Weiteren geht es um die Frage, *„ob graduelle Abstufungen von Entgrenzungen zu erkennen sind"*, und darum, welche Rolle Persönlichkeitseigenschaften und soziale und berufliche Verankerungen spielen (ebd., S. 184). Hier kann festgehalten werden, dass nicht die „Dichte" entscheidend ist, sondern die Qualität der jeweiligen „fluiden Gemengelage" (Ergebnisbericht 2010, S 10). Diese wird hochgradig bestimmt durch die „Gestaltungsmacht der Entgrenzung bearbeitenden Subjekte" und macht ein aktives Grenz-Management notwendig (Matuschek/Voß 2008a, S. 197). Denn letztlich kreuzen sich im Subjekt die gesellschaftlichen, institutionellen, betriebsbezogenen und individuellen Aspekte der Entgrenzung. Schließlich wird auf die Ambivalenz von Entgrenzung hingewiesen bzw. darauf, dass die „genuine Qualität" singulärer Entgrenzungsphänomene je nach Kontext höchst unterschiedlich ausfallen kann. Zum Beispiel können moderne Kommunikationsmedien, die die Grenze zwischen Arbeit und Privatleben durchlässiger gestalten, der Koordination des Privatlebens dienen und gleichzeitig den betrieblichen Zugriff ausdehnen (Ergebnisbericht 2010, S. 10; vgl. Matuschek/Voß 2008a).

Konzeptionell wird das stetige Handeln und Strukturieren der Subjekte zwischen Ent- und Begrenzung in einen strukturationstheoretischen Mehrebenenansatz eingebettet, der die Makroperspektive gesellschaftlichen Wandels (u.a. Ökonomisierung/Kommodifizierung, beruflicher Statuswandel), die Mesoebene arbeitsorganisatorischer und technologischer Entgrenzungen und die Mikroebene der Bearbeitung entgrenzter Sphären analysiert (Matuschek/Voß 2008a, S. 198ff.). Zudem werden Arbeit und Leben gleichermaßen erfasst – und damit zum Beispiel auch Entgrenzungsprozesse, die auf einen Wertewandel oder veränderte Geschlechterbeziehungen zurückzuführen sind (ebd., S. 202). Dabei werden multiple Entgrenzungen als fremdinduzierte Handlungsanforderungen in aufeinander bezogenen Kontexten (bzw. Sozialebenen) und Sozialdimensionen konzipiert. Die Aufgabe der Individuen wird darin gesehen, einzelne Aspekte systematisch in ein Lebenskonzept zu integrieren, um Flexibilität in Arbeit und Privatleben zu ermöglichen. Besondere Anforderungen an die Selbstorganisation stellen dabei vor allem einander gegenseitig negativ verstärkende oder auch zueinander widersprüchliche Entwicklungen im Alltag.

> „Analytisch fokussiert das Konzept multipler Entgrenzung prozessorientiert die Konstellation mehrfacher Entgrenzung in ihren kumulativen bzw. nivellierenden Wirkungen als Gestaltungsleistung von Subjekten [...] vor dem Hintergrund sozial ungleicher Ressourcenausstattung" (Ergebnisbericht 2010, S. 13),

d.h. inklusive seiner Wechselwirkung mit sozialen, organisationalen/institutionellen und gesellschaftlichen einbettenden Strukturen (vgl. Matuschek/Voß 2008a, S. 184).

Es besteht weiterhin großer Klärungsbedarf in den Fragen, wie sich die einzelnen Entgrenzungsphänomene in ihrer Gesamtheit verschränken, welche Bearbeitungsstrategien von Betroffenen gewählt werden und welche Auswirkungen zu beobachten sind.

Um zur Klärung dieser und weiterer Fragen beizutragen, wurde die arbeitsbedingte Mobilität von Piloten als empirisch und theoretisch abgrenzbarer Gegenstand gewählt, da sich hier die konstitutive bzw. alte Entgrenzung besonders deutlich von neueren, transformierenden Formen unterscheiden lässt. Zudem zeigt sich eine enge Verwandtschaft zwischen den Begriffen Entgrenzung und Mobilität.

4.4 Entgrenzte (arbeitsbedingte) Mobilität und Subjektivierung von Arbeit

In diesem Abschnitt wird eine erste Verbindung zwischen arbeitsbedingter Mobilität und dem Konzept der Entgrenzung von Arbeit aufgezeigt: die Subjektivierung von Arbeit. Hierzu wird Mobilität als ein spezielles Bündel von (primären und sekundären) Entgrenzungsphänomenen gefasst und auf die Unterscheidung von eher ursächlichen (konstitutiven) und zunehmend fremdinduzierten (transformierenden) Entgrenzungsaspekten hingewiesen. Anschließend wird argumentiert, dass arbeitsbedingte Mobilität und Entgrenzung von Arbeit immer schon – und aktuell verstärkt – Gegenstand von Subjektivierung sind, die auch die Arbeit im Umfeld der entgrenzt mobil Arbeitenden einschließt.

Wie im Abschnitt 4.2.4 dargestellt, wird Mobilität hier als räumliche Bewegung konzipiert, die mit einem Zeitaufwand einhergeht und an die sich bestimmte, vor allem soziale, aber auch technische und inhaltliche etc. Folgeaspekte immanent anschließen – in der Arbeit und im Privatleben von Piloten. Zudem wird hier nur arbeitsbedingte Mobilität in den Blick genommen. Es geht also erstens um die *ursächlich* aus der arbeitsbedingten Mobilität von Piloten hervorgegangenen primären und sekundären Entgrenzungsaspekte – die konstitutive Entgrenzung von Piloten. Diese wird dann in einem zweiten Schritt historisch gefasst und mit der transformierenden Entgrenzung und entsprechenden neuen – vor allem *fremdinduzierten* – Mobilitätsanforderungen konterkariert. In der Folge entgrenzt sich Mobilität ein zweites Mal. *Entgrenzte Mobilität* bezeichnet also eine durch aktuelle gesamtgesellschaftliche Entgrenzungsprozesse neu entgrenzte Mobilität, deren Ursachen eher nicht als in der Tätigkeit an sich liegend, sondern eher als äußerlich erscheinen – in erster Linie als Rationalisierung. Für den Zusammenhang zwischen Mobilität und Entgrenzung bedeutet dies, dass Mobilität ein (empirisch zu fassendes) Bündel von alten und neuen Entgrenzungsphänomenen repräsentiert. Mobilität ist also ein komplexes Beispiel für multiple Entgrenzung. Des Weiteren ist Mobilität ein besonders markantes Exempel für die Dynamik von Ent- und Begrenzung (bzw. Strukturierung), da im Vergleich zu anderen Entgrenzungskonstellationen Phasen der Stabilität bzw. Begrenzung und Phasen der Bewegung bzw. Entgrenzung relativ häufig wechseln. In der einschlägigen Literatur werden beide Begriffe, Mobilität und Entgrenzung, zunehmend als dichotomische Begriffspaare konzipiert. So wird sowohl konstatiert, dass Mobilität ohne „Erwartbarkeit, Verlässlichkeit und damit Stabilität" (Bonß/Kesselring 1999, S. 39) bzw. Immobilität nicht möglich ist,[50] als auch ein enger wechselseitig konstitutiver Zusammenhang zwischen Ent- und Begrenzung angenommen (siehe 4.3.4). Beiden Begriffen sind also sowohl Stabilität als auch Bewegung immanent. Sowohl Entgrenzung wie auch Mobilität bringen die Problematik mit sich, dass sie in jüngster Zeit zunehmend in immer breiteren Kontexten Verwendung finden und daher als theoretische Konzeptionen zunehmend „schwammiger" werden (Voß 2010a, S. 14ff.). Dies kann einerseits als Defizit wahrgenommen werden (verbunden mit dem Einfordern engerer Definitionen), andererseits kann auch argumentiert werden, dass eine fluide Gesellschaft zur Beschreibung und Analyse von komplexer werdenden Phänomenen auch tendenziell weitere Begriffe benötigt (ebd.). In diesem Buch werden – wo es möglich ist – beide Begriffe möglichst eng gefasst.

Die enge Verwandtschaft zwischen Entgrenzung und Mobilität zeigt sich in der einschlägigen Literatur besonders im Bezug auf gesellschaftliche Veränderungsprozesse und ihre Anforderungen an die Subjekte. Bonß und Kesselring (1999, S. 39) beschreiben Mobilität als „Phänomene der Beweglichkeit, Veränderbarkeit und Verflüssigung" von Strukturen auf unterschiedlichsten gesellschaftlichen Ebenen, was sich ebenso auf den Entgrenzungsbegriff beziehen könnte. Die Verflüssigungen wiederum erfordern viel Flexibilität von den Subjekten. Sowohl in Bezug auf Mobilität (z.B. Canzler/Kesselring 2006) als auch im Zusammenhang mit Entgrenzung (z.B. Matuschek/Voß 2008a) wird das entsprechende „Management" – also *Mobilitäts-* bzw. *Grenzmanagement* – als aktuell zentrale Anforderung an die Subjekte hervorgehoben. Diese Koordinations-, Führungs- und Orientierungstätigkeit kann auch mit dem Begriff *Navigation* gefasst werden. Sowohl Individuen als auch Gruppen, Organisationen, Institutionen und die Gesellschaft müssen historisch und situativ in zunehmend unbekannten Gewässern navigieren. Es geht darum, die wenigen fixen Konstanten gekonnt zu nutzen, um sich im Unbekannten zu orientieren und einzelne Etap-

50 Siehe 4.1.5 zu Mobilität und Lokalität; vgl. auch Canzler/Kesselring (2006, S. 4162) und Voß (2010, S.15ff.).

pen sicher zu erreichen. Aus subjektorientierter Perspektive wird im Weiteren vor allem Mobilität, aber ein Stück weit auch Entgrenzung als ein an den Körper gebundenes Phänomen und damit als eine Anforderung und Möglichkeit angenommen, die auf endliche Ressourcen zurückgreift (Matuschek/Voß 2010). Im Zentrum stehen also die mobilen Subjekte und ihr Umgang mit entgrenzten Strukturen, denn aktuell wird Navigationsfähigkeit vor allem von den Subjekten eingefordert.

Der Prozess, zunehmend auf sich selbst zurückgeworfen zu sein, wird als Teil des aktuell andauernden gesellschaftshistorischen Wandels auch mit dem Begriff der *Individualisierung* verbunden. Es besteht ein enger Zusammenhang zwischen zunehmender Individualisierung und verstärkt entgrenzten sozialen Strukturen in der Gesellschaft. Individualisierung und Entgrenzung sind zwei Seiten desselben Prozesses. Die Auflösung von festen traditionalen Strukturen und Gewissheiten macht Individualisierung erst möglich und umgekehrt ist Individualisierung eine Hauptursache für diese Auflösungserscheinungen. Ebenso wird Mobilität als abhängig von Individualisierungsprozessen in der Gesellschaft gesehen. „Individualisierungstendenzen müssen als Motor für steigende Mobilität betrachtet werden“, so Pelizäus-Hoffmeister (2001, S. 3). Für die Subjekte bedeutet dies, dass sie bei der konkreten Ausgestaltung ihrer Mobilität bzw. beim Navigieren in entgrenzten Strukturen zunehmend ‚reflexiv' agieren müssen. Neue Anforderungen, die damit einhergehen, werden häufig mit dem Zusatz ‚Selbst-' versehen, um auf das Zurückgeworfen-Sein der Subjekte auf sich selbst zu verweisen, wie zum Beispiel Selbst-Organisation und Selbst-Koordination. Ein in diesem Zusammenhang häufig referiertes Konzept ist das des Arbeitskraftunternehmers (Voß/Pongratz 1997a, Pongratz/Voß 2003), welches mit seinen Dimensionen Selbst-Kontrolle, Selbst-Ökonomisierung und Selbst-Rationalisierung auf der individuellen Ebene ein typisches Muster von Reaktionen auf neue Bedingungen erfasst, das aktuell an Bedeutung gewinnt.[51] Die Kompetenz, sich in entgrenzten Strukturen zurechtzufinden, und die verschiedenen Fähigkeiten und Möglichkeiten, mobil zu sein (Motilität), können auch als Teil der Arbeitskraft begriffen werden, die von den Subjekten zunehmend selbst Verwertungsprozessen zugeführt werden muss.

> „Gemeint ist die für jeden handelnden Menschen in allen sozialen Kontexten fundamentale zeitliche, räumliche, sachliche, technische, soziale, sinnhafte bezie-

51 Dem Arbeitskraftunternehmer wurde der arbeitende Kunde (Voß/Rieder 2006) im Privatleben gegenübergestellt. Auch hier ließen sich Arbeit und Privatleben konzeptionell miteinander verknüpfen. Im weiteren Verlauf wird jedoch nicht der Arbeitskraftunternehmer, sondern die Alltägliche Lebensführung als Konzept gewählt, um mit Blick auf die Subjekte typische Muster im Umgang mit (multipel) entgrenzten Bedingungen in der Arbeit und im Privatleben zu sondieren.

> hungsweise motivationale und sogar körperlich-emotionale Bewegung und Veränderung sowie (...) ihre *Beweglichkeit.*“ (Voß 2010a, S. 16)

Das Potenzial zu navigieren wird damit zu einem wesentlichen Element der *Subjektivierung von Arbeit.*[52] Gerade in Bezug auf arbeitsbedingte Mobilität ist die Subjektivierung von Arbeit ein zentrales Mittel der *Mobilisierung von Arbeitskraft.*

> „Mobilität ist (...) in diesem aktuellen Sinne nichts anderes als eine *universale oder multidimensionale Chiffre für das, was Subjektivität im 21. Jahrhundert zu sein hat.* Diese Vorstellung von ‚Mobilität' konvergiert weitgehend mit dem, was [...] als ‚Subjektivierung' verhandelt wird.“ (Ebd., S. 14)

Der Verfügung über die Motilität bzw. die Beweglichkeit von Menschen sind jedoch gewisse Grenzen gesetzt. Denn die Mobilität von Menschen ist naturgemäß begrenzt: Zum einen wegen ihrer „biologischen Grundausstattung“ und ihrer als „lebendige körperliche Wesen“ „nicht völlig freien Beweglichkeit und Veränderbarkeit“. Zum zweiten sind Menschen als „reflexiv handelnde Wesen“ auf Grund ihrer „sozialen Grundausstattung“ „auf andere Handelnde“ und ebenso – zum Dritten – auf „Orte oder Räume (oder allgemeiner: auf stabile Bezüge und Bindungen) verwiesen“ (ebd., S. 15f.). Das heißt: Subjekte sind

> „aufgrund ihrer Körperlichkeit, ihrer reflexiven Handlungsfähigkeit und ihrer daraus folgenden Sozialität ebenso fundamental immer und in allen Kontexten auf eine komplementäre Verortung im Sinne von Bindungen und Bindungsfähigkeiten (und damit von Stationarität und Stabilität) in den genannten Dimensionen angewiesen.“ (Ebd., S. 16)[53]

Die Subjektivierung von arbeitsbedingter Mobilität erfasst also nicht nur die Motilität bzw. die Mobilitätsmöglichkeiten und -kompetenzen der Subjekte, sondern auch deren Fähigkeit, in Mobilität (bzw. unter multipel entgrenzten Bedin-

---

52 Zur Subjektivierung von Arbeit siehe z.B. Baethge (1991), Heidenreich (1996), Moldaschl/Voß (2003), Arbeitsgruppe SubArO (2005), Drinkuth (2007). Ein Überblick zum Stand der soziologischen Diskussion findet sich in Kleemann et al. (2003). Zu Sozialdimensionen der Subjektivierung siehe Voß/Weiß (2005), zu Subjektivität als sozialem Mechanismus und Subjektivierung als betrieblicher Rationalisierungsstrategie siehe Huchler et al. (2007) und zum Zusammenhang von Mobilität und Subjektivierung von Arbeit siehe Voß (2010a).

53 Zum Erfassen der grundlegenden Dialektik von Mobilität schlägt Voß (2010a, S. 17) der soziologischen Arbeitsforschung einen „anthropologischen Zugang zu Mobilität“ vor. Evolutionär stuft Voß den Menschen zwar als von besonderer Offenheit geprägt ein, einschränkend stellt er jedoch fest: „Der Mensch braucht und sucht Bindung und Stabilität“ in *zeitlicher, räumlicher, sachlicher, technischer, sinnhafter, sozialer, emotionaler* und *körperlicher* Hinsicht“ (ebd., S. 20f.), also in Bezug auf die genannten Sozialdimensionen der Entgrenzung von Arbeit.

gungen) zu navigieren, für stabile Orientierungen und Bahnen zu sorgen, Richtungen bzw. Wege vorzugeben und (Verkehrs-)Mittel (bzw. notwendige Ressourcen) bereitzustellen. Es geht um die *informellen Mobilitätsleistungen* und -kompensationen der Mobilen, die ihr Mobilitätspotenzial – ohne formale Anerkennung – der betrieblichen bzw. gesellschaftlichen Verwertung zugänglich machen.[54] Der Bedarf an absichernden, stabilisierenden sozialen und institutionellen Strukturen scheint sich weiter zu erhöhen.

> „*Der Mensch braucht, je moderner und damit je mobiler er wird, umso mehr Bindung und Stabilität,* und er ist im Zuge dieses Modernisierungsprozesses immer mehr auch *selbst zuständig,* was das Konfliktpotenzial dieses Austarierens von Bewegung und Stabilitätssuche erhöht und zu einem chancenreichen wie riskanten Unternehmen macht.“ (Ebd., S. 21)

Dies betrifft aber zu einem nicht unerheblichen Teil auch die *soziale Umwelt* der Mobilen, wie soziale oder familiäre Netzwerke, Organisationen und Institutionen, die die Mobilität der Mobilen oftmals erst ermöglichen. Die Mobilisierung der Gesellschaft kann damit auch außerhalb der betrieblichen Kontexte, also gesamtgesellschaftlich, als Subjektivierung von Arbeit konzipiert werden. Zum einen in Bezug auf die Mobilen selbst: „Die Selbstmobilisierung der modernen Menschen für die moderne mobile Gesellschaft ist *Mobilitätsarbeit*“ (ebd., S. 23), zum anderen in Bezug auf ihre sozialen Umwelten. Gleiches gilt für die *alltägliche Lebensführung* von Mobilen, d.h. das ‚Wie' und die individuellen Logiken, nach denen Subjekte mit Entgrenzung und Mobilität in Arbeit und Privatleben umgehen, sind indirekt Teil des betrieblichen und gesellschaftlichen Verwertungsprozesses.

4.5 Alltägliche Lebensführung

Um Aussagen über das Zusammenwirken verschiedener Entgrenzungsprozesse und den Umgang der Subjekte mit zunehmend verdichteter Entgrenzung treffen zu können, ist eine Arbeit und Privatleben umfassende Betrachtung nötig.[55] Der Umgang mobiler Subjekte mit multidimensionaler Entgrenzung in ihrem gesam-

---

54 Zur Subjektivität als informeller Leistung der Arbeitenden siehe Böhle/Schulze (1997). Zur Subjektivierung und Rationalisierung von Arbeit siehe auch Döhl et al. (2003), Bechtle/Sauer (2001).

55 So hebt Jurczyk (1991, S. 44) hervor: Flexibilisierungsprozesse (z.B. von Arbeitszeiten) können nur „im Kontext des Gesamtgefüges der Lebensbedingungen, des Milieus, der Ressourcen, der Biografie, der Normen etc. angemessen eingeschätzt werden“ – bedeutsam für Arbeit und Privatleben ist vor allem die geschlechtsspezifische private Arbeitsteilung.

ten Lebenszusammenhang lässt sich dem Konzept der Alltäglichen Lebensführung[56] zuordnen; zumal sich die ursprünglichen empirischen Forschungen zu diesem Konzept zentral mit Flexibilisierungsprozessen (vor allem von Arbeitszeiten) (Voß 1991a) bzw. mit dem Thema zunehmender „Offenheit" (Behringer/ Jurczyk 1995) beschäftigten – was eine Verbindung zur Entgrenzung nahelegt.[57]

4.5.1 Das Konzept der Alltäglichen Lebensführung

Das Konzept der „Alltäglichen Lebensführung" ist hervorgegangen aus den Ursprüngen der „subjektorientierten Soziologie" (Bolte 1983; Voß/Pongratz 1997b). Es baut auf den Erfahrungen des Münchner Sonderforschungsbereiches 101 auf, dass Erwerbsarbeit aus einer subjektorientierten Perspektive nicht ohne Einbeziehung anderer Lebensbereiche umfassend verstanden werden kann. Im anschließenden Sonderforschungsbereich 333 wurde der Zusammenhang von ‚Arbeit und Leben' stärker in den Blick genommen und untersucht, wie Berufstätige ihren Alltag aktiv herstellen und welche Formen bzw. Logiken sich dabei ausmachen lassen. Dort wurde schließlich das Konzept der Alltäglichen Lebensführung entwickelt.[58]

Der Begriff lehnt sich stark an Arbeiten Max Webers an, der in seinem bekannten Werk „Die protestantische Ethik und der Geist des Kapitalismus" (Weber 1934) die „methodische Lebensführung" als zentralen Aspekt moderner kapitalistischer Berufsethik hervorhebt. Das Konzept bezieht sich auf „den Weberischen Begriff der ‚alltäglichen Lebensführung'" (Voß 1991b, S. 70) – vor allem mit Blick auf die Rationalisierung des aktiven alltäglichen Handelns der Menschen. Wie bei Weber geht es dabei aber nicht bloß um einen rein äußerlichen, an Symbolen festgemachten Lebensstil bzw. um die aktive Stilisierung von Lebensführung oder einer Gruppenzugehörigkeit (ebd., S. 78), die Alltägliche Lebensführung fasst vielmehr die Form, wie Subjekte ihre verschiedenen Lebensbereiche (Erwerbsarbeit, Familie, Freizeit, gesellschaftliches Engagement etc.) im Alltag zusammenbringen und organisieren. Dabei wird der Alltag von einzel-

---

56 Zur Alltäglichen Lebensführung siehe unter anderem Voß (1991a), Jurczyk/Rerrich (1993), Projektgruppe (1995), Kudera/Voß (2000), Voß/Weihrich (2001).

57 Daher wurde das Konzept der Alltäglichen Lebensführung nach und nach systematisch in diese Untersuchung integriert. Dies geschah in einem fortgeschrittenen Stadium der Forschungsarbeiten; die Typenbildung war am Entgrenzungsbegriff ausgerichtet. Die Ergebnisse der Typenbildung bieten daher einerseits eine konzeptionelle Verbindung zwischen Entgrenzung und Alltäglicher Lebensführung, zum anderen können sie als empiriegeleitete theoretische Überprüfung des Konzepts gelten (nicht nur im Sinne der *Grounded Theory,* sondern zum Teil auch erst nachgelagert).

58 Zur Entstehungsgeschichte des Konzepts Alltägliche Lebensführung siehe Dunkel (2001). Siehe zudem: http://www.arbeitenundleben.de

nen Subjekten möglichst umfassend in den Blick genommen. Auch wenn die verschiedenen Formen der Alltäglichen Lebensführung eine deutliche Persistenz aufweisen, lässt sich diese Betrachtungsweise deutlich von biografischen Ansätzen oder der Lebensverlaufsforschung abgrenzen (ebd., S. 69). Im Zentrum steht die Synchronie in der alltäglichen Gesamtorganisation aller Lebensbereiche eines Subjekts. „Sie ist sozusagen das Arrangement der Arrangements“ aus allen relevanten Lebensbereichen bzw. die „integrative Form des Zusammenhangs der verschiedenen Tätigkeiten“ (ebd., S. 76, vgl. auch Projektgruppe Alltägliche Lebensführung 1995). Es geht also um das systematische Zusammendenken der verschiedenen Lebenssphären von Menschen bzw. darum, Arbeit, Familie, Freizeit, das ‚Leben' zu erforschen, als integrative Leistung der Subjekte mit Hilfe eines integrativen Konzepts (Voß 1991b, S. 71): um einen ganzheitlichen Blick (ebd., S. 73). Dies aber nicht in der Längenausdehnung des Lebens (wie die Lebenslaufforschung), sondern in der Breite (ebd., S. 71). Im Mittelpunkt steht die „Praxis der Menschen, kurz das was sie tagaus und tagein tun“, und nicht vordringlich die Generierung von Sinn oder Identität (ebd., S. 72).[59]

Alltägliche Lebensführung erfüllt die *Funktion* der effizienten Vermittlung zwischen verschiedensten täglichen Tätigkeiten. Sie ist eine „aktive Herstellungsleistung der Einzelnen“, die natürlich gleichfalls in der Auseinandersetzung mit und in Abhängigkeit von der persönlichen Umwelt geschieht (ebd., S. 75). Die *Formen* der Alltäglichen Lebensführung sind damit aktiv hergestellte individuelle Arrangements verschiedener sozialer Arrangements einer Person (Voß/Weihrich 2001).[60] Sie stellt damit alltäglich den Zusammenhang aller Tätigkeiten in ihren relevanten Lebensbereichen her, mit dem Ziel der *Synchronie* des Alltagslebens (ebd.). Die Regulierungsleistung an sich kann durchaus auch als Arbeit verstanden werden (Voß 1991b, S. 74).[61] Hierzu *vermittelt* die Person mit ihrer Lebensführung zwischen den Tätigkeiten in verschiedenen gesellschaftlichen Sphären – wie zum Beispiel zwischen Arbeit und Privatsphäre. „Lebensführung ist die alltagspraktische Methode, wie die Personen ihre Lebensführung verarbeiten“ (ebd., S. 80), wie sie zwischen verschiedenen Lebenssphären vermitteln und Widersprüche verarbeiten. Die individuelle Herstellung der Lebensführung geschieht damit immer auch in unmittelbarer *Kooperation* mit anderen. Die Lebensführungen von Personen sind aktiv miteinander „verschränkt“, zum Beispiel im Sinne einer sozialen Arbeitsteilung (ebd., S. 81). Dabei ist die soziale Umwelt der Person Quelle für Ressourcen, sie stellt aber auch Anforderun-

59 Die Alltägliche Lebensführung ist damit laut Voß (1991b, S. 73) eine „praxisbezogene, alltagsorientierte, ganzheitliche und konstruktivistische Konzeptualisierung“.

60 Für eine rationaltheoretisch gewendete Handlungstheorie des Alltags und ein Plädoyer für ein dynamisches Modell Alltäglicher Lebensführung siehe Weihrich (1998).

61 Systemtheoretisch gefasst, als „personale Arbeitsteilung“ (Voß 1991, S. 79).

gen und vermittelt neue Zwänge an die Lebensführung. Daher ist die Alltägliche Lebensführung auch ein umkämpftes Terrain. Sie hat das Ziel, die vielen einander potenziell konflikthaft gegenüberstehenden Lebensbereiche einer Person zu vereinen, die oftmals in Konkurrenz um beschränkte Ressourcen stehen, zum Beispiel darum, wie viel Zeit für welchen Lebensbereich aufgewendet werden soll. Letztlich ist sie damit immer schon Teil selbstbezüglicher, familialer und anderweitig sozialer Aushandlungen, ebenso wie politischer und natürlich auch betrieblicher Interessenpolitik (vgl. ebd., S. 82). Die Alltägliche Lebensführung ist zugleich ein Element der *sozialen Ungleichheit* (vgl. Rerrich/Voß 2000) und eine Frage der *Macht*.

In den Forschungen zur Alltäglichen Lebensführung werden bewusst oft Formulierungen verwendet, die eine klare Positionierung zwischen rationalem Akteur und sozialem Determinismus vermeiden[62] oder versuchen, beide Seiten sozialen Handelns zu inkludieren. So schreibt zum Beispiel Behringer (2007, S. 2) in einer Publikation zur Bedeutung der Lebensführung für die Identitätskonstruktionen von Subjekten:

> „Strategien der Lebensführung beruhen auf reflexiver Auseinandersetzung mit den individuellen Ansprüchen, Lebensentwürfen und Orientierungen auf der einen Seite und gesellschaftlichen Normen und kulturellen Modellen auf der anderen Seite." (Vgl. auch Behringer 1998)

Eine Form, den Spagat zwischen *Handlung und Struktur* zu meistern, ist der Fokus auf die Analyse von Mustern, Formen und Mechanismen. Lebensführung wird oft auch als relativ konsistente eigenständige *Logik* beschrieben, als „modus operandi", Lebensführungsmuster gelten dann als „latente operative Logiken" (Voß 1991b, S. 78). Alltägliche Lebensführung ist die „aktive personale Konstruktion einer eigenlogischen Struktur dessen, was man täglich tut" (ebd., S. 73) in der Auseinandersetzung mit sozialen Verhältnissen. Sie muss aktiv hergestellt und reproduziert werden. Jedoch entwickelt sie auch Aspekte von Konstanz, die Handeln einschränken, Routinen ermöglichen und Abweichungen erschweren. Sie ist gleichzeitig eine „aktive Konstruktion der Person [und] eine individuelle Institutionalisierung des Alltags" (Voß 2001, S. 203). Alltägliche Lebensführung reagiert auf Strukturen, bearbeitet diese und erzeugt neue soziale Tatsachen. Dabei ist sie selbst eine „quasi-synchrone Struktur des Lebens, das was man jeden Tag, alltäglich" tut (Voß 1991b, S. 72), also „die Struktur, die Form oder die Gestalt der alltäglichen Tätigkeiten von Personen" (ebd., S. 73). Als Muster, Form, Logik

---

62 Dies gelingt, indem Lebensführung z.B. folgendermaßen beschrieben wird: „Lebensführung kann als der systematische Ort definiert werden, an dem Personen in ihrem praktischen Alltagshandeln die Anforderungen der unterschiedlichen, gesellschaftlich ausdifferenzierten Arbeits- und Lebensbereiche sowie ihre sozialen Beziehungen gestalten, koordinieren und integrieren" (Behringer 2007, S. 8).

oder auch als „Steuerungsprinzip“ (z.B. Behringer et al. 1989, S. 40; ähnlich Voß 1991b, S. 77) alltäglichen Handelns konzipiert, bietet die Alltägliche Lebensführung eine Verbindung von Akteurs- und Strukturperspektive. Voß (1991b, S. 77) beschreibt dieses Verhältnis an einer Stelle so: Lebensführung ist immer in Bewegung. „Was dabei trotzdem als ‚Stabilität’ erkennbar wird, ist eine Stabilität in Bewegung, ein ‚Fließgleichgewicht’.“ Eine andere Fassung des Verhältnisses von Struktur und Handlung ist die der *Normalitätsfolien,* womit für bestimmte Situationen normale bzw. gängige Formen von Alltäglicher Lebensführung gemeint sind. In diesem Fall wird die traditionelle, soziale, kulturelle und oft auch rechtlich abgesicherte Einbettung betont (ebd., S. 81), also auf den strukturierenden Charakter der Lebensführung abgezielt. Normalitätsfolien wirken gleichfalls als starke Normierungen, aber auch als Entlastungen. Sie determinieren die Lebensführung jedoch nicht und wirken eher indirekt als Vorlagen. Die Alltägliche Lebensführung kann auch eine „strukturelle und funktionale Eigenständigkeit“ entwickeln, die einer „nicht immer so gewollten Logik folgt“ (ebd., S. 77). Die *Eigenlogik* kann als Quelle für Konstanz und Konsistenz dienen, Komplexität reduzieren und damit Routinen und Handeln überhaupt ermöglichen. Sie kann aber auch hemmend wirken, Flexibilität und Anpassung verhindern, Probleme verursachen und letztlich selbst zu einem Problem werden. Sie resultiert „aus dem komplexen Zusammenspiel der vielfältigen Lebensbedingungen auf der einen und den partiellen Steuerungsversuchen der Person auf der anderen Seite“ (ebd., S. 77), welches auch misslingen und ungewollte oder nicht nachhaltige Richtungen vorgeben kann. In diesem Kontext könnte auch von einer ‚pathologischen’ oder ‚negativen’ Lebensführung gesprochen werden. Lebensführung enthält auch Elemente des Zwangs und einer Art situativer Fremdbestimmung. Der Prozess, in dem die eigene Lebensführung der Person als äußerer Zwang entgegentritt, wird als *Entfremdung* der Lebensführung bezeichnet (ebd.; vgl. auch Voß 1995). Entfremdung tritt als „Schwerkraft“, „Trägheit“ oder „Eigendynamik“ (Voß 2001, S. 207) der Lebensführung in Erscheinung, die die aktive Veränderung und situative Anpassungen erheblich erschwert.

Die *Form* und die *Dauerhaftigkeit* der Lebensführung einer Person hängen von den Lebensplänen, Lebensphasen und Lebenslagen aller beteiligten Personen ab. Sie ist also ein komplexes, vielfach soziales, sozialisiertes und auch situatives Gesamtarrangement. Die Funktion der Alltäglichen Lebensführung ist es, Kohärenz, Stabilität und Kontinuität bereitzustellen, Komplexität im Alltagshandeln zu reduzieren und die gegenseitige *Integration* von Subjekten und ihrem sozialen bzw. gesellschaftlichen Umfeld zu ermöglichen. Zwar folgt die Alltägliche Lebensführung zunächst einmal einer von den Gesellschaftsbedingungen strukturell unabhängigen eigenen Logik (Voß 1991b, S. 80) und wird auch stark handlungsorientiert definiert als „System der alltäglichen Tätigkeiten der Person. Sie ist damit ein Handlungs-System, aber ein Handlungssystem der Person und nicht ein soziales System der Gesellschaft" (Voß 2001, S. 203). Dennoch ist sie auch ein Mittel der *Vergesellschaftung* (Voß 1991b, S. 79). Die Alltägliche Lebensführung bietet „einen eigenen alltagspraktisch integrativen Bezugsrahmen", um „Gesellschaft zu bewältigen" (ebd., S. 84). Lebensführung ist eine auf das Subjekt ausgerichtete Vermittlungsinstanz zwischen Gesellschaft und Individuum. Dabei enthält sie auch Aspekte von *Subjektivierung,* denn die „Person vergesellschaftet sich, vermittelt über ihre Lebensführung, selber" (ebd., S. 85). Lebensführung kann als „Produkt" ebenso wie als „Instrument der Person" angesehen werden und daher als „neutraler Vermittler" zwischen Individuum und Gesellschaft – als „missing link" der Soziologie – fungieren (ebd., S. 85).

4.5.2 Die Idealtypen Alltäglicher Lebensführung

Ein zentrales Ergebnis der Projektgruppe Alltägliche Lebensführung (1995) war die Sondierung von Grundtendenzen in der Modernisierung moderner Lebensführung. Hieraus resultierten drei idealtypische Erscheinungsformen von Alltäglicher Lebensführung: *traditional, strategisch* und *situativ* (Jurczyk/Voß 1995, S. 378ff., Voß 1998, S. 481).

- *Traditionale Lebensführung:* „Kern der inneren Logik ist Stabilität und Selbstverständlichkeit" (Voß 1998, S. 481) sowie das Streben nach Sicherheit und Regelmäßigkeit. Der Beruf bedeutet Einkommen und Stabilität und nimmt eine wichtige Stellung im Leben ein. Getrennt davon ist auch das Privatleben in feste soziale Strukturen eingebettet. Veränderungen bedeuten Gefahr.
- *Strategische Lebensführung:* Sie beruht auf „systematischer Planung, Berechnung und aktiver Beherrschung der Bedingungen und Ressourcen des Lebens zur Verwirklichung von Lebensentwürfen" (ebd.). Zentral sind die ständige Optimierung und Verdichtung bzw. Rationalisierung der verschiedenen Bereiche des Alltags (also sowohl der Arbeit und auch des Privatlebens).
- *Situative Lebensführung:* Diese Alltagsform basiert auf Offenheit und Flexibilität und auf Selbstvertrauen und Kompetenz. Vieles wird ad hoc entschieden und man „‚laviert' sich durch" (ebd.). Routinen werden flexibel eingesetzt und Arbeit und Leben wenig voneinander abgegrenzt. Der Beruf ist wichtig, sollte aber nicht das ganze Leben dominieren. Die zweckrationale Effizienzlogik wird relativiert.

Im Fall der traditionalen Alltäglichen Lebensführung wird von „Alltags-Routine", im Fall der strategischen von „Alltags-Organisation" und im Fall der situativen Lebensführung von „Alltags-Kunst" gesprochen (ebd.).[63]

---

63 Das Typenkonzept der Alltäglichen Lebensführung wurde vielfach angewendet und zum Teil auch weiterentwickelt bzw. ergänzt; z.B. durch Demszky (2006) mit zwei weiteren

Lebensführung und sozialer Wandel

Ein Ergebnis der Projektgruppe (1995) war zudem, dass die verschiedenen Typen der Lebensführung nebeneinander existieren. Auch im Kontext sozialen Wandels bzw. der untersuchten konkreten Rationalisierungsprozesse, wie zum Beispiel veränderter Arbeitszeitregime, ließen sich alle drei typischen Formen ausmachen. Lebensführung hat sich dabei als hoch individuelle und auch relativ robuste Alltagslogik erwiesen. Dennoch ist eine gewisse Tendenz dazu erkennbar, dass es zunehmend auf die einzelnen Personen zukommt, in ihrer Lebensführung die verschiedenen Anforderungen des Arbeits- und Lebensalltags zu vermitteln (Jurczyk/Voß 1995). In der reflexiven Moderne wird auch die Lebensführung tendenziell ‚reflexiv'. Für die reflexive Moderne scheint die individuelle, selbstorganisierte und reflexive Zusammenstellung und Vermittlung dieser drei Idealformen kennzeichnend zu sein. Es kann also vermutet werden, dass sich alle drei Formen der Alltäglichen Lebensführung auch in den hier untersuchten Lebensbereichen von Piloten aufzeigen lassen und ihr Zusammenspiel von den Piloten zunehmend aktiver und bewusster gestaltet werden muss.[64]

Parallel zu den Überlegungen zu einer fortschreitenden Individualisierung der Lebensführung wird vermutet, „daß komplementär dazu auch eine neue *dominante Form* der Lebensführung entsteht" (Behringer et al. 1989, S. 32). Auflösungsprozesse in der Arbeitswelt zusammen mit veränderten Lebensansprüchen und Lebensverläufen stoßen die Ausbildung einer grundlegend neuen Logik der Lebensführung an. Das Konzept der Alltäglichen Lebensführung enthält damit auch ein *modernisierungstheoretisches Element.* Idealtypisch lässt sich eine gesellschaftshistorische Abfolge der verschiedenen Typen Alltäglicher Lebensführung konstruieren: von traditional über strategisch zu situativ. Trotz des weiter bestehenden historischen Nebeneinanders dieser drei idealtypischen Formen verschiebt sich die gesellschaftliche Teilbereiche prägende Relevanz der jeweiligen Typen: vom Stützen auf Traditionen über das strategische Nutzen von Optionen hin zu einem auf aktuelle Einzelaspekte ausgerichteten situativen Pragmatismus. Drei historische Entwicklungsstufen korrespondieren mit jeweils einer charakteristischen dominanten Form der Lebensführung: die *vorindustrielle Gesellschaft* mit der *traditionalen* Lebensführung, die *kapitalistische Industriegesellschaft* mit der *rationalen Lebensführung* (eng an der Weber'schen metho-

---

Grundformen Alltäglicher Lebensführung: der prekären und der schematischen Lebensführung.

64 In einer neueren Studie zu Vergesellschaftungsformen von Bewohnern einer Plattenbausiedlung in Budapest hat Demszky (2006) in enger Verbindung mit dem Konzept der Alltäglichen Lebensführung verschiedene Typen „alltäglicher Vergesellschaftung" im sozialen Nahbereich und in Bezug auf die Gesellschaft differenziert. Auch hier wurde eine allgemeine Tendenz zur erhöhten aktiven Selbstvergesellschaftung festgestellt.

dischen Lebensführung orientiert) und die *postfordistische Gesellschaft* mit der *situativen* Lebensführung (ebd.). Zu Beginn der Lebensführungsforschung wurde noch die Frage aufgeworfen, ob die situative Lebensführung nicht sogar Ausdruck einer neuen Stufe gesellschaftshistorischer Entwicklung ist, über die durch Reflexivität geprägte zweite Moderne hinaus (ebd., S. 41). In der Regel wird jedoch die situative Lebensführung als dominante Form der reflexiven Moderne angenommen, also als Ausdruck einer Entwicklung hin zur permanenten Reflexion und Selbstvergewisserung. Aus arbeitssoziologischer Sicht und mit Blick auf den Wandel der Arbeits- und Lebensbedingungen von Piloten stellt sich dabei besonders dringlich die Frage, „ob [und inwieweit] ein solcher neuer Typus gar eine neue und möglicherweise höhere Stufe in einem historisch-evolutionären Prozeß von Rationalisierung markiert“ (ebd., S. 39).

Wandel der Lebensführung

Die Alltägliche Lebensführung ist jedoch nicht nur Teil des gesellschaftshistorischen Wandels, sondern sie verändert sich auch im biografisch-individuellen Kontext. Auf beiden Ebenen können „Übergänge“ erfasst und beschrieben werden, zum Beispiel „von instabilen zu eher stabilen Zuständen“ oder auch von einer eher „selbstläufigen“ zu einer „aktiv gestalteten“ Lebensführung bzw. von einer „präreflexiv traditionalen“ zu einer „rationalisierten“, also im Weber'schen Sinne methodischen Lebensführung (Voß 1991b, S. 78). Wie funktioniert jedoch der Wandel individueller Lebensführung?

In ihrer Panel-Studie zu Lebensführungsmustern im Ost-West-Vergleich weist Weihrich (1998) besonders auf deren „Stabilität in Zeiten des Umbruchs“ hin. Es lässt sich vermuten, dass sich gesellschaftshistorische Wandlungsprozesse und konkrete lebensweltliche Veränderungen unterschiedlich auf die Persistenz der Alltäglichen Lebensführung auswirken. Kleemann (2001) erklärt diese Persistenz damit, dass die Lebensführung dem Alltag gewissermaßen vorgelagert ist. Veränderungen in den Lebensumständen bzw. in den formalen Strukturen des Alltags „werden mit Hilfe des vorher entwickelten Modus der Lebensführung bearbeitet, d.h. es werden bestimmte ‚typische', bereits vorher bewährte Gestaltungsmuster und -methoden von den Individuen zur Anwendung gebracht“ (ebd., S. 192). Lebensführung dient in diesem Sinne als Basis für Anpassungen von Alltagspraktiken, wofür „entsprechende Kompetenzen auf Seiten der Individuen“ notwendig sind (ebd., S. 194). Wie sich umgekehrt die Lebensführung selbst verändert und angepasst werden kann, ist jedoch noch eine weitgehend offene Frage (ebd., S. 195).

Jochum (1996) hat in einer Studie zu Stadtstreichern Karriereverläufe idealtypisch nachgezeichnet und ein „Entwicklungsschema der Typen von Lebensführung bei Stadtstreichern“ (ebd., S. 202) entworfen. Er zeigt auf, dass sich die

Formen der Lebensführung auch im Lebensverlauf verändern. Entlang von Biografien lassen sich typische Verläufe und Muster des Wandels der Lebensführung erkennen. Interessant sind hier vor allem die Übergänge von einem Lebensführungsmuster zum anderen und Brüche bzw. die Frage nach mehr oder weniger dauerhaften bzw. nachhaltigen Konzepten.

Die vorliegende Studie zielt unter anderem darauf, auch bei Piloten Übergänge, Brüche und Stabilitäten in der Lebensführung zu identifizieren. Der deutsche Personenluftverkehr hat sich in den letzten 50 bis 60 Jahren – seit seiner Privatisierung – stark gewandelt und ist auch aktuell gekennzeichnet durch vehemente Veränderungen (im Low-Cost-Bereich, aber auch insgesamt, vor allem in Asien). Hier stellt sich die Frage, welche Auswirkungen diese Veränderungen (bzw. Entgrenzungsaspekte) auf die Lebensführung von Piloten haben. Können Piloten weiterhin auf tradierte Arrangements in Arbeit und Privatleben zurückgreifen oder verändern sich diese? Gibt es eine (neue) Form der Alltäglichen Lebensführung von Piloten in Entgrenzung bzw. Mobilität, die vor dem Hintergrund aktueller Entwicklungen im Luftverkehr dominiert? Zur Bearbeitung dieser Fragen werden in dieser Studie zwei Aspekte der Entgrenzung der mobilen Arbeit von Piloten (und deren Wechselwirkung mit dem Privatleben) getrennt betrachtet: die konstitutiven Aspekte, die schon immer mit der arbeitsbedingten Mobilität von Piloten zusammenhängen, und die transformierenden Aspekte, die erst mit jüngeren gesellschaftlichen und betrieblichen Veränderungen relevanter wurden.

4.5.3 Die familiale Lebensführung – Kompetenz und Ressource

In Ergänzung zu denjenigen Forschungen zur Alltäglichen Lebensführung, die sich auf die Lebensführung einzelner Subjekte konzentrierten, entstanden auch einige Ansätze, die die Vermittlung dieser Lebensführung mit dem sozialen Kontext Familie und ihre Auswirkungen auf diesen untersuchten: Ansätze der *„familialen Lebensführung“*[65]. Es lässt sich eine gesamtgesellschaftliche Entwicklung ausmachen, in der die individuelle Alltägliche Lebensführung zur zentralen Ressource wird, mit der sich das Individuum auf die Gesellschaft bezieht. Die familiale Lebensführung ist dabei als eine wesentliche allgemeine Kompetenz wirksam:

> „als Fähigkeit, die aus unterschiedlichen Lebensbereichen erwachsenden Anforderungen zu bewältigen und gleichzeitig soziale Anpassungsfähigkeit und Kompatibilität herzustellen.“ (Jürgens 2001, S. 56)

---

65 Für eine Gegenüberstellung der individuellen und der familialen Lebensführung siehe Jürgens (2001), vgl. auch Rerrich (1991) und Jürgens/Reinecke (1997).

Sie ist die Befähigung zur aktiven Konstruktion und Pflege eines persönlichen Beziehungshintergrunds, eine alltagspraktische, soziale und emotionale *Ressource* (vgl. Voß 1998, S. 483). Gleichfalls kann sie als *familiales Gesamtarrangement* bzw. als Arrangement der Einzelarrangements aller Familienmitglieder in Beruf, Familienaktivitäten und Freizeit definiert werden (Rerrich 1991, S. 64). Die familiale Lebensführung betrachtet selbst bei stark traditional ausgeprägten Rollenzuweisungen die Sphären Beruf und Familie für beide Partner zusammen und ihre individuellen Lebensführungen als hochgradig miteinander verzahnt (Jürgens 2001, S. 56f.). Ein wesentlicher Faktor sind die Muster der *familiären Arbeitsteilung* und damit auch Herrschafts- und Ungleichheitsaspekte, Normen, Sozialisation und individuelle Vorstellungen, aber auch materielle und soziale Ressourcen etc. Diese werden in der familialen Lebensführung täglich reproduziert (Rerrich 1991, S. 64). Natürlich ist die familiale Lebensführung (wie auch die Alltägliche Lebensführung insgesamt) zudem ein Ort der Reproduktion von Geschlechterungleichheit (ebd., S. 64f.). Zum Beispiel fällt – gerade mit Blick auf flexibilisierte Arbeitszeiten (bzw. Offenheit) – auf, dass Frauen die Herstellung von Gemeinsamkeit in der Partnerschaft oder Familie als integraler Bestandteil ihrer Lebensführung zugeschrieben wird (ebd.). Jedoch wird schon in der frühen Lebensführungsforschung eine partielle „Erosion der geschlechtsspezifischen Arbeitsteilung“ als Aspekt der Modernisierung der Lebensführung beobachtet (Jurczyk 1991, S. 29). Aktuell kann vermutet werden, dass mit der – im Zuge von Wertewandel und sinkenden Reallöhnen breiter Gesellschaftsschichten – wachsenden Erwerbstätigkeit von Frauen und dem Anstieg von Doppelverdienerhaushalten die familiale Lebensführung als allgemeine Kompetenz und Ressource für Männer zunehmend bedeutsamer wird. In ihren Forschungen zur partnerschaftlichen Teilung von Familienarbeit unterscheidet Jürgens (2001, S. 51) zwischen Männern mit traditioneller Orientierung – in Partnerschaften, in denen Familienarbeit als weiblicher Arbeitsbereich gilt – und Männern, die sich teilweise oder voll beteiligen. Zum Beispiel wurden die Auswirkungen veränderter Arbeitszeitmodelle auf die gemeinsame bzw. familiale Lebensführung von Schichtarbeitern untersucht und die Partner/innen der Beschäftigten systematisch einbezogen (vgl. Jürgens/Reinecke 1997).[66] Es resultieren verschiedene Muster hinsichtlich der Vereinbarkeitsfrage bzw. *vier* zentrale *Typen familialer Lebensführung,* die sich vor allem bezüglich der Geschlechterarrangements unterscheiden: das *traditionelle* männliche Alleinverdienermodell, differenziert nach *einvernehmlichen* Realisierungen und solchen mit *hoher Unzufriedenheit,* und *modernisierte* Arrangements mit einer Abkehr von traditionellen Rollenbildern, differenziert nach Realisierungen mit einer *hohen Doppelbelastung für die*

66 Zu den Auswirkungen flexibler Arbeitszeiten auf die individuelle und familiale Lebensführung, auf Familie/Partnerschaft und Geschlecht siehe auch Jürgens (2001).

Frau und solchen unter Bedingungen der *Gleichverteilung von Haushalts- und Familienarbeiten.* Jürgens und Reinecke konnten deutliche Zusammenhänge zwischen den Formen der familialen Lebensführung und den unterschiedlichen Auswirkungen von veränderten Arbeitsbedingungen (z.B. flexible Arbeitszeiten und Schichtarbeit) aufzeigen (ebd.). Dasselbe ist auch für die arbeitsbedingte Mobilität von Piloten anzunehmen. In dieser Studie wird von einem konstitutiven Wechselverhältnis zwischen den Arrangements, die Piloten bezüglich Entgrenzungs- bzw. Mobilitätsanforderungen in der Arbeit treffen, und der Art, wie sie sich familial arrangieren, ausgegangen. Es wird vermutet, dass sich arbeitsbedingte Mobilität je nach familialem Arrangement unterschiedlich auf das betriebliche und private Umfeld der Arbeitenden auswirkt.

Gerade in der Auseinandersetzung zwischen Arbeit und Privatleben verdichten sich die sozialen Entgrenzungsdimensionen und drängen auf eine Vermittlung. Die Schnittstelle von Arbeit und Leben ist daher nicht nur eine von mehreren Dimensionen von Entgrenzung, sie kann als der für die Subjekte und ihren Lebenszusammenhang wohl wichtigste Ort angesehen werden, an dem verschiedene Entgrenzungserscheinungen und Begrenzungsanforderungen aufeinandertreffen – gerade mit Blick auf die Chancen und Risiken arbeitsbedingter Mobilität. Die Alltägliche Lebensführung verbindet diese Kontexte miteinander, die für die Individuen, aber auch für die Arbeitsforschung zunehmend relevanter werden. Denn die

> „Felder ‚Arbeit und Leben' sind zunehmend nicht mehr eindeutig konturiert und abgegrenzt, sondern verwischen sich, und ihr Verhältnis zueinander wird dadurch zu einer nun aktiv individuell zu leistenden *Aufgabe* der *(Neu-)Formierung,* der *aktiven Begrenzung,* der *bewussten Balance,* des gezielten *alltäglichen Managements* usw." (Gottschall/Voß 2005, S. 19).

4.5.4 Alltägliche Lebensführung als empirisches Konzept

Die einschlägige Veröffentlichung der Projektgruppe Alltägliche Lebensführung (1995) enthält unter anderem umfassende Informationen zum Vorgehen in der Lebensführungsforschung.[67] Besonders bei Kudera (1995) findet sich eine aus-

67 Den größten Raum in dem Band der Projektgruppe (1995) nehmen jedoch umfangreiche Anwendungen des Konzepts in Form von Praxisbeispielen ein. In verschiedenen Beiträgen werden Realtypen von Lebensführungsmustern bzw. -typen vorgestellt, z.B. Typen der Organisation unter Bedingungen berufsbedingter „Offenheit" („Kontrolle, Disziplin, Akrobatik, Vertrauen") am Beispiel von Journalist/inn/en (Behringer/Jurczyk 1995), Typen der Orientierung („berufszentriert, familienzentriert, erlebnisorientiert, wertorientiert") am Beispiel der Altenpflege (Dunkel 1995), Typen der Berufsbiografie („offene Karriere, gebremste Karriere") bei Angestellten (Voß 1995b) und das traditionale Gesamtarrangement: die „ländliche Lebenskunst" bei Schichtarbeitern (Kudera 1995b).

führliche Zusammenstellung des empirischen Vorgehens und der Entwicklung der Methodeninstrumente, zudem ein Leitfaden mit „Dimensionen" der Klassifizierung individueller Lebensführung (ebd., S. 56f.), die sich grob in drei Ebenen einteilen lassen: die Ebene „der Handlungen selber", die „der Steuerung und Regulierung von Handlungen" und „die Ebene der Rahmenbedingungen von Handlungen" (ebd., S. 54). Hier werden die entsprechenden Fragen gestellt:

- auf der Ebene der Handlung: Wer? Was? Wie? (Handlungsformen: reaktiv, situativ, strategisch) Wann? (Zeitregime) Wo? Welcher Bereich? Mit wem?
- auf der Ebene der Steuerung und Regulierung: Warum? Wie organisiert? (zeitlich, sachlich, sozial) Wie reguliert? (Geld, Arbeitsteilung, Ressourcen)
- auf der Ebene der Handlungsbedingungen: Gesellschaft, Lebenslauf, Lebensstandard, Lebensphilosophie, familiale Arbeitsteilung, Erwerbsarbeit, Wohnung, Lebensstil, Ressourcen (emotional, personal, sozial, kulturell, materiell).

Informationen zum empirischen Vorgehen der Forscher/innengruppe bei der Untersuchung flexibilisierter Arbeitszeiten anhand von (leitfadenorientierten qualitativen) Interviews mit Angehörigen verschiedener Beschäftigtengruppen (vgl. Voß 1991a) finden sich bereits in einem Beitrag von Jurczyk (1991, S. 30). Lebensführung erfasst ...

„– das Tätigkeitsspektrum von Personen und wie es koordiniert wird
- die Ressourcen materieller, sozialer und personaler Art, auf die Personen zurückgreifen können
- die Methoden und Strategien, die in der Lebensführung angewendet werden
- sowie die kognitiven und normativen Konzepte, die dabei wirksam werden."

Zudem bietet Kudera (1995a, S. 54) verschiedene Dimensionen an, anhand derer sich die Erscheinungsformen Alltäglicher Lebensführung analytisch unterscheiden lassen:

„– nach dem Grad ihrer Ausdifferenzierung zwischen den Polen einfach und komplex,
- nach dem Grad ihrer Elastizität zwischen den Polen offen oder geschlossen, starr oder flexibel,
- nach dem Grad ihrer Stabilität zwischen den Polen robust oder fragil,
- nach dem Ausmaß ihrer Verarbeitungskapazität von inneren Widersprüchen und zu bewältigenden Anforderungen,
- nach Art, Niveau und Ausmaß ihrer Regulierung,
- nach Art, Niveau und Ausmaß von verfügbaren Ressourcen."

Die individuellen Ausformungen Alltäglicher Lebensführung können also unterschiedlich komplex sowie mehr oder weniger anpassungsfähig und stabil sein, auch was die Bearbeitung von Widersprüchen angeht. Sie können nach unterschiedlichen Logiken funktionieren und auf unterschiedlichen Ressourcen basieren. Gerade mit Blick auf Mobilität und multiple Entgrenzung sind dies zentrale Anforderungen, um Orientierung im Alltagshandeln (in Arbeit und Privatleben) zu ermöglichen.

Da die Frage nach der *Strukturabhängigkeit* der Lebensführung im weiteren Verlauf dieses Buchs noch des Öfteren eine zentrale Rolle spielen wird, soll an dieser Stelle noch ein kurzer Vermerk eingefügt werden. Manche der ursprünglichen Falluntersuchungen zur Alltäglichen Lebensführung (wie z.B. die drei exemplarischen Personenfälle in Behringer et al. 1989)[68] trennen nicht eindeutig nachvollziehbar zwischen strukturellen Lebensbedingungen und Lebensführungsmuster. Es werden zum Beispiel die zwei folgenden Personenfälle (exemplarisch) einander gegenübergestellt: der alleinstehende selbstständige Ladenbesitzer, der seinen Alltag durchstrukturiert und Störungen möglichst vermeidet – seine Lebensführung wird als traditional eingestuft; und das strikte, Abweichungen möglichst vermeidende Lebensführungsmuster einer in Trennung befindlichen arbeitenden Mutter von zwei Kindern – als Selbstrationalisierung des Alltags und somit als strategisch beschrieben. Es soll nicht bestritten werden, dass die erste dieser beiden Personen eher traditional handelt und die zweite andere Orientierungsmuster aufweist. Dennoch unterscheiden sich die strukturellen Handlungskontexte (die nicht immer frei gewählt wurden) derart, dass sich die aktuellen Handlungsmuster auch aus den unterschiedlichen strukturellen Arbeits- und Lebensbedingungen ableiten lassen, zum Beispiel aus dem unterschiedlich hohen Zeitdruck. Deutlich zeigt dies sich auch anhand eines dritten, situativen Falls, einer Person, die immer nur befristet arbeitet, jung ist und in Partnerschaft lebt. Die Person war nach dem Studium auf der Suche nach einer „sicheren beruflichen Perspektive“ (ebd., S. 38), die sich aber nicht ergeben hat. Zudem wird von ihren massiven Sehnsüchten nach Stabilität (z.B. nach einem Kind in einer gleichberechtigten festen Partnerschaft) berichtet; sie reflektiert die eigene Einrichtung in Flexibilität als notwendiges Übel. Hier äußert die interviewte Person selbst, dass sie (mit ihrer Lebensführung?) unfreiwilliges Opfer der strukturellen Bedingungen geworden ist. Es wird erkennbar, dass die Strukturabhängigkeit der Lebensführung eine komplexe Frage ist, die sich nicht eindeutig und abschließend beantworten lässt. Inwieweit werden Personen zu einer bestimmten Form der Lebensführung strukturell ‚gezwungen'? Lebensführung ist zwar die Art, *wie* Menschen ihren Alltag strukturieren. Welches „Steuerungsprinzip der Lebensführung“ jedoch Anwendung findet, „hängt von den konkre-

68 Diese Veröffentlichung wurde gewählt, da die in ihr beschriebenen Fälle exemplarisch zur Versinnbildlichung des Konzepts und der jeweiligen allgemeinen Lebensführungstypen verwendet wurden. Der Text dient hier nur als Beispiel für die (methodische) Problematik der Strukturabhängigkeit der Lebensführung.

ten historischen, gesellschaftlichen und individuellen Bedingungen ab“ (ebd., S. 40).

Die Festlegung der Grundgesamtheit, die Definition des Untersuchungsgegenstands, über den Aussagen getroffen werden sollen, und die entsprechende Sample-Auswahl können hier zu einem guten Teil Abhilfe leisten, was in vielen Studien zur Alltäglichen Lebensführung auch geschieht. In der hier vorliegenden Untersuchung gehen alle Befragten der gleichen Arbeit nach. Zudem wurden strukturelle Aspekte sowohl in der Arbeit (Rang, Strecke, Arbeitgeber, Teilzeit etc.) als auch im Privatleben (Partnerschaft, Kinder und andere Formen der Verortung [sozial, räumlich, materiell]) berücksichtigt.

4.5.5 Alltägliche Lebensführung – Entgrenzung und Begrenzung

An vielen Stellen der oben vorgestellten Forschungen zum Konzept der Alltäglichen Lebensführung lassen sich enge inhaltliche Parallelen und konzeptionelle Anknüpfungspunkte zu Flexibilisierungstendenzen in der Arbeitswelt und zu Entgrenzung allgemein identifizieren. Die Lebensführungsforschung geht davon aus, dass sich gesellschaftshistorische Entwicklungen auch in entsprechend angepassten Formen Alltäglicher Lebensführung widerspiegeln. So heißt es bei Behringer (2007) zum Beispiel: Die

> „Ursache für die gestiegenen Anforderungen an die Alltagsorganisation sind verschiedene gesellschaftliche Entwicklungen, wie Individualisierung von Lebenslagen, Pluralisierung der Arbeits- und Lebensbedingungen, Ausdifferenzierung gesellschaftlicher Strukturen u.a.m., die dazu führen, dass sich immer mehr festgefügte Parameter des alltäglichen Lebens auflösen und individuell zu entscheiden sind“ (ebd., S. 1) –

also Entgrenzungen. Wenn im Zuge der Entgrenzungsprozesse gesellschaftlich oder gemeinschaftlich bzw. institutionell und sozial eingebettete Sicherheiten wegfallen, verändern sich auch die (‚dominanten’) Lebensführungsmuster, und der Lebensführung als selbstorganisierter Strukturierungsleistung, als Ressource und als (sozialer) Kompetenz kommt insgesamt erhöhte Bedeutung zu.[69] Hier besteht eine enge Verbindung zur Subjektivierung. Denn

> „[j]e mehr Entscheidungen aber, nicht nur im Lebensverlauf, sondern auch im Alltag getroffen werden müssen, desto mehr wird das alltägliche Leben selbst zu einer Gestaltungsaufgabe eigener Art.“ (Ebd.)

---

69 So besteht ein enger konzeptioneller und auch empirischer Zusammenhang zwischen der Entgrenzung von „Arbeit und Leben“ und dem Wandel der Alltäglichen Lebensführung (Voß 1998, S. 479f.).

Immer wieder wird in der Lebensführungsforschung festgestellt, dass die Anforderungen an eine stimmige Alltagsorganisation seitens der Subjekte im Zuge der Modernisierung der Moderne steigen. Entgrenzung und Subjektivierung können hier als zentrale Kategorien dienen. Gerade die Erwerbsarbeit verlangt zunehmend nach einer ihren Anforderungen angepassten Lebensführung, wodurch die Alltägliche Lebensführung insgesamt zunehmend Arbeitscharakter erhält (vgl. Voß 1991c).

Die Lebensführungsforschung hat sich intensiv mit dem Thema der *Flexibilisierung* von Arbeitszeiten beschäftigt (vgl. Voß 1991a). *Zeit* ist (neben Raum) eine wesentliche Dimension bei der Erforschung von mobilitätsbedingter Entgrenzung. In einem einschlägigen Beitrag weist Jurczyk (1991) unter anderem auf die folgenden Erkenntnisse hin: Unter den Bedingungen bestimmter Arbeitszeitformen bilden sich „jeweils typische empirische Konstellationen von Lebensführungsmustern" (ebd., S. 44) aus; andere Formen werden systematisch ausgeschlossen. Es wird aufgezeigt, dass die Abkehr von Normalarbeitszeiten auf Grund von Flexibilisierung und Rationalisierung ein Element einer „Modernisierung der Lebensführung" (ebd., S. 29) darstellt, mit ambivalenten Folgen. Das individuell leichter mögliche Abweichen von Routinen, Strukturbedingungen und Orientierungen kann als „flexible Lebensführung" bezeichnet werden. Diese Tendenz äußert sich aber auch als (gesellschaftliche, betriebliche und subjektive) Anforderungsstruktur, die sowohl Chancen als auch Unsicherheit mit sich bringt (ebd., S. 44). Es wird auf die Zweischneidigkeit der Auflösung von Strukturen hingewiesen und auf die Notwendigkeit, die neuen Möglichkeiten und Anforderungen zu „differenzieren nach dem Grad der Selbst- oder Fremdbestimmung" (ebd., S. 43), um die Auswirkungen auf die Lebensführung fassen zu können.

Im Zuge der Auflösung von Strukturen und der Flexibilisierung der Lebensführung kommt sowohl neuen absichernden Strukturen als auch der *Selbststeuerungskompetenz* einzelner Subjekte zunehmende Bedeutung zu.

> „Auch die flexibelste Lebensführung braucht Stabilität" (ebd., S. 45). Diese kann „von traditionalen Strukturen bereitgestellt oder durch die Personen selbst erzeugt werden, zum Beispiel durch Selbstvertrauen und Selbstdisziplinierung oder auch mittels eines sozialen Netzwerks und einer bewussten Organisation." (Ebd., S. 45)

Ähnlich auch Luise Behringer:

> „Alltägliche Lebensführung neigt zu relativer Stabilität, Kohärenz und Kontinuität und verleiht dem Alltag auch unter Bedingungen von Offenheit ein Mindestmaß an Verlässlichkeit und Berechenbarkeit. Dennoch ist sie eine Herstellungs- und Vermittlungsleistung des Subjekts, die permanent erbracht werden muss." (Behringer 2007, S. 7)

Und weiter: Die

> „Alltägliche Lebensführung ist Basis und Medium, in dem Stabilität und Kontinuität der individuellen Existenz auf der Ebene des Alltagshandelns produziert und reproduziert werden." (Ebd., S. 8; vgl. Kudera 1995, S. 8)

Insofern kann Lebensführung auch als *Begrenzungsleistung* interpretiert werden, als Kompetenz, in entgrenzten Bedingungen zu navigieren, und als Karte zur Orientierung. Sie ist die Ausgangsbasis und Ressource für Grenz- bzw. Mobilitätsmanagement.

Zur gemeinsamen Untersuchung von Ent- und Begrenzung, Subjektivierung von Arbeit (und Leben) und der Lebensführung von Subjekten und zur systematischen Verbindung dieser Konzepte bieten sich als Analyseraster die mehrfach erwähnten *Sozialdimensionen* an. Dieselben Dimensionen, wie sie (teilweise leicht abgewandelt) im Zusammenhang mit Entgrenzung und Subjektivierung von Arbeit verwendet werden, lassen sich auch auf die Alltägliche Lebensführung anwenden. Denn diese kann als Vermittlungsleistung (-logik, -muster etc.) verstanden werden, als aktive (arbeitsförmige) Strukturierungsleistung der Personen im täglichen Handeln in den Dimensionen: zeitlich, räumlich, sachlich, sozial, sinnhaft, medial (Hilfsmittel), geschlechtlich, körperlich, emotional etc. (vgl. Voß 1998, 2001). Die Alltägliche Lebensführung ist die Form, wie Subjekte entlang der Sozialdimensionen ihrem Alltag Struktur verleihen und sich in und mit den verschiedensten Handlungszusammenhängen arrangieren (Voß 2001). Sie „arrangiert in gewisser Weise, wo, wann und wie lange, mit welchem Inhalt, mit wem, warum und mit welchen Hilfsmitteln man in den verschiedenen Bereichen tätig ist" (Voß 1991b, S. 76). Auch Gottschall und Voß (2005, S. 21) schlagen das Konzept der Alltäglichen Lebensführung zur Untersuchung der Rolle von Subjekten in der Vermittlung zwischen Entgrenzungsaspekten entlang der Sozialdimensionen vor. Nicht zuletzt verbindet das Konzept der Alltäglichen Lebensführung Entgrenzungsprozesse auf allen Sozialebenen: Gesellschaft, Organisation/Betrieb und Subjekt.

4.5.6 Alltägliche Lebensführung und Mobilität

Beiträge, die das Konzept der Alltäglichen Lebensführung direkt auf Mobilität anwenden, liegen nicht vor. Es existieren allerdings vielfältige Forschungen zu dem Konzept, die sich mit mobilitätsähnlichen Themen beschäftigen und teilweise den Aspekt mobiler Arbeit auch aufgreifen (z.B. unter dem Schlagwort „Offenheit": Behringer/Jurczyk 1995; Behringer 1998, 2007). Zudem liegen zahlreiche Untersuchungen vor, die sich zwar explizit mit Mobilität auseinandersetzen, aber nur sehr schwache Bezüge zum Konzept der Alltäglichen Lebensführung aufweisen. Es gibt aber unter beiden Gesichtspunkten (Mobilität und Lebensführung) keine (arbeits-)soziologischen Betrachtungen, die sich mit der Arbeits- und Lebenssituation von Piloten beschäftigen. Nicht ausschließlich bezogen auf Piloten und ohne konzeptionelle Anbindung an die Lebensführungsforschung werden zum Beispiel von Schneider et al. (2002) die Folgen berufsbedingter Mobilitätsanforderungen an Piloten bezogen auf ihre Person und ihr Privatleben analysiert. Nicht mit Blick auf Piloten, aber dennoch mit Fokus auf die arbeitsbedingte Nutzung von Flugzeugen untersucht Lassen (2009) die Abhängigkeit von Wissensarbeitern vom Luftverkehr und die Konsequenzen des internationalen Reisens per Flugzeug unter Einbezug von Aspekten aus Arbeit und Privatleben. „[W]orking in knowledge organizations is lived in corridors organized around aeromobility“ (ebd., S. 188). Lassen beschreibt, dass selbst für die Mobilitätseliten die enge (nicht nur, aber besonders zeitliche) Kopplung ihres Lebens an dieses Verkehrsmittel und seine Infrastruktur (Flughafen) nicht nur Vorteile, sondern auch Nachteile mit sich bringt. Er weist auf spezielle Belastungen hin und expliziert drei soziale Coping-Strategien im Alltag (ebd.). Zudem lassen sich bei Kesselring (2007) Beschreibungen von Mobilitätsformen und Lebensstilen von Mobilen im Alltag finden, unter anderem mit einem Überblick über mobile Lebensformen verschiedener Arten von Passagieren (ebd., S. 830f.).

Es existieren vielfältige zwar nicht auf den Luftverkehr, aber auf Arbeit bezogene Mobilitätsforschungen, die Bezüge zum Konzept der Lebensführung haben, wie zum Beispiel die Untersuchung von Gräbe und Ott (2003) zu Pendlern, überschrieben mit der eindringlichen Formulierung: „... man muss immer alles doppelt haben“, oder die Untersuchung von Englisch (2001) zu „Jobnomaden: Wie wir arbeiten, leben und lieben werden“. Eine einschlägige Studie, die sich zwar nicht explizit mit dem Konzept der Alltäglichen Lebensführung auseinandersetzt, aber die Auswirkungen beruflicher Mobilität auf die sozialen Beziehungen der Mobilen untersucht, ist Pelizäus-Hoffmeister (2001). Die Autorin stellt fest:

> „Aus der Mikro-Perspektive des Individuums bedeutet Mobilität eine zunehmende Konfrontation mit räumlichen, zeitlichen und auch sozialen Mobilitäts- und Flexibilitätsanforderungen, die in das alltägliche Leben eingebaut werden müssen und nicht ohne Konsequenzen für die Sozialbeziehungen bleiben können.“ (Ebd., S. 1)

Damit macht sie eine ähnliche Differenzierung auf, wie sie hier unter dem Begriff ‚Sozialdimensionen' mehrfach vorgestellt wurde. Einschlägig ist auch, zumindest was die Verbindung des Konzepts der Alltäglichen Lebensführung mit arbeitsbedingter Mobilität betrifft, die Forschung von Popitz (2007) zum Bahnfahren. Untersucht wurde der Bahnfahralltag von Pendlern und Geschäftsreisenden. Hierbei ging es um einen speziellen Ausschnitt Alltäglicher Lebensführung: die individuelle Bewältigung des arbeitsbedingten Bahnalltags und seine Vermittlung mit den Sphären Erwerbsarbeit und Privatleben. Ergebnis der Untersuchung sind verschiedene Formen und Mechanismen der Aneignung der speziellen Bedingungen des Bahnreisens. Ansonsten existieren noch einige Forschungen zur privaten Verkehrsmobilität, die grobe Bezüge zur Lebensführungsforschung aufweisen.[70]

4.5.7 Alltägliche Lebensführung unter Bedingungen der Offenheit – Eine Studie von Luise Behringer

Einen engen, aber nicht expliziten Zusammenhang zu den Schwerpunkten der hier vorliegenden Untersuchung – Entgrenzung und Mobilität – bietet die Studie von Behringer (1998, 2007; vgl. auch: Behringer/Jurczyk 1995; Jurczyk 1991), auf die im Folgenden ausführlicher eingegangen wird. Die Untersuchung basiert auf qualitativen Interviews mit freiberuflichen Journalist/inn/en.

> „Dabei stand die Frage im Vordergrund, wie die Individuen mit der Offenheit ihrer Arbeits- und Lebensbedingungen in ihrer Lebensführung umgehen und zu einer Identität verarbeiten." (Behringer 2007, S. 9)

Was Behringer mit „Offenheit" umschreibt, ähnelt deutlich dem, was im vorliegenden Buch mit dem Begriff Entgrenzung gefasst wird. Zur Sondierung von Strategien der Journalist/inn/en im „Umgang mit Offenheit" (Behringer 1998, S. 57) unterscheidet Behringer verschiedene „Ebenen von Offenheit": allgemeine, berufliche und familiale Rahmenbedingungen, Biografie und Orientierungen (ebd., S. 73ff.). Diese können auch als Ebenen von Entgrenzung gedeutet werden: Gesellschaft, Betrieb, Familie/Partnerschaft und letztlich auch Subjekt.

Ausgangspunkt sind bei Behringer (1998) gesellschaftliche Tendenzen, die in der vorliegenden Studie ebenfalls eine zentrale Rolle spielen, wie Individualisierung, Pluralisierung von Werten, Lebensformen und Biografiemuster auf der lebensweltlichen Seite sowie Deregulierung von Arbeitszeiten und Beschäftigungsverhältnissen auf der beruflichen Seite (ebd., S. 13). Sie weist auf die diesen Entwicklungen zugrundeliegenden Ambivalenzen hin, indem sie die Folgen der strukturellen und sozialen Auflösungsprozesse als „riskante Freiheiten" (in

---

70 Die Bandbreite ist weit. Schneider (2009) untersucht z.B. anhand von umfangreichen empirischen Studien den Zusammenhang von sozialem Wandel und privater Verkehrsmittelnutzung in Abhängigkeit von Mobilitätsbiografien bzw. Lebenslagen und Lebensstilen. Freudendal-Pedersen (2009) sondiert Rationalitäten bzw. „structural stories" der Verkehrsmittelwahl im Alltagsleben und weist auf Ambivalenzen, Pfadabhängigkeiten und Zwänge hin. Kramer (2005) schließlich bietet eine umfangreiche zeit-geografische akteurszentrierte Analyse der Verkehrsmittelwahl abhängig vom Raum und der Verfügung über Zeitressourcen anhand Zeitbudgetstudien des Statistischen Bundesamts und eigener qualitativer Interviews.

Bezug auf Beck/Beck-Gernsheim 1994) und „riskante Chancen“ (mit Verweis auf Keupp 1988) bezeichnet. Um wachsende Widersprüche bearbeiten zu können und um in der neuen Offenheit Orientierung zu finden, wird für den „Mensch[en] im Chaos des modernen Alltags“ Lebensführung zunehmend zur „Identitätsarbeit“ (Behringer 1998). Die Alltägliche Lebensführung hat laut Behringer als „Arbeit des Alltags“ „eine Außen- und eine Innenseite. Das Management alltäglicher Lebensarrangements bildet die Außenperspektive, die disziplinär eher der Soziologie zuzurechnen ist. Die Sozialpsychologie konzentriert sich mehr auf die individuelle Passungsarbeit, die durch die spezifischen Formen der Lebensführung in einer postmodernen Gesellschaft bedingt ist und die zu einer dauerhaften Arbeit am eigenen Identitätsprojekt führt“ (ebd., S. 8). Mit dieser interdisziplinären Konzeption und der Verbindung von Lebensführung als eher strukturellem und Identität als sozial-psychologischem Element lässt sich die Studie von Behringer als „Brückenschlag zwischen Psychologie und Soziologie“ (ebd., S. 8) einstufen. Sie begründet ihr Vorgehen folgendermaßen: „Alltägliche Lebensführung und alltägliche Identitätsarbeit verweisen in ihrer inneren Dynamik aufeinander und sind wissenschaftlich nur künstlich zu entkoppeln“ (ebd., S. 8). Dahinter steht die Feststellung, dass Subjekte im Umgang mit der neuen gesellschaftlichen und arbeitsstrukturellen Offenheit teilbereichsspezifische „multiple Identitäten“ ausbilden (ebd., S. 215).

> „So hat sich gezeigt, dass die Einbindung der befragten Journalist/inn/en in verschiedene Lebensbereiche zur Ausbildung unterschiedlicher Teilidentitäten in Bezug auf die relevanten Lebensbereiche führt.“ (Ebd., S. 216)

Die Frage drängt sich auf, inwieweit die Ausbildung situativ angepasster Identitäten als „eine Antwort auf die Komplexität des alltäglichen Lebens“ eingestuft werden kann (ebd., S. 215). Neben dieser flexiblen Identifizierung zeigt sich anhand der untersuchten freien Journalist/inn/en, dass übergeordnete und dauerhafte integrative Formen weiterhin notwendig sind. Denn zusätzlich „entwickeln sie Strategien, anhand derer sie Kohärenz herstellen und sich eine, den Teilidentitäten übergeordnete Identität erarbeiten“ (ebd., S. 217). Hier spielt die Alltägliche Lebensführung eine zentrale Rolle. Lebensführung und Identität können also als „komplementäre Aspekte der Herstellung von Kohärenz und Kontinuität“ (ebd., S. 55) gelten.

Im Ergebnis der Untersuchung von Behringer stehen Typen von Lebensführung bzw. Strategien, die über die verschiedenen Teilidentitäten (z.B. in Arbeit und Privatleben) hinweg als *„sinnstiftende Organisation* des Alltags“ (ebd., S. 45) Stabilität gewährleisten (vgl. auch Behringer 2007). Es handelt sich um vier verschiedene Muster von Lebensführung und Identität auf dem „Kontinuum von Ordnung durch Planung und Kontrolle bis zu vertrauensvollem Abwarten und Auf-sich-zukommen-lassen“ (ebd., S. 9). Konkret unterscheidet Behringer die vier Typen: *Kontrolle, Disziplin, Akrobatik* und *Vertrauen* im Umgang mit hochgradig flexibilisierter Arbeit in Bezug auf Arbeit und Privatleben. Nahe an den oben vorgestellten ‚Sozialdimensionen' (von Entgrenzung/Subjektivierung/ Lebensführung) stellt sie diesen vier Typen drei Dimensionen der Lebensführung gegenüber: zeitlich, sachlich und sozial (familial und soziales Netzwerk) (Behringer 1998, S. 45). Eine ähnliche Zuordnung unternimmt sie für die Dimensionen der Identität: Orientierungen, Selbst- und Weltdeutungen, subjektives Kontrollbewusstsein, Wertigkeit der relevanten Lebensbereiche, Biografiekonstruktion (ebd.,). Die vier Typen der Lebensführung und Identität im Umgang mit Offenheit werden folgendermaßen beschrieben (zusammengefasst nach Behringer 1998 und 2007):

Kontrolle: Offenheit wird als Unsicherheit und Diffusität erlebt, der durch zweckrationale Organisation des Alltags (zeitlich, sachlich etc.) begegnet werden muss. „Fremdkontrolle wird durch Selbstkontrolle ersetzt, die aber durch ihre Verbindlichkeit wie Fremdkontrolle wirkt" (Behringer 2007, S. 10). Dies geht einher mit einer „klaren Segmentierung der Zeiten für Beruf, Familie und Erholung" (ebd.), also mit einer Trennung von Arbeit und Privatleben und typischerweise mit einer traditionalen Rollenteilung. Da Personen des Typs „Kontrolle" in allen Lebensbereichen die Fäden in der Hand haben wollen, verstehen sie sich als „Kämpfer" mit dem entsprechenden Durchsetzungsvermögen, die ihre Interessen konsequent verfolgen. Sie orientieren sich an Erfolg und Effektivität und weisen ein ausgeprägtes Kosten-Nutzen-Denken auf, entlang der Maxime: Mit möglichst wenig möglichst viel erreichen. Es existiert eine strenge Hierarchie bezüglich der „Wertigkeiten der einzelnen Lebensbereiche": Der Beruf geht vor. Er dient stark der Identifikation. Eine möglichst geradlinige Biografie wird angestrebt.

Disziplin: Keine Hierarchie, sondern Balance zwischen Beruf, Familie und individuellen Ansprüchen. Orientierung geschieht durch „die Fähigkeit, sich diszipliniert auch auf wechselnde Bedingungen beziehen zu können und dabei eine gewisse Variabilität bewusst zuzulassen" (ebd., S. 11). Wo es geht, wird langfristig geplant und gleichzeitig bzw. eben durch die Planung Freiraum für Flexibilität gesucht. Die Planung ist sowohl an den eigenen Bedürfnissen als auch an denen der anderen Familienmitglieder orientiert. Überfrachtungen werden möglichst vermieden, um Flexibilität für berufliche und familiäre Anforderungen zu bewahren. Balance und Kontinuität werden angestrebt. Durch den starken Fokus sowohl auf Arbeit als auch auf Familie kommt es jedoch häufig zu einer Vermischung der beiden Lebensbereiche und zu einer Vernachlässigung des Wunsches „nach frei verfügbarer Zeit, Muße, Entspannung und Treffen mit Freunden, die nicht um die Kinderbetreuung kreisen" (ebd.). Ziel ist die Selbstverwirklichung in der Verbindung von Beruf und Familie. Die biografische Gestaltung des Lebens wird diesbezüglich so offen wie nötig gehalten. Selbstbewusstsein, Selbstvertrauen und Flexibilität prägen die Selbstwahrnehmung dieses Typs. Für die nötige Kontinuität sorgen sie selbst durch Disziplin und Konsistenz vor allem im Alltag. Offenheit wird in dem Maße als Chance begriffen, in dem die Personen ihr mit klaren Entscheidungen und klaren Verhältnissen begegnen können.

Akrobatik: Die Strukturierung von beruflichen und familiären Zeiten ist im Vergleich zum Typ „Disziplin" gröber und unsicherer. Arbeit und Privatleben stehen in starker Konkurrenz, Personen dieses Typs haben Schwierigkeiten, sich in dieser Konkurrenz zu positionieren. Bestehende Planungen werden auf Grund neuer Anforderungen wieder verworfen. Die Selbstbestimmung wird als Freiheit und erhöhter Druck wahrgenommen. Die Arbeit bestimmt Zeiten der Planung und Zeiten der situativen Gestaltung. „Der Tag wird so genommen, wie er sich ergibt" (ebd., S. 12). Soziale Kontakte zu Freunden und der Wunsch nach Muße werden der Arbeit übergeordnet, mit negativen Auswirkungen auf den Beruf. Nicht Zeitnot, sondern die Strukturierung der freien Zeit ist die Herausforderung. Es kommt darauf an, Freizeit mental von Arbeitszeit zu trennen, um sie zu genießen. Soziale Beziehungen, familiale, aber vor allem auch außerfamiliale, sind zur Absicherung notwendig. Sie erfordern aber auch „viel Energie zur Pflege und Instandhaltung" (ebd., S. 13). Die Orientierung zwischen den Polen Beruf, Familie und eigenen Bedürfnissen fällt schwer und bleibt unklar. Es herrscht eine ambivalente Selbstdeutung vor: einerseits als faul und genussorientiert und andererseits als an der protestantischen Arbeitsethik bzw. an Leistung orientiert. Offenheit wird als Chance, ein Überangebot an Offenheit jedoch als Problem wahrgenommen. Selbstüberfrachtung und mangelnde Grenzziehungen sind die zentralen Probleme dieses Typs.

Vertrauen: Dieser Typ verzichtet auf Planung und akzeptiert Offenheit positiv. Orientierung gewinnen diese Personen durch Vertrauen in sich, in die Partner, in das Leben als Ganzes. Partnerschaft und Familie werden gleichberechtigt nach Situation und Interessen organisiert. Dies erfolgt mehr oder weniger kurzfristig durch Absprache. In der familialen Arbeitsteilung besteht das gegenseitige Vertrauen, zu seinem Recht zu kommen. Auch die Biografie wird wenig geplant weiterentwickelt. Es werden nicht Ziele verfolgt, sondern unattraktive Alternativen abgewählt. Offenheit ist für diesen Typ die „grundlegende Orientierung" (ebd., S. 14). Normalität, im Sinne der langfristigen Verfolgung eines Ziels, wird abgelehnt. Unabhängigkeit geht vor Sicherheit, was sich auch negativ auf die Karriere auswirken kann. Der Typ ist geprägt durch einen „Relativismus, der es ermöglicht, aus einer Situation immer das Beste zu machen" – im Sinne von ‚besser als'. „Vertrauen ist der entscheidende Mechanismus zur Reduktion des komplexen Alltags" (ebd., S. 15).

Abschließend weist Behringer auf die Strukturabhängigkeit der Lebensführungsmuster und die insgesamt hohe Ressourcenausstattung der Interviewten hin. Denn ob *Unsicherheit* als *Chance* oder *Risiko* wahrgenommen wird, „hängt von der Wahrnehmung der einzelnen Person, und diese wiederum von ihren materiellen, psychischen und sozialen Ressourcen ab" (ebd., S. 33). Für den Typ „Vertrauen" gilt zum Beispiel:

> „Auf dem Polster von materiellen und sozialen Ressourcen sind auch personale Ressourcen, wie psychische Gelassenheit, Distanz und Selbstbewusstsein, die es wiederum ermöglichen, die Ressourcen in positivem Sinne wahrzunehmen, leichter auszubilden." (Ebd., S. 15)

In der hier vorliegenden Untersuchung werden Strategien und Muster im Umgang mit Entgrenzung (bzw. ‚Offenheit') zunächst einmal getrennt für die Bereiche Arbeit und Privatleben rekonstruiert und typisierend voneinander unterschieden. Insofern bieten die vier oben genannten ‚Muster' einen guten Vergleichspunkt. Setzen auf Begrenzung, die Balance zwischen Ent- und Begrenzung, die (passive) Akzeptanz entgrenzter Bedingungen und Entgrenzung als Herausforderung sind denkbare Strategien von Piloten im Umgang mit ihrer mobilen Arbeit. Dabei bilden auch die von Behringer (1998, 2007) verwendeten ‚Dimensionen von Lebensführung' zentrale Kategorien. Sie werden in die Fragen übersetzt:

- Wie gehen Piloten mit *zeitlichen* Aspekten der Entgrenzung um (z.B. mit dem hohen Anteil an Fremdplanung, aber auch mit den Gestaltungsmöglichkeiten)?
- Trennen Piloten zwischen *Arbeit und Privatleben* in Bezug auf die Arbeitsinhalte oder inwieweit verfolgen sie hier Strategien der Verbindung bzw. Vermischung?
- Wie *organisieren* Piloten ihr entgrenztes bzw. mobiles *Leben* in Hinblick auf Familie (z.B. Haushaltsorganisation, Partnerschaft) und weitere soziale Beziehungen bzw. ihr soziales Netzwerk (z.B. Initiative bei der zeitlichen Abstimmung mit Freunden)?
- Lassen sich im Umgang mit Entgrenzungen in der Arbeit und im Privatleben verschiedene *Orientierungen* unterscheiden?
- Bestehen unterschiedliche *Wertigkeiten* zwischen Beruf, Familie und eigenen Interessen und wie wirkt sich entgrenztes Arbeiten und Leben auf das Verhältnis zwischen diesen unterschiedlichen Interessensphären aus?

Im Folgenden spielen Selbst- und Weltdeutungen und das Kontrollbewusstsein nur implizit eine Rolle. Dagegen ist die Dimension der *Karriere- und Lebensplanung* für diese Untersuchung zentral.

4.6 Mobilität, Entgrenzung, Lebensführung – ein integratives Konzept?

Ziel dieses Buches ist es unter anderem, die verwendeten Konzepte selbst auf theoretische Lücken zu überprüfen und diese an einzelnen Punkten auch zu schließen. Es geht um eine möglichst umfassende Analyse der Ursachen, Funktionsweisen und Folgen von Entgrenzung auf gesellschaftlicher, auf organisatorischer bzw. betrieblicher, auf familialer und auf der Handlungsebene. Zum einen wird also eine Mehrebenenanalyse durchgeführt, zum anderen aber auch in die Breite gegangen, um Antworten auf die Frage nach dem Zusammenwirken vieler unterschiedlicher Entgrenzungsprozesse (d.h. multipler Entgrenzung) näher zu kommen. Um beides zu ermöglichen, werden die Konzepte Entgrenzung und Alltägliche Lebensführung systematisch miteinander verbunden.

Um das Zusammenwirken von vielfältigen Entgrenzungsaspekten zu untersuchen, habe ich arbeitsbedingte Mobilität als empirischen Gegenstand gewählt, da hier der dauerhafte Umgang mit vielfach entgrenzten Bedingungen in Arbeit und Privatleben (Lebensführung) besonders gut abgebildet werden kann. Mobilität ist hier also in erster Linie empirischer Gegenstand und nicht grundlegendes theoretisches Konzept. Doch durch ein systematisches In-Beziehung-Setzen der bisherigen sozialwissenschaftlichen Auseinandersetzung mit Entgrenzung einerseits und Mobilität andererseits lässt sich ebenfalls einiges für die theoretische Weiterentwicklung des Konzepts der Entgrenzung lernen. So betreffen zum Beispiel die Ambivalenzen der Mobilität – Mobilität und Immobilität, Freiheit und Zwang etc. – ähnliche Widerspruchslinien wie diejenigen, die sich in Entgrenzungsprozessen üblicherweise schneiden. Letztlich sind die einzelnen Subjekte dafür zuständig, zwischen verschiedenen Entgrenzungsaspekten zu vermitteln. Die spezielle Verbindung von Mobilität, Entgrenzung und Lebensführung erfolgt in diesem Buch daher aus einer dezidiert subjektorientierten Perspektive und ist immer auch verbunden mit einem geschärften Blick auf Subjektivierung, Macht und Ungleichheit, Chancen und Risiken, Unsicherheiten und Ambivalenzen.

Gerade in Bezug auf Ambivalenzen und Widersprüche kann es so gelingen, dem Konzept der Entgrenzung einige Unklarheiten zu nehmen. Welche Aussagen erlaubt die Diagnose der Entgrenzung zu Ungleichheit, Chancen und Risiken? Können Entgrenzungen in ihrer ‚Qualität' und ‚Quantität' bzw. in ihren Auswirkungen auf die Subjekte unterschieden werden? Wird Entgrenzung nicht nur als Chiffre für die Beschreibung von allgemeinen Auflösungserscheinungen in der Gesellschaft im Zuge von Globalisierungs- und Individualisierungstendenzen und zunehmender Komplexität und Unsicherheit verwendet, sondern als ambivalenter Prozess zwischen Ent- und Begrenzung (Gottschall/Voß 2005) verstanden, dessen endgültige Richtung nicht eindeutig bestimmt ist (Sauer 2005), besteht ein Bedarf an Konzepten und empirischen Untersuchungen, die Aussagen über die Qualität (im Sinne von Chancen und Risiken) des Wechselspiels von Ent- und Begrenzung (z.B. als Aushandlungsprozesse) ermöglichen.

Die Sozialdimensionen von Entgrenzung bieten eine erste Struktur, sie sagen aber über Entgrenzung als Prozess noch nichts aus. Diese Lücke soll das (noch nicht ausgereifte) Konzept der multiplen Entgrenzung schließen. Der Blick auf das Subjekt ermöglicht es, verschiedene Entgrenzungsaspekte miteinander zu verbinden, da das Subjekt in seiner Lebensführung ja gezwungen ist, alltäglich widersprüchliche Handlungsoptionen und -zwänge miteinander zu vereinbaren. Gerade in der Mobilität (vor allem wenn sie als arbeitsbedingte Mobilität in einem fremdbestimmten Kontext stattfindet) verschärfen und vereinen sich viele dieser divergierenden Anforderungen. Im ‚Grenzmanagement' vereinnahmen Subjekte äußere Strukturanforderungen und -möglichkeiten und vereinen diese zu miteinander verbundenen Strukturformungen.

Im Folgenden wird am Beispiel arbeitsbedingter Mobilität ein Konzept vorgestellt, wie sich die Möglichkeiten und Folgen bzw. Chancen und Risiken von Entgrenzungsprozessen untersuchen und einschätzen lassen. In Bezug auf Entgrenzung bedeutet das: Warum entgrenzt sich was für wen wie? Und umgekehrt stellen sich Fragen nach den Strategien, Möglichkeiten und Gründen des Umgangs mit verschiedenen Formen von Begrenzung. Dabei geht es unter anderem darum, Ent- und Begrenzungsprozesse in Bezug auf Unterschiede und Ungleichheit zu erfassen. Dem liegt die Annahme zu Grunde, dass Entgrenzung als gesellschaftliches bzw. soziales Phänomen nur mit dem Blick auf Macht verstanden werden kann.

Dem Konzept der Alltäglichen Lebensführung kommt dabei eine besondere Rolle zu, da es die Vermittlungsleistung der Subjekte in multipler Entgrenzung abbildet. Das systematische In-Beziehung-Setzen von in Handlungssituationen zusammentreffenden Entgrenzungsaspekten einerseits und allgemeinen gesellschaftlichen Entgrenzungstendenzen andererseits kann ebenfalls zu einer Schärfung des Konzepts der Alltäglichen Lebensführung beitragen. Möglich ist dies zum Beispiel in Bezug auf den Wandel der Lebensführung (Strukturabhängigkeit versus individuelle Gestaltung der Lebensführung, Dauerhaftigkeit etc.) und hinsichtlich des Postulats der ‚Dominanz' der situativen Lebensführung in der reflexiven Moderne.

4.7 *Exkurs:* Pilot und Beruf

Landläufig werden Piloten auf Grund ihrer Verantwortung und ihrer Arbeit in risikobehafteten Bereichen häufig mit Ärzten oder Polizisten verglichen.[71] Allerdings ist Verkehrsflugzeugführer/in bisher kein staatlich anerkannter Beruf (wie

71 Siehe z.B. die Initiative „Menschen in komplexen Arbeitswelten", vgl. Strohschneider 2003 und Hofinger 2005.

z.B. Polizist) und erfüllt auch nur partiell die Merkmale einer Profession (etwa im Vergleich zu Ärzten). Piloten verfügen ausschließlich über durch Lizenzen abgesicherte berufliche Qualifikationen (JAR-FCL)[72]. In einer streng berufs- oder professionsbezogenen Perspektive gilt das Fehlen eines berufsfachlichen Abschlusses als Hinweis auf Anlerntätigkeiten.[73]

Nun kann aber die Arbeit von Piloten schwer mit beliebigen Anlerntätigkeiten verglichen werden und weist an manchen Punkten durchaus Elemente von Professionalität bzw. Beruflichkeit aus. Eine systematische Auseinandersetzung mit der ‚Beruflichkeit' von Piloten findet sich etwa bei Huchler/Dietrich (2009) und Huchler (2009). Hier werden im Folgenden nur einzelne wesentliche Aspekte dargestellt, die sich aus einem Abgleich mit gängigen Definitionskriterien für Professionen bzw. Berufe und einer strukturtheoretischen Betrachtung ergeben und für die vorliegende Untersuchung relevant sind.

4.7.1 Professionstypische Merkmale

Wendet man das Merkmalskatalogverfahren[74] (vgl. Schmeiser 2006), das sich vor allem an den anerkannten Professionen wie Ärzten, Richtern, Priestern/Pfarrern etc. orientiert, auf Piloten an, zeigt sich, dass einige der Kriterien auf Piloten sehr gut zutreffen, andere jedoch strittig und wieder andere für den Beruf von Piloten irrelevant sind.

1. Die Arbeit ist ein Dienst an der Allgemeinheit und trägt zur Stabilität der Gesellschaft bei.
2. Sie verfügt über eine exklusive Berechtigung zur Berufsausübung und einen klar abgrenzbaren Arbeitsbereich.
3. Sie greift auf eine spezialisierte, wissenschaftlich fundierte (universitäre), ‚methodische' Ausbildung zurück, mit einem überwiegenden ‚nicht-manuellen' Anteil.

---

72 JAR-FCL (FCL steht für *Flight Crew Licensing*) enthält u.a. die Bestimmungen zum Erwerb der Berufspilotenlizenzen (*Commercial Pilot Licence:* CPL; *Air Transport Pilot Licence:* ATPL), der Instrumentenflugberechtigung sowie Qualifikationen für Lehrberechtigte, Prüfer und Prüfungsverfahren.

73 Auch formal zählen Piloten, z.B. wenn sie sich arbeitslos melden, als Angelernte (außer sie haben ihre Lizenzen in Kombination mit einem Studium erworben). Ungeachtet der hohen (oftmals privat finanzierten) Ausbildungskosten gilt „Pilot" also als Anlerntätigkeit.

74 Bei diesem Verfahren wird der „Grad" der Professionalität am Erfüllen möglichst vieler Kriterien einer „idealen" Profession bemessen (Siegrist 1990, S. 192). Für die Anwendung auf den „Beruf" Pilot (Huchler/Dietrich 2009 und Huchler 2009) wurden die Kriterien inhaltlich aus dem „Professionskriterienkatalog" von Hesse (1972, S. 47f.) übernommen, jedoch umformuliert und ergänzt.

4. Es besteht eine institutionalisierte zentrale Kontrolle über den Zugang zum Beruf (Ausbildung, Zertifikate), also ein Wissensmonopol.
5. Voraussetzung zur Ausübung ist eine staatliche/öffentlich registrierte oder staatliche Lizenz.
6. Eine hohe persönliche und sachliche Gestaltungsfreiheit in der Arbeit ist gegeben.
7. Es wird abstraktes Wissen auf einmalige Fälle angewendet, die Tätigkeit ist nicht standardisierbar.
8. In der Tätigkeit besteht eine Freiheit von Fremdkontrolle durch Laien oder den Staat.
9. Kontrolle (Qualität/Fehlverhalten) erfolgt in Form von Selbstkontrolle durch organisierte Berufsgruppen/den Berufsverband oder zumindest durch Angehörige derselben Profession.
10. Es herrscht eine (formulierte) Berufsethik, insbesondere eine uneigennützige Gemeinwohlorientierung ohne Ansehen der Person/des Klienten.
11. Es besteht die Erwartung eines ‚blinden' Vertrauens der Leistungsempfänger in die fachliche Kompetenz und moralische Integrität.
12. Unabhängigkeit und Neutralität werden durch Symbole (vor allem Kleidung) nach außen getragen.
13. Mit der Arbeit sind eine besondere wirtschaftliche Entlohnung und ein hohes soziales Prestige verbunden.
14. Die Bezahlung ist generell-abstrakt geregelt, zum Beispiel durch ein festes Honorar oder Gebühren.
15. Die eigentliche Leistung und der Erfolg in der Arbeit werden nicht durch das Einkommen symbolisiert, sondern durch Titel, Orden, Preise und Ämter.
16. Es besteht eine berufsinterne feste Karriereleiter, deren Stufen durch Zeichen symbolisiert werden.
17. Öffentliche Werbung ist untersagt und es herrscht ein hohes Maß an Kollegialität (geringer Wettbewerb).

Kontrolle Beruf/Ausbildung (Punkte 2 bis 5): Die formale und institutionelle Einbettung ist im Luftverkehr – vor allem auf Grund der hohen Sicherheitsrelevanz – besonders ausgeprägt. Dies betrifft unter anderem die Ausbildung und die Lizenzvergabe. Inhaltlich jedoch unterscheidet sich die Ausbildung von Piloten recht deutlich von der von typischen Professionen, da sie sich zu einem großen Teil um das Erlernen einer ‚manuellen' Tätigkeit dreht – des Fliegens an sich. Dies zeigen zum Beispiel die zentralen Aspekte der Eignungstests.[75] Natür-

75 Diese enthalten vor allem medizinische und psychologische Tests sowie den Nachweis ausreichender Sprachkenntnisse und mathematisch-physikalischen Wissens (Schwahn 2001; Faber 2008).

lich müssen Flugschulen[76] auch umfassende Theorieanteile schulen, in der Regel 750 Stunden (integriert) bzw. 650 Stunden (modular ab Privatpilotenlizenz)[77], jedoch stellen die Praxisübungen sowohl im Simulator als auch im Flugzeug einen wesentlichen Bestandteil der Ausbildung dar.[78] Ein wichtiger Schritt zur Professionalisierung von Piloten ist die in jüngerer Zeit erfolgte Einrichtung von kombinierten Studiengängen.

Tätigkeitsbezogene direkte Kontrolle (Punkte 6 bis 8): Laien wirken wohl nur im geringen Maße direkt von außen auf die tägliche Arbeit von Piloten ein.[79] Auch der Staat nimmt hier (anders als bei den Rahmenbedingungen) in der Regel wenig direkten Einfluss. Es sind vor allem die Flugzeughersteller, die unter Einbezug der Airlines die Arbeitsabläufe im Cockpit regeln, und zwar sehr detailliert. Trotz der wichtigen Entscheidungen, die Piloten treffen müssen, fällt ihre ‚persönliche Gestaltungsfreiheit' in der konkreten Arbeit sehr gering aus. Sie folgt (auf Grund der hohen Sicherheitsrelevanz, der komplexen Technik, der körperlichen Anforderungen etc.) hochgradig formal (z.B. in Form von Checklisten) abgesicherten und streng arbeitsteilig organisierten Abläufen und ist eingebettet in ein weitgehend automatisiertes technisches System. Im Normalfall sollen möglichst keine Gestaltungsfreiräume bestehen und es soll kein Grund vorhanden sein, ein über die Befolgung von Routinen hinausgehendes Wissen anzuwenden. ‚Professionalität' bezieht sich hier vor allem auf die Disziplin, die vorgegebenen Verfahren strikt einzuhalten und die Voraussetzungen dafür zu schaffen (auch im Privaten – z.B. ausgeruht zu sein). Die Aufgabe der Piloten ist die Herstellung und Gewährleistung von Sicherheit durch vorbeugendes Verhalten: der „absolute Antiheld" (E02) zu sein. Erst wenn der Normalfall durchbrochen wird und die hierfür vorgesehenen Standardverfahren nicht greifen, ist in diesem Sinne (vgl. Punkt 7) die Professionalität von Piloten vehement gefragt.[80] Neben den alltäglichen informellen Anteilen der Arbeit wird dem Kapitän auch formal der Spielraum zugesprochen, auf Unplanbares zu reagieren: Mittels des ‚Kapi-

---

76 Die Ausbildung erfolgt entweder bei den Fluggesellschaften direkt oder durch eine der ca. 20 freien Verkehrsfliegerschulen.

77 Im Fernlehrgang reduzierbar auf 85 Stunden Präsenzunterricht.

78 Aufbauend auf der Ausbildung finden sogenannte ‚Type-Ratings' für einen bestimmten Flugzeugtyp (‚Muster') statt (vgl. Bachmann 2002) und auch nach der Ausbildung erfolgen regelmäßig Nachschulungen und Refresher-Kurse (die Möglichkeit des Lizenzverlusts eingeschlossen).

79 Diskutiert werden kann jedoch, inwieweit Laien z.B. über ökonomische Anforderungen etc. direkt auf die Arbeit Einfluss nehmen, siehe etwa Abschnitt 8.2.

80 Da derartige Situationen glücklicherweise recht selten eintreten, vergleichen sich manche Piloten mit einer ‚Versicherung' (mehrfach in den Interviews).

täns-' oder ‚Kommandantenentscheids'[81] ist es dem Kapitän möglich, sich (weiterhin festen Kriterien folgend) über manche betrieblichen und gesetzlichen Bestimmungen hinwegzusetzen.

Kontrolle Qualität/Fehlverhalten (Punkt 9): Im Luftverkehr existiert ein umfassendes Qualitätsmanagementsystem. Auffälligkeiten werden nicht nur dokumentiert, sondern auch ausgetauscht – u.a. mit den Konkurrenten auf dem Markt. Relativ schnell müssen weitere öffentliche Stellen, wie etwa das Luftfahrtbundesamt, eingeschaltet werden. Die Qualitätskontrolle ist also stark an externe (überwiegend staatliche) Stellen externalisiert; wodurch die ‚Selbstkontrolle' – also das Machtpotenzial der Berufsgruppe – eingeschränkt ist.

Ethik und Gemeinwohlorientierung (Punkt 10): Es existiert kein stark formalisiertes und außerbetrieblich abgesichertes Berufsethos mit den entsprechenden institutionalisierten Organen (wie z.B. der Hippokratische Eid). Jedoch gibt es Ansätze dazu unter den Begriffen ‚Airmanship' und ‚Captaincy'.[82] DeMaria (2006) beschreibt fünf Kriterien, die gute Airmanship ausmachen: „Situational Awareness", „Personal Minimums", „Assessing and Managing Risk", „Common Sense" und „Discipline". Sie beziehen sich fast ausschließlich auf fliegerische Aspekte, werden manchmal aber auch etwas weiter als disziplinierter Arbeitsbezug eines Piloten gefasst, wie zum Beispiel: die Situation immer zu überblicken, sich selbst und die Arbeitsumgebung regelmäßig (auf potenzielle Sicherheitsgefährdungen) zu überprüfen, die Regeln zu kennen und zu befolgen. An einigen wenigen Stellen werden diese Strategien und Techniken im Umgang mit Unsicherheit jedoch vermengt mit persönlichen Einstellungen und Verhaltensweisen, die implizit auch das Privatleben betreffen. So verweist der Aspekt „Personal Minimums" auf Abstinenz acht Stunden vor dem Flug (ebd.). Solche Definitionen sind jedoch die Ausnahme. In der Regel lassen sich nur reale Beispiele für gute Airmanship finden, wo gefährdete Flüge noch glimpflich zu Ende geführt werden. Verweise auf die Selbstdisziplin von Piloten können bereits als Teil eines Arbeitsethos gelten, jedoch fehlen in den Definitionen zur Airmanship erstaunlicherweise die Bezüge zur Verantwortung gegenüber Passagieren oder

---

81 Da der Kapitän eine hohe Verantwortung besitzt und viele Informationen bei ihm zusammenlaufen, hat er das Recht, sich in bestimmten Situationen und in einem gewissen Rahmen über betriebliche und auch rechtliche Bestimmungen hinwegzusetzen. So kann er die Dienstzeit der Crew bis auf 16 Stunden ausdehnen, wenn er/sie das für notwendig und verantwortbar einstuft (§ 10 Abs. 1 2. DV LuftBO, zweite Durchführungsverordnung zur Betriebsordnung für Luftfahrtgerät vom 10. März 1982, Bundesanzeiger Nr. 62 vom 31. März 1982).

82 Zu Definitionen von *Airmanship* siehe Kern (1997) und Morris (2007), mehr dazu im Abschnitt 10.2.

zur ‚Gemeinwohlorientierung', zum Beispiel im Sinne der Gewährleistung von gesellschaftlicher und individueller Mobilität.[83]

Weitere Punkte zusammenfassend: Sofern Mobilität als ein Grundrecht oder ein ähnlich schützenswertes Gut, wie zum Beispiel Gesundheit, angesehen werden kann, kann konstatiert werden, dass Piloten einen ‚Dienst an der Allgemeinheit' verrichten (Gewährleistung eines sicheren Transports über weite Strecken), ohne den die ‚Stabilität der Gesellschaft' ein Stück weit gefährdet wäre (Punkt 1). Eindeutig ist jedenfalls das ‚blinde Vertrauen der Leistungsempfänger' (Punkt 11) gefragt. Eine wichtige Bedeutung für die Außenwirkung und das Selbstverständnis von Piloten hat auch die Uniform. Jedoch nimmt diese zunehmend eher die Rolle eines Werbeträgers der Fluggesellschaften (im Sinne der Corporate Identity) ein, als ‚Unabhängigkeit und Neutralität' (Punkt 12) auszudrücken.[84] Trotz der aktuellen Veränderungen ist mit der Arbeit von Piloten sicherlich noch ‚eine besondere wirtschaftliche Entlohnung und ein hohes soziales Prestige verbunden' (Punkt 13), was für eine Profession spricht, jedoch verfügen Piloten nicht über eine ‚abstrakte' Gebührenordnung oder Ähnliches (Punkt 14). Auch Titel (wie Kapitän oder First Officer) und Statussymbole (wie die Streifen an der Uniform, das Unternehmensemblem und der Flugzeugtyp) (Punkt 15) spielen bei Piloten keine geringe symbolische Rolle. Für derartige Gratifikationen werden durchaus Gehaltseinbußen in Kauf genommen werden. Sie kennzeichnen auch die ‚berufsinterne feste Karriereleiter'[85] (Punkt 16). Um den Kriterienkatalog abzuschließen, ist Luftfahrtunternehmen Werbung (im Gegensatz zu professionellen Einrichtungen) natürlich nicht untersagt und es herrscht ein sehr hoher Wettbewerb (Punkt 17), jedoch wird dieser bei Sicherheitsthemen zum Teil außer Kraft gesetzt, weil Erfahrungen ausgetauscht werden – Letzteres kann wiederum als ein Anzeichen für Professionalität gewertet werden.

---

83 Ein Zeichen dafür, dass bei Piloten selbst eine ausgeprägte professionelle Ethik existiert, ist etwa die „Hudson-Notwasserung", bei der der Kapitän – der „Held vom Hudson" – sich die aus der Schifffahrt übernommene Norm zu eigen gemacht hat, als Letzter von Bord bzw. vom sinkenden Flugzeug zu gehen (z.B. Welt 2010).

84 Ein besonders markantes Beispiel war die kurzzeitige Werbeaktion der DBA, als zur Fußball-WM 2006 die Flugbegleiter „Sportuniformen" (ähnlich Tenniskleidungen) von Puma in den DBA-Farben trugen.

85 Insgesamt ist die Karriere eng strukturiert nach Dienstgrad (Offizier, Kapitän), Flugstrecke (Kurz-, Mittel-, Langstrecke) und Fluggerät (Eccard 2004). In der Kombination dieser Faktoren entwickeln Piloten ihre beruflichen Positionierungen. Der Dienstgrad ist mit einem klaren Weisungsrecht (auch innerhalb des Cockpits) verbunden. Der Einsatz auf Kurz- oder Langstrecke und damit verbunden der Flugzeugtyp und auch der Dienstgrad werden letztlich nach dem betriebsbezogenen Senioritätsprinzip reguliert, das die betriebliche Hierarchie bestimmt und Beschäftigte so an ihren Arbeitgeber bindet.

Zusammenfassend kann gesagt werden, dass der Pilotenberuf in relativ gute professionalisierte Strukturen eingebettet ist. In der direkten Tätigkeit verhindert jedoch das hohe Maß an Fremdbestimmung einen täglichen Ausdruck von Professionalität. Daneben können auch Veränderungen der Arbeitsbedingungen (z.B. Einkommen, Einsatzzeiten, Arbeitsinhalte, betriebliche Kontrolle etc.), der institutionellen Einbettung (gesetzliche Regelungen) oder der öffentlichen Wahrnehmung (z.B. Berufsbild) an der professionellen Basis des Berufs Pilot kratzen. „Das Berufsbild des Verkehrsflugzeugführers ist einer dramatischen Veränderung ausgesetzt!“, so Walther (2009, S. 73) vor allem in Bezug auf inhaltliche und technische Veränderungen der Arbeit von Piloten. Ein Punkt, der nicht explizit in dem Kriterienkatalog auftaucht, aber oft mitschwingt und eine wichtige Rolle spielt, ist das gesellschaftliche Ansehen, das mit dem Beruf verbunden ist. Der Ausdruck ‚Busfahrer der Lüfte‘[86] versinnbildlicht die Vorstellung, dass Piloten auf Grund des hohen organisatorischen und vor allem technischen Strukturierungsgrades in ihrer Arbeit genauso wenig Freiheiten haben und Risiken ausgesetzt sind wie Busfahrer im Straßenverkehr. Die wesentlich höheren Gehälter erscheinen dann als nicht mehr gerechtfertigt.[87]

Ein vertiefender systematischer Abgleich der genannten Punkte mit der Realität der Arbeit von Piloten würde es erlauben, Professionalisierungshemmnisse zu erkennen. Hier beschränke ich mich im Folgenden auf eine strukturelle Betrachtung, die weitere Grundaspekte der Beruflichkeit und der Arbeitssituation von Piloten zu erkennen erlaubt.

4.7.2 Unsicherheitszonen und Technologiedefizit

Strukturtheoretisch betrachtet (vgl. Schmeiser 2006, S. 303ff.), benötigen besondere gesellschaftliche Problemfelder, nämlich solche, in denen ein ‚Technologiedefizit‘[88] herrscht, Professionen. Es existieren dann weder feste *Techniken* noch

86 Die Bezeichnung „Busfahrer“ oder „Busfahrer der Lüfte“ für Piloten ist relativ weit verbreitet (z.B. Ramge 2003). Cwerner (2009, S. 5) zitiert das Ergebnis einer Umfrage von 2005, dass 75% der Aussage ‚airline trip is just like a bus trip‘ zustimmen.

87 Dieser Argumentation wird in der Regel entgegengehalten, dass Busfahrer einfach anhalten können und dass sich hier nur Neid widerspiegele.

88 Wichtig ist, dass hier unter „Technologie“ nicht nur Technik im engeren Sinne gemeint ist, sondern alle weiteren – auch nicht materiellen – Formen der Koordination (sozialer) Prozesse (z.B. Sozialtechnologien), wie anerkannte bzw. durchgesetzte Methoden, Verfahren etc. Auf der gesellschaftlichen Ebene sind solche ‚Groß-Technologien‘ z.B. das Zahlen mit Geld in der Wirtschaft oder die Bestimmung der Herrschaft mittels Wahlen in der Politik. Fehlen solche eindeutigen ‚Technologien‘ in einem gesellschaftlichen Feld, wird dies als „Technologiedefizit“ bezeichnet – wie es z.B. bei Gesundheits-, Religions- oder Gerechtigkeitsfragen der Fall ist. Diese technologische Lücke müssen dann

klare *Methoden,* wie zentrale Problematiken in dem Feld gelöst werden. Ein Mittel, mit dessen Hilfe Prozesse entschieden oder reguliert werden können, wie das Geld bei wirtschaftlichen Prozessen, fehlt hier. So müssen Personen einspringen und von Fall zu Fall entscheiden: über Gerechtigkeit der Richter, über Gesundheit der Arzt etc. Es gibt kein standardisiertes Verfahren, welches automatisch zu Gerechtigkeit führt,[89] und auch keinen Automaten, der entscheidet (bzw. entscheiden darf), ob ein Patient gesund oder krank ist.[90] Nicht nur für das Rechts- und das Gesundheitssystem ist es zudem *funktional,* hinreichend komplex zu sein, um handlungs- und anpassungsfähig zu bleiben. Auch in anderen unsicheren Situationen ist es durchaus sinnvoll, sich nicht auf eindeutige Technologien – also Automation und standardisierte Verfahren – festzulegen, sondern flexible Freiräume für situativ von Menschen direkt getroffene Entscheidungen zu erhalten.

Strukturtheoretische Betrachtungen sehen Professionen auf dieser funktionalen Notwendigkeit begründet. Professionelle besetzen und bearbeiten spezielle Situationen mit hoher gesellschaftlicher Relevanz, die zumindest potenziell alle Menschen betreffen. Ihr Arbeitsfeld ist in der Regel *überkomplex.* Es herrscht *Ungewissheit* hinsichtlich der Dynamik der Situation, der zu wählenden Handlungsstrategie und des mutmaßlichen Ausgangs, der auch hinterher nicht leicht zu evaluieren ist. Das heißt, die *Qualität* und auch die *Bewertung* der Arbeit – übertragen auf Piloten z.B., wie gut ein Flug gelingt – ist weder durch den Markt (im vergleichenden Wettbewerb) noch über Bürokratie (mittels formaler Verfahren) final steuerbar (vgl. Schmeiser 2006, S. 303). Oftmals herrscht eine unauflösbare, spannungsreiche Gleichzeitigkeit widersprüchlicher Orientierungen (bei Piloten z.B. Sicherheit, Pünktlichkeit, Service, Kosten etc.), die sich in der Praxis oft antagonistisch entgegenstehen. Situationen, in denen Professionelle handeln müssen, sind also von hoher Ungewissheit hinsichtlich der zu wählenden Lösungsstrategie geprägt, weshalb von ihnen die Einbringung von subjektiven Komponenten wie Intuition, Urteilsfähigkeit, Risikofreudigkeit und Verantwortungsübernahme verlangt wird (vgl. Stichweh 1994, S. 296f.).

Professionen weisen sich zudem durch eine besondere Beziehung zwischen Professionellen und Klienten aus. Professionelle leisten eine Arbeit am Menschen – im weitesten Sinne also eine Dienstleistung. Sie lösen Probleme in kriti-

---

Personen füllen: die klassischen Professionen. Zum Begriff „Technologiedefizit" siehe vor allem Luhmann und Schorr 1982 (S. 14, dort bezogen auf die Pädagogik bzw. das Erziehungssystem/soziale Arbeit), ferner Luhmann 1997 und Stichweh 1996.

89 Es existieren nur Präzedenzfälle, auf welche man sich berufen kann.

90 Im Gesundheitssystem gibt es Versuche, Teilprozesse zu automatisieren, wie z.B. Diagnoseprogramme im Internet. Diese werden nicht zuletzt vor dem Hintergrund der Gefahr der De-Professionalisierung – mit Hinweis auf die Unsicherheit einer gesundheitsförderlichen Selbstdiagnose durch den Klienten – von Ärzten abgelehnt.

schen Bereichen, die außerhalb der individuellen Handlungsmöglichkeiten ihrer Klienten liegen, denn es existiert dort ein fundamentales Wissensgefälle zwischen Experten und Laien. Dabei steht für die Klienten viel auf dem Spiel, sie befinden sich in einer Situation des Leidens, der Hilflosigkeit, der Lebensgefahr (vgl. Schmeiser 2006, S. 303ff.). Auf Seiten der Klienten ist also hohes Vertrauen gefordert (vgl. Stichweh 1994, S. 296f.).

Passagiere sicher von A nach B zu bringen und dabei allen widrigen Umständen – sei es den Unwägbarkeiten der Natur oder den mit der Technik verbundenen Rest-Risiken – zu trotzen ist sicherlich ein wichtiger Ausdruck der Professionalität von Piloten. Jedoch wird dieser Aspekt durch die tägliche Routine und die technische Absicherung nahezu durchgängig überschattet. Hinzu kommt, dass sich durch veränderte ökonomische Rahmenbedingungen manche der oben aufgeführten professionstypischen Merkmale wandeln.

Der Beruf bzw. die ‚Profession' Pilot ist insgesamt eine komplexe Konstellation, die sich um die primäre Tätigkeit – das Fliegen – herum ausgebildet hat. Sie kann zum einen anhand eher statischer Anteile beschrieben werden, wie sie oben im Merkmalskatalog aufgelistet sind, zum anderen besteht sie auch aus dynamischen Prozessen, wie z.B. der Bearbeitung von Unsicherheit (bei Abwesenheit von vorgegebenen Lösungswegen). Beide Ansätze lassen sich gut auf die jüngeren, vor allem technischen und organisatorischen Entwicklungen im Luftverkehr übertragen, um deren Folgen für den Beruf Pilot zu sondieren.

5 Selbst-Zuschreibungen – Wie Piloten sich in Schubladen stecken

In der Alltagspraxis wird von ganz unterschiedlichen ‚Typen' von Piloten gesprochen: mit unterschiedlichen Motiven und Orientierungen (in Arbeit und Leben), in unterschiedlichen Arbeits- und Lebensformen, mit unterschiedlichen Risiken und Chancen. Diese über die Zeit recht stabile Heterogenität in der Pilotenschaft veranlasst die Piloten selbst zur Reflexion und Spekulation – vor allem über die Motivationslagen und beruflichen Selbstkonzepte ihrer Kollegen. Im Folgenden greife ich die wichtigsten der üblicherweise im Luftverkehr kursierenden Zuschreibungen auf, da sie als erfahrungsbasierte Daten ernstgenommen werden können und zum Teil durchaus wesentliche Aspekte für eine wissenschaftliche Typisierung anschneiden. So ließen sich bereits bei einer ersten Betrachtung des Datenmaterials einige Formulierungen und Beschreibungen finden, die bei der späteren Typenbildung relevant wurden. Der folgende Abschnitt bietet also, neben einem weiteren Einblick in das Feld, eine Vorbereitung auf die anschließende Typenbildung. Dabei bleibt die Darstellung eng an der Empirie, was dazu führt, dass die hier genannten ‚Pilotentypen' nicht absolut trennscharf sind. Implizit deuten sich aber gerade in diesen Überscheidungen schon erste Dimensionen für die spätere Differenzierung an.

Natürlich treten diese Orientierungen und Motive real in verschiedenen Mischungen auf, jedoch – und das soll hier gezeigt werden – in unterscheidbaren Konzentrationen. Die äußerst heterogenen Bedingungen im Luftverkehr haben auch Auswirkungen auf die Ausprägung bzw. Verteilung der ‚Typen' – wie das nachfolgende Beispiel verdeutlicht:

> „Aber ein besonderer Typ Mensch ... Ja, das hängt davon ab, was man macht. Bei uns ist es ja so, dass wir Tagesflüge haben, wo man abends wieder hier ist. Und dann haben wir als zweites unsere Langstreckenflüge, wo der Normale so zwei von im Monat macht. Ist ein paar Tage unterwegs. Es gibt aber Unternehmen, da ist nur Langstrecke, der lebt 20 Tage aus dem Koffer. Und da muss man ein anderer Typ sein, weil man kein Zuhause mehr hat. Da trifft das noch eher zu. Aber hier, dieses Programm, was wir anbieten, lässt sich auch mit Familie kombinieren oder mit einem Partner ... unterschiedlich bei jedem, klar.“ (H07)

Dennoch stehen alle Piloten vor ähnlichen Herausforderungen. Ihre ‚Typenbildung' lässt sich nicht allein entlang gängiger Strukturmerkmale erklären, wie zum Beispiel des Streckenprofils. Vielmehr handelt es sich hier um erste Hinweise auf Arbeit und Leben übergreifende Orientierungsmuster.

5.1 Das Line-Schwein und der Managementpilot

Eine grundsätzliche Unterscheidung im Personenluftverkehr ist die zwischen dem ‚Line-Schwein' und dem ‚Managementpiloten' – je nach der Ausrichtung des Handelns an eigenen oder betrieblichen Interessen bzw. – überspitzt – egozentrierten oder ‚kollektiven' (bzw. fremdbestimmten) Zielen.

Das *„Line-Schwein"* (D05) konzentriert sich auf seine Kernarbeit: das Fliegen von A nach B. Es lehnt jegliche Arbeitsausweitung ab (z.B. erweiterte Führungsaufgaben oder Zusatzarbeit auf Grund eingesparter Zuarbeiten). Piloten, die unter dieses Bild subsummiert werden, trennen klar zwischen ihrer Tätigkeit und Boden- bzw. Managementaufgaben. Dies drückt sich auch in der Interessenpolitik aus: Sie vertreten nur ihre eigenen Interessen bzw. eventuell auch die ihrer Berufsgruppe, trennen davon aber die Interessen des Unternehmens ab. Vor allem zeigt sich dies bei erhöhtem wirtschaftlichem Druck: Es ist nicht ihre Aufgabe, das Überleben des Betriebs zu retten, zum Beispiel durch zusätzliche Arbeit, Gehaltsverzicht etc. Das ‚Line-Schwein' geht in der Regel davon aus, dass Mitarbeiter am Boden keine Ahnung von der Pilotenarbeit haben und oftmals durch Neid und Missgunst getrieben werden.

Im Kontrast dazu symbolisiert der Ausdruck *„Managementpilot"* (D05) die Übernahme der betrieblichen Rationalität und Akzeptanz der (vor allem) ökonomischen Zwänge. Managementpiloten übernehmen Aufgaben am Boden und werden von der dort herrschenden Kultur assimiliert. Im Abgleich mit der Bürotätigkeit und deren Anforderungen führt dies zu einem veränderten Blick auf die Pilotentätigkeit und deren Belastungen. Der ‚Managementpilot', der letztlich nur noch ein- bis dreimal im Monat zum Fliegen kommt, bezeichnet das Fliegen oftmals nur noch als schönes Hobby und verklärt damit die Belastungen, die bei einer dauerhaften Ausübung dieser Tätigkeit entstehen. Managementpiloten haben ihren Arbeitsinhalt erweitert (in der Regel ohne wesentliche monetäre Kompensation), oft mit Blick auf Karriere-, Macht- und Gestaltungsmöglichkeiten.

> „Mein Vorvorgänger hat mal gesagt: ‚Ich hab einen extrem schlecht bezahlten Hauptberuf und ein ziemlich gut bezahltes Hobby.' Und das ist auch das Problem, was wir bei vielen Menschen und Piloten sehen, wenn wir die rekrutieren wollen, dass die sagen: ‚Also es kann nicht für das Geld sein.' Weil gemessen an dem, wie hoch die Grundversorgung ist, ist im Grunde genommen das Extra, was oben draufkommt für den extremen Mehraufwand an Arbeit, den man hier leistet – das kann man nicht bezahlen. Das steht in keinem Verhältnis mehr. Deshalb kommt die Motivation aus dem Job alleine. Dass man wirklich die Möglichkeit hat, zu dem entsprechenden Mitarbeiter hinzugehen und zu sagen: ‚Und Du änderst das jetzt. Ich will, dass das jetzt anders ist.'" (D02)

H03 zum Beispiel ordnet sich selbst als ‚Managementpiloten' ein und würde bereitwillig auf fünf Prozent seines Einkommens verzichten, wenn dies notwendig wäre – was er dem Status- oder Image-Piloten (hier dem ‚Line-Schwein' vergleichbar, siehe aber unten) nicht zutrauen würde.

> „Und deswegen kann ich mich auch nicht in Berufsverbänden einbringen, weil ich würde einknicken, wenn mir der Arbeitgeber dann sagt: ‚Können wir nur mit fünf Prozent weniger machen', würde ich sagen: ‚Ja, o.k., mache ich auch für fünf Prozent weniger.' Vielleicht weil ich in einer anderen Schublade von vornherein bin. Ist jetzt aber nur Spekulation. Der Image-Pilot, der würde sagen: ‚Was?! Nee, geht ja mein Image flöten! Da geht ja mein Image flöten!'" (H03)

Auch gegenüber betrieblichen Rationalisierungsmaßnahmen nehmen ‚Managementpiloten' eine opferbereite Haltung ein. Die folgende Interviewpassage verdeutlicht noch einmal (aus Sicht eines ‚Managementpiloten') die unterschiedlichen Haltungen dieser zwei ‚Typen' – am Beispiel der Anweisung, treibstoffsparender zu fliegen bzw. weniger Zusatz-Treibstoff mitzunehmen.

> „Na, nun sind Sie vielleicht bei (...) wir sagen da: ‚Managementpiloten' auch vielleicht an der falschen Adresse. Also wenn Sie da jemanden nehmen, der ein ‚Line-Schwein' ist. (...) Zum Beispiel Treibstoffentscheidung, wie viel Treibstoff nehm ich mit? (...) Dass die Firma natürlich möchte: ‚Mensch, nimm so wenig mit wie nötig. So wenig wie vorgeschrieben.' Und: ‚Gebt so wenig Gas wie möglich beim Start, um die Triebwerke zu schonen.' Und dann der andere Pilot sagt: ‚Ja, ich möchte aber am liebsten Vollgas geben, weil das ist sicherer.' ‚Ich möchte mehr Treibstoff mitnehmen, weil ich der Meinung bin, das wär sicherer.' Also so'ne gefühlte Sicherheit. Und das ist ein Feld, das zurzeit auch grade bei uns in der Firma, bei allen Firmen, von denen ich weiß, ein ganz großes Thema ist. Dieses Missverhältnis von gefühlter Sicherheit – also die ist gefühlt, die Sicherheit – und dem Zwang oder Drang von der Geschäftsführung, Geld einzusparen. Und dieses Missverhältnis in die Waage zu bekommen, das ist ganz schwierig. Man teilt die Pilotenschaft in drei Teile. Es gibt Leute, die das dann so machen, wie's von ihnen gewünscht wird, entweder aus Überzeugung oder weil's halt so vorgeschrieben ist. Wobei ich immer behaupte, dass es die Leute meistens aus Überzeugung machen. Dann gibt es auf der andern Seite die Standardverweigerer. Ein leider nicht allzu kleiner Bereich." (D05)

Im Kontrast dazu eine ähnliche Passage zum Thema „unterschiedlicher Umgang mit zunehmendem zeitlichem Druck" von der anderen Seite:

> „Das wird auf die Weise vermittelt. Den Schuh, den sich Kapitänskollegen letztendlich daraus anziehen, ist sehr unterschiedlich. Da gibt's welche, die fühlen sich verantwortlich, als ob an ihnen das Wohl [des Unternehmens] hängt, und andere sagen: ‚Weißt du was? Ich hab meinen eigenen Takt und wenn ich fertig bin, dann sind wir fertig. Und Hetzen produziert nur Unfälle.'" (F06)

Neben den beiden unterschiedlichen Haltungen zeigen die Beispiele auch deutlich, wie das Thema Sicherheit fast immer eine zentrale Rolle in derartigen Auseinandersetzungen über ‚richtiges' Handeln einnimmt. Sicherheit wird zum zentralen Argument für Piloten, ihre Arbeitsbedingungen zu verteidigen, während Rationalisierungsmaßnahmen sich immer vor der Sicherheit legitimieren müssen bzw. formal keinen Sicherheitsverlust bewirken dürfen. Damit ist die zentrale ‚Produktqualität' Sicherheit im Luftverkehr direkt mit den Arbeitsbedingungen von Piloten verbunden, was ihnen eine Machtposition sichert.

5.2 Der Status- bzw. Image-Pilot

In der Empirie lassen sich viele weitere Beschreibungen von Pilotentypen finden. Eine typische Motivzuschreibung ist die des Image-Piloten oder auch Status-Piloten. Er wird oft vom stark am Inhalt orientierten „luftfahrtbegeisterten Piloten" unterschieden und in der Regel mit dem materiell motivierten Piloten („Kohle") kombiniert.

> „Ich sage mal so, man kann Piloten natürlich in gewisse Schubladen packen. Für mich gibt es den Image-Piloten, der macht den Job nur, weil er es toll findet und überall erzählt: Ich bin Pilot. Dann gibt es den luftfahrtbegeisterten Piloten, der macht das, weil er einfach schon immer irgendwie was mit Flugzeugen und so weiter zu tun haben wollte, und vielleicht gibt es noch eine dritte Variante, vielleicht eine Mischung aus beidem. Und sicherlich gibt es da diesen Image- ... es gibt eine ganze Menge von Image-Piloten. Dann gibt es auch noch den, der macht es einfach nur wegen der Kohle, dem ist das total egal. (...) Wenn der keine Lust mehr hat, dann hört der morgen auf und macht auch was anderes, ja. Deswegen von der internen Warte her, gibt es für mich so diese grobe Staffelung in diese drei Schubladen, was es da an Piloten gibt, von den Charakteren her." (H03)

Für viele Piloten – besonders deutlich repräsentiert durch das Bild des Status- bzw. Image-Piloten – gelten ein großes Flugzeug und die mit ihm im Allgemeinen verbundenen Strukturen (Technik, große Airline, Langstrecke, interessante Destinationen mit Lay-Over, besondere Arbeitszeitgestaltung: lange Blockzeiten und Turnaround etc.) als Wert an sich.

> „Vielleicht ist das ketzerisch, aber ich sehe das so: Viele von uns haben eine Mantafahrer-mit-Fuchsschwanzantennen-Einstellung. Ihre persönliche Genugtuung entsteht daraus, dass sie ein großes Flugzeug fliegen oder ein Flugzeug, das was weiß ich was kann. Maßgeblich groß muss es sein. Ist für viele schon wichtig. Und sie lassen schon im Bekanntenkreis gerne wissen, was sie da für ein großer Meister der Lüfte sind. Aber wenn es um wirklich wichtige Themen und entsprechendes Engagement geht, dann sind die da nicht dabei." (F06)

Der Image-Pilot reproduziert seinen Status vor allem auch im Privatleben – im „Bekanntenkreis". Eindringlicher wird dieser Aspekt in der folgenden Passage beschrieben:

> „Ich mache das schon, weil es mir Spaß macht. Also ich sage das jetzt nicht so. Ich gehe auch zum Beispiel zum Bäcker, wenn ich zum Dienst fahr, mit Uniform. Ich hasse es [aber] zum Beispiel, mit Uniform Auto zu fahren, weil die Leute dann gucken oder so. Aber der Image-Pilot, der findet das bestimmt Klasse, der kauft sich dann auch ein Cabrio, damit es alle sehen. Also wie gesagt, es gibt solche Leute. Das ist aber, vielleicht ist das bei den Ärzten auch so." (H03)

Im Wesentlichen wird diesem Typ Pilot vorgeworfen, dass er selbstorientiert handelt und sich nicht für kollektive „wirklich wichtige Themen" (F06) engagiert. Hierbei kann es sich sowohl um bewusste Interessenpolitik handeln als auch um Einsatz für den Betrieb.

5.3 Der Luftfahrtbegeisterte

Der sich selbst als ‚Managementpilot' bezeichnende Interviewte H03 kann in der Dreiteilung ‚Status', ‚Kohle', ‚Luftfahrtbegeisterter' der dritten ‚Schublade' zugeordnet werden. Auf Grund seiner starken Arbeitsmotivation würde er zum Beispiel auch gegen seine betriebspolitischen Interessen handeln und für weniger Geld arbeiten.

> „Wobei ich sage, ich bin nicht die Charaktere dafür, dem Arbeitgeber ... Dafür macht mir das Ganze zu viel Spaß. Ich wäre dann auch einer – kann ich auch nicht laut sagen –, der würde es für fünf Prozent weniger machen, der vielleicht auch finanziell echt Probleme hätte, bei fünf Prozent. Weil mir das Fliegen Spaß macht, weil mir der Job Spaß macht. Ich bin jetzt keiner, der sagt: Nein, fünf Prozent weniger, da gehe ich nach Hause, ich möchte zehn mehr haben. Der bin ich nicht." (H03)

F06 stellt dem Luftfahrtbegeisterten den Individualisten gegenüber, der auch eigene „menschliche" Interessen mitbringt:

> „Es gibt zwei Gruppen von Fliegern in der Fliegerei: Das eine sind Leute, die das mit der Muttermilch aufgesogen haben, entweder weil der Verwandten- und unmittelbare Elternkreis aus dem Umfeld kommt, die frühzeitig schon mit der Fliegerei begonnen haben, Modellfliegen begonnen haben, Segelfliegen und und und. Die eher technisch orientiert sind. Und die anderen sind Leute, die eigentlich nicht sonderlich viel am Hut haben im Sinne von Faszination, Luftfahrtbegeisterung total, sondern die mehr so individuell geprägt sind, eher an dem Menschlichen Interesse haben und vor allem ziemlich selbstbestimmte Individualisten sind, die sich ungern von anderen was sagen lassen. Und ich zähl vermutlich so zu der letzteren Gruppe." (F06)

Als Beispiel für die Gefahr des Vernachlässigens des „Menschlichen" bei sehr stark bzw. ausschließlich an der Luftfahrt orientierten Piloten schildert F06 das Privatleben eines solchen ‚Luftfahrtbegeisterten':

> „Also ich habe jetzt kürzlich erst einmal so einen interessanten Fall gehabt, von einem Kollegen, der genau so war, meines Erachtens: exzellent vorbereitet in allen Bereichen, fliegerisch eine enorme Übersicht, das Wissen auch jederzeit parat, auch durch die Art und Weise, wie er selbst organisiert war. Privat aber ein absolutes Trümmerfeld. Also er ist 40 Jahre, alleinlebend, führt eine Fernbeziehung mit einer Freundin, Familie ist scheinbar nicht dran gedacht." (F06)

Neben den eben genannten gibt es noch einige weitere Einteilungen von Piloten, die eher an konkreten Aspekten der Tätigkeit festgemacht sind.

5.4 Der Fluggeile

Ähnlich wie der Luftfahrbegeisterte oder auch der Managementpilot ist der ‚Fluggeile' mehr am Arbeitsinhalt als an den Bedingungen interessiert – mit ähnlichen Gefahren, zum Beispiel der Vernachlässigung von Anforderungen aus dem Privatleben. Aber die Begeisterung konzentriert sich auf die konkrete Tätigkeit selbst: das Fliegen an sich. Alles Weitere wird als ablenkend und störend empfunden. Also würde sich der ‚Fluggeile' in der Regel nicht für den Betrieb oder andere Aspekte im Luftverkehr engagieren.

> „Nein, weil der Antrieb ein anderer ist. Ich bin fluggeil von Anfang an. Das haben nicht alle. Mein Bruder macht auch gerade den Pilotenschein, der ist da wesentlich phlegmatischer. Ich war da viel enthusiastischer. Ich hätte alles gemacht, um irgendwie da ranzukommen. Das war auch so, dass die zwei Tage im Monat Off-Tage hatten. Also wirklich freie Tage. Da waren Tage dabei, wo sie früh einen kleinen Flug hatten und dann frei. Aber das war für mich keine Belastung, für mich ist das Ganze kein Beruf, sondern das ist ein totales Hobby. Ich sehe das nicht als Belastung. Es gibt schon Sachen, die einen nerven und die einen aufregen. Aber das sind immer nur Dinge, die mit Organisation des Ganzen zu tun haben, nie mit dem Fliegen selbst. Da gibt es aber sehr viele Enthusiasten, die würden alles machen." (D07)

Diese eher intrinsische, tätigkeitsbezogene Motivation birgt die Gefahr der Überforderung und der Vernachlässigung von Gesundheit und lebensweltlichen Aspekten. Sie muss aber nicht auf Kosten des Privatlebens gehen. Denn es ist Piloten zum Teil gut möglich, ihr individuelles Arrangement zwischen verschiedenen Anforderungen und Möglichkeiten im Luftverkehr so gestalten, dass sie die notwendigen Anforderungen erfüllen und zugleich individuell wesentliche (sicher nicht alle) Wünsche und Bedürfnisse befriedigen können. So können auch potenziell konfligierende Bereiche miteinander vereinbart werden, indem dafür auf andere Wünsche verzichtet wird. Zum Beispiel kann durch Abstriche beim üblichen Karriere- bzw. Status-Konzept der Wunsch nach zeitlicher Regelmäßigkeit (vor allem in Bezug auf die Gesundheit und den Kontakt mit der Familie) mit dem Ansinnen, möglichst viel zu fliegen (hier gemessen an Starts und Landungen), verbunden werden, indem man sich auf die Kurz- und Mittelstrecke konzentriert.

> „Also, eigentlich eine viel größere Regelmäßigkeit auf der einen Seite, weil wenn man mal in dieser Schicht, in der frühen oder späten drin war, dann waren die Wechsel von früh auf spät oder von früh auf Nacht und dann wieder zurück relativ gering. Machte das Ganze etwas ertragbarer. Und für mich stand damals ganz fest: Du willst nicht auf die Langstrecke. Das war für mich überhaupt kein Thema. Wenn ich das heute Kollegen erzähle, dann sagen die: ‚Was?! Du musst doch heute immer auf die Langstrecke! Das ist die Erfüllung der Fliegerei.' Ich wollte Flugzeuge fliegen, da ich nun das Geld nicht habe, mir so eine Kiste selber hinzustellen, und das Geld auch noch verdienen möchte, musste ich nun zu einer Airline gehen. Also, mir ging es ums Fliegen in erster Linie." (H04)

Hier soll keine Liste verschiedener Motivationsquellen in der Arbeit von Piloten aufgemacht werden – diese wäre wesentlich länger. Es geht um einen ersten Einblick in Differenzierungsversuche zwischen Piloten, wie sie sie selbst unternehmen. Ziel ist es, die Breite des Felds vorzustellen und vor allem sich den theoretischen Dimensionen einer Typenbildung zu nähern. In diesem Sinne soll auf drei weitere Aspekte eingegangen werden: die Technik, die sozialen Beziehungen und die berufliche Haltung.

5.5 Der Technikfreak

Die Technik – allem voran das Fluggerät selbst – und deren Bedienung machen für viele einen wesentlichen Anteil am Reiz des Luftverkehrs aus. Nicht wenige Piloten haben zuvor in einem technischen Fachbereich studiert oder nennen explizit die Technik als Einstiegsmotivation für die Tätigkeit.

> „Die Technik möchte ich gern verstehen. Mich macht das fertig, wenn mir einer sagt, ich muss da-und-da drauf drücken und dann passiert das. Ich möchte wissen warum, wann und wieso und was, wenn nicht. Das ist dann mein Privatding. Da hab ich auch dann so ein bisschen den Freak-Ruf in der Firma. Nur, das macht mich persönlich glücklich, wenn ich das kapiere." (D07)

> „Also bei mir war es so, daher auch: Warum habe ich überhaupt Maschinenbau studiert? Das hängt damit zusammen. Und zwar, ich wollte schon immer Pilot werden, also ich fand das faszinierend, Flugzeuge zu fliegen, überhaupt wie ein Flugzeug in der Luft ist und so weiter." (H03)

5.6 Der Aerosexuelle

Das Wort ‚aerosexuell' ist in der Empirie zwar im Zusammenhang mit dem ‚Luftfahrtbegeisterten' gefallen, jedoch trifft diese Bezeichnung sehr gut auf eine weitere Orientierungsform von Piloten zu, nämlich die Orientierung an sozialen Beziehungen. Es gibt Piloten, für die die sozialen Beziehungen in der Arbeit, das Arbeitsklima und die Gelegenheiten, die sich zum Beispiel auf Grund der Statusdifferenz und der ungleichen Verteilung der Geschlechter ergeben, zum zentralen Motivationsaspekt in der Arbeit geworden sind. Diese versuchen natürlich ebenso wie die anderen ‚Typen', diejenige Kombination aus Anforderungen und Möglichkeiten aufzubauen, die ihren Bedürfnissen am nächsten kommt. Damit unterscheiden sie sich in ihren speziellen Strategien sowohl in Bezug auf die Arbeit als auch in Bezug auf die Organisation des Privatlebens von ihren übrigen Kollegen.

5.7 Der bescheidene Pflichterfüller, der engagierte Nörgler, der professionelle Pilot

Ein letzter Aspekt, der an dieser Stelle kurz angeschnitten werden soll, ist die Arbeitshaltung bzw. -einstellung von Piloten. In den nachfolgenden zwei Zitaten stehen sich der ‚bescheidene Pflichterfüller' und der ‚engagierte Nörgler' gegenüber. Sie unterscheiden sich vor allem darin, ob sie ihre Arbeit nur konsequent erfüllen oder auch Kritik üben und Veränderungen bewirken wollen, und in der Selbsteinschätzung, ob sie für das Letztere die Kompetenzen besitzen.

> „Man ist als Pilot nur dafür da, ein Flugzeug von A nach B sicher zu bringen und von B nach A wieder zurück und seinen Job zu machen und nix dazu [zu] sagen, was in der Politik läuft hier und da. Viele meinen ja auch so, gerade als Pilot hätte man das Recht und man müsste zu allem was sagen, was die Geschäftsleitung macht. [...] Also das ist komischerweise auch so eine Eigenschaft, die ich festgestellt habe bei vielen Kollegen, egal bei welcher Firma ich war. Aber ich meine, dafür gibt es andere, die haben BWL studiert, die werden schon wissen, was sie da machen." (H03)

> „Ich bin jetzt 15 Jahre da. Ja schon, ich hab einen sehr guten Ruf da oben, aber gelte auch als sehr lästig, weil ich immer nachhake. Die Frage ist, wie lang hält man das durch im Berufsleben. Dass man irgendwann mal sagt: ‚So und jetzt ist der letzte Tag, wo ich das mache!' Es gibt keine Anerkennung. Nein. Es gibt: ‚Hey toll gemacht!' Aber das ist so wie: ‚Wir gratulieren ihnen zum 25. Jubiläum!' Für mich ist das einfach ... da bin ich kompromisslos. Mir gefällt es, so was aufzudecken, und es ist für mich eine innere Befriedigung, wenn ich das für mich kläre, wie man das machen könnte. Ob die anderen das so machen, ist nicht meine Baustelle." (D07)

Ähnlich wie aus Sicht der Managementpiloten die Line-Schweine zu wenig Interesse und Engagement für betriebliche Themen mitbringen, existiert dieser Vorwurf innerhalb der Pilotenschaft auch unabhängig von der Frage zusätzlicher Bodentätigkeit. Während sich der Pflichterfüller auf seine Kerntätigkeit konzentriert, weitere Aufgaben mit der Begründung fehlenden Fachwissens von sich abhält und damit eine – eventuell gesunde – Schonhaltung einnimmt, ist der engagierte Nörgler mehrfach gefährdet. Sein zusätzliches Engagement ist zum einen nicht formal abgesichert (z.B. durch zusätzliche Ressourcen, vor allem Arbeitszeit) und zum anderen wird diese Arbeit strukturell nicht anerkannt, da sie größtenteils nur informell stattfindet und als Nörgeln und nicht als Verbesserungsvorschlag behandelt wird. Damit bringt der Nörgler viel zusätzliche Eigenleistung ein, die jedoch wenig betriebliche Anerkennung findet – sei es strukturell (Formalisierung) oder personell (Belobigung). Dies kann zu typischen Formen der De-Motivation (wie sich in der Passage andeutet) und Belastungen führen, die auch in das Privatleben getragen werden.

Nahezu ausnahmslos ist allen Piloten gemein, dass sie eine professionelle Haltung – zumindest gegenüber ihrer Kerntätigkeit – einnehmen. Die Frage ist nur, was alles als Ziel professionellen Handelns angenommen wird: allein die Kerntätigkeit, also das sichere Fliegen von A nach B, oder auch das Wohl der Passagiere (z.B. Pünktlichkeit), oder zusätzlich auch die Ziele des Betriebs, allem voran die Wirtschaftlichkeit.

> „Das ist auch eine Haltungssache. Ich glaube, manche Leute sind einfach so, dass sie sagen: Egal, ob ich jetzt sauer bin gegen die Firma oder überhaupt mit mir selbst unzufrieden bin, ich mache meinen Job richtig, ich mache ihn professionell und ich kann trotzdem nach außen sagen, ja, das ist alles nicht gut. Aber wenn ich im Cockpit bin, mache ich es, weil ich meiner Verantwortung gegenüber den Passagieren gerecht werden will, weil ich für mich in Anspruch nehmen will: Ich mach es einfach für mich selbst. Ich fordere mich also selbst.“ (B05)

> „Sie haben ja selber für den Tag, an dem sie arbeiten, einen gewissen Qualitätsanspruch. Sie wollen den Flug pünktlich, sicher, wirtschaftlich von A nach B bringen.“ (D02)

Zusammenfassend kann gesagt werden, dass die alltagspraktische ‚Typenbildung’ im Feld stark auf die Motive des Arbeitshandelns abzielt. Eine Leitunterscheidung scheint hier die zwischen der Orientierung an *betrieblichen Interessen* (‚Managementpilot’) und am *Eigeninteresse* (‚Line-Schwein’) zu sein. Ähnlich werden gerne eher *intrinsische* Motivationsfaktoren (‚Luftfahrtbegeisterter’, ‚Fluggeiler’, ‚Technikfreak’) im Groben eher *extrinsischen* (Image, Status, Einkommen, soziale Gelegenheiten etc.) gegenübergestellt. Neben intrinsisch oder extrinsisch können diese Typisierungen auch danach differenziert werden, ob sie eher durch das *Feld* Luftverkehr (‚Luftfahrtbegeisterter’, ‚Aerosexueller’) oder mehr durch die *Tätigkeit* Fliegen (‚Fluggeile') motiviert werden. (Der ‚Technikfreak' müsste hier in sich noch einmal differenziert werden.) Interessant ist jedoch auch die Absetzung des ‚Individualisten' vom ‚Luftfahrtbegeisterten', da Ersterer auch dezidiert ‚menschliche' bzw. private Interessen (von persönlichen Eigenheiten über körperliche Aspekte bis zum privaten sozialen Umfeld bzw. Familie) einbringt und den Anspruch formuliert, dass die Arbeit auch auf diese Rücksicht nehmen muss. Es geht also um eine graduelle Abstufung im Sinne des *Vorrangs* zwischen *Arbeit* und *Privatleben* (inklusive der Person). Schließlich wird häufig noch nach dem Umgang mit Forderungen des Unternehmens unterschieden zwischen bedingungslosem *Gehorsam* (‚Pflichterfüller') und *Kritik* (‚Nörgler'). In Abgrenzung zu beiden gelingt es dem *‚Professionellen',* nicht nur zwischen den eigenen und den betrieblichen Interessen zufriedenstellend zu vermitteln, sondern gleichzeitig auch noch die Sicherheit als oberstes Prinzip zu wahren (wie es der Anspruch aller Piloten ist).

Die Analyse der Unterscheidungen *Kollektivorientierung* versus *Eigeninteresse, intrinsisch* versus *extrinsisch,* Orientierung am *Feld* versus an der *Tätigkeit,* Vorrang *Arbeit* oder *Privatleben* und *Gehorsam* oder *Kritik* war ein erster wichtiger Schritt in Richtung der späteren Typenbildung dieser Untersuchung (Kap. 6 und 7). Um jedoch die Performanz in Arbeit und Privatleben zu verstehen und die auffällig unterschiedlichen Strategien, die Piloten in der Arbeit und im Privatleben entwickeln, erklären zu können, muss tiefer in das Material gegangen und feingliedriger differenziert werden.

6 Empirie und Typenbildung – Zur Methode

Die vorliegende Untersuchung baut auf den Erkenntnissen und der Empirie des DFG-Forschungsprojekts „Multiple Entgrenzung der Arbeit des fliegenden Personals im kommerziellen Luftverkehr“ (ALU)[1] auf. Die in diesem Buch vorgestellten Ergebnisse beruhen jedoch schwerpunktmäßig auf einer vertiefenden Zweitauswertung von 40 ausgewählten Interviews mit Piloten.

Ziel war es, herauszufinden, wie Piloten mit arbeitsbedingter Mobilität (in der Arbeit und im Privatleben) umgehen und welche Folgen dies hat, um dann auf den Umgang mit multiplen Entgrenzungsprozessen allgemein schließen zu können.

Es sollten vor allem die Rahmenbedingungen der Mobilität von Piloten möglichst umfassend herausgearbeitet werden. Dabei wurden strukturelle wie individuelle und eher dauerhafte wie sich verändernde Aspekte der arbeitsbedingten Mobilität erfasst. Resultate der empirischen Forschung sind ...

- eine umfassende Feldanalyse und Beschreibung der Rahmenbedingungen des Arbeitens und Lebens von Piloten,
- eine Typologie der Umgangsformen mit entgrenzten strukturellen und sozialen Bedingungen in der Arbeit, im Privatleben und in Bezug auf die Vermittlung von Arbeit und Leben, die sich über alle drei Ebenen hinweg als Systematik allgemeiner Lebensführungsformen beschreiben lässt, und
- eine systematische Erfassung und Analyse aktueller Entwicklungstendenzen in Richtung einer veränderten, meist zunehmenden Entgrenzung.

Im Folgenden wird zunächst kurz das methodische Vorgehen des Forschungsprojekts ALU vorgestellt, bevor auf die Zweitauswertung und auf die Schritte bei der Typenbildung eingegangen wird.

6.1 Forschungsfeld – Der deutsche Personenluftverkehr

Das Forschungsprojekt konzentrierte sich auf den deutschen Personenluftverkehr mit ca. 10.000 Verkehrspiloten und ca. 25.000 Flugbegleitern (DeStasis 2010). Ausländische Airlines blieben ebenso außen vor wie die Transportfliegerei (Cargo). Zu einem großen Teil treffen die nachfolgenden Erkenntnisse natürlich auch auf die Arbeits- und Lebenswirklichkeit von Frachtpiloten oder Be-

---

1 Kurztitel: „ALU – Arbeit im Luftverkehr“. Projekt an der TU Chemnitz, November 2005 bis Oktober 2008 (Erhebungszeitraum 2005 bis 2007). Zu den Ergebnissen des Projekts siehe vor allem Matuschek 2008 und Matuschek/Voß 2010, des Weiteren auch Matuschek/Voß 2008b; Huchler/Dietrich 2009; Huchler et al. 2009; Huchler et al. 2010.

schäftigten bei ausländischen Airlines zu, systematisch finden diese jedoch keine Berücksichtigung. Ebenso geht in die Untersuchung die Geschäftsfliegerei nicht systematisch ein – also für spezielle Personenkreise oft relativ spontan gebuchte, meist kleine Flieger, die gewöhnlich von den nachfragenden Unternehmen selbst oder kleineren Dienstleistern betrieben werden. Der sogenannte Executive-Bereich kann aber als Vergleichsfolie für Entwicklungen bei klassischen Airlines herangezogen werden, da sich in der Geschäftsfliegerei verschiedene ‚Entgrenzungsphänomene' schon länger und deutlicher zeigen, an die sich in einer ähnlichen Form auch etablierte große Airlines annähern. Für den Personenluftverkehr ist der sogenannte Executive-Bereich also unter mehreren Gesichtspunkten zwar relevant, jedoch spielt er in der weiteren Untersuchung nur implizit bzw. an geeigneter Stelle eine Rolle, um das komplexe empirische Feld nicht weiter auszudehnen.

Die Erhebung konzentrierte sich auf die Gesamtheit der *größten* deutschen Airlines bzw. auf die – zum Zeitpunkt der Erhebung – *neun* bekanntesten Marken im Feld (Marken sind zum Teil 100-prozentige Töchter anderer großer Marken). Fusionen, Übernahmen, Neu- und Ausgründungen waren in den letzten Jahren im deutschen Luftverkehr fast an der Tagesordnung. Selbst während der Erhebungsphase des hier verwendeten Datenmaterials (2005–2007) prägten weitreichende Veränderungen das Feld (z.B. die Übernahme der DBA und der LTU durch die AirBerlin und die Umstrukturierungen bei Hapag-Lloyd Flug).

Schon allein deshalb kann hier keine Auflistung aller relevanten Daten für jeden untersuchten Betrieb bzw. der konkreten Arbeitsbedingungen erfolgen; zum Beispiel der Streckenstrategie (Streckenprofile, Stationierungen, Personaleinsatz etc.), der Arbeitszeitregelungen, der Gestaltungsmöglichkeiten (Requestsysteme) etc. Auch die Anonymisierung spricht gegen ein solches Vorgehen. Der Hauptgrund ist jedoch, dass es im Projekt vordringlich nicht um eine möglichst umfassende und damit hinreichend komplexe quantitative Feldbeschreibung ging, sondern darum, verallgemeinerbare Aussagen treffen zu können über die Arbeits- und Lebenssituation des fliegenden Personals, um in einem weiteren Schritt das Zusammenwirken multipler Entgrenzungsaspekte in der Arbeit und (in Abhängigkeit davon) auch im Privatleben zu erfassen.

6.2 Sample – 72 Pilot/inn/en, 43 Flugbegleiter/innen

Der Schwerpunkt der empirischen Untersuchung lag auf Beschäftigteninterviews mit dem fliegenden Personal der größeren deutschen Airlines. Einen unverzichtbaren empirischen und analytischen Rahmen zu diesen Interviews bildeten betriebsbezogene Untersuchungen. Hierbei handelt es sich um Beobachtungen vor Ort, im Cockpit bzw. in der Kabine, aber auch in den Betrieben ‚am Boden' –

sei es in der Technik, im Flugbetrieb, in der Personalvertretung, in der Ausbildung und in verschiedenen Managementbereichen in den Zentralen der Airlines oder in anderen relevanten Organisationen bzw. Institutionen (z.B. Interessenvertretung, zuständige Stelle der Arbeitsagentur etc.). Hier wurden mit ausgewählten Personen Experteninterviews geführt. Es ging vor allem darum, die Rahmenbedingungen der Arbeit des fliegenden Personals zu erfassen, die teilweise recht große unternehmensspezifische Unterschiede aufweisen können (z.B. was die konkreten Arbeits- und Beschäftigungsbedingungen und Karrierewege betrifft, aber auch kulturelle Aspekte etc.). Des Weiteren dienten die Betriebsfallstudien einer weitergehenden (arbeits-)soziologischen Erschließung des Forschungsfelds Luftverkehr. Eine Rolle bei der Sample-Bildung spielte zudem die Teilnahme an mehreren luftfahrtspezifischen Seminaren und Fachtagungen, durch welche viele weitere Kontakte sowohl zum Flugpersonal als auch zu relevanten Institutionen aufgebaut werden konnten. Ziel war es, den Methoden der qualitativen Sozialforschung entsprechend eine Samplestruktur zusammenzustellen, die eine minimale und eine maximale Kontrastierung (Bohnsack 1999) erlaubt. Anhand der systematischen Gegenüberstellung von Beschäftigteninterviews und Betriebsfallanalysen war es zum Beispiel möglich, das Ineinandergreifen von arbeitsorganisatorischen Vorgaben und individuellen Aneignungs- bzw. Bewältigungsmustern zu erfassen.

Zudem wurde aus theoriegeleiteten methodischen Erwägungen ein Sample angestrebt, das die verschiedenen Formen der Arbeitstätigkeit des Flugpersonals in ihren Auswirkungen auf deren Privatleben erfasst, also das Verhältnis von Arbeit und Leben inkludiert. Eine wesentliche Differenzierungsmöglichkeit war dabei die nach dem konkreten Einsatzgebiet bzw. Streckenprofil: Lang-, Mittel- und Kurzstrecke sowie Executive-Bereich. Denn wesentliche Aspekte der Arbeits- und Beschäftigungsbedingungen des fliegenden Personals hängen direkt mit dem Streckenprofil zusammen. Bedeutsame Faktoren waren außerdem die Größe der Airline und die jeweiligen Produktkonzepte. Entlang dieser Differenzierung verteilen sich teilweise auch typische Karriereverläufe und Altersstrukturen sowie weitere Vergleichsfaktoren wie zum Beispiel Qualifikationen. Ein wesentlicher Grund für die Differenzierung entlang von Streckenprofilen und Unternehmenskonzepten lag in den hierin verankerten Gestaltungsmöglichkeiten individueller Karriereverläufe und Beschäftigungsbedingungen, die nicht selten auf unterschiedliche Umgangsformen mit Entgrenzung vor allem mit Blick auf Arbeit und Leben schließen lassen. Um allgemeine Aussagen zum Arbeiten und Leben des Flugpersonals in multipler Entgrenzung treffen zu können, mussten also die strukturellen Effekte dieser unterschiedlichen Rahmenbedingungen systematisch mitbedacht werden. Zudem war es anhand dieser methodischen Kontrastierung möglich, die mit den aktuellen Wandlungsprozessen im kommerziellen Luftverkehr verbundenen Erwartungen und Folgen zu erfassen, da diese entlang der Differenzierung unterschiedlich wirken.

Es wurden die *neun* größten kommerziellen Airlines bzw. ‚Marken' im deutchen Personenluftverkehr untersucht. Einige *(vier)* Fluggesellschaften kooperierten enger und ließen umfassende Betriebsfallstudien zu, andere ermöglichten nur die Interviews, wieder andere konnten nur über private und Internetkontakte (Piloten- und Flugbegleiter-Foren) zu einzelnen Interviewpartner/inne/n erschlossen werden. Zudem hatten einzelne Interviewte Arbeitserfahrung in mehreren verschiedenen Airlines.

Insgesamt konnten ...

- 72 Interviews mit Piloten sowie
- 43 Interviews mit Flugbegleitern

... durchgeführt werden. Hinzu kamen zahlreiche Experteninterviews mit verschiedenen Partnern in den Betrieben und ihren institutionellen Umwelten.

Insgesamt kann konstatiert werden, dass die im Laufe des Forschungsprojekts aufgebaute Samplestruktur *qualitative Repräsentativität* aufweist. Unternehmens-, tätigkeits-, alters-, geschlechts- und statusspezifische Faktoren und weitere strukturelle Unterschiede wurden breit erfasst und vor allem auch entsprechend thematisiert, ebenso wie die relevante inner- und außerbetriebliche Umwelt der Arbeit von Piloten und Flugbegleitern.

6.3 Erhebungsmethoden

Methodologisch war das Projekt in seinem Ablauf an der *empirisch begründeten Theoriebildung* (Glaser/Strauss 1967; Kelle 1994) ausgerichtet. Die Generierung und Auswertung des Materials orientierte sich an den Interpretationsverfahren der *rekonstruktiven Sozialforschung* (Bohnsack 1999). Insgesamt wurde dieses qualitative, rekursive und rekonstruktive Vorgehen gewählt, um das (arbeits-) soziologisch noch kaum erforschte Feld Luftverkehr zu erschließen. Im Zentrum der Erhebung und Auswertung standen *leitfadengestützte teil-narrative Interviews* mit Flugbegleitern und Piloten, ergänzt durch zahlreiche *Experteninterviews, Beobachtungen* (im Flugzeug und in den Betrieben), *natürliche Daten* und vor allem *Betriebsfallstudien* in vier großen Airlines.

Insgesamt wurde damit das gesamte Arbeitsfeld des Flugpersonals inklusive dessen wesentlicher relevanter (institutioneller) Umwelt empirisch erfasst und systematisch einbezogen. Zudem zielten die Interviews auch auf die Biografie und Aspekte aus dem Privatleben des fliegenden Personals ab. Ziel war es, den Arbeitsalltag (inklusive seiner Wechselwirkung mit dem Privatleben) möglichst umfassend und aus unterschiedlichen Perspektiven zu erfassen, um so neue empirische Einblicke und vor allem theoretische Erkenntnisse bezogen auf das erst rudimentär ausgearbeitete Konzept der multiplen Entgrenzung zu erlangen.

6.3.1 Teilnarrative Tiefeninterviews mit dem Flugpersonal

Um die Arbeits- und Lebenssituation des fliegenden Personals zu erfassen, wurde ein vergleichsweise sensitives Vorgehen gewählt. Es wurden erzählungsgenerierende leitfadengestützte *Tiefeninterviews* eingesetzt. Sie ermöglichten es, dass die Interviewten selbst ihre Relevanzen in Bezug auf die angeschnittenen Themenkomplexe setzten und auch zusätzliche Themen einbringen konnten. Auf diese Weise ließen sich Erzählungen über das Arbeitshandeln der Interviewten generieren, die ihre subjektiven Bezüge und Arbeits- bzw. Alltagspraktiken erfassten.

Auf der Grundlage vorausgehender Experteninterviews wurden für diese Interviews *Leitfäden* ausgearbeitet und im Verlauf des Forschungsprozesses ständig angepasst. Hierbei mussten vor allem die unterschiedlichen Tätigkeitsprofile (besonders zusätzliche Aufgaben, Streckenprofile, Rang), aber zum Teil auch die unterschiedlichen Produktkonzepte der jeweiligen Unternehmen und letztlich die verschiedenen Arbeits- und Beschäftigungsbedingungen berücksichtigt werden. Auf der Grundlage der bereits geführten Tiefeninterviews wurden von Interview zu Interview die Leitfäden überprüft und bei Bedarf für die jeweils konkrete Arbeitssituation der Interviewten modifiziert.

Die Interviews enthielten zum einen berufsbiografisch orientierte Teile, zum anderen Fragen zum alltagspraktischen Arbeitshandeln und zum Verhältnis von Arbeit und Leben.

Grob gliederten sie sich nach den folgenden Themenfeldern:

- Biografie,
- Arbeitsorganisation und Technologie,
- Betrieb,
- Beruf,
- Arbeit und Leben,
- Abschluss (persönliche Wünsche, weitere Themen).

Eine Version des Leitfadens für Piloteninterviews ist im Anhang (Kapitel 2)[2] zugänglich.

Die Interviews fanden in einer verlaufsförmigen Abstufung von sehr narrativen Anteilen zu Beginn hin zu eher gesprächsförmigen Besprechungen von Details am Ende statt. Jedoch kamen diese unterschiedlich intensiven und interaktiven Formen der Interviewführung auch innerhalb einzelner Themenblöcke zum Einsatz. Am Schluss vieler Interviews wurden bewusst intensivere Reflexionsprozesse angestoßen, in Einzelfällen wurden auch einzelne Themen hinterfragt und diskutiert. Auf diese Weise ließen sich die Hintergründe für Aussagen

2 Downloadbar unter: www.edition-sigma.de/3589/WirPiloten_Anhang.PDF

noch einmal überprüfen und gleichzeitig konnte eine mögliche Interviewerbeeinflussung kontrolliert werden.

Rund die Hälfte der Interviews wurde von je zwei Interviewern durchgeführt. Dies hatte mehrfache Vorteile. Zum einen konnten manche störenden Aspekte einer Zweiersituation vermieden werden. Zum anderen konnte der nicht aktive Interviewer den Gesprächsverlauf besser verfolgen, Hinweise auf nicht aufgegriffene Themen notieren, an passenden Stellen einspringen bzw. aushelfen und zentrale Punkte einbringen. Auch wenn nach jedem Interview Notizen gemacht wurden, erwies sich ein Austausch und Abgleich erster Eindrücke zwischen zwei Interviewern in der Phase nach einem Interview – wenn es ‚noch warm' ist – oftmals als sehr fruchtbar. Diese Eindrücke konnten zur Überprüfung ihrer Aussagekraft zeitnah in spätere Interviews eingebracht werden.

Die *Dauer* der Interviews mit Flugbegleitern und Piloten bewegte sich zwischen einer und knapp vier Stunden; im Schnitt belief sich die Interviewzeit auf ca. anderthalb bis zwei Stunden.

Auf Grund der besonderen Arbeitsbedingungen von Piloten fand die Mehrzahl der Interviews in einem privaten Umfeld außerhalb der Arbeitszeit statt – sei es in einem Restaurant am Flughafen nach Beobachtungsflügen oder in den freien Zeiten zu Hause.

6.3.2 Weitere Erhebungsmethoden

Die Erhebungen wurden vorbereitet und begleitet durch explorative *Experteninterviews* (Meuser/Nagel 1991) mit Beschäftigten in verschiedenen Teilen der Airlines (Unternehmensführung, Management, Technik, Flugplanung und -kontrolle bzw. -koordination, Personaleinsatzplanung, Ausbildung, Kundenbetreuung, Spriteinkauf, Leasing; außerdem Personalvertretung) und mit Vertretern von Ausbildungsstätten für Piloten/Flugbegleiter, Interessenverbänden/Gewerkschaften, der Arbeitsagentur etc. Diese Interviews zielten darauf ab, die technischen, arbeitsorganisatorischen und institutionellen Rahmungen der Arbeit des fliegenden Personals anhand qualifizierter Aussagen zu erschließen.

Die vier Airlines, die intensive *Betriebsfallstudien* zuließen, waren äußerst kooperativ und ermöglichten Einblicke in alle relevanten Bereiche und Abläufe im Flugbetrieb und im *Airlinemanagement*.

Neben den Arbeitsplatzbeobachtungen ‚am Boden' konnten auch tätigkeitsnahe Beobachtungen ‚in der Luft' durchgeführt werden. So ließ sich eine Vielzahl von umfangreichen, teilweise auch mehrtägigen *Streckenbeobachtungsflügen* auf allen Streckenprofilen realisieren. Sowohl im Cockpit als auch in der Kabine und zum Teil auch begleitend im Lay-over konnte die Arbeitswirklichkeit des Flugpersonals intensiv beobachtet und (mitsamt der körperlichen Belastung etc.) miterlebt werden.

Aufzeichnungen auf *Tonband* und *Protokolle* erleichterten das Verständnis der hochgradig standardisierten und routinierten Arbeitsabläufe, die durch einen hohen Grad an fachspezifischer Kommunikation geprägt sind. Zudem konnten dort festgestellte Auffälligkeiten und sich eröffnende Themen in anschließenden ruhigeren Phasen oder auch in den oftmals an die Flüge anschließenden Interviews angesprochen und vertieft werden. Die Protokolle und Aufzeichnungen dienten zudem der projektinternen diskursiven Validierung.

Eine geringere Rolle spielten *betriebliche Daten,* die eher als Hintergrundinformationen zur Einschätzung bereits vorhandenen Wissens dienten. Hinzu kamen umfangreiche *Recherchearbeiten* zum Feld Luftverkehr.

6.3.3 Transkription

Die Interviews mit dem fliegenden Personal und einige zentrale Experteninterviews wurden vollständig transkribiert. Hier wurde auch auf Pausen, Zwischenlaute, besondere Betonungen etc. geachtet. (In den in diesem Buch zitierten Interviewausschnitten wurden diese Hinweise aus Gründen der Lesbarkeit entfernt.) Die Transkription wurde nach jedem erhobenen Interview möglichst schnell angestoßen, um die ersten Schritte der Auswertung bereits für die Fortsetzung der Erhebung nutzen zu können.

6.4 Vertiefende Zweitauswertung – 40 Piloteninterviews

Erstes methodisches Ziel der erneuten und vertiefenden Auswertung von Teilen des Datenmaterials – 40 ausgewählte Interviews mit Piloten – war es, möglichst nah am Subjekt und dessen Alltag verallgemeinerbare Muster bzw. typische Strategien und Arrangements im Umgang mit arbeitsbedingter Mobilität bzw. mobilitätsbedingter Entgrenzung in Arbeit und Privatleben aufzudecken, um dann in einem weiteren Schritt auf Mobilitäts- und Flexibilitätsanforderungen in der Arbeitswelt und auf das Zusammenwirken multipler Entgrenzung im Allgemeinen zu schließen.

Zu diesem Zweck wurden 40 inhaltlich möglichst reichhaltige, die Bereiche Arbeit und Privatleben umfassende Interviews als Sample für eine Zweitauswertung ausgewählt. Die stark theoriegeleitete EDV-unterstützte Auswertung (unter Nutzung von MAXQDA) fand angelehnt an die Inhaltsanalyse (Mayring 2003) und unter Orientierung an den „Leitlinien und Faustregeln" (Strauss 1991, S. 32) der *Grounded Theory* (Strauss/Corbin 1996) statt. Die Codierung erfolgte im ständigen rekursiven Abgleich der Empirie mit theoretischen Annahmen und Konzepten. Abweichend vom üblichen Vorgehen wurden jedoch vor allem die ersten Schritte – das ‚offene Codieren' – sehr kleinteilig und theorienah gehalten. Teile des auf diese Weise strukturierten Datenmaterials dienten letztlich allein der Sondierung von Informationen für eine möglichst umfassende Beschreibung des Felds und aktueller Entwicklungen und Tendenzen im Luftverkehr. Andere Teile des Codeschemas, vor allem diejenigen mit alltagsnahen Narrationen, flossen letztlich in eine mittels gezielter Abstrahierung erzeugte Typenbildung ein (vgl. Przyborski/Wohlrab-Sahr 2008, S. 332ff.).

Eine erste richtungsweisende empirische Beobachtung war, dass Piloten in ihrer Arbeit und in ihrem Privatleben recht unterschiedlich mit den jeweiligen Bedingungen umgehen, sie also in recht verschiedener Weise als Quelle neuer Möglichkeiten oder zusätzlicher Belastungen einschätzen und nutzen. Das Irritierende und damit Interessante war, dass sich diese Unterschiede nur bedingt durch typische Strukturfaktoren, wie Streckenprofil, Arbeitgeber, Rang und Alter erklären ließen (anders als vom Forschungsprojekt ALU ursprünglich erwartet).

Mit dem Ziel, die unterschiedlichen Umgangsformen mit arbeitsbedingter Entgrenzung durch eine Typisierung zu sondieren, konzentrierte sich die Auswertung zunächst auf die ‚Mikroebene' der konkreten Arbeits- und Lebenssituation von Piloten. Hier galt es, spezifische Strukturen, Organisationsformen, Praktiken, Anforderungen, Orientierungen, Motivatoren und Stressoren etc. zu identifizieren und miteinander in Beziehung zu setzen, um letztlich die Anforderungen und Möglichkeiten, Kosten und Ressourcen von arbeitsbedingter Mobilität im Speziellen und von Entgrenzung im Allgemeinen sowohl in der Arbeit als auch im Privatleben zu erfassen.

Dabei wurde auf dem Gesamtdatenbestand des Forschungsprojekts ALU und dessen empirischen und theoretischen Ergebnissen aufgebaut und beides an geeigneten Stellen auch in die Zweitauswertung einbezogen. Zum Beispiel erwiesen sich die Differenzierung von Entgrenzung nach Sozialdimensionen, die auf den Ergebnissen des Forschungsprojekts beruhende Unterscheidung zwischen ‚konstitutiver' und ‚transformierender' Entgrenzung und letztlich auch die bisherigen Forschungen zur Alltäglichen Lebensführung als passende Strukturierungshilfen bei der theoretischen Einbettung des Datenmaterials.

Mit den vom Forschungsprojekt ALU gewählten qualitativen Erhebungsmethoden war es zumindest in den ausgewählten 40 Tiefeninterviews möglich, auch die (Berufs-)Biografie der Befragten zu erfassen. Diese wird in der Ergebnisdarstellung zwar nicht in den Mittelpunkt gestellt und eher selektiv aufgegriffen. Biografische Elemente werden aber dann in die Untersuchung integriert, wenn sie sich auf die Arbeit oder das Privatleben der Piloten noch wesentlich auswirken oder als Beispiel für relevante Umbrüche von Arrangements mit entgrenzten Strukturen herangezogen werden können. Nicht selten hatten die befragten Piloten auch Erfahrungen in mehreren der hier untersuchten Airlines, diese wurden dann systematisch miterfasst.

6.4.1 Sample – 38 Pilot/inn/en (Zweitauswertung)

Der empirische Schwerpunkt der hier vorliegenden Arbeit lag auf einer intensiven, stark theoriegeleiteten bzw. in enger wechselseitiger Interdependenz zwischen Empirie und Theorie vorgenommenen Zweitauswertung von 40 ausgewählten Interviews mit Piloten. Die Hauptkriterien der Auswahl waren die ‚Dichte' und die ‚Breite' der Interviews. Es wurden also die Interviews noch einmal intensiv ausgewertet, die sowohl inhaltlich tiefergehende, alltagsnahe Beschreibungen mit möglichst vielen narrativen Anteilen enthielten als auch möglichst alle Grundthemen der (mehrfach modifizierten) Leitfäden abdeckten. Meist waren es die Aussagen zur persönlichen Lebenssituation, zu den familiären Arrangements und dem Umgang mit mobilitätsbedingt entgrenzter Arbeit im Privatleben, bei denen es Defizite gab. Letztlich ließen sich 38 Interviews selektieren, die ausreichend dichte Aussagen in Bezug zu Arbeit und Leben zuließen. Zwei Experteninterviews, die keine Aussagen zum Privatleben enthielten, wurden hinzugenommen, da es sich hier um Zweitinterviews mit Personen handelte, die separat in ihrer Rolle als Piloten und im Hinblick auf ihre Bodentätigkeit interviewt worden waren. (Bei den Interviews F01/F02 und F03/F04 handelt es sich jeweils um dieselbe Person.)

Es wurden 40 Interviews mit 38 Piloten aus neun verschiedenen Airlines (A-I) der Zweitauswertung unterzogen. Einige weitere Daten zum Sample:

- *Rang:* 14 Copiloten und 24 Kapitäne;
- *Strecke:* dreimal nur Kurzstrecke/regional, 18-mal Kurz- und Mittelstrecke/kontinental, zweimal nur Mittelstrecke, sechsmal nur Langstrecke/interkontinental, neunmal alle Strecken (meist ein bis zwei Langstrecken im Monat plus Kurzstrecken);
- *Geschlecht:* viermal weiblich, 34-mal männlich;
- *Alter:* zwischen 23 und 64 Jahren, Altersdurchschnitt von ca. 40;
- *Seniorität:* von ein bis über 25 Jahre, im Durchschnitt ca. elf Jahre;
- *Arbeitszeit:* 33-mal Vollzeit (inklusive Bodenarbeit), siebenmal Teilzeit;
- *Weitere Tätigkeit:* 18-mal keine zusätzliche Arbeit, zehnmal zusätzliche Bodentätigkeiten (maximal 30%), zehnmal über 50% am Boden bzw. im Management (bei 90% Bodentätigkeit: nur Fliegen zum Lizenzerhalt);
- *Partnerschaft:* 20 Piloten sind verheiratet (wobei ca. die Hälfte der Partner zumindest teilzeitbeschäftigt ist), sieben Piloten sind in einer partnerschaftlichen Beziehung, sechs geben dezidiert an, dass sie sich nur in einer losen oder keiner Beziehung befinden, fünfmal keine Angabe. Über ein Drittel der Partner arbeitet, davon acht (und zwei ehemals) im selben Unternehmen, zwei der vier Pilotinnen haben einen (ehemaligen) Piloten als Partner (sonst außerhalb der Fliegerei);

- *Kinder:* 15 Piloten haben Kinder, 15 haben keine Kinder, acht machten keine Angabe; wenn Kinder, dann 1,6 im Durchschnitt, durchschnittliche Kinderzahl aller Piloten mit Angaben zu Kindern: 0,8;
- *Hintergrund/Vorbildung:* zwei ehemalige DDR-Piloten, drei ehemalige (westdeutsche) Militärpiloten, achtmal beendetes Studium, elfmal Studienabbruch, dreimal Lehre (plus zweimal Lehre vor dem Studium), achtmal keine Ausbildung, siebenmal keine Angabe;
- *Private oder betriebliche Flugschule:* 24-mal privat finanzierte Flugschule, fünfmal vom Betrieb (vor-)finanzierte Lizenz, zweimal DDR-Studiengang, siebenmal keine Angabe;
- *Karriere:* 20 Piloten haben bislang bei verschiedenen Airlines gearbeitet, elf Piloten sind bei ihrem ersten Arbeitgeber beschäftigt, sieben machten keine Angabe.

Eine Tabelle mit Daten zu den einzelnen Interviewten des Samples ist im Internet zugänglich (www.edition-sigma.de/3589/WirPiloten_Anhang.PDF).

6.4.2 Codierung (MAXQDA)

Die 40 ausgewählten transkribierten Interviews mit Piloten wurden noch einmal von Grund auf neu codiert. Dies geschah, angelehnt vor allem an das „offene Codieren" (und dann zum Teil auch an das „axiale" und „selektive" Codieren) als Auswertungsverfahren (Strauss/Corbin 1996, S. 43ff.; Przyborski/Wohlrab-Sahr 2008, S. 204ff.), erst einmal sehr breit und unterstützt durch das Programm MAXQDA. Bei dieser Zweitauswertung wurde das Datenmaterial dezidiert kleinteilig und systematisch „aufgebrochen" (Strauss/Corbin 1996, S. 43) und beim Codieren wurden sehr viele, weit ausdifferenzierte Unterkategorien gebildet. Dies geschah nicht auf der Basis der theoretischen Vorüberlegungen, sondern ‚nur' vor deren Hintergrund. Das heißt, sie wurden ständig mitreflektiert und mit dem Material kontrastiert, bestimmten aber nicht das Vorgehen. Erst nach einer erneuten empirischen Reflexion der theoretischen Vorüberlegungen wurde nach und nach im Auswertungsprozess ein Kategoriensystem erstellt, das als „Suchraster" (Gläser/Laudel 2006, S. 194) für passende Narrationen bzw. Textstellen diente. Dabei wurde das Kategoriensystem selbst durchgängig im Abgleich mit der Empirie überprüft und modifiziert (Mayring 2003, S. 12; Gläser/Laudel 2006, S. 193ff.).

Es ging vor allem darum, noch einmal neu und auf möglichst breiter Basis, aber dennoch weiterhin subjektnah die *Tätigkeit* und auch den Beruf *Pilot* und dessen Rahmenbedingungen – also den *kommerziellen Luftverkehr* – möglichst umfassend zu verstehen und das Arbeitsfeld für die (Arbeits-)Soziologie zu erschließen. Dieser erste Schritt diente dem Ziel, eine Typisierung vorzubereiten, um mit dieser letztlich zu erfassen, wie *arbeitsbedingte Mobilität* und in der Folge der *Umgang mit multipler Entgrenzung* bei Piloten *funktionieren.*

Hierfür wurde bei der Kodierung gezielt nach Narrationen und Informationen zu Anforderungen und Möglichkeiten, förderlichen und hinderlichen Faktoren des mobilen Arbeitens und Lebens von Piloten, Problemfeldern etc. in beiden Sphären gesucht. Aus der vorerst möglichst vage gehaltenen Zielorientierung resultierte letztendlich die folgende Grobstruktur des Kategoriensystems bzw. des Kodebaums. Sie ist unterteilt in sieben inhaltliche Teile:

- *Daten* (I) (71 Codes),
- *Arbeit* (II) (201 Codes),
- *Privatleben* (III) (124 Codes),
- *Arbeit und Privatleben* (IV) (34 Codes),
- *Arbeitsorientierung* (V) (60 Codes),
- *(neue) Entgrenzungsprozesse* (VI) (218 Codes)
- und *weitere Themen* (VII) (361 Codes).[3]

Insgesamt entstanden in diesem Schritt der Auswertung, dem offenen Codieren, 945 Codes, denen aus dem Interviewmaterial 3.741 Textstellen (Codings) zugeordnet wurden. Die recht geringe „Dichte" bzw. die geringe Zahl der Textstellen pro Code (im Durchschnitt 4,0/Code) war durchaus beabsichtigt und rührt von der sehr kleinteiligen Auswertung mit vielen Untercodes her. Von den kleinen Zahlen bleibt die Aussagekraft und Vergleichbarkeit natürlich unberührt, da eine (theoriegeleitete) inhaltliche Untergliederung vorgenommen wurde, d.h. einzelne Aspekte wurden weiter differenziert, ohne sie aus dem inhaltlichen Zusammenhang zu reißen. Zu beachten ist auch, dass einige weniger zentrale Codes (vor allem die Daten zum Betrieb und manche zu den „weiteren Themen") nur bei einzelnen Interviews relevant waren.

Zudem wurden allen Code-Gruppen Farben zugeordnet. Dies war nicht nur hilfreich, um mit der großen Anzahl an Codes umzugehen, sondern auf diese Weise konnten, als Hilfestellung zum „axialen Codieren" (Przyborski/Wohlrab-Sahr 2008, S. 205ff.), auch Überschneidungen gekennzeichnet werden, indem einzelnen Codes, die auch Bezüge zu einer anderen Codegruppe hatten, deren Codefarbe zugeordnet wurde. Solche Verbindungen wurden zusätzlich mittels Memos zu den entsprechenden Codes festgehalten.

6.4.3 Fallbeschreibungen und Notizen

Parallel zur Codierung der Interviews wurden die wesentlichen Daten, Aussagen und Beschreibungen für jeden einzelnen der 38 bzw. 40 Interviewfälle separat festgehalten. Die elektronische Codierung erlaubt es zwar ebenfalls, jedes Interview einzeln darzustellen, jedoch bot dieses Vorgehen eine praktikablere Mög-

3 Eine Darstellung des konkreten Aufbaus des gesamten Codebaums ist im Internet zugänglich. Downloadbar unter: www.edition-sigma.de/3589/WirPiloten_Anhang.PDF

lichkeit, Daten (z.B. zur [Berufs-]Biografie), aber auch erste Überlegungen, Deutungen und Thesen zum jeweiligen Fall festzuhalten.

In der späteren Generalisierung, vor allem bei der Abstrahierung in der Typenbildung, war es zur kritischen Überprüfung der Typen durchweg von Vorteil, auf die realen Einzelfälle zurückgreifen zu können. Letztlich war es so auch möglich, die jeweiligen realen Interviewfälle den einzelnen Typen zuzuordnen.

6.4.4 Typenbildung

Anschließend an das offene und teilweise bereits auch axiale Codieren und die parallele Erstellung von Fallbeschreibungen erfolgte die Typenbildung. Diese konzentrierte sich zunächst auf bestimmte zentrale Teile des Codeschemas, die die Anforderungen und Möglichkeiten der arbeitsbedingten Mobilität von Piloten in den Bereichen *Arbeit, Privatleben, Verhältnis von Arbeit und Privatleben* und *individuelle Orientierungen* erfassen. Auf dem Weg hin zu den Typen wurden dann *zentrale Dimensionen und Leitunterscheidungen* sondiert und immer wieder mit der Empirie kontrastiert und überprüft, zum Beispiel indem sie anhand konkreter Interviewfälle durchgespielt wurden. Als erneute Vergewisserung erwies es sich als besonders hilfreich (gerade bei der Abstrahierung), noch einmal die *Leitfragen* für die Typenbildung zu rekapitulieren bzw. gegebenenfalls zu reformulieren. Auf Basis dieser erneuten Reflexion des Forschungsinteresses war es letztlich möglich, für die drei Ebenen *Arbeit, Privatleben* und *Arbeit und Leben* jeweils *zwei Dimensionen* zu selektieren bzw. zu bilden, die sich als am erklärungskräftigsten erwiesen. Im Groben war dies die Gegenüberstellung einer eher *strukturellen* mit einer eher *sozialen Dimension* von Entgrenzung. Als Resultat standen letztlich auf jeder dieser drei Ebenen jeweils vier Typen des Umgangs mit mobilitätsbedingter Entgrenzung. Schließlich erfolgte eine *interpretative Zuordnung* der 40 Interviewfälle in das Typenkonzept – separat für die Ebenen Arbeit, Privatleben und Arbeit und Leben. Eine Beschreibung der Detailschritte bei der Typenbildung ist im Internet zugänglich (siehe Anhang Kapitel 5).[4]

6.4.5 Einordnung der Interviews in das Typenkonzept

Nahezu jedes der 40 Interviews (bzw. jeder der 38 Personenfälle)[5] ließ sich auf allen drei Ebenen – *Arbeit, Privatleben* und *Arbeit und Leben* – nach Dimensionen differenziert einem Typenfeld zuordnen (siehe Tabelle 6.1). Natürlich ent-

4 Downloadbar unter: www.edition-sigma.de/3589/WirPiloten_Anhang.PDF

5 Bei drei Interviews, die keine ausreichenden Aussagen über das Privatleben enthielten, gelang dies nur zum Teil. Auch die zwei Interviews, in denen dieselbe Person in einer anderen Rolle noch einmal interviewt wurde, wurden nicht noch einmal zugeordnet. Das heißt, für die Ebene Arbeit konnten 38 Interviewfälle und für die Ebenen Privatleben und Verbindung von Arbeit und Privatleben 35 Typen zugeordnet werden.

sprechen die jeweiligen Interviewfälle nicht den abstrakten Typen, sie weisen jedoch relativ konsistent signifikante Merkmale auf, auf Grund welcher sie sich zuordnen lassen. Da es sich bei den Interviewten um reale Fälle handelt, werden teilweise auch verschiedene Textbelege aus demselben Interview für unterschiedliche Typenbeschreibungen verwendet.[6] Die Zuordnung der Interviewfälle erfolgte nach dem untenstehenden Schema, das die drei Typenfelder (Arbeit, Privatleben und Arbeit und Leben) differenziert nach einer strukturellen und einer sozialen Dimension zusammenführt:

Abb. 6.1: Gesamtsystematik Typenkonzept

<table>
<tr><td rowspan="2">Strukturelle Dimension
(Umgang mit Entgrenzung)</td><td>Offen,
Veränderung/
Entgrenzung,
Mobilität:</td><td>Typ C</td><td>Typ D</td></tr>
<tr><td>Geschlossen,
Stabilität/
Begrenzung,
Lokalität</td><td>Typ A</td><td>Typ B</td></tr>
<tr><td colspan="2" rowspan="2">Themenfelder:
Arbeit
Privatleben
Arbeit & Leben</td><td>Individualität/
sozialer (Ego-)
Zentrismus</td><td>Kollektivität/
soziale Flexibilität</td></tr>
<tr><td colspan="2">Soziale Dimension
(Eigene Positionierung)</td></tr>
</table>

Damit ergaben sich die in Tab. 6.1 dargestellte Einteilung der Typen nach Interview und Themenfeld und die in Tab. 6.2 gezeigte zusammenfassende Verteilung.

Hieraus resultierte zusammenfassend die folgende Verteilung (vgl. Tab. 6.2):*

Aus den Kombinationen (für jeden Interviewfall über die Ebenen hinweg) – den Formen der Lebensführung in Entgrenzung – ließ sich dann auf Wechselwirkungen zwischen der Performanz in der Arbeit, der Performanz im Privatleben und eigenen Prioritäten bzw. den dort jeweils wirkenden individuellen Strategien schließen und es konnten Folgeprobleme aufgedeckt werden (vgl. Abschnitt 7.4).

6 Methodisch entspricht dies der Unterscheidung zwischen Ideal- und Realtyp. Hier liegt dieses Vorgehen jedoch auch darin begründet, dass in den Interviews nicht nur das eigene Handeln, sondern auch das Handeln anderer geschildert wurde.

Tab. 6.1: Typenzuordnung der Interviews

IV	Arbeit	Privat	A&L	IV	Arbeit	Privat	A&L
A01	A	A	B	F01	B	C	C
A02	A	C	D	F02	"	"	"
B01	A	A	A	F03	C	C	C
B02	D	D	D	F04	"	"	"
B03	B	B	A	F05	B	D	C
B04	B	A	A	F06	A	B	B
B05	D	A	A	F07	C	C	C
B06	C	A	C	G01	B	B	D
B07	D			G02	C	A	A
B08	B	B	B	G03	C	C	C
C01	D	B	A	H01	D	A	C
D01	C	C	C	H02	B	D	C
D02	C			H03	B	C	C
D03	B	C	D	H04	B	B	A
D04	A	A	A	H05	D	A	B
D05	D	A	A	H06	B	D	D
D06	C	A	A	H07	D	D	A
D07	A	B	B	H08	A	C	C
E01	B	B	D	H09	C		
E02	A	B	B	I01	D	C	D

Tab. 6.2: Typenzuordnung der Interviews (gesamt)

	Arbeit	Privat	A&L
Typ A	8	11	11
Typ B	12	9	6
Typ C	9	10	11
Typ D	9	5	7

6.5 Darstellung der Ergebnisse

Die Ergebnisdarstellung in diesem Buch folgt dieser Ordnung: In Kapitel 7 zur konstitutiven Entgrenzung werden die typischen Arrangements von Piloten vorgestellt, so wie sie bislang mit den Aspekten mobilitätsbedingter Entgrenzung umgingen. Dies erfolgt entlang expliziter Beschreibungen der drei mal vier Inhaltsfelder bzw. der Entgrenzungstypen für die Ebenen Arbeit, Privatleben und Verbindung von Arbeit und Privatleben. Hierfür werden passende Textpassagen aus den Interviews in die Typenbeschreibungen eingebunden (die idealtypische Konstruktion wird also mit realtypischen Beispielen untermalt). Die recht ähnliche Konzeption der Typenmodelle auf den drei Ebenen legt die Überlegung nahe, ob sich diese noch weiter vereinheitlichen lassen und ob über die Ebenen Arbeit, Privatleben und Verbindung von Arbeit und Privatleben hinweg eine übergeordnete Typologie erstellt werden kann. Anhand der Überprüfung der Persistenz und der Konsistenz der Strategien entlang der Interviewfälle wird erörtert, ob so verfahren werden kann, und diese Frage bejaht (Abschnitte 7.2 und 7.3). Die Zusammenführung der drei mal vier Typen in einer Synopsis und eine Beschreibung von vier übergreifenden Grundtypen im Umgang mit Entgrenzung erfolgt im Abschnitt 7.4. Diesen Teilschritt schließt ein Abgleich der Grundtypen im Umgang mit Entgrenzung mit den Grundformen der Alltäglichen Lebensführung und eine Diskussion von Zusammenhängen ab.

In Kapitel 8 folgt eine Feldbeschreibung auf Basis derjenigen Codes, die nicht in die Typenbildung eingeflossen sind, sondern mit denen vor allem aktuelle Veränderungen im Luftverkehr erfasst wurden (in erster Linie Automatisierungs- und Ökonomisierungstendenzen). Hier werden also inhaltsanalytisch die zentralen aktuellen (transformierenden) Entgrenzungsprozesse im Luftverkehr sondiert und teilweise auch in Form von Leitbildern und Tendenzen zugespitzt.

In Kapitel 9 werden die (Lebensführungs-)Typen im Umgang mit Entgrenzung aus Kapitel 7 den aktuellen (neuen) (Entgrenzungs-)Tendenzen aus Kapitel 8 gegenübergestellt. Dies erfolgt erneut auf idealtypischer Basis, aber wiederum mit konkreten Beispielen unterfüttert. Ziel sind Aussagen über die Auswirkungen aktueller Entgrenzung auf bestehende Lebensführungsarrangements in Entgrenzung bzw. Aussagen darüber, welche Strategien und Arrangements im Umgang mit Entgrenzung mehr oder weniger erfolgreich sind und wo bestimmte Gefährdungen oder auch neue Möglichkeiten liegen. Es geht also letztlich darum, was für den Umgang mit Mobilität, Entgrenzung bzw. sozialem Wandel allgemein gelernt werden kann.

7 Konstitutive Entgrenzung: Die Lebensführung von Piloten

In diesem Kapitel werden Idealtypen von Strategien bzw. Arrangements von Piloten im Umgang mit arbeitsbedingter Mobilität bzw. Entgrenzung vorgestellt. Dies geschieht zunächst für die sozialen Kontexte *Arbeit, Privatleben* und *Arbeit und Leben* getrennt. Auf diesen drei Ebenen werden die einzelnen (jeweils vier) Arrangements intensiv entlang des Datenmaterials beschrieben. Anschließend wird diskutiert, inwieweit eine Verallgemeinerung bzw. weitere Abstraktion der Typenbildung über diese Ebenen hinweg möglich ist und ob es sich hier um (allgemeine) Lebensführungsmuster handelt. Dies geschieht entlang der Fragen nach der Dauerhaftigkeit bzw. zeitlichen Persistenz und nach der Stimmigkeit bzw. inneren Konsistenz der Muster. Letztendlich werden vier allgemeine Lebensführungstypen im Umgang mit arbeitsbedingter Mobilität entlang ihres zentralen Orientierungsmerkmals unterschieden: ‚Berufsstatus', ‚Familie', ‚Karriere' und ‚Spaß'. Diese weisen deutliche Parallelen zu den drei Grundformen Alltäglicher Lebensführung auf: ‚traditional', ‚strategisch' und ‚situativ' – welche hier durch eine vierte weitere Form ergänzt werden: die ‚gemeinschaftliche' Lebensführung.

7.1 Typische Arrangements im Umgang mit Entgrenzung in Arbeit, Privatleben und Arbeit & Leben

Im Folgenden werden die Inhaltsfelder der Typentabellen, also jeweils vier Pilotentypen für die Ebenen *Arbeit, Privatleben* und *Arbeit und Leben* genauer beschrieben. Dies geschieht mit engem Bezug zur Empirie, unterstützt durch die Hinzunahme zahlreicher Interviewpassagen. Die ‚Typen' werden nicht in ihrer radikalen Reinform und auch nicht in all ihren möglichen Facetten konstruiert. Denn ihre Darstellung wird durch praxisnahe (‚unreine') Bespiele untermalt, und es werden selektiv solche Aspekte des jeweiligen Typus aufgegriffen, für welche die Auswertung eindeutig zuordenbare Textpassagen hervorgebracht hat. Das bedeutet, dass aus Gründen der Verständlichkeit und Gegenstandsnähe ein Schritt weg von der Abstraktion und hin zum Feld bzw. der Arbeits- und Lebensrealität von Piloten getan wird. Dennoch lassen sich alle Beschreibungen und Interviewpassagen auf die jeweils vorangestellte Typen-Matrix und ihre Dimensionen zuspitzen. Auf die Beschreibungen der jeweiligen Typen folgt eine abschließende, jeweils das Handlungsfeld zusammenfassende Tabelle.

7.1.1 Handlungsfeld I: Arbeit

Wie gezeigt, kursiert im Luftverkehr eine Vielzahl von Einordnungen von Piloten in einzelne ,Schubladen'. Einige Teilaspekte dieser ,Typisierungen' beziehen sich durchaus auf systematisierbare grundlegende Zusammenhänge, die auch in den Typisierungen erscheinen, die ich in der vorliegenden Untersuchung vorgenommen habe. Diese Einordnungen der Piloten aus dem Feld selbst sind insgesamt jedoch notwendigerweise unterkomplex und unsystematisch. Es folgt nun die Darstellung der Ergebnisse einer methodischen Konstruktion von Arrangements bzw. Typen im Umgang mit Entgrenzung in der Arbeit, wie sie in der nachstehenden Abbildung (7.1) zusammengefasst ist.

Abb. 7.1: Typen im Umgang mit entgrenzter Arbeit

Arbeitshandeln (Umgang mit entgrenzten Arbeitsstrukturen)	**Entgrenzung:** Veränderung und Arbeitsausweitung	**C** Karriere	**D** Spielball
	Begrenzung: Konzentration auf eigenen Bereich bzw. Kerntätigkeit	**A** Kämpfer	**B** Pflichterfüller
		Konzentration auf **eigene Position** (assimilierend)	Orientierung an **Arbeitsumgebung** (einbringend)
		Sozialer Bezug (Umgang mit entgrenzter sozialer Arbeitsumgebung)	

Systematisch über alle 40 Interviews hinweg lassen sich mit Blick auf den Umgang mit entgrenzten Arbeitsstrukturen einerseits (vertikal) und den sozialen Bezug des Handelns in Entgrenzung andererseits (horizontal) in der Arbeit von Piloten die folgenden vier Typen unterscheiden:

- Typ A: Der *Kämpfer:* Konzentriert sich auf seine gewohnte Arbeitsstruktur und verteidigt seine Position in dieser.
- Typ B: Der *Pflichterfüller:* Orientiert sich an seiner gewohnten Arbeitsumgebung und räumt dieser Vorrang vor eigenen Belangen ein.
- Typ C: *Karriere:* Nutzt betrieblichen Wandel als persönliche Chance, vor allem mit Sicht auf Karriere.
- Typ D: Der *Spielball:* Lässt sich umfänglich auf Veränderungen in der Arbeit ein, ohne besonderes Kalkül.

Arbeit – Kämpfer

Im Bereich Arbeit ließen sich acht der 38 Interviewfälle dem Typenfeld A zuordnen. Dieser Typ zeichnet sich ebenso wie Typ B durch begrenzende Strategien im Umgang mit sich wandelnden Arbeitsstrukturen aus. Im Unterschied zu Typ B geschieht dies jedoch sehr aktiv. Gegenüber sozialen Strukturen in der Arbeit treten diese Piloten offensiv und fordernd auf. Eine zentrale Rolle spielen dabei der eigene Status(erhalt) und Symbole von Macht und Anerkennung. In den Interviews erscheint Typ A (gleich welchen Alters und über alle Strecken und Airlines hinweg) als Pilot ‚vom alten Schlag'. Er orientiert sich am klassischen bzw. idealisierten Bild des „Halbgotts in Blau" (Ramge 2003) und fordert die entsprechenden Arbeitsbedingungen ein. Seinem professionellen Selbstverständnis nach ist er als Pilot bzw. Kapitän der alleinige Garant für Sicherheit. Sein Selbstbild, sein Anspruch gegenüber Strukturen und gegenüber anderen Menschen und seine Ziele basieren auf dieser Vorstellung.

Das zentrale Argument Sicherheit bietet ihm ein erhebliches Maß an Verhandlungsmacht. Mit dem ständigen direkten oder indirekten Verweis auf Sicherheit und die zentrale Rolle von Piloten im Luftverkehr (vor allem auf Grund ihrer Erfahrung und Ausbildung) konzentriert sich Typ A auf seine Arbeit und lehnt Veränderungen und insbesondere Arbeitsausweitungen ab. Betrieblichen Maßnahmen, die in diese Richtung zielen, begegnet er offensiv, indem er sich aktiv einmischt oder auch von sich aus Forderungen an den Betrieb stellt: Sicherheit als oberstes Gebot verlangt nach den entsprechenden Arbeitsbedingungen. Kosten dürfen keine Rolle spielen (D07). Sein professioneller Anspruch, eine qualitativ hochwertige Arbeit zu leisten, dient damit zugleich auch selbstbezüglichen Zwecken.

Wichtig ist es für den Typ A, sich eine entsprechende Position in der Praxis zu erarbeiten, um Forderungen an die Arbeitsbedingungen stellen zu können. Dies geschieht vor allem durch Erfahrung und Ausbildung bzw. Schulung und eher nicht durch die Übernahme von zusätzlichen Aufgaben am Boden. Eine Managementkarriere sagt dem Typ A schon deshalb nicht zu, weil sie materiell nicht entsprechend honoriert wird. Auch die Aussicht auf regelmäßigere Arbeitszeiten und einen festen Arbeitsort wird eher mit einem Statusverlust verbunden. Viel lieber ist dem Typ A als autarkem Herrscher über sein Fluggerät und seine Crew eine große Distanz zum Flugbetrieb.

Die Kariere von Typ A orientiert sich vor allem an den klassischen Statussymbolen bzw. am „Ego" von Piloten (D04): Streckenprofil, Größe und Art des Fliegers, Image des Unternehmens, Attraktivität der Strecken, Rang, Gehalt etc. Auf dem Weg, hier das Maximum zu erreichen, sind einige der Typ-A-Piloten bereit, das Unternehmen zu wechseln oder notfalls auch im Ausland zu arbeiten.

„Und hier läuft meine Karriere ja in sehr geordneten Bahnen. Aber ich war jetzt 2002 auf den Airbus [XY] geschult, doppelt so groß wie ein [XX]. Da war alles größer, besser, schöner, für mich als Pilot. Die Dinger sind jetzt verkauft und es gibt keinen Ersatz und jetzt gibt es wieder Boeing [XZ]. Auf die bin ich zurückgeschult worden. Und wenn man dann erfährt, dass man zurückgeschult werden soll, da macht man sich schon mal Gedanken: ‚Will ich das?', fliegerisch ist das ein großer Rückschritt für mich, ein bisschen enttäuschend irgendwie so. Weil das nicht das Ziel ist, was ich vor Augen hab. Und dann macht man sich Gedanken: ‚Okay, welche Alternativen hättest du denn?' Die Alternativen für ein großes Flugzeug gibt es in Europa nicht, die gibt es nur im außereuropäischen Raum. Also in den Emiraten, da unten wird extrem viel gesucht, oder Asien." (D04)

Ziel ist es, in die „Königsklasse" (H08) der Fliegerei aufzusteigen, d.h. Langstrecke bei einer möglichst großen Airline und mit großen Fluggeräten. Die Langstreckenfliegerei wird zudem mit hohen Anforderungen an die Erfahrung von Piloten verbunden und kommt damit insgesamt dem klassischen Berufsbild am nächsten. Irritiert wird der Typ A dabei von schnellen Aufstiegsmöglichkeiten und höheren Gehältern bei vielen Low-Cost-Marken. Letztere gründen jedoch auf einer extremen Optimierung des Personaleinsatzes. Schon allein aus Imagegründen würde der Typ-A-Pilot nicht freiwillig auf die Kurzstrecke wechseln, vor allem aber auf Grund der Arbeitsbedingungen (z.B. das schlechtere Arbeitszeit-Einkommens-Verhältnis).[1]

Der Typ A fällt oftmals durch häufige Äußerungen von Kritik am Unternehmen und hohe Forderungen auf. Oft eignet sich Typ A Spezialwissen in bestimmten Bereichen an, wie Dokumentation, Technik, Organisation, Gesundheit etc. Organisatorischen und technischen Neuerungen steht Typ A skeptisch gegenüber und befürchtet im Zusammenhang mit diesen Entwicklungen oft eine schleichende Dequalifizierung. Die komplexe Technik wird von dem Typ A zugeordneten Personen zwar immer wieder als wesentliches Element des Berufsstatus von Piloten hervorgehoben. Werden technische Neuerungen jedoch mit Automatisierung in Zusammenhang gebracht (z.B. im Sinne von Arbeitserleichterung und -ersatz), stemmt sich Typ A mit aller Kraft dagegen. Auch in der Praxis betonen diese Piloten die Notwendigkeit von Erfahrung und möglichst umfassendem und tiefgreifendem Wissen (bis weit in technische Details). Sie kritisieren technische und qualifikatorische Veränderungen, die sich von der ursprünglichen (manuellen) fliegerischen Tätigkeit entfernen. Auch in der alltäglichen Arbeit nehmen sie die Regeln und Abläufe sehr ernst. Ihrer Ansicht

1 Kurzstrecken-Piloten leisten zwar oft mehr Flugstunden (‚Blockstunden') im Jahr und kommen deshalb zum Teil auf ein höheres Gesamtgehalt, dafür müssen sie jedoch wesentlich mehr Arbeitsstunden aufwenden, da sie weniger Stunden am Stück fliegen. Zudem sind die Turnaround-Zeiten wesentlich kürzer und der damit verbundene Stress größer.

nach sollten sich Piloten nicht auf die Technik verlassen. „Derjenige, der fliegt, guckt raus“ (B01), selbst wenn der Bereich der Luftraumüberwachung (über 3.000 Meter Höhe) erreicht wurde. Häufig wird auf das berühmte „Gefühl im Hintern“ (B01) für das Fluggerät bzw. in bestimmten Flugsituationen verwiesen, das bei erfahrenen Piloten wenn nicht zuverlässiger, dann zumindest schneller sei als die Warnsysteme.[2]

In Bezug auf Führung und Arbeitskooperation lässt sich Typ A als autoritär beschreiben; als Kapitän auch gegenüber dem Copiloten; vor allem bei „hochnäsigen Jungen“ (B01).[3] Während er sich im Cockpit (trotz der hochgradig formalisierten Arbeitsteilung) in die Arbeit des Kollegen einmischt, trifft dies auf die Arbeit der Kabine nicht zu. Von der Kabine erwartet er sich Respekt und keine Probleme.

> „Was hinten in der Kabine stattfindet, kann ich nicht kontrollieren. Das will ich auch nicht. Also mein Arbeitsmotto ist: Ich versuch so wenig wie möglich in deren Arbeitsablauf einzumischen.“ (D04)

Typ-A-Copiloten können hingegen durchaus einmal mit der Kabine in Konflikt geraten, zum Beispiel mit altgedienten Pursern, wenn sie auf Autorität und Hierarchieunterschieden beharren und ihnen der Rückhalt des Kapitäns fehlt (H08).

Die Hierarchie und Status betonende Haltung zeigt sich auch im Umgang mit den für die Personaleinsatzplanung und -organisation zuständigen Stellen. Typ A nimmt in diesen Punkten nur sehr selten aktiv Gestaltungsmöglichkeiten wahr. Vielmehr setzt er eine Organisation voraus, die seine Person aus seiner Sicht angemessen berücksichtigt. Punktuelles, zum Teil heftiges Intervenieren verhindert, dass seine Inaktivität von der betrieblichen Seite als Interesselosigkeit missinterpretiert wird.

Insgesamt werden die besondere Stellung von Piloten im Luftverkehr und vor allem gegenüber dem ‚Boden’ Unterschiede in der ‚Wertigkeit’ betont:

> „Der Techniker arbeitet mir zu, das Bodenpersonal arbeitet mir zu. Und ich bin derjenige, der letzten Endes die Firma gegenüber dem Kunden vertritt. Ich möchte schon ein bisschen höherwertig gesehen werden.“ (B01)

Gerade wenn es um Einsparungen geht, weist Typ A gern darauf hin, dass die Piloten die wesentliche Arbeit leisten, über die entsprechende Praxiserfahrung verfügen und letztlich das Geld des Unternehmens erwirtschaften. Der Boden hingegen koste nur Geld und könne outgesourct werden (G03, H08).

---

2 In der Ausbildung wird Piloten das Gegenteil eingebläut, da die körperliche Wahrnehmung in manchen Flugsituationen Täuschungen unterliegt.

3 Das Hierarchiegefälle im Cockpit wird jedoch in der Luftfahrt als sicherheitsgefährdend erkannt, und man versucht, dem Problem durch Trainings (*Crew Resource Management*, CRM) entgegenzuwirken.

Um die besondere Stellung von ‚echten' Piloten hervorzuheben, grenzt sich Typ A nicht nur gegenüber der Kabine oder dem Boden ab, sondern auch gegenüber den Passagieren (‚Paxe'), gegenüber Piloten kleinerer Airlines und vor allem gegenüber ‚Hobby-Fliegern'.

> „Das ist so eine Mentalitätsgeschichte. Und für mich ist es sehr, sehr angenehm. Ich bin nicht so ein, ich sag mal, sozialer Typ, der dann immer gerne mag ... sobald man in Uniform irgendwo durch die Kabine läuft, weil man vielleicht auf Toilette muss oder irgendwo hin muss, und dann wird man sofort angequatscht und wird gesagt: ‚Müssen Sie eigentlich nicht da vorne sein grade?' Und, äh, das und dann, ja. Und: ‚Übrigens, ich bin ein Kollege von Ihnen. Ich fliege auch Segelflugzeuge.' Okay, gut. Ist nicht so mein Ding." (G03)

Diese Form der Statusreproduktion durch zelebrierte Abgrenzungen setzt sich auch über die Luftfahrt hinaus fort. Als vergleichbarer Beruf wird vielleicht noch Arzt (bzw. Chirurg) akzeptiert. Über die meisten anderen ‚Normalberufe' äußern die Typ A Zugeordneten sich in der Regel eher despektierlich, vor allem wenn sie über geregelte Arbeitszeiten verfügen, also von 9 bis 17 Uhr arbeiten und „der einzige Stress ist Kaffeekochen" (A02).

Interessenpolitik müsste eigentlich das Feld sein, in dem sich Typ A wiederfinden sollte. Jedoch scheinen die Eigenschaften des Typs A hier ein dauerhaftes Engagement zu erschweren. Der verhaltenen Einstellung gegenüber den Interessenvertretungsorganen gingen häufig enttäuschte Erwartungen voraus. Forderungen wurden nicht konsequent verfolgt. Die Interessenvertretungsorgane sind zu häufig eingeknickt bzw. mussten Kompromisse schließen, die sich mit dem Berufsverständnis von Typ A schwer vereinbaren ließen. Ein organisiertes Engagement in diese Richtung wird wenn überhaupt, dann nur noch auf Grund von positiven Nebeneffekten (z.B. einem durch die geregelten Arbeitszeiten bei teilweiser Arbeit am Boden abgemilderten Personaleinsatz) aufrecht erhalten (H08). Die eben angesprochenen Abgrenzungen und die Betonung des Status sind Ausdruck des (oft individualisierten) Interessenhandelns des Typs A. Status und Arbeitsbedingungen werden direkt miteinander verknüpft: Mit dem Pochen auf den Status verteidigt Typ A seine Arbeitsbedingungen vor drohenden Veränderungen. Besonders negativ fällt Typ A auf, dass andere Piloten-Kollegen an vielen Stellen diese Verteidigungshaltung nicht einnehmen. Hier erhebt er vor allem Vorwürfe gegen Piloten, die freiwillig mehr leisten (Typ D) oder zu wenig fordern bzw. „alles mit sich machen lassen" (Typ B) (sehr ähnlich D07, F06). In der Luftfahrt werden häufig die ‚Flieger', ‚Fluggeilen', ‚Luftfahrtbegeisterten' – also eher intrinsisch motivierte Piloten – den ‚Individualisten', ‚Nörglern', ‚Statuspiloten' gegenübergestellt (siehe Kap. 5). Typ A repräsentiert die letztere Gruppe und wirft der ersteren Passivität im Einsatz für ihre Interessen vor. Dabei kommt in der Sicht von Typ A erschwerend hinzu, dass diese Passivität von den Arbeitgebern natürlich gerne gesehen wird.

> „Aber das war für mich keine Belastung (...) für mich ist das Ganze kein Beruf, sondern das ist ein totales Hobby. Ich sehe das nicht als Belastung. Es gibt schon Sachen, die einen nerven und die einen aufregen. Aber das sind immer nur Dinge, die mit Organisation des Ganzen zu tun haben, nie mit dem Fliegen selbst. Da gibt es aber sehr viele Enthusiasten. Die würden alles machen. Es ist auch ein Glück der ganzen Arbeitgeber." (D07)

Typ A empfindet natürlich ebenfalls Leidenschaft gegenüber dem Fliegen. Er trennt jedoch zwischen der Kerntätigkeit und dem organisationalen Rahmen – auf dessen Gestaltung er zwar großen Wert legt, was er aber nicht als seine Aufgabe begreift. Diese bezieht er ausschließlich auf die Kernarbeit: das Fliegen.

Das bestimmende Element seiner Arbeitsmotivation ist jedoch der Status (inklusive der Arbeitsbedingungen) bzw. die Aussicht auf einen noch besseren Status (Gehaltssteigerungen, größeres Flugzeug, schönere Strecken, längere Aufenthalte, Unternehmen mit besserem Image etc.). Hierin manifestieren sich Anerkennung und Wertschätzung seiner Arbeit.

Entsprechend sind alle Aspekte, die diese Erwartungen gefährden, potenzielle Quellen für Demotivation. In Zeiten zunehmender Rationalisierung und globalen Wettbewerbs ist die Strategie des Typs A im Umgang mit den strukturellen und sozialen Entgrenzungsaspekten seiner mobilen Arbeit stark gefährdet. Das größte Ärgernis stellen für den Typ A Gehaltsdiskussionen dar, vor allem wenn sie die Zukunft des Unternehmens mit den Pilotengehältern in Verbindung bringen. Denn das Gehalt ist Ausdruck der Wertschätzung der eigenen Arbeit.

> „Mein Gott, was bin ich eigentlich wert?! Und ich möchte mich eigentlich nicht unter Wert verkaufen." (B01)

Unter sich wandelnden Arbeitsbedingungen befindet sich Typ A also in einem täglichen Kampf um Anerkennung und Macht. Status- und Machtverlust zeigt sich zum Beispiel in den veränderten Produkt- und Servicekonzepten – wenn „Flüge zu Kaffeefahrten verkommen" (E02).

> „Ich schäme mich da eigentlich. Das ist total kontraproduktiv. Ich habe keinen Einfluss darauf und das nervt mich. Es nervt mich auch, dass sie meine oberste Priorität festsetzen und kein Verständnis haben für andere Belange." (E02)

Neuere Prioritäten in der Arbeit können sich gegen die Berufsorientierung des Typs A richten. Vor dem Hintergrund aktueller Veränderungen im Luftverkehr (vgl. Kap. 8) fällt Typ A deshalb nicht ohne Grund durch hohe Unzufriedenheit auf.

Arbeit – Pflichterfüller

Zwölf der 38 zuordenbaren Interviews fielen auf der Ebene der (mobilen) Arbeit in den Bereich des Entgrenzungs-Typs B. Das heißt, ein großer Teil der Piloten begegnet den vielseitigen Entgrenzungsanforderungen ihrer Arbeit durch einen eher zurückhaltenden und begrenzenden Bezug und verfolgt auch im Umgang mit sozialen Strukturen eher eine wertorientierte Strategie. Typ B tendiert dazu, Regeln und (Arbeits-)Anforderungen ohne großes Hinterfragen zu befolgen. Anderen Menschen begegnet er auf gleicher Ebene, d.h. Hierarchie und Status spielen für ihn kaum eine Rolle. Typ B konzentriert sich auf seine Kernarbeit und erfüllt seine diesbezüglichen Aufgaben und Pflichten, ohne eigene Forderungen zu stellen. Als Arbeitsinhalt wird das Fliegen des Flugzeugs „von A nach B“ definiert, nicht aber Boden- bzw. Managementaufgaben und auch nicht Einmischung in die Unternehmenspolitik.

> „Fliegen ist ja nix, ist ja ein Handwerk. Das ist ja ... Das vergleiche ich immer mit einem Handwerk. Viele denken wunder was, als Pilot, da muss man alles von A bis Z wissen und zu allem auch seinen Senf dazugeben, zu jedem Buchstaben. Nee, man ist als Pilot nur dafür da, ein Flugzeug von A nach B sicher zu bringen und von B nach A wieder zurück und seinen Job zu machen und nix dazu sagen, was in der Politik läuft hier und da.“ (H03)

Dieser Arbeitsbezug hat weitreichende Konsequenzen: Die hohe Standardisierung und Reglementierung der eigenen Arbeit wird akzeptiert und die Piloten erkennen nur geringe Gestaltungsspielräume in der eigenen Tätigkeit (B04). Priorität hat fast ausschließlich die sichere und routinierte Flugdurchführung. In speziellen Einzelfällen wird jedoch auch bewusst von Verfahren abgewichen, wenn dies mit Blick auf das primäre Ziel: die sichere und pünktliche Flugdurchführung, Sinn macht. In seinem engen Arbeitsbezug hat der Typ B durchaus eine eigene Arbeitsethik entwickelt – auch wenn er diese nicht lautstark präsentiert oder verteidigt. Aufforderungen von Seiten des Managements, wie zum Beispiel stärker auf ökonomische Aspekte zu achten, werden nur so weit wie unbedingt nötig aufgegriffen. Die klassischen alten Leitlinien der Fliegerei, Sicherheit und Pünktlichkeit (und zu einem kleinen Teil auch Service), werden weiter verfolgt, auch wenn in jüngster Zeit betriebliche Anweisungen ökonomische Aspekte zum Teil vor diese Leitlinien stellen, indem sie zum Beispiel einen flexiblen Umgang mit dem Ziel Pünktlichkeit einfordern (B08). Vor Mehrarbeit schrecken die Typ B Zugeordneten nicht zurück, wenn dadurch beiden Anforderungen – eigener Arbeitsethik und veränderten Zielvorgaben – entsprochen werden kann. Auch Führungsanforderungen, die Arbeit mit der Kabine und der Service (gegenüber den Passagieren) werden als „normale Begleiterscheinung“ (H02) der eigenen Tätigkeit eingestuft und so weit wie vorgeschrieben und nötig erfüllt. Dabei werden Hierarchie- und Machtunterschiede möglichst ausgeblendet und die Zusammenarbeit wird sachlich gehalten.

Insgesamt schwankt der Typ B – mit der Konzentration auf die klar definierte Aufgabe: Flüge von A nach B sicher durchzuführen – in seiner inhaltlichen Arbeitsorientierung zwischen ‚Professionalität' und ‚Unflexibilität'. Professionell ist der Typ B in Bezug auf seine Kerntätigkeit, unflexibel bezüglich aller weiteren Anforderungen. Mit Blick auf die Karriere ist nicht der schnelle Aufstieg (z.B. durch einen Unternehmenswechsel) das Ziel des Typs B, sondern die klassische Karriere über eine lange Zeit hinweg, möglichst bis zum altersbedingten Ausstieg beim selben Betrieb. Ebenso wie sich der Typ B in der täglichen Arbeit möglichst nur mit dem Fliegen beschäftigen will, lehnt er auch jede Möglichkeit zur Arbeitsausweitung durch zusätzliche Bodentätigkeiten ab – teilweise unter Verzicht auf Karriere.

> „Solche Sachen [Bodenarbeit] gibt es, aber darüber hab ich noch nicht nachgedacht. Aber ich glaube, dass das mich nicht so interessiert. Fliegen und das war's." (E01)

Aber auch aus eher ‚kulturellen' Gründen steht dieser Typ der Übernahme von zusätzlichen Aufgaben skeptisch gegenüber. Er zelebriert zwar kein Hierarchiegefälle zwischen Luft und Boden, betont aber dennoch, dass im Flugbetrieb ein „anderer Menschenschlag" (F05) verlangt wird. Die Kultur am Boden wird eher mit klassischer Büro- bzw. Managementarbeit verglichen. Nach der Vorstellung des Typs B bilden sich hier durch die lange Zusammenarbeit mit denselben Menschen Seilschaften und auf Grund der unterschiedlichen Positionen und Karrieremöglichkeiten kommt es zu Konkurrenz und Machtspielen. Von all diesen mikropolitischen Aspekten sieht sich Typ B als Pilot glücklicherweise weitestgehend befreit. Seiner Ansicht nach werden im Cockpit auf Grund des ständigen Crewwechsels und der Anforderung, sich schnell auf eine enge Zusammenarbeit einzustellen, alle notwendigen Dinge zeitnah angesprochen und andauernde Machtspiele verhindert. Zudem ist die Cockpit-Kultur für den Typ B durch die Abwesenheit von Konkurrenz gekennzeichnet und die wenigen Aufstiegsmöglichkeiten sind klar durch das Senioritätsprinzip geregelt. Auch von seiner Veranlagung her hält sich Typ B für nicht geeignet für Managementaufgaben. Er vertritt ein hohes, eng an der Sache orientiertes Arbeitsethos und stuft sich selbst auch nicht als Managementtypus ein:

> „Da müsste ich ausgeprägtere andere Charaktereigenschaften haben. Da müsste mir mehr egal sein, als mir ist. Das ist nicht denkbar. Das wäre eine Katastrophe für den Betrieb und für mich." (B04)

Einerseits kritisiert Typ B (wie auch Typ A), dass immer mehr ‚BWLer' und immer weniger (ehemalige) Piloten Entscheidungen im Unternehmen treffen. Diese versuchten vergeblich, Prozesse zu optimieren, was dann in der Praxis nicht funktioniere und nur auf Kosten der Piloten gehe. Dabei hätten sie allein (kurzfristige) ökonomische Kriterien im Blick. Andererseits aber akzeptiert Typ B diesen Umstand: „Das ist halt so" (F05). Er hält sich aus Bodenangelegenheiten und „Politik" raus (H03). Dabei grenzt er sich ab von anderen Piloten, die er als ‚Nörgler' klassifiziert (vor allem Typ A). Er „rennt nicht zur Flotte" (F05), wenn Probleme auftreten, sondern regelt sie in der Praxis oder geht ihnen aus dem Weg. Insgesamt erkennt er die Kompetenz des Managements am Boden an und argumentiert gegen eine Spaltung zwischen Boden und Luft.

> „Viele meinen ja auch so von wegen: Gerade als Pilot hätte man das Recht und man müsste zu allem was zu sagen, was die Geschäftsleitung macht. Ich habe kein BWL studiert, ich kann nicht sagen, ob die Entscheidung richtig ist oder nicht. Aber das habe ich in jeder Firma erlebt. Als Pilot weiß man ja immer alles und man könnte ja die Firma auch immer selber führen." (H03)

Auch die Kommunikation mit dem Flugbetrieb über E-Mail und Internet wird als ausreichend und die Distanz als positiv empfunden. Telefonate finden nur bei dringenden Problemen statt. Bezüglich des Personaleinsatzes (z.B. bei Anrufen im Standby oder bei Planänderungen) wird mit der zuständigen Stelle (dem CC) kein (sonst durchaus üblicher) ‚Kuhhandel' betrieben, sondern eine Kooperationsform nahe an der Reziprozität erwartet. Forderungen und Entgegenkommen von Betrieb und Pilot werden nicht gegeneinander aufgewogen, sondern es besteht die Erwartung, dass aufeinander Rücksicht genommen wird.

> „Devise: ‚Eine Hand wäscht die andere.' Also, wenn man da was tun kann für die, mache ich das natürlich, wenn das geht. Und umgekehrt haben die mir auch schon vieles ermöglicht. Also insofern ist es immer so ein Geben und Nehmen." (H02)

Die Ausgewogenheit dieses Gebens und Nehmens überlässt Typ B den zuständigen Stellen im Betrieb. (Auch der oben zitierte Pilot H02 nutzt das Request-System in der Regel nicht.) Dabei wird der Personalplanung die Kompetenz zugesprochen, die Lebensorganisation der Piloten zu übernehmen – z.B. die Einsatzplanung möglichst gerecht und gesundheitsschonend zu gestalten (H03). Personaleinsatzpläne (Einsatzzeiten und Destinationen) werden erfüllt und auf Änderungen und Anfragen (Einspringen) wird eingegangen, soweit dem keine eindeutigen betrieblich legitimierten Argumente entgegenstehen (z.B. anerkannte private Aspekte). Typ B akzeptiert die Unwägbarkeiten der Kernarbeit, wie Änderungen bei organisationalen oder technischen Problemen, Verspätungen etc. Die grundlegenden raum-zeitlichen Flexibilitätsanforderungen des Berufs gehören einfach dazu. Im Arbeitsvertrag ist der Standby geregelt und daher gibt es für Typ B auch keinen Grund, sich zu beschweren, wenn dieser ‚aktiviert' wird. Eine Ausweitung über das geregelte Maß hinaus wird jedoch abgelehnt.

Insgesamt werden Veränderungen in der Tätigkeit vorsichtig kritisch betrachtet, seien es organisatorische oder technische. Für Typ B steht der Mensch im Mittelpunkt. Der Umgang mit der Technik ist zwar ein wesentliches Element des Arbeitsinhalts und auch die Technikentwicklung wird mit Interesse verfolgt. Aber es zeigt sich beim Typ B auch eine Technikskepsis, nämlich dann, wenn sie die Arbeit oder das Leben deutlich verändert. Auch verschärfte ökonomische Rahmenbedingungen werden mitreflektiert, dass zum Beispiel mehr darauf geachtet werde, wie voll der Flieger ist. Aber eigene Einflussmöglichkeiten auf solche ökonomischen Gesichtspunkte werden nicht gesehen (H02).

Im Zuge der ausschließlichen Konzentration auf die Kerntätigkeit und die Arbeitspflichten wird konsequenterweise auch das klassische Routine-Bild in der Branche, „Passagiere von A nach B zu transportieren wie mit einem Bus" (B01), ohne Widerstand angenommen. Auch der mit diesem Berufsbild verbundene geringere Status wird nicht nur akzeptiert, sondern sogar als angemessen empfunden.

> „So Status. Ich glaub nicht, dass dieser Beruf Prestige hat, so wie es früher einmal war: ‚Boah, Pilot!' Mittlerweile ist es ja auch eher ein normalerer Beruf. Er ist nicht mehr so Ehrfurcht gebietend wie früher. Früher waren doch so Kapitäne oder so was Halbgötter. Aber das glaube ich schon, dass das anders ist. Weil es auch sehr viel mehr gibt, wird damit auch anders umgegangen." (H06)

Typ B betont, dass der Beruf Pilot nichts Besonderes ist. Beim Vergleich mit anderen Berufen werden zuerst Zugführer, Busfahrer und andere mobil Arbeitende mit Verantwortung herangezogen und erst in zweiter Linie Professionen wie Ärzte. Die einkommensbezogene und interessenpolitische Sonderstellung von Piloten wird teilweise als ungerechtfertigt angesehen. Diese Zurückhaltung kann aber auch als eine Strategie gedeutet werden, sich vor Arbeitsausweitung zu schützen.

> *P:* „Also ich glaube, dass hier die menschliche Komponente ganz wichtig ist, dass man also unbedingt von diesem hohen Ross runter sollte, den Pilot als etwas Besonderes anzusehen. Also, das muss aufhören! Das ist es nämlich nicht."
>
> *I:* „Was hat das für Folgen? Warum muss das aufhören? Eigentlich ist es ja ganz gut für Bezahlung vielleicht oder Status."
>
> *P:* „Gut. Das ist die Firma. Wenn sie sich es leisten kann. Wenn man zum Beispiel bedenkt, dass ich jedes Jahr immer mehr verdiene, obwohl ich nicht mehr tue und auch nicht besser bin als das Jahr zuvor. Ich bin halt ein bisschen erfahrener. Aber ohne etwas zu tun. Das gibt es ja kaum in einem anderen Beruf, dass man jedes Jahr mal ein bisschen mehr verdient. [...] Also, das verdienen die Mitarbeiter hier [Boden] nicht. Die bekommen nicht jedes Jahr mehr. Das ist alles nicht mehr so selbstverständlich. Und ich glaube auch, dass es in Zukunft nicht mehr so sein wird. Bei Firmen, die sich neu gründen oder ändern. Die werden immer sich ins Negative ändern. Weil die Wirtschaftlichkeit das einfach nicht mehr zulässt. Aber ich glaube, das Wichtigste ist einfach, dass man den Piloten anerkennt als einen Beruf, der Verantwortung hat. Aber der jetzt nicht mehr Verantwortung hat als ein Lokführer. Ein Lokführer muss auch seine Arbeit ordentlich machen und muss auch in Notfallsituationen schnell reagieren können. Ge-

nauso auch ein Busfahrer oder U-Bahn-Fahrer. Ein Arzt. Es gibt so viele Berufe. Ich finde, immer nur bei dem Beruf des Piloten wird das so wahnsinnig hoch eingeschätzt. Das, finde ich, ist ein bisschen übertrieben im allgemeinen Berufsbild des Piloten.“ (B03)

Typ B beobachtet eine allgemeine Tendenz in der Wirtschaft zu sinkenden Reallöhnen und akzeptiert Begründungen wie die des gestiegenen globalen Wettbewerbs. Ebenso schreibt er es dem Zeitgeist zu, dass sich die eigenen Lohn- und Arbeitsbedingungen verschlechtern. Darstellungen der ökonomischen Situation des Betriebs werden ernst genommen und der Arbeitsplatzerhalt erhält Priorität vor Gehaltsforderungen. Die Interessenvertretungsorgane werden (vor allem im Zusammenhang mit Lohnforderungen) eher als Behinderung des Managements und als den Job gefährdend gesehen.

> „Ich bin da Mitglied. Aber letztendlich, das kann ich auch ganz offen sagen, halte ich nicht allzu viel davon, weil es in der Luftfahrt absolut teilweise dem Zeitgeist nicht mehr entspricht. Die Konkurrenz ist so groß geworden. Jetzt kann man natürlich sagen: ‚O.k., weil die anderen von der Brücke springen, muss ich nicht hinterher springen.‘ Aber es ist natürlich auch teilweise ein hemmendes Instrument – berufsverbandstechnisch – in der Luftfahrt. Weil wenn ich den Job nicht mache und ich würde streiken, ich weiß haargenau, es gibt so viele arbeitslose Piloten auf dem Markt, die würden barfuß hier zur Halle XY kommen und sagen: ‚Ich mache das, weil der Herr XY keine Lust hat oder streikt!‘ Aber auf der anderen Seite darf ich natürlich dann auch nicht motzen, wenn man die Gehälter drückt, wenn man sie drücken lässt. Was die Arbeitsbedingungen angeht, da ist der Pilot selber verantwortlich, inwiefern er sagt: ‚So, das mache ich mit, was mein Arbeitgeber mir sagt, und das mache ich nicht mehr mit.‘ Und da schließt sich dann der Kreis, inwieweit das auch die Konkurrenz (...) mitmacht. Weil wenn ich das einzige Unternehmen bin, das sagt, ich lass das nicht mit mir machen, und acht Unternehmen, da sagen die Piloten, wir lassen das mit uns machen – dann sagt der Arbeitgeber: ‚Pass mal auf! Und du gehst nach Hause! Ich hole mir einen von den anderen, der macht das.‘“ (H03)

Typ B ist in einem interessenpolitischen Dilemma gefangen und zur Passivität verdammt: Die Konkurrenz zwischen (zum Teil arbeitslosen) Piloten und zwischen Airlines steht einer durchsetzungsfähigen und nachhaltigen Interessenpolitik und erweiterten Ansprüchen an Lohn und Arbeitsbedingungen entgegen. Als Trade-off wehrt sich der Typ B jedoch gegen Arbeitsausweitungen.

Seine Motivation bezieht der Typ B vor allem aus der Tätigkeit selbst, sei es die Technik des Fluggeräts oder das manuelle Fliegen. „Wenn ich mal zwei Wochen Urlaub habe, da freu ich mich, dass ich wieder fliegen kann“ (E01). Der Beruf wird oft als Hobby beschrieben und der Spaß an der Arbeit betont. Zum Beispiel sind Naturerlebnisse oftmals ein wesentlicher Motivationsfaktor:

> „Also das sind so kitschige Sachen. So jeden Tag die Sonne sehen und so was. Das ist halt schon krass. Im November, wenn ... Man startet dann raus und hat dann so die ganze Zeit die Sonne. Das ist schon schön." (H06)

Insgesamt ist der Typ B mit seiner Arbeit zufrieden und glücklich im Beruf. Dabei vergleicht er seine Beschäftigungsbedingungen mit denen aus anderen Branchen. Kontinuität ist das Schlüsselwort, um seine Wünsche für die Zukunft zu beschreiben – bezogen auf den Arbeitsinhalt, auf den Arbeitsplatz, den Standort usw.

> „Klar, man kann sich immer wünschen: mehr Geld, mehr irgendwas ... Ich bin heilfroh, dass ich arbeiten kann. Ich bin heilfroh, dass ich den Job ausüben darf, den ich ausübe, der mir also richtig Spaß macht. Und ich bin froh drum, dass ich das auch noch in Deutschland tun darf und bei diesem Unternehmen." (H04)

Für den Typ B ist Pilot nach wie vor ein guter Beruf. Die Veränderungen der Arbeitsbedingungen und des Berufsbilds machen ihm wenig aus, denn Gesellschaft und Arbeit insgesamt sind immer im Wandel. „Früher war immer alles besser" (F01).

Das Arrangement, das der Typ B mit seinen Arbeitsbedingungen getroffen hat, ist vor allem dann gefährdet, wenn der eigene Anspruch und die mit der Arbeit verbundenen Vorstellungen auf Grund von veränderten Strukturbedingungen nicht mehr erfüllt werden können (G01) – wenn also die Kerntätigkeit, das Fliegen von A nach B, nicht mehr ‚professionell' durchgeführt werden kann. Diese Professionalität fokussiert auf die Leitlinien Sicherheit und Pünktlichkeit, beinhaltet aber auch einen gewissen Anspruch an Service und soziale Aspekte (wie z.B. Zusammenarbeit und Führung). Im Kontext der zunehmenden Ökonomisierung läuft dieser Typus Gefahr, dass sich seine Arbeits- und Beschäftigungsbedingungen immer weiter verschlechtern (siehe dazu Abschnitt 8.2).

Arbeit – Karriere

Neun Interviews passten in die Kategorie des Typ-C-Piloten. Dieser Piloten-Typ tritt Veränderungen auf der Arbeitsebene offen gegenüber und begreift Entgrenzungstendenzen als individuelle Chance. Das heißt, Typ C sieht im Wandel die Möglichkeit, seine eigene Position zu verbessern. Auf Grund der sehr kurzen Karriereleiter von Piloten liegen Aufstiegsmöglichkeiten vor allem außerhalb des Fliegens, also in zusätzlichen Tätigkeiten zum Beispiel am Boden.

Idealerweise ist der gesamte Werdegang des Typs C auf Karriere ausgelegt. Schon vor dem oder während des Erwerbs der Lizenzen wird auf zusätzliche Qualifikationen Wert gelegt: zum Beispiel eine Ausbildung, ein angefangenes oder auch abgeschlossenes Studium oder ein mit der Pilotenausbildung gekoppeltes Studium. Ziel ist nicht das schnelle Geldverdienen nach dem Erhalt der

Lizenz oder das Sammeln von möglichst viel Erfahrung in der fliegerischen Praxis, sondern das Basteln an einer Biografie, die eine vielseitige Einsatzfähigkeit im Luftverkehr widerspiegelt. Dabei eignet sich Typ C Wissen und Arbeitstechniken aus anderen relevanten Bereichen des Luftverkehrs an, die ihm für die Zukunft nützlich erscheinen. Zum Beispiel geht es hier um technisches oder betriebswirtschaftliches Wissen, das in seiner momentanen Arbeit als Pilot keine Anwendung findet (F07). Typ C hat von Anfang an ein Interesse am Flugbetrieb und versucht schon als Copilot die Distanz zum Unternehmen zu überwinden, zum Beispiel durch die Übernahme zusätzlicher Arbeiten. Der typische Werdegang des Typs C ist geprägt von häufigeren Positions- und Unternehmenswechseln und zusätzlichen Weiterbildungen. Dabei sammelt er Erfahrung auf vielen verschiedenen Mustern und folgt den typischen Karriereschritten als fliegender Pilot (z.B. Trainingskapitän, Seniortrainerkapitän, Standortkapitän) und darüber hinaus am Boden (z.B. Referent, [stellvertretender] Flottenchef). Um die Karriere voranzutreiben, nimmt er beim Unternehmenswechsel auch „fliegerische Rückschritte" (siehe Typ A), wie ein schlechteres Image der Airline und mit weniger Status behaftete Bedingungen (Strecke/Flugzeuggröße), in Kauf. Zum Beispiel wird die Möglichkeit, bei jüngeren Kurzstrecken-Airlines schnell Kapitän zu werden, gerne wahrgenommen (D06).

Den Typ C unterscheidet eine besondere Motivationslage von allen drei anderen Pilotentypen (bezogen auf Arbeit). ‚Nur Pilot' zu sein – im Sinne von Fliegen von A nach B – ist für ihn kein richtiger Beruf bzw. einer, der sich leicht mit weniger angesehenen Berufen im Infrastrukturbereich vergleichen lässt und den Typ-C-Piloten deshalb nicht ausreichend erfüllt. Dabei geht es Typ C weniger um den Berufsstatus als um die konkrete Tätigkeit selbst. Das Fliegen unterscheidet sich von anderen (Management-)Tätigkeiten am Boden grundlegend: Während Piloten in der Regel hoch standardisierte Aufgaben routiniert abarbeiten, auch bei vielen Unwägbarkeiten Probleme sofort in der Situation schnell, sicher, gründlich und endgültig lösen und ihre Arbeit jeden Tag vollständig abschließen, sind bei vielen anderen Tätigkeiten (vor allem Management und Wissensarbeit) die Lösungswege nicht vorgegeben und die Klärung von Problemen kann sich über Wochen ziehen. Letzteres wird von Typ C als höherwertige Arbeit eingeschätzt, weshalb er sich nach derart strukturierten Aufgaben sehnt. Typ C orientiert sich stark an außerfliegerischen Erfolgskriterien, die eher die Arbeit von Managern kennzeichnen. Ein besonders markanter Fall ist Pilot D01, der sich selbst als „karrieregeil" bezeichnet und eine hohe Bewunderung für bekannte Persönlichkeiten aufbringt, die „in derselben Liga spielen":

> „Wo ich noch vor Jahren davon geträumt habe: Heute geht man auf einen Stand, da muss man kaum die Karte zeigen, die wissen schon, wer man ist. Das ist unglaublich, dass man denkt, dass so ein Konzern wie Coca Cola ... dagegen Boeing, die selbst Apollo mitgebaut haben, dass man heutzutage sogar Leute

kennt, ehemalige Astronauten, die jetzt im Vertrieb tätig sind, die kennt man jetzt einfach. Ich kenne Leute, die ich nur aus Kinderbüchern kannte, und man merkt, das sind alles ganz normale – wirklich ganz normale Typen. Phänomenal, das ist wirklich toll. Das hat seinen Reiz." (D01)

Aber es geht nicht nur um den Vergleich mit anderen außerhalb des Cockpits. In der Regel geht es um die eigene Position im Betrieb. Der Antrieb für zusätzliche Tätigkeiten ist nicht vordringlich der Mehrverdienst. Vielmehr geht es um Macht: die Möglichkeit, etwas zu verändern und auch Anweisungen und Befehle zu geben. Wie viele andere „Managementpiloten" ist auch D02 der Meinung, dass der Verdienst (allein) den Mehraufwand nicht rechtfertigt.

Auch in der täglichen Arbeit gehört der Hinweis auf die eigene Position im Unternehmen bzw. im Flugzeug dazu. In der Regel wird ein lockerer managerialer Kooperations- oder Führungsstil gepflegt, jedoch mit der Option, schnell auf Autorität umzuschalten (F03).

Insgesamt grenzt sich Typ C von den anderen Pilotentypen durch seine enge strategische Orientierung an den Unternehmenszielen ab. Seine Arbeitsmotivation, die darauf basiert, dass er sich stärker einbringt und damit verbunden Aufstiegserwartungen hegt, setzt er quasi als erstrebenswerte Norm voraus. Von Piloten erwartet er eine (im weiten Sinn: ‚protestantische') Arbeits- bzw. Berufsethik: hohe Arbeitsmotivation, Disziplin, Gehorsam und bedingt auch Loyalität gegenüber dem Unternehmen – sich in das System einzubringen, gerade wenn es sich wandelt (F03). Pilotsein erfordert die aktive Einpassung in das und die Auseinandersetzung mit dem bestehenden System. Sich auf das Fliegen alleine zu beschränken, ohne weitere Karriereschritte zu planen, reicht nicht aus. Fliegen alleine ist für Typ C kein Beruf.

„Jetzt kommen wir wieder zu Berufsbildern, jetzt schließt sich der Kreis wieder zur Ausgangslage. Nur dann, wenn mehr Flugzeugführer eine Qualifikation über ihre rein fliegerische hinaus haben, bereit sind, diese Qualifikation auch dem Luftfahrtunternehmen zur Verfügung zu stellen, bereit sind, Verantwortung zu übernehmen, und den Mund aufmachen, Selbstbewusstsein, dann haben wir eine Chance, solche Fehlentwicklungen zu verhindern." (F03)

Hier geht es F03 nicht nur um die Leistungsmotivation, sondern er spielt auch auf das gängige Bild an, dass ein System nur von innen heraus verändert werden kann. Wenn man etwas verändern will, muss man zuerst im System Karriere machen, und dann hat man die Macht, etwas zu bewirken. (Die Gegenargumente zu dieser Strategie sind bekannt.) Typ C sieht dieses Vorgehen als Berufspflicht aller Piloten an. Er verkennt dabei, wie weit die Anpassung auf seine Person zurückwirkt. Seine Loyalität gegenüber dem Management und dessen Entscheidungen wird von anderen Pilotentypen (allen voran vom Typ A) heftig kritisiert. Dies zeigt sich zum Beispiel in der Auseinandersetzung mit dem Thema:

Sicherheit versus Ökonomie. Für Typ C besteht hier prinzipiell kein Gegensatz. Eventuell müssen im Einzelfall Sicherheit und Ökonomie gegeneinander abgewogen werden.

> „Lohnt sich die Einsparung von Flugminuten gegenüber der Absenkung der Sicherheit auf der anderen Seite?“ (A01)

Für Typ C besteht kein genereller Widerspruch zwischen Wirtschaftlichkeit und Sicherheit. Oftmals findet er viele Argumente dafür, warum Rationalisierungsmaßnahmen nicht auf Kosten der Sicherheit gehen.

Aber auch in Bezug auf die Interessenpolitik identifiziert sich Typ C eher mit der Arbeitgeberseite. Er unterstützt keine Vertretungsorgane, da sie ihn nicht mehr repräsentieren und gegen das Unternehmen gerichtet sind. Aus der Sicht des Typs C dient die Interessenvertretung nur den Piloten, deren Arbeitsorientierung er ablehnt.

Dennoch nutzt er, wenn sich die Gelegenheit ergibt, die Arbeit in der Personalvertretung vor Ort gegebenenfalls zeitweilig als Karrieresprungbrett. Auf Grund seiner starken Karriereorientierung ist er in Zeiten betrieblicher Unsicherheiten selten gefährdet, vor allem da er über viele Exit-Optionen verfügt.

Das Konzept, das sich der Typ C in Bezug auf seine Arbeit gebildet hat, ist vor allem dann in Gefahr, wenn sich seine erhöhte Einbringung nicht auszahlt. Im Luftverkehr existieren allgemein relativ wenig Aufstiegsmöglichkeiten. Wenn sich der Mehraufwand in Bezug auf die Karriere auf die Dauer nicht auszahlt, kann dies wesentlich zur De-Motivation des Typs C beitragen. Zudem besteht die Gefahr der Überforderung und Überlastung durch Arbeitsausweitungen. Auf diese Weise kann Typ C wider Willen zum ‚Kämpfer' (Typ-A-Pilot) werden und vor allem dessen negative Seite, das ‚Nörgeln', annehmen. Das zusätzliche Einkommen kann hier, wie gesagt, nicht kompensierend wirken.

Die Überforderung kann sich besonders im Privatleben auswirken, da Typ C nicht über eine klare inhaltliche Trennung zwischen Arbeit und Leben verfügt. Arbeitsthemen werden in die private Zeit hineingetragen, allerdings fällt dafür ein Teil der raum-zeitlichen Entgrenzung (des Fliegens) weg (durch die Bodenarbeit).

> „Ich habe einen extrem schlecht bezahlten Hauptberuf und ein ziemlich gut bezahltes Hobby.“ (D02)

Dies ist eine typische Aussage von ausgereiften Typ-C- bzw. ‚Management-Piloten', die nur noch zum Lizenzerhalt fliegen. Die Belastungen, die auf Dauer mit dem Fliegen einhergehen, werden nicht (mehr) erkannt. Die inhaltlich abgeschlossene Arbeit und das dennoch gute Gehalt sind für ihn insgeheim ein Objekt des Neids. Dies macht den Typ-C-Piloten zum idealen Vertreter von betrieblichen Interessen. In Zeiten starken ökonomischen Drucks und einschneidender Rationalisierungsmaßnahmen kann Typ C schnell zum ‚Erfüllungsgehilfen' betrieblicher Interessen werden, die den bisherigen Berufsstand von Piloten gefährden. Die Folge sind teilweise Anfeindungen durch Kollegen, Rechtfertigungszwänge und ein bleibendes schlechtes Gefühl, wenn nur negativ konnotiertes Krisen- und Einsparungsmanagement betrieben wird.

Arbeit – Spielball

Neun weitere Interviewfälle wurden im Themenfeld Arbeit dem vierten Entgrenzungstyp zugeordnet. Dieser ist dadurch gekennzeichnet, dass für ihn Veränderungen in der Arbeit bzw. veränderte Arbeitsbedingungen einfach neue Realitäten darstellen, in denen er agiert. Er lässt sich voll auf diese ein, ohne sie zu bewerten – er nutzt die neuen Chancen und arrangiert sich mit den Risiken. Sozial orientiert er sich an seiner jeweiligen direkten Arbeitsumgebung. Auch hier passt er sich flexibel an. Auf Grund seiner Anpassungsfähigkeit internalisiert Typ D schnell neue Erwartungen und integriert diese in sein Arbeitshandeln. Dabei hilft ihm, dass er seine Arbeitsmotivation nicht aus dem Fliegen (von A nach B) alleine bezieht, sondern vor allem aus dem „Drumherum" (B07). Er schöpft Motivation aus dem zunehmend geforderten schnellen Koordinieren von Abläufen, dem Kommunizieren mit verschiedenen Stellen am Boden und dem spontanen Organisieren, wenn Störfaktoren auftreten (C01). Aber auch soziale Aspekte, wie die Herausforderung, sich mit vielen verschiedenen Menschen zu arrangieren und schnell zusammenzuarbeiten, sind zentral für seine Motivation, ebenso wie die Nebeneffekte der Mobilität: das Hotelleben bzw. das Leben aus dem Koffer, die wechselnden Orte etc. Zudem werden die kleinen schönen Momente des Fliegens und Unterwegsseins genossen, wie der Sonnenaufgang, der Durchbruch durch die Wolken usw. (H07). Diese Offenheit drückt sich auch in einer egalitären Form der Arbeitskooperation aus. Die Hierarchie im Cockpit wird möglichst außen vor gelassen und eine gleichberechtigte Rollenverteilung bezüglich gegenseitiger Arbeitsteilung, Kontrolle und Kritik erwartet (B02).

> „Wenn ein Fehler passiert, dann passiert der uns zusammen." (B02)

Für Typ D tragen effektiv beide Piloten im Cockpit die gleiche Verantwortung, denn beide arbeiten im Cockpit zusammen. Gegenüber der Kabinenbesatzung werden ebenfalls keine Hierarchieunterschiede zelebriert. Oftmals wird auf eine Fürsorgepflicht hingewiesen, die aber im Unterschied zu Typ A nicht paternalistisch umgesetzt wird.

> „Aber ich habe auch der Kabine gegenüber eine etwas andere Einstellung. Ich verstehe mich immer als Bestandteil einer gesamten Crew. Und als Teamleader ist mir das Wohl meiner Truppe eben genauso wichtig." (H01)

Wie der Begriff „Truppe“ andeutet, handelt es sich hier um einen ehemaligen Militärpiloten. Aber vor allem viele jüngere Piloten lassen sich diesem Pilotentypus zuordnen, der sich durch seine flexible Einpassung in sich verändernde Strukturen auszeichnet. Führungsaufgaben werden in dem Sinne ernst genommen, dass ein Verständnis dafür existiert, dass die erfolgreiche Flugdurchführung letztendlich vom gesamten Team abhängt. Dazu zählt für Typ D auch, dass er sich ein Stück weit auf seine Crew einlässt.

> „Die Führungskompetenz muss da sein. Als Gutti natürlich auch in Richtung Kabine. Ich sage, ein Kapitän ist im Prinzip das Gleiche wie ein Gruppenleiter oder ein Abteilungsleiter, der jeden Tag eine andere Abteilung bekommt. Was es ihm natürlich auch schwierig macht, weil, wenn er seine Leute alle kennt und weiß, wie er sie anzufassen hat, ist das manchmal einfacher, diese Führung in vernünftigem Maß umzusetzen. Diese Flexibilität, die wir da entwickeln sollten, manche besser und manche schlechter können, erlaubt es manchmal, schwierige Situationen doch ganz aalglatt durchzubringen, weil man da so ein Team hat wie heute.“ (H01)

Die „Führungskompetenz“ (H01) wird nach Aussage nahezu aller interviewten Piloten nicht systematisch (genug) gelehrt. Manche Kapitäne gelten als schlechte Führungskräfte. Dies äußert sich zum Beispiel in den Briefings (Dietrich/Huchler 2007; Huchler/Dietrich 2008) oder allgemein in den Umgangsformen. Betriebliche Trainings (z.B. das Crew Resource Management) sind oftmals mehr auf Notsituationen ausgerichtet. Und gemeinsame Trainings von Cockpit und Kabine werden oft eingespart. Führungskompetenzen müssen Piloten – laut Typ D – selbst mitbringen, sie sind eher eine Frage des ‚Typs‘.

> „Der Umgang als solches gehört zu der Ausbildung, die ich in den letzten 35, 36 Jahren von meinen Eltern irgendwo bekommen habe. Wie gehe ich mit Menschen um? Und es gibt Fälle im Cockpit oder in der Kabine, die das eben nicht können.“ (H05)

Typ D ist geübt im lockeren Umgang mit Abgrenzungen. Mit Blick auf Zusammenarbeit und Führung werden räumliche und hierarchische Grenzen überschritten.

> „Die Zusammenarbeit ist gut. Wobei auch da ... durch diese erhöhten Sicherheitsvorkehrungen ist ja so eine Art Barriere entstanden [verschlossene Cockpittüre seit 2001]. Man hatte am Anfang auch Bedenken, was kann ich kompensieren durch ein gutes Briefing. Da muss ich mich öffnen und sagen: ‚Wenn was ist: melden.‘ Ich kann es kompensieren in dem Bereich der Pause. Mach ich ein Management by Walking. Ich geh also gerne durch die Kabine, guck jeden mal an. Rede mit ihnen. Sie merken, dass ich für sie da bin. Ich krieg auch da Rückmeldung. Die sagen: ‚Der interessiert sich für uns.‘“(H07)

Diese soziale Flexibilität des Typs D äußert sich auch in der Einstellung gegenüber den Passagieren. Typ D sieht sich auch als Dienstleister und genießt diese

Rolle als einen abwechslungsreichen Teilaspekt seiner Arbeit, aus dem er Motivation und Anerkennung beziehen kann.

> „Also für mich ist das eine sehr negative Geschichte [verschlossene Cockpittüre]. Mir hat der Job bei [Airline] auch sehr viel Spaß gemacht, weil ich mich auch als Gastgeber verstehe. Und gerade in dieser Charterfliegerrolle war man ja auch irgendwie was Besonderes, man war Vertrauensperson für die Gäste, die sehr häufig wenig Flugerfahrung haben, wenig unterwegs waren und mit Flugangst und und und." (H01)

Die Kundenorientierung des Typs D zeigt sich auch im Nutzen von Interaktionsmöglichkeiten mit den Passagieren, zum Beispiel beim Ein- und Aussteigen oder über die Bordansagen (H05).

In Bezug auf zusätzliche Qualifikationen verlegt sich Typ D eher auf anwendungsbezogene Weiterbildungen, um die Flexibilität in Bezug auf seine Einsatzfähigkeit zu erhöhen. Er versucht, seine Qualifikationen in die Arbeit einzubringen, und richtet sie nicht strategisch auf Karriere aus, was ihn vom Typ C deutlich abgrenzt.

> „Also wie gesagt, ich mache ja seit meinem Studium eine Lehrertätigkeit. Dass Schüler irgendetwas lernen und ich dann das Gefühl habe, ich habe irgendjemandem weitergeholfen. Das ist auch Teil einer positiven Lebenseinstellung oder -erfahrung. Und nur geradeaus zu fliegen von A nach B und das war's dann, das reicht mir einfach nicht. Ich glaube, das liegt aber auch daran, dass ich eben dual gefahren bin, mit dem Diplomingenieur auf der einen Seite und auf der anderen Seite die Fliegerei." (H01)

‚Nur' zu fliegen reicht Typ D ebenso wenig wie Typ C. Sein zusätzliches Engagement ist jedoch eher intrinsisch auf seine Arbeitstätigkeit ausgerichtet. Das trifft auch auf seine gesamte Pilotentätigkeit zu. Zum Beispiel ist das Einkommen nicht zentral für die Arbeitsmotivation des Typs D:

> „Ich muss dazu sagen, für mich stand das Geld nie im Vordergrund. Es gab Kollegen, die kannten die ganzen Gehaltssteigerungstabellen der ersten zehn Jahre schon auswendig, mal überspitzt gesagt. Das hat mich nie interessiert. Ich hab mich dann interessiert dafür, was ich verdien, als ich meinen ersten Gehaltszettel bekommen hab. Mir ging es immer ums Fliegen. Das war mir nie eine Motivation, das gute Geld, was man da verdient." (F07)

Dasselbe gilt für sein Interesse an der Bodenarbeit. Er sieht die Verpflichtung, verspürt aber vor allem ein Interesse, sich zu „engagieren und nicht nur zu meckern und Geld zu verdienen" (B07). Es besteht ein grundsätzliches Interesse an der Firma, was sich auch durch andere Formen der Einbringung äußert, die nicht mit Positionen und Bezahlung verbunden sind (D07). Oft wird vom Typ D ein eher lockerer Kontakt zum Unternehmen bzw. zum Management gepflegt und an vielen Stellen mehr oder weniger spontan extra für das Unternehmen gearbeitet, zum Beispiel auf Grund von technischem Interesse bei der Überarbeitung und Dokumentation der Unterlagen an Bord bei Änderungen (D07). Der diesbezügliche Aspekt des im Abschnitt 5.5 beschriebenen ‚Technikfreaks', alles genau wissen zu wollen, gehört hier ebenso dazu wie nahezu alle anderen Formen des – für andere unverständlichen – intensiven flexiblen Einlassens auf die Arbeit, aus eigenem Antrieb heraus und ohne Kalkül.

> „Ganz kleine Würfe. [...] Mir macht das hier so viel Spaß, ich will gar nichts anderes. Ich möchte lieber erst einmal helfen, dass wir hier weiterkommen." (H07)

Das Engagement ruht auch auf einer diffusen Verbundenheit mit dem Unternehmen und einer gewissen spontanen Aufopferungsbereitschaft. Dabei wird auch gegenüber dem ‚Boden' (wie gegenüber allen Schnittstellen) ein offenes Verhältnis ohne Abgrenzungstendenzen gepflegt. Auf Grund ihrer pragmatischen Herangehensweise an die Arbeitskooperation und auf Grund ihrer sozialen Flexibilität nehmen D-Typen oftmals ungewollt eine Mittlerrolle zwischen ihrer Berufsgruppe und anderen Bereichen ein. In der Überwindung von Abgrenzungen zwischen der Flieger- und der Bodenkultur zeigen sich erneut die soziale und kulturelle Offenheit des Typs D und seine Anpassungsfähigkeit.

> „Dass die Flieger am Boden nicht so gut zurechtkommen, kann ich nachvollziehen, aufgrund meiner Erfahrungen jetzt. Es ist ein anderes Arbeiten und Leben, was sie vielleicht nie gekannt haben, oder es ist schon wieder weit weg." (H07)

Auch im Hinblick auf die Technikentwicklung trauert der Typ D nicht der alten Fliegerei nach, sondern freut sich auf die nächste Flugzeuggeneration. Er steht veränderter bzw. neuer Technik aufgeschlossen gegenüber, auch wenn sie in Richtung Automatisierung im Cockpit zielt. Angesprochen auf die im Laufe der letzten Jahrzehnte reduzierte Anzahl von Piloten im Cockpit antwortet Typ D deshalb auch ohne Rücksicht auf die Interessen der Berufsgruppe: „Heute reicht einer!" (H07) Und auch mit der betrieblichen Kontrolle zum Beispiel der Treibstoffdaten, wie sie im Zuge der Digitalisierung des Cockpits zunehmend möglich wird, hat er kein Problem.

In Bezug auf interessenpolitische Themen will Typ D einfach nur seinen Job machen. Ihm ist die ‚Farbe des Fliegers' (Symbol für wechselnde Produktstrategien und Unternehmenskonzepte) egal. Wichtig für ihn ist, dass das Unternehmen in irgendeiner Form überlebt oder dass er zumindest irgendwie weiter seinen Job machen kann, wie auch immer dieser konkret ausgestaltet ist. Trotz seines hohen Engagements und seines bereichsübergreifenden Interesses mischt sich Typ D nicht in Managementthemen oder die Betriebspolitik ein und setzt sich auch nicht persönlich für den Erhalt oder die Verbesserung seiner Arbeitsbedingungen ein. Er verbindet den Aspekt der ‚Pflichterfüllung' gegenüber dem Unternehmen (Typ B) mit der Offenheit gegenüber sich wandelnden Strukturen

(Typ C), ohne sich aber im Gegenzug allein auf die Kerntätigkeit zu begrenzen (wie Typ B) oder Karriere einzufordern (wie Typ C). Typ D beteiligt sich nicht an betrieblichen Machtspielen und mag keine „Bremser" (H07). Piloten, die für ihre Interessen eintreten (vor allem Typ A), bezeichnet er als „Egoisten", die nie genug bekommen und die Zukunft des Unternehmens gefährden (D05).

> „Es ist so das Gesamtpaket. Es gibt ja wohl Statistiken, dass bei uns Piloten, obwohl wir schon bei einem kleinen Schnupfen nicht mehr fliegen dürfen in dem Moment, trotzdem die geringsten Krankheitsraten haben, was wohl irgendwie auf eine sehr hohe Zufriedenheit zurückzuführen ist. Und ich treff' ganz oft Kollegen, denen zwar irgendetwas nicht passt, aber die sagen: Dafür macht es viel zu viel Spaß, als sich jetzt darüber aufzuregen oder es sich davon vermiesen zu lassen. Da steht man auch gerne mal nachts um drei auf, was ja auch nicht so attraktiv ist, aber man denkt sich dann: ‚Mensch, jetzt gehst da durch und in zwei Stunden siehst dafür den Sonnenaufgang über den [Gebirge] und das macht einfach Spaß.' Also das ist an und für sich das ganze Drumherum. Die Crews sind super, viele nette Kollegen. Mit den Kapitänen ist es auch top. Und einfach in dem Flieger zu sitzen und durch die Gegend zu fliegen." (F07)

Typ D schöpft seine Motivation aus dem „Drumherum": Fliegen, Technik, Erlebnisse, soziale Kontakte etc. Klassische und umstrittene Kriterien der Arbeitsbedingungen, wie etwa Arbeitszeiten, Gehalt etc., spielen für ihn eine weniger zentrale Rolle. Betriebliche Interessenkonflikte verderben ihm nur den Spaß an der Arbeit.

Der Typ D ist gekennzeichnet durch einen hohen Opportunismus – im Sinne einer ideologiefreien Anpassungsfähigkeit – seinem Arbeitsumfeld (sozialen Beziehungen, betrieblicher Steuerung, Technik etc.) gegenüber. Wichtig für ihn ist nicht, dass sich dieser Opportunismus im Sinne von Entgelt oder Karriere auszahlt, sondern dass der Spaß an der Arbeit nicht verloren geht – auch bei sich wandelnden Bedingungen. Woher sich seine Motivation begründet, wird an den Stellen sichtbar, wo er erhöhtes Engagement zeigt. Wenn dieses Mehrengagement jedoch nicht angenommen wird, wenn es also an strukturellen Möglichkeiten zum Einbringen eigener Interessen, an sozialer (nicht materieller) Anerkennung und an der Umsetzung solcher Projekte mangelt, besteht die Gefahr der De-Motivation. Neben dem Einbringen eigener Interessen in die Arbeit sind die sozialen Beziehungen ein entscheidender Aspekt der Arbeitsorientierung des Typs D. Um Spaß an der Arbeit zu haben, lässt sich Typ D auch mit Blick auf die sozialen Beziehungen weit auf die Arbeit ein. Weil dauerhafte soziale Bindungen zu Kollegen (und die Identifikation mit dem Betrieb) durch die mobile Arbeit, die ständig wechselnde Personalzusammenstellung und ebenso durch häufige und tiefgreifende Umstrukturierungen verhindert werden (H06), ist für ihn eine lockere Atmosphäre in der Arbeitskooperation mit Kollegen essenziell, da im Alltag wenig Zeit bleibt, um ein Mindestmaß an sozialer Nähe und Tiefe zu erreichen.

• *Zusammenfassung:* Arrangements im Umgang mit entgrenzter Arbeit

Tab. 7.1: Arrangements im Umgang mit entgrenzter Arbeit

Typ	Fälle	Strukturell		Sozial		Konzept	Gefahr/De-Motivation
		Tätigkeit	Karriere	Kollegen	Unternehmen		
Typ A: Kämpfer	8	Konzentration auf Kerntätigkeit, ablehnend/kritisch gegenüber veränderten Arbeitsinhalten	Berufs-, statusbezogene Karriere, Unternehmenswechsel	Betonung Hierarchie, Abgrenzung	Interessendurchsetzung, Aushandlung, Nutzen von Macht, Flexibilität als Aushandlung	**(Kampf um) Erhalt:** Rahmenbedingungen der Arbeit, Status – Konflikt	Veränderungen, verschlechterte Bedingungen, reduzierter Status
Typ B: Pflichterfüller	11	Konzentration auf Kerntätigkeit, vorsichtig annehmend gegenüber veränderten Arbeitsinhalten	Langfristige, auf Kerntätigkeit begrenzte Karriere, im selben Unternehmen	Egalitäre Kooperation, Anerkennung von Unterschieden	Erfüllung von Arbeitsanforderungen, Unterordnung eigener Interessen, Flexibilität als Pflicht	Inhaltliche und soziale **Stimmigkeit:** Harmonie, Motivation aus der Kerntätigkeit – passive Stabilität	Widersprüchliche betriebliche Anforderungen, kein Widerstand, Mehrarbeit
Typ C: Karriere	9	Flexibler Umgang mit Veränderungen als Karrierechance	Karriere vor allem in Randtätigkeiten	Managerialer Umgang, Hierarchie, Abgrenzung	Trade-off: Anpassung und Flexibilität für Karriere	**Egozentrierter Opportunismus,** Motivation aus Aufstieg und Macht	Eingeschränkte Karrieremöglichkeiten, keine Anerkennung der Flexibilität, Konflikt mit Kollegen
Typ D: Spielball	9	Veränderungen als Abwechslung und Einbringungsmöglichkeit	Karriere und Ausbildung nach Bedarf des Unternehmens und Interesse	Egalitäre Kooperation, Interesse an sozialen Beziehungen	Arbeitsanforderungen als Herausforderung, flexible Anpassung als Selbstverständnis	**Selbstloser Opportunismus,** Abwechslung und Spaß als Motivation	Keine Einbringungsmöglichkeiten, keine Anerkennung, soziale Kälte

7.1.2 *Handlungsfeld II: Privatleben*

Im systematischen Abgleich wesentlicher Leitunterscheidungen (über 35 der 40 Interviews hinweg)[4], die das Privatleben von Piloten betreffen, erwies sich die Gegenüberstellung der Dimensionen ‚Lebensgestaltung' (Umgang mit entgrenzten Strukturen im Privatleben) und ‚sozialer Bezug' (Umgang mit entgrenzten sozialen Beziehungen) für die individuellen Strategien im Umgang mit ent-

4 Fünf Interviews enthielten keine ausreichenden Informationen zum Privatleben.

Abb. 7.2: Typen im Umgang mit entgrenztem Privatleben

Lebensgestaltung (Umgang mit entgrenzten Strukturen im Privatleben)	**Lösung:** Mobil, ungebunden, Entbindung	**C** Mobile Elite	**D** Mobiler Lebenskünstler
	Bindung: Lokal, gebunden, Verpflichtung	**A** Herrscher des Bodens	**B** Lebensmanager
		Konzentration auf **eigene Position** (Rücksichts-erwartung)	Orientierung an **Lebens-umgebung** (Anpassung)
		Sozialer Bezug (Umgang mit entgrenzten sozialen Beziehungen)	

grenzter bzw. mobiler Arbeit als am erklärungskräftigsten. Es ließen sich die folgenden vier Typen in der Privatlebensorganisation von Piloten unterscheiden:

- Typ A: Der *Herrscher des Bodens* baut sich ausgeprägte und permanente lokale Strukturen auf, wobei für ihn die eigene Performanz im Privatleben im Mittelpunkt steht.
- Typ B: Der *Lebensmanager* bindet sich stark in verbindliche lokale Strukturen ein und integriert sich auch sozial.
- Typ C: Die *Mobile Elite* setzt im Privatleben auf strukturelle Mobilität und Flexibilität und nutzt diese als persönliche Chance, wobei möglichst nur schwache soziale Bindungen eingegangen werden.
- Typ D: Der *Mobile Lebenskünstler* versucht eine hohe strukturelle Mobilität und Flexibilität und gleichzeitig längerfristig adressierbare, punktuell belastbare soziale Beziehungen aufrechtzuerhalten.

Privatleben – Herrscher des Bodens

Elf der 35 Interviewfälle, die ausreichend intensive Schilderungen des Privatlebens enthielten, wiesen in ihrem Umgang mit den Entgrenzungsaspekten ihres mobilen Berufs im Privatleben starke Bezüge zu dem ersten Typ auf. Dieser lässt sich durch eine lokalisierte Lebensgestaltung im Privatleben charakterisieren, die das Eingehen enger Bindungen und Verpflichtungen umfasst. Im Zentrum dieses Engagements bzw. Arrangements steht Typ A als Person selbst. Letzteres bedeutet unter anderem, dass er eher die Anpassung seiner (sozialen) Umwelt an die eigenen Bedürfnisse (z.B. die Anforderungen eines mobilen Berufs) fordert, als selbst flexibel auf seine Umwelt zuzugehen und sich anzupassen. Begründet wird dieses Vorgehen mit den Anforderungen seines mobilen Berufs. Das Privatleben von Typ A ist also durch Lokalität geprägt und lässt sich insgesamt (in Anlehnung an das arbeitsbezogene Pendant) als ‚Normallebensverhältnis' beschreiben. Typ A hat es (oftmals nach ein paar Jahren erhöhter Unsicherheiten) geschafft, seine Vorstellungen von Privatleben zu verwirklichen: Leben an einem zentralen Ort, verheiratet, Kinder, ein eigenes Haus, soziale Beziehungen zum lokalen Lebensumfeld und eventuell sogar Verwandtschaft in der Nähe etc. Dies geschieht bewusst auch vor dem Hintergrund der Anforderungen einer mobilen Arbeit.

> „Das Zigeunerleben, das wir da machen, ist ja so was von unbeständig, dass man irgendwo so einen festen Anker haben muss. Bei mir ist es natürlich meine Familie und Haus." (H01)

Dabei geht es also nicht nur um eine finanzielle Lebenssicherheit (z.B. mittels Immobilienbesitz), sondern auch um Sicherheit und Stabilität, die die Familie bietet. Diese zu einem großen Teil auf Regeneration zielende Absicherung steht für manche Piloten (vor allem Typ-A-Piloten – Arbeit) in einem Konflikt mit ihrer ‚fliegerischen' Karrierevorstellung bzw. mit Karriereoptionen, die ein sehr hohes Maß an raum-zeitlicher Flexibilität voraussetzen, wie zum Beispiel der Wechsel zu einer ausländischen Airline.

> „Ich habe Familie, zu der stehe ich, die möchte ich behalten. Das ist auch ein Ruhepol für mich. Die möchte ich nicht verlieren, nur wegen meinem Ego für ein großes Flugzeug. Und die würde ich verlieren, weil meine Frau, was soll die in Indien oder in Dubai? Die sitzt da und wartet auf mich und hat nach drei Monaten die Nase voll und haut ab. Ist doch klar!" (D04)

Auch wenn hier bezüglich Karrieremöglichkeiten im Ausland auf die Familie und deren Wünsche (bezogen auf Mobilität/Stabilität) Rücksicht genommen wird, geschieht dies dennoch vor allem auf Grund befürchteter Konsequenzen für die eigene Person: des Verlusts des wichtigen Ruhepols Familie. Neben der sozialen Sicherheit gibt es für den Typ A aber auch materielle Gründe, auf Karrieremöglichkeiten durch erhöhte private Mobilität, zum Beispiel durch Arbeit im Ausland, zu verzichten und auf Lokalität zu setzen.

> „Die Frage hab ich mir schon gestellt, aber die war schnell beantwortet, weil das Sozialpaket, was mir dieses Unternehmen bietet, ist eigentlich so gut, dass das Ego des Piloten schon freiwillig hinten ansteht." (D04)

Diese Interviewpassagen wurden als Beispiele gewählt, da sie die Art zeigen, wie Typ A sein Setzen auf Lokalität im Privatleben rationalisiert: durch eine selbstbezügliche Kosten-Nutzen-Kalkulation. Dieser Sozialbezug prägt das gesamte Privatleben des Typs A und zeigt sich am stärksten in der Gestaltung von Partnerschaft und Familienorganisation. Hier greift der (männliche) Typ A auf klassische Rollenzuschreibungen und traditionelle Formen zurück. Die Frau steigt spätestens mit der Geburt des ersten gemeinsamen Kindes vollständig aus dem (oftmals statusniedrigeren – z.B. Flugbegleiterin) Beruf aus und widmet sich ganz der Familienorganisation. Es geht nicht ‚nur' um die klassischen Aufgaben, die der Partnerin in einer solchen Arbeitsteilung im Privatleben zukommen, sondern zusätzlich auch um Entlastungstätigkeiten und erhöhte Rücksichtnahme, die sich aus der mobilen Arbeit des Piloten begründen. Die Legitimation für dieses Lebensmodell bezieht Typ A großenteils aus seinem beruflichen Status (symbolisiert durch die Höhe des Einkommens), den gesetzlichen und betrieblichen Rahmenbedingungen und den Anforderungen seiner mobilen Arbeit. Es ist nicht verwunderlich, dass keine der vier interviewten Pilotinnen primär auf diese Form der Privatlebensorganisation zurückgreift (bzw. zurückgreifen kann). (Drei der Pilotinnen entsprechen, bezogen auf das Privatleben, am ehesten dem Typ B und eine, die mit einem Piloten zusammen lebt, eher dem Typ C.)[5]

> „Die Frau muss halt sehr flexibel sein. Oder der Pilot oder der Mann selber. Einer von beiden muss sehr flexibel sein. Aber es ist zu schaffen. Außerdem ist es so, dass man vom Finanziellen her, denke ich mal, als Pilot genug Geld verdient, damit die Frau nicht mehr arbeiten braucht." (B01)

Die Partnerin übernimmt die Lebensorganisation, nicht nur in den Zeiten der Abwesenheit des Piloten, sondern auch in der gemeinsamen Freizeit. Die stark durch inhaltliche und raum-zeitliche Fremdplanung geprägte Arbeit von Piloten wird im Falle des Typs A konterkariert durch eine Externalisierung des Organisationsaufwands bei der Freizeitgestaltung. So wie in der Arbeit der Boden viel Organisationsaufwand abnimmt, übernimmt im Privatleben die Partnerin diese Aufgabe.

> „Meine Frau. Weil bei mir ist es schwierig. Ich komm dann nach Hause und sage dann nur so: ‚Termine?' – ‚Morgen machen wir das. Dann machen wir das. Dann gehen wir dahin. Dann sind wir mit denen verabredet.' Ja, und dann sind meine freien Tage auch schon wieder verplant." (H05)

Ein wichtiges Thema ist dabei die Aufrechterhaltung der gemeinsamen sozialen Kontakte, zu deren Organisation sich Typ A auf Grund seiner Arbeit nicht in der Lage sieht; zumindest in betrieblichen Hochphasen.

> „Ja, ich sag mal, meine Frau hält meine Sozialkontakte aufrecht im Sommer. Das ist völlig normal." (D04)

Insgesamt versucht Typ A zwar, seiner mobilen Arbeit ein lokalisiertes und stabiles Privatleben gegenüberzustellen, dennoch können bestimmte Mobilitätsanforderungen nicht gänzlich außen vor gehalten werden. Dies betrifft vor allem

---

5 Zum Genderaspekt siehe auch Abs. 11.2.1 und im Anhang Abs. 1.2 (Anhang downloadbar unter: www.edition-sigma.de/3589/WirPiloten_Anhang.PDF

die Zeitgestaltung und längerfristige räumliche Aspekte, wie zum Beispiel häufige Umzüge (D06). Bezüglich solcher Themen findet keine Abstimmung innerhalb der Familie statt. Es wird akzeptiert, dass die Arbeit des Typs A die Lebensplanung der gesamten Familie bestimmt.

> „Die Familie muss mitziehen. Also, das ist richtig. An die Familie stellt dieser Beruf einen Anspruch. Die leben das mit. Das ist klar." (G02)

Typ A unternimmt hier keine zusätzlichen Anstrengungen, die Eingriffe seitens seiner Arbeit zu begrenzen, und sieht sich dazu weder in der Pflicht noch in der Lage (D06). Im Gegenteil, er erwartet erhöhte Rücksichtnahme seines privaten Umfelds auf seine Arbeitszeiten, zum Beispiel durch eine antizyklische Alltagsgestaltung, und auf seinen Regenerationsbedarf, zum Beispiel seinen Ruhebedarf im Haus, keine Teilnahme an geplanten Unternehmungen etc. (G02).

Diese Haltung dehnt Typ A auf sein gesamtes privates Lebensumfeld aus. Die einseitige Rücksichtserwartung erzeugt hier jedoch Probleme. So gehen zum Beispiel Freunde mit anderen Berufen und Zeitstrukturen nach und nach verloren. Oftmals bleiben nur ein paar wenige, sehr sporadische Kontakte zu alten Freunden übrig, deren Pflege kaum mehr Aufwand bedarf. In der Folge verlegt sich Typ A auf die gemeinsamen Freunde, zu denen die Frau die Kontakte pflegt, oder auf lose Beziehungen zu Menschen aus statusähnlichen (mobilen) Berufen – allem voran anderen Piloten (B01). Innerhalb der Fliegerei besteht ein gegenseitiges Verständnis für unstete soziale Beziehungen und verminderte Zuverlässigkeit. Jedoch bleiben diese Kontakte auf einem eher oberflächlichen bis mittel-intensiven Niveau und beziehen sich vordringlich auf Arbeits- oder luftfahrtspezifische Themen. Auch gegenüber Institutionen bzw. Organisationen im Privatleben herrscht eine Anspruchshaltung in Richtung Rücksichtnahme auf die besonderen Bedingungen des eigenen Berufs vor, zum Beispiel bezüglich der Öffnungszeiten von Ämtern oder der Zeitstrukturen von Kindergärten und Schulen. Eine Anpassung an das eigene bzw. an das Zeitregime des Betriebes wird erwartet. Um Zeit mit den Kindern zu haben, wird dann schon einmal der Kindergarten oder die Schule geschwänzt. „Ich nehme mir das Recht, die einfach nicht ernst zu nehmen" (B03). Es ist eine für diesen Pilotentyp kennzeichnende Strategie, in der Privatlebensorganisation von allen Seiten Rücksicht auf die entgrenzten Arbeitsbedingungen zu erwarten. Dies geschieht, indem der Berufsstatus in die Familie und in das soziale Umfeld getragen und die Besonderheit des Berufes immer wieder betont wird. Dass es nicht alleine die arbeitsbedingte Mobilität sein kann, die diese Haltung legitimiert, zeigt der Vergleich mit Flugbegleitern. Diese können nicht auf dieselbe Weise wie der Typ-A-Pilot gegenüber ihrer privaten Umwelt auftreten. Vielmehr sind es wohl eher das hohe Einkommen und der männlich konnotierte Berufsstatus, die diese Machtstellung im Privatleben ermöglichen.

Mit dieser Form der Einbettung arbeitsbedingt mobiler bzw. entgrenzter Arbeit in der Privatlebensorganisation gehen aber auch einige Gefahren einher. Allem voran sind hier Veränderungen zu nennen, die das klassische Modell des männlichen Alleinverdieners bzw. ‚Ernährers' gefährden. Auch im Luftverkehr nehmen Arbeitsplatzsicherheit und Verdienstmöglichkeiten ab (siehe Abs. 8.2). Neben den strukturellen Zwängen sorgen zudem veränderte Werthaltungen und Erwartungen dafür, dass nicht mehr ganz so leicht auf dieses Modell zurückgegriffen werden kann. Letztlich kann ein Zusammenhang zwischen der Haltung des Typs A als ‚Alleinherrscher am Boden' (und nicht nur als ‚Herrscher der Lüfte') und den genannten erhöhten Scheidungsraten und Vereinsamungstendenzen unter Piloten vermutet werden.

Privatleben – Lebensmanager

Neun der 35 interviewten Piloten mit Privatlebensbezug entsprachen in ihrem Umgang mit mehrfach entgrenzten Bedingungen in ihrem Privatleben weitestgehend dem Typ B. Dieser weist sich – in seiner zugespitzten Form – dadurch aus, dass er sich zum einen sehr tief in dauerhafte lokale Strukturen einbettet und sich zum anderen in diese verbindlich sozial integriert. „Der Ankerpunkt überhaupt ist die Familie" (A01), und nicht nur die Familie: Der „Ankerpunkt ist ein funktionierender sozialer Bereich" (A01) insgesamt. ‚Verankerung' wird als wesentlich empfunden. Mit „Familie" ist im Fall von A01 die im eigenen Haus versammelte Kernfamilie gemeint und der funktionierende soziale Bereich erstreckt sich über die direkte Nachbarschaft. Die sozialen Beziehungen sind also lokal angelegt und werden als bedeutend für die Lebensqualität eingeschätzt. Dies zeigt sich vor allem bei der Wahl des Wohnorts – den Typ B nicht abhängig macht von dem (möglicherweise veränderlichen) Stationsort. Typ B lokalisiert sich – zum Beispiel über den Erwerb eines Eigenheims – vordringlich in der Nähe von bereits bestehenden sozialen Strukturen, wie zum Beispiel Eltern, Schulfreunde etc., etwa an dem Ort, an dem er aufgewachsen ist (H05).

> „Es zieht mich nichts hin. Ich habe zum einen mal gesagt, ich bin froh, dass ich es geschafft habe, in den letzten zehn Jahren meinen festen Freundeskreis zu halten und sogar noch auszubauen. Ich wohne in [...] einer Stadt, die jetzt nicht wirklich superschön ist, aber das ist meine ... Da bin ich zur Schule gegangen, da sind auch meine Schulfreunde. Meine Eltern wohnen mittlerweile wieder in [einer anderen Stadt], die mir viel, viel mehr gefallen würde als irgendeine ... All diese Dinge zwingen mich jetzt eigentlich nicht unbedingt zum Weggehen oder ... Im Gegenteil, die bringen mich eher dazu, zu sagen: ‚Ich bleibe lieber hier.'" (H04)

Auch wird die freie Zeit an den arbeitsbedingten Aufenthaltsorten nicht als vollwertige Freizeit empfunden. Für den Typ B geht der Reiz schöner Hotels und toller Orte etc. schnell verloren. Er möchte seine Freizeit lieber zu Hause verbringen.

„Hotelleben ist unangenehm auf Dauer, weil man hat überhaupt nichts Eigenes. Also ich weiß nicht, also irgendetwas ist immer: Draußen saugen die, dann klopfen die vom Housekeeping. Man kann ja auch nichts da lassen, d.h. man ist ja ständig mit seinem kompletten Gepäck unterwegs, weil man ja auch nicht ein Buch oder irgendetwas mal im Regal stehen lassen kann oder so etwas, was Persönliches. Man muss sogar immer damit rechnen, wenn man an so einem Tag mal auswärts strandet, dann kommt auch noch jemand vom Hotelpersonal und fängt an, die Sachen zusammenzupacken, weil die natürlich ihr Zimmer gern anderweitig weitervermieten möchten. Das heißt, man muss auch noch täglich damit rechnen, dass, was ja eh schon relativ öffentlich ist, jetzt jemand so richtig physikalisch in den eigensten Sachen drin rumwühlt. Also ich meine, das kommt ja noch erschwerend hinzu, abgesehen davon, dass man ja in so einem Hotelzimmer erstens nichts Eigenes hat, zweitens, wenn man das mal so auf Dauer durchdenkt, wie viel Leute da drin schlafen in solchen Betten.“ (C01)

Deshalb versuchen die diesem Typ zugeordneten Personen, Streckenprofile und Dienste so zu beeinflussen, dass man möglichst zu regelmäßigen Zeiten wieder zu Hause ist. Stabile Pläne und Arbeitszeiten, wie sie in anderen Berufen üblich sind, werden angestrebt und nicht wie von den anderen Typen als untypisch für die Luftfahrt abgelehnt. Regelmäßigkeit und Planungssicherheit sind für Typ B sehr wichtig, um die angestrebte Stabilität im Privatleben zu ermöglichen. Die Schichtarbeit wird nicht als Vorteil gesehen. Im Gegenteil, alle betrieblich zur Verfügung gestellten Einflussmöglichkeiten auf die Einsatzpläne werden genutzt, um die eigenen Arbeitszeiten mit dem sozialen Umfeld zu synchronisieren (B08). Zum Beispiel werden Off-Tage gerne für das Wochenende angefragt. Und es wird versucht, wichtige private Termine freizuhalten (z.B. Geburtstag des Kindes). Ziel ist eine zeitliche Synchronisierung mit Normalarbeits- bzw. Normallebensverhältnissen oder zumindest eine Angleichung an diese. Da dies selten vollständig möglich ist, nimmt Typ B auch die verschiedenen Teilzeitangebote der Airlines häufiger wahr (auch die männlichen Piloten dieses Typs).

Auf Grund des Bedarfs nach intensiven und verlässlichen sozialen Strukturen im Privatleben erkennt Typ B die Belange der sozialen Umwelt an und berücksichtigt diese stark in der eigenen Lebensplanung. Dies zeigt sich gut am Umgang des Typs B mit Partnerschaft. Sie wird möglichst als gleichwertige Partnerschaft gestaltet, zum Beispiel was die Familien- und Haushaltsorganisation und auch die berufliche Entwicklung angeht. Die Partner von Piloten dieses Typs sind oft ebenfalls berufstätig. Teilweise steckt der Pilot mit Rücksicht auf die Karriere des Partners und das Familienleben zurück. (Dies kann bis zum Ausstieg aus dem Beruf gehen.) Dabei geht es vor allem darum, die Folgeerscheinungen der eigenen berufsbedingten Mobilität nicht auf Partner und Familie abzuwälzen, zum Beispiel wenn es um arbeitsbedingte Umzüge geht:

> „Wenn ich dann vielleicht auch mehr und mehr Langstrecke fliege, dann ist es eigentlich egal, wo man wohnt. Dann kann meine Frau auch in [Stadt] bleiben, wo wir unsere Freunde, Bekannte und Verwandte haben und unser Haus. Insofern bleiben wir jetzt auf jeden Fall in [Stadt] und gucken erst mal, wie es weitergeht." (H05)

Ein wesentlicher Aspekt der Partnerschaft zwischen Mobilen und Residenten ist das Erkennen und die Wertschätzung der speziellen Belastungen, die mit der Abwesenheit eines Partners einhergehen. Typ B erwartet vom „zu Hause Zurückgebliebenen" keine Kompensationsarbeit, im Gegenteil, als Mobiler sieht er sich in der Pflicht, sich verstärkt einzubringen (C01). In der Realität lässt sich jedoch beobachten, dass auch Piloten, die sich insgesamt von der Tendenz her Typ B zuordnen lassen, dennoch gewisse Arbeiten auf das soziale Umfeld abwälzen. Und auch klassisch gegenderte Arbeitsteilungen werden nicht vollständig vermieden. Zumindest jedoch erkennen sie diese Aspekte oft, wie die nachfolgende Interviewpassage zu einem Pilotenpaar zeigt (wo zuerst der männliche Partner geflogen ist und jetzt die Partnerin fliegt):

> „Also meine Frau kennt natürlich dieses Zurückbleiben über viele Jahre und das hat ihr Probleme gemacht. Also das fand sie nicht gut. Und vielleicht ist es auch so, dass sie sich ganz anders verhält als ich, vielleicht. Sie ist sehr aktiv und vielleicht ist sie schon in ihrer Vorschau, dass sie schon viele Sachen schon so organisiert, dass [...] für den, der zurückbleibt, gar nicht mehr so viel da ist. Also ich würde das eher sehen, dass meine Frau da einen ganz hohen Anteil hat, dass es einfach besser, emotional besser ist. Aber es ist trotzdem irgendwie blöd, diese Situation." (G01)

Die Passage verdeutlicht nicht nur typisch gegenderte Praktiken im Umgang mit familiärer Arbeitsteilung, sondern betont auch die Organisationsarbeit, die mit Mobilität einhergeht. In dem Interview berichtet G01 von seinem schlechten Gewissen gegenüber seiner Frau, als diese zu Hause zurückbleiben musste. Nun bleibt er zurück und sieht, wie viel Arbeit das ist. Er stellt aber fest, dass er nun weniger Arbeit hat als seine Frau damals, denn sie kümmert sich trotz ihrer berufsförmigen Mobilität um zentrale Dinge der gemeinsamen Lebensorganisation. Sie zeigt dabei eine Kompetenz, mit Mobilität umzugehen, die die meisten ihrer (überwiegend männlichen) Kollegen nicht erreichen. Als Mobile bzw. Multilokale sieht sie sich in der Pflicht, das Verlassen des gemeinsamen Lebensorts so zu organisieren, dass er fair an den Lokalen übergeben werden kann. Auf diese Weise werden typische Schnittstellen- und Abstimmungsprobleme innerhalb von Familien vermieden.

Partnerschaft und Familie besitzen für Typ B einen sehr hohen Stellenwert. Allgemein investiert dieser Pilotentyp sehr viel Energie in sein Privatleben; sei es, um Mehrbelastungen anderer zu vermeiden oder um möglichst viel gemeinsame Zeit zu verbringen. Oftmals geht dieser Anspruch auf Kosten der notwendigen und gesetzlich zugesicherten Regenerationszeit; zum Beispiel wenn Piloten versuchen, ihre Zeitstrukturen mit der Familie zu synchronisieren.

> „Ja, da leidet es drunter. Ich weiß das genau, wenn man müde ist, man ist nicht ... Wir haben auch zwei kleine Kinder und die dürfen keinesfalls drunter leiden. Jetzt leidet meine Nachtruhe darunter. Das heißt, wenn ich jetzt vom Flughafen komm und um zwei Uhr in der Früh ins Bett gehe, ich stehe da trotzdem um halb sieben auf, damit ich mit denen am Frühstückstisch sitzen kann." (D07)

Typ B steckt auch viel Engagement in seine anderweitigen sozialen Kontakte, wie Freundschaften. Es geht darum, Vereinsamung aktiv entgegenzuwirken und soziales Leben im Privatleben zu ermöglichen. Die monatliche (teilweise instabile) Zeitplanung mit wechselnden Einsatzzeiten und Arbeit an Wochenenden erschwert jedoch viele Optionen im Privatleben von Piloten: Treffen, Geburtstage, Vereinstätigkeiten, Gemeinschaftssport etc. Typ B erwartet nicht, dass sich sein soziales Umfeld an seinen Beruf und seine Lebenskonzeption anpasst, und fordert keine Rücksicht ein. Im Gegenteil, er versucht, die erschwerten Bedingungen durch erhöhte Eigeninitiative, aber auch durch einen gewissen Raubbau am eigenen Körper zu kompensieren.

> „Was somit auch jedem passiert, wo mit Sicherheit sich rauskristallisiert, was wirkliche Freunde sind und ... na ja. Für die macht man das schon mal eher, versucht das hinzubiegen, anstatt zu sagen: ‚Ne, heute bleibst du auf der Couch liegen, du bist eigentlich müde.' Oder man quatscht mal irgendwo, wenn man jetzt so in Handy-Reichweite ist. So aus Übersee, das wird dann schon ein bisschen teuer, aber man telefoniert halt, wenn man in [einer Stadt] oder, was weiß ich, in [einer anderen Stadt] im Hotel sitzt. Muss man aber auch." (H04)

Gerade auf Grund der körperlichen Belastungen in der Arbeit (langes Sitzen, Awareness trotz Routine, trockene Luft, gegebenenfalls Zeitverschiebung etc.) fällt es Piloten schwer, nach der Arbeit zu Hause noch „den Hintern von der Couch hoch zu bekommen" und durch Telefonieren die sozialen Kontakte zu pflegen oder wegzugehen. Dennoch nimmt Typ B die sozialen Beziehungen bewusst wichtiger als sein Regenerationsbedürfnis.

> „Da muss man sich manchmal zusammenreißen und sagen: O.k., du zwingst deinen Körper jetzt einfach wieder in die Zeitzone rein. Du begehst ein bisschen Raubbau an deiner Müdigkeit und gehst halt trotz allem weg." (H04)

Die erhöhte Eigeninitiative und Aktivität des Typs B in Bezug auf private soziale Beziehungen trifft auch auf die Zeit während der Aufenthalte zu; vor allem in Form medienvermittelter Kommunikation. „Wenn man jetzt im Hotel sitzt und sich da noch mal aufzuraffen, Telefonate zu führen" (H04).

Das spezielle Arrangement des Typs B, die multiplen Faktoren arbeitsbedingter Entgrenzung strukturell und sozial in Stabilität und Verpflichtung einzubetten und dadurch zu begrenzen, erfordert erhöhte Flexibilität und Mobilität vom Mobilen selbst.

> „Also meine Meinung zu dem ganzen Thema ist: Man sucht sich einen Lebensmittelpunkt – ‚Wo will ich leben?' – und danach richte ich mir die Arbeit aus. Weil was hätte ich davon, wenn ich hier einen Job in [Stadt] habe und muss hier meine drei freien Tage absitzen, wenn ich da nicht wohnen will, wenn ich kein soziales Umfeld habe?" (D07)

Wie Immobilität eine notwendige Bedingung für Mobilität ist, bedarf auch umgekehrt Stabilität (z.B. des Arrangements im Privatleben) eines gewissen Maßes an Flexibilität. Dies äußert sich zum Beispiel in der hohen Wahrscheinlichkeit, dass Typ B zwischen dem Stations- und dem Wohnort pendelt bzw. pendeln muss. Die interviewten Piloten, die diesem Typ zugeordnet wurden, pendeln vor den Flügen (teilweise über Ländergrenzen hinweg) mit dem Pkw oder auch mit dem Flugzeug. Dabei wird zum Teil die vorgeschriebene Zeit von maximal einer Stunde Entfernung zum Stationsort[6] weit überschritten. Typ B reduziert lieber seine Arbeitszeit durch Teilzeit und verzichtet auf Karriere, verbesserte Arbeitsbedingungen und Prestige (fliegt z.B. Kurz- anstelle von Langstrecke), als durch einen zweiten Wohnsitz am Stationsort oder einen Umzug die Belastungen des Pendelns zu reduzieren (B08, C01, E01). Insgesamt lagert Typ B die Ansprüche seiner Umwelt auf Zuverlässigkeit, Stabilität etc. nicht seiner eigenen entgrenzten Arbeit nach, sondern macht es beiden Sphären durch erhöhte Eigenleistung und Selbstbeschränkung recht. Oftmals geht dies auf Kosten von Regenerationsmöglichkeiten bzw. letztlich der Gesundheit. Je nach Aufwand, der mit der individuellen Vermittlungsleistung zwischen Arbeit und Privat einhergeht, stellt sich mit zunehmender Dauer und zunehmendem Alter für den Typ B immer dringlicher die Frage, wie lange diese Routinen noch aufrechterhalten werden können.

> „Also ich merk das jetzt, diese Leistungsfähigkeit, was ich mit 26 machen konnte, [Ausland] fliegen und dann nach [Stadt] heimgefahren, das würde ich heute nicht mehr bringen können, glaub ich." (D07)

Dennoch kann prinzipiell gesagt werden, dass Piloten dieses Typs über eine, mit Blick auf die Belastungen, erstaunlich hohe Grundzufriedenheit verfügen. Sie empfinden die Organisation ihres Privatlebens als gelungen, auch vor dem Hintergrund ihres Berufs. Sie beobachten aber auch Tendenzen in ihrer Arbeit, die dieses Teilarrangement gefährden, und blicken zum Teil mit Sorge in die Zukunft.

> „Ja, besser geht es nicht. Man muss das jetzt genießen, solang es geht, denn man weiß nicht, was da noch kommt." (D07)

---

6 Bei dieser Regelung geht es nicht nur um den möglichst (zeitlich) flexiblen Personaleinsatz, sondern vor allem um die körperliche und geistige Fitness.

Verstärkte betriebliche Rationalisierungsmaßnahmen (z.B. in Richtung eines flexibleren Personaleinsatzes), verschärfte Marktbedingungen, häufigere Unternehmensumformungen und gelockerte gesetzliche Rahmenbedingungen bergen ein hohes Gefahrenpotenzial für das bereits stark belastete Privatlebensarrangement des Typs B. Der Verlust an sozialer Einbindung und die Entfremdung von lebensweltlichen Themen ist für Typ B die zentrale Gefahr des mobilen bzw. multipel entgrenzten Arbeitens und Lebens.

> „Und zwar kann ich sagen, dass eine Entwurzelung stattgefunden hat. Es gibt einige Menschen, mit denen man noch regelmäßig Kontakt hat über Telefon, aber es ist mittlerweile so, dass unsere Freunde vergrault sind. Und man sieht sie vielleicht ein- oder zweimal im Jahr, wenn es hoch kommt. Und sonst läuft das alles über den Draht." (G01)

Privatleben – Mobile Elite

Zehn der 35 zuordenbaren Interviews entsprachen dem Typus C. Ähnlich wie Typ A leiten diese Piloten die hohen Mobilitätsanforderungen ihrer Arbeit größtenteils an ihre private Umwelt weiter. Jedoch umgeben sie sich in ihrem Privatleben weit weniger mit festen Strukturen, als dies beim Typ A der Fall ist. Im Gegenteil, sie stehen den Entgrenzungsaspekten ihrer mobilen Arbeit auch im Privatleben offen gegenüber und versuchen diese umfassend zu nutzen. Insgesamt wird der Mobilitätsaspekt der Arbeit positiv gesehen und die Möglichkeiten, die mit dem mobilen Beruf einhergehen, werden als individuelle Chancen begriffen. Vor allem wird die Abwechslung genossen, die der Beruf bietet: unterschiedliche Arbeitszeiten, Freizeit an verschiedenen Orten, wechselnde Kollegen etc.

> „Sehr viel unterwegs. Man kann eine Menge Ziele, eine Menge Länder, eine Menge Städte kennen lernen. Man hat ständig mit neuen Leuten zu tun, in einem neuen Team zu arbeiten. Man hat ja keinen alltäglichen ... also nicht jetzt wie so ein Bürojob. Also es ist immer wieder etwas Neues und das finde ich wirklich toll." (F01)

Die lange Abwesenheit wird durchaus als positiv gesehen. Typ C wünscht sich in der Regel auch aus privaten Gründen die Langstrecke mit möglichst langen Aufenthalten an fernen Orten (H08). Aber auch ohne Phasen der längeren Abwesenheit stellen die unregelmäßigen Zeiten für Typ C einen Vorteil für die individuelle private Lebensgestaltung dar. Positiv wird gesehen, auf Grund des Schichtsystems zu Zeiten einkaufen, auf Ämter oder zum Baden gehen zu können, „wenn andere arbeiten müssen" (A02). Zudem ermöglicht es das relativ hohe Einkommen, diese Freizeit auch konsumintensiv zu nutzen.

> „Mein Wochenende wird von der Crewplanung bestimmt, nämlich dann, wenn ich zwei oder drei Tage am Stück frei habe. Dann habe ich mein persönliches

Wochenende. Umgekehrt merke ich dadurch nicht den Monat. Ich merke nicht, wenn der Monat anfängt oder aufhört, höchstens am Geldbeutel und auf dem Konto, wenn das Geld weg ist. Aber ich merke es nicht aufgrund der Wochentage. Und das finde ich persönlich, ist für mich persönlich eine Lebensqualität, dass ich mich nicht so eingeengt fühle. Das ist aber Geschmackssache auch. Das empfinde ich als Luxus, nämlich als Flexibilität. Ich muss mir keinen Tag frei nehmen, wenn ich einen Behördengang habe oder so, weil da gucke ich einfach, wann habe ich in der Woche wieder einen Off-Tag, und kann dann zur Behörde gehen. [...] Nein, als absolute Freiheit nehme ich das wahr." (H03)

Die relativ kurzfristige raum-zeitliche Fremdplanung durch den Betrieb (Dienstplan) wird als individuelle Freiheit und persönlicher Luxus empfunden. Sie entlastet sogar so weit von privatem Planungsaufwand, dass auf eigene längerfristige Planungen größtenteils verzichtet werden kann. Private Termine werden nur punktuell in die betriebliche Planung eingefügt. Denn „das gesamte Privatleben oder das familiäre Leben, das soziale Leben richtet sich im Prinzip nach diesem Dienstplan" (F03). Auf eine etwas weniger euphorische Weise beschreibt die nachfolgende Interviewpassage denselben Umstand:

„Wir können aber vier Wochen im Voraus schauen und da schreib ich mir aktuell tatsächlich – ich habe keinen Kalender mehr, sondern das ist dann mein Kalender, und da schreib ich mir zum Beispiel rein an den Tagen, wo ich Sport mach, wo ich meine Partnerin sehen kann, wo ich mal beim Neffen bin, wo ich meine Eltern sehe. Jetzt hab ich natürlich auch Bereitschaftsdienste, d.h. wenn da natürlich wieder was kommt, gerade auf der Langstrecke, dann ist man halt auch mal eine Woche weg. Das heißt, die Tage, die danach vielleicht frei waren, die sind weg. Und also das ganze Umfeld plant sich immer um deinen Dienstplan. Das erfordert halt, dass man sehr viel aufgibt." (H08)

Typ C sieht die arbeitsbedingten raum-zeitlichen Flexibilitätsanforderungen insofern nicht als Problem an, als sie für ihn eindeutig Priorität haben. Zum einen werden die Spielräume und Möglichkeiten des arbeitsbedingt entgrenzten Privatlebens genutzt, zum anderen steht fest, dass sich das soziale Umfeld bzw. die gesamte eigene Lebenskonzeption an diese Strukturen anpassen müssen. Es geht um die Erwartungen, die ein Pilot an sein Privatleben stellen kann, und um geeignete Lebensweisen, zum Beispiel um Fragen wie: Welche Hobbys sind möglich? Wie sollten Partnerschaft, Familie, Freundschaften etc. gestaltet werden? Der Typ C verfolgt hier die Strategie, potenziellen Abstimmungsproblemen dadurch aus dem Weg zu gehen, dass er möglichst wenige einschränkende Verbindlichkeiten eingeht. So pflegt er in der Regel eher lose soziale Beziehungen – ganz im Gegensatz zum Typ A (I01). Dieses Vorgehen ermöglicht ihm auch im Privatleben eine hohe Mobilität, sowohl kurzfristig in Bezug auf die betriebliche Einsatzplanung als auch längerfristig zum Beispiel bezüglich karrierebedingter Umzüge. Letzteres geschieht natürlich auch, um längeres Pendeln zu vermeiden. Auf diese Art schont sich Typ C auf der privaten Seite (im Hinblick auf lebensweltliche Anforderungen), um in der Folge auch im Privatleben offen für arbeitsbedingte Entgrenzungsanforderungen zu sein. Entsprechend gestaltet er auch sein persönliches Arrangement im Privatleben mit Blick auf die eigenen individuellen beruflichen und privaten Entwicklungsziele.

> „Manchmal bin ich von der Tendenz so, dass ich sage, das ist mein Leben. Also mache ich erst mal das, wo ich zu Lust habe. Sobald Kinder da sind, geht das nicht mehr. Also bin ich sehr vorsichtig mit Kindern.“ (H08)

Natürlich vermeiden nicht alle Typ-C-Piloten Nachwuchs, zumindest nicht auf Dauer. Aber diese Interviewpassage macht am Beispiel Kinder deutlich, worum es diesem Pilotentyp geht: die Möglichkeiten des Lebens in Mobilität zu nutzen und Einschränkungen im Privatleben aus dem Weg zu gehen. Vorrang hat die persönliche Selbstentfaltung. Die Arbeits- und Lebensbedingungen eines mobilen Berufs werden dabei durchaus als Chance begriffen.

> „Also ich sag es andersrum. Für mich wäre es ein Horror, wenn ich den Beruf aus irgendeinem Grund nicht mehr ausüben dürfte und müsste jeden Abend zu Hause sitzen. Das darf man eigentlich der Partnerin auch nicht so direkt sagen, aber ... Ne, also ich find es toll, rumzukommen.“ (F07)

Was bedeutet dies nun übertragen auf Partnerschaft für den Typ C? Ebenso wie die Privatlebensorganisation des Typs A wird die des Typs C von keiner der vier interviewten Pilotinnen gewählt. Jedoch rekurriert der Typ C nicht ausschließlich auf das klassische Familienmodell (wie Typ A), sondern ihm steht noch eine Vielzahl weiterer Konzepte zur Verfügung, um Partnerschaft so zu arrangieren, dass sie seinen Anforderungen und Vorstellungen entspricht, zum Beispiel mobile Paarbeziehungen oder lose (Fern-)Beziehungen.

Im Fall des männlichen Alleinverdienerhaushalts geht es (im Vergleich zum Typ A) nicht nur um eine erhöhte Rücksichtnahme auf Grund der mobilen Arbeit, sondern auch um konkrete Kompensationsarbeit. Die Folgen der von Typ C ja gewollten verstärkten Abwesenheit werden, wo es geht, an das Umfeld weitergereicht. Für Partnerschaft bedeutet dies, dass die Partnerin die komplette Haushalts- und Familienorganisation übernimmt (G03). Auch eher männlich konnotierte Restarbeiten der Haushaltsorganisation (z.B. handwerkliche Dinge) werden mit dem Verweis auf die mobile Arbeit der Partnerin überlassen.

> „Die Frau muss so weit, ich sage immer, ein Wirbelwind sein, dass sie alles alleine macht. Ja, wenn da der Wasserhahn tropft oder die Waschmaschine da nicht will, dann muss sie das alleine klären. Da ist kein Mann zur Verfügung.“ (G03)

Typ C verstärkt diesen Umstand oftmals noch, indem er auch im Privatleben mobil ist und sich dadurch von solchen Arbeiten fernhält (F03). Natürlich werden auch hier, wie im Fall des Typs A, die privaten sozialen Kontakte von der Partnerin aufrechterhalten. Die Residente zu Hause muss letztlich die Folgeprobleme der Mobilität des Partners durch Mehrarbeit kompensieren und damit die Basis für dessen Mobilität schaffen. Dies erfordert sehr viel Toleranz.

> „Man ist an bis zu zwanzig Tagen unterwegs im Monat. Man braucht da sehr viel Toleranz von dem Partner oder dann der Familie – wenn man hat. Weil man einfach zu gewissen Tagen oder zu gewissen Zeiten, wenn man vielleicht gebraucht wird, auch mal nicht da ist.“ (F01)

Typ C erwartet diese Toleranz von seiner Partnerin auch. Sie muss mitspielen. Deshalb ist es am besten, sie kommt ursprünglich aus der Fliegerei (in der Regel Flugbegleiterin) und weiß, worauf sie sich einlässt.

> „Das muss sich einspielen mit der Familie, weil sonst ... Also wenn eine Frau einen Piloten heiratet, muss sie eigentlich entweder aus dem Geschäft kommen und wissen, was er tut, oder es ist im Vorfeld geklärt worden.“ (G03)

Da Typ C seine raum-zeitlich entgrenzte Arbeit und auch deren Folgen für das Privatleben genießt, ist es eine durchaus naheliegende Strategie, Paarbeziehungen mit ebenfalls mobil Arbeitenden einzugehen. Im Luftverkehr bringen (zumindest statusungleiche) Beziehungen innerhalb des fliegenden Personals im selben Unternehmen (und am selben Standort!) große Vorteile mit sich. Durch die Nutzung verschiedener Einflussmöglichkeiten auf die Einsatzpläne (Request von Off-Tagen, gemeinsamen Flügen etc.) können die jeweiligen Arbeits- und Freizeiten synchronisiert werden. Auf diese Weise können die Vorteile der Mobilität zumindest zum Teil auch im Privatleben zusammen genossen werden. Sobald jedoch gemeinsame (lokal gebundene) Verbindlichkeiten entstehen, wie zum Beispiel Nachwuchs, wandelt sich dieses Konzept, legitimiert durch Einkommensungleichheiten, in der Regel in das oben genannte klassische Familienmodell.

> „Also der Vorteil ist, weil wir halt zusammen fliegen, hat der eine für den Beruf des anderen Verständnis. [...] Und deswegen, dass das erst mal die nächsten Jahre alles so weiterläuft. Und ich würde mir da schon wünschen, irgendwann eine Familie zu gründen. Und sie würde natürlich dann aufgrund auch der Kindeserziehung und so dann weniger fliegen, als ich es tun würde. Das ist natürlich alles eine finanzielle Frage.“ (H03)

Für den Typus C ist diese „finanzielle Frage“ jedoch nur ein vorgeschobener Aspekt. Er würde nie die Vorteile seiner mobilen Arbeit für die Karrieremöglichkeiten der Partnerin aufgeben. Mehrere Interviewpassagen zu Paarbeziehungen zwischen Piloten unterstreichen die Existenz einer solchen Tendenz. Sie betonen alle den hohen Abstimmungsbedarf, die wenigen gemeinsamen Zeiten und die daraus folgenden Konflikte. Vor allem Beziehungen zwischen Piloten aus verschiedenen Unternehmen bedeuten einen immensen Mobilitätsaufwand, wie H08 berichtet. „Wir haben uns in Kairo getroffen, oder in Bangkok. Also wenn ich ihr nachgereist bin und das macht einen fertig“ (H08). Seine Beziehung zu einer Pilotin ist nach seinen Angaben an der hohen „geistigen und körperlichen Belastung“ (H08) gescheitert. Aufgrund der Statusgleichheit musste er sich zumindest teilweise auch ihren Zeiten anpassen. Aktuell ist er in einer Beziehung zu einer Flugbegleiterin im selben Unternehmen, jedoch wird auch diese Beziehung aufgrund des Aufwands als gefährdet angesehen. Er präferiert letztlich das klassische Modell mit einer lokalen Partnerin, die sich seinen Zeitstrukturen anpassen kann:

> „Würde ich das rationell entscheiden, würde ich sagen, jemanden, der einfach hier in der Stadt ist und wo nur einer unterwegs ist. Da weiß ich wenigstens, wenn ich nach Hause komme, dann sieht man sich wenigstens.“ (H08)

Aber auch wenn diese klassische Aufteilung von der Partnerin akzeptiert wird, können andere Probleme folgen. Gerade der Typ C, der die Möglichkeiten seiner Mobilität auch im Privatleben nutzt, ist anfällig für die sozialen Gelegenheiten, die sich ihm bieten (I01). Außerpartnerschaftliche Beziehungen und Affären sind nicht selten. Gleichzeitig wird aber auch von Erfahrungen berichtet, dass die zu Hause zurückgebliebenen Partnerinnen die Abwesenheit ebenfalls für weitere Beziehungen neben der Partnerschaft nutzen können. Es scheint dem Typ C in einem relativ geringen Maße möglich zu sein, vertrauensvolle soziale Beziehungen aufzubauen. Dazu die passende Beobachtung eines Typ-C-Piloten:

> „Jetzt sind die natürlich zur selben Zeit mit ihren Freundinnen zusammengezogen. Aber wenn die Leute, sagen wir mal, jetzt sind sie eine Zeitlang gebunden, dass die aufregende Geliebte, Ehefrau, was auch immer, hat irgendwann Kinder ... je nachdem, wie Kommunikation da stattfindet oder auch wie die damit umgehen, ich beobachte das auch gelegentlich, auf einmal wird die aufregende Geliebte zum relativ reizlosen Partner. Das ist alles so normal. Es gibt nicht mehr so: ‚Hey, du bist aber ein Guter.‘ Und weil ich glaube, man muss schon ein bisschen egoman sein, diesen Beruf auch zu ergreifen. Ich mein, wie hier: ‚Mensch, du bist aber ein Guter.‘ Das gibt es aber nicht mehr. Hier sehen die Jungs mit 40, 45 eigentlich noch recht gut aus, sind gut am Verdienen, dauernd die Mädels, die alle wirklich natürlich dann ausgesucht sind, auch repräsentabel zu sein. Und da fällt es vielen sehr schwer, da an sich zu halten. Und da geht auch ... Ist grade bei einem Kollegen, das hab ich so wirklich mitgekriegt im Laufe der Zeit eben, auf einmal ist das aufgeflogen. Dann die Versuche, doch wegen der Kinder diese Ehe zu kitten.“ (D03)

Teilweise wird dieser Umstand auch reflektiert und es werden bewusst nur lose Beziehungen, reine Zweckgemeinschaften oder auf großer Toleranz basierende Partnerschaften gepflegt. Diese reichen von Fernbeziehungen mit gelegentlichen monatlichen Treffen (A02) bis zu Familienmodellen, bei denen der Vater über Jahre nur maximal fünf Tage im Monat zuhause ist (auf Grund von Auslandsarbeit) (D01).

Diese unsicheren Bedingungen stellen vor allem junge Piloten teilweise vor nicht unerhebliche Probleme auf der Suche nach einem passenden eigenen Privatlebenskonzept, wie H08 im Folgenden eindringlich schildert:

> „Die Alternative wäre tatsächlich, ich behalte mir immer die Wohnung. Also das war jetzt so mein Traum. Die habe ich knapp vor einem Jahr renoviert und aufgebaut. Die werde ich immer behalten, weil ich immer so einen Zufluchtspunkt in [Stadt] haben möchte. Aber ich kann mir auch vorstellen ein Leben, in dem ich alleine bin, ohne feste Partnerin. Und dann die Firmen öfter wechseln. Das heißt, ich würde wahnsinnig gerne mal in Australien fliegen, halt von der Airline. Oder einer meiner Favoriten wäre jetzt [internationale Airline], also von [Ort im Ausland] aus zu fliegen, Langstrecke. [...] Alles, bis auf Frauen und Kinder. Es gibt auch einen, der sagt selber von sich, der ist zu egoistisch – ja – für Kinder und Frau. Der sagt: ‚Brauche ich nicht.' Und ja, der andere eben auch, der verlassen wurde von einer. Der musste da auch sehr viel Geld abdrücken – ja. Der hat einfach mit Frauen keinen Kontakt mehr. Der hat sich jetzt ein paar [Sportwagen] gekauft und so, und das sind jetzt seine Schätzchen. Ein wahnsinnig netter Kollege. Aber die sind halt dann alle, die haben halt dann alle mal einen Knacks weg." (H08)

Gleich darauf zeichnet er das Gegenmodell – das klassische Familienmodell mit einer lokal verorteten Partnerin, was die Nähe der Typen A und C in ihrem sozialen Bezug zu anderen, aber auch die Unterschiede der zwei Typen im Umgang mit struktureller Entgrenzung im Privatleben plastisch vor Augen führt:

> „Also ich stelle mir es schon so ganz klassisch vor. Ich bleibe bei der [Airline] und werde irgendwann mal Kapitän, habe dann hier Wohnung oder Häuschen, verheiratet, habe Kinder und irgendwann fängt meine Frau auch wieder an zu fliegen. Wenn sie mal meine Frau wird. So nach dem Motto. Aber da sind so viele Variablen drin. Und ganz viele Kollegen raten mir davon ab. Weil die sagen definitiv: ‚Mache es nicht!' Weil denen allen irgendwann die Ehe kaputt gegangen ist." (H08)

Der Pilot schildert hier den grundsätzlichen Konflikt zwischen zwei Leitmotiven: Selbstverwirklichung und Karriere in der Mobilität versus Familie und Lokalität. Manche von den Kollegen, mit denen sich H08 umgibt, raten ihm aufgrund ihrer schlechten Erfahrungen von der zweiten Alternative ab. „Also grundsätzlich nicht heiraten, sagen sie" (H08). Dies wird auf eine für den Typ C charakteristische Weise begründet: mit den drohenden Unterhaltszahlungen und dem dadurch reduzierten Lebenskomfort. Um zusätzlichen Aufwand und Kosten zu vermeiden, setzt Typ C allgemein auf eher lose soziale Beziehungen und meidet Verpflichtungen. Da Typ C keine Anstrengungen unternimmt, die Auswirkungen seiner mobilen Arbeit auf das Privatleben zu begrenzen, sind die sozialen Beziehungen auch außerhalb von Partnerschaft und Familie konfliktreicher gestaltet. Vom gesamten sozialen Umfeld erwartet er Akzeptanz und Rücksicht.

> „Auch im Freundeskreis ist es schwieriger, wenn man halt auch manche Termine nicht mehr wahrnehmen kann. Ich hätte zum Beispiel jetzt am Samstag Klassentreffen, da kann ich nicht hin. Aber das gehört halt dazu. Das hat man von Anfang an gewusst. Und das muss man halt mitnehmen und, ja. Meine Freunde müssen halt ein bisschen mitziehen und auch mal Verständnis aufbringen, dass es halt mal wieder nicht klappt." (F07)

Für den Typ C bietet es sich daher an, soziale Kontakte vor allem in der Arbeit zu pflegen, denn diese haben den Vorteil, dass sie selten auf Dauer angelegt sind und damit unverbindlich bleiben. Private Bekanntschaften bestehen oft zu ebenso multilokal verorteten, statusgleichen Personen und werden nur punktuell aktiviert. Moderne Kommunikationsmedien spielen hier eine wesentliche Rolle. Insgesamt folgt Typ C einem mobilen und gleichzeitig auch stark selbstbezüglichen Lebensmodell. Vereinzelte, vielfältige und unverbindliche Kontakte zu Hochmobilen, Individual-Hobbys (Bücher, Surfen etc.) und ausgeprägter, markenorientierter Konsum scheinen in einem engen Zusammenhang mit diesem Lebenskonzept zu stehen. Typ C weist häufig darauf hin, dass Piloten sich das hohe Gehalt und die viele Freizeit durch raum-zeitliche Flexibilität und Abstriche im lokalen sozialen Umfeld „erkaufen" (D03). Die negativen Begleiterscheinungen dieses Trade-offs werden durch zielgerichtetes und komprimiertes Ausnutzen von Gelegenheiten kompensiert, wie sie der Beruf phasenweise bietet.

> „Und der Beruf selber, das würde ich sagen, war eine kluge Wahl, weil wenn ich sehe, im Vergleich ist das sicherlich die Möglichkeit, mir hier Freizeit zu erkaufen, um das Leben mir so zu ermöglichen, wie ich es gerne möchte – ist sehr angenehm. Andererseits natürlich macht es natürlich das soziale Umfeld zum Teil auch sehr kaputt. Aber eben an anderer Stelle kann ich es mir eben wirklich auch sehr gut leisten, das zumindest komprimiert woanders wieder zu haben." (D03)

Dieses punktuelle und dann exzessive Ausleben von privaten Bedürfnissen, sei es in Bezug auf soziale Kontakte, Erlebnisse, Hobbys oder Regeneration, begründet sich unter anderem aus dem Versuch, der Einsamkeit des Lebens in der arbeitsbedingten Mobilität zu begegnen – unter anderem durch Konsum und Reisen im Privatleben.

> „Also Verhaltensweisen grade im Cockpit ... Oder es ist interessant, wie – sagen wir mal: relativ jung, relativ viel Geld, relativ viel unterwegs – Menschen verändern kann. Also ich habe festgestellt: Je nachdem. Ich bin fünf Tage arbeiten, also gehe ich einkaufen, kaufe mir was und haue wirklich wahnsinnig viel Geld für irgendwelche Scheiße raus. Da habe ich mit einem Freund gesprochen – der Kollege bei [Airline] –, dem geht das ganz genauso. Da haben wir uns innerhalb sehr

kurzer Zeit eine Wahnsinns-Stereoanlage hingestellt, weil irgendwie: Wir belohnen uns. Wir hauen Geld raus. Aber das scheint so – so teure Hobbys, das scheint verbreitet zu sein unter den Kollegen. Also eine teure Stereoanlage haben ja einige Leute rumstehen und geben sich da die Musik. Jetzt bin ich auch darum so zum Interesse an Musik und Oper gekommen. Das ist wieder toll, aber eigentlich der Ursprung war mal wirklich so dieser Belohnungsreflex. Vor allen Dingen weil, das ist, also wenn man fünf Tage mit einem Kollegen unterwegs ist, ist eigentlich fünf Tage High Life. Dann ist man zu Hause alleine, oh und jetzt? Was gehen wir einkaufen? Also das ist mir ... ist mir an mir selber aufgefallen, dass ich da was kompensiere. Das kann man grad sagen. Du bist Vollgas fünf Tage mit irgendwelchen Leuten in Kommunikation, immer labern und nett und noch mal abends ausgehen und hoch die Tassen zum Teil. Wir haben auch diese freien Tage dazwischen. Dann wird zum Teil auch noch mal richtig zugelangt. Dann sitzt du zu Hause, hmm, was mache ich denn jetzt? Keiner da, der mit mir spielt? [...] Dann hockt man ganz alleine da. Das ist so ein ähnliches Gefühl, wie – was weiß ich – nach einer Klassenreise oder was. Fünf Tage alle zusammen und dann sitzt man alleine da. Das ist so ein Effekt, der mir da öfter aufgefallen ist, wo man eben einsam ist. (...) In der Saison ist das mehr. Im Winter sowieso wenig, dann bin ich sowieso zur Entspannung ausgerichtet, weil ich fliege dann irgendwann wieder auf die [Ferieninseln].“ (D03)

Es kann und soll hier nicht geklärt werden, ob und inwieweit die Strategie, auf Entgrenzungsbedingungen mobiler Arbeit mit einer punktuell-intensiven Befriedigung privater Bedürfnisse zu reagieren, nachhaltig ist (z.B. in Bezug auf die körperliche und seelische Gesundheit). Die Strukturbedingungen im Luftverkehr legen sie auf jeden Fall nahe, sie wird auch von mehr als einem Viertel der interviewten Piloten verfolgt und sogar mehr oder weniger offen im Feld als mögliches Lebenskonzept diskutiert. Probleme treten vor allem dann auf, wenn Verbindlichkeiten entstehen, die nicht vollständig an andere (z.B. den Partner) externalisiert werden können, oder wenn das soziale Umfeld nicht mehr mitspielt und sich nicht mehr anpasst. Wenn sich Interessenlagen und Vorstellungen bezüglich der Intensität sozialer Beziehungen im Lebensverlauf ändern oder wenn die immer schon latent gefühlte Einsamkeit in den Phasen der Immobilität zu groß wird, entstehen für den Typ C kennzeichnende Identitätskonflikte. Die Basis für die Strategien, die Typ C in seinem Privatleben routiniert verfolgt, kann aber auch erschüttert werden, wenn die Vorteile und Möglichkeiten, die mit dem mobilen Leben einhergehen – Status, Unverbindlichkeit, schöne Orte, soziale Gelegenheiten etc. – wegfallen oder ihren motivationssteigernden Effekt nicht mehr bewirken. Folgen könnten Vereinsamung, Bindungsarmut, Deprivation und auch De-Motivation bis hin zu Depressionen sein.

Privatleben – Mobiler Lebenskünstler

Nur fünf der 35 interviewten Piloten mit Aussagen zu ihrem Privatleben konnten primär dem Typ D zugeordnet werden. Dass Ausprägungen in Richtung dieses Typus seltener zu finden sind, ist verständlich, denn er versucht dauerhaft, den Spagat zu schaffen zwischen der Offenheit für entgrenzte Arbeits- und entgrenzte Lebensbedingungen – bei gleichzeitiger Anerkennung von Anforderungen aus seiner privaten sozialen Umwelt. Das heißt, einerseits inkludiert er die arbeitsbedingten Mobilitäts- und Flexibilitätsanforderungen im Privatleben als positive Elemente in seine Lebensgestaltung, andererseits nutzt er diese nicht zur Legitimation einer besonderen Stellung gegenüber anderen im Privatleben. Typ D verlangt von seiner sozialen Umwelt nicht Rücksicht und Kompensationsarbeit. Im Gegenteil: Für ihn ist seine Mobilität ein Grund für erhöhtes Engagement im Privatleben. Gleichzeitig zeichnet sich Typ D durch eine hohe Mobilitätsbereitschaft im Privatleben aus. Unterwegssein ist für ihn positiv konnotiert, auch wenn es in der Freizeit stattfindet. Er nutzt die Möglichkeit zu reisen, die ihm der Beruf bietet.

> „Gut, ich reise gerne. Und man hat ja nebenher noch die Möglichkeit, irgendwelche Städte und Länder kennen zu lernen, wo man nicht so leicht hinkommt." (H06)

Dies trifft natürlich vor allem auf die Langstrecke zu, aber je nach dem Planungskonzept (z.B. Kette) sind Übernachtungen in verschiedenen Städten auch auf der Kurzstrecke üblich. Vor allem für Typ-D-Piloten auf der Langstrecke aber ist die freie Zeit an den arbeitsbedingten Aufenthaltsorten nicht nur ein wesentlicher Aspekt der Arbeitsmotivation, sondern eine zentrale Möglichkeit, die Belastungen des Berufs zu verarbeiten. Selbst bei nur einem Tag Aufenthalt genießt Typ D diese Zeit und kann sich zum Teil besser regenerieren, als dies zu Hause der Fall wäre. So werden die Aufenthalte zu einem wichtigen Aspekt des Privatlebens.

> „Da würde jetzt jemand anderes vielleicht sagen: ‚Ja, ist ja langweilig, zehn Stunden immer geradeaus fliegen.' Dafür steige ich dann aber dort aus, und selbst wenn ich dort nur einen Tag bin, ich sehe einfach etwas völlig anderes. Ich steige dort aus und sehe etwas anderes, eine andere Welt, eine andere Mentalität, andere Menschen. Das macht es wesentlich interessanter. Es ist nicht mehr so glamourös wie vielleicht vor 20 Jahren, wo man dann dort drei, vier Tage Aufenthalt hatte und dann dort ein Gefühl hatte der Entspannung und des Urlaubs. Aber ich persönlich habe das immer noch. Gut, jetzt mache ich das auch noch nicht so lange. Vielleicht in 30 Jahren, wenn ich hier sitzen würde, würde ich etwas anderes sagen, weiß ich nicht, muss ich einfach für mich selber herausfinden. Aber selbst wenn ich nur einen Tag auf [Ferieninseln] oder so bin, ist es für mich eine Entspannung, dort auszusteigen, dort vielleicht einfach mal, und wenn es nur für zehn Minuten ist, ins Meer gehen, wieder ins Zimmer zu gehen, zu schlafen und am anderen Tag zurückfliegen. Der Stressfaktor ist für mich nicht so da. Das ist natürlich durch die Langstrecke gegeben." (H03)

Die Entwicklung hin zu festen Arbeitszeiten und Jahresplänen, die sich bei manchen ausländischen Fluglinien abzeichnet, wird als unattraktiv abgelehnt, da mehr Vorteile in den wechselnden Arbeitszeiten gesehen werden. Lieber wird dem Betrieb mehr Planungsflexibilität zugestanden und es werden verschiedene Einflussmöglichkeiten auf die Personalplanung genutzt. Typ D kommt mit den raumzeitlichen Strukturen auf der Kurzstrecke gut zurecht. Flexibel integriert er diese in seine private Lebensplanung und generiert daraus viele Vorteile für sich. In Verbindung mit dem Schichtsystem nutzt er verschiedene Requestmöglichkeiten geschickt und empfindet wechselnde Arbeitszeiten als großen Vorteil für die Gestaltung seines Privatlebens. Zum Beispiel kann er sich spontan mit Arbeitskollegen oder anderen zeitlich atypisch Arbeitenden für gemeinsame Unternehmungen verabreden, die dann zu Zeiten stattfinden, an denen das Gros der Bevölkerung arbeiten muss – etwa unter der Woche untertags segeln (B02). Insgesamt ist für den Typ D das Unterwegssein positiv konnotiert und er nutzt die Chancen einer de-lokalen Lebensführung, örtliche und soziale Gelegenheiten, Freiheiten etc. Zudem sieht er Vorteile im Schichtsystem bzw. darin, am Wochenende und an Feiertagen zu arbeiten und dafür an Wochentagen frei zu haben oder eher früh oder spät zu arbeiten; er begrüßt den arhythmischen Arbeits- und damit auch Lebensstil. Um diese Vorteile zu nutzen, stellt er seine Lebensgewohnheiten um; zum Beispiel geht B02 um 17 Uhr ins Kino. Dabei fühlt sich Typ D nicht etwa ausgegrenzt, sondern als jemand Besonderes. Eine mehrfach entgrenzte Lebensführung wird nicht als prekär, sondern als „exotisch" wahrgenommen:

> „Man hat ja dann doch eher einen exotischen Lebenswandel, sei es durch die Langstrecken, sei es durch die Arbeitszeiten, dass man mal nachts arbeitet. Ja, da ist man eher exotisch. [...] Dass man nicht einfach von neun bis fünf Uhr im Büro sitzt. Sondern man hat mal einen Vormittag frei, dann fliegt man durch die Nacht, man hat unter der Woche frei, man hat am Wochenende frei. Man hat einfach einen komplett anderen Lebenswandel und dadurch auch andere Formen, wegzugehen, Dinge zu erledigen. [...] [Aussuchen, wann man frei hat] kann man nicht, aber man ist nicht immer an das Wochenende gebunden." (H06)

Auch in Bezug auf Partnerschaft hat Typ D den Anspruch, dass diese sich derart mit einem mobilen Lebensstil vereinbaren lässt, dass beide die Vorteile der Mobilität nutzen können. Dies funktioniert aber meistens nur in bestimmten Konstellationen bzw. wenn sich die Zeitstrukturen der Partner synchronisieren lassen. Ein Beispiel wäre Pilot(in) auf der Kurzstrecke und Krankenpfleger(in) – falls beide für sich Frühdienst festlegen können (B02).[7] Die wesentlich häufigere Variante ist die Paarbeziehung innerhalb des fliegenden Personals, statusungleich

7 Außerhalb des Luftverkehrs werden die Schichten jedoch oftmals, u.a. aus gesundheitlichen Gründen, zyklisch gewechselt, was eine konsistente Abstimmung wesentlich erschwert.

(also zwischen Piloten und Flugbegleitern) bei derselben Airline. In diesem Fall lassen sich nicht nur die Dienstpläne bis zu einem gewissen Grad parallelisieren, sondern oftmals auch gemeinsame Flüge requesten, um so gemeinsam mobil freie Zeit verbringen zu können.

> „Am 21. fliege ich für eine Woche zusammen mit meiner Freundin, die also auch in der Kabine bei [Airline] arbeitet, fliegen wir zusammen nach [Urlaubsort], machen da eine Woche Sonne – hoffentlich, gucken wir, wie das Wetter sein wird. Das sind natürlich die angenehmen Seiten. Das heißt, man bekommt in seiner Lebenszeit, wenn man es jetzt mal gehässig sagt, bekommt man den Urlaub immer voll bezahlt und mit Spesensätzen und so weiter. Und auch das ist natürlich auch wieder, na ja, wenn man es negativ nimmt, kann man es deuten und sagen, du bist ja nicht zu Hause und richtig Urlaub ist es auch nicht, weil trotz allem, ich kann mich nicht so benehmen, wie ich es privat gerne – obwohl der Unterschied nicht sonderlich groß ist von der Sache. Aber man ist immer noch ein bisschen unter Beobachtung, man hat die Kollegen dabei, man kann nicht völlig die Sau rauslassen, wenn man das möchte.“ (H04)

In derart mobilen Lebenspartnerschaften rückt die gemeinsame freie Zeit an den Destinationen in den Mittelpunkt und trägt wesentlich zur Lebensqualität des Typs D bei. Sie wird benötigt, um sich frei von Alltagsproblemen zu regenerieren, und als Urlaub empfunden – jedoch als Urlaub „unter Beobachtung“, eingeschränkt durch den Kontext Arbeit. Die Vorteile einer solchen Konstellation in der Partnerschaft sind für den Typ D derart groß, dass er sie gezielt anstrebt. Sie birgt aber auch Gefahren, zum Beispiel wenn die Synchronisierung der Zeiten nicht funktioniert oder Verpflichtungen entstehen.

> „Das funktioniert gut, wenn man es kennt. Wir wissen ja beide, was uns erwartet. Es gibt die Situation, der eine kommt grad vom Flug und der andere muss weg – morgens, abends: schlafen. Aber was bei [Airline] gut klappt, ist, dass man eine so genannte Partnerplanung macht; also je nach Wunsch. Manche Eltern wollen nicht zusammen fliegen, wegen der Kinder zu Hause, manche sagen, sie möchten gerne zusammen unterwegs sein, und das wird berücksichtigt. Ist auch nicht selbstverständlich, aber ich find es klasse. Es funktioniert. Wir haben keine Kinder.“ (H07)

Typ D stellt einen hohen Anspruch an sein Privatleben. Er sucht nach Möglichkeiten, Partnerschaft und wenn möglich auch Familie in seine entgrenzten Lebensbedingungen auf eine gleichwertige Art zu integrieren, so dass das soziale Umfeld ebenso an den Möglichkeiten entgrenzter Bedingungen teilhat und von ihnen profitiert. Eine Strategie ist hier die punktuelle und dann intensive Kompensation der Abwesenheit in den gemeinsamen Phasen und das Nutzen von arhythmischen Zeitstrukturen in Bezug auf Familie und Kinder.

„Wie wäre denn das, wenn er im Büro arbeiten würde? – Dann wäre er zwar jeden Abend zu Hause, aber dann geht er aus dem Haus, wenn ihr noch schlaft, und kommt wieder, wenn ihr schon schlaft. Er kann euch nicht tagsüber mal vom Kindergarten abholen oder euch zum Kindergarten bringen oder Freitagnachmittag zum Fußballtraining gehen. Das können andere Papis nicht. Wenn ich dann in [Stadt] bin, bin ich auch von morgens bis abends mit Haut und Haaren für die Familie da." (H05)

Die Gefahren und Nachteile einer solchen punktuellen Teilnahme an Kindererziehung und Familienleben liegen auf der Hand und sind bekannt. An alltäglich, aber unplanbar auftretenden sowie terminlich fixen Ereignissen kann selten teilgenommen werden, obwohl deren zeitnahe Bearbeitung sehr wichtig und bedeutsam ist; wie zum Beispiel Krankheiten, Schulthemen, Konflikte und Stimmungen. Für den Typ D ist es jedoch wesentlich, dass seine Mobilität nicht zu Lasten des Umfelds geht, dass er sie individuell gestalten kann und muss. Eine Möglichkeit hierfür ist für ihn die Inanspruchnahme professioneller Unterstützung, zum Beispiel bei der Kinderbetreuung. Auch in Bezug auf die Erziehung sieht er Mobilität und Flexibilität als wichtige Werte an, die er fördern will und auch fordert. Allgemein versucht Typ D soziale Beziehungen derart zu gestalten, dass man gemeinschaftlich von lockeren Strukturen profitiert oder zumindest die eigenen Lebensbedingungen nicht auf Kosten anderer gehen. Dies erfordert eine hohe Flexibilität und Mobilitätsbereitschaft ...

„Da bin ich auch an meinen freien Tagen nach Möglichkeit immer nach [Stadt] gefahren, um meine Eltern zu sehen, um meine Katze zu sehen, um meine Freunde zu sehen. Also das habe ich damals auch schon gemacht." (H06)

... und zudem erhöhte Eigeninitiative, Einbringung und Ressourcen:

„Langjährige Freunde, die kennen mich. Man nimmt aber dann eben auch mal in Kauf. Also ich bin zu der Einstellung gekommen und fahre da sehr gut mit, ich kann nicht erwarten, dass die mich nach vier Jahren, die ich das mache, immer noch anrufen und fragen: Kommst du zum Geburtstag oder so? Das machen die einfach nicht mehr, das ist eine natürliche Reaktion. Die melden sich auch nicht mehr, weil die sagen sich: ‚Der geht sowieso nicht ran, und wenn, dann ist der Anrufbeantworter dran, und da habe ich keine Lust zu.' Entweder sie schreiben E-Mail, oder ich rufe halt an. Ich habe natürlich extrem hohe Handyrechnungen und so, aber diese 150 Euro oder was im Monat ist es mir wert, dass ich meine sozialen Kontakte halte. Und das funktioniert. Ich mache dann halt auch so verrückte Sachen, dass ich halt Leute, zum Beispiel die jetzt gerade in [Ausland] arbeiten, dann besuche ich sie halt mal in [Ausland]. Oder ja, oder ich fahre mal, weil jetzt einer eben gerade gelandet ist, dann fahre ich da halt mal kurz vorbei. Andere, die würden erst überlegen, dann würden sie sagen: ‚Wenn, dann mache ich da eine Deutschlandtour draus.' Oder so. Man macht so was einfach, weil

> man merkt, wie wichtig das ist. Man muss mehr investieren, ja. Also selber wollen, aber das funktioniert sehr gut.“ (H08)

Kontakte zu eher residenten Personen bedeuten einen recht großen Aufwand, da deren Erwartungen an Verbindlichkeit in der Regel höher liegen (H08). Eine Ausnahme scheinen langjährige Freundschaften zu sein. Ansonsten bieten sich für Typ D Beziehungen zu anderen Mobilen oder innerhalb der Luftfahrt an, am besten aus demselben Unternehmen. Um zu Mobilen feste soziale Beziehungen aufrecht zu erhalten, ist jedoch ebenfalls ein hoher Organisationsaufwand gefordert. Ein beliebtes Mittel zur Zeitabstimmung ist der regelmäßige Austausch der monatlichen Dienstpläne. Insgesamt fordert das Privatleben in Mobilität viel vom Typ D – und gegebenenfalls auch vom mobilen Partner:

> „Ja, der existiert auch noch. Es ist schwierig, das aufrechtzuerhalten. Meistens ist das dann mit Handytelefonaten auf der Autobahn, wenn man irgendwo hinfährt. Aber so, dass man die Leute persönlich sieht, ist recht schwierig. Wir haben ja immer [Zahl] freie Tage am Stück und da möchte ich natürlich immer nach Hause fahren, nach [Stadt]. Da muss mein Freund halt mit. Und dann besuche ich halt meine ganzen Freunde, weil es mir doch sehr wichtig ist. Aber es ist mit sehr viel Aufwand verbunden, diese Kontakte zu pflegen. Man ist auch teilweise zu müde und will einfach nur noch schlafen, lesen, seine Ruhe haben. Man muss sich wirklich zwingen, die Leute zu treffen, sonst vereinsamt man da schon.“ (H06)

Die Interviewpassage deutet auch an, dass der Typ D besonders auf Kommunikationstechnologien und allgemein auf Mobilitätsinfrastruktur angewiesen ist. In mehreren Airlines besteht die Forderung, dass die Unternehmen Mobiltelefone und Laptops für alle Piloten zur Verfügung stellen sollen, da ansonsten private Geräte für das Abrufen von Informationen oder für arbeitsbezogene Gespräche (z.B. zur Koordination der Heimreise) verwendet werden müssen. Ein wesentlicher Grund hinter dieser Forderung ist jedoch (neben Statusaspekten) für den Typ D vor allem die Möglichkeit, eigeninitiativ soziale Kontakte aufrecht zu erhalten (durch Telefonate, E-Mails etc.) (B02). Typ D nutzt die Unverbindlichkeit und Freiheit, die mit der Abwesenheit von lokalen Verpflichtungen einhergeht, bei weitem nicht so intensiv wie die Typen A und C. Für ihn ist eine Trennung hier nicht sinnvoll. Die Möglichkeit und auch das Bedürfnis, räumliche Entgrenzung gezielt zu nutzen, um alltagsweltliche Anforderungen zu begrenzen bzw. sich von diesen abzuschotten (z.B. das Mobiltelefon als „Nabel zur Welt“ auszuschalten), kennt Typ D, jedenfalls in seiner zugespitzten Form (anders als der nachfolgend Interviewte), nicht.

> „Ich muss ganz ehrlich sagen, auch wenn es eine andere Zeitzone ist, ich genieße das und ich brauche das auch mittlerweile. Mal nichts hören, nichts sehen, gar nichts. Schön essen. Ich habe das Handy gerade ausgemacht. Ich habe letztens mein Handy vergessen eine Woche lang. Das lag unten im Auto. Das war richtig

> heilsam. Das Ding stört mich manchmal mehr, obwohl es eigentlich mein Nabel zur Welt ist, zu meinem Freundeskreis, zur Familie und so weiter. Aber manchmal ist es einfach schön, wenn die Leute wissen: O.k., man ist nicht erreichbar." (H04)

Piloten dieses Typs laufen jedoch Gefahr, dass die Kommunikations- und Koordinationsarbeit im Privatleben in Stress ausartet. Hier sind besondere Fähigkeiten und Fertigkeiten gefragt. Zum Beispiel bedürfen Partnerschaften, in denen beide mobil sind, der Kompetenz, Dinge „zwischen Tür und Angel" (H06) oder aus der Ferne zu erledigen – zum Beispiel durch den Rückgriff auf Unterstützung durch (professionelle) Residente. Typ D verfügt über diese Kompetenzen. In der Realität jedoch laufen diese Piloten irgendwann Gefahr, sich selbst durch ihren sozialen Anspruch zu überfordern, zum Beispiel wenn in Paarbeziehungen keiner zurückstecken soll.

> „Also mein Freund ist ja auch Copilot bei [Airline] und es ist teilweise recht schwierig. Das steht und fällt bei uns halt mit der Crewplanung, inwieweit die uns parallel planen können von den freien Tagen. Sie versuchen es zwar, aber es klappt nicht so ganz. Und manchmal ist es wirklich so, dass man zum Flughafen, zum Dienst fährt und da mit dem Handy noch irgendwelche wichtigen Sachen erledigt. Also es findet viel zwischen Tür und Angel statt, weil man einfach nicht so unbedingt die Zeit hat. Oder auch wenn man Dinge zu zweit erledigen muss. Wir sind jetzt gerade zusammengezogen und bei uns stehen immer noch die ganzen Umzugskisten rum. Da müssen noch Regale aufgebaut werden und alles. Da hat man nicht so viel Zeit dafür. Man ist auch teilweise zu erschöpft. Ich habe auch wirklich erlebt, dass ich drei Tage fast durchgeschlafen habe, weil der Körper den Schlaf gebraucht hat." (H06)

Typ D kann mit der Zeit starke Tendenzen in Richtung Typ C entwickeln, wenn er dann schließlich doch auf eine Sonderstellung als mobil Arbeitender pocht und Rücksicht und Kompensationsarbeit von anderen einfordert. Männliche Piloten in statusungleichen Beziehungen zu Mobilen (z.B. zu Flugbegleiterinnen) greifen für die Organisation des Privatlebens – spätestens nach dem ersten gemeinsamen Kind – in der Regel auf die Arbeitskraft der Partnerin zurück. In der nachfolgenden Passage beschreibt jedoch eine Pilotin, wie sie sich die Unterstützung eines lokalen Partners vorstellt und wie sie bereits auf Residente angewiesen ist. Dass ihr Freund auch als Copilot arbeitet, ...

> „erleichtert es auf der einen Seite, weil er die gleichen Probleme kennt. Wenn ich jetzt mal schnell nach Hause kommen will und einen Freund hätte, der etwas anderes macht, im Büro arbeitet oder sonst etwas, hätte er ja schon alle Dinge erledigt, weil er ja jeden Tag zu Hause ist. Das wäre vielleicht anders. Wir haben bei uns viele Pärchen, da ist er Unternehmensberatung und sie Flugbegleiterin. Er ist halt die ganze Zeit zu Hause und fängt dann immer das Gröbste auf. Aber es bleibt viel liegen und viel läuft auch noch über meine älteren Geschwister, trotz

meines Alters. Da wird die Post dahin geschickt, und wenn irgendwas ist, dann können die das abfangen, wenn irgendwelche wichtigen Überweisungen zu bestimmten Terminen sind. Weil wir eine Woche weg sind, kriegen wir das ja nicht mit." (H06)

Typ D ist ein eigenständiger Typus, der sich entlang der Dimensionen Lebensgestaltung und sozialer Bezug deutlich von den anderen Typen abgrenzen lässt. In der Realität – zumindest im Luftverkehr – stellt er jedoch eher einen Übergangstyp dar. Piloten schaffen es selten, auf Dauer sowohl ein hohes Bedürfnis nach sozialer – gegenseitiger – Egalität als auch nach struktureller Freiheit in ihrem Privatleben unter einen Hut zu bekommen – am ehesten noch als hochmobile Paare ohne Kinder. Auf der anderen Seite ist es gerade die Variante D der Privatlebensorganisation, die Betriebe bei Piloten nachfragen: eine sehr hohe raum-zeitliche Flexibilität und zugleich soziale Integrations- und Anpassungsfähigkeit. Besonders unter sich stark wandelnden Bedingungen scheinen diese Fähigkeiten gefragt zu sein.

> „Aber natürlich gerade, was jetzt im Moment ist, da ändert sich die Landschaft von heute auf morgen, nicht? Wenn ich mir das alles zu Herzen nehmen würde. Da ist halt eine Flexibilität gefragt, nicht? Wenn ich natürlich hier ein Haus habe, was ich abbezahlen muss, eine Frau habe mit drei Kindern und sonst was noch und dann nicht wechseln kann, ist es natürlich, sage ich mal, könnte es ein Problem werden. Das ist meine persönliche Meinung. [...] Na ich bin ledig. Also relativ mobil, sage ich mal." (H02)

In den Interviews finden sich jedoch einige Hinweise darauf, dass die Aufrechterhaltung dieser Flexibilität auf Dauer zum Verlust von Bindungsfähigkeit und Einsamkeit führen kann.

• *Zusammenfassung:* Arrangements im Umgang mit Entgrenzung im Privatleben

Tab. 7.2: Arrangements im Umgang mit Entgrenzung im Privatleben

Typ	Fälle	Strukturell		Sozial		Konzept	Gefahr
		Lokalität/ Mobilität	**Raum-zeitlich**	**Allgemein**	**Partnerschaft**		
Typ A: Herrscher des Bodens	11	Starke Lokalisierung (materiell, körperlich)	Kurzfristige Mobilität: mittel Mittel- und langfristig: mittel	Soziale Anpassung gering, Rücksichtserwartung, mittel-intensive soz. Kontakte (Beruf oder statusähnlich)	Traditional ungleich, Kompensationsarbeit Partnerin, Rücksichts-/Mobilitätserwartung: hoch	Mobilitätsanforderungen externalisiert/Abgrenzung gegenüber Arbeit und soz. Umfeld. Mittlere Arbeitsmobilität, hohe Anpassungserwartung an soz. Umfeld	Wandel: Modell Alleinverdiener ökonomisch und normativ problematisch, soz. Abgrenzung, Einsamkeit
Typ B: Lebensmanager	9	Starke Lokalisierung (materiell, sozial)	Kurzfristige Mobilität: mittel Mittel- und langfristig: gering	Erhöhte Einbringung, Initiative, gegenseitige Anerkennung, intensive soz. Kontakte	Gleichwertig, keine Kompensationsarbeit, Rücksichts-/ Mobilitätserwartung: gering	Versuch der Synchronisierung mit Normalarbeit/Integration in der Arbeit und vor allem im soz. Umfeld. Mittlere Arbeitsmobilität, hohe Einbringung privat	Körperliche Überlastung, Misslingen der Vermittlung, geringe Anerkennung
Typ C: Mobile Elite	10	Mobilität erwünscht, Lokalität untergeordnet	Kurzfristige Mobilität: hoch Mittel- und langfristig: mittel	Soziale Anpassung gering, Rücksichts erwartung, lose Kontakte	Traditional ungleich, Kompensationsarbeit, Rücksichts-/ Mobilitätserwartung: hoch	Mobilitätsanforderungen externalisiert/Lebenssinn Arbeit: hohe arbeitsbed. Mobilität, Anpassungserwartung an soz. Umfeld	Vereinsamung, keine belastbaren soz. Strukturen, Konsum als Ersatz, Altern
Typ D: Mobiler Lebenskünstler	5	Mobilität erwünscht, keine Lokalisierung	Mobilität hoch (kurz-, mittel-, langfristig)	Unverbindliche soz. Kontakte zu Mobilen, Eigeninitiative und Aufwand bei Immobilen	Beide mobil, Risiken und Chancen für beide, keine Kompensationsarbeit, Mobilitätserwartung: sehr hoch	Verbindung/Anpassung an Arbeit: hoch mobiles flexibles Selbst und Flexibilitätserwartung an soz. Umfeld	Verlust an priv. und soz. Flexibilität im Lebensverlauf, Einsamkeit, Unsicherheit

7.1.3 Handlungsfeld III: Arbeit & Leben

Für den nachfolgend zitierten Interviewpartner zeigen sich die individuellen Unterschiede zwischen Piloten vor allem in der Organisation des Privatlebens und in dessen Stellenwert, da die Arbeit an sich hoch reguliert ist und wenig Platz für individuelle Entfaltung lässt.

> „Ja, der Individualismus ergibt sich gewissermaßen nicht unmittelbar, sondern mittelbar. Unmittelbar bin ich zu 100 Prozent getaktet, mehr oder weniger. Ich habe ein ganz klares Drehbuch, nach dem das abzulaufen hat, und eine Fülle von Standards mit sehr geringen Spielräumen. Hingegen der Individualismus, der kann sich daraus ergeben, dass, wenn mein Arbeitstag gelaufen ist, ich nichts davon mit nach Hause nehme, und dahingehend, dass ich auch in punkto Freizeit ganz klaren Ruhezeitenregelungen unterliege, innerhalb derer ich eigentlich für keine anderen Aufgaben in punkto Fliegerei in Anspruch genommen werden sollte." (F06)

Das enge Regelkorsett der Arbeit ermöglicht auf Grund bestimmter begrenzender Wirkungen auf die Vermengung von Arbeit und Privatleben für diesen Piloten also auch Autonomie. Wie Piloten ihr Verhältnis zwischen Arbeit und Leben arrangieren, ob sie also strikt zwischen Arbeit und Leben trennen (wie der oben zitierte Typ-B-Pilot, siehe unten) oder nicht und ob sie dabei mehr der Arbeit oder eher dem Privatleben Priorität einräumen, ist ein sehr wichtiges Kriterium, wenn man versucht, Piloten in ihrem Umgang mit entgrenzten Arbeits- und Lebensbedingungen nach verschiedenen Typen zu unterscheiden, weil derartige Entschei dungen den Möglichkeitsraum für verschiedene Arrangements stark vorstrukturieren.

Abb. 7.3: Typen im Umgang mit Entgrenzung von Arbeit und Leben

<table>
<tr><td rowspan="2">Arbeit-Lebens-Gestaltung (Umgang mit Entgrenzung zwischen Arbeit und Leben)</td><td>Verbindung/Vermischung:
Entgrenzung Arbeit und Leben</td><td>C
Fliegt als Flieger</td><td>D
Fliegt als Mensch</td></tr>
<tr><td>Trennung:
Begrenzung Arbeit und Leben</td><td>A
Lebt als Flieger</td><td>B
Lebt als Mensch</td></tr>
<tr><td colspan="2" rowspan="2"></td><td>Vorrang Arbeit (Trennung) bzw. als Arbeit (Vermischung)</td><td>Vorrang Leben (Trennung) bzw. als Leben (Vermischung)</td></tr>
<tr><td colspan="2">Arbeit-Lebens-Gewichtung (Gewichtung im Umgang mit Entgrenzung zwischen Arbeit und Leben)</td></tr>
</table>

Auf der Suche nach den speziellen Arrangements, die Piloten auf Grund ihrer mehrfach entgrenzten bzw. mobilen Arbeit über die Sphären Arbeit und Privatleben hinweg bilden, erwies es sich in der Auswertung als sinnvoll, als verbindendes Element zusätzlich noch das Verhältnis von Arbeit und Privatleben zu betrachten, um so die Wechselwirkung der beiden Sphären zu erfassen. Zwei Leitunterscheidungen erschienen als besonders aussageintensiv. Das systematische Gegenüberstellen der Dimensionen ‚Arbeit-Lebens-Gestaltung' (Umgang mit Entgrenzung zwischen Arbeit und Leben) und ‚Arbeit-Lebens-Gewichtung' (Gewichtung im Umgang mit Entgrenzung zwischen Arbeit und Leben) ermöglichte es, aus den 40 qualitativen Interviews vier verschiedene Typen im Umgang mit Arbeit-und-Lebens-Fragen abzuleiten:

- Typ A: *Lebt als Flieger.* Trennt (inhaltlich) streng zwischen Arbeit und Leben, dennoch dominiert insgesamt die Arbeit alle Lebensbereiche. Das Privatleben ist nachrangig zum Arbeitsleben.
- Typ B: *Lebt als Mensch.* Trennt (inhaltlich und sozial) streng zwischen Arbeit und Leben, wobei dem Privatleben möglichst Vorrang eingeräumt wird. Die Arbeit ist nachrangig zum Privatleben.
- Typ C: *Fliegt als Flieger.* Verbindet Arbeit und Privatleben, wobei die Arbeit das entscheidende Kriterium darstellt. Das Privatleben ist ein nachgeordneter Teil des Arbeitslebens.
- Typ D: *Fliegt als Mensch.* Vermischt Arbeit und Privatleben, wobei möglichst viele Aspekte des Privatlebens in die Arbeit einfließen sollen. Die Arbeit ist ein nachgeordneter Teil des Privatlebens.

Arbeit und Leben – Lebt als Flieger

Elf der 35 verwertbaren Interviewfälle entsprechen weitestgehend einem Arrangement von Arbeit und Leben, wie es Typ A aufweist. Das heißt, elf der interviewten Piloten trennen recht strikt zwischen Arbeit und Privatleben, vor allem mit Blick auf den (formalen) betrieblichen Zugriff auf die Arbeitskraft. Gleichzeitig ist jedoch der Beruf der dominante strukturierende Faktor des Privatlebens.

Dass Piloten im Allgemeinen relativ konsequent zwischen (formaler) Arbeit und Privatleben trennen können, liegt vor allem daran, dass die Arbeit von Piloten auf flexiblen Personaleinsatz und ständigen Crew-Wechsel ausgelegt und hoch reglementiert ist. Arbeitsprozesse sind jeden Tag vollständig abgeschlossen und werden am nächsten Tag neu begonnen. Es existieren keine unerledigten Arbeitsinhalte – zumindest was das Fliegen betrifft (F06).

Typ A betreibt diese Trennung auf eine für ihn professionelle Art in beide Richtungen. Er trägt keine Arbeitsaufgaben in das Privatleben hinein, er hält aber auch aus seinem Privatleben stammende Themen aus der Arbeit heraus. Beides erachtet er insofern für professionell, als diese Trennungen auf den Erhalt seiner

Arbeitsfähigkeit abzielen. So wird seiner Ansicht nach die Zeit außerhalb der Arbeit für die körperliche und geistige Regeneration benötigt. Und andersherum ist ein stabiles Privatleben die Voraussetzung für eine erfolgreiche Arbeit, denn diese soll nicht durch private Probleme gestört werden. Die Behandlung von tiefergehenden privaten Themen im Cockpit wäre ein Risiko, so Typ A.

> „Das ist das Größte, eine der größten Sachen, die ich in meinem Beruf habe, dass ich in 99 Prozent der Fälle meinen Beruf mit Lesen der letzten Checkliste beende. Das ist sehr hilfreich. Das ist auch wichtig, weil bei der körperlichen Belastung, die ich teilweise habe, wenn ich da noch unruhig schlafen würde, weil mir irgendwas im Kopf rumgeht, ‚Wie rette ich meine Firma?' oder so. Mein Schwager, der ist im Vorstand bei einem Konzern. Der macht 24 Stunden am Tag seinen Laden, auch zu Hause im Kopf, wälzt Probleme. Das wäre in meinem Beruf fatal. Wenn ich auf der Arbeit bin, darf ich auch keine privaten Probleme wälzen, das ist gefährlich. Man sollte hier eine klare Trennung haben zwischen Privatleben und dem Job. Und das gibt der Job gut her." (D04)

Auch soziale Aspekte (allem voran persönliche Probleme) blockt Typ A in beide Richtungen ab. Weder wird in der Arbeit ein Ansprechpartner für private Probleme gesucht, noch werden Erlebnisse aus der Arbeit im Privatleben bearbeitet. Dies entlastet auf der einen Seite, birgt andererseits aber auch Risiken.

> „Solange ich das schaffe, habe ich Ruhe in meinem Privatleben. Und das läuft ganz gut. Wenn ich die Ruhe nicht mehr habe, dann weiß ich, es kommt der Tag, an dem du deine privaten Probleme mit auf die Arbeit nimmst. Wo soll ich die sonst hintun? Ich kann die ja nicht im Auto liegen lassen und geh fliegen. Das geht nicht! Dieser Ausgleich zwischen Privatleben und Beruf ist extrem wichtig. Aber auf eins kann ich mich verlassen, dass ich meinen Beruf nicht mit nach Hause nehme. Und das ist eine tolle Sache. Es gibt schon mal wirklich Sachen, wo man mal auch ein zwischenmenschliches Erlebnis in dem Beruf hat, in der Crew, in der Besatzung, wo mal was nicht geklappt hat. Wo man sich fragt: ‚Hab ich das jetzt alles richtig gemacht, mit dem Kollegen. Ich hab den jetzt angemacht. Der war irgendwie ... Da hätte ich vielleicht mal drüber reden sollen.' Also das beschäftigt einen dann auch mal, aber das ist extrem selten. Meistens tut man das dann oberflächlich ab." (D04)

Bezüglich der sozialen Beziehungen trennt der Typ A zwischen Kontakten zu Kollegen in der Arbeit und „normalen Menschen" (D04) im Privatleben. Zu Kollegen unterhält er in der Regel nur oberflächliche Beziehungen, die er meistens auch nicht im Privatleben weiterführt. Damit versucht Typ A arbeitsbezogenen Themen im Privatleben aus dem Weg zu gehen.

> „Die Freunde, die ich habe, die fliegerisch tätig sind, da gibt es eigentlich relativ wenige, weil ich das so für mich auch ganz gerne gegeneinander abgegrenzt habe, früher zumindest. Mittlerweile verändert sich das ein bisschen, aber ein Großteil

meines Freundeskreises besteht aus Fußgängern, aus bürgerlichen Menschen. Was sehr angenehm ist, man kriegt nämlich dadurch nicht permanent seinen Job um die Ohren geworfen.“ (H04)

Andererseits rekurriert Typ A auch im Privatleben häufig auf seinen Beruf, definiert sich selbst als Berufspilot und grenzt sich von „Fußgängern“ und „bürgerlichen Menschen“ (H04) ab. Nicht-Fliegern spricht er keine Kompetenz bezüglich seiner Arbeitsthemen zu, da diese nicht über das nötige Fachwissen verfügen. So bearbeitet er auch keine akuten arbeitsbezogenen Probleme im Privatleben, sondern benutzt in diesen Fällen Kollegen als „Mülleimer“.

> „Wenn fliegerisch was passiert ist, ich erzähl das zu Hause nicht. Ich sag: ‚Das war heute aber knapp, heute hab ich geschwitzt!‘ – das erzähl ich zu Hause nicht! Weil ich erwarte auch nicht das Verständnis meiner Frau (...) zu sagen: ‚Och Schatz, komm in meine Arme. Das ist jetzt aber ganz schlimm gewesen.‘ Das wäre dann, als würde ich ihnen von einer IAS oder einer MAP erzählen. Und dann sind wir am Minimum vom Wording. ‚Ah, ach so. Und war das jetzt gefährlich?‘ Man hat auch Leute im Job, die sind dann mein persönlicher Mülleimer. Da ruf ich dann an und sag: ‚Pass auf, das und das ist passiert.‘ Ja, da hab ich schon meinen Kummerkasten, wo ich anrufen kann. Er ist auch Pilot bei [Airline] und er sagt dann: ‚Ja, kenn ich.‘ Da findet man auch Gehör.“ (D04)

Nur Piloten verstehen Piloten – so wird mit Verweis auf die gemeinsame Fachsprache und Erfahrung argumentiert. Diese abgrenzende Haltung gegenüber Nicht-Fliegern zeigt die Definitionsmacht des Berufs über alle Lebensbereiche und ist eine der Ursachen für die den Typ A kennzeichnende Distanzierung zu seiner sozialen Umwelt.

Für Typ A ist der Beruf Pilot mehr als nur die Arbeitstätigkeit. Der Beruf spielt bei der Strukturierung beider Lebensbereiche – Arbeit und Privatleben – die zentrale Rolle. Im Privatleben geht es vor allem um den Erhalt der Arbeitsfähigkeit. Dieses Berufsverständnis prägt seinen gesamten Lebensstil. Gerade deshalb trennt er strikt zwischen Arbeit und Privatleben – was inhaltliche Themen und soziale Beziehungen betrifft. Da Piloten körperlich, geistig und in Bezug auf ihr Wissen fit sein müssen, müssen sie seiner Ansicht nach ein „seriöses Leben“ (B03) führen. Von Typ-A-Piloten wird dies als ‚Disziplin‘ im Privatleben beschrieben. Diese instrumentell auf die Arbeit ausgerichtete Lebensführung beinhaltet zum Beispiel Sport, um körperlich fit zu bleiben und Stress abzubauen (H07), und Zurückhaltung, was den Umgang mit Schlaf, Essen, Alkohol etc. angeht. Sie dient der Abgrenzung zu Nicht-Piloten, zur Legitimation einer Sonderstellung auch im Privatleben und damit zur Statusreproduktion des Berufs.

> „Sagen wir mal, disziplinmäßig werde ich natürlich nie so fressen und saufen wie vielleicht ein anderer.“ (B01)

Dieses Berufsverständnis veranlasst ihn auch zu der strikten Trennung zwischen seiner Rolle als professioneller Flugzeugführer und der Rolle des Fliegers. Aus der Arbeit hält Typ A nicht nur soziale Beziehungen und private Themen heraus, sondern auch seine mit der primären Tätigkeit – dem Fliegen – verbundene Leidenschaft. Sein Berufsverständnis gebietet es ihm, die Langeweile in der Arbeit durch Professionalität zu überbrücken. Wer aus dem „Käfig der Reglementierung ausbrechen" möchte und „Selbstverwirklichung" als Flieger anstrebt, muss diese Bedürfnisse in das Privatleben verlegen (z.B. Segelfliegen).

> „Und dann nehme ich mir halt ein Segelflugzeug und tobe mich am Himmel mit Looping und Rollen, Rückenflug. Und kann mich da wirklich ausleben, kann aus dem Käfig der Reglementierung ausbrechen. Das ist für mich wichtig." (D04)

Auch im Verhältnis zum Betrieb erweist sich diese Haltung als bestimmend. Es wird klar zwischen Aufgaben des Betriebs, eigenen Arbeitspflichten und privaten Bedürfnissen unterschieden. Das Privatleben ist nachrangig zu betrieblichen Anforderungen.

> „Gut, der Dienstplan gibt ja relativ klar schon vor, wann ich nach [Stadt] zu fahren habe. Was spreche ich ab? Eigentlich gar nix. Die Freizeit wird ja von der Firma vorgegeben oder, wenn es gut läuft, um meine freien Tage herum geplant." (D06)

Das Requestsystem wird nicht dazu genutzt, die Prioritäten weniger ungleich zu gewichten, die alltägliche raum-zeitliche Entgrenzung der Arbeit wird nicht mitgestaltet. Diese Passivität basiert auf der Erwartung, dass der Betrieb von sich aus einen normal belastenden Ablauf gewährleistet. Kommt es dennoch zu Abweichungen von der Normalbelastung, wird punktuell, aber vehement eingeschritten. „Da gab es einen großen Rumms und seitdem kommen wir gut klar" (B01). Die starke Ausrichtung auf die Arbeit und den Berufsstatus verschafft Typ A in Bezug auf die wenigen Kontakte mit dem Betrieb eine gewisse Autorität. Jedoch kommt es seiner Ansicht nach dem Betrieb zu, die Arbeit gerecht zu verteilen und auch das Privatleben der Piloten so zu organisieren, dass sie ihre Arbeit professionell erledigen können. Dabei hat Typ A stabile Arrangements mit der raum-zeitlichen Fremdplanung getroffen. Gerade das Schichtsystem erfordert „Disziplin" und „Lebensplanung".

> „Das Schichtsystem ist manchmal schwierig. Es erfordert eigentlich schon sehr viel Disziplin. Und es fordert auch wesentlich mehr Lebensplanung als sonst ein Beruf." (B01)

Typ A definiert sich stark über seinen Beruf – besonders in Abgrenzung zu anderen Berufen. Dies birgt die Gefahr, dass verschlechterte Arbeitsbedingungen und ein damit angeschlagenes Berufsbild sich auf die gesamte Lebenskonzeption des Typs A negativ auswirken. Abgesehen von dieser allgemeinen Problematik lassen sich noch einzelne konkrete Konfliktstellen benennen, die für den Typ A kennzeichnend sind. Die mangelnde Einbindung des Partners bei beruflichen Problemen, also das Fehlen von Möglichkeiten der gemeinschaftlichen Bearbeitung von psychischen Belastungen, und die sich darin widerspiegelnde geringe Anerkennung des Partners können zu sozialen Problemen im Privatleben führen. Verbunden mit der professionellen Oberflächlichkeit im Verhältnis zu Kollegen in der Arbeit, führt dies dazu, dass die Gefahr der Vereinsamung auf Dauer groß ist. Aus der unpersönlichen Zusammenarbeit und dem Heraushalten von Leidenschaften aus der Arbeit kann zudem De-Motivation folgen, besonders wenn direkte Formen oder materialisierte Symbole der Anerkennung reduziert werden.

Arbeit und Leben – Lebt als Mensch

Sechs der 35 interviewten Piloten mit Aussagen zum Privatleben trennen ebenso wie Typ A streng zwischen Arbeit und Leben, wobei sie dem Privatleben im Gegensatz zum Typ A möglichst Vorrang einräumen. Letztendlich ist für den Typ B die Arbeit nachrangig zum Privatleben.

So begrenzt Typ B zum Beispiel den betrieblichen Zugriff in seiner freien Zeit auf ein Maß, das ihm gerechtfertigt erscheint. Die ‚normalen' Arbeitspflichten werden selbstverständlich erfüllt, weitere darüber hinausgehende Forderungen werden möglichst abgeblockt, wie zum Beispiel Anfragen des Betriebs, ob spontan eingesprungen werden kann. In der Praxis werden dabei die Möglichkeiten moderner Kommunikationsmedien geschickt genutzt, zum Beispiel verschiedene Rufnummern, Klingeltöne, Anrufbeantworter etc. (B02). So werden mit Hilfe der Kommunikationsmedien eigene Regeln der Fairness eingeführt und durchgesetzt.

Insgesamt wird versucht, die Arbeit mit dem Verlassen des Flugzeugs hinter sich zu lassen. Auch die Lay-over-Zeit – egal, ob am Strand auf der Ferieninsel oder im Hotel in Deutschland – wird nicht als echte Freizeit begriffen. Vielmehr wird die freie Zeit während der Aufenthalte mit Blick auf das Privatleben zur Regeneration genutzt.

> „Das wäre dann im Hotelaufenthalt, wo alle sagen: ‚Wah, toll! Ich bin in Berlin! Ich gehe in die Stadt.' Das hab ich nicht. Wenn ich im Hotel bin, dann hocke ich den ganzen Tag im Hotel und schlaf aus und tank meinen Akku auf. Das funktioniert. Das ist momentan etwas schwierig, weil ich viele [Stadt]-[dieselbe Stadt]-Flüge habe, Base-to-Base-Flüge. Dann zehrt es dann dran." (D07)

Auch wenn der hier zitierte Pilot geradezu abhängig ist von den Regenerationsmöglichkeiten, die mit der erzwungenen Abwesenheit vom Privatleben bei Aufenthalten einhergehen, versucht Typ B dennoch, die Zeiten der Abwesenheit möglichst gering zu halten – in der Regel durch Requests, aber auch durch die

Wahl des Arbeitgebers. Wenn gependelt wird, wird die Zeit ebenfalls eng kalkuliert und das Leben am Zweitort (z.B. bei Kette) auf ein Minimum beschränkt. Ebenso verhält es sich mit den sozialen Kontakten zu Kollegen in der Arbeit, in der arbeitsbedingten Freizeit und im Privatleben.

> „Wenig. Ja, unsere WG schon. Aber wir treffen uns jetzt nicht privat. Jeder hat so seine Familie und seinen Freundeskreis." (H05)

Typ B versucht den Kontakt zu Fliegern möglichst gering zu halten, da diese oft Arbeitsthemen ansprechen und die sozialen Beziehungen eher oberflächlich bleiben. Typ B konzentriert sich auf das Privatleben außerhalb der Fliegerei; vor allem auf seinen sozialen Kernbereich bzw. seine Familie. Er richtet seine sozialen Beziehungen nach dieser Lebenskonzeption – also nach seiner Lebenssituation und seinen Prämissen – aus, zum Beispiel, indem er sich mit anderen familienorientierten Menschen zusammentut und versucht, seinen Beruf aus dem Privatleben herauszuhalten.

> „Ich habe dann noch so zwei bis drei andere Kollegen, mit denen ich sehr regelmäßig telefoniere. Wir treffen uns dann auch, unregelmäßig. Aber sonst ist der Freundeskreis der, der schon vorher bestanden hat, der sich in den letzten zehn Jahren auch wieder geändert hat. Wie heißt es so schön? Dreimal verändert sich der Freundeskreis. Einmal, wenn man aus der Schule kommt, dann, wenn man heiratet, verändert er sich nochmal, und wenn Kinder da sind, verändert er sich auch nochmal. Das habe ich eben auch gemerkt. Da sind einige, mit denen wir früher intensiven Kontakt hatten, die aber eingefleischte Singles sind. Mit denen haben wir jetzt gar keinen Kontakt mehr. Jetzt sind das fast nur noch Familien mit Kindern. Aus der Fliegerei ist sehr wenig. Bin ich aber auch nicht traurig drum, weil ich habe genug mit Leuten aus der Fliegerei zu tun, wenn ich arbeite. Da hab ich halt gerne andere Leute um mich rum." (H05)

Der Beruf wird nicht – zum Beispiel aus Statusgründen – in das Privatleben hineingetragen. Es wird also nicht nur zwischen Arbeitsaufgaben und Privatleben getrennt, sondern auch zwischen Pilot und Privatperson – ganz im Gegensatz zum Typ A.

> „Ich mach da nicht ein großes Fass auf: ‚Leute guckt her! Ich bin Pilot!' Ich bin auch keiner, der irgendwie in Uniform rumrennt. Ich versuche schnellstmöglich die Verkleidung wieder auszuziehen, weil so das, was ich jetzt anhabe, da fühle ich mich wohl drin. Uniform ist Verkleidung." (H05)

Die Arbeit und der Beruf werden mit der Uniform im Privatleben abgelegt. Das Ablegen der Uniform, des Symbols des betrieblichen Zugriffs, ist ein Ritual zur aktiven Trennung zwischen Arbeit und Privatleben.

> „Wenn ich von der Arbeit komme, meine Uniform oder meine Verkleidung, wie ich es immer sage, ablege, ist Fliegen eigentlich auch kein Thema. Meine Frau

> weiß oft auch gar nicht, wo ich bin. Interessiert sie auch nicht besonders. Ist auch okay. Sie weiß, wann ich wegfliege, sie weiß, wann ich wiederkomme. Wenn ich auf Langstrecke unterwegs bin, weiß sie natürlich, wo ich bin. Sie hat auch meine Telefonnummer, meine Handynummer. Aber Fliegen ist zu Hause kein Thema. Das finde ich auch sehr schön. Es sei denn, es liegt jetzt irgendwas an, was mir auf dem Herz liegt, dann diskutieren wir natürlich darüber. Aber wenn ich zu Hause ankomme, dann ist [Airline] weg, dann habe ich nur die Familie. Das genieße ich sehr. Erst wenn ich wieder die Verkleidung anziehe und nach [Station] fliege, ist halt wieder die Arbeit da." (H05)

Im Unterschied zum Typ A bespricht Typ B jedoch kritische Themen mit wichtigen (nicht-fliegenden) Personen in seinem Privatleben. Er spricht diesen die Kompetenz zu und räumt ihnen das Recht ein, seine arbeitsbezogenen Probleme mit ihm zu teilen.

Für Typ B steht das (lokale) Privatleben – oftmals die Familie – im Mittelpunkt. Er greift auf die verschiedenen betrieblichen Möglichkeiten der Arbeitszeitgestaltung zurück. Deutlich zeigt sich dies an der Häufigkeit von Teilzeit und an den Begründungen, Arbeitszeit zu reduzieren (B01, B08, E01, H05). Es geht um Zeit und Kraft für Partnerschaft, Kinder und soziale Kontakte, um Planbarkeit und Organisation des Privatlebens und um Teilhabe an Familie. Diese Wahl geschieht größtenteils unabhängig von geschlechtsspezifischen Rollenzuschreibungen und Lebensphasen.

> „Das muss für die Kinder auch ... Die Familie ist der Mittelpunkt. Und ich gestalte mein Leben mit der Fliegerei drumherum. Ich konnte es mir bisher nicht leisten, Teilzeit zu machen. Da möchte ich nächstes Jahr das erste Mal probieren." (D07)

Strukturell ähnliche, aber inhaltlich genau umgekehrte Aussagen lassen sich bei den Typen A und C finden, die oftmals beschreiben, dass der Dienstplan fix ist und das Privatleben außen herum geplant wird. Neben der Nutzung von Request- und Teilzeitmöglichkeiten zeigt sich die Prioritätensetzung des Typs B am deutlichsten daran, dass er die Option sieht, aus dem Beruf auszusteigen, wenn dieser zu sehr auf Kosten des Privatlebens geht. Auch abgesehen von diesem radikalen Schritt nimmt der Typ B auf Dauer eingeschränkte Karrieremöglichkeiten und erhöhte Belastungen in Kauf, um ein stabiles Privatleben zu sichern. Beispiele sind nicht wahrgenommene Aufstiegsmöglichkeiten zum Kapitän, da diese einen Umzug oder andere Arbeitszeiten mit sich brächten (F06), das in der Folge häufige Pendeln und Wahlentscheidungen für Streckenprofile, die sich besser mit dem familialen Arrangement im Privatleben vereinbaren lassen. Typ B zeichnet damit eine andere Form der Mobilität aus: eine Mobilität, die nicht an die Arbeit, sondern an das Privatleben angepasst ist. Diese – bislang eher weiblich konnotierte – auf das Privatleben ausgerichtete Flexibilität ist betrieblich, aber auch gesellschaftlich nicht in dem Maße anerkannt wie ihr arbeitsbezogenes Pendant. Typ B ist ja im Notfall sogar bereit, sich eine neue Beschäftigung zu suchen, wenn sein Arbeit-Leben-Arrangement gefährdet ist – was für viele Piloten einen Tabu-Bruch in der Fliegerei darstellt und auch negativ sanktioniert wird: mit dem Bild des ‚gescheiterten Piloten'.

> „Angenommen, [Airline] würde jetzt sagen: ‚In [Stadt] keine Station mehr.' Dann muss man überlegen, ob man sagt: ‚Okay, ohne mich. Dann muss ich mir ein anderes Beschäftigungsfeld suchen, wo ich dann zumindest Teile kompensieren kann.' Oder Sie müssen sagen: ‚Okay, dann muss ich wieder umziehen.' Was ich aber für [Airline] nicht machen will." (D07)

Mit Blick auf die eigene Lebenskonzeption, die Familie und Freizeit vor berufliche Aspekte, wie Karriere, Einkommen, Status etc., und körperliche Aspekte, vor allem Schlaf, stellt, weist sich Typ B durch eine gewisse Selbstzurücknahme und Begrenzung aus, die ihm jedoch andere Optionen eröffnet und Sinn vermittelt.

> „Da würde ich Einbußen hinnehmen, um zu sagen, ich möchte mein Leben leben können. Weil ich sage mal, Sie hören auch Leute sagen: ‚Golf – toll! Ich will einen Jumbo fliegen.' Ich will mit 55 oder 60 hingehen können und sagen: ‚Was habe ich mit meinem Leben gemacht? Was habe ich da gehabt?' Und wenn daran zehn tote Jahre sind, bloß wegen Rumgucken, wo ich nicht wohnen will. Das brauche ich nicht." (D07)

Typ-B-Piloten wünschen sich vor allem eine schonende und gerechte Personalplanung, die mehr planbare Freizeit und Teilhabe am lokalen sozialen Leben ermöglicht. Durch eine solche Personalplanung könnte sich die Arbeit zeitlich mit dem ‚Normalleben' anderer parallelisieren lassen und körperlich weniger belastend wirken.

> „Das eine hängt mit dem anderen zusammen. Seit fünf Jahren, dass sich planungsmäßig was ändert, das ist mein größter Wunsch. Und dass sich dann dadurch in meiner Freizeit was ändert. Dass man dann auch mehr Freizeit hat. Und durch eine ausgewogenere, gerechtere, gesündere Planung, auch für den Körper noch bessere Planung die Freizeit besser genutzt werden kann." (H05)

Dies betrifft zum Beispiel die Regenerationszeit nach der Langstrecke:

> „Wenn dann noch eine Planung zustande kommen könnte, die es mir erlaubt, mal nach einer Langstrecke oder auch noch fünf frühen Flügen mich da mal drei bis vier Tage zu erholen. Man merkt das ja auch, dass man die ganze Zeit auf dem Zahnfleisch durch die Gegend kriecht und eigentlich nicht mehr weiß, wie man den nächsten Tag noch schafft. Das ist mein größter Wunsch." (H05)

Und dies hat natürlich auch etwas mit der Stationierung zu tun. Die Priorität, die Typ B dem Privatleben einräumt, geht mit einer verstärkten lokalen Bindung einher, aus der wiederum Mobilitätsanforderungen entstehen: zum Beispiel zu pendeln.

> „Ich würde natürlich viel lieber in [Wohnort] stationiert sein. Aber die Station wird jetzt gerade geschlossen." (H05)

Aus diesem Pendeln, aber auch auf Grund weiterer Konflikte, die mit der Aufrechterhaltung lebensweltlicher Ansprüche gegenüber betrieblichen Anforderungen einhergehen, folgt ein erhöhter Aufwand für den Typ B. Das Grenzmanagement zwischen Arbeit und Privatleben nimmt vor allem dann belastende Züge an, wenn die Unternehmensrationalität mit den Lebensvorstellungen der Piloten konfligiert; zum Beispiel bei Rationalisierungsmaßnahmen bezüglich der Strecken- und Personaleinsatzplanung, Stationsverlegungen etc. Dies birgt die Gefahr der persönlichen Überforderung bei dem Versuch, sowohl den Grundanforderungen der Arbeit als auch den privaten Ansprüchen gerecht zu werden. Letztlich hängt auch Typ B in der Regel an seiner Arbeit, aus der der Exit zudem nicht einfach möglich ist.

Arbeit und Leben – Fliegt als Flieger

Elf der 35 verwendeten Interviewfälle entsprechen Piloten, die Arbeit und Privatleben an verschiedenen Stellen miteinander verbinden, wobei die Arbeit das bestimmende Kriterium der Strukturierung darstellt. Das Privatleben ist also ein nachgeordneter Teil des Arbeitslebens des Typs C.

Ein Grund, weshalb für den Typ C die Arbeit mit dem Verlassen des Flugzeugs nicht vorbei ist, sind oftmals zusätzlich übernommene Aufgaben des Flugbetriebs; wie die Pflege von Handbüchern, Simulatortraining und auch Managementaufgaben, wie im Fall des nachfolgend zitierten Piloten:

> „Ich habe eine Familie mit drei Kindern. Wenn ich nach Hause komme, versuche ich das so zu organisieren, dass ich da in dem Falle eben nicht auch noch dann groß arbeiten muss. Dass das Telefon ab und zu noch abends geht, ist normal, weil eben dann irgendwelche Probleme auftreten: ‚Flieger steht auf [Ferieninsel]. Können wir damit fliegen? Wie schätzen Sie es ein?', wenn die Verkehrszentrale hier anruft, oder: ‚Wie schätzt du es ein?', wenn der Kapitän dann anruft und sagt: ‚Ich habe das und das Problem. Von der Buglade ist das nicht eindeutig. Was soll ich machen?' Das ist normal, aber grundsätzlich habe ich eben meinen – meinen Ausgleich dazu. Insofern: Mir macht das Spaß, ja." (D01)

Aber auch wenn Typ C keine Bodentätigkeit übernnimmt, trägt er Arbeitsaufgaben in sein Privatleben hinein, zum Beispiel die Vorbereitungen auf Anflugverfahren, die Auseinandersetzung mit veränderter Technik und Verfahren im Cockpit bzw. die tägliche Arbeitsvorbereitung und die Auffrischung und Ausweitung von Wissen zu Hause. Typ C kommt in der Regel früher als vorgeschrieben zur Arbeit, um sich besser vorbereiten zu können. Dies kann aus Interesse und auf Grund der Arbeitsethik geschehen, vor allem zielen diese Mehrarbeiten und der Beweis von Flexibilität jedoch auf die berufliche Karriere (F03). Typ C räumt der Arbeit hohe Priorität ein. Dies zeigt sich auch im Umgang mit der für die Planung und Koordination des Personaleinsatzes zuständigen Stelle.

> „War abends mit meinem Bruder verabredet – am Montagabend. Aber dann beim Simulator letzte Woche, da rief mich die Crewplanung an, Herr XY wäre ausgefallen für diesen, und die haben das einfach getauscht, ob ich den Flug machen könnte. Und Sonntag habe ich eigentlich frei, weil am Samstagabend auf einem Ball war, war einer meiner requesteten ‚Off'-Tage, aber ich bin so ein Typ, der eigentlich nie ‚Nein' sagt, wenn es irgendwie machbar ist. Und da ich auch [Destination Ausland] mag, war das für mich auch schön. Habe ich gesagt: ‚O.k., fliege ich mal einen Tag nach [Destination Ausland], warum nicht.'" (H01)

Typ C zeichnet sich durch eine hohe Mobilitätsbereitschaft aus. Es fällt ihm nicht schwer, private Angelegenheiten hintanzustellen, auch auf Kosten privater sozialer Kontakte. Dies geschieht jedoch nicht aus reiner Loyalität dem Betrieb gegenüber, sondern es geht Typ C einerseits um den direkten materiellen Bonus, der mit dem Einspringen einhergeht (z.B. Überstunden oder Abkaufen von Off-Tagen etc.), andererseits auch um den informellen Bonus, den er sich durch seine Flexibilitätsbeweise erwirbt. Zudem werden jeweils die speziellen Bedingungen des Flugs – Attraktivität der Destination, Strecke, Zeiten etc. – genau abgewogen. Obwohl ein solches Einspringen oder allgemein Planänderungen (vor allem bei Langstrecke) sich auf den gesamten monatlichen Dienstplan auswirken können, empfindet Typ C dies nicht als belastend. Es reicht ihm, wenn er – entsprechend der Regel – zwei Tage vorher Bescheid weiß (H03). Eingriffe des Betriebs in das Privatleben werden zugelassen. Arbeit geht vor.

Freund- und Bekanntschaften des Typs C setzen sich vor allem aus Fliegern zusammen, seien es Arbeitskollegen oder Piloten aus anderen Airlines, zumindest aber aus Luftfahrtaffinen und Hobby-Fliegern (F01, F03, F07). Die letzten beiden Gruppen werden in der nachfolgenden Interviewpassage als „Nicht-Flieger" bezeichnet.

> „Ich würd sagen halbe-halbe. So Bekanntschaften, gut, die kommen aus dem Luftsportverein – nicht ganz unbelastet, aber machen jetzt andere Berufe. Also die Hälfte Flieger, Hälfte Nicht-Flieger." (F07)

Auch privat führt Typ C seine Rolle als Pilot weiter. Er dehnt diese ins Privatleben aus, zum Beispiel, indem er Mitglied in Fliegerclubs ist, privat fliegt, Trainings gibt, einen Nebenerwerb in der Fliegerei betreibt (von Training bis Beratung) oder sich einfach privat mit vielen Fliegern umgibt. Hier begegnet man sich eher auf Augenhöhe und zeigt gegenseitig Verständnis. Typ C verfolgt ein Berufsethos, das das Privatleben außerhalb der Fliegerei dem Fliegerischen unterordnet. F03 spricht hier von einem „Generationenvertrag" bzw. von seiner Pflicht, auch im Privatleben sein fliegerisches Wissen anzuwenden und weiterzugeben – gegen Entgelt und Anerkennung. Umgekehrt räumt Typ C seinem übrigen (also nicht fliegerischen) Privatleben in der Arbeit keinen Platz ein und blendet entsprechende Belange aus. Typ C führt seine Arbeit nicht nur in seiner privaten Zeit weiter, sondern er lebt auch in der Arbeit – und zwar in dem Sinne, dass er Arbeitskontexte in Privatleben transformiert. So werden zum Beispiel Arbeitsthemen und die sozialen Beziehungen in der Arbeit zum Ersatz für ihr Pendant im Privatleben.

> „Und wenn man so einen Umlauf macht oder eine ganze Woche unterwegs ist, dann ist das wie eine Familie. Ein Ersatz für das, was ich zu Hause habe. Und den Mädels geht es zum Teil genauso. Ähm, der Freund ist nicht da und dann ist es sowieso schwierig und dann haben sie einen irgendwo in Timbuktu oder in [Stadt], den sie dann nur alle paar Wochen sehen, weil ein normales Familienleben für die zum Teil auch nicht geht." (H01)

Eine Alternative zur Bildung einer – recht kurz dauernden, da bald wechselnden – Ersatzfamilie in der Arbeit bietet die (teilweise gezielt gebildete) Beziehung zu einem Partner in der Kabine.

> „Das klappt hier auch sehr, sehr gut bei [Airline], was in den anderen Firmen, da hatte ich keine Partnerin in der Firma, überhaupt nicht klappte." (H03)

Hier kann die Priorität weiter auf das Fliegen gelegt werden, zum Beispiel durch eine Parallelisierung des gemeinsamen Dienstplans und auf Grund des erhöhten Verständnisses des Partners. Diese an den eigenen Arbeitsbedingungen ausgerichtete Partnerwahl birgt aber auch Probleme. H03 berichtet, dass seine früheren Beziehungen immer auf Grund der lokalen Lebensorientierungen seiner Partnerinnen gescheitert sind. Wenn es um dauerhafte Partnerschaft und Familie geht, schreibt sich Typ C nur eine geringe Rolle im Familienleben zu. Selbstverwirklichung sucht Typ C in der Arbeit und in der Karriere. Die nachfolgende Interviewpassage verdeutlicht seine Interessenlage:

> „Ich würde jetzt gerne mitarbeiten irgendwas, weil ich letztendlich zu Hause momentan keinerlei andere Beschäftigung habe. Ich hatte zwar auch schon damals zwei kleine Kinder, aber es war halt so, dass ich eben gerne mich ein bisschen engagieren wollte." (D01)

Hier schildert D01 seine Reaktion auf eine kurzzeitige krankheitsbedingte Flugunfähigkeit, die er als Chance ergriffen hat, seine Karriere über zusätzliche Arbeiten im Flugbetrieb voranzutreiben. Die Prioritätensetzung des Typs C auf Arbeit zeigt sich auch in anderen Entscheidungen, wie zum Beispiel bei der Streckenwahl (‚fliegerische' Karriere), Arbeitgeberwahl (Umzug, Arbeiten im Ausland) etc. (H08). Die tägliche Unterwerfung unter den Dienstplan gehört für Typ C als unveränderlicher Bestandteil der Arbeit zum Pilotsein dazu.

> „Im Wesentlichen, wenn ich es brutal sagen darf, ich habe meine Seele dadurch verkauft, dass ich gesagt habe: ‚Es gibt einen Plan und dem unterwerfe ich mich.' Das habe ich aber mitgekauft, das ist Bestandteil eines Gesamtpakets." (F03)

Typ C verwirklicht ein Lebenskonzept, das die Vorteile des Gesamtpakets, vor allem das relativ hohe Einkommen, die Zahl an freien Tagen, den Status und das Image des Berufs und die Chancen des Unterwegsseins, betont und die Kosten ignoriert – allem voran die mit der geringen Planbarkeit und den unregelmäßigen Zeiten verbundenen körperlichen und sozialen Belastungen. Ansprüche aus dem Privatleben werden systematisch gering gehalten, um denen des Unternehmens Genüge zu leisten. Typ C verfolgt eine verfestigte Strategie in Bezug auf Arbeit und Leben, bei der er das Unternehmen sehr weit in sein Privatleben hineinregieren lässt. Dieses „Geben und Nehmen" (H03) zahlt sich für Typ C durch erhöhtes Entgegenkommen von betrieblicher Seite aus. Die Unterordnung des verbleibenden nicht-fliegerischen Teils des Privatlebens unter die betrieblichen und individuellen fliegerischen Interessen verursacht soziale Kosten und erfordert Disziplin.

> „Da bin ich vielleicht ein bisschen extremer als andere, ich plane halt jetzt auch mein Privatleben von den Schlafphasen so, dass ich für die Flüge immer komplett fit bin. Ich bin eigentlich auch so realistisch, dass ich weiß, wenn ich irgendwann mal Kinder habe, sollte ich welche haben, da kann man das nicht mehr so realisieren." (H08)

Der Idealtyp C synchronisiert jedoch auch dann, wenn er Kinder hat, seine Zeit primär entlang der Arbeit, wofür es auch in dem hier verwendeten Interviewmaterial viele empirische Beispiele gibt. Die Interviewpassage zeigt jedoch, wo Konfliktpotenziale dieser Routine liegen: in privaten Verpflichtungen. Denn ein derart an die Arbeit angepasster Zeitrhythmus lässt nicht viel Spielraum, weder für Flexibilität noch für Regelmäßigkeit im Privatleben.

> „Das ist ein ganz großes Problem, sich wirklich dazu zwingen, entweder sehr, sehr früh aufzustehen, damit man mittags noch mal müde ist, um sich noch mal ein paar Stunden hinzulegen, oder eben sehr lange zu schlafen, um dann erst so drei, vier Stunden auf zu sein und dann in die Arbeit zu fahren. Ich mach das so. Ich will oder muss topfit sein für den Beruf. Aber ich merke eben auch, Kollegen, die sind im Zweifelsfall dann schon zehn Stunden auf oder teilweise noch länger und dann arbeiten die zehn, zwölf Stunden. Und dann fahren sie zwei Stunden wieder nach Hause." (H08)

Dies macht einen Unterschied zu anderen Piloten aus, die ihrem Privatleben eine höhere Priorität einräumen, sich dabei aber körperlich wesentlich stärker belasten. Typ C begründet sein Arbeit-und-Leben-Arrangement jedoch nicht mit einer Schonhaltung, sondern mit dem Verweis auf seinen professionellen Anspruch. Der Beruf Pilot verlangt ihm zufolge nach Disziplin im Privatleben, das zwangsläufig zurückstecken muss.

> „Die Diskussion hat man jetzt bei Ärzten gemerkt. Da ist es ja auch eine ganz extreme Geschichte mit diesen extrem langen Bereitschaftszeiten und so was und

> Dienstzeiten. Dient natürlich auch nicht der Sicherheit. Also, ich nehme halt auch den Beruf so ernst, dass ich halt das Privatleben dann drumrum plane." (H08)

Bei diesem Pilotentyp besteht die Gefahr, dass private soziale Beziehungen, sei es zu Freunden oder zur Familie, so sehr hintangestellt werden, dass sie zerbrechen oder erst gar nicht aufgebaut werden können. Dies verweist erneut auf die in der Luftfahrt bekannten Vereinsamungstendenzen. Die starke Bedeutung, die die Luftfahrt im Privatleben des Typs C einnimmt, kann zudem zu einem gewissen Sinnverlust führen, wenn die Arbeit oder die private Beschäftigung mit luftfahrtspezifischen Themen und Tätigkeiten nicht mehr genügend Zufriedenheit erzeugt. Diese Gefahr besteht vor allem dann, wenn das luftfahrtbezogene Handeln genuin soziale Bedürfnisse befriedigen bzw. ersetzen soll, die eigentlich dem Familienleben zugesprochen werden; wie Nähe, Geborgenheit etc. Jedoch sind gerade in Zeiten der Rationalisierung aus Sicht der Unternehmen Piloten gefragt, die eine derartige – beinahe zwischenmenschliche – Beziehung zur Arbeit und zum Beruf aufbauen und Arbeit und Privatleben nicht mehr trennen.

> „Man muss sich halt nur fragen: Was gebe ich an Lebensqualität dafür auf, an privatem Leben, an sozialen Kontakten vielleicht, und ist das das, wie man sich sein Leben vorstellt? Weil die Fliegerei ist ja nicht allein alles dann im Leben. Man muss schon generell, um in der Luftfahrt zu sein, ein bisschen, ich nenne das immer ‚aerosexuell' sein. Also man muss schon sehr luftfahrtbezogen sein, aber es gibt auch Kollegen, die kennen nur ihre Luftfahrt, auch Kollegen, mit denen ich befreundet bin, kennen nur ihre Luftfahrt. Aber ich denke, auf Dauer macht das vielleicht sehr einsam und man muss halt gucken, dass man den Horizont auch in eine andere Richtung weiter erweitert. Und wenn man aber diese Mentalität hat, dann ist das eigentlich egal, dann lebt man für die Luftfahrt." (H03)

Arbeit und Leben – Fliegt als Mensch

Sieben von 35 Interviews repräsentieren Piloten, die Arbeit und Privatleben zwar sehr stark miteinander vermengen, dabei aber im Gegensatz zum Typ C möglichst viele Aspekte des Privatlebens in die Arbeit einfließen lassen. Für den Typ D ist die Arbeit letztlich ein nachrangiger Teil des Privatlebens – sie stellt jedoch aktuell den zentralen Schauplatz des Lebens dar. So gibt Typ D zwar Lebensaspekten Vorrang vor der reinen inhaltlichen Arbeit, jedoch findet ein großer Teil seines Privatlebens in der Arbeit statt. Hierfür bieten sich dem Typ D viele verschiedene Chancen und Orte. Es geht ihm um den Genuss der Möglichkeiten, die eine mobile Arbeit bietet. Einschränkungen, sei es auf Grund einer Arbeitsethik, zugunsten körperlicher Regeneration oder mit Blick auf das Leben zu Hause, macht er nicht.

Um die Zeit auch auskosten zu können, ist Typ D lieber beruflich am Stück unterwegs, als zu pendeln. Daher kommen ihm Langstrecke sowie Kette bei der

Kurzstrecke entgegen. Dies berücksichtigt Typ D bei seinem Umgang mit Arbeitszeitinstrumenten und bei seiner Karriereplanung bzw. der Wahl des Arbeitgebers. Im Falle eines Auseinanderfallens von momentanem Einsatzort und Wohnort reist Typ D gerne einen Tag vorher an, denn Unterwegssein ist für ihn positiv konnotiert. Auf Dauer zieht es Typ D jedoch in diesem Fall vor, den Wohnort wechseln. Er weist sich durch eine hohe Umzugsmobilität aus. Typ D zieht es nicht zurück an einen vorherigen Wohnort, da sein Leben in der Mobilität – auch in der Arbeit – stattfindet (E01). Verstärkt gilt dies bei Aufenthalten. Diese werden nicht nur erlebnisorientiert als Freizeit begriffen, sondern als wesentliches Element des eigenen Soziallebens. Der arbeitsbedingte Aufenthaltsort wird zum Freizeitort und zum momentanen Lebensmittelpunkt. Dies gilt natürlich vor allem auf der Langtrecke. Aber auch auf der Kurzstrecke bieten sich ihm viele Ansatzpunkte, die Arbeit mit Leben zu füllen.

> „Nach Möglichkeit immer irgendwas machen. Ich find es auch einfach viel zu schade, wenn man da irgendwo hinfliegt und sich da im Zimmer einschließt. Ich flieg morgen nach [Stadt im Ausland] und nehme z.B. meinen Vater mit. Da haben wir uns ein Auto gemietet und da ist auch noch meine Freundin, eine Flugbegleiterin mit. Also wir fahren auf jeden Fall zu dritt durch die Gegend. Oder in [Land] waren wir auf Safari. Dadurch, dass ich das noch nicht so lange mache, nutz ich schon die Zeit aus. In [Ferieninseln], da legt man sich an den Strand und faulenzt. Aber so [Stadt], da kann man doch nicht einfach rumsitzen und nichts tun.“ (H06)

Es ist nicht unüblich für Typ D, die eigenen privaten sozialen Kontakte, wo es geht, in die Arbeit mitzunehmen, sei es als Begleiter auf der Langstrecke oder einfach täglich durch die Nutzung von Kommunikationsmedien.[8] Das heißt jedoch nicht, dass sich Typ D nicht auf seine Kollegen einlassen kann. Im Gegenteil, die intensive und enge Zusammenarbeit mit den Kollegen enthält immer auch einen privaten Anteil, den dieser Pilotentyp möglichst ausdehnt. Er sucht den Kontakt zu Kollegen auch über die eigentliche Arbeitsteilung an Bord hinaus und bringt private Themen in die Arbeit mit ein.

> „Dass man schöne Erlebnisse damit verbindet. Gerade diese ganzen Stopps, wo man dann auch nette Kollegen kennen lernt. Gut, man hat meistens jeden Tag einen anderen Arbeitspartner vorne im Cockpit, weil es ist selten, dass man öfters mit dem gleichen fliegt, es wechselt ja immer ab. Aber es sind meistens sehr nette, angenehme Arbeitstage. Ich glaube, das ist einfach der Geist, der durch diese Firma schwebt, dass die Leute schon stolz sind, dass sie für [Airline] fliegen, so wie die Leute stolz sind, dass sie für [andere Airline] fliegen oder für

8 Medien wie Mobiltelefon und Internet nutzt dieser Pilotentyp intensiv, um Kontakt zu Personen außerhalb der Arbeit zu halten oder um sich spontan mit anderen Mobilen treffen zu können. Ebenso steht Typ D Möglichkeiten offen gegenüber, sich zu Hause oder unterwegs auf die kommenden Arbeitstage vorzubereiten, z.B. über das Internet.

[wieder andere Airline]. [...] Ich denke auch, dass man viele positive Erlebnisse damit verbindet.“ (H06)

Die besondere Kultur der Zusammenarbeit des fliegenden Personals und der gemeinsame Genuss positiver Aspekte der Mobilität stellen einen wesentlichen Motivationsfaktor für Typ D dar. Es ist für ihn wichtig, sich auch privat gut mit den Kollegen zu verstehen. Typ D versucht, die in der Arbeit gebildeten sozialen Kontakte in seinem Leben außerhalb der Arbeit weiterzuführen. Im Gegensatz zu den Typen A und C reduziert er dabei die Beziehungen nicht ausschließlich auf Flieger. „Ja, das ist gemischt. Cockpit, Kabine, Technik, Boden. Alles dabei“ (H06). Die Arbeit bzw. die Luftfahrt ist das verbindende Element und gibt auch oft die Themen vor. Die aktuelle Betriebspolitik wird dabei nicht außen vor gelassen, jedoch werden tiefergehende Themen in der Regel vermieden. Es geht um den Genuss von Gemeinsamkeit und nicht zum Beispiel um Abgrenzung oder Interessenpolitik.

„Da wird kräftig darüber geredet. Man versucht es natürlich außen vor zu lassen, aber es kommt dann ab und zu dann doch wieder hoch. Und dann sagen wir: ‚Okay, gut, stopp! Bis hierhin und nicht weiter!‘, und dann unterhält man sich über etwas anderes.“ (H06)

Neben Arbeitskollegen setzt sich auch der übrige Freundeskreis des Typs D vor allem aus luftfahrtaffinen und mobilen Personen zusammen, um in den sozialen Beziehungen sowohl inhaltlich als auch kulturell und auch von den Zeitstrukturen her eine möglichst optimale Durchmischung von Arbeit und Privatleben zu erreichen. Für Partnerschaft und Familie bedeutet dies entweder eine möglichst große Kongruenz im mobilen Lebensstil oder ein eher loses und lockeres Zusammenleben an getrennten Orten, mit getrennten Freundeskreisen etc. (E01).

Vorrang hat für Typ D das Nutzen der Möglichkeiten der arbeitsbedingten Mobilität zur Befriedigung privater Bedürfnisse. Sein mobiles Leben ist bestimmt durch eine ausgeprägte Freizeitorientierung, die er geschickt mit der Arbeit kombiniert, wie im Fall des Piloten D03, der das Fliegen mit seiner Leidenschaft Tauchen verbindet, was bereits seine Berufswahl mitbestimmt hat.

„Da wusste ich immer nicht, was ich machen wollte, außer dass ich eigentlich tauchen gehen wollte. Ist auch doof, also so als Lebensplanung. Aber da habe ich eigentlich so gedacht, Hauptsache viel tauchen gehen.“ (D03)

Oftmals lassen sich die Leidenschaften des Typs D recht gut mit der Arbeit verbinden, entweder sind sie Teil der Arbeit (Fliegen, Organisieren, Teamarbeit etc.) oder eng damit verbunden (Reisen, ferne Orte etc.). Wie wichtig diese Vermengung zwischen privaten Interessen und Arbeit für das Arbeit-und-Leben-Arrangement des Typs D ist, verdeutlicht auch die nachfolgende Passage. Typ D zeichnet sich durch eine sehr hohe Mobilitätsbereitschaft, starkes Interesse an Teamarbeit und inhaltliche Flexibilität aus. Damit ist er ein Prototyp des multipel mobilen und flexiblen Mitarbeiters. Jedoch will sein Verlangen nach Abwechslung auch befriedigt werden.

> „Ich glaube, ich hatte nicht unbedingt eine Vorstellung, wie dieser Beruf wirklich aussieht, was da wirklich passiert. Also ich erinnere mich nur, ich bin zum Tauchen auf [Ferieninseln] geflogen, habe in das Cockpit geguckt, habe die Jungs da gesehen und fand das einfach mordscool. Ist ja normal, irgendwelche Sachen, die wahnsinnig toll sind, ein Wahnsinnsgeheimnis haben, ist auch vielleicht für mich, wenn ich auch was haben will, wenn ich das endlich habe, ja, okay, schön, und jetzt? Ich war dann irgendwann mal zwei, drei Jahre Kapitän, und jetzt? Jetzt ist es langweilig. Was mach ich jetzt? Das ist also das nächste Problem, einfach immer irgendwie etwas Neues, was anderes." (D03)

Mit zusätzlichen Arbeits- und Karriereoptionen am Boden ist dieser Typ nur eingeschränkt zu locken, da dieses zusätzliche Engagement zwar eine Zeitlang Abwechslung bietet, aber letztlich das eigene (mobile) Lebenskonzept zu sehr beeinträchtigen würde. Es geht ihm um Abwechslung und Spaß, um eine möglichst weitgehende Überlagerung von privaten Bedürfnissen und Arbeit, und nicht um Karriere oder Sicherheiten. Insofern ist der Exit aus dem Beruf auch immer eine Option für den Typ D, vor allem wenn er über zusätzliche Qualifikationen verfügt (was auf Grund des hohen Interesses an neuen Themen oft der Fall ist). Aber selbst mit zusätzlichen Qualifikationen ist der Ausstieg aus dem Luftverkehr keineswegs einfach.

Wenn Hobby und Arbeit zusammenfallen, besteht oft die Gefahr der Überlastung, da den Zugriffen des Unternehmens auf die Arbeitskraft keine Grenzen gesetzt werden. Verstärkt wird diese Gefahr noch durch die hohe Mobilität, die Typ D ja positiv wertet. Auch mit der starken Vermengung von Arbeit und Privatleben auf der sozialen Ebene bzw. mit den Kontakten zu Fliegern oder anderweitig Mobilen gehen einige Probleme einher. Zum Beispiel sind diese Kontakte oftmals mit einem hohen Organisationsaufwand verbunden, finden zu einem großen Teil nur medienvermittelt über größere Distanzen statt, sind insgesamt von geringer Intensität und Belastbarkeit und von den alltäglichen Problemen der eigenen Lebenswelt weitestgehend entkoppelt, was alles zur Vereinsamung beiträgt.

> „Aber es ist auch so, dass eine Entfremdung, ich benutze das Wort mal in meinem Sinne, also der persönlichen Probleme. Einen Austausch über alltägliche Probleme gibt es eigentlich nicht mehr, sondern es wird eigentlich nur gemeinsam global ein Problem erörtert. Also wenn vielleicht mal ein Berufs- oder Jobwechsel anliegt, aber diese ganzen kleinen Sachen, die eigentlich dem Leben auch irgendwo noch einen gewissen Reiz und ein Prickeln geben, das ist sozusagen nicht mehr da. Und ich denke, da ist, also wir merken es, dass wir vereinsamt sind wirklich sozial." (G01)

Zudem besteht für die Hochmobilen, die Arbeit und Privatleben auf der sozialen Ebene nicht voneinander trennen, eine mit dem Alter zunehmende Problematik:

Ihre Kontakte zu anderen Mobilen sind zunehmend gefährdet, zum einen auf Grund der beiderseitigen Mobilität, zum anderen aber auch, wenn die anderen nach und nach mit dem Erreichen bestimmter Lebensabschnitte oder beruflicher Veränderungen ihre Lebenskonzepte umstellen. Das Aufrechterhalten von sozialen Beziehungen zu Residenten fällt Typ D schwer.

• *Zusammenfassung:* Arrangements bezüglich Arbeit und Leben in Entgrenzung

Tab. 7.3: Arrangements bezüglich Arbeit und Leben in Entgrenzung

		Entgrenzung – Begrenzung Arbeit (Betrieb) und Privatleben					
Typ	**Fälle**	**Zeitlich**	**Inhaltlich**	**Sozial**	**Arbeit-Beruf-Privat**	**Konzept**	**Gefahr**
Typ A: Lebt als Flieger	11	Dienstplan bestimmt Leben, Request kaum genutzt	Trennung in beide Richtungen: keine Arbeitsinhalte privat, keine Inhalte des Privatlebens in der Arbeit	Professionelle Trennung in der Arbeit, private soz. Bez. zu Fliegern und Nicht-Fliegern	Lebt als Flieger: Arbeit ist ein Teil des Berufs, Beruf betrifft alle Lebensbereiche	Instrumentelle Lebensplanung, Disziplin in Arbeit und Privatleben, Erhalt Arbeitsfähigkeit	Vereinsamung, Sinnverlust
Typ B: Lebt als Mensch	6	Leben bestimmt Dienstplan, Request auf planbare Freizeit, Teilzeit	Keine Arbeit im Privatleben, Themen aus dem Privatleben teilw. in der Arbeit	Klare Trennung: Arbeitsbez. und priv. Bez. zu Nicht-Fliegern	Lebt als Mensch Trennung, Arbeit und Beruf dienen dem Privatleben	Privatlebensorientierung, flexible Anpassung der Arbeit, Orientierung am soz. Gesamtarrangement	Hohe persönliche Mobilitätskosten, Überforderung
Typ C: Fliegt als Flieger	11	Dienstplan geht vor, Request mit Blick auf Entlohnung, Leben in der Arbeit	Arbeitsthemen dominant auch im Privatleben, Privatleben gibt keine Themen vor	Arbeits- und priv. Kontakte zu Fliegern, parallel zur Familie oder als Ersatz	Fliegt als Flieger: Arbeit bestimmt das Privatleben	Selbstverwirklichung in der Arbeit und Karriere, Privatleben nachrangig	Verlust von Lebensqualität, Vereinsamung
Typ D: Fliegt als Mensch	7	Freie Zeit wichtig, Request auf größtmöglichen Freizeitcharakter, Freizeit auch in der Arbeit	Pragmatischer Umgang mit Themen beider Sphären, Vermischen von Inhalten	Priv. Bez. vermengt in allen Lebensbereichen, vornehmlich zu Mobilen oder „Affinen“	Fliegt als Mensch: Beruf und Arbeit sind Teil des (angepassten) Privatlebens	Genuss: Abwechslung und Spaß durch Aufhebung von Trennungen	Ernst der Arbeit, instabile Kontakte, Exit

7.2 Persistenz der Typen?

Bevor nun der Frage nachgegangen wird, ob sich diese Typen-Systematik noch weiter komprimieren und vereinfachen lässt, ob also systematische Zusammenhänge zwischen den drei Typen-Konstruktionen existieren, sind zunächst zwei Fragen zu klären, die sich bei der Einordnung der Aussagekraft gebildeter Typen in der Regel stellen:

- Inwieweit erklären offensichtliche Strukturbedingungen des Arbeitsfelds (Streckenprofil, Personaleinsatzkonzept, Stationierung etc.) und des Privatlebens der Piloten (Familienstand, Kinder, Wohnort etc.) die Herausbildung unterschiedlicher Umgangsweisen mit entgrenzten Arbeits- und Lebensbedingungen? (Gibt es also einfache Erklärungen, welche die aufwändige Suche nach Mustern und Arrangements unnötig machen?)
- Wie stark zeitlich persistent sind diese Umgangsformen mit Entgrenzung? Sind sie permanent festgeschrieben? Verändern sie sich über Lebensphasen hinweg? Kann zwischen ihnen situativ gewechselt werden? Wie und weshalb geschieht gegebenenfalls ein solcher Wechsel zwischen Arrangements?

Sowohl beim Erheben als auch bei der Auswertung der Interviews wurde durch ein offenes Vorgehen darauf geachtet, möglichst viele relevante Faktoren zu erfassen, die Piloten beim Organisieren von Arbeit und Privatleben bewusst oder auch weniger bewusst berücksichtigen. Es hat sich gezeigt, dass sich Piloten im Abgleich ihrer Arbeits- und Lebensbedingungen relativ dauerhafte Arrangements im Alltag erarbeiten. Diese sind auf die jeweiligen Arbeits- und Lebensbedingungen der Piloten zugeschnitten. Auf Grund ihrer Abhängigkeit von vielen unterschiedlichen Einflussgrößen sind diese Arrangements jedoch nur zeitweise stabil. Sie ändern sich also im Lebensverlauf. Es gibt keinen ‚one best way' des Arrangements, der zeitlich unbegrenzt und für alle Lebens- und Arbeitssituationen gleichermaßen gilt. Die Auswertung und systematische Auseinandersetzung vor allem mit biografischen Narrationen im empirischen Material hat gezeigt, dass einschneidende Ereignisse sowohl in der Arbeit (z.B. Stationsverlegungen, Arbeitgeberwechsel) als auch im Privatleben (z.B. Geburt eines Kindes, pflegebedürftige Angehörige) das Potenzial besitzen, bislang stabile Arrangements – sowohl in der Arbeit als auch im Privatleben und auch bezogen auf das Verhältnis von Arbeit und Privatleben – von Piloten zu belasten, zu gefährden und zu verändern. Eine einzige Veränderung ist jedoch selten allein für den grundsätzlichen Wandel von Arrangements ausschlaggebend. Dies zeigt sich bei der Überprüfung von bestimmten, im Feld häufig als wesentliche Entscheidungs- und Orientierungskriterien genannten Rahmenbedingungen. Für die Arrangements spielen klassische Unterscheidungskriterien im Luftverkehr, wie zum Beispiel Kurz-, Mittel- oder Langstrecke oder auch Kette versus Point-to-

Point-Streckenkonzepte, eine nicht zu vernachlässigende Rolle – sie erklären jedoch weder die Heterogenität zwischen den Typen noch die Homogenität innerhalb einzelner Typen.

7.2.1 Strukturabhängigkeit der Entgrenzungsarrangements

Natürlich basieren entlang soziologischer Überlegungen gebildete Typen von Handlungsmustern letztendlich auf dem Umgang der einzelnen Handelnden mit ihren jeweiligen Strukturbedingungen – also auf der (kognitiven und aktiven) Wahrnehmung von Strukturen.

Die Frage, die hier gestellt wird, ist jedoch, ob die klassischen im Feld diskutierten Unterscheidungen entlang offensichtlicher Strukturbedingungen des Arbeitsfelds (Streckenprofil, Personaleinsatzkonzept, Stationierung etc.) und des Privatlebens von Piloten (Familienstand, Kinder, Wohnort etc.) die Ausdifferenzierung verschiedener Typen und ihr Fortbestehen bereits hinreichend erklären.

Die im Luftverkehr wohl häufigste Gegenüberstellung ist die von Lang- und Kurzstrecke. Auf diesen strukturellen Aspekt soll hier als Beispiel intensiver eingegangen werden. Die nachfolgende Interviewpassage, in der eine Pilotin die These vertritt: „Je länger die Flüge, desto oberflächlicher der Mensch“ (B03), steht für einen klassischen Rekurs auf diese Unterscheidung.

> *P:* „Also, ich habe die Erfahrung gemacht, dass man, je höher man fliegt, desto mehr vergisst man aus seinem Alltag. Das ist tatsächlich so, wenn man da so ‚in die große weite Welt hinaus' schaut aus zehn Kilometern Höhe, dass man die alltäglichen Probleme einfach hinter sich lässt. Die Erfahrung habe ich gemacht. Also, das ist selten, dass mich etwas so belastet, dass ich es in den Flug mit reinnehme.“
>
> *I:* „Und je höher man fliegt ...“
>
> *P:* „... desto weiter ist das Problem weg anscheinend.“
>
> *I:* „Also, das hängt auch davon ab, was man für Flüge fliegt, ob man sich vom Alltag trennen kann oder nicht?“
>
> *P:* „Ja. Ja.“
>
> *I:* „Also, bei einer Kurzstrecke ist dann der Alltag näher dran?“
>
> *P:* „Ja, genau. Also, ich war in erster Ehe mit einem Langstreckenpiloten verheiratet. Und bei dem habe ich das Gefühl gehabt, dass der überhaupt nichts ernst nimmt, dass da gar nichts ist, was einen bewegt, was man mitnimmt. Und vielleicht ein – es muss ja kein Problem sein – aber einfach ein Belangen verarbeitet. Also, ich habe die Erfahrung gemacht: Je länger die Flüge, desto oberflächlicher der Mensch.“ (B03)

Es ist plausibel, dem Streckenprofil der Airline bzw. des Arbeitsplatzes (Muster) eine große Bedeutung zuzuschreiben, denn viele weitere Arbeits- und Lebensbedingungen hängen mit dem Streckenprofil zusammen, wie Arbeitszeiten (Dauer, Häufigkeit), Arbeitsabläufe (z.B. Starts/Landungen, Turnaround, Navigation), Abwesenheit (Übernachtungen), Image (Status, Flugzeug- und Crewgröße) und zudem die (vor allem sozialen) Folgeaspekte (soziale Gelegenheiten, Anerkennungs- und Vertrauensprobleme, Neid etc.). Selbst wenn man diese These akzeptieren möchte, ist allerdings immer noch unklar, ob die Langstrecke Piloten ‚oberflächlich' werden lässt oder ob ‚oberflächliche Piloten' die Langstrecke suchen und sich auf ihr besser bewähren. Beide Erklärungsmöglichkeiten besitzen sicher auch einen gewissen empirischen Gehalt. Bei der Auswertung des Interviewmaterials hat sich jedoch gezeigt, dass sich die gleichen Pilotentypen (Orientierungen) und die gleichen Arrangements (strukturellen Handlungsmuster) im Umgang mit den Chancen und Risiken arbeitsbedingter Mobilität bzw. Entgrenzung sowohl auf der Langstrecke als auch auf der Kurz- und Mittelstrecke finden. Sowohl die Langstrecke als auch die Kurzstrecke bieten jeweils Möglichkeiten, sich vom Alltag zu Hause zu distanzieren oder sich intensiv in das Privatleben einzubringen. Interessant ist zum Beispiel, wie die zeitlichen Chancen der Langstrecke (mehr freie Tage) genutzt werden. In der nachfolgenden Interviewpassage versucht Pilot H03 verschiedene Gründe für unterschiedliche Streckenpräferenzen zu differenzieren:

> „Ich weiß, dass viele sagen, die diese Kurzstreckenfliegerei mit vier Legs am Tag machen: ‚Langstrecke wäre nichts für mich, zehn Stunden geradeaus fliegen, das fände ich ja ewig langweilig.' Da stehe ich aber auf dem Standpunkt, es gibt auch Leute, die sagen das, oder der größte Teil, die haben es nie kennen gelernt. Umgekehrt mag es so sein, dass einer, der das macht, sagt: ‚Nein, das ist tatsächlich nichts für mich, weil ich möchte jeden Abend zu Hause bei meiner Familie sein.' Das ist ja subjektiv, wie man da so seine persönlichen Ziele hat. Die Größe des Flugzeuges ist es nicht, was viele Leute meinen. Weil der Unterschied, ob ich mit einem kleinen ATR42, wie ich das gemacht habe, irgendwo anfliege oder mit einem Airbus A330, das ist völlig wurscht, weil man sich keine Gedanken darüber macht, dass da jetzt 300 Passagiere sind, weil ob da einer sitzt oder 300 sitzen, die Verantwortung ist in letzter Konsequenz dieselbe." (H03)

Hier wird die im Luftverkehr gängige Argumentation aufgegriffen, dass Kurzstreckenpiloten die Langstrecke nur deshalb als langweilig bezeichnen, weil sie diese nicht kennen. Mehr oder weniger implizit wird ihnen auch Neid gegenüber Langstreckenpiloten vorgeworfen. Dennoch kann festgehalten werden, dass das Verhältnis Abwechslung versus Langeweile laut manchen Piloten für die Kurzstrecke spricht, ebenso wie die Regelmäßigkeit in Bezug auf die Vereinbarkeit von Arbeit und Familie. Gegen sie spricht die Arbeitsbelastung mit „vier Legs am Tag". Der unterschiedliche Status („Größe des Flugzeugs") spielt rein offiziell, also bezogen auf die Verantwortung, keine Rolle – implizit natürlich doch. Die individuellen Streckenpräferenzen basieren damit auf einem komplexen Zusammenspiel verschiedenster Variablen der Arbeitsorientierung, des Lebenskonzepts, der individuellen Orientierungen (bezüglich Arbeit und Leben) und je spezifischer Arbeits- und Lebenssituationen.

Das Streckenprofil kann also nicht als alleiniges Kriterium zur Erklärung der aufgezeigten unterschiedlichen Muster in Arbeit, Privatleben und in Bezug auf Arbeit und Leben herangezogen werden. Es soll hier aber keineswegs bestritten werden, dass die Chancen und Risiken unterschiedlicher Arrangements mit Entgrenzung im Luftverkehr zwischen und innerhalb einzelner Airlines ungleich verteilt sind; zum Beispiel auf Grund unterschiedlicher Streckenprofile.

Ein weiteres Argument, das gegen das Streckenprofil als bestimmendes Strukturmerkmal für Arbeits-, Privatlebens- und Arbeit-Leben-Arrangements spricht, ist, dass Piloten das Streckenprofil oder auch den Arbeitgeber nur bedingt frei wählen können. Des Weiteren müssen sie oft auch bei ein und demselben Arbeitgeber, zum Beispiel im Zuge der Kapitänswerdung, zwischen verschiedenen Streckenprofilen wechseln. Hinzu kommt die im Luftverkehr zu beobachtende Tendenz, aus Gründen der Optimierung des Personaleinsatzes möglichst verschiedene Strecken/Flugzeugmuster zu mischen. Das Festlegen allein auf die Langstrecke wird immer seltener. Mit ähnlichen Argumenten können auch das Personaleinsatzmodell (Kette oder jeden Tag zu Hause, viel oder wenig Proceedings), die von Airline zu Airline verschiedenen Requestsysteme (Gestaltungsmöglichkeiten), die Planstabilität, die Stationierung (Öffnungszeiten der Flughäfen, Heimatbasis oder Außenstation, Stationsgröße), das Gehalt und als Pendant die einzelnen Strukturbedingungen im Privatleben (Familienstand, Kinder, Immobilien etc.) als jeweils – allein – bestimmende Faktoren für die unterschiedliche Performanz von Piloten in der Arbeit und im Privatleben zurückgewiesen werden. Die komplexen und relativ dauerhaften Arrangements von Piloten lassen sich über alle untersuchten Airlines hinweg finden und nicht auf einzelne strukturelle Unterschiede reduzieren. Erst das Zusammenwirken der Vielzahl von Faktoren und das individuelle Aufgreifen dieser Faktoren erzeugen allmählich relativ persistente Muster in der Arbeit, im Privatleben und bezüglich Fragen der Vermittlung zwischen Arbeit und Privatleben.

7.2.2 Zeitliche Variabilität der Entgrenzungsarrangements (vor allem Alter)

Sehr grob lassen sich die verschiedenen Typen im Umgang mit entgrenzten Bedingungen in der Arbeit, im Privatleben und in der Vermittlung von Arbeit und Privatleben durchaus in eine biografische Rangfolge bringen. Eine mögliche Chronologie zeichnet sich vor allem im Privatleben ab, wirkt aber auch in den anderen zwei Kontexten Arbeit und Arbeit & Leben. So repräsentiert Typ D (in allen drei Kontexten) am deutlichsten einen jüngeren mobilen Einsteiger in den Pilotenberuf, gefolgt von den Typen B (lokalisiert) und A (gesättigt) und parallel dazu C (als karriereorientierte Alternative). Im Abgleich der verschiedenen Interviews wird unter Berücksichtigung der biografischen Daten jedoch deutlich, dass die verschiedenen Typen nicht allein auf unterschiedliche Lebensphasen reduziert werden können. Da sich einige der wesentlichen strukturellen Faktoren, an denen Piloten ihre Arrangements ausrichten, in bestimmten Lebensphasen besonders bündeln, lohnt es sich dennoch, nach lebensphasenspezifischen Aspekten zu suchen. Vereinfacht lässt sich der Lebens- bzw. Karriereverlauf von Piloten in die folgenden drei Phasen unterteilen: die Einstiegsphase, in der sie auch privat noch relativ ungebunden sind, eine Phase der Verfestigung, sowohl des Arbeitsbezugs als auch des Privatlebens, und eine Phase neuer Öffnungsmöglichkeiten, in Bezug auf die Arbeit ebenso wie privat.

Beim Berufseinstieg sind die Piloten in der Regel noch relativ jung, mobil und eher ungebunden. Schon die Ausbildung hat von ihnen mehrmonatige Aufenthalte an verschiedenen Orten (auch im Ausland) verlangt und auch der Berufseinstieg war oftmals mit einem Umzug verbunden. Für den Ersteinstieg mussten viele Piloten, vor allem die, die keine betriebsinterne Ausbildung absolviert hatten, hohe Flexibilität beweisen, und je nach Arbeitgeber bzw. Arbeits- und Beschäftigungsbedingungen, Arbeitsplatzsicherheit, persönlichen Karrierevorstellungen etc. müssen sie dies in der Arbeit auch weiterhin tun – wesentlich mehr als ihre Kollegen mit einer höheren Seniorität. Sie sind es gewohnt, besonders flexibel auf raum-zeitliche Arbeitsanforderungen zu reagieren und stark situativ mit entgrenzten Arbeits- und Lebensbedingungen umzugehen. Sie verfügen noch wenig über Möglichkeiten bzw. die nötigen Machtressourcen (vor allem Flugstunden, Musterberechtigungen, Kapitänsrang etc., also Erfahrung und Qualifikation), um den Erhalt bestehender oder gar bessere Arbeitsbedingungen zu fordern. Dafür besitzen sie oftmals eine ausgeprägte Anfangseuphorie: Sie haben es in eine Airline geschafft. Die Arbeit ist noch sehr fordernd und spannend. Und es besteht ein größeres Interesse an den räumlichen und sozialen Möglichkeiten der Mobilität. Zudem sind die frisch eingestiegenen Piloten körperlich oftmals noch fitter und nehmen die Belastungen noch weniger wahr. In der Arbeitskooperation agieren sie häufig weniger hierarchiebetont als ihre älteren Kollegen und pflegen auch ein größeres bereichsübergreifendes soziales Interesse (z.B. gegenüber der Kabine). Aber auch im Privatleben agieren die jungen Piloten tendenziell noch offener, sind mobiler und haben weniger Verpflichtungen. In Bezug auf zukünftige Entwicklungen in Richtung Partnerschaft und Familie gehen sie zum Teil davon aus, dass Rollen- und Arbeitsverteilungen (sei es gleichberechtigt oder ungleich) reibungslos möglich sind und ihren beruflichen Karriereverlauf nicht beeinträchtigen werden.

> „Ich habe auf jeden Fall vor, Familie zu haben. Ähm, aber ich glaub, so von der Arbeit wird sich da nicht viel verändern.“ (F01).

Die Vereinbarkeit von Arbeit und Privatleben wird von jüngeren Piloten tendenziell überschätzt. Kinder existieren noch keine, und wenn die Berufseinsteiger Partner haben, sind diese in der Regel selbst mobil oder zeitlich flexibel. In allen Bereichen – Arbeit, Privatleben, Arbeit und Leben – liegen hier die Arrangements des Typs D besonders nahe.

Nach den ersten Jahren im Beruf steigen die Ansprüche an die Arbeit und die Verpflichtungen im Privatleben nehmen zu. Viele Piloten berichten, dass nach ein bis drei Jahren die Anfangseuphorie vorbei und Routine in die tägliche Arbeit eingekehrt ist. Die Ausbildung ist (bald) abbezahlt. Es entsteht Raum für andere Gedanken und die Belastungen werden stärker wahrgenommen. Gleichzeitig steigen die Ansprüche an die Arbeit in Form von Optionen zur Entwicklung und Selbstverwirklichung oder Möglichkeiten, die Belastungen zu reduzieren. Die gesammelte Flugerfahrung eröffnet neue Möglichkeiten auf dem Arbeitsmarkt und verleiht den Piloten damit auch eine verbesserte Machtposition gegenüber dem Unternehmen. Dies drückt sich auch in der täglichen Arbeitskooperation durch einen tendenziell stärkeren Hierarchiebezug aus – sei es durch ein manageriales, paternalistisches oder autoritäres Führungsverständnis. Parallel dazu findet auch im Privatleben eine verstärkte Lokalisierung bzw. eine Verfestigung von räumlichen und sozialen Strukturen statt. Das Eingehen einer festen Partnerschaft und das Gründen einer Familie werden teilweise begleitet von einer Festlegung bezüglich des Wohnsitzes. Es findet ein Aufbau neuer lokaler Bekanntschaften oder eine Rückkehr zu alten Bindungen statt. Viele Piloten steigen in dieser Phase nun doch auf das klassische Familienmodell des männlichen Alleinverdieners um (F05, H01). Während in jungen Jahren schnell – quasi unterwegs – soziale Kontakte aufrechterhalten und neue gebildet werden können, wird das mit zunehmendem Alter schwerer. An diesem Punkt entsteht ein Zwang zur Wahl zwischen festen sozialen Beziehungen oder erhöhter arbeitsbedingter Mobilität. Verschiedene relativ stabile Arrangements bilden sich aus. Hier scheiden sich vor allem zwei typische Entwicklungslinien, die des Typs B (Privatlebensorientierung) und die des Typs C (berufliche Karriere). Je nach erreichter Stellung und Machtposition (sowohl in der Arbeit als auch im Privatleben) bietet sich auch das Arrangement des Typs A (Statuserhalt) an.

Ab einem gewissen Alter entstehen wiederum vielfältige neue Möglichkeiten in der Arbeit und im Privatleben von Piloten und damit Chancen der Neu-Ausrichtung von Arrangements. Dies kann als eine dritte Phase in der Berufstätigkeit von Piloten abgegrenzt werden. Mit der Kapitänswerdung wird oftmals ein Stations- und damit auch ein Wohnortwechsel notwendig, was den Anstoß geben kann für weitere berufliche und private Veränderungen. Zudem eröffnet sie neue Chancen auf dem Arbeitsmarkt. Kapitäne sind vor allem international stark nachgefragt und die Seniorität als Wechselbarriere ist wesentlich weniger relevant geworden, da sie, zumindest was die Personaleinsatzplanung betrifft, nach der Kapitänswerdung quasi von neuem beginnt. Finanziell ist die Lebensbasis gesichert und oftmals beginnt die Suche nach neuen Möglichkeiten der Verwirklichung in der Arbeit und/oder im Privatleben. In beiden Bereichen hat sich ein stabiles Arbeits- bzw. Lebenskonzept etabliert, das nun Raum gibt für Veränderung. Falls Kinder vorhanden sind, ermöglicht deren Alter zunehmend neue Freiheiten bzw. Mobilität. Das zunehmende Alter der Piloten kann sich aber auch einschränkend auf das Lebensarrangement auswirken, zumindest was die raum-zeitliche Flexibilität betrifft.

> „Die Belastungen, die dieser Beruf ohne Zweifel mit sich bringt, sind logischerweise auch als junger Mensch einfacher zu schultern als als älterer Mitarbeiter. Na das merkt ja, merkt jeder an sich selber. Sie jetzt in Ihrem Alter werden es noch nicht so merken, aber in 20 Jahren merken Sie das auch. Genau, es ist einfach so. Die Leistungsfähigkeit sinkt ab. Die Anforderungen aber, die der Beruf an einen stellt, die sind immer noch konstant." (D02)

Viele Piloten mittleren Alters konstatieren, dass sie recht sicher sind, die momentanen Arbeitsbedingungen nicht bis zur Rente auszuhalten, und deshalb bereits nach Anpassungsmöglichkeiten in ihrem Arrangement suchen. Folglich können sich auch in dieser dritten Phase bisherige Muster im Beruf und im Privatleben grundlegend ändern; zum Beispiel eine Reaktivierung der Modelle C und D in Arbeit und Privatleben oder eine verstärkte Verlegung auf die lokaler ausgerichteten Arrangements A und B.

Neben diesen allgemeineren Übergängen im Leben von Piloten, die in dieser recht pauschalen Einteilung in drei Phasen genannt werden, werden in den Interviews verschiedene weitere Punkte angesprochen, an denen Übergänge zwischen den Typen stattfinden. Von besonderer Bedeutung sind hier ungeplante einschneidende Ereignisse im Privatleben, wie eine schwere Krankheit des Piloten selbst oder von Familienangehörigen, das Scheitern von Beziehungen bzw. Ehen etc.

Bei den zwischen Alt und Jung unterschiedlichen Arbeits- und Lebenskonzepten handelt es sich nicht nur um lebensphasenspezifische bzw. Altersunterschiede. In den Interviews deutet sich an vielen Stellen auch ein grundlegender Generationenunterschied an, der wohl dauerhaft wirkt. Es existieren ungleiche Arbeits- und Lebensbedingungen zwischen den Generationen, die diese dauerhaft prägen werden. Damit werden einzelne Arrangements mehr oder weniger wahrscheinlich. In Bezug auf jüngere Piloten wird oft geäußert: „Die neue Generation geht zum Teil viel nüchterner an die Arbeit ran" (F06). So erkundigen sich potenzielle Bewerber bei einer Airline zunehmend zuerst nach der Vereinbarkeit von Arbeit und Privatleben. Sie wollen nicht mehr alles aufgeben für einen Beruf, dessen Arbeitsbedingungen auch nicht mehr die sind, die sie früher einmal waren. Gegenüber den klassischen Arbeitsbedingungen, wie Arbeitszeit und Bezahlung, hegen sie einen geringeren Anspruch. Für sie ist es normal, dass man sich heute selbst (auch privat) mehr einbringen muss.

> „Die Älteren haben die goldenen Zeiten der Luftfahrt miterlebt. Da war das alles noch ein bisschen mit mehr Aufenthalt, ach ja, und drei Flüge im Monat. Ich höre das ja auch von älteren Kollegen. Das war natürlich eine andere Zeit, die Luftfahrt hat sich generell gewandelt. Das ist anspruchsvoller geworden von dem privaten Umfeld, was man da rein investieren muss. Nur ich habe es von Anfang an so kennen gelernt, dann ist es immer einfacher." (H03)

Oftmals wird jungen Piloten einerseits vorgeworfen, die Interessen der Pilotenschaft nicht zu berücksichtigen und zum Beispiel unter Arbeitsbedingungen zu arbeiten, die nicht nachhaltig, also nicht das ganze Leben lang ertragbar sind. (Vgl. oben: relativ geringe Möglichkeiten zur Interessendurchsetzung und Anfangseuphorie.) Andererseits wird von älteren Piloten auch festgestellt, dass „die jungen Mitarbeiter schnell das Maulen anfangen" (C01). Es scheint, als hätten die heutigen jungen Piloten andere Kriterien des Monierens als frühere junge Piloten. Sie machen die klassischen Interessengegensätze nicht so sehr am Einkommen fest, sondern mehr an den für ihre Arbeits- und Lebensarrangements aktuell relevanten Aspekten wie Abwechslung, Spaß, Anerkennung, Vereinbarkeit mit Freizeitaspekten etc. Die Flexibilität, die sie täglich gegenüber dem Arbeitgeber beweisen, ermöglicht ihnen hier erweiterte Optionen.

Auch in Bezug auf die private Lebensplanung reflektieren junge Piloten durchaus die Chancen und Risiken unterschiedlicher Modelle. Zwar lassen sich bei ihnen ebenso diejenigen identifizieren, die sich auf eine klassisch nach Geschlechtern getrennte Familienplanung hin orientieren, und solche mit einer gleichberechtigten Vereinbarkeitsvorstellung. Aber nicht wenige jüngere Piloten sind bereit, je nach Lebenssituation phasenweise unterschiedliche Lebenskonzepte auszuprobieren, oder entscheiden sich prinzipiell für einen individualisierten, sozial unabhängigen Lebensstil ohne feste Bindungen. Das heißt, auch junge Piloten orientieren sich entlang der hier vorgestellten Muster im Umgang mit entgrenzten Arbeits- und Lebensbedingungen. Die (mehr oder weniger bewusste und reflektierte) Entscheidung für ein Lebenskonzept fällt nicht immer leicht. Als typischer Konflikt wird oft genannt, dass die eigene Karriereplanung in einem Gegensatz zu einer mehr familienorientierten Gestaltung des Privatlebens steht. Die ‚fliegerische Karriere' in Form eines größeren Flugzeugs und Langstrecke steht gegen Planbarkeit und Familie. Gründe hierfür sind nicht allein die unterschiedlichen Anforderungen der Streckenprofile, sondern vor allem Folgeprobleme wie zum Beispiel, dass Karriereentscheidungen oft an einem Unternehmens- und damit an einem Ortswechsel (zunehmend auch ins Ausland) hängen.

Der Karrierebezug in der Arbeit, die Erwartungen an und das Bedürfnis nach engen sozialen Bindungen im Privatleben etc. sind jedenfalls Faktoren, nach denen sich Piloten *unabhängig von ihrem Alter und auch über viele Lebensphasen hinweg* deutlich voneinander unterscheiden. Deshalb kann festgehalten werden, dass die hier vorgestellten Typen bzw. Arrangements grundsätzlich keine Lebensphasen abbilden.

7.3 Konsistenz der Typen?

Bislang wurden die Arrangements, die Piloten im Umgang mit Entgrenzung für die Kontexte Arbeit, Privatleben und Arbeit und Leben ausbilden, getrennt systematisiert. Ein solches Vorgehen legt eine Frage besonders nahe:

Inwieweit sind die einzelnen Typen über die Ebenen konsistent? Das heißt: Können über die drei Kontexte *Arbeit, Privatleben* und *Arbeit und Leben* hinweg vier Grundtypen gebildet bzw. kann insgesamt von vier Gesamtarrangements ausgegangen werden?

Rein quantitativ (nach der hier angefertigten Systematik und Zuordnung) muss die Frage mit ‚teils-teils' beantwortet werden. Es lassen sich relativ geradlinige Arrangements erkennen (AAA, BBB, CCC, DDD), aber auch mehr oder weniger stark ‚gebrochene' (z.B. AAB oder ACD). Jedoch treten beim Blick auf die Inhalte der einzelnen Interviewfälle und bei deren Gegenüberstellung durchaus über alle drei Ebenen relativ konsistente Muster und Haltungen deutlich hervor. (Zur Verteilung der Muster vgl. die Tabelle 6.1 „Typenzuordnung der Interviews" im Abschnitt 6.4.5.) Auf Grund der geringen Fallzahl hilft hier die Statistik wenig weiter. Jedoch kann auch rechnerisch gezeigt werden, dass die Verteilung eine leichte Tendenz zur Homogenität bzw. Konsistenz der Typen über die Ebenen hinweg aufweist. Dreifach- und Doppelnennungen sind leicht häufiger, als sie zu erwarten wären.[9]

Wesentlich aussagekräftiger sind natürlich die Inhalte der Interviews. In ihnen lassen sich konsistente Muster deutlich erkennen, ebenso auch Abweichungen. Auch die Ursachen und Folgen von Brüchen innerhalb der Arrangements können deutlich identifiziert werden. Sie besitzen ebenso viel Aussagekraft wie konsistente Gesamtarrangements. Es liegt also keinesfalls eine beliebige Mischung vor. Die Frage ist jedoch: *Können diese ‚Brüche' quasi als ‚pathologisch'*

---

9 Zu erwarten wäre die folgende Verteilung von Dreifach-, Doppel- und gemischten Nennungen: 6 – 19 – 10. Hier ergibt sich eine Verteilung von: 8 – 20 – 7, also eher eine Tendenz zur Homogenität. In zwei Seminaren für (ca. 25) Pilot/inn/en wurden die drei mal vier Typen kurz vorgestellt und um eine Selbsteinteilung gebeten – auch hier ergaben sich tendenziell eher homogene Zuordnungen.

behandelt werden, also als Abweichung von einem bzw. von vier grundsätzlichen Idealprinzipien?

Das Interviewmaterial wurde noch einmal gezielt nach solchen gemischten Kombinationen und deren Ursachen und Folgen durchsucht. Dabei wurden besonders zeitliche Übergänge in den Blick genommen, also Narrationen betrachtet, die den Wechsel von Strategien auf den einzelnen Ebenen bzw. die Veränderung der Gesamtarrangements beschreiben. Ein Teil der Ursachen für solche Wechsel sind im Abschnitt 7.1 benannt. Die Gründe für von der Grundtypik abweichende Kombinationen von Strategien lassen sich in den Interviews oft recht deutlich identifizieren (z.B. Krankheit). Und auch die Interviewten reflektieren diese Besonderheiten zum Teil recht bewusst, da sie sich zum Teil heftig äußern, zum Beispiel als zusätzliche Belastungen. Ein Beispiel wäre die Kombination aus einer ausgeprägten Karriereorientierung (Arbeit C) und einer starken Ausrichtung auf Familie (Privatleben B) nach der Geburt eines gehandicapten Kinds. Auch Interpenetrationen bzw. Veränderungen eines Teil-Arrangements durch ein anderes lassen sich identifizieren, zum Beispiel im Fall des (ehemals) umfangreich im Management tätigen Piloten B05 mit der Kombination DAA. Der Grund für die Abgabe seiner Bodentätigkeiten liegt in dem Vorsatz, sich stärker an Freizeit und Familie auszurichten. Während er sich im Privatleben wie gewünscht arrangiert hat, fällt es ihm in der Arbeit schwer, sich nur auf seine Kernarbeit zu verlegen, was letztlich zu Konflikten führt.

In den einzelnen Strategien auf den jeweiligen Ebenen und auch in deren Kombination zu umfassenden Gesamtarrangements zeichnen sich sowohl individuelle Werte und Interessen als auch Macht- und strukturelle Ungleichheitsaspekte ab. Es hat sich gezeigt, dass die jeweilige Ausrichtung im Umgang mit Entgrenzungsaspekten in der Arbeit die verfestigten Strategien im Privatleben beeinflusst und umgekehrt. Anstrengungen hier können mit Ressourcen dort ausgeglichen werden oder die Belastung erhöht sich insgesamt. Der Bezug zu Arbeit-und-Leben-Fragen und die individuelle Prioritätensetzung zwischen Arbeit und Privatleben haben als grundlegende Faktoren einen überaus prägenden Einfluss auf die Performanz in der Arbeit und im Privatleben. Die Arrangements bilden also recht sensibel die individuellen Lebenszusammenhänge der Piloten ab und sind grundsätzlich an – noch genauer zu identifizierenden – Leitbildern ausgerichtet (siehe Kap. 5).

7.4 Gesamtarrangements in Entgrenzung: Berufsstatus, Familie, Karriere und Spaß

Die Zusammenschau der verschiedenen aus der Empirie generierten Strategien und Muster in der Arbeit, im Privatleben und in der Verbindung von Arbeit und Privatleben verdeutlicht noch einmal die inhaltliche und auch theoretische Konsistenz der Strategien über die Lebensbereiche hinweg. In der Synopse (Tab. 7.4) wurden die zentralen Entgrenzungskategorien aus den zusammenfassenden Tabellen der Arrangements in *Arbeit, Privatleben* und *Arbeit und Leben* integriert und dabei leicht umgestellt sowie etwas ergänzt. Insgesamt decken sie nahezu vollständig die eingangs vorgestellten „Sozialdimensionen der Entgrenzung von Arbeit" ab – ein weiterer Hinweis auf eine übergreifende Systematik und ein weiteres Argument für eine konzeptionelle Zusammenführung.

Tab. 7.4: Überblick über die vier Gesamtarrangements

		Typ A	Typ B	Typ C	Typ D
Konzept – Umgang mit entgrenzter Arbeit	**Arbeit**	**(Kampf um) Erhalt:** Arbeits- und Beschäftigungsbedingungen, Status – Konflikt	**Inhaltliche und soziale Stimmigkeit:** Harmonie, Motivation aus der Kerntätigkeit – passive Stabilität	**Egozentrierter Opportunismus,** Motivation aus Aufstieg und Macht	**Selbstloser Opportunismus,** Abwechslung und Spaß als Motivation
	Privatleben	Mobilitätsanforderungen externalisiert/ **Abgrenzung** gegenüber Arbeit und soz. Umfeld. Mittlere Arbeitsmobilität, hohe Anpassungserwartung an soziales Umfeld	Versuch der Synchronisierung mit Normalarbeit/**Integration** in der Arbeit und v.a. im sozialen Umfeld. Mittlere Arbeitsmobilität, hohe Einbringung privat	Mobilitätsanforderungen externalisiert/ **Lebenssinn Arbeit:** hohe arbeitsbedingte Mobilität, Anpassungserwartung an soziales Umfeld	**Verbindung/Anpassung** an Arbeit: hoch mobiles flexibles Selbst und Flexibilitätserwartung an soziales Umfeld
	Arbeit und Leben	**Instrumentelle Lebensplanung,** Disziplin in Arbeit und Privatleben, Erhalt Arbeitsfähigkeit	**Privatlebensorientierung,** flexible Anpassung der Arbeit, Orientierung am sozialen Gesamtarrangement	**Selbstverwirklichung in der Arbeit** und Karriere, Privatleben nachrangig	**Genuß:** Abwechslung und Spaß durch Aufhebung von Trennungen
	Gesamt	*Kämpfer-Herrscher* *Lebt als Flieger:* Statusorientierter Berufspilot/‚Beamter' **Berufsstatus**	*Pflichterfüller/Lebensmanager* *Lebt als Mensch:* Lebensorientierter ‚Arbeiter' **Familie**	*Karrieremensch/Mobile Elite* *Fliegt als Flieger:* Aufstiegsorientierter ‚Manager' **Karriere**	*Spielball-Mobiler/ Lebenskünstler* *Fliegt als Mensch:* angepasstes Leben/ flexibler ‚Lebenskünstler' **Spaß**

→

Tab. 7.4: Überblick über die vier Gesamtarrangements (Fortsetzung)

		Typ A	Typ B	Typ C	Typ D
Strukturelle Entgrenzung	Zeitlich	Teil des Berufs, legitimatorischer und symbolischer Wert	Unvermeidbarer Aspekt der Arbeit, Belastung	Herausforderung, legitimatorischer Wert, Belastung und Vorteil	Flexibilitätsvorteil und symbolischer Wert
	Räumlich (Arbeit)	Symbolische und zum Teil materielle Nutzung örtlicher Gegebenheiten	Abwesenheit, geringes Interesse, Regenerationsmöglichkeit	Symbolischer Wert, sonst geringes Interesse	Hoher Wert, möglichst umfassende (vor allem auch soziale) Nutzung
	Räumlich (privat)	Starke Lokalisierung, vor allem materielle und körperliche Raumnutzung	Starke Lokalisierung vor allem materielle u. soziale Raumnutzung	Mobilität erwünscht, Lokalität untergeordnet	Mobilität erwünscht, keine Lokalisierung
	Raum-zeitlich	Kurzfristige Mobilität: mittel Mittel- und langfristig: mittel	Kurzfristige Mobilität: mittel Mittel- und langfristig: gering	Kurzfristige Mobilität: hoch Mittel- und langfristig: mittel	Mobilität hoch (kurz-, mittel-, langfristig)
	Arbeits-inhalt	Konzentration auf Kerntätigkeit, Berufsethos, kritisch gegenüber Veränderungen	Konzentration auf Kerntätigkeit, Arbeitsethik, Veränderungen vorsichtig annehmend	Flexibler Umgang mit Veränderungen, Randtätigkeiten als Karriere-Chance	Veränderungen als Abwechslung, Einbringung auch in Randtätigkeiten
	Technik	Traditionaler Bezug, Setzen auf Bewährtes (dort hohes Interesse), Qualifikation vor Technik	Interessierter, pragmatischer Bezug, vorsichtige Anpassung an technischen Wandel	Geringes Interesse an Technik an sich, aber hohes an Veränderungen, Nutzen als Chance	Geringes Interesse an Technik an sich, kurzweiliges Interesse an Veränderungen, flexibler Umgang
	Karriere	Berufs-, statusbezogene Karriere, zum Teil Unternehmenswechsel	Langfristige, auf Kerntätigkeit begrenzte Karriere, im selben Unternehmen	Karriere vor allem in Randtätigkeiten, Unternehmenswechsel	Karriere und Ausbildung nach Bedarf des Unternehmens, Exit-Optionen

→

Tab. 7.4: Überblick über die vier Gesamtarrangements (Fortsetzung)

		Typ A	Typ B	Typ C	Typ D
Entgrenzung Arbeit und Leben	Zeitlich	Dienstplan bestimmt Leben, Request kaum genutzt	Leben bestimmt Dienstplan, Request auf planbare Freizeit, Teilzeit	Dienstplan geht vor, Request mit Blick auf Entlohnung, Leben in der Arbeit	Freie Zeit wichtig, Request auf größtmöglichen Freizeitcharakter, Freizeit auch in der Arbeit
	Inhaltlich	Trennung in beide Richtungen: keine Arbeitsinhalte privat, keine Inhalte des Privatlebens in der Arbeit	Keine Arbeit im Privatleben, Themen aus dem Privatleben teilw. in der Arbeit	Arbeitsthemen dominant auch im Privatleben, Privatleben gibt keine Themen vor	Pragmatischer Umgang mit Themen beider Sphären, Vermischen von Inhalten
	Sozial	Professionelle Trennung in der Arbeit, privat beides, jedoch getrennt in Flieger und Nicht-Flieger	Klare Trennung: Arbeitsbeziehungen und private Beziehungen zu Nicht-Fliegern	Arbeits- und private Kontakte zu Fliegern, parallel zur Familie oder als Ersatz	Private Beziehungen vermengt in allen Lebensbereichen, vornehmlich zu Mobilen oder „Affinen"
	Beruf	Lebt als Flieger: Arbeit ist nur ein Teil des Berufs, Beruf betrifft alle Lebensbereiche	Lebt als Mensch: Trennung, Arbeit und Beruf dienen dem Privatleben	Fliegt als Flieger: Beruf ist gleich Arbeit und bestimmt das Privatleben	Fliegt als Mensch: Beruf und Arbeit sind Teil des Privatlebens

→

Tab. 7.4: Überblick über die vier Gesamtarrangements (Fortsetzung)

		Typ A	Typ B	Typ C	Typ D
Soziale Entgrenzung	Unternehmen	Interessendurchsetzung, Sicherheit als Verhandlungsmacht, Flexibilität als Gegenstand von Aushandlung	Erfüllung von Arbeitsanforderungen, Unterordnung eigener Interessen, Flexibilität als Pflicht	Trade-off: Übernahme Unternehmens-Rationalität, Flexibilität für Karriere	Erfüllung von Arbeitsanforderungen, flexible Anpassung als Selbstverständnis
	Kollegen	Betonung Hierarchie, Abgrenzung	Egalitäre Kooperation, Anerkennung von Unterschieden	Managerialer Umgang, Hierarchie, Abgrenzung auch zu Fliegern	Egalitäre Kooperation, Interesse an sozialen Beziehungen
	Soziales Umfeld	Soziale Anpassung gering, Rücksichtserwartung, mittelintensive Kontakte	Erhöhte Einbringung, Initiative, Aufwand, intensive Kontakte	Soziale Anpassung gering, Rücksichtserwartung, lose Kontakte	Soziale Kontakte zu Mobilen, Initiative und Aufwand bei Immobilen, unstete Kontakte
	Partnerschaft	Traditional ungleich, Kompensationsarbeit Partnerin, Rücksichts-/Mobilitätserwartung: hoch/mittel	Gleichwertig, keine Kompensationsarbeit, Anpassung, Mobilitätserwartung: gering	Traditional ungleich, Kompensationsarbeit, Rücksichts-/Mobilitätserwartung: hoch/mittel	Beide mobil, Risiken und Chancen für beide, keine Kompensationsarbeit, Mobilitätserwartung: hoch
Gefahren	Arbeit	Veränderungen, Demotivation durch schlechtere Arbeitsbedingungen und Status	Veränderung der Leitkriterien der Kernarbeit (Mehrarbeit wenn Arbeitsethik ungleich Arbeitsbedingungen), kein Widerstand	Eingeschränkte Karrieremöglichkeiten, keine Anerkennung der Flexibilität, Konflikt mit anderen Piloten	Keine Einbringungsmöglichkeiten, keine Anerkennung, soziale Kälte
	Privatleben	Wandel: Modell Alleinverdiener ökonomisch und normativ problematisch, soz. Abgrenzung	Körperliche Überlastung, Misslingen der Vermittlung, geringe Anerkennung	Vereinsamung, keine belastbaren sozialen Strukturen, Konsum als Ersatz, Altern	Verlust an privater und sozialer Flexibilität im Lebensverlauf oder Einsamkeit, Unsicherheit
	Arbeit und Leben	Vereinsamung, Sinnverlust	Hohe persönliche Mobilitätskosten, Überforderung	Verlust von Lebensqualität, Vereinsamung	Ernst der Arbeit, instabile Kontakte, Exit
	Gesamt	De-Professionalisierung/Statusverlust	Überforderung bezügl. Arbeit und Leben	Karriereeinbruch, Sinnverlust	Prekarisierung, Verloren-Sein

7.4.1 Typ A: Berufsstatus

Das Gesamtarrangement A, repräsentiert durch den Typ A, ist geprägt durch eine starke Statusorientierung, die vor allem am Beruf festgemacht wird. Der Beruf umfasst das gesamte Leben und ist der eigentliche Schmelztiegel der Identität des Typs A. Er verlangt nach Disziplin sowohl in der Arbeit als auch im Privatleben, um die eigene Arbeitsfähigkeit zu erhalten und die professionelle Berufsausübung, also vor allem Sicherheit im Luftverkehr, zu gewährleisten. Auf dieser (legitimatorischen) Basis setzen sich Personen, die tendenziell hier zugeordnet werden, intensiv für den Erhalt der Arbeits- und Beschäftigungsbedingungen und des beruflichen Ansehens ein, was häufig zu (interessenpolitischen) Konflikten in der Arbeit führt. Ein großer Teil der Folgen der arbeitsbedingten Mobilität wird in das Privatleben externalisiert und dort zum Teil von Dritten, allen voran vom Partner, aufgefangen. Insgesamt besteht an das gesamte soziale Umfeld die Erwartung, auf die arbeitsbedingten Mobilitätsanforderungen des Typs A Rücksicht zu nehmen und sich seinem berufsbezogenen Raum-Zeit-Regime und seinen sozialen Umgangsformen anzupassen.

Die zeitliche Fremdbestimmung durch den Betrieb, die weit in das Privatleben hineinreicht, wird als elementarer Bestandteil des Berufs wahrgenommen und in der Folge auch wertgeschätzt. Denn die Arbeitszeiten sind ein wesentlicher Grundbaustein der speziellen Arbeitsbedingungen, die die Sonderstellung des Typs A in Arbeit und Privatleben legitimieren. Die räumlichen Entgrenzungsaspekte der Arbeit verstärken diesen Effekt noch. Zudem können die mit der räumlichen Entgrenzung einhergehenden Gelegenheiten materiell und symbolisch (Status) genutzt werden (z.B. in Form des Erwerbs von Gegenständen im Ausland, die hier noch nicht auf dem Markt sind etc.). Die räumliche Mobilität in der Arbeit wird jedoch im Privatleben nicht fortgeführt, sondern durch eine mittelintensive Lokalisierung konterkariert. Ein fester Lebensmittelpunkt mit relativ stabilen sozialen Strukturen dient der psychischen und körperlichen Regeneration und natürlich auch der Statusreproduktion und der materiellen Sicherheit. Diese strukturelle Basis ermöglicht Typ A eine mittlere bis hohe kurzfristige Flexibilität, den täglichen und monatlichen Arbeitseinsatz betreffend. Dabei behält sich Typ A aber die Option vor, zur Not auch die bestehenden Strukturen zu verändern und sich Optionen auf langfristige Mobilität im Privatleben (Umzüge etc.) offenzuhalten. In Bezug auf den Arbeitsinhalt konzentriert sich Typ A auf seine Kerntätigkeit (das Fliegen), die stark über sein Berufsethos definiert wird, und übernimmt keine zusätzlichen Aufgabengebiete am Boden. Veränderten Arbeitsinhalten gegenüber positioniert er sich sehr kritisch. Auch zur Technik pflegt er einen traditionellen Bezug. Hier setzt er auf Bewährtes, dem er großes inhaltliches Interesse entgegenbringt. Insgesamt stellt er (nicht zuletzt aus berufspolitischen Gründen) Qualifikation vor Technik. Seine Karrierevorstellungen bewegen sich entlang klassischer Aufstiegssymbole im fliegerischen Bereich: Kapitän, Langstrecke, großes Flugzeug, große Airline. Hierfür wechselt er zur Not auch das Unternehmen. Dem Unternehmen gegenüber positioniert er sich als machtvoller Verhandlungspartner. Seine Qualifikation (Schulungskosten, Erfahrung etc.), seine zentrale Position im Verkehrssystem und das Thema Sicherheit im Allgemeinen setzt er gezielt und offensiv zur Durchsetzung seiner Interessen ein. Auch an anderen sozialen Schnittstellen in seiner Arbeit, besonders gegenüber seinen direkten Kollegen an Bord, betont er seine funktionale Stellung, verweist auf die formale Hierarchie und grenzt sich von den meisten statusbezogen nach oben ab.

Auch das Privatleben des Typs A ist geprägt von einer gewissen Distanzierung von Nicht-Fliegern, von denen Rücksicht und Anpassung erwartet wird. Die Folge sind eher mittel-intensive soziale Kontakte. Partnerschaft wird in der Regel traditionell ungleich gestaltet, also das Alleinernährermodell vorgezogen, mit einer klaren rollen- und geschlechterspezifischen Arbeitsteilung und einer starken Kompensationsfunktion bezüglich der eigenen Mobilität. Dazu gehört die Bereitschaft der gesamten Familie, mittel- bis langfristig mobil zu sein, also zum Beispiel wenn nötig alle paar Jahre umzuziehen. Auch kurzfristig bestimmt der Dienstplan die private Lebensgestaltung. Das Requestsystem wird kaum genutzt, zumindest nicht in Bezug auf die alltägliche Lebensplanung. Auf der inhaltlichen Ebene werden direkte betriebliche Eingriffe in das Privatleben abgeblockt. Auch umgekehrt werden keine Inhalte aus dem Privatleben in die Arbeit getragen. Es besteht eine professionelle Trennung zwischen Arbeit und Privatleben, die auch die sozialen Kontakte in der Arbeit einschließt. Das heißt, die sozialen Beziehungen in der Arbeit bleiben auf einem professionellen ‚oberflächlichen' Niveau. Im Privatleben werden jedoch ebenfalls Kontakte zu Fliegern gepflegt, da nur diese als vollwertige Ansprechpartner für bestimmte Themen akzeptiert werden. Insgesamt ‚lebt' Typ A ‚als Flieger', das heißt, er definiert sich sehr stark über seinen Beruf, der alle Lebensbereiche dominiert und dessen Status an bestimmten Arbeits- und Beschäftigungsbedingungen und Symbolen sowohl betrieblicher als auch gesellschaftlicher Anerkennung festgemacht wird. Damit ist das Arrangement des Typs A stark durch betrieblichen und gesellschaftlichen Wandel bedroht, vor allem wenn dieser in Richtung verschlechterter Bedingungen und eines reduzierten Berufsbilds geht. Auch die Entwicklung weg vom Alleinernährermodell und dessen teilweise Delegitimierung bedrohen sein Gesamtarrangement. Treffen hier verschiedene Faktoren der Demotivation in Bezug auf die Arbeit (De-Professionalisierung, Statusverlust, verschlechterte Bedingungen) mit sozialen Konflikten im Privatleben (z.B. Scheidung) zusammen, fehlt Typ A letztlich ein wirklich belastbares soziales Netzwerk, um ihn aufzufangen.

7.4.2 Typ B: Familie

Das Gesamtarrangement des Typs B ist geprägt durch das Streben nach einem insgesamt stimmigen Leben. Die Arbeit als Pilot ist ein wesentlicher Teil dieses Konzepts. Auch hier zeigt sich ein grundsätzliches Streben nach inhaltlicher und sozialer Stimmigkeit. Typ B zieht seine Arbeitsmotivation stark aus der Kerntätigkeit, dem Fliegen, und aus einer harmonischen kollegialen Zusammenarbeit an Bord und am Boden. Er ist jedoch darauf bedacht, dass die Leidenschaft und die Verpflichtung, die Typ B seiner Arbeit entgegenbringt, das Privatleben nicht zu negativ beeinträchtigt. Um dies zu gewährleisten, versucht er zum Beispiel seine Arbeitszeiten mit denen von Normalarbeit zu synchronisieren. Er integriert sich stark in sein soziales Umfeld und zeigt ein hohes Engagement gegenüber sozialen Beziehungen. Insgesamt dominiert bei Typ B die Privatlebensorientierung.

Die zeitlichen Eingriffe seiner Arbeit in das Privatleben werden als unvermeidbarer Aspekt seiner Tätigkeit akzeptiert, aber auch als Belastung wahrgenommen. Ebenso verhält es sich mit der räumlichen Komponente, also der Abwesenheit von zu Hause. Diese wird allenfalls als Regenerationsmöglichkeit genutzt. Der private Raumbezug ist an einem festen Kernort orientiert, an dem vor allem soziale, aber auch materielle Sicherheit aufgebaut wird. Durch die Ausrichtung auf das Privatleben ist die räumliche Arbeitsmobilität des Typs B eingeschränkt: mäßig eingeschränkt, was den Personaleinsatz angeht, und relativ stark eingeschränkt, was arbeitsbedingte Umzüge, Stationsverlegungen oder längere Einsätze im Ausland (bzw. teils länderübergreifendes Personal-Leasing) betrifft. Inhaltlichen Veränderungen der Arbeitstätigkeit steht Typ B vorsichtig offen gegenüber. In Bezug auf die Kerntätigkeit, so wie er sie definiert – das Fliegen inklusive des Organisierens am Boden –, pflegt Typ B eine gewisse Arbeitsethik, die sich vor allem um Produktqualität und Zusammenarbeit dreht. Driften die Arbeitsanforderungen von dieser ab, kompensiert er dies durch Mehrarbeit bzw. eine gesteigerte Arbeitsleistung, ohne dies groß zu thematisieren. Auch technischen Entwicklungen gegenüber weist Typ B einen pragmatisch-interessierten Bezug auf. Grundlegende technische Veränderungen der Arbeit werden vorsichtig angenommen. Die Karrierevorstellung des Typs B bewegt sich in einem recht engen Feld um die Kernarbeit. Aufstieg ist kein primäres Ziel des Typs B, vielmehr liegt ihm an einer stabilen, dauerhaften Beschäftigung im selben Unternehmen, denn auch gegenüber diesem entwickelt er eine relativ enge Verbundenheit bzw. Loyalität. Die Erfüllung der Arbeitsanforderungen, die hierfür notwendige Flexibilität und die Unterordnung persönlicher Interessen empfindet Typ B als seine Pflicht. Auch gegenüber Kollegen und anderen Kooperationspartnern in der Arbeit setzt er nicht auf Hierarchie und erkennt die jeweilige Arbeit als gleichwertig an.

Auch im Privatleben beansprucht Typ B für sich keine Sonderstellung. Ganz im Gegenteil, seine beruflichen Mobilitätsanforderungen veranlassen ihn zu einer erhöhten Einbringung und Initiative im Privatleben, vor allem was die Aufrechterhaltung intensiver sozialer Beziehungen betrifft. Den gleichen Anspruch hegt Typ B gegenüber Partnerschaft und Familie. Er hält die Anforderungen der eigenen Arbeit möglichst heraus, sie dienen ihm nicht zur Legitimation von Kompensationsarbeiten und erhöhter Rücksichtnahme anderer. Betriebliche Mobilitätserwartungen werden möglichst nicht an das private soziale Umfeld weitergereicht. Natürlich strukturiert auch in diesem Arrangement der Dienstplan das Privatleben zu einem großen Teil, jedoch setzt Typ B alles daran und verwendet alle Möglichkeiten, die Arbeitszeiten möglichst an die Anforderungen aus dem Privatleben anzupassen. Im Vordergrund steht zum Beispiel möglichst viel planbare und gemeinsame Freizeit. Gemeinsame Familienzeiten haben Vorrang; z.B. das gemeinsame Frühstück auch bei Spätschicht. Falls dies in zufriedenstellendem Maße nur durch Teilzeit möglich ist, ist dies für den Typ B durchaus eine interessante Option. Nicht zuletzt pendelt Typ B häufig. Auch in Bezug auf inhaltliche Aspekte der Arbeit achtet Typ B darauf, das Privatleben nicht zu belasten. Eher nimmt er private Themen mit in die Arbeit. Diese werden dort jedoch nicht intensiv besprochen, da Typ B auch sozial relativ stark zwischen Arbeit und Privatleben trennt. So baut er im Privatleben gezielt Kontakte zu Nicht-Fliegern auf und sucht sich auch nicht-luftfahrtbezogene Hobbys. Insgesamt ‚lebt' Typ B ‚als Mensch'. Damit ist gemeint, dass er klar zwischen Arbeit und Privatleben trennt und dies mit einer deutlichen Prioritätensetzung auf Privatleben verbindet. Letztlich dienen Arbeit und Beruf einem erfüllten Privatleben, wozu auch intakte soziale Beziehungen gehören. Da Typ B prinzipiell Problemen und widersprüchlichen Anforderungen durch erhöhte Eigenleistung begegnet, besteht in diesem Arrangement vor allem die Gefahr der Selbstüberforderung. Dies betrifft Zielkonflikte in der Arbeit ebenso wie Vermittlungsprobleme zwischen Arbeit und Privatleben.

7.4.3 Typ C: Karriere

Das Streben nach Selbstverwirklichung durch die Arbeit (also nicht nur in der Arbeit) und persönlichem beruflichem und sozialem Aufstieg bestimmt das Gesamtarrangement des Typs C. Hierfür werden in der Arbeit alle Register gezogen. Auch das Privatleben wird so arrangiert, dass es den beruflichen Karriereplan unterstützt. Dies betrifft auch die Ausgestaltung sozialer Beziehungen. Eine möglichst hohe Arbeitsmobilität ist hier ein wesentliches Element.

Die zeitlich entgrenzte Arbeit wird als persönliche Herausforderung angenommen, die Belastungen mit sich bringt, aber auch mit neuen Chancen verbunden ist. Zudem wird der Aspekt der zeitlichen Fremdbestimmung auch als legitimatorische Basis zur Begründung eigenen Verhaltens strategisch genutzt. Da Typ C mit erzwungener freier Zeit wenig anfangen kann, hat der räumliche Aspekt seiner Arbeit, das Reisen, nur einen symbolischen Wert. Privat jedoch wird (arbeitsbezogene) Mobilität großgeschrieben und lokale Verortung eher als nachrangig erachtet. In der Folge verfügt Typ C über ein Arrangement, das einen kurzfristig hoch flexiblen Arbeitseinsatz ermöglicht. Mittel- und langfristig gesehen, geht Typ C jedoch auch gewisse (vor allem materielle) Bindungen ein (z.B. Kauf von Immobilien, spezielle Schule für die Kinder etc.), was seine Mobilität etwas begrenzt. In Bezug auf die Inhalte seiner Arbeit hält sich Typ C alle Optionen offen. Er nimmt zusätzliche Bodenaufgaben an und stuft Veränderungen der Arbeitstätigkeit als potenzielle Karrieremöglichkeit ein. Ebenso verhält er sich gegenüber technischen Veränderungen. Diese werden als persönliche Entwicklungschancen genutzt. Natürlich spielen für Typ C auch die klassischen fliegerischen Karrierebilder eine Rolle, jedoch sieht er in einer Managementkarriere am Boden wesentlich mehr Potenzial. Unternehmenswechsel gehören hier dazu. Leitbild sind die Wirtschaft und ihre Eliten. So fällt es Typ C nicht schwer, die Unternehmensrationalität zu übernehmen, auch wenn dies bedeutet, teilweise gegen den eigenen Berufsstand und dessen Interessen zu arbeiten. Auch auf kollegialer Ebene grenzt er sich eher von den „Nur-Fliegern" ab. An Bord setzt er einen managerialen Führungsstil ein, mit einer gewissen Hierarchiebetonung.

Im privaten Umfeld werden ebenfalls eher lose soziale Beziehungen gepflegt, es wird Rücksicht auf die Bedingungen der eigenen Tätigkeit eingefordert. Dies betrifft auch – falls vorhanden – Partnerschaft und Familie und geht gegebenenfalls in der Regel mit einem traditionalen ungleichen Familienmodell einher. Partnerschaft und Familie sind für Typ C nachrangig zur beruflichen Entwicklung und dienen der Unterstützung der eigenen Leistungsfähigkeit. Die Arbeit geht vor, was sich in der zeitlichen Dimension vor allem am Umgang mit dem Dienstplan bzw. mit den verschiedenen Einflussmöglichkeiten auf den Personaleinsatz zeigt. Diese werden nicht mit Blick auf das Privatleben genutzt, sondern zur Erfüllung persönlicher Präferenzen (z.B. bezüglich bestimmter Destinationen) oder um gegenüber dem Unternehmen Flexibilität zu beweisen. Die Arbeit bestimmt auch die Themen im Privatleben. Umgekehrt werden keine Themen aus dem Privatleben in die Arbeit getragen. Soziale Kontakte bestehen vor allem zu Fliegern, sowohl in der Arbeit als auch im Privatleben. Sie dienen zum Teil auch als Ersatz für Familie. Insgesamt bestimmt die Arbeit das gesamte Leben, wobei sich die Tätigkeit stark wandeln kann. Da das Gesamtarrangement des Typs C im Wesentlichen auf dem persönlichen Aufstieg basiert, stellen eingeschränkte Karrieremöglichkeiten, verpasste oder nicht zugestandene Chancen und eine verminderte Leistungsfähigkeit zentrale Gefährdungen des Arrangements C dar. Karriereeinbrüche können im sozial schwach gefestigten

Privatleben nicht immer aufgefangen werden und materialisierte Symbole des Aufstiegs und Konsum einen Sinnverlust oftmals auf Dauer nicht verhindern.

7.4.4 Typ D: Spaß

Das Gesamtarrangement des Typs D dreht sich zentral um Anpassungsfähigkeit und Flexibilität mit dem Ziel, Verpflichtungen, Planungsarbeit und Enttäuschungen zu vermeiden und Abwechslung und Spaß am Leben zu forcieren. Hierfür wird das eigene Leben umfassend (strukturell, aber auch bezüglich Orientierungen, Sinnzusammenhängen etc.) an die unterschiedlichen Bedingungen der Teilarrangements angepasst. Besonders dominieren hier die weniger leicht veränderlichen Anforderungen der mobilen Arbeit. Die Folge ist zum einen eine intensive persönliche Ausrichtung und Orientierung an den entsprechenden Werten. Für Typ D sind Flexibilität und Mobilität zentrale Elemente seines Selbstbilds. Zum anderen bestimmen diese Leitideen auch die Gestaltung des Privatlebens des Typs D, mit den entsprechenden Erwartungen an sein soziales Umfeld. Um den intensiven Genuss des Hier und Jetzt zu gewährleisten, versucht Typ D möglichst alle Trennungen zwischen Arbeit, Privatleben und eigenen Bedürfnissen aufzuheben.

Entgrenzungsprozesse sind dabei als erweiterte Möglichkeiten höchst willkommen. So bietet die zeitlich entgrenzte Fremdplanung des Berufs neue Chancen, Flexibilitätsvorteile umfassend zu nutzen. Zudem repräsentieren für Typ D die zeitlichen Flexibilitätsanforderungen des Berufs auch einen hohen symbolischen Wert. Den Aspekt der räumlichen Entgrenzung seiner Arbeit schätzt Typ D als eine Anforderung an den modernen flexiblen Menschen ebenfalls grundsätzlich positiv ein, sie bietet ihm viele zusätzliche Möglichkeiten und eröffnet neue (vor allem auch soziale) Gelegenheiten. Im Privatleben konterkariert Typ D die arbeitsbedingte Mobilität nicht durch eine verstärkte Lokalisierung, sondern verzichtet, soweit es geht, auf feste lokale (bzw. räumliche) Bindungen. Auf diese Weise hält Typ D eine hohe kurz-, mittel- und langfristige Mobilität aufrecht. Auch Erweiterungen (z.B. Aufgaben am Boden) oder Veränderungen (z.B. neue Aufgaben an Bord) seines Arbeitsinhalts steht Typ D, der sie als Quelle für Abwechslung und Möglichkeiten der Einbringung wahrnimmt, primär positiv gegenüber. Typ D pflegt eher ein geringeres Interesse gegenüber Technik, welches jedoch bei Veränderungen kurzzeitig gesteigert werden kann. Dies ermöglicht ihm einen motivierten und flexiblen Umgang mit neuen technischen Anforderungen. Qualifikationen eignet Typ D sich nach Bedarf (vor allem des Unternehmens) und nach persönlichem Interesse an. Mit einem diffusen, eher kurzfristigen Berufsbild im Blick richtet Typ D sein Handeln dabei nicht strategisch an einen bestimmten Karrierepfad aus. Exit-Optionen aus dem momentan eingeschlagenen Weg bleiben dadurch immer erhalten. Nicht allein in

Bezug auf Qualifizierung, sondern primär bezüglich der täglichen Arbeitsanforderungen ist die flexible Anpassung an die betrieblichen Bedarfe Teil des Selbstverständnisses und der Alltagsstrategie des Typs D. Ein angenehmes Betriebsklima ist ein Kernelement seiner Arbeits- und damit auch Lebenszufriedenheit. Ebenso verhält es sich mit dem Arbeitsklima bzw. dem täglichen Kontakt zu Kollegen und anderen. Typ D präferiert eine möglichst egalitäre Arbeitskooperation und hegt dabei ein hohes, über die Arbeit hinausgehendes Interesse an sozialen Beziehungen.

Auch im Privatleben sucht Typ D nach sozialen Kontakten mit Personen, die in ähnlichen Tätigkeitsfeldern mit hohen Mobilitäts- und Flexibilitätsanforderungen arbeiten. Hier genießt er die Kombination aus einer großen Offenheit und geringen Verpflichtungen. Auf diese Weise ist es möglich, schnell zusammenzukommen und pragmatische Lösungen zu finden, dabei für den Moment soziale Nähe zu erzeugen, aber gleichzeitig keine zu engen Bindungen einzugehen und letztlich sehr viele, aber stetig wechselnde Kontakte aufzubauen. Im Falle von Partnerschaft werden die soziale Nähe und die Häufigkeit der Kontakte möglichst intensiviert, ohne jedoch auf Mobilität zu verzichten – was auch vom Partner nicht erwartet wird. Eine häufige Folge sind wenig dauerhafte Beziehungen zu ebenfalls Hochmobilen mit hohen beiderseitigen Mobilitätsanforderungen, aber auch vielen Möglichkeiten für beide, die Chancen ihrer Mobilität zu nutzen. Typ D zielt dabei nicht auf eine berufliche Karriere ab, sondern eher auf eine situative Nutzung von Gelegenheiten. Freie Zeit – egal ob in der Mobilität oder an dem momentanen Hauptaufenthaltsort – ist ihm wichtig. Seine Requeststrategie richtet Typ D nach dem größtmöglichen Freizeitcharakter aus, sei es an den Destinationen oder außerhalb der Arbeit. Feste Orte und auch einzelne dauerhafte soziale Beziehungen spielen dabei nur eine untergeordnete Rolle. Dies zeigt sich auch im pragmatischen Umgang mit Arbeitsthemen und solchen, die aus dem Privatleben stammen. Sie werden unabhängig vom räumlichen und sozialen Kontext zur Sprache gebracht. In der inhaltlichen Dimension, wie auch in allen Sozialdimensionen der Entgrenzung, trennt Typ D nicht zwischen Arbeit und Privatleben. Beruf und Arbeit werden als zentrale Bestandteile des Lebens in die eigene Lebenskonzeption aufgenommen. Durch seine hohe Flexibilität ist Typ D zwar in der Lage, seine Arbeit zu wechseln und gegebenenfalls auch seinen Beruf abzulegen. Jedoch ist dies für den Typ D auch immer verbunden mit dem Verlust eines Großteils seiner sozialen Einbindung. Die zwar umfangreichen und extensiven, aber weniger belastbaren sozialen Kontakte bergen insgesamt die Gefahr, dass sich bei Typ D ein Gefühl des Verlorenseins bzw. der Einsamkeit entwickelt – trotz ständiger Kommunikation. Zudem wird die bedingungslose Mobilitäts- und Flexibilitätsbereitschaft des Typs D von den Unternehmen nicht immer belohnt. Auf Dauer kann sie zu einer stetigen Verschlechterung (z.B. Intensivierung) der Arbeit ohne Kompensationsleistungen, das heißt: zur Prekarisierung führen.

Die hohe Divergenz zwischen den vier Typen und die starke inhaltliche Stringenz innerhalb der einzelnen Typen ist ein Beleg dafür, dass typische Gesamtarrangements im Umgang mit Entgrenzung gebildet werden können – über die zunächst jeweils getrennt herausgearbeiteten Strategien und Arrangements für die Ebenen Arbeit, Privatleben und Arbeit und Leben hinweg. Sie beruhen sowohl auf den empirisch erfassten inhaltlichen Zusammenhängen als auch auf der den drei Einzeltypologien inhärenten gemeinsamen Systematik; zum Beispiel der Gegenüberstellung einer strukturellen und einer sozialen Ebene. Das Resultat sind vier ‚Arrangements der Arrangements' bzw. Gesamtarrangements, die dem sehr nahe kommen, was in der Soziologie als allgemeine Lebensführungsmuster bzw. Muster der Alltäglichen Lebensführung bezeichnet wird. Deshalb werden im nächsten Abschnitt die vier Grundarrangements arbeitsbedingt Mobiler mit Entgrenzung noch einmal weiter abstrahiert – als allgemeine Lebensführungsmuster.

7.5 Vier Grundmuster der Alltäglichen Lebensführung: traditional, gemeinschaftlich, strategisch und situativ

Anschließend an die umfangreiche empirienahe Beschreibung verschiedener typischer Strategien und Arrangements im Umgang arbeitsbedingt Mobiler mit strukturell und sozial entgrenzten Bedingungen in Arbeit, Privatleben und Arbeit und Leben stellen sich zwei Fragen, die auch für die Konstruktion von Lebensführungsmustern relevant sind. Zum einen geht es um die zeitliche Persistenz der Arrangements. Wie die Lebensführungsforschung erfasst die vorliegende Untersuchung zeitlich relativ persistente Muster, die sich jedoch durchaus durch veränderte äußere Bedingungen und veränderte Orientierungen des jeweiligen Subjekts wandeln können. Zum zweiten bietet sich aufgrund der systematischen Trennung der drei Kontexte Arbeit, Privatleben und Vermittlung zwischen Arbeit und Leben eine Überprüfung der Kongruenz der jeweiligen Arrangements bzw. ihrer Konsistenz über die Ebenen hinweg geradezu an.

Das empirische Material zeigt, dass sich trotz der Vielfalt an verschiedenen Kombinationen unterschiedlich strukturierter Arrangements durchgängige Logiken bzw. Muster identifizieren lassen und dass Abweichungen – auch wenn sie sich in dauerhaften Arrangements verfestigen – spezielle Folgen nach sich ziehen. Diese gebrochenen Kombinationen von Teilarrangements werden oftmals auch im Feld als Abweichungen wahrgenommen bzw. von den Interviewten direkt als Unregelmäßigkeiten thematisiert, die einerseits erweiterte Möglichkeiten eröffnen, andererseits eine Quelle für zusätzliche Belastungen darstellen. Es bestehen also stringente Gesamtarrangements (z.B. AAA), wie Subjekte in Entgrenzung handeln. Daneben existieren aber auch Gesamtarrangements, die sich nur primär an den – idealtypischen – Arrangements orientieren, aber in Teilen davon abweichen (z.B. AAB oder DBA). Welche theoretischen Implikationen dies für die Lebensführungsforschung hat, wird weiter unten (Abs. 10.5 und 11.1.3) ausführlicher diskutiert.

An dieser Stelle ist nur wesentlich: Es wird grundsätzlich von der Möglichkeit ausgegangen, dass sich – unter Berücksichtigung der Grundannahmen der Lebensführungsforschung – vier allgemeine Gesamtarrangements bzw. allgemeine Lebensführungsmuster identifizieren lassen. Hierfür wurden die Typen-Tabellen noch einmal abstrahiert und die drei Ebenen miteinander kombiniert. Die Dimensionen lassen sich in ihren Tendenzen relativ gut in Kongruenz bringen und erlauben es so, allgemeine Grundtypen von Lebensführungsmustern mobil Arbeitender bzw. Entgrenzungs- oder Mobilitätstypen zu konstruieren. Die mit dieser Zuspitzung verbundene Verallgemeinerbarkeit geht natürlich auf Kosten der Nähe zum Gegenstand (Arbeiten und Leben von Piloten) und zum theoretischen Bezug (multiple Entgrenzung und Mobilität). Dennoch wurde hier eine solche Engführung gewagt. Das Resultat findet sich in der nachfolgenden Abbildung und in den kurzen Typenbeschreibungen:

Abb. 7.4: Die vier Lebensführungstypen in Entgrenzung

Strukturelle Entgrenzung (Umgang mit entgrenzten Strukturen)	**Offen, Veränderung/ Entgrenzung, Mobilität**: (risiko-affin)	**C** *Karriereorientierung* (‚Manager')	**D** *Spaß/Freizeitorientierung* (‚Lebenskünstler')
	Geschlossen, Stabilität/ Begrenzung, Lokalität: (risiko-avers)	**A** *Berufs(status)orientierung* (‚Beamter')	**B** *Familienorientierung* (‚Arbeiter')
		Individualität/sozialer (Ego-) Zentrismus: (extrinsisch)	**Kollektivität/soziale Flexibilität**: (intrinsisch)
		Soziale Entgrenzung (Umgang mit entgrenzten sozialen Beziehungen)	

7.5.1 Typ A – traditional

... weist einen konservativ ‚traditionalen' Lebensbezug auf. Für den Umgang mit Entgrenzungstendenzen bedeutet dies, dass Typ A strukturellem Wandel eher ablehnend und eingrenzend gegenübertritt. Er hält an klaren Trennungen zwischen Lebens- und Themenbereichen fest und setzt auf feste längerfristige Bindungen, (soziale) Geschlossenheit und Stabilität. Typ A richtet die eigene Lebensführung primär an festen Strukturen und damit vor allem an traditionellen Leitbildern und äußeren Vorgaben und Anforderungen aus – in erster Linie denen der Arbeit und des Berufs. Das Privatleben als solches ist nachrangig und wird den traditionalen Strukturen untergeordnet.[10] Diese Unterordnung geschieht jedoch nicht unabhängig von individuellen Interessen und Machtbezügen. Dies zeigt sich vor allem auf der interpersonellen bzw. sozialen Ebene. Im Bezug auf andere geht Typ A aktiv fordernd und assimilierend vor. Das heißt, er fordert eine Anpassung der anderen an sein traditionales Arrangement. Konkret äußert sich dies in einem wenig flexiblen Umgang mit Veränderungsprozessen. Typ A ist resistent gegenüber Dynamiken und achtet sehr genau auf die möglichen konkreten, auch materiellen Konsequenzen von veränderten Rahmenbedingungen und Handlungsweisen. Insgesamt lässt sich seine Strategie als Besitztum bewahrend beschreiben. Mögliche Leittypen reichen hier vom Adel über den Beamten und den langjährigen Ladenbesitzer bis zum Lufthansakapitän. Als Regelungssystem steht ein überbordender Bürokratismus diesem Arrangement besonders nahe (in schlechten Zeiten aber auch der gekränkte, anklagende Nörgler).

7.5.2 Typ B – gemeinschaftlich

... orientiert sich in seiner Lebensführung vordringlich an bewährten, institutionalisierten Strukturen, Normen und Werten. Dabei spielen soziale Werte eine besondere Rolle, was sich im Bezug auf andere vor allem durch Toleranz, Empathie und Anpassungsfähigkeit äußert. Gegenüber strukturellen Kontextveränderungen ist Typ B eher skeptisch bis vorsichtig annehmend eingestellt. Auf Entgrenzungsprozesse reagiert er mit Versuchen der Eindämmung, des Aufrechterhaltens des Bestehenden, der Abgrenzung entgrenzter von stabilen Strukturen sowie mit verstärkter Bindung an letztere. Anderen Menschen begegnet er eher zurückhaltend, annehmend, sich einordnend. Er ist bereit, sich an den Bedürfnissen anderer zu orientieren, solidarisch bzw. auch altruistisch zu handeln. Dieses Unterordnen ist ein Ausdruck von Passivität, aber auch von hoher sozialer Flexibilität und Aufgeschlossenheit. Insgesamt stehen soziale Aspekte im Vordergrund, institutionalisierte Strukturen bzw. Institutionen dienen der Absiche-

---

10 Hier wurde den Erkenntnissen aus dem Material gefolgt: Die Prioritätensetzung auf Arbeit wurde unter die ‚selbstbezügliche' Seite subsumiert und umgekehrt die Prioritätensetzung auf Privatleben unter die ‚Orientierung an der sozialen Umwelt' – was ja durchaus Fragen aufwerfen kann. Implizit bedeutet dies z.B., dass eine starke Berufsorientierung (gleich welcher Art und auf welchen Beruf gerichtet) mehr mit Egoismus und Individualismus zusammenhängt und ein ausgeprägter Fokus auf das Privatleben (also auch die Freizeitorientierung) mit Altruismus und Kollektivismus.

rung dieser Werte. Daher räumt Typ B dem Privatleben Vorrang vor Arbeit und Beruf ein. Typ B ist gegenüber Veränderungen wertkonservativ eingestellt. Strukturellen Veränderungen gegenüber zeigt er gerade so viel Flexibilität, wie nötig ist. Auf sozialer Ebene ist er jedoch sehr flexibel bzw. anpassungsfähig. In seinem Handeln schwankt Typ B zwischen Vorsicht und Rücksicht. Symbole für dieses Lebensmuster sind schwer auszumachen und es ist kaum möglich, dieses Arrangement einer bestimmten Gesellschaftsgruppe zuzuordnen. Eher lassen sich einzelne Begriffe finden, die hier passend erscheinen, wie maßhaltend, nachhaltig, solidarisch, Political Correctness etc. – aber auch autoritätshörig, angepasst und gefügig.

7.5.3 Typ C – strategisch

... verfolgt ein (im weiten Sinne) ‚(wirtschafts-)liberales' Lebensmuster. Er steht für das ideale Marktsubjekt: ein strebsames, auf den individuellen Erfolg ausgerichtetes Individuum. Strukturellen Wandel sieht er als Fortschritt und individuelle Chance. Strukturellen Anforderungen gegenüber bewegt er sich flexibel. Auch im sozialen Bezug vermeidet er Verpflichtungen, Bindungen, Normierungen und kollektiv bindende Werte. Verstärkten und vermehrten Entgrenzungstendenzen begegnet er durch gezieltes Aufgreifen von Veränderungen, durch Selbstpositionierungen in den neuen Spielräumen der Lockerung und Offenhaltung von Möglichkeitsräumen. Um die persönlichen Chancen zu erhöhen, werden weitere Lebensbereiche hinzugezogen und möglichst viel Kongruenz zwischen diesen hergestellt. Die Richtung geben die Lebensbereiche vor, in denen die größte Aussicht auf ‚Erfolg' verortet wird; Erfolg dabei verstanden im Sinne von materiellem Reichtum, gesellschaftlicher Anerkennung und/oder der Erfüllung in der Gesellschaft kursierender Leitbilder der ‚Selbstverwirklichung' etc. – je nach individueller Präferenz und Situation. In der Regel bestimmt damit die Arbeit das Gesamtarrangement des Typs C. Er gibt der Arbeit Vorrang vor seinem Privatleben und geht in seinem Sozialleben (wie Typ A) aktiv fordernd, assimilierend und mit einem ausgeprägten Ich-Bezug vor. Typ C begreift Wandel als Chance und Flexibilität als strategische Investition in die Zukunft – mit einem kalkulierbaren Risiko. Leitbilder reichen hier vom Manager über den Arbeitskraftunternehmer bis zum prekär und verzweifelt kämpfenden aufstrebenden Individualisten (z.B. in der Künstlerszene).

7.5.4 Typ D – situativ

... folgt einer ‚liberalen' und zugleich ‚sozialen' Eigenlogik in seiner Lebensführung. Zu festen sozialen Strukturen werden nur situative, eher kurzzeitige Bezüge hergestellt; auf Dauer werden sie eher als unnötige Belastung angesehen.

Ähnlich wie er mit Institutionen flexibel und pragmatisch jongliert, verhält sich Typ D sozialen Beziehungen gegenüber. Diese bilden sich vor allem in der konkreten Interaktion und werden grundsätzlich wertgeschätzt. Zu enge und verpflichtende – also institutionalisierte – Bindungen werden jedoch möglichst vermieden. In seinem täglichen Umgang mit vielfach entgrenzten Bedingungen zeichnet sich Typ D (wie Typ C) auf der strukturellen Ebene durch einen offenen und lockeren Umgang mit Veränderungen aus. Auf der sozialen Ebene gleicht er sich dabei durchaus punktuell anderen an und ordnet sich für eine gewisse Zeit in soziale Prozesse ein. Um diese strukturelle und soziale Flexibilität aufrecht zu erhalten, zielt Typ D auf eine möglichst kongruente Überdeckung seiner verschiedenen Lebensbereiche ab. Dabei achtet er darauf, dass die Mischung zwischen den verschiedenen Lebensbereichen (besonders zwischen Arbeit und Privatleben) möglichst den Anschein von Privatleben erhält. Insgesamt kennzeichnet Typ D das Prinzip, mit dem Strom der Zeit zu schwimmen. Er passt sich ohne große Anstrengung an vielfältige Veränderungen an. Flexibilität scheint ihm ein angeborener Trieb zu sein. Typ D nimmt's leicht, verhält sich macht- bzw. interessenpolitisch passiv und ist zugleich immer in Bewegung. Reale Ausprägungen reichen vom Weltenbummler über den Lebenskünstler, der ständig Tätigkeiten und Berufe wechselt (z.B. im Winter Messebau, im Sommer Surflehrer), bis zum prekär lebenden Multijobber; aber auch Social-Web-Unternehmer lassen sich hier gut einordnen, etwa Community-, Blog- oder Game-Server-Betreiber.

Der zusammenfassende Blick auf die hier vorgestellten Grundtypen im Umgang mit Entgrenzung erlaubt die Feststellung, dass eine gewisse Nähe der idealtypischen Zuspitzungen zu im weiteren Sinne politischen Orientierungen besteht. Dies ist nicht unbedingt verwunderlich, da (impliziten und expliziten) politischen Einstellungen durchaus eine wesentliche strukturierende Rolle in der Lebensführung von Subjekten zukommen kann. Bemerkenswert ist, dass diese Zuspitzungen aus dem Handeln von Piloten in ihrer Arbeit und im Privatleben im Umgang mit verschiedenen Entgrenzungsaspekten abgeleitet sind. Das heißt, dass diese sozialen bzw. gesellschaftlichen Orientierungen die Performanz in der Arbeit und im Privatleben von Piloten maßgeblich prägen. Die gesellschaftspolitischen Implikationen dieser Typenbildung sollen hier nicht weiter expliziert werden.

Weiter hat sich gezeigt, dass auf strukturelle und soziale Entgrenzungsprozesse über alle Lebensbereiche hinweg mit relativ persistenten Handlungsmustern ‚reagiert' wird, die sich zu primären strukturierenden Prinzipien abstrahieren lassen. Konzeptionell wurde damit ähnlich vorgegangen, wie es die soziologische Lebensführungsforschung vorschlägt. Die vier Gesamtarrangements im Umgang mit Entgrenzung (bzw. Offenheit) können durchaus als allgemeine Muster der alltäglichen (methodischen) Lebensführung gelten. Es handelt sich um individuelle

Arrangements verschiedener sozialer Arrangements einer Person, die zwar aktiv hergestellt und aufrecht erhalten werden, aber auch über eine relativ stabile Eigenlogik verfügen. Sie bilden als Synchronie des Alltagslebens einen Zusammenhang aller Tätigkeiten in relevanten Lebensbereichen und wirken als Vermittlungsinstanz zwischen Individuum und Gesellschaft (vgl. Abs. 4.5).

Auch inhaltlich weisen die hier dargestellten idealisierten allgemeinen Grundarrangements, hergeleitet aus den jeweiligen Strategien/Arrangements auf den drei Ebenen Arbeit, Privatleben und Vermittlung von Arbeit und Leben, eine starke Nähe zu den Typen der Alltäglichen Lebensführung auf. Die vier Grundtypen im Umgang mit Entgrenzung können letztlich folgendermaßen auf die drei Typen der Alltäglichen Lebensführung übertragen werden:

Abb. 7.5: Vier Formen Alltäglicher Lebensführung

Typ C: **strategisch**	Typ D: **situativ**
Typ A: **traditional**	Typ B: *gemeinschaftlich*

Die Typen A, C und D entsprechen recht passgenau den Idealtypen der Alltäglichen Lebensführung *traditional, strategisch* und *situativ*, während der Typ B eine weitere (aber nicht neue) Form der Lebensführung repräsentiert – eine (methodisch) *gemeinschaftliche.* Diese konstituiert sich hier in einer Mischung aus dem Festhalten an absichernden Strukturen und der Offenheit in Bezug auf andere Menschen. Die Erfahrungen in der Auseinandersetzung mit anderen werden in Strukturen re-integriert. Es werden soziale Normen und Werte verfolgt, die zum einen Stabilität bieten und bindende Verpflichtungen beinhalten, zum anderen aber zur sozialen und kulturellen Offenheit, Wärme und Toleranz anhalten.

Inwieweit es sich hier um einem weiteren, bislang in der Lebensführung unbeachteten bzw. nicht separat differenzierten Grundtypus alltäglicher Lebensführung handelt und was dies für das Konzept der Alltäglichen Lebensführung bedeutet, wird am Ende dieses Buchs intensiv diskutiert. Bedeutsam ist aber schon an dieser Stelle, dass entsprechend dem Konzept der Alltäglichen Lebensführung in modernen Gesellschaften all diese Formen parallel existieren. Sie alle können zu Erfolgen führen, aber auch prekäre Formen annehmen. Damit liegt die Frage nahe, ob die (zunehmende) Gleichzeitigkeit verschiedener Formen der Lebensführung ein Kennzeichen für Offenheit und Gestaltungsmöglichkeiten oder für zunehmende Unsicherheit oder gar ein Hinweis auf soziale Ungleichheit in der (modernen reflexiven) Gesellschaft ist. Im Folgenden wird diese Frage auf die Arbeits- und Lebenssituation von Piloten übertragen.

Interessant ist zunächst einmal, dass sich bei Piloten all diese verschiedenen Arrangements auffinden lassen. Das heißt, dass ihre bisherigen Arbeits- und Lebensbedingungen – also arbeitsbedingte Mobilität bzw. mobilitätsbedingte Entgrenzung – kein bestimmtes Teil- oder Grundarrangement vorgeben. Sowohl in der Arbeit als auch im Privatleben und auch im Bezug auf Arbeit und Leben existiert eine bunte Heterogenität im Umgang mit Entgrenzung. Bislang. Es stellt sich nun die Frage, ob sich dies vor dem Hintergrund einer zunehmenden Verschärfung von Entgrenzung nicht verändert; vor allem weil sich die Gründe für entgrenzte Arbeits- und Lebensbedingungen weg von ursächlich auf die mobile Arbeit zurückzuführenden Aspekten *(konstitutive Entgrenzung)* hin zu ökonomischen und technischen, eher ‚äußeren' Anstößen *(transformierende Entgrenzung)* verschieben. Werden im Zuge der jüngsten Entwicklung im Luftverkehr bestimmte Kombinationen von Teilarrangements oder einzelne Gesamtarrangements eher forciert und deren Verfolgung positiv sanktioniert und zeigen sich andere dafür als schwerer aufrecht zu erhalten und belastender? Wird die individuelle ‚Wahl' bestimmter Lebensführungsmuster und ihr Verhältnis untereinander insgesamt konfliktträchtiger? Ist ein Wechsel der Strategien und damit der Gesamtarrangements überhaupt möglich? Was passiert, wenn Lebensführungsmuster gewechselt werden bzw. sich an veränderte Strukturbedingungen anpassen müssen?

Bislang konnte gezeigt werden, dass die verfestigten Strategien bzw. Routinen in der Auseinandersetzung mit Strukturbedingungen aktiv durch Handeln gebildet und relativ stabil aufrechterhalten, aber auch geändert werden. Die strukturellen Bedingungen in der Arbeit und im Privatleben sowie die Einstellungen und Interessen der einzelnen Handelnden wirken dabei als Quellen für Zwänge und Einschränkungen, bieten aber auch Chancen und Räume für Entwicklungsmöglichkeiten. Jedes Arrangement, das Piloten in ihrem Leben (aktuell) eingehen, ist Resultat bislang vorherrschender struktureller Zwänge und vorausgegangenen Handelns und zugleich Grundlage für zukünftiges Handeln und Strukturveränderungen – und damit potenziell wandelbar. Es bildet also sowohl unterschiedliche Einstellungen und Interessen als auch ungleiche manifeste Bedingungen ab, das heißt, soziale Ungleichheit zeigt sich hier nur in mittelbarer Forn. Die bisherige empirische Betrachtung war nicht primär darauf ausgerichtet, zu beurteilen, welche Strategien und welches daraus resultierende Gesamtarrangement höhere Chancen oder Risiken bergen, wo mehr Gestaltungsmöglichkeiten liegen und welche Folgen auf Dauer für die Person, ihre Arbeit und ihr soziales Umfeld zu erwarten sind. Offensichtlich ist aber bereits an dieser Stelle, dass die verschiedenen Typen höchst unterschiedliche Formen repräsentieren, mit stark unterschiedlichen Zwängen und Möglichkeiten, Potenzialen und Gefahren in der Arbeit, im Privatleben und bezogen auf das Subjekt selbst. Wie im Abschnitt zur Konsistenz der Arrangements gezeigt wurde, sind Veränderungen von Lebensführungsmustern durchaus möglich. Dies geschieht jedoch häufig eher von außen angestoßen durch einschneidende Ereignisse als strategisch vom Subjekt selbst initiiert. Solche Prozesse werden oft als persönliche Krisen empfunden. Derartige Veränderungen haben zwangsläufig Auswirkungen auf alle Lebensbereiche, vor allem auf die bislang stabilisierte Verteilung von Arbeit, Macht, Ressourcen etc. Eine radikale Veränderung eines Teil- oder des Gesamtarrangements muss sich das Subjekt auch ‚leisten' können. Bestimmte Kombinationen in den Gesamtarrangements von Piloten sind zum Beispiel nur auf Grund von zuarbeitenden residenten Personen möglich bzw. werden durch diese maßgeblich erleichtert.

7.6 Zwischenresümee und Ausblick

Um den Ursachen und Folgen, den Chancen und Risiken der multipel entgrenzten Arbeits- und Lebensbedingungen von Piloten in arbeitsbedingter Mobilität auf den Grund zu kommen, wurde ein Schritt ‚hinter' das Konzept der Alltäglichen Lebensführung zurück gemacht und zunächst für die zentralen Lebenskontexte Arbeit, Privatleben und individuelle Komposition von Arbeit und Privatleben getrennt der Umgang von Piloten mit strukturellen und sozialen Entgrenzungsaspekten untersucht und in Typologien systematisiert. Es ist sicherlich beides sinnvoll: ein Blick auf die Strategien nach Ebenen getrennt, der die jeweiligen Situationen und Logiken genauer bzw. näher am Gegenstand erfasst, und eine Zusammenfassung zu Gesamtarrangements bzw. Grundtypen, um durch eine weitere Zuspitzung Tendenzen zu verdeutlichen. Ein besonderer Vorteil dieses zweistufigen Vorgehens ist, dass sich durch eine systematische Gegenüberstellung eher realtypischer Muster über die (drei) einzelnen Ebenen hinweg und nahezu idealtypischer Grundlogiken Brüche bzw. Abweichungen identifizieren und (anhand eines erneuten Blicks in das empirische Material) deren Ursachen und Auswirkungen analysieren lassen. Selbst bei eher geradlinigen Lebensführungsmustern bietet die Betrachtung der Kombination von Teilarrangements oftmals eine genauere Erklärung für bestimmtes Verhalten in den jeweiligen Kontexten. Dass sich zum Beispiel die Typen A und B in der Arbeit nicht aktiv auf Entgrenzungstendenzen einlassen und Veränderungen eher vermeiden wollen, zeugt nicht etwa einfach von einer allgemeinen Unflexibilität in allen Lebensbereichen. Zum einen greifen sie natürlich auf bestehende Erfahrungen mit Veränderungsprozessen zurück, zum anderen gründet ihre Haltung aber auf ihrem gesamten Lebenskonzept, einer Mischung aus strukturellen Bedingungen und sozialen und emotionalen Präferenzen. Fragen, unter welchen Bedingungen sie leben und welche Vorstellungen vom guten Leben sie haben, sind wichtig, um ihre Haltung in der Arbeit zu erklären. Entsprechend ihrem individuellen Lebensführungskonzept sind Piloten unterschiedlich flexibel und engagiert in der Arbeit, nutzen Karrieremöglichkeiten (z.B. Ausland) unterschiedlich, sind unterschiedlich mobil und auch unterschiedlich loyal gegenüber dem Unternehmen.

Die verschiedenen Orientierungen gehen mit unterschiedlichen Belastungen einher. Dies bringt Pilot B01 folgendermaßen auf den Punkt: „Und es ist ja nun mal einer der schönsten Berufe, wenn man mit der entsprechenden Einstellung herangeht“ (B01). Als klassischer Kapitän alten Schlags und ehemaliger Militärpilot verknüpft B01 seine hohe Erwartung an gute Arbeitsbedingungen und gleichbleibende Arbeitsaufgaben mit einem klassischen Alleinverdiener-Familienmodell, wobei er der Arbeit prinzipiell Vorrang vor privaten Angelegenheiten einräumt. Das Resultat ist ein relativ stringentes Gesamtarrangement aus der Kombination ähnlich strukturierter Teilarrangements – AAA. Er ist durch und durch Pilot, in allen Lebensbereichen. Sein Lebensstil und seine Erwartungen sind angepasst an die Grundanforderungen (raum-zeitliche Fremdplanung) des Berufs. Wie gezeigt wurde, ist jedoch auch dieses Arrangement an verschiedenen Stellen gefährdet: Der aktuelle Wandel der Arbeitsanforderungen, Wertewandel und Anforderungen aus dem Privatleben spielen hier beispielsweise eine zentrale Rolle. Auch der zitierte Pilot B01 muss aktuell aus gesundheitlichen Gründen seine verfestigten Strategien an bestimmten Stellen verändern.

Die Frage, ob es ein für alle Seiten (Arbeitgeber, Pilot und seine soziale Umwelt) ‚ideales‘ Arrangement gibt, bleibt an dieser Stelle offen. Die sehr voraussetzungsvolle Kombination aus einer hohen Flexibilität in der Arbeit, einer starken Familien- und Umweltorientierung im Privatleben und einem disziplinierten, am Erhalt der Arbeitsfähigkeit ausgerichteten Lebenskonzept (DBA) verfolgt allein die Pilotin C01 (Vollzeit, verheiratet, keine Kinder) und sie äußert selbst den intensiven Wunsch, ihre Leistung in der Arbeit durch eine verstärkte Konzentration auf die Kernarbeit zu begrenzen.

Bestimmte Arrangements von Piloten können besonders hochmobilen Eliten im Luftverkehr zugeordnet werden. Aber auch die besonders mobilen Arrangements sind von spezifischen Einschränkungen betroffen und weisen bestimmte Schwachstellen auf. Es hat sich gezeigt, dass selbst hochmobile Piloten mit stark offenen Arrangements an einzelnen Punkten Sicherheit anstreben. Während der extrem flexible Typ D in der Empirie (bislang) eher einen Übergangstyp darstellt, da sein Arrangement auf Dauer zu lose erscheint, fordert der ebenfalls hochmobile Typ C im Gegenzug Erfolg ein – im Sinne von Status, Karriere, Einkommen etc. Stellt sich dieser nicht ein, ist auch sein Arrangement gefährdet.

Im Luftverkehr dominiert ein bestimmtes Bild des klassischen Piloten: Er ist männlich und verfügt auch im Privatleben über eine gesicherte Vereinbarkeit zwischen Arbeit und Leben, vor allem mit der Hilfe seiner Partnerin. Das Verhältnis zwischen materieller Sicherheit und Arbeitsaufwand ist sehr gut und die Phasen der Abwesenheit können durch einen großen Freizeitanteil kompensiert werden. Dieses Arrangement steht für Stabilität und Zufriedenheit. Im Gegensatz dazu steht die Realität. Das Feld war schon immer durch unstete und riskante Karrieren, Unternehmensumbrüche, wirtschaftliche Hochs und Tiefs, technische Veränderungen und Rationalisierung geprägt. Und auch die Piloten übten ihren Beruf auf höchst unterschiedliche Weise aus und arrangierten ihn unterschiedlich mit sonstigen (privaten) Anforderungen und Bedürfnissen. Diese Arrangements im Umgang mit arbeitsbedingter Mobilität – bzw. mobilitätsbedingter konstitutiver Entgrenzung – waren zumindest für einen gewissen Lebensabschnitt relativ stabil. Neuere Tendenzen in der Arbeitswelt greifen nun wesentlich stärker als bisher in die Arbeit und auch in das Privatleben von Piloten ein, so dass diese Arrangements und ihre Grundlagen in verschiedener Weise gefährdet sind. Die oben genannten Arrangements bieten je unterschiedliche Angriffsflächen für Gefährdung. Jedes Arrangement verfügt über stabilisierende Aspekte, die es ermöglichen, in anderen Gebieten eher flexibel zu sein. Anders gesagt: Jedes Arrangement birgt spezifische Vor- und Nachteile bzw. Stärken und Schwächen. Vor dem Hintergrund der technischen und vor allem ökonomischen Rationalisierung im Luftverkehr müssen aktuell alle Arrangements neu ausgerichtet bzw. ausgehandelt werden.

Im folgenden Kapitel werden neue, transformierende Entgrenzungstendenzen im Luftverkehr vorgestellt und ihre Ursachen und vor allem Folgen diskutiert. Danach werden die Lebensführungsmuster von Piloten in Entgrenzung mit diesen neuen Entgrenzungsprozessen konfrontiert, wie es in der Praxis der Piloten sowohl in der Arbeit als auch im Privatleben alltäglich der Fall ist. Auf diese Weise lassen sich die Chancen und Risiken aktueller Veränderungen für die Performanz von Piloten in der Arbeit und im Privatleben deutlich herausarbeiten und systematisieren. Zum Teil kann aus der Konfrontation bisheriger Lebensführungsmuster in Mobilität bzw. Entgrenzung mit neuen Wandlungsprozessen auch in Richtung zukünftiger Entwicklungen geschlossen werden. Welche Mobilitätsstrategien und Entgrenzungsarrangements bewähren sich besser, welche sind gefährdet? Bilden sich eventuell neue Formen der Organisation von Arbeit und Privatleben? Führen die jüngsten ökonomischen und technischen Entwicklungen im Luftverkehr zu einer Homogenisierung zwischen Lebensführungsmustern, also zu einer Vereinheitlichung in eine gewisse Richtung, oder zu einer größeren Heterogenität, gekoppelt an eine zunehmende Reflexivität (und damit auch Veränderbarkeit) individueller Lebensführung? Führen Ökonomisierung und Technisierung im Luftverkehr zu einer erhöhten Stringenz innerhalb der einzelnen Gesamtarrangements oder zu mehr ‚gebrochenen' Lebensführungsmustern?

8 Transformierende Entgrenzung: Aktuelle Entgrenzungstendenzen in der Arbeit von Piloten

Im vorigen Kapitel wurden recht nah am Alltag von Piloten deren Umgangsformen mit Entgrenzung erfasst. Dabei stand arbeitsbedingte Mobilität als Auslöser und Kumulationspunkt multipler Entgrenzungserscheinungen im Zentrum. Ausgehend von einer erhöhten räumlichen und zeitlichen Entgrenzung, die der mobilen Arbeit von Piloten ursächlich zu Grunde liegt, wurden entlang weiterer Sozialdimensionen der Entgrenzung von Arbeit (sozial, inhaltlich, technisch, qualifikatorisch etc.) das Zusammenspiel und die Folgen der Mobilitätsanforderungen erfasst. Dabei wurden auch stabilisierende und als ‚Trade-off' auftretende entlastende Aspekte in den Blick genommen, zum Beispiel räumliche Lokalisierungen, soziale Bindungen etc.

> „Was den Beruf so besonders macht, ist einfach: Man geht zwar nach Hause und hat den Flug abgeschlossen, aber das ganze Privatleben ... man ist Sklave des Dienstplans." (H08)

Die kurze Interviewpassage verdeutlicht noch einmal, dass verschiedene begrenzende (wie die inhaltlich-zeitliche Abgeschlossenheit) und entgrenzende Aspekte der Arbeit von Piloten (wie die Personaleinsatzplanung) sich vermengen zu einem Bündel von Anforderungen und Entlastungen, Chancen und Risiken. Im alltäglichen Umgang mit diesen komplexen und variierenden Bündeln von Entgrenzungsaspekten haben Piloten in Arbeit und Privatleben unterschiedliche, für sie mehr oder weniger stimmige Strategien und Arrangements entwickelt – Formen der Alltäglichen Lebensführung in Entgrenzung bzw. Mobilität. Diese relativ festen und beständigen Strategien und Arrangements haben sich Piloten über Generationen hinweg angeeignet. Sie verändern diese zwar auch, jedoch geschieht dies eher wenig bewusst und nur über eine gewisse Zeit hinweg. Die verschiedenen Formen der Lebensführung in Entgrenzung repräsentieren eher ein dem kommerziellen Luftverkehr inhärentes implizites Wissen. Der Umgang mit dem je spezifischen individuellen Lebensführungskonzept bildet eine Grundkompetenz, die jedem Piloten zur Verfügung steht. Aktuell wandeln sich jedoch die Rahmenbedingungen im Luftverkehr so vehement, dass es notwendig erscheint, die momentanen Entwicklungen und deren Auswirkungen (u.a. auf die Lebensführung von Piloten) eigens zu betrachten. Dies geschieht im Folgenden unter dem Schlagwort ‚aktuelle Entgrenzungstendenzen' bzw. ‚transformierende Entgrenzung'.

Um zwischen bisherigen, dem mobilen Arbeiten und Leben von Piloten schon immer zu Grunde liegenden Entgrenzungsformen und neuen Entwicklungen unterscheiden zu können, wurde bereits bei der Erhebung, aber vor allem systematisch im Zuge der Auswertung darauf geachtet, neue Entwicklungsprozesse und in den Interviews thematisierte jüngere Veränderungen zu separieren von Aussagen, die sich auf die weiter zurückliegende Vergangenheit beziehen. Es wurde sozusagen eine zweite Stufe der Entgrenzung, die Entgrenzung der Entgrenzung (wenn man so will), von ‚normalen' mobilitätsbedingten Entgrenzungsaspekten abgetrennt. Aktuelle Entwicklungen, Auflösungserscheinungen und neue Strukturierungen wurden also systematisch separat erfasst und ausgewertet. Ziel ist es nun, entlang neuartiger Entgrenzungsprozesse ein möglichst aktuelles Entwicklungsszenarium des Luftverkehrs als Arbeits- und Lebenshintergrund von Piloten zu konstruieren und dieses mit den aus den bisherigen Erfahrungen mit dem mobilen Beruf gebildeten Lebensführungsmustern zu konfrontieren, um so wiederum auf aktuelle und zukünftige Chancen und Risiken der Arbeit von Piloten (bzw. von Flexibilisierung allgemein) zu schließen.

Die rechtlichen, technischen und ökonomischen Entwicklungen im deutschen kommerziellen Luftverkehr wurden kurz schon im Abschnitt 3.3 benannt. Auf die weiterhin anhaltende Phase der Liberalisierung und Deregulierung im Luftverkehr folgten Jahrzehnte der Diversifizierung – das heißt: der Ausbildung verschiedener kleinerer und größerer Airlines mit unterschiedlichen Produktstrategien, Zielmärkten etc. Dies mündete schließlich in die jüngste Phase einer leichten Konsolidierung, zumindest im deutschen kommerziellen Luftverkehr. Die Prozesse der Globalisierung des Luftverkehrs sind jedoch keinesfalls abgeschlossen, sie haben ihren Höhepunkt sicherlich noch nicht erreicht. Erst allmählich treten bislang nicht etablierte ausländische Airlines signifikant in Deutschland in Erscheinung. Und auch die deutschen Airlines beginnen – sicherlich auch auf Grund großer Widerstände – gerade erst damit, die Möglichkeiten eines globalen Arbeitsmarkts zu nutzen; zum Beispiel indem sie auf der Langstrecke auf ausländische Crews zurückgreifen. Aber selbst wenn man den Blick allein auf den deutschen Markt und die dortigen Airlines richtet, lassen sich allgemeine Entwicklungslinien auf der Makroebene nachzeichnen, die bestehende Entgrenzungsprozesse massiv verstärken und neue anstoßen; allen voran Prozesse der Automatisierung und Ökonomisierung.

8.1 Automatisierung – technische Entgrenzung

Die technische Entwicklung ist Ursache und Voraussetzung für schnell fortschreitenden Wandel im Luftverkehr. Sie reagiert auf die stetig steigende gesellschaftliche Nachfrage nach Mobilität und auf die entsprechenden politischen

Zielsetzungen. So wurde zum Beispiel 2001 eine europäische ‚Vision 2020' verabschiedet, nach der bis 2020 eine Verkehrszunahme um 300 Prozent ermöglicht, die Sicherheit vervierfacht, Emissionen halbiert und die Kosten pro Flug um 50% gesenkt werden sollen (Eißfeldt 2009, S. 74). Es bestehen ein hoher Innovations- und Rationalisierungsdruck und eine große Nachfrage nach technischen Lösungen. Automatisierung wird in der Regel als Königsweg gehandelt, mit den entsprechenden Auswirkungen auf die Arbeitsbedingungen von Piloten. Entlang der technischen Entwicklung im Luftverkehr und mit steigendem Automatisierungsgrad vor allem im letzten Jahrhundert wurde die Tätigkeit des Fliegens zunehmend entzaubert. Sie entwickelte sich zum bloßen Mittel zum Zweck. Dies geht vor allem damit einher, dass das Fliegen seine Unsicherheit verliert. Solange es noch den Kampf gegen die Elemente bzw. die Natur versinnbildlichte und mit Gefahr (z.B. beim Transport von Menschen) verbunden wurde, fand eine Betonung der fliegerischen Fähigkeiten und Fertigkeiten von Piloten statt.[1] Das Schicksal der Passagiere wurde in die Hände der Piloten gelegt, denn nur sie konnten die Unsicherheit bezwingen – man dachte an keine anderen sicheren Möglichkeiten. Heute wird umgekehrt tendenziell die Unsicherheit eher beim Menschen gesucht: Das Management im Luftfahrtunternehmen kümmere sich nicht genug um den Zustand der Technik (Sparen an Wartung), die Passagiere stellten eine (neue) Gefahrenquelle dar und auch die Piloten werden häufig als Fehlerquelle ausgemacht („menschliches Versagen").[2] Das momentan erreichte Niveau an Sicherheit und das aktuelle Sicherheitsempfinden bzw. das Vertrauen (u.a. der Fluggäste) in die Technik ermöglichen es, die Piloten selbst als Gefahrenquelle einzustufen.[3] Währenddessen wird über Technik als Unsicherheitsfaktor relativ wenig diskutiert. Ein Problem ist, dass der Anteil, den Piloten an der Herstellung von Sicherheit haben, in der Regel nicht sichtbar

---

1 In Ausnahmefällen geschieht dies heute noch, z.B. bei der Hudson-Notwasserung (Welt 2010). Doch in der Regel wird nach Pilotenfehlern gesucht, z.B. Verfahren nicht eingehalten zu haben oder mit der Technik falsch umgegangen zu sein.

2 „Ein Blick in die Statistik zeige, daß nach wie vor menschliches Versagen Hauptursache für Flugzeugabstürze sei. Bei der richtigen Auswahl der Piloten, guter Aus- und Weiterbildung sowie akzeptablen Arbeitsbedingungen könnten 75 Prozent aller Abstürze verhindert werden, so Buchholz." Zitiert aus einem Bericht über ein Interview mit dem Vorstand der Vereinigung Cockpit, Buchholz, in Bezug auf den weltweiten Flugverkehr. Gefordert werden einheitliche Ausbildungsstandards (Welt 1998).

3 Bei der Suche nach Gefahrenquellen wird im Luftverkehr tendenziell eher die Natur (inklusive des Menschen) adressiert als die Technik. Um eins von vielen Beispielen zu geben: Nach der medial breit wahrgenommenen Notwasserung im Hudson River 2009 auf Grund von Vogelschlag wurde diskutiert, ob bestimmte Arten von Zugvögeln nicht besser ausgerottet werden sollten, anstatt dass laut über technische Mängel/Lösungen nachgedacht oder die Akzeptanz von Restrisiken erwogen wurde (Focus 2009).

ist. Die mit dem sicheren Transport von Passagieren verbundene Tätigkeit selbst – *das Fliegen an sich* – kann zwar als zentraler Aspekt der Beruflichkeit von Piloten angesehen werden, sie wird jedoch von der Problematik überschattet, dass das eigentliche fliegerische Können, die Erfahrung, das Wissen und das tiefer gehende Verständnis der Systeme, nur in Not- oder zumindest in ungewöhnlichen Situationen augenscheinlich wird, die der Pilot eigentlich verhindern soll. In der Regel gleichen die Piloten die Defizite der Technik ständig unbemerkt aus. Mit dieser vorbeugenden Sicherheitsgenerierung verhindern Piloten also bereits im Vorfeld selbst, dass ihr (implizites) Können offensichtlicher wird. Aus diesem Grund beschreiben manche Piloten sich und ihre Aufgabe als eine Art ‚Versicherung': Wenn sie einmal alle drei Jahre auf Grund ihrer Erfahrung richtig reagieren, sind sie ihr Geld (und ihre Ausbildung) wert – so oder so ähnlich Piloten im Interview. In der täglichen Arbeit sind diese Fähigkeiten (vor allem für den Laien) nicht ohne weiteres erkennbar. Jedoch ist die weitestgehende ‚Abwesenheit' von Notsituationen höchst voraussetzungsvoll. Nicht nur müssen von der Technik und den organisationalen Strukturen erst die hierfür notwendigen Bedingungen geschaffen werden, sondern sie bedarf natürlich auch einer aktiven Rolle der Piloten – eine Art Gewährleistungsprofessionalität sowohl in der Arbeit als auch im Privatleben, die noch mehrfach angesprochen werden wird.

Seit Mitte der 1980er Jahre wird unter den Begriffen ‚Glass Cockpit' und ‚Fly-by-Wire' die zunehmende Digitalisierung des Cockpits und des Fluggeräts als ganzen diskutiert. Sie fand ihren Höhepunkt in der zuspitzenden Stilisierung der Unterschiede zwischen den Flugzeugherstellern Boeing und Airbus in den letzten Jahren. Die Flugzeughersteller legen im Austausch mit den Airlines das Gros der Verfahren im Cockpit fest und bestimmen so wesentlich die Arbeit von Piloten. Während Boeing erst nach und nach auf eine stärkere Elektrifizierung bzw. Digitalisierung setzte und in der Folge mit dem ‚echten' manuellen Fliegen assoziiert wurde, wurden die Flugzeuge von Airbus gelegentlich als „Atari-Flieger" bezeichnet.

> „Boeing, die noch ein bisschen direkter geflogen wird wie jetzt, wenn man salopp sagt, der Atari-Flieger, der also Inputs bekommt und dann halt fliegt oder sich fliegt." (B07)

Auf einem Airbus sei die fliegerische, „steuerungstechnische" Erfahrung nicht mehr wichtig, „weil Sie spüren nicht mehr". „Wenn Sie Computer bedienen lernen wollen, dann müssen Sie den Airbus fliegen" (A01) – so oder so ähnlich äußern sich viele weitere Piloten. Teilweise polarisiert diese Diskussion weiterhin die Pilotenschaft, wobei festgehalten werden muss, dass auch Boeing auf ‚Fly-by-Wire'-Technologie, also den Ersatz von mechanischen Seilzügen durch Kabel und Elektromotoren, setzt, da diese unter anderem eine wesentliche Gewichtsersparnis mit sich bringt. Von daher kann die Diskussion eigentlich nicht mehr an diesen Begriffen und eventuell auch nicht mehr an den zwei großen Flugzeugherstellern festgemacht werden. Überlegungen zu den Folgen der Technikentwicklung und einer zunehmenden Automatisierung sind jedoch weiterhin aktuell. Insgesamt setzt sich der Prozess einer zunehmenden und umfassenden Informatisierung[4] weiterhin fort, sowohl am Boden als auch in der Luft: vom „eTicket" angefangen bis zu „Paperless Cockpit" (Fitzsimons 2002)

> „ist von einer Informatisierung aller Teilbereiche auszugehen, die insgesamt ein stärker integriertes technisches Universalsystem erzeugt, welches Flugzeuge, Flughäfen, Airlines und die Flugsicherung gleichermaßen erfasst. [...] Es entsteht so eine komplexe und ganz eigene sozio-technische Welt." (Matuschek 2008, S. 7)

In der Folge verändert sich die Arbeit der Piloten vehement, wie der nachfolgend zitierte Pilot beschreibt – die Piloten werden zu *„Informationsmanagern":*

> „Wo wir herkommen, möchte ich kurz sagen: Aus dem Klischee, was in jedem Film ist, dass der Pilot dasitzt und schwitzt und steuert das Flugzeug und hat keine Kapazität mehr. Das war immer so eine Reaktion, wenn die Gäste ins Cockpit kamen: ‚Sie fliegen ja gar nicht selber, das macht der Autopilot. Da haben Sie ja gar nichts zu tun.' Meine Antwort war: ‚Ja, sonst hätten wir jetzt auch keine Zeit für Sie, wenn wir immer noch beschäftigt wären.' Es geht immer mehr in die Richtung weg von den aktiven Flugzeugfliegern. Sondern immer mehr Manager im Cockpit. Managen heißt, dass man im Normalfall gar nichts zu tun hat. Der guckt, beobachtet, wie das läuft. Und eine Herausforderung, was sich jetzt entwickelt, ist die Information: Wir bekommen viel Papier. Das verändert sich jetzt. Das soll alles elektronisch kommen. Moderne Flugzeuge machen auch einen Teil schon. Wir werden Informationsmanager. Nochmal in dem Detail: Die Kunst ist für uns da: Die Systeme müssen so sein, damit wir auch damit zurechtkommen, dass wir die richtige Information zum richtigen Zeitpunkt auch an der richtigen Stelle haben und nicht diese Masse an Informationen. Das hat man ja im privaten Leben auch nicht. Man kann sich da drin verlieren. Da sind wir gefordert, als [Airline], der Hersteller und die anderen, die Zulieferer, dass wir da der Besatzung das Richtige bereitstellen. In der Richtung, das verändert sich jetzt am meisten." (H07)

Das manuelle Fliegen verliert in der täglichen Arbeitsroutine an Bedeutung. Der Umgang mit Informationen, also das gezielte Einfordern, die Verarbeitung und die Verteilung von Informationen werden zunehmend relevanter; das Managen von Informationen ist also die neue „Kunst", die die Professionalität von Piloten

---

4 Zur Informatisierung von Arbeit und der daraus resultierenden erhöhten Standardisier- und Kontrollierbarkeit siehe Baukrowitz 2001.

ausmacht.[5] Das relevante Wissen und die Kompetenzen, über die Piloten verfügen müssen, verändern sich. Auf der einen Seite steht ein Wissensverlust auf Grund der Vorarbeit der Informationstechnologie – zum Beispiel des „flight directors". Befürchtet wird eine De-Qualifizierung von Piloten zu Maschinenbedienern. Auf der anderen Seite entstehen aber auch neue Anforderungen, die neue Formen des Wissens und neue Fertigkeiten und Fähigkeiten erfordern. Die Technik ist komplexer geworden. Es ist nicht mehr möglich (und von daher kann es auch nicht mehr als nötig bezeichnet werden), „hinter" die Technik zu blicken und im Detail zu verstehen, wie jeder einzelne Bestandteil des Fluggeräts funktioniert. (Diese Anforderung ist zum Teil noch im Selbstverständnis mancher Piloten verankert.) Es ist auch nicht mehr gewollt, denn parallel zur Technikentwicklung haben sich die Arbeitsaufgaben von Piloten gewandelt.

> „(...) und ich denke auch, dass eine Verschiebung der Aufgabenbereiche immer mehr in diesen managenden, psychologisch wahrnehmenden Bereich hinein stattfindet, da die Technik immer mehr mit Black Boxes bestückt ist, auf die wir keinen Einfluss mehr haben." (F06)

Neben der Zunahme an nicht-technischer, „managender" Arbeit, die durch Automatisierung ermöglicht wird (siehe dazu auch den Abschnitt zur Ökonomisierung 8.2 weiter unten), ist aber auch ein veränderter Umgang mit Technik erforderlich. Im Cockpit sind die Systeme insgesamt komplexer geworden. Bezogen auf die Kerntätigkeit – das Fliegen – nimmt die Technik den Piloten viel Arbeit ab. Sie müssen sich jedoch den Eigenheiten der technischen Systeme anpassen, mit ihnen interagieren und in bestimmten Fällen auch mit deren Fehlern umgehen können. Piloten müssen also lernen, mit der Technik zu ‚kooperieren' und ihr zum Teil auch zuzuarbeiten.

> „Das ist eben das, wo wir dann auch vielseitig belastet werden. Und das ist auch das, was die Sache heute vielleicht auch etwas komplexer macht. Dass ich jederzeit eben auch mal von dem System gefragt werde: Du musst das jetzt übernehmen, weil so bin ich noch nicht fertig programmiert, das musst du jetzt machen." (H01)

Hinzu kommt, dass aus ökonomischen Gründen Airlines versuchen, ihre Flotten stärker zu durchmischen und ihre Piloten möglichst viele unterschiedliche Flugzeugtypen (Muster) fliegen zu lassen. Aber auch beim gleichen Flugzeugtyp bestehen von Gerät zu Gerät oft unterschiedliche Instrumentalisierungen. Dies erschwert den Umgang mit der komplexen Technik weiter, wie ein Trainingskapitän schildert:

5 Damit nähern sich Piloten Wissensberufen an, als Teil einer zunehmend funktional differenzierten Gesellschaft, denn: „Es geht nicht so sehr um das, was man bereits weiß, sondern darum, wie kompetent man ist, das in Erfahrung zu bringen, was man wissen muß, und sich ständig zu informieren." (Parsons/Platt 1990, S. 302; vgl. auch Kurz 2003, S. 6)

> „Und du musst dich jedes Mal, wenn du in das Cockpit reingehst, musst du dich erst einmal mit dem ganzen Layout befassen, damit du die verschiedenen Knöpfe findest.“ (B01)

Dies stellt natürlich ein gewisses Sicherheitsrisiko dar. Insgesamt könnten die zunehmend komplexere Technik und die Anforderungen der Dateneingabe letztlich zu Zeitdruck und zur kognitiven Überforderung von Piloten führen. Auf der anderen Seite nimmt die Technik den Piloten auch Aufgaben ab und bietet wichtige Unterstützung – zum Beispiel bei der Koordination mit dem Tower bei Flughäfen mit komplexen Verfahren.

Eine Frage ist auch, welche Rolle das manuelle Fliegen noch einnimmt. Oftmals schildern Piloten, dass das manuelle Fliegen nur noch der Absicherung dient oder eine Restrolle spielt, zum Beispiel bei schwierigen Anflugbedingungen auf kleinen exotischen Flughäfen (vor allem auf Inseln), wo zum Teil nur von Hand geflogen werden kann. Der Alltag von vielen Piloten stellt wenig bis keine Möglichkeiten bzw. Szenarien bereit, diese fliegerischen Fähigkeiten zu aktivieren und zu üben. Das nötige Wissen wird nur noch mit Hilfe des Simulators aufrecht erhalten.

> „Soll heißen, damals passierte viel mehr. Man war da eigentlich viel mehr im Stoff. Heute gehen wir auf den Simulator, um all diese Dinge zu üben, weil es tatsächlich nicht passiert. Und man muss sich auch der Konsequenz bewusst sein, es kann passieren.“ (H01)

Mit Fliegen und fliegerischen Fertigkeiten wird von den meisten Piloten das ‚alte' Fliegen von weniger digitalisierten Fluggeräten verbunden, mit der impliziten These, dass sich die Technik vom Fliegen wegentwickelt. Die neue Form des Fliegens, so wie sie die jüngeren Piloten in der Ausbildung vorwiegend lernen (siehe etwa die Diskussionen um den Simulatoranteil in Faber 2010) und in der Praxis ausschließlich erfahren, ist das Systemmanagement.

> „Wenn jetzt heute einer da sich mit 19 bewirbt, der macht da eine zweijährige Ausbildung und fängt dann in zwei Jahren an und fängt dann vielleicht möglicherweise auf einem A320 an und hinterher fliegt er mit dem A340, A330, sage ich mal, kann man sicherlich behaupten, dass das mit der Handfliegerei im alten Sinne nichts mehr zu tun hat. Das gibt es vielleicht nur noch auf der alten Boeing 737, wie sie [eine andere Airline] hat, wo Sie überhaupt noch ein Lenkrad haben und von Hand fliegen und da ein paar Eieruhren haben und ein paar Schalter haben. Bei uns werden Sie sicherlich auch mal reingeguckt haben da vorne. Das ist praktisch mehr so ein Management von den Systemen her. Aber die reine Handfertigkeit zum Fliegen, die ist ja bei uns eigentlich auf ein Minimum reduziert worden. Klar muss man das Ding fliegen können, das ist keine Frage, aber ...“ (H02)

Mit der veränderten Technik und der Abkehr vom manuellen Fliegen wird ein wesentlicher Aspekt des Selbstverständnisses und der Selbstverwirklichung von Piloten transformiert. Neue Beschreibungen eines an die aktuellen Routinen und die Automatisierung, aber auch an die neuen Anforderungen angepassten Arbeitshabitus oder ein entsprechender Wandel des Berufsverständnisses von Piloten stehen noch aus. Manche Piloten kompensieren das Vakuum, das noch nicht durch ein neues Verständnis von Professionalität gefüllt worden ist, im Privaten.

> „Das Thema Selbstverwirklichung eines Piloten: ‚Ich muss hier unbedingt von Hand fliegen und da an dem Berg entlang fräsen. Oh wie ist das geil!' und so, davon sollte man sich verabschieden. Habe ich auch innerlich, weil das ist zu gefährlich. [...] Das langweilt mich eh schon so, aber ich kann die Langeweile durch Professionalität überbrücken. Dadurch, dass ich privat fliegen werde. Und dann nehme ich mir halt ein Segelflugzeug und tobe mich am Himmel mit Looping und Rollen, Rückenflug und kann mich da wirklich ausleben, kann aus dem Käfig der Reglementierung ausbrechen. Das ist für mich wichtig." (B07)

Das ursprüngliche Interesse am manuellen Fliegen – sofern es vorhanden war – kann (und sollte) nur noch im Privaten ausgelebt werden. Dass Piloten auch weiterhin mit einer hohen Motivation ihre Arbeit ausüben, zeigt, dass das Fliegen und der Beruf Pilot schon immer mehr beinhalteten. Zudem liegt es nahe, dass sich neue Formen des Ausdrucks von Beruflichkeit in der Praxis entwickeln (Huchler/Dietrich 2009), zum Beispiel, wie genau es funktioniert, „Langeweile durch Professionalität [zu] überbrücken" (B07).

Piloten, die erst in den letzten Jahren zu dem Beruf gekommen sind, haben bereits eine andere Ausbildung genossen und hatten schon bei ihrem Einstieg bei einer Airline mit neuerer Technik im Cockpit zu tun. Implizit wird ihnen oft ein Ausbildungs- bzw. ein Wissensdefizit unterstellt, vor allem von Piloten, die noch andere Erfahrungen gemacht haben.

> „Ja, ich bin froh, dass ich noch aus alter Generation komme. Ich bin jetzt 39, ich kann ja schon sagen, ich bin ja schon Uralt-Ali in der Fliegerei. Und ich habe ja noch auf der alten 737 lange geflogen und alte klassische Ausbildung noch gehabt. Aber ich sage mal, wenn man heute anfängt, ist das mit Sicherheit anders." (H02)

> „Es ist wirklich ein sehr angenehmer Arbeitsplatz, der Airbus. Ich bin ja vorher eine BAE geflogen. Das ist das hässliche vierstrahlige Teil, was auch für [Airline] fährt. Ich bin sehr gerne geflogen. Ich bin froh, dass ich Erfahrungen sammeln konnte auf dem konventionellen Flugzeug und erst danach auf dem Airbus. Wenn man gleich auf den Airbus kommt, man verliert sehr viel an fliegerischer Fähigkeit, weil er sehr viel Dinge abnimmt." (H06)

Es gibt aber auch ältere Piloten, die der Technikentwicklung weniger skeptisch gegenüber stehen. Sie verweisen nicht nur auf die Arbeitserleichterung (z.B. auf den reduzierten Geräuschpegel),[6] sondern gestehen auch den jüngeren Piloten zu, dass sie sehr gut mit der neuen Technik und den veränderten Anforderungen umgehen können (H07). Bei den regelmäßigen Tests und Trainings in immer realistischer und komplexer werdenden Simulatoren zeigt sich, dass die jungen Piloten auch mit Notfällen gut zurechtkommen. Sie haben neue Kompetenzen im Umgang mit der veränderten Technik entwickelt.

Dennoch drehen sich viele Diskussionen innerhalb der Pilotenschaft und der interessierten Öffentlichkeit um den weiterhin notwendigen Anteil an ‚klassisch' fliegerischer Erfahrung im kommerziellen Luftverkehr. Auch das hier verwendete Datenmaterial ist voll von Schilderungen dieses Schlüsselaspekts der Arbeit von Piloten, der jedoch eher implizit bleibt und zum Teil auch sehr unterschiedlich eingeschätzt wird. Zum Beispiel wird im Luftverkehr mit dem Wort ‚Arschgefühl' das körperliche Gefühl für die Bewegung im Raum bezeichnet. Diese Form von erfahrungsbasierter Kompetenz ist jedoch hoch umstritten. Da bestimmte Bewegungen beim Fliegen (z.B. eine bestimmte Kurve) missverständliche körperliche Eindrücke bzw. Sinnestäuschungen hervorrufen können, ist es durchaus gewollt bzw. ein dringliches Ziel, das Pilotenverhalten mittels Technik und Verfahren zu kontrollieren und gegebenenfalls auch zu überstimmen. Das ‚Hosenbodengefühl' ist im weiteren Sinne aber auch ein Symbol für die allgemeine Sinnlichkeit der Tätigkeit und für die Erfahrung, die Piloten beim Fliegen sammeln, und schließt weitere Gefühle, Ahnungen und Wahrnehmungskompetenzen ein, etwa die Fähigkeit, auffällige Geräusche zuzuordnen. Berichtet wird unter anderem davon, dass erfahrene Piloten noch vor den Warnsystemen technische Probleme oder zum Beispiel eine Vereisung des Flugzeugs erkennen. Schwierig wird es, wenn mit Rekurs auf die eigene Erfahrung die Technik seitens der Piloten überstimmt und von Regeln abgewichen wird; natürlich im Namen der Sicherheit, aber auch wenn sich Verfahren und Technik als nicht praktikabel erweisen. Hier existieren von den Luftfahrtunternehmen wenig geliebte Grauzonen. In der nachfolgenden Interviewpassage wird zum Beispiel beschrieben, wie Piloten zur Not auch Warnsysteme ausschalten, wenn notwendige Daten für Anflugverfahren (noch) nicht vorliegen, und wie sie dann auf Erfahrung und ‚Systemkenntnis' zurückgreifen. Das so erzeugte Praxiswissen geben sie an andere Kollegen weiter, unabhängig von der Umsetzung in Trainings oder der Formalisierung durch Verfahren.

> *P:* „Ja, also vom Landen her, manuell ja nicht. Aber zugucken, wie es da ist, wie sieht es da aus. Man weiß es nicht. Jetzt bei dem Platz, nördlich, die ganzen

6 Mit Blick auf die Arbeitsbelastung beklagen manche Piloten auch, dass noch zu viel komplizierte Technik mit komplexen Funktionen im Cockpit (sowohl beim Fliegen und als auch beim Funk) vorhanden ist, und argumentieren, dass noch weitere technische Automatisierung nötig ist.

Berge. Da ist das so schön an der Küste gelegen. Um den Kollegen für das nächste Mal einen Tipp zu geben, dass man nicht nur so: ‚Ah, wo fliegen wir? Passt das?' ... Wir haben ja den Platz gesehen, die Umgebung gesehen und alles. Sondern dass man auch was für die Kollegen mitnimmt. Solang das nicht in der Database drin ist. Dass die Kollegen wissen, dass irgendwann fängt der Flieger an zu schreien und sagt: ‚Wir nähern uns dem Boden. Du kannst nicht landen.' Das hat der Flieger dann auch gemacht. Aber das hatten wir ja schon besprochen, dann schalten wir die zwei Systeme aus und dann ist Ruhe. Dass man da dann vorbereitet ist."

I: „Wenn ich das Sicherheitssystem ausschalte, dann bewege ich mich noch über dem Boden. Kann man das abschätzen, dass man da hoch genug ist?"

P: „Na ja, da sagte auch der [Name]: ‚Wir sind ein kleines bisschen tief. – Na ja, aber.' Wir rechnen da immer mit einer Formel. Das sind Entfernungen, Meilen. Wir wussten ja, wie weit wir weg sind. Das hatten wir ja eingegeben. Die Entfernung mal drei. Wenn wir drei Meilen weg sind, müssten wir 900 Fuß hoch sein. Das ist dann ein Standard von drei Grad an Flugwinkel, wie er beim ILS geflogen wird."

I: „Und der passt?"

P: „Das passt. Solange man weiß, dass es ein Drei-Grad-Anflugwinkel ist, steht auf unserer Karte drauf, dann passt es auch. Wenn da vor dir ein Hügel ist, dann kann es auch sein, dass der dann steiler ist. Aber auch das muss man vorher briefen: ‚Pass mal auf! Es gibt Plätze, wo das um einiges steiler ist.' In der Türkei z.B., wo man so ‚vom Himmel hoch, da komm ich her' da reinfällt. Auch da muss man drauf vorbereitet sein, die Landeklappen rausgefahren haben und alles. Ansonsten kriegt man so eine Geschwindigkeit drauf, die man nie wieder wegkriegt. Wenn man das so alles vorbereitet hat und alles im Kopf hat, dann ist das okay, dann funktioniert das. Man muss halt die Systeme kennen. Dass ich weiß, wenn ich das jetzt ausschalte oder wenn da nichts in der Database drin ist, dann wird er wohl schreien. Das muss man halt wissen. Wenn das halt passiert, muss man darauf vorbereitet sein, was man dann macht. Das ist Systemkenntnis, die von uns verlangt wird, vorausgesetzt wird." (H05)

Mit diesem Beispiel kann die geringe Flexibilität von technischen Lösungen gut veranschaulicht werden. In hoch komplexen, außergewöhnlichen Situationen kann der Mensch (auf Basis von Erfahrungswissen) oft wesentlich flexibler denken und handeln. Das Ignorieren oder Überstimmen von Technik bzw. Warnsystemen ist im Luftverkehr ein heikles Thema, das spätestens seit dem Bodensee-Unglück am 1. Juli 2002, wo es sich in seiner vollen Relevanz offenbarte, der breiteren Öffentlichkeit bekannt ist. Seitdem ist auch international geregelt, dass in bestimmten Fällen (z.B. bei Kollisionswarnungen) immer die Technik Vorrang vor dem Menschen (in diesem Fall dem Fluglotsen) hat. Dies wird auch von Piloten nicht hinterfragt, nicht zuletzt da in diesem speziellen Fall vor allem

Technik mit Technik kommuniziert. In der täglichen Arbeit ist das Verhältnis bzw. die Arbeitsteilung zwischen Mensch und Technik jedoch weiterhin noch unklar und umkämpft. Viele Piloten sind der Meinung, dass der fliegende Pilot (pilot flying) oder der Kapitän immer das Recht und die Möglichkeit haben soll, die Technik zu überstimmen. Dies ist ein wesentlicher Bestandteil ihres Berufsverständnisses als Souverän an Bord, der die Verantwortung für die Sicherheit trägt und letztlich auch für sein eigenes Leben. Oft wird in diesem Zusammenhang als Beispiel genannt, dass der Bordcomputer in neueren Flugzeugen von Airbus keine engeren Kurven als 35% zulässt und alle weiteren Steuerungsbefehle kappt. Hier sehen manche Piloten ihren Handlungsspielraum für Notfälle zu sehr eingeschränkt.

> „Für mich ist als Pilot wichtig, dass ich das letzte Wort habe. Für mich ist es extrem angenehm, je mehr Automatismus drin ist, umso mehr wird mir abgenommen. Weil eben meine Arbeitszeit und mein Arbeitsumfeld so anstrengend geworden ist. Und je mehr Automatismen und hilfreiche Dinge in meinem Cockpit sind, technischer Art, umso sicherer fühl ich mich, im Moment. Nichtsdestotrotz würde ich mich unsicher fühlen, wenn ich wüsste, ich kann darauf jetzt nicht mehr zugreifen. Weil eben der Computer nicht weiß, dass da zwei Kilometer vor der Bahn ein Gewitter steht und ich da jetzt nicht hinfliegen möchte. Also dieses Zugriffsrecht, wenn mir das entzogen würde, technischer Art, dann würde ich nicht mehr fliegen." (B07)

In dieser Interviewpassage wird neben dem Aspekt der zunehmenden Kontrolle im Zuge der Automatisierung noch ein weiterer angesprochen: die Automatisierung als Arbeitserleichterung. Pilot B07 spricht an, dass sein Arbeitsumfeld anstrengender geworden ist und dass die Technik ihm auch viel Arbeit abnimmt. Umgekehrt bildet die Weiterentwicklung der Technik aber die Basis für die Rationalisierung und Ökonomisierung des Arbeitsumfelds von Piloten, was zu einer erhöhten Arbeitsbelastung führt. Technikentwicklung und Rationalisierung sind also zwei hochgradig interdependente Prozesse. Automatisierung zielt letztlich nicht nur auf Sicherheit, sondern auch auf eine Steigerung der Produktivität und der Konkurrenzfähigkeit ab. Wie sich Piloten in diesem nicht zuletzt interessenpolitischen Szenarium verhalten, ist noch offen und Gegenstand von Aushandlungen und Machtkämpfen – auf organisierter, aber auch auf individueller Ebene. Der nachfolgend zitierte Pilot sieht jeden einzelnen Piloten in der Verantwortung.

> „Da bin ich ja mit selber verantwortlich, ob ich alles mit mir machen lasse. Die Arbeitsbedingungen, die werden ein bisschen härter, der Konkurrenzkampf wird größer. Angefangen durch die Lowcost-Airlines, die haben es ja vorgemacht. Die Produktivität der einzelnen Mitarbeiter kann gesteigert werden, warum ist man nicht von Anfang an da drauf gekommen und hat gesagt, ja wir lassen von Anfang an, wenn wir eine Firma gründen, die Piloten immer vier Legs fliegen? Weil man einfach gesagt hat, das ist mental zu stressig. Jetzt kann man natürlich so be-

gründen, die Technik nimmt dem Piloten auch sehr viel ab, d.h. ich kann ihm vier Legs am Tag zumuten, weil er unter Umständen ja auch von der Technik sehr viel entlastet wird. Die Technik ist ein Punkt, der das Ganze mit beeinflusst, inwieweit die Technik dem Piloten die Arbeit abnimmt, inwieweit der Pilot das auch zulässt und sagt: ‚Moment mal, das lasse ich mir abnehmen, das lasse ich jetzt den Computer entscheiden und ich nicht mehr selber.' Also ist der Pilot in der Hinsicht selber schuld." (H03)

Technikinduzierte ökonomische Rationalisierung begleitet den kommerziellen Luftverkehr schon seit jeher. Mit Hilfe von Technik und neuen Verfahren wurde zum Beispiel die Anzahl der Personen im Cockpit bereits von ursprünglich fünf auf (in der Regel) zwei Personen reduziert.[7] Mit der immer stärkeren Verringerung des ‚fliegerischen' Anteils in der Arbeit durch die fortschreitende Automatisierung wird die Notwendigkeit von Piloten an Bord zum Teil sogar ganz in Frage gestellt. Vielfältige Diskussionen und gut ausgestattete öffentliche Programme (z.B. IFATS)[8] um das vollautomatisierte Fliegen bzw. das führerlose Cockpit heben die Aktualität dieser – nicht zuletzt berufspolitischen – Thematik hervor.[9] Mittelfristig existieren Überlegungen, die Arbeit von Piloten so zu gestalten, dass diese nur noch als ‚Systemüberwacher' fungieren, die die Flüge an Bord begleiten, die Technik überwachen und erst im Notfall eingreifen. Ein derart reduziertes Bild der Aufgaben von Piloten an Bord ignoriert die vielen weiteren Funktionen, die sie dort erfüllen, und ebnet den Weg für ein mittelfristiges Szenario, in dem höchstwahrscheinlich nur noch ein Pilot an Bord nötig sein wird.[10] Aus einer technikzentrierten Sicht scheint es nur noch eine Frage der Zeit

---

7 Von ehemals fünf Personen im Cockpit (zwei Piloten, Flugingenieur, Funker, Navigator) ging die Entwicklung über das Drei-Personen-Cockpit hin zum heutigen Zwei-Personen-Cockpit (ausgenommen die Verstärkung durch einen dritten Piloten auf der ‚Ultra-Langstrecke').

8 Zu diesem europäischen Forschungsprojekt und den Diskussionen um eine Vollautomatisierung im kommerziellen Luftverkehr in ca. 20 bis 30 Jahren siehe z.B. SZ 2007b, Focus 2008b.

9 Airbus geht z.B. davon aus, dass es in 50 Jahren einen vollständig automatisierten Luftverkehr geben wird. Auch der Leiter der Forschungsabteilung des israelischen Luftfahrtkonzerns IAI (Israel Aerospace Industries) prognostizierte am Rande einer Luftfahrtmesse (2007 in Le Bourget), „dass in zehn Jahren die ersten unbemannten Frachtmaschinen unterwegs sein werden. Bei den Passagierflugzeugen würde es wohl etwas länger dauern, vielleicht 20 Jahre." Als Grund für die Automatisierung gab er nicht das Ziel der Kostenreduktion an, sondern dass „40 Prozent aller Fehler im kommerziellen Luftverkehr [...] auf menschliches Versagen zurück(gehen)". Auch die notwendigen Vorschriften würden von den Gesetzgebern in Europa und den USA bereits überarbeitet (Tagesschau 2007).

10 Diese Einschätzung teilen neben einigen Airline-Managern (z.B. Michael O'Leary, dem Chef von Ryanair, vgl. Augsburger 2010) auch manche Piloten: „Heute reicht einer!" (H07)

zu sein, bis die notwendige Redundanz im Cockpit auch zwischen einem Piloten und dem Bordcomputer oder über einen ‚Piloten am Boden'[11] (also mit nur einem Piloten an Bord) gesichert oder der Luftverkehr sogar in Gänze zentral von einzelnen Bodenstationen aus gesteuert werden kann (vgl. Schmitt 2009). Es existieren bereits ausgearbeitete technische und organisatorische Konzepte, wie die bislang unhinterfragbare Redundanz im Cockpit (zwischen pilot flying und pilot non-flying) durch einen Steuernden am Boden gewährleistet werden soll, der dann mehrere Flüge gleichzeitig überwachen und lenken kann, womit sich eventuell das Flugzeug insgesamt günstiger betrieben ließe. Ob dieser angedachte Systemüberwacher an Bord sich noch durch die Fähigkeit des (manuellen) Fliegens auszeichnen muss oder ob auch hier vollständig auf technische Eingriffe in die Systeme gesetzt wird, ist offen. Es ist möglich, dass dieser dann kein voll ausgebildeter Flugzeugführer, sondern allenfalls ein die Anweisungen der Bodenkontrolle ausführender technischer Spezialist wäre – folgt man dem Zukunftsszenarium der Vollautomatisierung. Öffentlich begründet werden diese Forschungen nicht primär mit der Einsparung von Personalkosten. Der Automatisierungsbedarf wird aktuell, neben einem erwarteten Gewinn an Sicherheit, vor allem mit einer zukünftig zu erwartenden Versorgungslücke an qualifizierten Piloten gerechtfertigt.[12] Oftmals argumentieren Piloten mit dem Hinweis auf psychologische Aspekte, dass die Passagiere nicht in ein Flugzeug ohne Piloten einsteigen werden. Diese verlangten nach der Anwesenheit eines Piloten, der im Notfall das Flugzeug schon ‚heil runterbringen' wird. Jedoch existieren auch einige ältere und jüngere Gegenbeispiele aus anderen Transportbereichen, wo automatisierte Mobilität angenommen wurde, wie zum Beispiel der unbemannte Aufzug oder auch die vollautomatisierte U-Bahn. Menschen gewöhnen sich wesentlich schneller an neue Technik, als in der Regel erwartet wird.[13] Wie lange eine solche Gewöhnungszeit in der Luftfahrt dauert, ist offen.

---

11 Zum Beispiel einen speziell ausgebildeten Lotsen (vgl. Borchers/Borchers 2009). Zu den damit einhergehenden neuen Anforderungen an Lotsen siehe z.B. das DLR-Projekt „AVIATOR 2030" (Eißfeldt 2009).

12 Der Bedarf an ausgebildeten Piloten schwankt kräftig – in den Jahren 2008/2009 galt der Bedarf an ‚frisch' ausgebildeten Piloten auf Grund der Wirtschaftskrise weltweit als gesättigt, nur erfahrene Piloten wurden im Ausland weiter umworben. 2010 wurde auch in Deutschland wieder händeringend um fertig ausgebildete Piloten geworben. Beim Setzen auf eine zunehmende Automatisierung spielen sicher auch weiterführende ökonomische Kalküle eine entscheidende Rolle, die mit der (weltweiten) Einführung von neuen Technologien einhergehen, wie Großaufträge, Absatzchancen, Definition von Standards, Arbeitsplätze etc.

13 Beispiele sind der Fahrstuhl, dessen ‚Passagiere' recht schnell akzeptiert haben, dass sie der Fahrstuhl auch ohne ‚Liftboy' sicher nach oben oder unten bringt, oder die fahrerlosen U-Bahnen in manchen Städten (Zeit 2009).

Die hier erwähnten Szenarien können als Beispiele für den hohen technikinduzierten Rationalisierungsdruck im kommerziellen Luftverkehr dienen. Die fortschreitende Reduktion der ‚fliegerischen' Anteile in der Arbeit von Piloten eröffnet Raum für neue Aufgaben, die den Piloten zugewiesen werden können, und damit vielfältige Möglichkeiten der ökonomischen Rationalisierung; zum Beispiel bei der Flugvorbereitung oder bei der Ablauforganisation der Turnarounds. Im folgenden Abschnitt (8.2) wird nun die ökonomische Seite der jüngeren Entwicklungen im kommerziellen Luftverkehr genauer nachgezeichnet.

8.2 Ökonomisierung und Rationalisierung

Neben dem technischen Wandel (aber nicht unabhängig von diesem) ist es die Ökonomisierung, die verschiedenartige Entgrenzungsprozesse im Luftverkehr anstößt. Free-Flight-Konzepte[14] und Technologien der bordautonomen Steuerung, Air-to-Air-Kommunikation und Kollisionsvermeidung können auch die organisatorische und technische Basis für einen alternativen Weg bilden, der nicht auf zentralisierte Steuerung des Luftverkehrs vom Boden aus hinausläuft: zum Beispiel für eine neue Arbeitsteilung zwischen Boden und Luft, in deren Folge Flugzeuge stärker als bisher autonome technische und auch wirtschaftliche Einheiten bilden; also für eine arbeitsorganisatorische Rationalisierung mittels Arbeitsausweitung und Dezentralisierung bzw. betrieblicher Entgrenzung. Derartige Formen der ökonomischen Rationalisierung zeigen sich im Luftverkehr vor allem in dem extrem gewachsenen ‚Billigflieger'-Segment.[15] Es wird vielfältig rationalisierend an der Arbeit von Piloten angesetzt – an der Arbeitszeit, vor allem aber am Arbeitsinhalt.[16] Hier manifestiert sich deutlich ein Entwicklungstrend in der kommerziellen Luftfahrt, der sich bereits seit längerem in weiten Teilen der übrigen Arbeitswelt beobachten lässt. Unternehmen differenzieren sich zusehends aus und gliedern die mit der Mehrwertproduktion verbundenen Kosten und Risiken aus ihrem ‚Kerngeschäft' aus: z.B. über Zulieferer, Franchising, Tochtergesellschaften oder auch interne Profitcenter, indirekte Ar-

---

14 Free-Flight-Konzepte sehen vor, die starren Luftverkehrsstraßen freizugeben, um kürzere Flugrouten zu ermöglichen. Es existieren bereits Beschlüsse der Europäischen Kommission, die in diese Richtung zielen (z.B. Single European Sky, SES).

15 Nach Walther (2009) bereedern bzw. operieren so genannte ‚Billigflieger' bereits mehr Flugmeilen als ‚klassisch konzipierte' Fluglinien (bzw. ‚Marken') von Luftfahrtunternehmen. Walther leitet aus dieser Tendenz ein „zukünftiges Qualifikationsprofil von Verkehrspiloten" ab, das bereits einige Teile des hier vorgestellten Wegs der breiteren Tätigkeitsausrichtung von Piloten enthält.

16 So muss z.B. bei manchen Fluggesellschaften bereits ein Teil der Cockpitcrew während des Turnarounds beim Vorbereiten der Kabine auf den nächsten Flug mithelfen.

beitssteuerung und leistungsorientierte Bezahlung, bis hin zu Scheinselbstständigen und ‚Arbeitskraftunternehmern' (Voß/Pongratz 1997a; Pongratz/Voß 2003). Ähnlich wie Logistikunternehmen im Frachtverkehr auf der Straße bereits häufig auf selbstständige Fuhrunternehmer zurückgreifen, die ihren eigenen Lastwagen besitzen (bzw. übernommen haben) und damit auch einen großen Teil des ökonomischen Risikos tragen,[17] ist es durchaus im Bereich des Denkbaren, dass Frachtflieger mit einem Flugzeug und einer Crew eine selbstständige ökonomische Einheit bilden und Aufträge eigenständig akquirieren und fliegen.[18] Obwohl in den USA mindestens ein weltweit agierendes Luftfahrtunternehmen Piloten bereits nach den tatsächlich geflogenen Flugstunden bezahlt und obwohl auch in Deutschland Piloten auf Zeit angestellt und einzelne Flugzeuge als GmbHs betrieben werden und vor allem im Executive-Bereich teilweise hoch prekäre Arbeits- und Beschäftigungsbedingungen vorherrschen,[19] ist dieses Szenario zumindest für das Gros des kommerziellen deutschen Personenluftverkehrs noch fern der Realität. Das ‚Flugzeug als Betrieb' kann jedoch als zugespitztes Sinnbild einen Trend beschreiben – auch wenn dieser noch in den Anfängen steckt. Bereits heute existieren auch in Deutschland Fluggesellschaften, die je nach Bedarf unter dem Label anderer Gesellschaften fliegen, und auch einzelne Flugzeuge werden mit den entsprechenden Crews untereinander ausgeliehen, teilweise über Ländergrenzen hinweg. Natürlich wäre es noch ein weiter Schritt bis zum ‚Kleinunternehmen Flugzeug' (siehe unten), das flexibel an den Bedarf angepasst und in Konkurrenz zu anderen um die Bedienung einzelner Strecken buhlt und je nach Angebot und Nachfrage für verschiedene Label fliegt (z.B. diese Woche für Lufthansa, die nächste für Air Berlin). Jedoch entspräche dies durchaus der aktuell gängigen ökonomischen Rationalität, zum Beispiel einer stärker an ökonomischen Kennziffern orientierten Organisation der Flugzeuge als eigenständige Business-Einheiten – sozusagen als ‚Unternehmen im

---

17 Ähnlich auch Taxi- und Busunternehmen.

18 So existieren im internationalen Cargobereich bereits Unternehmen, die aus einem Flugzeug und einer Crew bestehen – inklusive mitreisendem Mechaniker. Allgemein scheint die Frachtfliegerei Entwicklungstendenzen vorwegzunehmen, wie Pilot G01 bestätigt: „Ja, sagen wir mal, da ist die betriebswirtschaftliche Optimierung in dem Cargobereich schneller vonstatten gegangen als im Passagierbereich. Also das, was jetzt in der Passagierfliegerei jetzt ist, das war bei der Cargo vielleicht vor acht Jahren. Das läuft immer so ein bisschen. Also der ökonomische Aspekt, der ist da sicherlich bei der Cargofliegerei immer wesentlich früher dran" (G01). Von daher würde sich eine gesonderte Untersuchung des weltweiten Frachtverkehrs sicherlich lohnen.

19 Teilweise bezahlen arbeitslose Piloten dafür, für Executive-Airlines fliegen zu dürfen und so Flugstunden zum Aufrechterhalten ihrer Lizenz sammeln zu können. (Dies berichteten manche der interviewten Piloten, die zum Teil selbst Erfahrungen im Executive-Bereich gemacht haben.)

Unternehmen'. Diese Vorstellung zielt vor allem auf die Reduktion von Organisations- und Steuerungskosten (bezüglich Arbeitsorganisation, Kontrolle, Motivation etc.) und die Abgabe von ökonomischer Verantwortung bzw. Risiko (bezüglich der Folgekosten) ab. Im Folgenden werden kurz die Entwicklungen und Rahmenaspekte einer stärkeren Ökonomisierung des Luftverkehrs allgemein angesprochen und dann ausführlicher auf betriebliche Entgrenzungsprozesse und auf ihre Folgen auf der Arbeitsebene eingegangen.

8.2.1 Entwicklungen im Luftverkehr

Die oben angeschnittenen Tendenzen der Ökonomisierung verlaufen natürlich nicht unabhängig von den Entwicklungen auf dem Arbeitsmarkt. In aller Kürze können hier nur die wesentlichsten arbeitsmarktpolitischen Gründe benannt werden, weshalb Piloten auf Rationalisierungsdruck seitens der Unternehmen reagieren müssen: Piloten haben oftmals sehr viel Geld in den Erwerb ihrer Lizenzen gesteckt und sich verschuldet. Der Druck, einen Job anzunehmen und Flugstunden zu sammeln, ist recht hoch. Zudem gibt es einen ständigen ‚Bodensatz' von arbeitslos gemeldeten Piloten. Laut der zuständigen Stelle in Frankfurt sind das zwischen 500 und 1.000 Personen, je nach Marktlage, die vielen potenziellen Verkehrspiloten, die sich übergangsweise im Executive-Bereich verdingen, nicht eingerechnet. Der Luftverkehr ist starken Schwankungen unterworfen, zum Beispiel auf Grund von politischen Instabilitäten, der Entwicklung des Ölpreises und der gesamtwirtschaftlichen Lage etc. Die relativ gute Entwicklung des Arbeitsmarkts im Ausland eröffnet nur begrenzt neue Optionen. Die teilweise gut bezahlten Stellen im Ausland können oft nur mit viel Erfahrung (gesucht werden vor allem Kapitäne) und in Verbindung mit Opfern und hohem Aufwand im Privatleben angenommen werden. Im Inland nimmt vor allem der Lowcost-Bereich zu. Neue Arbeitsplätze werden hauptsächlich auf der Kurz- und Mittelstrecke geschaffen. Um die Personalressourcen besser nutzen zu können, steigen die Airlines tendenziell auf gemischte Streckenprofile um und auch die Saisonflieger verleihen ihr Personal in der Nebensaison und leihen sich Crews in der Hauptsaison (mit oder ohne Flugzeug). Insgesamt sind Neuanstellungen bei Airlines oft mit niedrigeren Einstiegsgehältern, reduzierten Möglichkeiten der Gehaltsentwicklung (gestrichene Gehaltsstufen) und schlechteren Arbeitsbedingungen (vor allem bezüglich Arbeitszeit) verbunden. Die Arbeitsverdichtung, aber auch die hohe Ungleichheit der Arbeitsbedingungen zeigt sich besonders in den Jahresflugstunden. Während manche Piloten bereits im November an das gesetzliche Limit von 900 Stunden im Jahr stoßen (vor allem auf der Kurzstrecke), fliegen Piloten bei anderen Airlines in Vollzeit teilweise nur 350 Stunden im Jahr (z.B. manche Langstrecken Cargo). Nur so lässt sich die nachfolgende Aussage eines Piloten über die Gehälter bei Lowcost-Airlines verstehen:

„Das heißt, die Kollegen fliegen dort mehr. Das bestätigt wieder, was ich eben meinte, dass die Produktivität der Kollegen natürlich auch viel höher ist. Lowcostfliegerei bedeutet dann gleichzeitig auch, die Kollegen verdienen mehr wie ich hier. Das liegt auch daran: Lowcostfliegerei bedeutet nicht gleichzeitig auch Lowcost-Gehalt. Also man kriegt, man wird dafür schon bezahlt, dass man produktiver ist, das ist ganz klar." (H03)

Ein weiterer den Luftverkehr des letzten Jahrzehnts prägender Teilaspekt der ökonomischen Entwicklung ist der Preiskampf. Auf Grund des mit der Deregulierung und Ausdifferenzierung des Luftverkehrs gestiegenen Wettbewerbs sind die Ticketpreise immer weiter gesunken und die Passagierzahlen gewachsen. Dies hat maßgeblich zum Ausbau des Billigsegments und der Kurz- und Mittelstrecke beigetragen. Die Vorstellung „Fliegen ist billig oder Fliegen kostet kein Geld" (E02) vergleicht ein Pilot mit der Entwicklung der New Economy, indem er von der „Marketingblase Lowcost" (E02) spricht, die bald platzen wird. Jedoch begründet sich der Zwang zur Imitation bzw. zur Übernahme ähnlicher Produktstrategien im Luftverkehr auf Wettbewerb und nicht so sehr auf einem ‚Goldrausch'. Die Ausweitung der Passagierklientel und der Zahl der Flüge durch Lowcost-Angebote galt als einzig mögliche Strategie für Wachstum im letzten Jahrzehnt. Fliegen zum Unkostenpreis schien die Devise im Verdrängungswettbewerb zu sein, was die Pilotenschaft extrem verunsicherte.

„Dass man zu einem vernünftigen Preis ein-, zweimal in Urlaub kann, ist eine schöne Sache, und dass auch die Geschäftsleute zu ihren Treffen überall zum akzeptablen Preis fliegen können, ist in Ordnung, aber ich muss nicht für 19 Euro so einen Flieger bewegen." (F07)

Natürlich werden nicht alle Plätze in den Flugzeugen zum gleichen Preis vergeben und die wirklichen Billigtickets betreffen nur einen begrenzten Kreis. Jedoch entstand durch den Preiskampf über die Tickets ein vehementer Rationalisierungsdruck im gesamten Luftverkehr, der auch vor den Pilotengehältern nicht halt macht.

„Wir lassen uns einfach nicht vom Markt verdrängen. Wir sind ja, in der Langstrecke sind wir ja eine gewisse Größe, wir haben ja hier eine Power, hier sind wir ja schon drin. Und es macht auch keinen Sinn, auf diesem Mittelstreckenbereich hier oder im europäischen Bereich, so Kurzstrecke, mitzugehen und da zu versuchen, neben [dieser Airline] anzustinken. Wir haben ja mittlerweile ein Gehaltsniveau, das liegt ja ... Der Copilot bei [dieser Airline] verdient 1.600 Euro. Ich bitte Sie, bei uns verdient der 4.000. Ja also, das ist also ein ganz anderes Niveau. Und dagegen können wir nicht anstinken." (H09)

Die technische Entwicklung, aber auch die aus der Liberalisierung hervorgegangene Diversifizierung und der gestiegene Wettbewerb bilden also die Rahmenbedingungen für viele betriebliche Veränderungen und für die Auflösung von Teilen der im Luftverkehr typischen Arbeitsbedingungen, wie sie im nächsten Abschnitt ausführlich dargestellt werden.

8.2.2 Wandel der Organisationsstrukturen und Unternehmensstrategien

In den folgenden Abschnitten werden die Entwicklungen und die aktuellen Entgrenzungstendenzen im deutschen kommerziellen Luftverkehr auf Betriebe und die Arbeit von Piloten übertragen und anhand von Beispielen aus der Empirie ergänzt. Auf diese Weise ergibt sich ein wesentlich deutlicheres Bild bezüglich aktuell ablaufender Wandlungsprozesse. Die gegenwärtigen Tendenzen im Luftverkehr lassen sich gut auf der organisationalen Ebene nachzeichnen. Parallel zu den oben angesprochenen Entwicklungen wandeln die Luftfahrtunternehmen ihre Organisationsstrukturen. Prinzipiell unterliegen alle Luftfahrtunternehmen zwar den in internationalen Gremien vereinbarten Vorschriften zur Aufbau- und Ablauforganisation: „Unabhängig von ihrer rechtlichen Verfasstheit sind die Flugbetriebe aller Airlines nach den Vorgaben der JAR-OPS 1 in ihrem Grundaufbau identisch organisiert. [...] Damit ist europaweit eine einheitliche Grundstruktur aller hier niedergelassenen Luftfahrtunternehmen etabliert und eine hohe Standardisierung des operativen Betriebes der Wettbewerber sowie der flugbezogenen Verfahren gewährleistet“ (Matuschek 2008, S. 20). Diese Vorschriften erlauben jedoch eine ganze Reihe von Geschäftsmodellen, Organisations- und Produktstrategien.

Investitionsfeld Luftverkehr

Auch wenn manche Airlines noch heute den Anschein erwecken, von Patriarchen bzw. von stark luftfahrtaffinen Einzelpersonen regiert zu werden, ist auch der deutsche Personenluftverkehr seit seiner Liberalisierung vor allem ein Feld für Investitionen und Spekulationen. Wettbewerb und Renditeerwartungen der Investoren gewinnen zunehmend an Gewicht.[20] Der Luftverkehr gleicht sich damit – als ein Investitionsfeld neben anderen – den aktuellen Logiken der Wirt-

---

20 Im überschaubaren Feld des deutschen Luftverkehrs spielen einzelne zentrale Persönlichkeiten jedoch weiterhin eine wesentliche Rolle. Auf oberster Ebene kennt man sich untereinander, kommt mehr oder weniger regelmäßig zusammen und trifft Absprachen, so die interviewten Geschäftsführer und Flugbetriebsleiter. Persönliche Kontakte zu Entscheidungsträgern in anderen Airlines oder auch im relevanten institutionellen Umfeld (z.B. zum Luftfahrtsbundesamt im Falle von Sondergenehmigungen etc.) spielen nach wie vor eine entscheidende Rolle.

schaft an. Klassische Organisations- und Managementkonzepte werden übernommen und auf den Luftverkehr übertragen. Und auch das Management setzt sich immer mehr aus in anderen Branchen erfahrenen Personen und weniger aus aufgestiegenen Piloten zusammen. Der Einstieg von Investoren wird von der Belegschaft oft kritisch beobachtet, da damit höhere Renditeerwartungen und Einsparungszwänge einhergehen. So kommentiert B02 den Einstieg eines neuen Investors bei seiner Airline folgendermaßen:

> „Das war der größte Feind, den es gab. Weil es waren die schlechtesten Arbeitsbedingungen zu den schlechtesten Gehältern und der Fieseste überhaupt." (B02)

Die aktuellen Veränderungen der Arbeits- und Beschäftigungsbedingungen werden von manchen Piloten einzelnen Entscheidungsträgern zugeschrieben, ihnen werden nicht-rationale persönliche Motivationslagen unterstellt. Für E02 war „der damalige Chef der [Airline] ein bekennender Pilotenhasser". Denn die Eigner der Airlines üben Druck aus, zum Beispiel durch Androhen von Stationsverlegungen oder -schließungen, Arbeitsplatzverlagerungen, durch Ausgründungen und Zukäufe von Tochterunternehmen etc. Dies betrifft nicht nur Gehaltsverhandlungen – an denen die Konflikte oftmals eskalieren –, sondern verschiedene weitere Arbeits- und Beschäftigungsbedingungen. Die Luftfahrtunternehmen verfolgen ein weites Band an Rationalisierungsstrategien, wie Arbeitsverdichtung, Flexibilisierung des Personaleinsatzes etc.

Einsparung von Zuarbeiten am Boden

Vor allem bei den personal- und kostenintensiven Bodenverkehrsdiensten werden Einsparungen angestrebt (Wollschläger/Zadek 2005), nicht ohne Auswirkungen auf die Qualität ihrer Zuarbeiten für die Piloten. Zum Beispiel werden die vielseitigen von den Flughäfen bereitgestellten Dienstleistungen, sei es technischer, logistischer, passagier- oder sicherheitsbezogener Natur, zusehends outgesourct[21] – mit den entsprechenden Risiken. Sowohl das ‚Ground-Handling' am Flughafen als auch die zunehmend aufwändigeren Wartungstätigkeiten werden aus Kostengründen an rechtlich eigenständige Fremdfirmen delegiert (vgl. Spaeth 2004; Matuschek/Voß 2008a, S. 190) und einem prinzipiell offenen Kundenkreis angeboten (vgl. Matuschek 2008, S. 19f.). Aber auch bisherige Abteilungen im Flugbetrieb der Airlines werden zum Teil als eigenständige Unternehmen ausgegründet oder ihre Arbeit wird nach außen gegeben – zum Beispiel über neue medienvermittelte Vertriebsstrukturen, wie die telefonische Bestel-

21 Vgl. dazu die Studie von Potthast 2007, siehe auch Matuschek 2008, S. 16. In Folge einer EU-Richtlinie von 1999 wurde der Markt der Bodenverkehrsdienste für die private Konkurrenz geöffnet und die bislang am Tarif des öffentlichen Diensts orientierte Bezahlung dem Lohnwettbewerb unterworfen.

lung von Leistungen über Call Center oder internetbasiert. Insgesamt wird vor allem auf der Bodenseite – in den nicht-fliegenden Bereichen – Druck zur Kostenreduktion durch eine ‚schlankere' Gestaltung der Organisation und durch Outsourcing aufgebaut. Primär geht es um die Einsparung von Personalkosten an allen Stellen – vor allem am Boden und in der Kabine. In der Folge müssen Piloten bestimmte Leistungen durch Mehrarbeit kompensieren (vgl. Victor/Rippert 2001, S. 3) – was unter anderem zu einer Statusverschiebung führt. Einfache Beispiele betreffen die tägliche Vorbereitung des Cockpits: das Austauschen von Batterien, Reinigungsarbeiten, das Öffnen der Türen etc., Tätigkeiten, die nicht mehr von der Technik übernommen werden, aber auch Zuarbeiten des Flugbetriebs oder anderer Stellen am Flughafen bei der Flugvorbereitung (Flugdaten) oder beim Turnaround, wie im Folgenden noch ausführlicher mit Hilfe von Interviewpassagen beschrieben wird.

Leasing

Auch im primären Bereich – dem Fliegen – stehen auf Grund des Kostendrucks immer wieder Strukturreformen an. Je nach Streckenprofil und Produkt werden zum Beispiel Teilstrecken durch konkurrierende Unternehmen gemeinsam bereedert (‚Code-Sharing'), oder einzelne Flüge werden unter Beibehaltung der Flugnummer des beauftragenden Unternehmens an ein anderes übertragen, oder es werden sogar Flugzeuge samt Besatzungen durch konkurrierende Unternehmen auf Zeit angemietet (‚Wet-Leasing'), um so Schwankungen im Flugaufkommen auszugleichen – sei es saisonbedingt oder aus anderen Gründen, wie zum Beispiel wegen Personalengpässen oder als Mittel der Interessenpolitik.[22] Verstärkt wird diese Tendenz noch einmal durch internationale Allianzen, die wesentlich weiterreichende Möglichkeiten für Win-win-Situationen zwischen verschiedenen Airlines in Bezug auf abgestimmte flexible Personalstrategien über Ländergrenzen hinweg eröffnen. Das gegenseitige Verleasen von Crews und Flugzeugen ist unter den Piloten ein großes Konfliktthema. Denn es werden bestehende Verträge zwischen Unternehmen und Mitarbeitern unterlaufen und individuelle Karrierepläne beschnitten.[23] E02 beschreibt die Ausgründung einer Lowcost-Marke folgendermaßen: Die angestellten Piloten haben „nur ein oder zwei Flugzeuge gehabt, und fünf Flugzeuge hat die [externe Airline] bereedert. [...] Auf allen Flugzeugen stand [der Name der eigenen Airline] drauf". Dies empfindet E02 als unfair, da viele seiner Kollegen darauf gewartet haben, mit

22 Zu den rechtlichen Aspekten von Konzepten wie „Wet-Lease", „Dry-Lease", „Franchising", „Strategische Allianzen" etc. und vor allem von „Code-Sharing" siehe z.B. Götting 2002.

23 Die Flexibilisierungsstrategien können auch vehemente Auswirkungen auf die individuellen Arrangements in Bezug auf Arbeit und Privatleben haben. Mehr dazu im Kapitel 9.

neuen Flugzeugen Kapitän zu werden. Teilweise musste er dann mit Kapitänen der anderen Airline, des Leasingnehmers, zusammenarbeiten.

> „Das heißt, ich bin mit Kapitänen geflogen, die überall anders aussortiert waren. Und plötzlich fliege ich mit Kapitänen, die ich gedacht habe, ich würde solche Typen ein Leben lang nicht mehr sehen." (E02)

Bei diesen neuen Kooperationen zwischen eigentlich konkurrierenden Airlines kommt es zu Abgrenzungskonflikten auf verschiedenen Ebenen. Für E02 war die Zusammenarbeit mit Kollegen von der konkurrierenden und zugleich kooperierenden Lowcost-Airline ein „großer Tiefschlag". Er empfand dies als forcierten Statusverfall. Bislang hatte er sich mit seinem Arbeitgeber durch die Abgrenzung zu anderen Airlines identifiziert. Zudem stellte die Konkurrenz seiner Ansicht nach nur ihre „ältesten Flugzeuge" zur Verfügung, flog dagegen unter dem eigenen Logo „relativ neue und komfortable Flugzeuge" (E02). Die mit der Ausgründung einer weiteren Marke verbundene Hoffnung auf Wachstum und damit auch auf neue Aufstiegsmöglichkeiten zum Kapitän, neue Flieger und neue Strecken wurde enttäuscht. Das Wachstum fand am eigenen Personal vorbei statt. Hier durchkreuzen moderne Marktstrategien die persönlichen Karrierekalkulationen von Piloten, was dem Unternehmen als illoyale Strategie vorgeworfen wird. Zudem werden Konflikte zwischen verschiedenen Teilen der Pilotenschaft erzeugt und verschärft, ebenso erhöht sich die Ungleichheit von Beschäftigungsbedingungen. Des Weiteren erzeugt das Leasing eine größere Unsicherheit auf Seiten der Piloten, wenn zum Beispiel Flugzeuge (ohne Crew) für eine gewisse Zeit angemietet werden. Nicht nur der Arbeitgeber kann zunehmend häufiger plötzlich wechseln, sondern es hilft auch nicht mehr – wie bislang –, die persönliche Zukunft an den Flugzeugen festzumachen,[24] da auch diese von heute auf morgen verkauft oder verleast sein können. Es ist nicht selten, dass expandierende Airlines neue Strecken zum Teil von anderen Airlines bedienen lassen. So fliegen in Deutschland manche Airlines unter dem Logo mehrerer anderer Konkurrenten. Weitreichende Kooperationen bei Bodendiensten (Catering, Beladung etc.) sind die Regel. Teilweise werden auch Crews gemischt, was in der täglichen Arbeitspraxis zu Problemen führen kann – zum Beispiel beim Funk. Aus Sicht des Managements stellt dies eine notwendige Flexibilisierung dar, wie in der nachfolgenden Interviewpassage mit einem Piloten mit Managementfunktionen deutlich wird.

> „Er stellt sich vor, dass wir im Sommer ohne Frage sicherlich mit der jetzigen Flugzeugflottengröße weiter arbeiten sollen, aber er möchte die Beschäftigung im

24 Bei Teilen des fliegenden Personals herrschte die Vorstellung: Solange es Flugzeuge gebe, würden auch die Crews gebraucht, was sie unabhängig mache vom Schicksal des Arbeitgeberunternehmens.

> Winter dadurch verbessern, dass das vielleicht durch Lease-Geschäfte ... Das würde also bedeuten, dass man vielleicht Piloten auch mit Flugzeugen an andere Airlines gibt, die eben zu der Zeit Bedarf haben, wie zum Beispiel nach Kanada die Maschine mit dem Kurs zu geben und da unten die Leute fliegen zu lassen. Wo sie normalerweise hier nur rumsitzen und das natürlich attraktiv ist, auch den Horizont der Mitarbeiter letztendlich eben erweitert, verbessert, dass man eben ja im Ausland dort unterwegs ist und letztendlich auch ein bisschen Langstrecke vielleicht dort zu fliegen. Das habe ich früher immer alles gemacht, solche Geschäfte. Wir haben jahrelang [...] so attraktive Lease-Geschäfte gemacht, so Cross Border Leasing nennt sich das. Das würde ich mir wünschen, dass das eben wieder vermehrt kommt.“ (D01)

Die betriebliche Reaktion auf einen saisonbedingt schwankenden Personalbedarf wird der Pilotenschaft als Chance verkauft – zum Beispiel auf Abwechslung, Persönlichkeitsentwicklung und Karriere. Folgen für die Lebensorganisation und -planung werden nicht angesprochen. Dafür werden entsprechende Pilotentypen gesucht und selektiert, die über ein passendes Lebenskonzept verfügen (siehe Abschnitt 10.3).

Standardisierung und Flexibilisierung

Nicht nur die Aufbauorganisation, sondern auch die operativen Strukturen werden an die strategischen Entscheidungen zur organisatorischen Flexibilisierung angepasst. Hierbei geht es vor allem um die technische und organisatorische Standardisierung der Arbeit von Piloten, um eine zentrale Steuerung und die Austauschbarkeit des Personals zu ermöglichen – sowohl innerhalb eines Konzerns als auch zwischen Unternehmen. Die technischen und organisatorischen Standardisierungsmaßnahmen konfligieren jedoch mit den Interessen mancher Mitarbeiter und erweisen sich auch in der Umsetzung oftmals als nicht praktikabel. Flugplan- und Flugkonzept-Optimierungen sind hier ein gutes Beispiel. In aufwändigen Simulationen erprobte Szenarien scheitern häufig an der Komplexität der Praxis – vor allem da sie, mit dem Fokus auf Rationalisierung, nicht genügend Spielraum für lokale Besonderheiten (z.B. von Stationen) und alltägliche Unwägbarkeiten einplanen, wie Verspätungen, Technikprobleme oder extreme Wetterlagen etc. Teilweise steht das Ziel eines möglichst hohen Grads an Standardisierung auch der Optimierung einzelner Verfahren in der Praxis entgegen.

> „Und dann sagt man sich meistens, um konzernintern höher standardisiert zu sein, lass es uns lassen. Denn dann ist die Austauschbarkeit ... Wenn einer von unseren Leuten von A nach B schult, dann hat der hier weniger Last mit sich zu tragen, weil er das Verfahren schon kennt. Kostet es hier vielleicht 30 Kilo Sprit, weil wir jetzt die Klappen nicht optimal für unser Flugzeug fahren. Aber um besser in den Konzernverbund zu passen, lassen wir das so.“ (G02)

Andererseits eröffnet die Standardisierung von Technik und Verfahren erst die Möglichkeit, die weiter oben genannten Leasingstrategien anzuwenden. Sogar die hochmobile Berufsgruppe Piloten beobachtet diese Rationalisierungsmaßnahmen überaus kritisch und reagiert oft mit verschiedenen Blockadestrategien. Denn diese neuen Flexibilitätsanforderungen entsprechen nicht jenen, die Piloten bereits internalisiert haben bzw. mit ihrem Beruf assoziieren.

> „Aber was auch sehr charakteristisch für Piloten ist: Ich weiß nicht, ob das bei anderen Berufsgruppen genauso ausgeprägt ist, aber nach meiner Erfahrung sind Piloten unglaublich statisch, was Veränderungen angeht. Und grade von einem Piloten sollte man doch erwarten, dass die hungrig sind nach Veränderungen, nach allem, was neu ist. Aber sie haben beispielsweise bei der Änderung von Verfahren im Cockpit, das haben wir vor drei Jahren ja hier durchgezogen, da haben wir komplett die Verfahren geändert. Und die erste Frage, die da kam, oder die erste Reaktion, die da kam, war: ‚Mach ich nicht. Will ich nicht.' Anstatt zu fragen: ‚Was ist denn gut daran?' oder: ‚Warum habt denn ihr das gemacht?' Sondern der erste hat gesagt: ‚Nee, wollen wir nicht.' Gemacht haben wir das deshalb, weil wir im europäischen Airline-Verbund gesagt haben, wir sehen extreme Vorteile darin, Flugzeuge und Crews austauschen zu können und unterschiedliche Kapazitätsspitzen ausgleichen zu können, was nachher auch gut funktioniert hat. Also wir haben Pilotenengpässe sowohl hier als auch beispielsweise in [Land in Europa] sehr schön kompensieren können, in dem wir wechselseitig Crews rübergeholt bzw. geschickt haben. Und die Leute waren danach auch total zufrieden. Also das hat denen richtig Spaß gemacht, mal einen Sommer in [Land in Europa] zu fliegen. Was ja auch toll ist, so mit Sommerfest und so. Das war auch ein Event für die. Bringt sie mal aus der normalen [Airline-] Routine raus." (D02)

Die Standardisierung mit dem Ziel der Flugplan- und Personaloptimierung erzeugt einen hohen Mobilitätsdruck auf Seiten der Piloten. Je nach individuellem Lebenskonzept und individuellen Lebensbedingungen bedeutet diese betriebliche Flexibilisierung für den einzelnen Piloten mal mehr Chance, mal mehr Risiko. Ein großes und heterogenes Streckennetz (mit Lang-, Mittel- und Kurzstrecke) innerhalb eines Konzernverbunds kann Piloten nicht nur die ersehnte Abwechslung bieten, die ansonsten nur durch einen oft kostspieligen (Senioritätsprinzip!) Unternehmenswechsel möglich ist. Verschiedene Streckenprofile ermöglichen es auch, die Arbeitsbedingungen (z.B. Zeiten und Abwesenheit) mit den eigenen Lebensbedingungen und Präferenzen (z.B. Familie) abzustimmen. Wenn die Flexibilisierung jedoch als eine betriebliche Anforderung an alle Piloten durchgesetzt wird, profitieren höchstens ein paar wenige mobile Eliten bzw. Piloten mit losen sozialen Bindungen, und der Verweis auf Abwechslung gleicht bloßer Polemik. Unter solchen Bedingungen ist es nicht verwunderlich, dass derartige Umstrukturierungen bei den Piloten auf Widerstand stoßen. Die reflexhafte Blockade und Veränderungsresistenz der Mitarbeiter beruht auf der

Erfahrung, dass betriebliche Veränderung in der Regel letztendlich auf Kosten der Arbeits- und Beschäftigungsbedingungen und teilweise auch der Sicherheit geht. Von daher sind die oben beschriebenen Reaktionen durchaus rational. Der nachfolgend zitierte Pilot bringt die hinter dem Gros von Rationalisierungskonzepten stehende Logik und ihre Konsequenzen für die Mitarbeiter auf den Punkt: De-Qualifizierung.

> „Mein Eindruck ist der: Das Bemühen des Managements geht dahin, industrialisierte Prozesse zu entwickeln in Form von automatisierten Abläufen, sprich Referenzmodellen, beziehungsweise in Form von kleinen Arbeitspaketen, die möglichst minderqualifizierten Mitarbeitern übergeben werden, die man natürlich geringer bezahlen muss. Also man will nicht den umfassend ausgebildeten, teuren, flexibel überall einsetzbaren Mitarbeiter, sondern man will den kleinen billigen Deppen, der nur wenig kann, aber jederzeit wegrationalisiert werden kann beziehungsweise der keine großen Ansprüche hat und halt nur ein winziger Bestandteil des Rädchens ist. Und das Ganze geht natürlich nur unter dem massiven Einsatz von Technologie in dem Maße, dass diese Technologie uns schon selbst erwürgt." (F06)

Wandel der Managementkultur – verschärfter Konflikt Boden versus Luft

Airlines befinden sich also in vielfach verschränkten Wandlungsprozessen. Als zum Teil ehemals staatliche Verkehrsbetriebe sind die traditionellen deutschen Airlines mit dem Vorwurf konfrontiert, überbürokratisierte Unternehmen zu sein. In der Folge werden die Mobilitätsdienstleister im Luftverkehr teilweise von sehr umfassenden Restrukturierungsprozessen erfasst. Es ändern sich die Unternehmensformen, Managementkonzepte, die Arbeitsorganisation und die Zusammensetzung des Managements – und damit auch die Unternehmens- und Arbeitskultur. Entscheidungsträger von außen bringen eine andere Sicht auf Unternehmens- und Leistungssteuerung mit, begreifen Airlines als ein Unternehmen wie jedes andere auch und versuchen, die Airlines in moderne Transport- bzw. Dienstleistungsunternehmen zu transformieren.

> „Also wir haben so sukzessive das verloren, weil die anderen einfach billiger produziert haben. Was wollen Sie machen, ein Unternehmen ist [XX] Jahre alt. Die alten Verkrustungen müssen Sie erst aufbrechen! Umdenken müssen die Leute! Das ist ein schwieriges Thema. Manche, die glauben, wir sind hier in einer Behörde, die sind hier beim Staat beschäftigt, denen kann nix passieren. Solche Leute gibt es hier." (H09)

Im Zuge des zunehmenden Wettbewerbs und ökonomischen Drucks versuchen die Unternehmen eine veränderte ‚Leistungskultur' zu implementieren. Die Mitarbeiter sollen „umdenken". Dabei wird auch nicht mit Drohungen gespart, wie in dem oben stehenden Zitat. Die zunehmende Ökonomisierung der Branche wird von den Beschäftigten als Bedrohung wahrgenommen und erzeugt vermehrt Konflikte zwischen verschiedenen Bereichen – vor allem zwischen ‚Boden' und ‚Luft'.[25] Auch dieser Konflikt wird dadurch verstärkt, dass nach Meinung vieler Piloten der Qualifikations- und Sozialisationshintergrund des oberen Managements zunehmend ein anderer ist: weniger ehemalige Piloten und mehr Betriebswirte und Juristen. Die Entscheider in der Luftfahrt werden nach und nach von oben nach unten durch Personen ersetzt, die primär an ökonomischen Zielen interessiert sind, und die Piloten werden aus wichtigen Positionen verdrängt – so ein gängiger Vorwurf von Piloten. Dies sei der Grund für den erhöhten Druck; vor allem auf der operativen Ebene, da dort die höheren ökonomischen Ziele unter eingeschränkten Arbeitsbedingungen (weniger Zuarbeit und Zeit etc.) kompensiert werden müssten, um den fliegerischen Anspruch, vor allem die Sicherheit (neben Pünktlichkeit, Service, Teamorientierung etc.), aufrecht zu erhalten. Es geht um klassische Probleme der Subjektivierung von Arbeit mittels indirekter bzw. Ergebnissteuerung. Auch in Airlines werden Kennzahlen oben festgelegt und dann heruntergebrochen und auch hier wird die Leistungssteuerung durch enge Zielvorgaben forciert.

> „Die kriegen die Vorgaben von der Geschäftsführung. Und die sagen: ‚Wir müssen mit Minimum an Personal das Maximum rausholen. Versucht das umzusetzen.'" (H05)

Mit diesen in anderen Branchen üblichen Leistungssteuerungskonzepten sind Piloten jedoch erst ansatzweise konfrontiert. Auch der gerne aufgemachte Unterschied zwischen Piloten und Betriebswirten greift in der Praxis nur eingeschränkt. Bestimmte Positionen in Airlines müssen mit Piloten besetzt werden und auch Piloten in Managementpositionen schlagen sich nicht immer auf die Seite der Pilotenschaft. Die entsprechenden Personen wurden für diese Positionen nach speziellen Kriterien ausgewählt und haben oftmals die Unternehmensrationalität internalisiert. Manche der interviewten „Managementpiloten" definieren sich als ‚Unternehmer' und sehen sich eher auf der Seite des Arbeitgebers, zum Beispiel in Bezug auf interessenpolitische Themen.

---

25 Zur in der Luftfahrt üblichen Unterscheidung zwischen ‚Boden' und ‚Luft': Zur ‚Luft' zählt das Personal, das fliegt (Flugbegleiter und Piloten) – der vermeintlich produktive Bereich –, der ganze ‚Rest' zählt zum ‚Fußvolk' auf dem ‚Boden' – der aus Sicht vieler Piloten nur Kosten verursachende Bereich. Die Flugbetriebe, die den täglichen Ablauf organisieren, nehmen eine Zwischenstellung zwischen dem Luftfahrtunternehmen und dem fliegenden Personal ein – sie differenzieren sich noch einmal aus zwischen denjenigen, die zusätzlich zur Bodentätigkeit noch regelmäßig fliegen (Kabine wie Cockpit) und oftmals die wichtigsten Positionen am Boden einnehmen, und solchen, die nicht fliegen.

> „Wir haben ein sehr harmonisches Verhältnis, weil die wissen, dass ich versuche, zu sparen, wo es zu sparen geht.“ (H09)

Dieser Pilot bezeichnet sein Verhältnis zur Geschäftsführung als harmonisch. Gleichzeitig berichtet er, dass sein Vorgänger zu sehr auf der Seite der Piloten bzw. „zu gutmütig“ (H09) war und deshalb in Konflikte geraten ist. Er selbst sieht sich eher als Hardliner, der auch rechtliche Auseinandersetzungen mit Piloten nicht scheut, und führt einige Beispiele an. Neuen Organisationskonzepten und Umstrukturierungen steht er offen gegenüber: „Man kann mich auch schnell begeistern“ (H09). Im Zuge des Wettbewerbsdrucks ist es nicht verwunderlich, dass es zur Anforderung für Piloten in bestimmten Managementpositionen wird, Umstrukturierungs- und Rationalisierungsprozesse durchzuziehen, eher die Konfrontation mit der Belegschaft zu suchen und die betrieblichen Interessen durchzusetzen. Dabei lässt dieser Pilot sich nicht irritieren – zum Beispiel durch Zeitungsberichte.

> „Seitdem ich hier in diesem Führungskreis bin, ich lese keine Zeitungen mehr. Weil ich 2001 in so vielen, auch seriösen Zeitungen so viel Mist gelesen habe und gemerkt habe, dass diese Leute alle spekulieren. Es ist nur Spekuliererei. [...] Da kommen dann so genannte Experten, die erzählen irgendeinen Mist ohne Worte und ich weiß gar nicht, wo die die Informationen sich hersaugen.“ (H09)

Auf diese Weise erwirbt sich der Managementpilot aber auch ein gewisses Standing gegenüber der Geschäftsführung.

> „Als Flugbetriebsleiter habe ich ein sehr großes Ansehen. Wenn ich sage: ‚Das geht nicht‘, dann sagen die: ‚Gut, das geht nicht.‘ Und wenn ich sage: ‚Wir machen das‘, dann wissen die: Ich mache das.“ (H09)

H09 steht für eine veränderte Managementkultur, die sich an die Wettbewerbs- und Marktbedingungen im Luftverkehr angepasst hat und zusehends den Luftverkehr prägt.

8.2.3 Veränderte Arbeitsbedingungen – Rationalisierung

Zunehmender Wettbewerb, veränderte Eigentums- und Unternehmensformen, angepasste Organisationsstrukturen und Managementkonzepte und eine entsprechende Managementkultur haben ganz konkrete Auswirkungen auf die Arbeitsbedingungen von Piloten. In diesem Abschnitt werden ein paar wesentliche Kernaspekte benannt und die entsprechenden Veränderungen beschrieben. Es geht um Streckenkonzepte, Zeitdruck, Gehalt, Servicekonzepte, Schnittstellenarbeit, Heimarbeit, Führung, Qualifikation und Leistungssteuerung. Darauf folgt eine zuspitzende Zusammenfassung: ‚Das Flugzeug als Betrieb‘. Anschließend werden an einzelnen Beispielen Folgen dieser Entwicklungen aufgezeigt.

Strecken

Das im Zuge der Liberalisierung des Luftverkehrs, der Reorganisation (Verdichtung) der Flugkorridore und sinkender Ticketpreise weltweit und vor allem regional stark erhöhte Flugaufkommen ermöglicht eine rationalere Organisation der Flüge, welche durch den steigenden Wettbewerbsdruck forciert wird. So nehmen die Aufenthaltszeiten im Ausland und die Zahl an Übernachtungen allgemein ab und Kurzstreckenflüge zu. Kurz-, Mittel- und Langstrecken werden möglichst effizient kombiniert; sowohl bezogen auf den Einsatztag als auch auf den Monatsplan. Weitergehende Rationalisierungskonzepte sehen auf der Langstrecke zum Beispiel vor, Crews in Schlafkammern zurückzufliegen (in ihrer Ruhezeit) und auf ausländische Crews (z.B. beim Rückflug aus Indien) zurückzugreifen. Bei der Kurzstrecke gibt es eine Tendenz zu Point-to-Point-Flügen, also eine Tendenz weg von Kette und kostenintensiven Hotelübernachtungen. Und zudem ermöglicht das sogenannte Mixed Fleet Flying eine effiziente Kombination dieser Strecken mit den entsprechenden Anforderungen an die Qualifikation der Piloten und den Lizenzerhalt. Insofern haben sich die Arbeitsbedingungen von Piloten in den letzten Jahren deutlich geändert.

> „Die goldenen Zeiten habe ich verpasst. Die 80er, 90er, wo auch gerade hier bei [Airline] ... Man ist irgendwohin geflogen, man ist ein paar Tage dort geblieben, drei bis fünf Tage, dann wieder zurück. Das bei Super-Gehältern. Die Zeiten sind einfach vorbei. Also bei uns vorbei. Auch [eine andere Airline] hat Umläufe, die sehr, sehr hart sind. Aber die haben nach einer Langstrecke mindestens zwei bis vier Tage frei. Das gibt es bei uns nicht.“ (H05)

Auf Grund des Wettbewerbs besteht ein hoher Druck zur Rationalisierung des Streckenkonzepts. Die Folge ist eine immer dichtere Personaleinsatzplanung. Kürzere Strecken ohne Übernachtungen lassen sich wesentlich einfacher optimieren als Langstrecken mit Übernachtungen und längeren gesetzlichen Ruhezeiten. Lowcost-Airlines sind hier im Vorteil. Dennoch werden Dienstpläne, die allein zwei bis drei Langstreckenflüge im Monat vorsehen, immer seltener. Auch traditionelle Lang- und Mittelstrecken-Airlines gehen dazu über, verschiedene Strecken zu kombinieren. Gerade die (ehemaligen) Langstreckenpiloten spüren die Umstellung zum Mixed Fleet Flying und die dichtere Personaleinsatzplanung besonders intensiv.

> „Es wird immer härter, jedes Jahr. Die Umläufe werden länger, noch einen Tag, noch einen Nachtflug, noch mal dies, noch mal das. Kürzere Ruhezeit, da wird das noch reingequetscht. Ich weiß nicht, wie die Entwicklung da noch weitergehen soll. In vielen anderen Ländern geht es genau in die andere Richtung. Gerade in Amerika oder die so genannten Lowcost-Firmen in Europa, die halt erkannt haben, dass es nicht so weitergeht. Die machen aber Gewinn. Bei uns heißt es immer: ‚Wir machen keinen Gewinn, weil ihr zu unproduktiv seid.‘ Wie produk-

> tiv sollen wir denn werden?! Wir fliegen fast ans Maximum ran mit Minimum-Ruhezeiten, mit Minimum-Leuten. Jeder fliegt vier Modelle. Wo sollen wir noch produktiver sein? Wir können nicht mehr fliegen! Wir können nicht weniger Ruhezeit haben! Wir können auch nicht weniger Leute haben! Wir fliegen schon mit Minimum-Cockpitbesatzung, mit Minimum-Kabinenbesatzung. Wo sollen wir noch produktiv sein?! Andere Firmen, die machen riesige Gewinne mit mehr Leuten, mit besseren Gehältern. Das liegt nicht an uns. Der Boden ist das Problem.“ (H05)

Die hier zitierte Interviewpassage deutet an, dass Lowcost-Airlines schonendere Personalkonzepte anwenden. Da sie sich vor allem auf den regionalen und kontinentalen Luftverkehr konzentrieren, weisen ihre Konzepte sich tatsächlich dadurch aus, dass jeder Arbeitstag für das Flugpersonal in der Regel am Stationsort endet, dass die Pläne stabiler sind und teilweise auch eine längerfristige Planung als die übliche Monatsplanung existiert. Interessant ist jedoch, dass die meisten Piloten diese Form der Arbeitszeitregulierung ablehnen. Ein festes Schichtsystem, mit demselben Rhythmus über das ganze Jahr, verbinden die Piloten mit einem ‚normalen nine-to-five-Bürojob‘ – sie beziehen ihren Status jedoch gerade aus der Abgrenzung von dieser Arbeitsweise.

Das obige Zitat schildert auch gut den Kostendruck und die Suche nach Einsparungspotenzial. Es werden ‚Schuldige‘ für die Kosten gesucht. Dies geht so weit, dass sich die jeweiligen Interessenvertretungsorgane (z.B. ver.di und VC) gegenseitig bei Gehaltsforderungen massiv kritisieren (vgl. Victor/Rippert 2001). Dies verstärkt den Konflikt bzw. die Abgrenzungskultur zwischen ‚Boden‘ und ‚Luft‘ noch zusätzlich. Für viele Piloten ist klar: „Der Boden ist das Problem“ (H05). Andere Piloten wiederum, besonders solche mit Managementaufgaben am Boden, sehen durchaus noch Optimierungsmöglichkeiten auf der Seite der Piloten: zum Beispiel beim Spritverbrauch. Hier geht es um die Menge an zusätzlichem Treibstoff, die für Eventualitäten mitgenommen wird, oder um den Schub beim Start und bei der Landung.

Zeitdruck

Zunehmende ökonomische Zwänge äußern sich in der Praxis auch durch einen erhöhten Zeitdruck.

> „Also Hintergrund ist halt: Das Flugzeug muss in die Luft, damit es Geld verdient. Also [eigene Airline]-Flieger sind im Schnitt, die Kurzstreckenflieger, glaube ich, sieben oder acht Stunden unterwegs und die von [einer anderen Airline], die schaffen teilweise zwölf Stunden. Ja, und da muss man halt irgendwo hin, weil damit wird das Geld verdient. Viel mehr ist nicht machbar. Weil irgendwann kracht das System einmal zusammen. Also wenn jetzt das Wetter schlecht ist, dann ist das System wesentlich instabiler, weil eben kein Puffer mehr. Vorher

hast du die Möglichkeit gehabt, zehn Minuten konnte man da schnell wieder aufholen, aber es geht jetzt nicht mehr." (F05)

Das Handeln nach der Maxime: ‚Nur wenn das Flugzeug in der Luft ist, verdient es Geld', stößt irgendwann an seine Grenzen. Die Grenzen der Auslastung setzen zunehmend nicht mehr die Technik und die Arbeitsorganisation, sondern sie werden immer häufiger in der täglichen Arbeitspraxis erreicht, wo auch die Konsequenzen getragen werden müssen. In der Folge nehmen Arbeitsdruck und Belastungen zu. In der Arbeit von Piloten sind während der Arbeitszeit formal keine definierten Pausen eingeplant. Mit zunehmendem Arbeitsdruck und Arbeitsausweitung kommt es zu einem arbeitssoziologisch interessanten Phänomen: Die eigentliche Kernarbeit wird zur Entspannung – jedoch mit dem Defizit, nie ganz abschalten zu können.

> „Ich habe keine Minute in dieser Zeit, wo ich wirklich off duty bin. Die einzige Entspannungsphase, auch wieder hoch interessant, die Entspannungsphase ist eigentlich die Phase, wo wir das tun, wofür wir ausgebildet sind, nämlich fliegen. Das heißt, in dem Moment, wo das Fahrwerk eingefahren ist, wo wir in der Luft sind, vielleicht noch der Autopilot an ist. Es gibt sonst keine definierte Entspannungsphase und auch da bin ich ja damit beschäftigt, das Flugzeug weiterhin zu fliegen. Ich monitore die entsprechenden Systeme und muss jederzeit in der Lage sein einzugreifen, was auch immer passiert. Ich habe zwar ein Belastungsszenario, wo die Pole Position bei 50% liegt, aber ich bin nicht auf null." (F03)

Die verbesserte Technik erlaubt einen Betrieb der Flugzeuge rund um die Uhr, nur eingeschränkt durch die gesetzlich geregelten und nach Aufwand abgestuften Check- und Wartungsintervalle. Es kommt kaum mehr zu unvorhergesehenen technisch bedingten Stillzeiten. Damit ist das Flugpersonal eines informellen Grunds für Pausen weitestgehend beraubt. Die realisierten Einsatzzeiten werden immer dichter. Früher war „eine Ruhezeit aus der technischen Situation schon gegeben, heute ist es genau anders rum. [...] Weil das Flugzeug kann nonstop fliegen" (B01). Die Arbeitszeit der Piloten ist zunehmend von der Arbeitszeit der Maschine entkoppelt, die sich immer weiter ausdehnt.

Arbeitsorganisatorisch ist ein wesentlicher Ansatzpunkt der Zeitoptimierung die Reduktion der Turnaround-Zeiten. Besonders bei Inlandsflügen ist hier die Zeit sehr eng bemessen – teilweise liegt sie bei 35 oder gar 25 Minuten. Bei letzterer Vorgabe ist laut B01 „Verspätung vorprogrammiert". Das bisherige Ziel der Pünktlichkeit (bzw. Kundenorientierung) wird ökonomischen Kalkülen geopfert. Die kurzen Flugphasen und häufigen Turnarounds sind auch die Hauptursachen für den hohen Stressfaktor auf der Kurzstrecke und eine große Belastung für die Piloten. Eine erstaunlich hohe Zahl der interviewten Piloten betont, dass sie die Arbeit auf der Kurzstrecke auf Grund der hohen Belastungen nicht bis zur Rente ausführen können bzw. werden.

> „Zumal das Profil, was in der Lowcost-Fliegerei geflogen wird, damit meine ich halt die tägliche Operation, die kurzen Zeiten auf dem Boden, die kurzen Flüge, das war nicht das, was ich gedacht habe, was ich bis zu meinem 65. Lebensjahr machen möchte.“ (H03)

Die Belastung beim Turnaround ist auf der Langstrecke schon allein deshalb etwas geringer als bei der Kurzstrecke, weil dieser auf der Langstrecke länger dauert.[26] Die kurzen Zeiten in der Luft und die komprimierten Stressphasen am Boden auf der Kurzstrecke stellen ein Gefährdungspotenzial für die Gesundheit der Piloten dar.[27] Einige berichten, dass sie keine Zeit zum Essen haben oder kaum einmal dazu kommen, aufzustehen. In der Folge versuchen manche, das Streckenprofil zu wechseln, oder beantragen, Teilzeit zu fliegen.

> „Also das war sehr stressig. Und das merkt man auch daran, und viele Kollegen auf der linken Seite dort, Kapitäne, haben auch gesagt, es ist gar nicht auszuhalten, wenn man nicht Teilzeit nimmt. Teilzeit, also sprich, dass man mal ein oder zwei Monate Auszeit nimmt, weil der Stressfaktor ist sehr hoch.“ (H03)

Der Aufwand an privater Zeit, zum Beispiel beim Pendeln, bei Proceedings oder bei Over-Nights, bleibt in den gesetzlichen Rahmenregelungen zur Arbeitszeit weitestgehend unberücksichtigt. Piloten beklagen, dass die DVO[28] nur auf Flugstunden und Ruhezeiten schaut, nicht aber auf den individuellen Zeitaufwand, der für das Zusammenbringen von Arbeit und Privatleben notwendig ist. Sie betrachtet zum Beispiel die Ruhezeiten unabhängig vom Ort. Es ist zwar geregelt, dass Piloten vor oder nach Flügen nicht mehr zu lange pendeln – so müssen sie ihren Stationsort innerhalb einer Stunde erreichen können und nach Flügen gegebenenfalls übernachten –, der damit verbundene Aufwand (z.B. die Anreise am Vortag oder das Reisen am darauffolgenden Tag) fällt jedoch in die individuelle Verantwortung des Einzelnen.

In Verbindung mit der oben dargestellten Rationalisierung der Strecken- und Personaleinsatzplanung kommt es also zu einer zeitlichen Verdichtung sowohl während des Fliegens als auch bei der Flugvor- und -nachbereitung – und insgesamt die Arbeitszeiten und damit auch das Privatleben betreffend. Aktuell

---

26 Da die Flugzeuge auf der Langstrecke größer sind, also mehr Passagieren Platz bieten, dauern die Vorgänge beim Einsteigen länger. Zudem muss länger getankt werden und während des Tankens dürfen keine Passagiere einsteigen. Auf diese Weise baut sich ein gewisser Zeitpuffer auf, dem Airlines jedoch mit verschiedensten Konzepten begegnen wollen (vom gestaffelten Einsteigen über freie Sitzplatzwahl bis zu Zukunftsvisionen bezüglich Ladesystemen für Passagierkapseln inklusive Passagiere).

27 Langstreckenflüge sind dafür mit anderen speziellen (körperlichen) Belastungen verbunden: vor allem Zeitverschiebung, lange Flugphasen, Höhenstrahlung, Navigation, Spezifika internationaler Flughäfen etc.

28 DVO LuftBO: Durchführungsverordnung zur Betriebsordnung für Luftfahrtgerät.

wird sogar diskutiert, in der EU die Mindestruhezeit noch weiter, auf siebeneinhalb Stunden, zu reduzieren (Spiegel 2011).

Fliegen am gesetzlichen Limit

In der Regel im Zusammenhang mit Ausführungen zu steigenden Arbeitsbelastungen und verdichteten Arbeitszeiten formulieren die interviewten Piloten häufig, dass die Airlines zunehmend am gesetzlichen Limit planen. Das heißt, dass zum Beispiel die Personaleinsatzplanung derart gestaltet wird, dass die gesetzlichen oder betrieblichen Rahmenbedingungen voll ausgeschöpft werden. Jeglicher Spielraum wird unter dem Primat der Wirtschaftlichkeit voll genutzt. Ein impliziter Vertrag, wie er laut den interviewten Piloten auch auf Seiten des Managements gegenüber den Piloten bestanden hat – basierend auf einer gemeinsamen Berufsethik –, existiert in der Regel nicht mehr. Die veränderte Zusammensetzung des Managements und der Geschäftsführung, die Zergliederung von Organisationsteilen (bis zum Outsourcing) und die Kontrolle über Daten bzw. Zahlen verstärken diesen Prozess noch. Auf diese Weise ist eine Distanz zwischen verschiedenen Akteuren im Betrieb entstanden. Letztendlich sind allein formale Richtlinien handlungsleitend und -legitimierend. Andere Kriterien wie Nachhaltigkeit, Gesundheit etc. stehen hinten an – so der Eindruck des Gros der interviewten Piloten.

> „Einfach nur eine Sache, wo die verschiedenen Führungen (...) drauf hoffen. Ich glaube nicht, dass die sehen, wie hart das Programm ist, was viele von uns machen, sondern einfach nur sehen, das und das ist gesetzlich erlaubt, das wird so geflogen. Wenn es gesetzlich erlaubt ist, dann muss es doch gut für den Körper sein. So, habe ich das Gefühl, denken die. Das ist genau so, wenn ich bei uns im Crewkontakt anrufe. Hatte ich schon zwei-, dreimal gehabt: ‚Leute, das was ihr mir da als Plan gegeben habt, das kann ich nicht fliegen.' ‚Ja, wieso? Das ist doch legal!' ‚Ja, es ist legal. Aber ich kann nicht drei Nachtflüge hintereinander machen, einen Standby machen und dann wieder nachts um eins einchecken. Schaff ich nicht. Kann ich jetzt schon sagen, dass ich das nicht schaffe.' ‚Aber das ist doch legal!'" (H05)

Gehalt

Airlines konkurrieren mit verschiedenen Organisations- und Produktkonzepten untereinander und unterbieten sich gegenseitig bei den Ticketpreisen. Im Zuge des zunehmenden Wettbewerbs entsteht Druck auf die Arbeitsbedingungen von Piloten – inklusive der Gehälter. Reduzierte Einstiegsgehälter und gekappte Gehaltsgruppen stellen einen häufig thematisierten Teilaspekt der betrieblichen Rationalisierungsstrategien dar.[29]

---

29 Teilweise verdienen Copiloten mit neueren Verträgen bei großen Airlines weit weniger als die Hälfte von dem, was Kapitäne mit alten Verträgen verdienen. Und selbst wenn

> „,Moment, also wenn ich jetzt mal die Vergleiche ziehe zu einer [Lowcost-Airline] oder zu einer [anderen Lowcost-Airline] oder was auch immer, da verdienen die Leute durchaus das Gleiche oder mehr als wir. Das sind ja auch Lowcost-Unternehmer. Also warum geht das jetzt grade mal gegen mein Einkommen?' Das heißt, die Einsicht zu sagen: ,Leute, wir haben ein generelles Kostenproblem und das Einkommen ist ein Teil davon.' Keine Firma, keine Fluggesellschaft, das hat man an der [Airline] gesehen, keine Fluggesellschaft wird dadurch geheilt, dass die Piloten auf Gehalt verzichten, keine. Das hat es bislang nicht gegeben und das wird es auch nicht geben. Weil die strukturellen Probleme sind so massiv, dass nur noch viele andere grundlegende Änderungen dazu führen, wieder, Unwort des Jahres, ,wettbewerbsfähig' zu machen, aber auch die Gehälter und auch die Arbeitsbedingungen sind ein Teil davon. Das muss einfach akzeptiert werden." (D02)

Neben dem zunehmenden Wettbewerb und der Überlegung, dass das Unternehmen nur mit Hilfe von verschärften Arbeits- und Beschäftigungsbedingungen (inklusive Gehaltskürzungen) überleben kann, existieren verschiedene weitere Quellen für den aktuellen Druck auf die Pilotengehälter. Eine ist der globale Arbeitsmarkt. Die Drohungen, dass Airlines auch auf ausländische Crews zurückgreifen können, werden immer konkreter und sind bereits Gegenstand interessenpolitischer Auseinandersetzungen. Aber auch die zunehmenden Differenzierungen auf dem nationalen Arbeitsmarkt schlagen hier zu Buche. Durch die Aus- und Neugründung von Töchtern und kleinen Airlines seigt die Heterogenität von Beschäftigungsbedingungen. Bestehende Betriebsvereinbarungen und Arbeitsverträge werden so umgangen. Zudem besteht für Piloten, die ihre Lizenzen selbstfinanziert an einer privaten Flugschule erworben haben, ein hoher Beschäftigungsdruck, da sie in der Regel stark verschuldet sind und Flugstunden benötigen, um ihre Lizenz aufrecht zu erhalten und ihre Chancen auf dem Arbeitsmarkt zu erhöhen. Diese Piloten verfügen über eine geringe Machtposition in Aushandlungen. Zudem nimmt aus verschiedensten Gründen das Image von Piloten in der Öffentlichkeit ab; zumindest wird das Bild des Piloten als Herrscher der Lüfte allmählich entzaubert. Die verschlechterten Arbeitsbedingungen, die zunehmende Automatisierung, allgemeine Entwicklungen von Arbeit und Beruflichkeit und viele weitere Veränderungen sind hier ausschlaggebende Faktoren. Für viele Piloten ist die Höhe des Einkommens ein Gradmesser für die Anerkennung ihrer Arbeit, vor allem seitens der Arbeitgeber, aber auch für das Prestige des Berufs allgemein und seinen Status in der Gesellschaft. Der Ver-

---

sie aufsteigen, werden sie auf Grund der gekappten Gehaltsgruppen immer noch deutlich weniger Entgelt bekommen. (Manche Piloten geben an, dass sie insgesamt, auf die Lebensarbeitszeit gerechnet, ca. 30% weniger verdienen als die Generation vor ihnen.) In den USA existieren bereits Airlines, die ihre Piloten je tatsächlich geflogener Flugstunde bezahlen.

gleich mit gesellschaftlich angesehenen Berufen (gerne mit Ärzten und Polizisten) und die Abgrenzung von ‚normalen' Bürojobs sind ein wesentliches Element des beruflichen Selbstverständnisses von Piloten, und das Gehalt ist eine zentrale Dimension in diesem Vergleich.

Zudem wandeln sich die Beschäftigungs- und Bezahlungsformen von Piloten. Auch im Luftverkehr versuchen die Unternehmen, schwankende Marktsituationen durch eine möglichst hohe Personalflexibilität auszugleichen. Zu den Möglichkeiten zählt das oben erwähnte Leasen und Verleasen von Crews bei Personalengpässen bzw. -überschüssen, eine andere ist die Bezahlung des Personals nach tatsächlichem Bedarf bzw. allein nach geleisteten Flugstunden. Ein Schritt in diese Richtung ist die allgemein übliche Verringerung des monatlichen Grundgehalts und die Verlagerung auf die Überstundenzulagen. Es wird also eine Art leistungsorientierte Bezahlung forciert.[30]

> „Und bei uns, und das ist, glaube ich, auch der Trend, wo das in den nächsten Jahren hingeht, wird die Bezahlung von den Piloten extrem flugstundenabhängig sein. Dass wir im Winter von dem Gehalt her, was netto am Ende übrig blieb, mit unseren 40 Stunden, die wir hatten, fast auf dem gleichen Level lagen wie unsere Kabinenchefin, die halt 80 bis 100 Stunden geflogen ist, ja, ich mein, das tut weh. Das tut weh, aber ich meine auf der anderen Seite, wenn wir dann im Sommer 100 Stunden fliegen oder so, dann geht das natürlich auch wieder exorbitant aufwärts." (I01)

Durch flexible Bezahlungsformen externalisieren die Luftfahrtunternehmen Marktrisiken an das Personal. Dies wird von Piloten oftmals akzeptiert, in der Erwartung, monatlich viele Überstunden fliegen und so das Gehalt insgesamt steigern zu können. Die an den Flugstunden orientierte Bezahlung kann sich jedoch auch negativ auf das Berufsbild von Piloten auswirken, da sie im Allgemeinen eher als ein Element der Prekarisierung und zum Teil auch als ein Element der De-Professionalisierung eingestuft wird. Die nachfolgend zitierte Antwort auf die Frage nach persönlichen Wünschen schildert den Unterschied zwischen einer an der Qualifikation orientierten Vergütung und einer an der konkreten Tätigkeit festgemachten Bezahlung sehr treffend:

> „Also, was ich mir wünschen würde: Ich mein, das ist natürlich blöd, jetzt direkt mit dem Geld anzufangen, aber momentan stimmt die Bezahlung eigentlich nicht mehr für den Beruf. Es hat mal ein sehr kluger Mensch gesagt: ‚Man wird da vorne nicht für das bezahlt, was man tut, sondern für das, was man kann.' Man ist ja eigentlich für den Fall da, dass, wenn das System nicht mehr greift, dass man dann eben übernimmt und das so ... Und die Verantwortung, die man trägt, wird

30 Mindestens eine große europäische und eine international operierende amerikanische Airline bezahlen nur noch nach tatsächlich geleisteten Flugstunden, wobei bei der europäischen das Gehalt in der Regel höher ausfällt, da viel geflogen wird.

momentan, finde ich, nicht angemessen honoriert. Grade auch im Hinblick auf die Kosten, die man selbst getragen hat, um diesen Beruf zu erlernen. Und momentan geht die Tendenz dahin, dass man für das bezahlt wird, was man tut, nämlich gar nichts oder wenig, ja.“ (I01)

Es geht um das berufliche Selbstverständnis von Piloten. Ihr bisheriger Status und damit auch ihre bislang hohe Bezahlung begründeten sich in ihrer Rolle als Garanten für Sicherheit an Bord. Es geht um Qualifikationen und Verantwortungsübernahme, die möglichst nie voll zum Einsatz kommen. Der Professionalität (als Gewährleistung und Herstellung von Sicherheit) steht sowohl das Bild des Systemüberwachers bzw. Maschinenbedieners als auch das des Organisators bzw. Managers diametral entgegen. Der oben zitierte „kluge Mensch“ verweist damit auf den (alten) Anspruch, als Profession zu gelten, die von Leistungskontrolle bzw. -steuerung und Einflussnahme auf die Arbeitsinhalte und -praxis nicht oder wenig betroffen ist. Die Luftfahrtunternehmen nehmen aber massiv Einfluss auf die Arbeit von Piloten, wie die nachfolgenden Punkte zeigen.

Service

Ein kleiner, aber für manche Piloten durchaus neuralgischer Punkt, an dem Luftfahrtunternehmen auf die Arbeit von Piloten Einfluss nehmen, ist der Versuch, parallel zu neuen Servicekonzepten[31] die Dienstleistungs- bzw. Kundenorientierung von Piloten zu erhöhen. Mit verändertem Passagierklientel und neuen Servicekonzepten wandelt sich auch der Dienstleistungscharakter vieler Flüge vom exklusiven und gediegenen Ereignis zum Event. Die neuen Maßnahmen dienen oft auch dem Zweck, Folgeprobleme der Rationalisierung, zum Beispiel des Flugbetriebs (etwa Verspätungen), durch eine gute Arbeit direkt am Kunden zu kompensieren.[32] Diese Veränderungen wirken sich primär in der Kabine aus. Sie berühren aber auch die Arbeit von Piloten. Zum Beispiel gewinnen die Ansagen an Bedeutung. Es gibt verschiedene Trainings für die Gestaltung der Ansagen und passend zum Produkt, also von Airline zu Airline unterschiedlich, werden Vorschläge gemacht, wie auf die Passagiere eingewirkt werden kann: von Informationen zum Flug und zum Reiseziel und Hilfestellungen bei Verspätungen etc. über das Fliegen von Extrakurven bis zum Verweis auf kooperierende Part-

31 Zum Beispiel weniger Serviceleistungen, die standardmäßig im Ticketpreis enthalten sind, und mehr Zusatzleistungen (vom Brötchenverkauf bis zu angebotenen Versicherungen), die für zusätzliches Geld an Bord erworben werden können.

32 Zum Beispiel hat eine Crew auf einem verspäteten Flieger ein Spiel der Fußball-Weltmeisterschaft 2006 per Radio empfangen und für die Passagiere moderiert und so die extrem schlechte Stimmung an Bord gedreht (E02). Eine derartige situative Kompensationsarbeit ist schwer betrieblich zu steuern. Dennoch wird dies durch verschiedenste Maßnahmen (Trainings, Appelle etc.) versucht.

nerunternehmen (wie Versicherungen, Autovermietung, Hotels etc.). Bislang auf freiwilliger Basis übernehmen (manche) Piloten auch repräsentative Aufgaben gegenüber den Kunden[33] – zum Beispiel durch ihre Anwesenheit bei der Begrüßung der Passagiere. Auch dies sind Elemente einer Arbeitsausweitung auf der Seite der Piloten, die in Bezug auf ‚Service' ihren bisherigen Höhepunkt in der Einbringung von Piloten in die Arbeit der Kabine erreicht (z.B. Mithelfen beim Aufräumen) (vgl. Walther 2009). Die Entwicklung fasst F07 folgendermaßen zusammen:

> „Oder wie ich letztens mal von [Airline] gehört habe: Die verdient anscheinend mehr Geld an den Brötchen, die sie während dem Flug verkaufen, als mit dem Ticket. Das kann nicht sein, dass da irgendwie diese ganze Maschinerie da am Laufen ist, damit der seine Brötchen dort verkaufen kann dann. Ich habe es gehört, ich weiß jetzt nicht, wie fundiert das Ganze ist, aber ich denke mal, in die Richtung wird es gehen, wenn man mal sieht, was da für ein Aufwand betrieben wird. Ich meine, die Flieger zahlen die auch, da kriegen die auch nicht Rabatt ohne Ende. Den Sprit müssen sie zahlen. Die haben genauso ihre Infrastrukturkosten für die Flugsicherung bei allen Flügen, das Handling. Also das kann ich mir nicht vorstellen, wie man da noch groß Geld verdienen soll für die Ticketpreise. Und dann wurde einfach so eine Spirale in Gang gesetzt, die dann halt eben auf Kosten von allen ging, auch von Piloten, die da jetzt echt, was weiß ich ... man hört ja auch von Airlines manchmal, wo die Piloten dann durch die Kabine laufen und beim Aufräumen helfen müssen. Aber das ist dann halt so vorgeschrieben, das ist kein Goody, was die mal so machen. Und das ist irgendwo ein Punkt, wo ich finde, da ist dann Schluss. Das hat auch nichts mit verwöhnten [Airline-]Piloten zu tun, was uns auch unterstellt wird. Also ich habe kein Problem damit, wenn die Zeit knapp ist, auch durch die Kabine zu laufen und helfen, da irgendwie den Dreck einzusammeln, aber es kann nicht sein, dass das von vornherein so eingeplant ist und eingeschrieben ist. Weil die Leute, die haben eine andere Aufgabe. Und den ganzen Quatsch nur, damit dann eben (...) die Leute für 20 Euro übers Wochenende mal geschwind zum Shoppen wohin können. Mittlerweile ist das ja schon fest etabliert, aber irgendwo kann es das nicht sein, ja?!" (F07)

Wettbewerb, sinkende Ticketpreise, veränderte Servicekonzepte und angepasste Arbeitsinhalte von Piloten wandeln deren Arbeitsbedingungen und kratzen am Image des Berufs – „den Dreck einsammeln" (F07). Viele Piloten zeigen gegenüber solchen Überlegungen eine hohe „Veränderungsresistenz" (D02). Derartige Vorschriften und Einflussnahmen werden daher oft abgelehnt. Einige – nicht unbedingt nur jüngere – Piloten identifizieren sich aber auch mit dem Dienst-

33 Die bisher bestehenden Möglichkeiten wurden stark eingeschränkt, z.B. sind Besuche von Kindern oder Interessierten im Cockpit oder die Präsenz der Cockpitcrew in der Kabine bei individuellen Problemen von Passagieren wie Angst oder Konflikten nicht mehr möglich.

leistungsaspekt ihres Berufs. Sofern sie Zeit haben, nehmen sie passende Gelegenheiten gerne wahr, um in Kontakt mit Passagieren zu treten. Sie empfinden dies als Abwechslung und einen Aspekt der Selbstverwirklichung.

Schnittstellen- bzw. Managementarbeit

Den wesentlichen Bereich der Arbeitsausweitung bilden der Bedeutungsgewinn und die gleichzeitige Zunahme von rund um das Fliegen angelagerten Randtätigkeiten – was nicht nur auf die stetig voranschreitende Automatisierung der primär (z.B. manuell) fliegerischen Tätigkeiten zurückzuführen ist. Diese Verlagerungen in den täglichen Tätigkeiten von Piloten werden von diesen ähnlich unterschiedlich eingeschätzt wie die oben erwähnten neuen Serviceanforderungen. Denn sie sind in ihren Auswirkungen ebenso ambivalent: Einerseits bieten sie Abwechslung und neue Einbringungs- und Selbstverwirklichungsmöglichkeiten, andererseits steigt die Arbeitsbelastung und in der Folge verändern sich auch wesentliche Aspekte des gesamten Berufs. Der automatisierte Anteil steigt, gleichzeitig wird die Arbeit im Cockpit aber auch vielschichtiger und komplexer. Eine Tendenz ist zum Beispiel, dass Piloten immer weniger fliegen und immer mehr organisieren müssen – während des Flugs, vor allem aber auch am Boden.

> „Ich glaube, dass der Beruf sehr im Wandel ist. Dass es also früher viel mehr das Fliegerische war. Da hatte man auch einen Funker und einen Techniker an Bord. Das wurde alles rausrationalisiert. Also, wir machen jetzt Technik, wir machen Funk. Und da kommt in Zukunft einfach noch mehr dazu. Also, wir organisieren ja auch schon, das sind so Kleinigkeiten, wir organisieren, wenn viele Rollstuhlfahrer jetzt mit an Bord sind, damit da die richtigen Leute da sind. Ja, wir machen die Spritberechnungen, wir entscheiden Sachen, wie es mit dem Wetter ist, wie es vielleicht ... um Änderungen machen zu können, auch teilweise im Flug. Auch über Flugrechte. Das ist in Europa jetzt nicht so interessant, aber wenn man jetzt über Russland, über China geht, ganz viele Strecken, die da limitiert sind – um solche Sachen muss man sich teilweise noch in der Luft kümmern –, dann ist es immer mehr dieser Manager von diesem Gerät, was sich da in der Luft bewegt." (H08)

Die technische Automatisierung im Cockpit und die Weiterentwicklung von Kommunikationstechnik machen es möglich, nicht nur die Zahl der Piloten zu reduzieren, sondern zusätzlich Arbeiten aus dem Umfeld von Piloten in das Cockpit zu verlagern. Aber auch das Umfeld um das Flugzeug herum wandelt sich. Auch hier werden Abläufe automatisiert und die Organisation rationalisiert. Die Folge ist wiederum mehr Koordinationsarbeit auf der Seite der Piloten, vor allem wenn Abweichungen und Probleme auftreten – was nicht selten der Fall ist. Die Verantwortung für die Abläufe am Boden wird implizit auf das Cockpit übertragen.

> „Die sind automatisch bestellt, kommen auch sehr oft zum rechten Zeitpunkt. Aber wenn sie nicht kommen, liegt es wieder an mir, das Ganze zu aktivieren. Und jetzt kommt der wichtige Punkt: Von dem Belastungsszenario bin ich in der Monitoring-Funktion. Das heißt, ich kann mich nicht mehr drauf verlassen, etwas delegiert zu haben: ‚Der kümmert sich schon.' Sondern ich bin in der Situation, monitoren zu müssen und zu wissen, wenn ich jetzt nicht darauf achte, dass Tank, Cleaning und Catering da ist, dann hab ich möglicherweise ein Problem, weil mir wieder wesentliche Dinge fehlen, um wieder loslegen zu können. Und das trägt dann zu den Belastungssteigerungen bei, die im Turnaround extrem hoch ist." (F03)

Nahezu alle Piloten beklagen, dass mit der Automatisierung und der Rationalisierung der Abläufe am Boden eine De-Qualifizierung der Bodenmitarbeiter stattgefunden hat, und können konkrete Erfahrungen schildern, wie sie dies kompensieren müssen. Organisational besetzen Piloten eine Schlüsselstelle und auch rechtlich stehen sie für viele Abläufe in letzter Konsequenz in Verantwortung. Dies erhöht die Arbeitsbelastung und den Stress auf Seiten der Piloten.

> „Und das ist der eigentliche Stress. Der Stress ist, wie gesagt, nicht die eigene Arbeit, die fliegerische Tätigkeit, sondern der Stress besteht darin, die mangelnde Qualifikation der Zuarbeitung zu kompensieren." (F03)

Am deutlichsten zeigt sich die ‚De-Qualifizierung' bei der zentralen Figur bei der Organisation des Turnarounds: dem Ramp Agent (ersetzt durch den „Lademeister") (vgl. Victor/Rippert 2001, S. 3). Bislang übernahm dieser die Koordination des Vorgehens und der Kooperation zwischen den Akteuren beim Turnaround eines Flugzeugs. Beklagt wird nun, dass die Ramp Agents immer schlechter ausgebildet sind, was sich daran zeigt, dass sie nur noch Unterlagen in das Cockpit hineinreichen, aber mit Problemen nicht mehr umgehen können. Dann muss oft der Kapitän einspringen und die Organisation der Abläufe übernehmen. Zudem wird die Kommunikation aufwändiger, zum Beispiel wenn der Ramp Agent die gängigen Formulierungen nicht mehr versteht und die Zahl der Passagiere mit der Zahl der Gepäckstücke verwechselt. Dann kann es auch zu sehr zeitraubenden und belastenden Folgeproblemen kommen.

> „Auf Deutschland bezogen: Ich merke, dass die Qualität nachlässt. Also dass da Billig-Leute eingekauft werden, die das machen. Da lässt die Qualität schon sehr nach. Man merkt das an den Informationen, die man nicht bekommt oder nicht rechtzeitig bekommt. Man versucht, die Leute zu erreichen, die sind dann verschwunden. Man fragt: ‚Mensch, wie ist das jetzt? Nehmen wir das Cargo noch mit? Wie sieht das aus?' Die sind nicht da oder wissen nicht oder geben uns falsche Informationen, bringen uns andere Loadsheets von anderen Flugzeugen. Das wird schlimmer." (H05)

In den Interviews werden viele weitere Beispiele für Qualifikations- und Qualitätsprobleme bei den zuarbeitenden Schnittstellen geschildert. Zum Beispiel musste ein Pilot einem (anscheinend mangelhaft eingewiesenen) Studenten am Check-in zeigen, wie Passagiere umgebucht werden können. Die Ursachen für diese Entwicklung werden oft darin gesehen, dass die Airlines keine eigenen Mitarbeiter mehr am Boden beschäftigen, sondern Dienstleistungen extern zukaufen. Die externen Dienstleister scheinen auf geringer qualifiziertes Personal zurückzugreifen bzw. an dessen Qualifizierung zu sparen.[34] Die Einsparungen am Boden führen dann zu Mehrarbeit im Cockpit oder zumindest zu erhöhtem Zeitdruck und Stress.

> „Wir versuchen natürlich an ganz vielen Stellen diese mangelnde Qualität aufzufangen, indem wir sie durch eigene Arbeit kompensieren, aber das ist nur bis zu einem begrenzten Grade möglich, denn ich kann nicht den Flugplan abgeben als auch das Flugzeug betanken als auch den Reifen wechseln als auch das Flugzeug putzen. Ich brauche, um innerhalb der knappen Zeitvorgaben, die wir haben, vernünftig arbeiten zu können, bestimmte qualifizierte Zuarbeiten. Einiges kann ich auffangen, zum Beispiel diese Wettergeschichten kann ich auffangen, indem ich im Cockpit im Dataprinter ... da kann ich so Eingaben machen und kann mir quasi das Wetter über ACARS, so ein kleines Fax holen, da habe ich dann die aktuelle Wettermeldung von hier. Das bedeutet aber wieder, dass ich anfangs zwei Minuten beschäftigt bin. Wenn ich nur 25 Minuten Turnaround habe und diese 25 Minuten Turnaround gefüllt sind, dann habe ich die zwei Minuten für diese Arbeit einfach nicht. Und dann gehe ich hin zu den Leuten, die verantwortlich sind für solche Prozesse, und sag: ‚Mir fehlt da dieses Wetter.' ‚Das können Sie sich doch bei ACARS ansehen.' Das heißt, es werden immer mehr Arbeiten, Supportfunktionen aus dem Bodenbereich in den Bordbereich hinein verlagert, mit der Konsequenz, dass der Zeitdruck und die Belastung für die Crew für ihre eigentliche Arbeit massiv steigt. Das Interessante ist, dass der Stress in einer ganz normalen Lineoperation für uns am Boden ist. Das Fliegen an sich ist einfach. In dem Moment wo ich abgehoben habe, meine Arbeit eingefahren ist und wir fliegen: ‚Ha! Geschafft!'" (F03)

Mit Blick auf den Zeitdruck und die Zunahme von Schnittstellenarbeit am Boden kommen mehrere Interviewte zu dem Schluss, dass das Fliegen zusehends die einzige Zeit ist, in der sie sich (noch) vom Stress am Boden erholen können. Jedoch macht diese Form der Arbeitsausweitung auch nicht vor der Flugphase halt. Einige Piloten schildern, dass sie auch beim Erreichen der Reiseflughöhe die Zeit für Vor- und Nacharbeiten nutzen. Zum Beispiel kann der gestiegene

---

34 Auch bezüglich outgesourcter zuarbeitender Stellen häufen sich Berichte über massive Fehler. So hat eine Airline die Berechnung des Loadsheets an einen Dienstleister im Ausland ausgelagert. Die Folge war, dass ein Leerflug mit null Passagieren zu einem Fehler führte, da eine Null in der Berechnung nicht vorgesehen war.

Dokumentationsaufwand zum Teil in die Flugphase mitgenommen werden. Dies betrifft unter anderem das schriftliche Festhalten von Sicherheitsüberprüfungen, Abläufen, technischen Auffälligkeiten etc. Eine wesentliche Rolle für die Arbeitsausweitung sowohl am Boden als auch in der Luft spielen Kommunikationstechnologien (z.B. das Mobiltelefon oder auch Übertragungssysteme im Cockpit) und die Informatisierung des Cockpits, zum Beispiel durch Laptops. Mit Hilfe Letzterer können Piloten neue Informationen des Unternehmens einsehen, sich weiterbilden, sich auf die nächsten Flüge vorbereiten, die notwendigen Daten abrufen und vieles mehr.

Arbeitsausweitung nach Hause

Arbeit wird nicht nur in die Flugphase hinein verlagert, sondern es bestehen auch starke Bestrebungen, zumindest die tägliche Flugvorbereitung (von ca. 20 Minuten) zum Teil den Piloten zu Hause zu ermöglichen. Dass sich Piloten in ihrer freien Zeit weiterbilden, sich in gewissen Abständen auf Simulatortests vorbereiten und sich über manche Verfahrensänderungen informieren, ist schon immer üblich. Vor allem jüngere Piloten müssen sich zudem regelmäßig mit den Spezifika bevorstehender Flüge auseinandersetzen, besonders wenn Flughäfen zum ersten Mal angeflogen werden. Aber auch erfahrene Piloten bereiten sich auf manche Flughäfen mit speziellen Anflugverfahren zusätzlich zu Hause vor, wenn sie diese schon länger nicht mehr angeflogen haben. Neben diesen speziellen Themen eröffnet die Digitalisierung aller relevanten Flugdaten und deren Bereitstellung per Internet in Kombination mit den entsprechenden Programmen auf den Laptops der Piloten einen erheblichen Rationalisierungsspielraum. Es kommt zu einer technisch vermittelten Entgrenzung zwischen Arbeit und Privatleben. Sowohl die großen Hersteller als auch die einzelnen Luftfahrtunternehmen konkurrieren derzeit im aufstrebenden Markt des internetbasierten Briefings um die Durchsetzung verschiedener Softwarekonzepte. In diesem Feld tummeln sich aber auch einige kleinere private Dienstleister.[35] Natürlich besteht auf Seiten der Luftfahrtunternehmen ein massives Interesse, die Vorbereitungszeit am Flughafen zu reduzieren, um längere Flüge (mit weniger Ruhezeit oder ohne Personalverstärkung) durchführen zu können, die Dienstzeit anderweitig zu nutzen und letztlich Kosten zu sparen. Im Einzelfall werden Piloten bereits angehalten, die Flugvorbereitung zu Hause durchzuführen, um bestimmte Flüge noch in der legalen Dienstzeit zu halten.

Bislang spielt diese Form der Arbeitsausweitung nur eine relativ geringe Rolle bzw. investieren Piloten hier nur wenig private Zeit. Die Möglichkeit, sich

---

35 Zum Beispiel wird eine Software beworben, mit der die Piloten das Briefing gegen eine Gebühr von zu Hause („Homebriefing“) oder unterwegs online durchführen können. Siehe www.homebriefing.com; vgl. auch Salzburg Airport Magazin 2005.

zu Hause vorzubereiten, kann auch als Entlastung wahrgenommen werden. Piloten schätzen die Chancen und Risiken dieser Entwicklung unterschiedlich ein. Ein Zwang zur Vorbereitung zu Hause und zum Ersatz der Vorbereitungszeit am Flughafen wird aktuell jedoch vom Gros der Piloten sehr kritisch eingeschätzt. Die Entwicklung hin zum ‚Paperless Cockpit' ist allerdings noch nicht abgeschlossen und auch die Kommunikationsmittel werden zunehmend multifunktionaler. Organisatorisch wie technisch besteht hier noch einiges an Rationalisierungspotenzial. Die Übertragung von Aufgaben aus der Arbeit in die Freizeit von Piloten hat ihren Höhepunkt sicherlich noch nicht erreicht.

Führung

Es herrscht eine klare formale Hierarchie innerhalb der gesamten Crew und auch zwischen den zwei Teilbereichen Cockpit und Kabine. Der Kapitän trägt einen großen Teil der Verantwortung für den Flug, auch wenn er nicht Pilot in Command ist (also nicht fliegt). Wie stark die Hierarchie zwischen den Positionen Kapitän und First Officer bzw. Copilot das Verhältnis im Cockpit zum Teil noch prägt, obwohl sie sich die meisten Arbeitstätigkeiten teilen, zeigt der folgende Kommentar eines Kapitäns:

> „Herr XY? Mit dem können Sie nicht fliegen, das ist ein Copilot, der fliegt selber mit." (H09)

In bestimmten Fällen muss der Kapitän Entscheidungen treffen, die dem Normalablauf entgegenstehen können, zum Beispiel ob bei einem Gerätedefekt der Flug dennoch durchgeführt wird oder nicht. Natürlich existieren hier auch genaue Vorschriften – die oftmals komplexe Interpretation und Übertragung in die Praxis bleibt jedoch in der Verantwortung des Kapitäns. Mit dem ‚Kapitänsentscheid' kann er in Ausnahmefällen sogar betriebliche und gesetzliche Regelungen zeitweilig außer Kraft setzen, wie zum Beispiel die Begrenzung der Arbeitszeiten, wenn ein Flug noch zu Ende geführt werden soll, obwohl die Crew zeitlich bereits ‚illegal' ist. Auf Grund der zunehmend eng abgestimmten Flug- und Personalplanung werden manche Kapitäne immer häufiger in diese Situation gebracht. Oftmals entwickelt sich seitens des Betriebs dann die Erwartung, dass der Kapitän seine Entscheidungsgewalt kontinuierlich im Sinne des Unternehmens nutzt. Neben der Verantwortung für die Flugdurchführung bzw. den Arbeitsprozess trägt der Kapitän, neben dem Purser, dem Chef der Kabine, aber auch eine gewisse Personalverantwortung, eine Führungsverantwortung (Huchler/Dietrich 2008).

Zunehmende Schnittstellenarbeit und Zeitdruck, veränderte Servicekonzepte, zum Teil größere Flugzeuge, jüngeres, weniger erfahrenes Kabinen- und Cockpitpersonal und ein sich wandelnder Unternehmensbezug des fliegenden Personals stellen erhöhte und zum Teil auch neue Anforderungen an Piloten (besonders an Kapitäne) als Führungspersonen. Die Komplexität der Arbeit von Piloten hat in allen Bereichen zugenommen. Unklare Bereichsabgrenzungen und eine Ausweitung von Arbeitsinhalten verlangen nach anderen Formen der Führung. Entscheidungen entlang der formalen Hierarchie zu fällen ist weniger zielführend. Mit der gestiegenen Systemkomplexität sind auf Seiten der Piloten ein anderes Führungsverständnis und neuere Führungstechniken gefragt. Ein rein autoritäres Führungsverständnis, das davon ausgeht, dass die gesamte Kompetenz und Verantwortung allein beim Kapitän liegt, funktioniert unter hohem Zeitdruck und bei zunehmender inhaltlicher Heterogenität und Unplanbarkeit der Arbeit nicht mehr.

> „Also, von oben herab zu dirigieren ist eigentlich fast nicht mehr möglich, weil es einfach zu komplex geworden ist. Ich weiß in der Kabine so viel nicht Bescheid, was da an Aufgaben für die ... Da haben wir gar nicht die Zeit dazu, um uns darum zu kümmern. Also da horche ich rein und stelle die Fragen so, dass ich weiß, was bei denen abgeht, und dann besprechen wir, wenn da irgendwo noch eine Weiche gestellt werden muss. Also diese Führungskompetenz ist sicher auch noch ein Merkmal, je besser es entwickelt ist, umso besser ist das Ergebnis nachher, was das Team abliefert; und ist in einem gewissen Maße Grundvoraussetzung, um überhaupt die Fliegerei in der Verkehrsfliegerei zu machen. Insbesondere dann nachher noch beim Übergang von Copiloten zum Commander, dass der gut entwickelt ist, dass die Firma auch ein gutes Gefühl hat, der geht damit sorgsam um." (H01)

Auf Grund vielfältiger und vor allem auch bereichsübergreifender Verdichtungen sind Piloten zusehends mehr als Führungskräfte im Gesamtsystem Flugzeug gefragt. Flugbegleiter weisen immer wieder darauf hin, wie wichtig die Persönlichkeit und das Verhalten des Kapitäns, aber auch des Copiloten für das Klima in der Kabine sind, auch wenn nur an wenigen Stellen in der Arbeit und nur für kurze Zeit direkter Kontakt zwischen den zwei Bereichen besteht. Das Klima wirkt sich dann wiederum auf die Arbeit an den Passagieren aus. Durch dieses ‚Crewmanagement' können die Piloten weitreichend Einfluss nehmen auf das Arbeitsergebnis – auch das der Kabine. Dies bestätigt Pilot B01: „Wir verkaufen uns komplett" – die gesamte Crew erzeugt gemeinsam das „Gesamtprodukt Flug". Dazu gehört auch, die Crew zur Not vor den Passagieren in Schutz zu nehmen.

> „Und da haben sich Leute beschwert, weil man will das, und dann gehe ich da auch dahin und erklär denen mal, warum der Sinn ist. Weil das ist eben jetzt meine Business Unit und dafür bin ich auch verantwortlich und mein Team macht eben keiner an." (D03)

Führungsverantwortung für die gesamte „Business Unit" ist für viele Piloten eine neue Anforderung. Mit der Zunahme an Schnittstellenarbeit, veränderten

Produkt- und Servicekonzepten und damit einhergehend auch verändertem Passagierklientel wird diese immer relevanter. Die Luftfahrtunternehmen weisen den Piloten über veränderte Rahmenbedingungen und Arbeitsinhalte vermehrt auch organisatorische und ökonomische Verantwortung zu – bislang jedoch weitestgehend unreflektiert und ohne die notwendige Unterstützung (z.B. was Schulungen angeht). Diese stärkere Rolle der Piloten als Führungskräfte ist jedoch bereits Gegenstand des Berufsverständnisses mancher Piloten. Einige sehen sich so weit in der Verantwortung für die (temporäre) Crew, dass sie diese bei individuellen Problemen und Konflikten auch gegenüber dem Unternehmen vertreten. Die ungleiche Machtstellung zwischen Kapitän und (teilweise in der Probezeit arbeitenden) Flugbegleitern gegenüber dem Unternehmen verlangt geradezu nach dieser Verantwortungsübernahme. Das Thema Führung ist ein weiterer Schlüsselpunkt der Veränderung des Berufs Pilot. Je nach Ausgestaltung eröffnen sich hier neue Chancen oder Risiken (z.B. zusätzliche Belastungen).

Qualifikation/Ausbildung

Während der letzten Jahre fand das Wachstum im deutschen kommerziellen Personenluftverkehr vor allem auf der Kurzstrecke bzw. im Lowcost-Segment statt. Damit stieg dort der Bedarf an Piloten. Wie bereits beschrieben, nutzen die Airlines Aus- und Neugründungen in diesem Segment, um bestehende Arbeitsverträge zu umgehen und andere Arbeits- und Beschäftigungsbedingungen durchzusetzen. Trotz der veränderten Bedingungen werden diese neuen Arbeitsplätze von Piloten durchaus nachgefragt. Zum einen bieten sich für junge Absolventen von Flugschulen neue Möglichkeiten für den Ersteinstieg in den kommerziellen Personenluftverkehr und zum anderen für bereits erfahrenere Piloten schnelle Aufstiegsmöglichkeiten zum Kapitän. Um auch Piloten mit Flugerfahrung von anderen Airlines anzuziehen, werden Wechselbedingungen flexibilisiert. Wurde bei manchen Airlines zum Beispiel lange davon abgesehen, mit dem Aufstieg zum Kapitän (Sitzplatz/Aufgaben) gleichzeitig auch das Muster (Flugzeugtyp) zu wechseln, bestehen diesbezüglich aktuell bei einigen Airlines keine Sicherheitsbedenken mehr. Insgesamt ist mit der Zunahme der Kurzstreckenfliegerei das Cockpitpersonal in manchen Airlines extrem verjüngt worden. In der letzten Phase, als viel Personal benötigt wurde, konnten Piloten bei manchen Airlines bereits mit Erreichen der gesetzlichen Mindestzahl von 1.500 Flugstunden Kapitän werden.[36] Das heißt, es war theoretisch möglich, dass ein 25jähriger Kapitän und ein 21jähriger Copilot zusammen fliegen. In den Augen mancher erfahrener Piloten ist dies eine massive Gefährdung der Sicherheit.

---

36 Wobei in den meisten Airlines die betrieblich geregelte Mindestzahl bei 3.000 Flugstunden liegt.

> „Viele junge Leute mit wenig Stunden werden da in Kapitänspositionen gesetzt. Also ich muss Ihnen ehrlich sagen, hier unter uns und Ihrem Gerät, das hier aufnimmt: Ich sehe den Crash auf uns zukommen. Das ist so. Das wird eines Tages knallen. Ich habe Leute getroffen, die 1.700 Stunden Gesamtflugzeiten haben und die fliegen als Kapitän, also das kann nicht gut gehen. Es wird, irgendwann mal wird sich das rächen." (H09)

Parallel zu den Unternehmensumformungen und zur Personalverjüngung externalisieren viele Luftfahrtunternehmen die Ausbildungskosten und das damit verbundene Risiko: zum Beispiel durch anfängliche Mindestvertragslaufzeiten, in denen die Ausbildungskosten abbezahlt werden, oder durch eine Privatisierung der Kosten für Ausbildung und Musterberechtigungen (Type Rating). So entstehen zum Teil sehr hohe Kosten für einzelne Piloten und starke Abhängigkeiten vom Arbeitgeber. Falls Piloten keine der begehrten betrieblich (vor-)finanzierten Ausbildungsmöglichkeiten ergattern, müssen sie für die hohen Ausbildungskosten selbst aufkommen.

> „Wenn ich jetzt die Zeit in Rückwirkung betrachte, habe ich 20.000 für die [Bedarfsflieger], übertragen auf eineinhalb Jahre, plus dann [Airline (Muster)] abgetragen auf die Verweildauer bei [Airline], dann habe ich, ohne die Ausbildungskosten zu tilgen, sondern einfach nur in diese zwei Besonderheiten so viel Geld reingesteckt, dass ich eigentlich unter dem Sozialhilfeniveau war die ganze Zeit. Und das, obwohl ich im Grunde genommen eine expressmäßige steile Karriere hingelegt habe." (E02)

Das Verhältnis zwischen den Verdienstmöglichkeiten und den Einstiegskosten verschlechtert sich – eine Tatsache, die bei der Berufswahl zunehmend berücksichtigt werden muss.

> „Das wird wohl auch wesentlich schlechter bezahlt für mehr Arbeit und schlechtere Arbeitsbedingungen. Und ich mein, dann kommt bestimmt irgendwann mal der Punkt, wo man sagt: ‚Gut, das ist jetzt nicht mehr unbedingt der Traumjob, den ich mir vorgestellt habe.' Und es gibt dann auch so Ausreißer, wo man sogar noch für sein Linetraining bezahlt. Also da gehe ich als fertiger Pilot mit Schulden ohne Ende von meiner privaten Ausbildung zu einer Airline und bezahle denen noch Geld, damit ich bei denen das Linetraining fliegen darf." (F07)

Für manche Piloten ist ihr Beruf nicht mehr „der Traumjob", wenn die Verdienstmöglichkeiten sinken, die Arbeits- und Beschäftigungsbedingungen schlechter werden und gleichzeitig die Ausbildungs- und Einstiegskosten steigen. Die Bedeutung anderer Motivationen steigt. Hierauf reagiert das Personalmanagement mancher Airlines schon, indem bei der Personalauswahl zum Teil andere Typen von Piloten selektiert werden. Einkommens- und Statusorientierungen können nicht mehr befriedigt werden. Daher werden intrinsische Motivationslagen vorausgesetzt. Andererseits müssen noch höhere Ausbildungskosten aufgebracht werden, was ein bestimmtes herkömmliches Klientel von Piloten bevorzugt. Bislang wurde der Beruf oft ‚vererbt' und von den Eltern finanziert. Interessante Fragen sind, ob das aktuell von den Airlines geforderte Typenprofil von Piloten noch diesen familiären Background aufweist, wie sich dieser möglicherweise ändert und welche Auswirkungen dies gegebenenfalls hat.

Die Arbeitssituation von Piloten befindet sich im Wandel. Die Qualifizierung von Piloten hat sich diesen Veränderungen jedoch noch kaum angepasst. Bislang liegt der Schwerpunkt der Pilotenausbildung und auch der Fortbildung auf dem fliegerischen Kernbereich. Der theoretische Teil zum Lizenzerhalt, die regelmäßigen Simulatorschulungen bzw. -tests und auch das sogenannte Crew Resource Management greifen – nach Aussage der interviewten Piloten – nicht die oben beschriebenen neuen Anforderungen (z.B. Führung und Schnittstellenorganisation) auf. Zudem ist die Ausbildung Gegenstand aktueller betrieblicher Rationalisierungs- bzw. Einsparungsstrategien. Dabei haben auch Ausbildungskapitäne und andere für die Personalselektion zuständige Personen bereits erkannt, dass die organisatorischen Anforderungen der Arbeit neue Fähigkeiten verlangen, und schreiben den fliegerischen Skills weniger Bedeutung zu. Letztlich liegt dies auch daran, dass die ökonomischen Interessen an Gewicht gewinnen – was durchaus in Konflikt mit sicherheitsbezogenen Aspekten geraten kann.

> „Das heißt auch, dass man eben in Notlagen dieses Flugzeug auch fliegen kann, auch den A380, wenn sie mal einen Triebwerksausfall haben. Bloß das erwarte ich eigentlich mit einer ... Stell ich es auf den Kapitän ab? Ja, wenn einer Kapitän werden will, ist mir wichtiger, dass er in der Lage ist, das Drumherum zu handlen, wie jetzt einen ILS-Anflug, das ist ein Instrumentenanflug, so hundertzehnprozentig zu fliegen, ja. Also ich denke, das Drumherum tritt immer mehr in den Vordergrund." (B07)

Das „Drumherum" „handlen" zu können wird in der Praxis wichtiger – und in der Folge auch als Auswahl- und Selektionskriterium für die Karriere. „Persönlichkeit", „Eigenständigkeit" und „Führungsqualitäten" werden als Schlüsselqualifikationen, die ein angehender Pilot bereits mitbringen muss, für eine Einstellung immer bedeutsamer. Bereits heute nehmen die psychologischen Tests bei der Personalauswahl den Anteil mit dem meisten Gewicht ein.

> „Dann ist es immer mehr dieser Manager von diesem Gerät, was sich da in der Luft bewegt. So gesehen sind die Anforderungen sicher andere. Man muss von der Persönlichkeit her sehr viel mehr mitbringen als nur den Spaß, da irgendwie mit viel PS rumzuheizen. Und so wird sich das längerfristig in den Firmen auch ein bisschen mehr rausbilden. Danach selektieren wir jetzt auch mehr bei [Airline], da müssen Leute wirklich mit Persönlichkeit, mit Eigenständigkeit sein. Wenn ich jetzt einfach nur den Superpiloten haben möchte, der gut von A nach B fliegt, dann ist der in anderen Unternehmen vielleicht besser aufgehoben. Also

> gewisse Führungsqualitäten, das ist sicherlich, wo jetzt noch mehr oder stärker darauf geachtet wird als früher.“ (H08)

Jedoch betrifft diese Trendwende weg von den rein fliegerischen Aspekten in der Regel nur die Personalauswahl. Die verlangten neuen Qualifikationen werden kaum systematisch betrieblich geschult (z.B. Führungsmethoden bei der Kapitänswerdung). In der Folge sind Kapitäne teilweise schlechte Führungskräfte – obwohl zum Teil erkannt wird, dass dieser Aspekt immer bedeutsamer wird.

> „[Das CRM ist] mehr auf Notsituationen. Der Umgang als solches gehört zu der Ausbildung, die ich in den letzten 35 bis 36 Jahren von meinen Eltern irgendwo bekommen habe: Wie gehe ich mit Menschen um? Und es gibt Fälle im Cockpit oder in der Kabine, die das eben nicht können. Die kommen morgens zum Briefing und sagen: ‚10 Stunden 30. Wetter ist gut. Seid ihr fertig?! Abfahrt!‘ Das ist dann das Briefing. Dann sitzen alle da: ‚Das wird ja ein toller Umlauf.‘“ (H05)

Im Luftverkehr besteht die Vorstellung, über eine ausgeklügelte Personalauswahl Piloten selektieren zu können, die bereits alle Fertigkeiten und Fähigkeiten für die gesamte Karriere mitbringen. An der Ausfallquote bei der Kapitänswerdung (also dem Prozentsatz, der es nicht schafft, Kapitän zu werden) wird die Güte der Einstellungstests gemessen. Die Vorstellung dahinter ist, dass eine geeignete Personalauswahl weiteren Schulungsbedarf in Richtung sozialer Kompetenz, Führungsqualitäten etc. unnötig macht und so immense Kosten einspart. Dies traf bislang eventuell auf Teamfähigkeit und gewisse soziale Kompetenzen zu. Führungs- und Managementtechniken müssen jedoch erlernt werden.

Neue Kontrollformen: Ökonomische (indirekte) Steuerung

Mit neuen Eigentumsformen und neuer Managementkultur ziehen auch im Luftverkehr neue Formen der Leistungssteuerung ein, wie sie sich in anderen Bereichen der Wirtschaft bereits etabliert haben. Mit zunehmendem Wettbewerb und Kostendruck gewinnen diese noch zusätzlich an Bedeutung, da sie primär auf wirtschaftliche Faktoren ausgerichtet sind, deren Relevanz im Luftverkehr aktuell zunimmt. Im Folgenden wird zunächst kurz auf die bisherige Leistungssteuerung im Luftverkehr eingegangen. Diese ist charakterisiert durch einen Mix aus einer sehr rigiden formalen Detailsteuerung, einer relativ hohen Bezahlung und einem ausgeprägten Berufsstatus. Die (nicht zuletzt räumliche) Distanz zwischen Flugzeug und Betrieb hat schon immer manche (vor allem direkten) Kontrollformen erschwert und ist ein Grund für die besondere Position von Piloten in ihrem Arbeitsumfeld. Mit dem aktuellen Wandel im Luftverkehr und den damit einhergehenden veränderten Arbeitsbedingungen erweisen sich jedoch alle drei Steuerungsansätze zunehmend als defizitär. Eine weitere Form hält Einzug in die Arbeit von Piloten: die indirekte Steuerung. Auf diese wird im Anschluss etwas ausführlicher eingegangen. Es wird aufgezeigt, wie die Airlines versuchen, das ‚unternehmerische Denken' von Piloten, also die Übernahme von Eigenverantwortung auch für wirtschaftliche Ziele, zu fördern und mittels der Erhebung und Auswertung von Daten zu forcieren. Es zeigt sich: Methoden der indirekten Leistungssteuerung scheint inhärent zu sein, dass schon immer widersprüchliche Ziele der Praxis von Airlines nunmehr massiv zu kollidieren drohen und zunehmend nicht das Management, sondern die Piloten dafür verantwortlich gemacht werden, dies zu verhindern.

Bislang: Detailkontrolle, Bezahlung und Status

Rund um den Luftverkehr hat sich ein komplexes Kontroll- und Regelsystem ausgebildet, in dem Gesetzgeber, Hersteller, Luftfahrtunternehmen und Interessengruppen weit in die Details der täglichen Arbeit von Flugbegleitern und Piloten hineinwirken. Die meisten planmäßigen täglichen Arbeitsschritte sind mit *Standards* unterlegt, indem Verfahren festgeschrieben, Handbücher gepflegt und Checklisten erstellt werden. Nicht zuletzt wird die Ausbildung reglementiert und Mensch wie Maschine werden regelmäßig auf Herz und Nieren gecheckt (Simulator- und Gesundheitscheck, Wartung etc.). Ganz im Sinne der wissenschaftlichen Betriebsführung (Taylor 1977, ursprünglich 1919) wird versucht, die Transparenz über die Arbeitsprozesse aufrecht zu erhalten und das Arbeitsgeschehen durch vorherige Planung zu lenken. Wie schon bei Taylor wird auch im Luftverkehr der Mensch als Störfaktor (hier eher ‚Risikofaktor') im System angesehen und versucht, seinen Einfluss bzw. den Einfluss der menschlichen Seite überhaupt möglichst gering zu halten. Ein Symbol hierfür ist der ständige Wechsel der Crewzusammensetzung:

> *I:* „Also, man könnte ja auch das Gegenteil vermuten: eingespielte Crew und bewährte Kommunikation. Es scheint nicht so zu sein?"
>
> *P:* „Nein, man hat da festgestellt, auch bei anderen Unternehmen, wenn zu lange zusammen, dann weichen die zu sehr ab. Sowohl entwickeln sich Standards: Die machen Sachen, die nicht gewollt sind. Kontrolle ist vielleicht der falsche Begriff, aber wenn ich mit einem, den ich jetzt nicht so kenne, dann ist doch eher: ‚Wir machen das alles so, wie es gedacht ist. Wir entwickeln nicht eigene Ideen.' Und das war mal eine Begründung dafür, warum dieses deswegen gut ist. Weil was jeder dran zu tun hat, ist in unseren Büchern beschrieben. Das wird trainiert. Das ist also jetzt nicht wie im Büro, wo ein neuer Kollege zu mir kommt: Ich muss mich erst einmal einarbeiten. Das haben wir nicht im Cockpit und in der Kabine. Da weiß jeder, was zu tun ist, wenn Start ist, wenn Landung ist. Das funktioniert sehr gut." (H07)

Die Ausbildung einer Arbeitskultur und gemeinsamer Routinen ist also explizit nicht erwünscht. Freiheitsgrade in der Arbeit werden gezielt reduziert. Zum einen, um die Funktion eines sehr linearen Kontroll- und Sicherheitskonzepts nicht zu gefährden und die zentrale formale Steuerung über betriebliche Vorgaben (inklusive derjenigen der Hersteller und des Gesetzgebers) weiterhin zu ermöglichen. Zum anderen sicherlich auch, um durch die potenzielle Ersetzbarkeit jedes einzelnen Crewmitglieds einen flexiblen Personaleinsatz zu realisieren und um sich auf der unternehmerischen Seite ein gewisses Machtpotenzial[37] zu sichern.

Mit steigendem Preis- bzw. Renditedruck, zunehmendem Verkehr und Zeitdruck und komplexer gestalteter Schnittstellenarbeit erweist sich die Arbeitssteuerung an manchen Punkten als defizitär. Denn von den fliegenden Mitarbeitern wird zunehmend mehr verlangt, als ihre Arbeitsbeschreibung vorsieht. Dies betrifft vor allem die Stellen, an denen Piloten auf Zuarbeit angewiesen sind. Besonders der Kapitän, aber auch die gesamte Crew muss vermehrt bereichsübergreifend „monitoren“ (F03) bzw. (nicht nur die Technik, sondern) das gesamte System Flugzeug und seine Schnittstellen überwachen und organisieren. Mit dem verstärkten Blick auf die Wirtschaftlichkeit erweist sich die formale Steuerung oftmals als zu starr und zu unflexibel, um auf ökonomische Anforderungen zeitnah und kostengünstig zu reagieren. Zum Beispiel beim Thema des spritsparenden Fliegens oder bei unvorhergesehenen Ereignissen am Flughafen ist das Luftfahrtunternehmen auf die Initiative und die Kreativität der Crew und auf die Piloten als Führungskräfte und Organisatoren angewiesen.

Mit der Unterschrift unter den Arbeitsvertrag haben die Beschäftigten dem Unternehmen Rechte abgetreten und dem Management die Befugnis zugesprochen, ihnen im Rahmen ihrer Arbeit Anweisungen zu erteilen. Für die Erfüllung ihrer Arbeitspflichten erhalten sie sodann eine Vergütung bzw. ein *Einkommen.* So weit die klassische Variante der Arbeitssteuerung.

> „Auf der anderen Seite wissen wir aber auch, dass Geld der schlechteste Motivationsfaktor ist, weil er eine extrem geringe Halbwertszeit hat. Ja, also wenn Sie jemandem eine Gehaltserhöhung geben, dann freut er sich zwei Monate und nach dem dritten Monat denkt er: ‚So, könnte eigentlich noch ein bisschen mehr sein.‘ Die Halbwertszeit ist relativ kurz bei finanziellen Sachen. Dass ein gewisser Grundbetrag da sein muss, sonst ist die Unzufriedenheit so groß, dann würde es nicht funktionieren. Aber auch das sieht man an der Kabine. Da ist mittlerweile ein anderes Level erreicht, dass man sagt, also die sind schon bald gezwungen, wieder zu Hause zu wohnen, weil die sich damit eine eigene Wohnung nicht leisten können.“ (D02)

---

37 Dieses unternehmerische Machtpotenzial scheint auf Grund der hohen Investitionen in Ausbildung und Schulung, des weiter bestehenden großen Werts des Erfahrungswissens, aber auch der durch die raum-zeitliche Trennung verstärkten Kontrollprobleme zumindest bei Piloten relativ gering zu sein, was auch die noch immer vergleichsweise hohen Gehälter widerspiegeln.

Das Einkommen allein scheint also seinen Zweck, die Arbeitsleistung abzusichern, mehr schlecht als recht zu erfüllen bzw. auf Grund der geringen „Halbwertszeit" die Unternehmen relativ teuer zu kommen. Ganz nach den Erkenntnissen von Herzberg et al. (1959) reicht das Einkommen als echter „Motivator" als Basis der Arbeitszufriedenheit nicht alleine aus. Insofern macht es durchaus Sinn, wenn die Unternehmen auf zusätzliche intrinsische Motivatoren abzielen. Als „Hygienefaktor" sichert das Einkommen jedoch eine gewisse Basis, um Unzufriedenheit zu verhindern. In der zitierten Interviewpassage wird jedoch auch angesprochen, dass sich die Einkommenssituation verschlechtert hat; relativ drastisch für die Flugbegleiter, aber nicht nur für diese, sondern auch für die Piloten, die ebenfalls nicht mehr mit demselben Gehalt einsteigen wie die Kollegen vor ihnen und im Vergleich zu diesen mit geringeren Einkommenszuwächsen (Gehaltsstufen) rechnen müssen.

Nicht zuletzt spielt gerade im Luftverkehr der *Status* für die Leistungssteuerung eine sehr zentrale Rolle. Die ausgefeilte, kostenintensive und aufwändige Technik, die großen, weithin sichtbaren Flugzeuge, das Abenteuer Fliegen – die Überwindung der Naturkräfte –, der Glanz der Berufe Pilot und Flugbegleiter, die hohe Sicherheitsrelevanz und Verantwortung der Arbeit strahlen weit in das Beschäftigungsfeld Luftverkehr hinein und bilden eine nicht unbedeutsame Ressource der Arbeitsmotivation. Je weiter die Strecken, je exotischer die Orte sind, die angeflogen werden, je größer die Flugzeuge und die Flotte insgesamt sind, je schicker die Uniformen, je exklusiver die Hotels und je besser die Crewmitglieder ausgerüstet sind (z.B. mit Laptops), desto größer ist die Identifikation. Die Unternehmenskultur im Luftverkehr beruht zu einem großen Teil auf diesen Statusaspekten.

> „Die Piloten, die bei [Airline] fliegen, sind stolz, dass sie bei [Airline] fliegen. Und die tragen die Uniform gerne. Die identifizieren sich mit ihrem Flugzeug, mit ihrem Unternehmen. [...] Wenn ich heute in New York einschwebe mit meinem [Farbe] Flieger, dann bin ich ja jemand, mit meinem großen Flieger. Da bin ich stolz, dass ich jetzt da bin, als [Airline]. Und das ist schon was. Das ist ja ein Stück Heimat in dem Moment." (H09)

Gleich auf mehreren Ebenen funktioniert auch die Status-Motivation über Identifikation aktuell nicht mehr so wie früher. Auf Grund der fortentwickelten Technik ist das Fliegen kein Abenteuer mehr, auch für viele Passagiere ist es Normalität geworden. Die Berufe Pilot und Flugbegleiter verlieren einen Teil ihres Ansehens: Die „Halbgötter in Blau" (Ramge 2003) werden, zugespitzt gesagt, zu „Busfahrern der Lüfte" (ebd.; vgl. Cwerner 2009) degradiert. Auf der Flugbegleiterseite ist das Pendant zu dieser Art der ‚Verunglimpfung' der (in den Duden aufgenommene) Ausdruck „Saftschubse". Mit der überproportionalen Zunahme der Mittel- und Kurzstreckenfliegerei und der Neu- und Ausgründung von Unternehmen, die sich auf die Bedienung dieser Strecken konzentrieren, ist das Gros der Piloten vom Zugang zu den exotischen Strecken, den großen Fliegern der Langstrecke und den damit verbundenen Arbeitsbedingungen (Freizeit und Bezahlung) ausgeschlossen. Mit der Optimierung der Streckenkonzepte und Flugpläne müssen zudem bisherige reine Langstreckenpiloten zunehmend auch Kurzstrecken bedienen – mit dem entsprechenden Fluggerät. Auf Grund der Häufigkeit der Umstrukturierungsmaßnahmen ist es auch keinesfalls mehr sicher, ob die Farbe und der Name auf dem Flieger dieselben bleiben und ob nicht die Uniform gewechselt werden muss. Der ökonomische Druck und seine Auswirkungen auf den Status und die Kultur zeigen sich aber auch in subtilerer Form: Uniformen geraten außer Mode und weisen vermehrt Verschleißerscheinungen auf (ein ernsthaftes Problem für diese repräsentativen Dienstleistungsberufe[38]), die angestammten, zentrumsnahen Hotels an den Destinationen werden (unter oftmals großem Protest der Crews) durch näher an den Flughäfen gelegene ersetzt, an der Bereitstellung von persönlichem Equipment, wie Laptops, wird gespart usw. All dies macht es dem fliegenden Personal schwerer, sich mit dem Unternehmen und zum Teil auch mit dem Beruf und dem gesamten Tätigkeitsfeld zu identifizieren. Mit den zunehmenden Konflikten zwischen den verschiedenen Unternehmensbereichen wird auch das System der Partizipation am Glanz des Feldes und einzelner privilegierter Berufsgruppen gestört. Viele ‚normale' Bodentätigkeiten haben vom Image des Gesamtsystems Luftverkehr, dessen Aushängeschild (neben den Reisenden) das fliegende Personal ist, profitiert. Weiterhin strahlt vom fliegenden Personal Glanz aus, ebenso wirkt jedoch zunehmend auch die Statusreduktion der Fliegenden weit in das Beschäftigungsfeld hinein.

Neu: Indirekte Leistungssteuerung

Neben den drei etablierten Formen der Leistungssteuerung bzw. -sicherung (Detailsteuerung, Bezahlung und Status) werden in der Luftfahrt aktuell zunehmend neuere Steuerungsmethoden integriert: Methoden der ‚indirekten' Kontrolle. Das heißt, an den Punkten, an welchen eine direkte Kontrolle der Leistungsverausgabung über Reglementierung und Formalisierung nicht oder nicht mehr ausreichend möglich ist, wird stärker auf die Selbstkontrolle des Flugpersonals gesetzt – mittels Information, Appellen an das ökonomische Bewusstsein, Schulungen, Kontrolle von Daten und personalen Drucks.

---

38 Flugbegleiter wie Piloten können durchaus als Dienstleister angesehen werden – als Mobilitätsdienstleister, die gesellschaftliche Mobilität zur Verfügung stellen.

Räumliche Distanz als Machtpotenzial

Die Mobilität des Arbeitsplatzes von Piloten bedingt eine (räumliche) Distanz zwischen dem Arbeitsplatz von Piloten und dem Sitz des Managements, was auch die Formen der Arbeitssteuerung nicht unberührt lässt. Das Flugzeug mit der Crew und der Betrieb existieren zumindest räumlich als zwei getrennte Einheiten. Nicht zuletzt auf Grund dieser Delokalität nehmen Piloten im Luftfahrtbetrieb eine Sonderstellung ein. Vor allem wenn sie nicht an der Heimatbasis stationiert sind, ist das Verhältnis zwischen dem Flugpersonal und dem Betrieb durch Distanz geprägt. Zum einen ist der direkte persönliche Kontakt durch die raum-zeitliche Entfernung zum Betrieb recht selten und kann mittels medienvermittelter Kommunikation (z.B. über Telefon und Internet) in der täglichen Arbeit nahezu gegen null reduziert werden:

> „Es gibt ja überall Leute, mit denen man vielleicht nicht so zurechtkommt, das kann man dann auch sehr gut vermeiden. Also man kann wirklich als Pilot einchecken, fliegen und wieder nach Hause gehen. Die Infos, die man braucht und die man wissen muss, kommen über E-Mail." (B08)

Zum anderen bildet die Crew zusammen mit dem Flugzeug auch auf der sozialen Ebene ein relativ anonymes Einzelsystem – wie das folgende, an die Technik angelehnte Bild eines sozialen „Atomreaktor[s]" veranschaulicht:

> „Je anonymer ein System wird und je weniger die ein Ventil haben dafür, desto mehr steigt der Innendruck und desto mehr steigt dann auch die Unzufriedenheit. Weil auf der anderen Seite ist jedes Cockpit, was durch die Gegend fliegt, wie so ein kleiner Atomreaktor. Die beiden sitzen zusammen, tauschen sich über ihre täglichen Probleme aus [...] aber der Kühlkreislauf versagt, weil es geht nicht nach außen. So, und nach dem Tag oder nach der Woche Fliegen haben die sich beide so richtig gegeneinander befruchtet und aufgeheizt und haben aber keine Möglichkeit zur Druckentlastung." (D02)

Die Entwicklung gemeinsamer Interessen und deren Bekundung finden in einem unreglementierten Raum statt, zumindest was personale Führung angeht. Das Management, aber auch die betriebliche Personalvertretung tun sich beim mobilen Personal auf Grund der Distanz teilweise schwer, Interessen zu kanalisieren. Piloten machen ihrem Ärger eher unterwegs gemeinsam mit Kollegen Luft, „am Pool auf dem Hoteldach" (G01), und wenn sie ihre Arbeit beenden, drängt es sie nach Hause. Auch zum Organisieren ihrer individuellen arbeitsbezogenen Interessen fehlt den Piloten der Betrieb – im Sinne eines festen Arbeitsorts. In dieser vielschichtigen, nicht zuletzt stark räumlich geprägten Situation gründet schon immer ein großer Teil des Machtpotenzials des Flugpersonals – allen voran der Kapitäne. Viele Piloten sehen einen großen Vorteil in der Distanz: die weitestgehende Abwesenheit direkter (personaler) Kontrolle und die Möglichkeit, der (allerdings stark regulierten) Arbeit relativ „autark" (B02) nachzugehen. Der seltene Kontakt zum Flugbetrieb verhindert auch Konflikte. So begründet zum Beispiel B02 sein geringes Interesse am Kontakt zum Flugbetrieb folgendermaßen: Er hat „kein Verlangen auf miese Stimmung". Zudem nutzt die „renitente Truppe" (G03) Piloten ihre starke Machtposition natürlich auch interessenpolitisch. Dies verstärkt die betriebliche Führungs- bzw. Kontrollproblematik noch zusätzlich.

Unternehmerisches Denken

Die besondere Situation der Airlines als Mobilitätsdienstleister und die auf Grund der Mobilität des Arbeitsplatzes von Piloten große räumliche Distanz zum lokalen Betrieb haben immer schon speziell angepasste Leistungssteuerungs- und Kontrollmethoden notwendig gemacht. Neben der extremen Standardisierung von Abläufen, die auf einen flexiblen Personaleinsatz abzielt, setzen Airlines bislang auch auf personelle Steuerung, vor allem durch den Kapitän. Diesem kommt eine zentrale Rolle zu, nicht zuletzt deshalb, weil oftmals schnell und situativ angepasst entschieden werden muss und direkte Eingriffe der nächsthöheren Ebenen erschwert sind. Auf Grund dieses Kontrolldefizits und der daraus resultierenden Abhängigkeit von der Schlüsselposition Kapitän setzen Airlines neben der (tendenziell eher dequalifizierenden) Detailsteuerung auch auf die Befähigung von Piloten mittels Qualifikation, zum Teil einhergehend mit erweiterten Entscheidungsspielräumen. Der besonderen Funktion, die Kapitänen an Bord zukommt, ist durch die Institutionalisierung des Kommandantenentscheids Rechnung getragen worden. Er bildet die rechtliche und organisatorische Grundlage für situationsbezogenes Entscheiden durch den Kapitän. Die Absicherung der Leistungsverausgabung findet in diesem Fall über eine Verstärkung der bereits etablierten Faktoren Einkommen und Status, über das Nutzen der ausgeprägten Berufsethik und mittels kultureller Integrationsmaßnahmen statt. Diese eher passiven indirekten Mittel der Leistungssteuerung werden aktuell zunehmend begleitet durch immer aktivere Versuche der direkten und indirekten Einflussnahme auf die Autonomiespielräume der Piloten, vor allem durch Maßnahmen, die auf die Internalisierung der Unternehmensziele abzielen, zum Beispiel durch Schulungen. Zwar setzen manche Airlines weiter auf eine immer rigidere Standardisierung ihrer Prozesse, andere betonen aber zunehmend die Bedeutung des ‚unternehmerischen Denkens' ihrer Kapitäne. Dennoch existieren in allen Airlines die verschiedenen Formen der Leistungssteuerung nebeneinander. Besonders interessant ist dabei, dass auf zunehmenden Kostendruck tendenziell mit einer Verstärkung beider (zueinander konträren) Wege reagiert wird: sowohl mit einer erhöhten Standardisierung als auch mit Qualifikation und Autonomie.

> „Man kann ja dann sicherlich unter verschiedenen philosophischen Ansätzen führen. Ein Ansatz könnte ein sehr strikter sein, dass das Management strenge Vorga-

ben gibt, in denen die Mannschaft sich aufzuhalten hat. Eine andere Möglichkeit wäre, den Kommandanten, den Kapitän mit hohen Autoritäten zu bestücken und sich damit einen Managementvertreter vor Ort ranzuzüchten. Letzteres ist die Philosophie hier. Das spiegelt sich in vielen Punkten hier. Die Entscheidung, wie viel Sprit der Kapitän mitnimmt, findet nur bei ihm statt. Er entscheidet das. Das machen viele ganz anders. [...] Er sitzt drin und er tankt ja Zeit. Er sagt, wie viel Zeit er braucht und wie er sich das Zeitpuffer holt, das er braucht. Wie geht er damit um? Wir beobachten das ja gerade, weil das ein wirtschaftlicher Punkt ist: sehr verantwortungsbewusst. Er geht damit sehr verantwortungsbewusst um. Wenn wir was kommunizieren, wie wir was sparen könnten, tun wir das über Überzeugung und sind damit genauso effizient. Und wir sagen, das funktioniert. Das heißt, unsere Kommandanten haben wir ... Wir sind froh über diese Zucht. Wir sind froh, dass wir die ... das so gemacht haben. Das ist ein Benefit, was nicht [Airline/Marke 1] erfunden hat. Das ist ein Benefit, was schon viel früher bei [Airline/Marke 2] angefangen hat, Mitte der 70er angefangen hat, und vielleicht auch noch vorher, wo man gesagt hat: ‚Wie mach ich das? Beschneide ich die oder bestück ich sie mit Power?' Letzteres hat zu der Kultur geführt, die wir heute leben. Und wir sind sehr zufrieden mit dem Ergebnis. Das kommt alles aus [der Airline]." (G02)

Das Commitment dieser „Zucht" wurde bislang durch die relativ gute Bezahlung, institutionell gut gerahmte Arbeitsbedingungen, einen hohen Status und die relativ große Autonomie gesichert. Einkommen und Status nehmen jedoch ab, Arbeitsbedingungen verschärfen sich, Arbeitsverträge werden unterlaufen und auch das hier zitierte Unternehmen unternimmt vielfach Versuche, Einfluss auf das konkrete Arbeitshandeln auszuüben. Die Performanzdaten jedes Fluges werden erfasst, überprüft und individuell zugerechnet. Jedoch werden daraus bislang nur indirekt eingreifende Maßnahmen abgeleitet. Ein Mittel ist der gezielte Appell an die Eigenverantwortung der Mitarbeiter mittels Information:

„Also ist mein Verständnis immer davon, dass ich denen nicht erzählen muss, wie schlecht es im Moment in der Wirtschaft ist. Ich muss denen nur eine Grafik zeigen, wo ich sage: ‚Das sind unsere Einnahmen. Das sind unsere Ausgaben. Machen wir das noch zwei Jahre weiter, ist die Firma zu Ende.' Also muss ich ... sich irgendwas tun." (D02)

Es wird auf die Einsicht der Mitarbeiter und deren Verinnerlichung der Unternehmenssituation gesetzt. Wie in dem obigen Zitat wird dabei häufig der Markt als eine anonyme Macht dargestellt, die bestimmte Handlungen erzwingt – zum Beispiel Einschnitte bei den Personalkosten. Auf Marktzwänge verweisende Argumentationen verschleiern jedoch bewusst getroffene strategische Entscheidungen und dienen oftmals zu deren Legitimation.[39] Sehr ähnlich, aber etwas sub-

39 Zur scheinbaren Objektivität des Markts als Quelle externen Sachzwangs zur Legitimation interner Entscheidungen siehe Huchler et al. 2007, S. 219 und Moldaschl/Sauer 2000, S. 212.

tiler funktioniert die indirekte Steuerung über das ökonomische Bewusstsein, die in der Zielvereinbarungsliteratur auch „Erziehung zum unternehmerischen Denken" (Huchler et al. 2007, S. 58ff.) genannt wird: Es geht darum, dass die Piloten die Ziele des Unternehmens verinnerlichen. Infolge der zunehmenden Außen- und Innenkommunikation von wirtschaftlichen Zwängen setzt sich auch das fliegende Personal mit den ökonomischen Bedingungen des Unternehmens intensiver auseinander:

> „Natürlich habe ich ein schlechtes Gefühl, wenn ich eine Maschine fliege, wo nur zehn Passagiere drin sind oder die nur zu 50% ausgelastet ist. Ich meine nicht, dass ich mir da keine Gedanken drüber mache." (B03)

Ökonomisches Fliegen – Das Flugzeug als Betrieb

Die Förderung des ökonomischen Bewusstseins zielt letztlich darauf ab, dass sich die Mitarbeiter verantwortlich fühlen und ihr Arbeitsverhalten verändern.

> „Also einmal natürlich das, was von der Firma kommuniziert wird, wir wissen immerhin sehr genau, wie das mit dem Ölpreis aussieht, zu welchen Preisen wir eingekauft haben. Also, so gesehen ist das bei uns ein sehr großes Thema. Und wir haben in jedem Plan, den wir bekommen – Flugplan –, sehen wir auch, wie viel wir mehr verbrauchen, wenn wir zum Beispiel jetzt schneller fliegen oder halt höher oder tiefer. Das ist sehr stark. Und diesen Extrasprit mitzunehmen, da hat man früher pauschal mal drei, vier Tonnen mitgenommen pro Strecke. Sicher ist sicher. Wir dürfen zwar immer noch entscheiden, wie viel wir mitnehmen, wir könnten auch jedes Mal drei, vier Tonnen mitnehmen, aber eben pro Tonne, das wird auch jedes Mal ausgerechnet, pro Tonne, die man extra mitnimmt, gehen etwa 157 Kilo einfach nur dabei drauf, weil man das Mehrgewicht transportiert hat. Na ja, für einen Flug zum Beispiel nach Mexiko. Gut, da wird man natürlich einerseits auch zum Kleinunternehmer, dass man sich sagt: ‚Oh, da muss ich unternehmerisch denken.' Einfach das mit einkalkuliert, was das bedeutet. Ich meine, man macht das Ganze genauer, man fliegt im Zweifelsfall auch genauer, gönnt sich nicht so ein paar Kapriolen, dass man sagt: ‚Na ja, komm, jetzt fliegen wir einfach mal ein bisschen tiefer.' Es hat in den letzten Jahren enorm stark zugenommen und wird aber auch noch mehr." (H08)

Wie viel Sprit mitzunehmen ist, bleibt in der Hand des Kapitäns, welcher damit auch weiterhin die Verantwortung trägt, aber das Unternehmen strengt sich an, mittels Information und gezielter Aufbereitung von Daten auf diese Entscheidung einzuwirken. Nicht selten wird einem Piloten auch im direkten Gespräch oder über E-Mail ein Feedback über seinen Verbrauch gegeben und nachgefragt, weshalb bestimmte Entscheidungen getroffen wurden. Die Piloten sind angehalten, „unternehmerisch [zu] denken" (H08) und möglichst ökonomisch zu fliegen. Häufig in der Empirie erwähnte Beispiele hierzu sind:

- *Extra-Sprit:* Vor dem Flug wird berechnet, wie viel Sprit für eine Strecke getankt werden muss (inklusive einer vorgesehenen Reserve). Zusätzlich können Piloten entscheiden, wie viel Extra-Sprit sie mitnehmen, um zum Beispiel auf ein hohes Flugaufkommen, besondere Wetterverhältnisse oder unvorhersehbare Ereignisse reagieren zu können. Mit steigenden Rohstoffpreisen und zunehmendem Wettbewerb halten Airlines die Piloten immer eindringlicher dazu an, nicht unnötig Extra-Sprit mitzunehmen, da dieser das Gewicht erhöht und damit selbst wieder Treibstoff verbraucht.
- *Schub und Bremsen:* Weitere aktuelle Methoden, den Verbrauch zu senken, sind das Starten mit weniger Schub und das Bremsen beim Landen eher mit den mechanischen Bremsen an den Rädern als mit den Triebwerken. Natürlich hat das Auswirkungen auf das Verhalten des Fluggeräts.
- *Blockstunden:* Vor allem wenn Flugzeuge und Crew geleast sind, gewinnt das Sparen an Blockstunden an Priorität. Je nach Streckenkalkulation soll teilweise auch schneller geflogen werden, um Personalkosten zu verringern.
- *Rollwege:* Durch möglichst kurze Start- und Landebahnen sollen Rollzeiten am Flughafen reduziert werden. Diese können sehr bedingt mit dem Tower ausgehandelt werden.
- *Kurze Strecken:* In der vorausgehenden Planung und wenn möglich auch durch Aushandeln (mit den Fluglotsen) von Strecken und Abkürzungen während des Flugs sollen die Flugstrecken verkürzt werden.
- *Zusatzmaßnahmen:* Auf kostenverursachende Zusatzmaßnahmen, wie zum Beispiel das Enteisen von Flugzeugen, soll verzichtet werden, wenn diese nicht (unbedingt) nötig sind.

Aber auch bei der Flugvor- und -nachbereitung und beim Turnaround am Flughafen bieten sich Räume für ökonomisches Handeln: in der Kabine zum Beispiel bei der Abstimmung und Koordination des Caterings und des Cleanings und im Kontakt mit den Passagieren bzw. beim Einsteigen, bei den Piloten vor allem bezüglich der Organisation, Kontrolle und Dokumentation in den Zeiten am Boden.

An all diesen Punkten existieren gewisse Freiheitsgrade in der Arbeit der Crew. Der Betrieb kann hier keine direkte Kontrolle ausüben und ist auf die Erfahrung, die Kreativität und die Initiative seiner Mitarbeiter angewiesen. Auf der einen Seite wird ökonomisches Handeln erwartet, auf der anderen Seite selten strukturell unterstützt. Teilweise wird sogar das Gegenteil belohnt, wie das nachfolgende Beispiel zum Fliegen von Abkürzungen zeigt. Um dennoch im Sinne des Betriebs zu handeln, muss das fliegende Personal ‚selbst-rationalisierend' seine Leistungsverausgabung gegen die eigenen (kurzfristigen) Bedürfnisse kontrollieren.

> *P:* „Der [Weg] ist auf dem Flugplan hinterlegt und der Fluglotse kann einem Abkürzungen geben, wenn kein anderer Verkehr in der Nähe ist. Wie so ein Dreieck.

Wenn ich jeden Schenkel des Dreiecks abfliegen müsste und ich könnte die Diagonale fliegen, spar ich Sprit, Zeit, Crewkosten."

I: „Warum hat die Firma Ihnen nicht gleich diese Diagonale gegeben?"

P: „Weil sie das nicht darf. Die Firma darf nur auf den vergebenen Flugwegen Flüge planen. Diese Abkürzungen herzugeben obliegt der Flugsicherung. Man darf sie nicht planen. Das ist dann immer dieses Zweigleisige. Wenn man auf der einen Seite schneller da ist, ist es für die Firma gut, wenn man Kosten gespart hat. Auf der anderen Seite wird bei [Airline] nach Blockzeit bezahlt, d.h. je länger ich fliege, desto mehr Geld verdiene ich. Fliege ich kürzer, verdiene ich weniger. Da ist dann wieder der unterschiedliche Typ. Der eine nimmt mit, was er bekommt, der frägt dann weniger. Der andere versucht, möglichst ökonomisch zu fliegen, und der frägt dann nach der Abkürzung. Meistens kriegt man die Abkürzung von der Flugsicherung so oder so zugeteilt. Man weiß ungefähr, wo die Abkürzungen sind. Es gibt auch welche, da muss man danach fragen." (D06)

Viele weitere Aspekte in der täglichen Arbeit von Piloten eröffnen Möglichkeiten zum eigeninitiativen ökonomischen Handeln – oder zum ‚Dienst nach Vorschrift'.

Die Schwerpunktverlagerung auf ökonomische Zielsetzungen, die damit verbundene Verantwortungs- und Arbeitsausweitung und die Formen, wie Piloten damit in ihrer Arbeit umgehen, können gut anhand des zugespitzten Bilds ‚Das Flugzeug als Betrieb' veranschaulicht werden. Ursprung dieses Bilds sind vor allem die beschriebenen Outsourcing- und Leasingprozesse und andere rechtliche Fraktalisierungsstrategien mancher Airlines (z.B. die Zergliederung des Unternehmens durch die Umformung einzelner Flugzeuge zu eigenständigen GmbHs), um die betriebswirtschaftliche Flexibilität zu erhöhen und Interessenpolitik zu blockieren. Das Leasing von Flugzeugen und Crews betont symbolhaft die Abgeschlossenheit des Flugzeugs als Wertschöpfungssystem, das ausgegliedert relativ eigenständig wirtschaften kann. Auch in der täglichen Arbeit – so die interviewten Piloten – lässt sich vielfach eine Zunahme selbstorganisatorischer Anteile feststellen. Wie erwähnt, nimmt der „Management"-Anteil, also die Organisation der Schnittstellen und Führungsaspekte, zu, während gleichzeitig die ‚eigentliche' Kerntätigkeit – der (mehr und mehr durch die Technik substituierte) fliegerische Anteil – in den Hintergrund rückt. Insgesamt werden damit wirtschaftliche Überlegungen präsenter. Wie weit fortgeschritten dieser Prozess ist und wie weit er die Wahrnehmung des fliegenden Personals bereits prägt, zeigen die folgenden Zitate:

„Und wenn Sie grad den 380 ansprechen: Wenn Sie mit einer Crew unterwegs sind, die 30 Mann stark ist: Sie sind immer mit einem mittelständischen Betrieb unterwegs. Und da sind Sie eigentlich, denk ich, mehr Manager wie jetzt hier Pilot von A nach B." (B07)

Das Flugzeug ist nicht mehr ein Teil am Ende einer langen Leistungskette, sondern wird zum singulären wertschöpfenden Betrieb. Die Führung dieses Betriebs erfordert von dem Kleinunternehmer Kapitän verstärkt unternehmerisches Denken und ökonomisches Handeln.

> „Da erwarte ich noch Einiges! Also was man auch von uns erwartet – also das Fliegerische –, tritt auch immer mehr in den Hintergrund. Wir sind eigentlich immer mehr Manager von so einem mittelständischen Unternehmen. Also quasi mit zehn Mann, da ist der Chef, dann hat man noch neun. Und dann hat man noch Gäste hinten und dann hat man ein Fluggerät, was 150 oder 200 Millionen kostet. Ähm, so gesehen, das ist, auch von dem, was man da an Tagesumsatz hat, so und so viel Hunderttausend, was man da am Tag umsetzen kann, ist es in der Größenordnung eines mittelständischen Unternehmens und es wird von uns auch immer mehr erwartet, dass wir da in diese Denkweise reinkommen." (H08)

Der zunehmende Organisationsaufwand an den Schnittstellen verbunden mit der hohen Verantwortung auf Grund der relativen Autonomie, die sich in der objektiven räumlichen Distanz zum Unternehmen begründet und sich neben den organisationalen vor allem bei Sicherheits-, Produkt- bzw. Service- und Führungsthemen zeigt, diese Charakteristika ergeben das Bild des ‚Flugzeugs als Betrieb'. Es wird in der Praxis zunehmend aussagekräftiger, da für die Praxis relevanter.

Neue Anforderungen

Mit der verstärkten Kostenverantwortung verschiebt sich auch das Anforderungsprofil von Piloten. Neben auf die sichere Durchführung der Flüge ausgerichteten Fähigkeiten und Fertigkeiten, wie fliegerischem Können, Systemwissen, Sozialkompetenz und Teamfähigkeit etc., geht es heute um ökonomische Aspekte, wie Kundenorientierung und Wirtschaftlichkeit. Den Flieger von A nach B zu fliegen reicht eben nicht mehr. Heute ist mehr gefordert.

> „Und natürlich auch das Thema Wirtschaftlichkeit, Kundenorientierung: Wir sind da, damit die Investoren ein bisschen dran verdienen und nicht ... Das ist kein Spaß an der Freude, da gab es ja früher viele, die gesagt haben: ‚Eh! Tür zu, was soll passieren, ich bin ja als Pilot angestellt, muss das Ding bloß starten und landen und da sicher von A nach B kommen. Ja, das geht euch gar nichts an.'" (B06)

Piloten müssen sich umstellen. Die Konzentration auf den Kern ihrer Tätigkeit wird vom Management und manchen Kollegen als Verweigerungshaltung interpretiert. Um dem Widerstand gegen Veränderungen entgegenzuwirken, setzen manche Airlines nicht nur auf gezielte Informationen, sondern auch auf Schulungen. Die nachfolgende Interviewpassage liefert ein Beispiel dafür, dass es für Airlines nicht leicht ist, die Priorität des Ziels der Kosteneinsparung offiziell zu thematisieren. Dies wird mit Misstrauen beobachtet und stößt auf starke Resistenzen. Aus der Interviewpassage geht hervor, dass zum Beispiel die Reduzierung des Schubs beim Start nur durchgesetzt werden konnte, weil sie zugleich mit einer eventuellen Erhöhung der Sicherheit argumentativ untermauert wurde. Die ökonomischen Ziele des Unternehmens konnten geschickt mit dem zentralen berufsethischen Aspekt Sicherheit verknüpft werden.

> „Und das ist schwierig, den Piloten das zu vermitteln. Wir haben relativ aufwändige Schulungen im Winter gemacht, Gasumschulung [weniger Schub beim Start], das heißt mit richtigen Menschen vorn, die das erklärt haben, Fragen beantworten konnten, um den Kollegen klarzumachen, dass es nichts Unsicheres ist, im Gegenteil in manchen Bereichen die Sicherheit erhöht, um dadurch die Akzeptanz zu erhöhen, dadurch die Einhaltung des Verfahrens zu verbessern. [...] Ein Trendmonitoring: Ja. Man hat wieder nicht alle erreicht, und es geht ja auch nicht in allen Fällen, aber die prinzipielle Resonanz war okay. Weil es eine Entscheidung ist, die nicht nur in Richtung Geldsparen geht, sondern auch Sicherheitsaspekte hat. Ich glaub, das war ein wichtiger Punkt. Wenn es nur in Richtung Geldsparen ging, wär es auch wesentlich schwerer." (D05)

Dass manche Piloten mit Widerstand reagieren, liegt nicht nur an dem (oft begründeten) Verdacht, dass sich mit den geplanten Veränderungen auch ihre Arbeitsbedingungen verschlechtern, sondern zusätzlich daran, dass die Maßnahmen zum ‚ökonomischen Fliegen' negative Auswirkungen auf ihre konkrete Arbeitspraxis nach sich ziehen: Zum Beispiel bedeutet kürzer zu fliegen nicht nur eine Reduzierung von Blockstunden, sondern auch, dass weniger Zeit für Entscheidungen bleibt, der Stress zunimmt und der Flug insgesamt unsicherer wird. Hinzu kommen sekundäre Folgen, wie Lärmbelastung und die Zunahme der Verantwortung der Piloten zum Beispiel beim Sichtflug (niedriger fliegen). Schnelle Flüge können auch unruhiger und damit lauter sein, was wiederum die Kommunikation beeinträchtigen kann etc. In der Praxis bleibt es – zumindest formal – dem Kapitän überlassen zu entscheiden:

> „Lohnt sich die Einsparung von ein oder zwei Flugminuten gegenüber der Absenkung der Sicherheit auf der anderen Seite?" (A01)

Damit wird der Umgang mit typischen Ungewissheiten von Airlines – zum Beispiel der oftmals vorherrschende Antagonismus zwischen Sicherheit und Ökonomie – den Piloten überantwortet. Einerseits wird notwendigerweise auf die Erfahrung der Piloten gesetzt, situationsspezifisch und vorausschauend zu entscheiden, zum Beispiel wie viel Extra-Sprit mitgenommen werden muss. Andererseits wird mittels gezielter Kontrolle und Kommunikation versucht, die Handlungsprioritäten von Piloten in Richtung ökonomischer Kriterien zu verschieben.

Kontrolle/Daten

Eine neue Form der rigiden Kontrolle kommt zum Einsatz: die Kontrolle mittels Daten. Indirekte Steuerung wird in der Praxis nahezu immer begleitet von dem Erzeugen möglichst einfach quantifizierbarer Daten. Ziel ist es, die Einhaltung der Unternehmensziele zu sichern oder auch zu forcieren, ohne die Kontrollkosten wieder in die Höhe zu treiben.

Aus Sicherheits-, technischen, organisatorischen und ökonomischen Gründen erheben Airlines massenhaft Daten zu unzähligen Flügen. Die Kennzahlen werden dann zum Beispiel in sogenannten Air-Safety Meetings nach ökonomischen Gesichtspunkten ausgewertet. Dies erfolgt in der Regel anonym. Dennoch kann jeder einzelne Flug komplett nachvollzogen werden und damit auch, welche Crew welche Daten produziert hat. Je nach Betriebsvereinbarung und Unternehmenskultur wird dann mit den Informationen umgegangen. Die Bandbreite der in den Interviews erfassten Managementreaktionen auf Abweichungen reicht von allgemeinen Appellen über die Einforderung von persönlichen Begründungen in formlosen Gesprächen bis zu Abmahnungen der verantwortlichen Piloten. Mindestens eine deutsche Fluggesellschaft – so wird berichtet – reglementiert bzw. deckelt die Höhe des Extra-Sprits. Will der Kapitän mehr Sprit mitnehmen, muss er sich eine Genehmigung einholen und seine Entscheidung rechtfertigen, obwohl er weiterhin die Verantwortung für die Entscheidung trägt, wie viel getankt wird. Dennoch werden im Allgemeinen trotz der erfassten Daten und generierten Mittel- und Richtwerte direkte Anweisungen bezüglich einer genauen Menge nicht gegeben. Dies ist aus Sicht der Unternehmen durchaus funktional, denn damit bleibt es Aufgabe des Kapitäns, professionell von Situation zu Situation im ständig auftretenden Widerspruch zwischen Sicherheit und Ökonomie zu vermitteln. Der Spruch ‚sicher ist sicher' ist oftmals mit einem ‚aber' verbunden und konfliktbehaftet. Zwar mussten schon immer bei Maßnahmen für mehr Sicherheit die Kosten mitbedacht und abgewogen werden, aber aktuell gewinnt der Kostenaspekt an Gewicht. Es wird immer häufiger die Frage gestellt: Ist das nötig?

Widersprüche

Ein wesentlicher Kernaspekt der Rationalisierung durch indirekte Leistungssteuerung ist es, die (oft quantifizierten) Ziele derart abstrakt zu halten, dass Widersprüche und Zielkonflikte verschleiert werden. Das Setzen von Zielen ohne die Planung der zu ihrer Erreichung notwendigen Mittel bzw. Ressourcen (z.B. Arbeitszeit) und Wege (z.B. Verfahren) eröffnet die Möglichkeit eines erweiterten Zugriffs auf die Arbeitskraft der Subjekte (z.B. auf schwer steuerbare Aspekte wie Einbringung von Initiative, Erfahrung und Motivation bzw. Extraleistung). Dass sich in der Folge manche vom Management initiierten Maßnahmen gegenseitig negativ beeinflussen und entgegenstehen und mit bisherigen Zielen – wie Sicherheit und Pünktlichkeit – konfligieren, wird zum Problem der Piloten. Die nachfolgende Interviewpassage zum Konflikt zwischen den Zielen Pünktlichkeit und Spritsparen verdeutlicht, wie selbst der Geschäftsführung nicht immer in aller Konsequenz bewusst ist, wenn Ziele konfligieren; zumindest umgeht sie (ökonomisch völlig rational) die Problematik einer Formulierung von klaren Prioritäten.

> „Das ist ja auch zum Beispiel meine Philosophie, wo ich mir sage: Ich versuche ja auch möglichst viele Informationen an die Crews rüberzugeben. Je mehr die wissen, was wirtschaftlich dahinter steckt, umso mehr haben sie auch die Möglichkeit, überhaupt wirtschaftlich zu denken. Ich muss natürlich sagen, was ich will. Ja, ich meine, wir hatten jetzt lang die Diskussion: Will ich Sprit sparen oder will ich pünktlich sein? Beides zusammen wird eine eierlegende Wollmilchsau und da haben wir ein bisschen Probleme damit, weil Sprit sparen kann ich zum Beispiel, indem ich langsamer fliege und komm ich aber mit meinem Flugplan ein bisschen durcheinander. Und da war lang nicht klar in der Flotte jetzt: Was will eigentlich die Geschäftsführung? Ja, wie wollen wir denn, dass ihr ... Wie wollen wir denn operieren? Und das sind eben Sachen, die dann eben rüberkommen müssen." (B07)

Bislang wurden die Piloten bei vielen Airlines auf Kundenorientierung bzw. Pünktlichkeit hin geschult. Nun haben sie Probleme mit der neuen Devise: ‚Sprit sparen! und versuchen, weiterhin pünktlich zu sein', denn damit werden ihre internalisierten Arbeitsnormen verletzt. Piloten befinden sich immer öfter in Situationen, die eine „eierlegende Wollmilchsau" voraussetzen, um sie wirklich erfolgreich zu meistern. Einerseits sollen und wollen Piloten ihren eigenen individuellen und berufsbezogenen, an den klassischen Zielen der Airlines orientierten Qualitätsanspruch aufrechterhalten. Andererseits wird, oftmals mit dem Verweis auf die ökonomische Situation des Unternehmens, ein Faktor in neuer Dringlichkeit hinzugefügt: die Wirtschaftlichkeit. Auf diese Weise werden die Ziele der Arbeit der Crew erweitert, ohne Kompensationen an anderer Stelle. In der Folge kommt es nicht selten zu Arbeitsausweitung und Mehrbelastung. Dies ist vor allem dann der Fall, wenn gleichzeitig die betrieblichen Ressourcen zur Erreichung der Ziele durch Einsparungsmaßnahmen reduziert werden. Dies zeigt sich an verschiedensten Stellen in der konkreten Arbeitspraxis, vor allem da, wo Piloten auf Zuarbeiten angewiesen sind. Die Technik bzw. die Wartung der Flugzeuge ist, neben den Abläufen beim Turnaround, ein häufiges Themenfeld, in dem sich Wirtschaftlichkeit und Sicherheit spannungsgeladen kreuzen und wo es unter anderem den Piloten zukommt, einzuspringen und zu vermitteln.[40]

40 Die technische Ausstattung ist natürlich auch ein Thema der interessenpolitischen Auseinandersetzung, wie z.B. die Diskussion um die 2009 bei Airbus häufig ausgefallenen Sonden gezeigt hat. Hier übten die Gewerkschaften massiv Druck auf den Hersteller und die Airlines aus (z.B. Welt 2009).

> „Sie haben ja selber für den Tag, an dem Sie arbeiten, einen gewissen Qualitätsanspruch: Sie wollen den Flug pünktlich, sicher, wirtschaftlich von A nach B bringen. So. Sie kommen zum Dienst, prüfen Ihr Flugzeug durch und sehen: ‚Mensch, da ist ja noch eine Beanstandung drauf', rufen dann bei der Technik an und sagen: 'Sag mal, warum ist denn das nicht repariert? Die Kiste hat doch jetzt vier Stunden hier gestanden.'" (D02)

Im weiteren Verlauf des Interviews schildert der Pilot, wie viel Mehrarbeit auf ihn zukommt, weil an anderen Stellen eingespart wird. Als Ausführende mit hoher Verantwortung sind es letzten Endes vor allem die Piloten, die in der Praxis mit den verschärften Bedingungen klarkommen müssen. In ihrer täglichen Arbeit sind sie gezwungen, konkrete Situationen zu meistern und sich mit konfliktreichen Zielsetzungen zu arrangieren. Im inneren Widerstreit zwischen Technikfaszination, Sicherheit, Service und Ökonomie haben einige Piloten ein multifaktorielles *Professionalitätsverständnis* ausgebildet, das ein Pilot folgendermaßen zusammenfasst:

> „Ich möchte eine gute Dienstleistung ableisten, ich möchte eine sichere Dienstleistung ableisten. Das Ganze soll natürlich wirtschaftlich sein und für unsere Gäste angenehm." (F03)

Ein solches Verständnis kann durchaus als Leitlinie dienen, jedoch muss bedacht werden, dass es die erwähnten Ziele Sicherheit, Wirtschaftlichkeit und Service (z.B. Pünktlichkeit) einfach vermengt. Diese stehen sich in der Praxis aber oft konfliktreich gegenüber. Weder gibt der Betrieb ein generelles oder situationsspezifisches Ranking und klare Prämissen vor, noch verfügen die einzelnen Piloten diesbezüglich über eine einheitliche Arbeitsorientierung oder ein gemeinsames Berufsverständnis. In der Folge kommt es nicht nur in der Auseinandersetzung mit dem Betrieb, sondern auch zwischen Piloten zu Interessenkonflikten um einen einheitlichen Standard der Leistungsverausgabung, zum Beispiel bezogen auf die Priorität ökonomischer Aspekte des Fliegens. Dies bestätigt auch die im Feld typische Leitunterscheidung zwischen ‚Managementpilot' und ‚Line-Schwein'. Die Benennung ‚Managementpilot' impliziert, dass der Pilot die Zwänge des Unternehmens kennt und die Unternehmensziele mit der daran gekoppelten Logik internalisiert und akzeptiert hat. Daher befolgt er die neuen ökonomischen Anforderungen unhinterfragt und ohne Widerstand – zum Beispiel möglichst nur so viel Treibstoff mitzunehmen, wie vorgeschrieben ist. Das ‚Line-Schwein' hingegen sieht die bisherige Form der Ausübung seines Jobs und seine Arbeitsbedingungen gefährdet und nutzt den Verweis auf Sicherheit als Argument gegen den zunehmenden Einfluss ökonomischer Zwänge in seiner Arbeit. Er nimmt weiter so viel Extra-Sprit mit, wie er es gewohnt ist (ursprünglich orientiert an professionellen Erfahrungswerten), oder sogar etwas mehr – aus interessenpolitischen Gründen.

Viele Piloten sehen ihre beruflichen Standards in Gefahr und führen dies vor allem auf eine neue Managementkultur zurück, die sich konkret an dem beruflichen Hintergrund der leitenden Manager festmachen lässt: Immer mehr ‚Kaufmänner' erlangten die Definitionshoheit über Sicherheitsstandards. In der Folge flögen Piloten schneller und kalkulierten weniger Extra-Sprit ein. Nach Aussage der interviewten Piloten lassen sich bereits einige kritische Vorfälle auf diesen Umstand zurückführen. Die Alternative, langsamer und weniger Flüge am Tag zu fliegen, wäre sicherer, widerspräche aber den aktuellen ökonomischen Zielen. Hier manifestiert sich der Interessenkonflikt zwischen Piloten und Management deutlich.

Ökonomischer Spielraum

Eine zunehmende Zahl von Piloten fühlt sich im gewissen Maße ökonomisch verantwortlich und versucht auch, in diesem Sinne zu handeln. Jedoch fehlen ihnen hierfür in ihrer stark von Reglementierungen geprägten Arbeitspraxis oft die Mittel und die Freiräume. Die Crew ist nur ein kleines Rad im System Luftfahrtunternehmen. Im Kontrast zu den beschriebenen Prozessen der Arbeits- und Verantwortungsausweitung betonen viele Piloten zugleich auch die inhaltliche Begrenztheit ihrer Tätigkeit. Sie sehen keinen Spielraum für weitere Rationalisierungsmaßnahmen, die auf Subjektivierung bzw. die stärkere Einbindung ihres gesamten Arbeitskraftpotenzials setzen. Von Berufspolitik und Statusaspekten einmal abgesehen, so einige Piloten, ist Pilot kein Hochleistungsberuf, sondern nur ein ausführender Beruf. Das Fliegen von A nach B findet in einem technisch, organisatorisch und regulativ engen Rahmen statt. Die Möglichkeiten, ökonomisch zu handeln, sind gering, da die Flugpläne inklusive der Geschwindigkeit und Höhe in der Regel vorgegeben sind und nur sehr geringe Spielräume existieren. Viele Piloten sehen auf ihrer Seite keine Möglichkeit, das Überleben der Airline durch ökonomischeres Handeln zu sichern, und fühlen sich dafür auch nicht in der Verantwortung. Dies sei Aufgabe des Managements. Vor allem die Copiloten sehen sich außen vor. Sie werden dafür auch nicht ausgebildet. So wird das oben bereits verwendete Zitat, mit dem die Erwartungen der Unternehmen an die Selbststeuerung der Arbeitsleistung des fliegenden Personals veranschaulicht wurden:

> „Natürlich habe ich ein schlechtes Gefühl, wenn ich eine Maschine fliege, wo nur zehn Passagiere drin sind. Oder die nur zu 50% ausgelastet ist. Ich meine nicht, dass ich mir da keine Gedanken drüber mache, ..." (B03)

... vom Interviewten mit Blick auf die Praxis sogleich relativierend ergänzt:

> „... aber ich habe keinen Einfluss darauf. Ich kann meiner Firma da nicht helfen. Verstehen Sie? Als Arzt kann ich mein Möglichstes versuchen, auch wenn er nicht dafür bezahlt wird, wenn er mit persönlichem Engagement manches macht. Eine Lehrerin kann einem Schüler noch mal persönlich Nachhilfe geben. Ein Verkäufer kann sagen: Ich bleibe noch eine Stunde länger, das brauchen sie mir

> nicht zu zahlen. Das können wir als Piloten nicht. Das können wir nicht. Das Einzige, was wir machen können, ist, auf einen Teil unseres Gehaltes zu verzichten. Weil es unserer Firma nicht so gut geht. Aber alles andere müssen dann schon wieder die anderen machen. Also, wir sind da relativ passiv in dieser Unterstützung. Was will man machen, wenn die Maschine nicht besetzt ist? Wenn die Flugpläne nicht stimmen? Wenn das ganze Business-Konzept nicht stimmt? Das ist eigentlich die Arbeit der anderen. Wir sind praktisch nur ein kleines Stückchen, ein Teil dieser Firma. Wir fliegen halt das Flugzeug von A nach B.“ (B03)

Dieser Pilot sieht also keine Möglichkeiten zum verstärkten ökonomischen Handeln in seiner Arbeit. Ein echter Spielraum besteht auf Seiten der Piloten nur hinsichtlich einer erhöhten Selbstdisziplin und der pflichtbewussten Aufgabenerfüllung. Ansonsten kann formal die Arbeit intensiviert und auf Gehalt verzichtet werden, um auf die aktuelle Situation der Airline zu reagieren.

Bei den neuen selbstorganisatorischen Arbeitsaufgaben handelt es sich meistens vor allem um kompensatorische Tätigkeiten (z.B. wegen reduzierter Zuarbeiten) oder um reine Intensivierung auf Grund von Zeitdruck (z.B. verkürzte Turnaround-Zeiten). Mit wirklicher unternehmerischer Freiheit und Verantwortung hat dies wenig zu tun. Die Arbeit der Besatzung folgt strengen Regeln und die Mitarbeiter sind in ihrer (ökonomischen) Gestaltungsfreiheit sehr begrenzt. Durch seine Distanz zum Betrieb ist der Arbeitsplatz Flugzeug von einigen Autonomiespielräumen geprägt und der Vergleich des Fluggeräts mit einem Betrieb trifft auch manchen Punkt. Ein wichtiger Aspekt widerspricht diesem Bild jedoch: Selbst die ‚Manager’ bzw. Führungskräfte (Kapitän, Copilot, Purser) schließen kurz nach dem Verlassen des Flugzeugs alle Arbeitsvorgänge ab und beginnen am nächsten Arbeitstag von Neuem. Es werden in der Regel keine inhaltlichen Arbeitslasten (wohl aber körperliche) nach Hause oder in den nächsten Arbeitstag weitergetragen. Es besteht keine in die Freizeit hinein überdauernde, auf den Arbeitsinhalt bezogene Arbeitsbelastung.

> „Es gibt natürlich ganz viele Berufe, wo man da vielleicht sehr viel Stress hat in der Firma und dann doch noch mal was am Wochenende mit nach Hause nimmt zum Arbeiten, oder so was. Das fällt da einfach komplett weg.“ (F02)

Die Trennung zwischen Arbeit und Privatleben, was die Arbeitsinhalte angeht, besteht größtenteils weiterhin – auch wenn sich gegenläufige Entwicklungen abzeichnen. In der Praxis müssen sich Piloten auf bevorstehende Flüge in der Regel nicht zu Hause vorbereiten, sondern werfen nur einen Blick auf ihren Dienstplan.[41] Die auf der inhaltlichen Abgeschlossenheit der Arbeit beruhende thema-

41 Die Notwendigkeit einer Vorbereitung ist abhängig von der Erfahrung und den angeflogenen Zielen. Je nach Klassifizierung des Flughafens benötigen manche Flughäfen spezielle Vorbereitungen, wenige sogar spezielle Schulungen: Es gibt Flughäfen, die nur von Kapitänen angeflogen werden dürfen.

tische Trennung von Arbeit und Leben ist wesentlich für die Regeneration außerhalb der Arbeit. Aber auch während der Arbeit reduziert der geringe Handlungsspielraum manche Formen von Belastungen und ermöglicht Regeneration.

> „Jetzt habe ich den Vorteil durch meine Zusatzfunktionen. Ich arbeite hier in der Administration mit und bekomme gerade auf einer mittleren Managementebene den Bürostress mit, mit allen Sachen, die nicht funktionieren. Ich freue mich, wenn ich am Donnerstag einen Flug mache. Das ist für mich Entspannung, eine Abwechslung, ein abgeschlossener Vorgang." (H07)

Ähnlich wie bei der Entlastung durch die fortentwickelte Technik werden durch diese inhaltliche Entlastung jedoch die spezifischen (teilweise neuen) Belastungen der Arbeit des fliegenden Personals zum Teil erst möglich. Die Tätigkeit von Piloten unterscheidet sich (hier) also grundlegend von ‚Management' im klassischen Sinne.

Es drängt sich die Frage auf, ob Piloten in ihrer Arbeit überhaupt den Spielraum haben, die Erwartungen an ihr ökonomisches Handeln zu erfüllen, die ihnen ihre neue Rolle als ‚Manager des Betriebs Flugzeug' zuschreibt. Oder geht es allein um Arbeitsintensivierung, -flexibilisierung, -verlängerung und reduzierte Gehälter? An dieser Stelle muss festgehalten werden, dass noch starke Unterschiede zwischen Airlines bestehen, wie – und wie vehement – diese den zunehmenden Wettbewerbs- und Kostendruck im Luftverkehr zu den Piloten durchlassen. Dies zeigt sich zum Beispiel im unterschiedlichen Umgang mit Fragen und Instrumenten der Leistungssteuerung und -kontrolle. Manche Airlines verzichten auf direkte „ökonomische Gängelung" (F06) und gehen, mit Blick auf die Arbeitszufriedenheit, den Weg einer indirekten Einflussnahme, während andere Airlines ein striktes System der individuellen Leistungskontrolle eingeführt haben, verbunden mit direkten Personalmaßnahmen.

In der Praxis bleibt es oftmals dem einzelnen Piloten überlassen, inwieweit das Ziel erhöhter Wirtschaftlichkeit sein Arbeitshandeln bestimmt. So berichtet Pilot F06 von großen Unterschieden zwischen seinen Kollegen und schreibt es ihnen selbst zu, wie viel Stress sie in der Arbeit haben. Ob sie sich zum Beispiel dem „Diktat des Flugplans" unterwerfen und ihre Pausen in die Flugphase verlegen oder ob sie auf ein Recht auf Pause am Boden pochen (auf Kosten der Pünktlichkeit), müssen sie selbst entscheiden, ebenso wie viel sie tanken oder wie hoch sie fliegen. Er verweist auf die traditionell hohe Verantwortung des Kapitäns und seine Machtstellung im Betrieb. Dabei unterschätzt er jedoch die Stärke der Zwänge, die vor allem auf junge Piloten und auf Beschäftigte anderer Airlines wirken. Wie sich Piloten in diesem Prozess behaupten können, hängt von ihrer Machtstellung ab – vor allem von ihrer fliegerischen Erfahrung (Flugstunden) und von der Position der interessenpolitischen Organe in dem jeweiligen Betrieb. Denn viele der neuen betrieblichen Anweisungen und Maßnahmen finden in einem wenig bis gar nicht formalisierten Rahmen statt und sind auch kein systematischer Bestandteil betrieblicher oder überbetrieblicher Regelungen. Oftmals bleiben Piloten nur die bereits angeschnittenen Reaktionen: Leistungsintensivierung, erhöhte raum-zeitliche Flexibilität und Gehaltsverzicht. Nicht zuletzt weil erhöhte Ökonomisierung und zunehmender Druck bei gleichzeitig geringeren Spielräumen in der Arbeit in der Regel auf Kosten der Gesundheit und auch der Produktqualität – in diesem Fall besonders der Sicherheit – gehen, sind hier neben den Airlines auch die interessenpolitischen Organe und der Gesetzgeber gefordert, genau hinzusehen und sichere Rahmenbedingungen zu schaffen.

8.2.4 Folgen

Die vielfach veränderten technischen, organisationalen und arbeitsbezogenen Bedingungen lösen die vorherrschenden Handlungs- und Orientierungsmuster im Luftverkehr bzw. in der Arbeit von Piloten zusehends auf und ersetzen diese durch neue, oftmals losere und weniger formale bzw. institutionalisierte Strukturen. So werden die bislang relativ klaren Leitlinien der Arbeit von Piloten verändert und erweitert, sie werden in der Folge komplexer und auch widersprüchlicher. Die veränderten Arbeitsinhalte und -bedingungen verändern das Berufsverständnis von Piloten. Zudem nehmen Schuldzuweisungen und Konflikte zwischen den verschiedenen Akteursgruppen der Airlines zu, die Identifikation der Piloten mit dem eigenen Unternehmen nimmt ab und insgesamt kommt es zu erhöhten Ungleichheiten und einer steigenden Unsicherheit im Luftverkehr.

Widersprüchliche Leitlinien der Arbeit und neue Zwänge

Die gestiegenen betrieblichen Erwartungen an das Personal, wirtschaftlich(er) zu handeln, auf der einen Seite und die geringen Räume für ökonomisches Handeln auf der anderen Seite beschreiben das klassische Dilemma der Subjektivierung von Arbeit: Die Konflikte und Widersprüche der ökonomischen Umwelt des Unternehmens (etwa Pünktlichkeit versus Sparsamkeit oder Sicherheit versus Kosten) und die selbst auferlegten Zwänge des Wirtschaftens werden auf einzelne Unternehmenseinheiten und Personen übertragen. Da es keine eindeutigen abschließenden Lösungen für diese Probleme gibt und viele pragmatische und situative Lösungen in der Praxis nicht angeordnet werden können (z.B. Abkürzungen zu fliegen, bei der Sicherheit ein Auge zuzudrücken, unbezahlte Mehrarbeit, länger fliegen als erlaubt etc.), greift der Betrieb auf indirekte Leistungssteuerungsmaßnahmen zurück und versucht die Mitarbeiter zum ökonomischen Handeln zu animieren – eben ohne genaue Lösungswege vorgeben zu müssen. Oftmals werden indirekte Steuerungsmaßnahmen genau dann implementiert, wenn die Unternehmen mit unlösbaren Widersprüchen konfrontiert sind oder formalisierbare Lösungen unattraktiv (zu teuer) sind. Ähnlich wie in anderen Bereichen der Wirtschaft ist auch im Luftverkehr einer der Konflikte, wenn nicht der zentrale Konflikt der zwischen Qualität und Rendite, nur dass Qualität im Luftverkehr sehr stark mit Sicherheit verbunden ist. Ebenso wie das produzierende Gewerbe den Druck des Zusammenbringens von möglichst geringen Produktionskosten mit möglichst hoher Produktqualität (oder im Dienstleistungsbereich möglichst kostengünstige Leistungen mit möglichst hoher Kundenzufriedenheit) durch die gezielte Ausweitung von Handlungsspielräumen der Mitarbeiter verstärkt auf diese verlagert, müssen nun auch Piloten zunehmend die ökonomischen Anforderungen des Managements mit den allgemeinen Erwartungen an die Sicherheit austarieren. Unter der Hand wird die „eierlegende Wollmilchsau" (B07) durchaus verlangt, die Mitarbeiter müssen die realen Folgen der indirekten Steuerung in Bezug auf widersprüchliche Ziele kompensieren. Dies geschieht in ihrer täglichen Arbeit, in ständiger Reibung mit der strengen und umfassenden Regelgebundenheit des Systems Luftfahrt und der hohen Standardisierung, oftmals unter erheblicher Mehrbelastung.

Aber auch auf der Ebene der formalen Beschäftigungsbedingungen besteht ein erhöhter Druck, zum Beispiel auf die Arbeitszeiten oder das Gehalt. Der Verweis auf Einsparungsmöglichkeiten am Boden schlägt auf das Flugpersonal zurück, wie das nachfolgende Zitat zeigt. Der Interviewte verbindet die Rationalisierungslogik der Unternehmen, das Outsourcing und die Kostenkürzungen am Boden direkt mit der Mehrarbeit, die damit auf die Piloten zukommt. Denn diese kompensieren letztlich die mangelnde Qualität der Zuarbeit der Schnittstellen am Boden.

> „Es gibt da einen Paradigmenwechsel, der ist unvorstellbar. Das heißt, das, wofür ich eigentlich ausgebildet bin, nämlich zu fliegen, ein Verkehrsflugzeug mit meinen Kollegen zusammen von dem berühmten Punkt A nach B zu bringen, das ist entspannend und das macht Freude und das ist schön. Das ist alles beherrschbar. Problematisch wird es in dem Moment, wo ich an die Schnittstelle komme mit anderen, die mir Leistungen zuliefern unterhalb dessen, was ich eigentlich brauche. Dann versuche ich eben, diesen Wunsch zu optimieren, das aufzufangen. Das wiederum stößt an die Grenzen meiner eigenen Belastbarkeit und Zeitmöglichkeiten. Und schon bin ich in der Situation, etwas vertreten zu müssen, was ich, ehrlich gesagt, gar nicht vertreten möchte oder kann. Und da kommen Konflikte zustande. Die Mechanismen, die dazu führen, dass die Qualität externer Dienstleister sinkt, sorgen eins zu eins dafür, dass die Qualität der internen Dienstleister ebenfalls sinkt. Früher habe ich da qualifizierte Menschen gehabt, die mir zusätzlich zu den schriftlichen Informationen auch noch andere Anregungen liefern konnten, weil sie operationell ebenfalls qualifiziert waren und weil sie eine gute Schnittstelle darstellen zwischen dem, was auf den bodenseitigen Abfertigungs-

vorgängen ums Flugzeug herum lief, und dem, was im Cockpit lief. Heute sind das Leute, die im Prinzip nur noch, ich sage es mal ganz brutal, die nur noch die Aufgabe haben, die Unterlagen ins Flugzeug reinzureichen. Und das ist der eigentliche Stress. Der Stress ist, wie gesagt, nicht die eigene Arbeit, die fliegerische Tätigkeit, sondern der Stress besteht darin, die mangelnde Qualifikation der Zuarbeitung zu kompensieren.“ (F04)

Damit fordern die Betriebe indirekt eine erhöhte Arbeitsleistung in den bisherigen Randbereichen der Arbeit des fliegenden Personals ein, ohne jedoch Qualifizierungsmaßnahmen für die neuen Aufgaben bereitzustellen. Zum Beispiel werden Kommunikations- und Führungsaspekte wichtiger und bestimmte Aspekte des Technikverständnisses und des manuellen Fliegens rücken im Vergleich dazu in den Hintergrund. Bestimmte Wissensbestände werden in der Arbeit immer weniger angewendet. Damit verändern sich auch die personalen und die Ausbildungsanforderungen an das Flugpersonal und eventuell auch die Kriterien der Personalauswahl. Wichtiger als die Auswahl ist jedoch ein bisher von den Fluggesellschaften eher vernachlässigter Bereich: Schulungen, die sich von den rein technisch und an Sicherheitsaspekten ausgerichteten Musterschulungen, Simulator- und Crew Resource Management Trainings abheben. Personalführungsaspekte spielen kaum eine Rolle, nur in geringem Maße bei der Kapitänswerdung. Die neuen Anforderungen in der täglichen Arbeit des fliegenden Personals – wie Kommunikation, Kooperation und Koordinierung – müssten jedoch systematisch erhoben und Schulungsmaßnahmen für beide Seiten im Cockpit entwickelt werden.

Wandel des Berufsverständnisses

Allmählich wandelt sich auch das Berufsverständnis von Piloten. Ein eindeutiges neues Berufsbild Pilot hat sich jedoch noch nicht etabliert. So sind die aktuell neu oder verstärkt notwendigen Fähigkeiten und Fertigkeiten von Piloten noch kein systematischer Bestandteil des Lizenzerwerbs oder der betriebsinternen Ausbildung. Zunehmend bedeutsamere Tätigkeiten, wie Interaktion mit elektronischen Datenverarbeitungs- und Kommunikationssystemen, Organisieren, Kommunizieren, Führen etc. werden vom Gros der Pilotenschaft eher als deprofessionalisierend eingestuft denn als Chance für eine verstärkte Professionalisierung. Dies mag zum Teil auch daran liegen, dass sie eine Verschiebung der Zielsetzungen des Handelns und eine Veränderung der Personengruppen wahrnehmen, die über diese konkreten Zielsetzungen entscheiden. Die interviewten Piloten zumindest berichten, dass in ihrer Praxis die ehemals absolut primären Ziele Sicherheit und (an zweiter Stelle) Kundenorientierung durch ökonomische Zielsetzungen mit einem unklaren Stellwert ergänzt werden. Die Praxis sei in Gefahr, sich immer weiter zu entfernen von der alten Philosophie der Airlines:

> „Es gibt nicht immer den besten Weg, aber es gibt einen, der unsere Philosophie am besten widerspiegelt, nämlich in der Reihenfolge safe, functional and economical fliegen können.“ (G02)

Viele Piloten sind sich nicht mehr sicher, ob diese klare Rangfolge weiterhin so gilt, also Sicherheit vor Wirtschaftlichkeit kommt. Denn die Rangfolge wird zusehends durchbrochen und durch die Gleichwertigkeit der Ziele „safe“, „functional“ und „economical“ ersetzt, bzw. zusehends wird immer offener Sicherheit auch in ökonomischen Einheiten ausgedrückt und mit ihr (monetär) kalkuliert. Die Unternehmensphilosophie der Airlines und das Berufsethos von Piloten driften auseinander. In der Folge steht das Berufsverständnis unter Anpassungsdruck und der bisherige professionelle Anspruch von Piloten ist belastet. Piloten wurden jahrzehntelang auf Sicherheit getrimmt und nun sollen sie abwägen: Wie viel Sicherheit ist nötig? Was kostet die zusätzliche Sicherheit? Wie viel Sicherheit kostet die und die Ersparnis? Dies erzeugt individuelle Konflikte – ähnlich wie es sich im Dienstleistungsbereich mit der Kundenorientierung verhält. Zunehmend müssen die Mitarbeiter gegen die einst geförderte Arbeitsethik verstoßen – sei es ‚Der Kunde ist König’ oder ‚Sicherheit geht vor’. Angestoßen werden diese Konflikte durch konkrete Rationalisierungsmaßnahmen oder gesteigerte Zielsetzungen. Aufrecht erhalten und unvermittelt an die Mitarbeiter übertragen werden diese mittels indirekter Steuerungsmaßnahmen.

Auf Dauer verändert sich der Berufsbezug weg von dem klassischen Bild des heroischen, aktiv fliegenden, herrschaftlich autoritären Naturbezwingers mit einer exklusiven Stellung im Luftverkehr zu einem noch diffusen neuen Bild, das einerseits ausführende Tätigkeiten umfasst, die eng in ein zunehmend komplexes soziales System Luftverkehr eingepasst sind, und andererseits neue Kompetenzen notwendig erscheinen lässt. In Aussagen wie: Piloten seien „Manager eines mittelständischen Betriebs“ (H08) oder verantwortlich für das „Gesamtprodukt Flug“ (B01), können Ursprünge für ein neues Berufsverständnis vermutet werden, das mehr organisatorische, verwaltungsbezogene und soziale bzw. kooperative Aspekte beinhaltet. Zum Beispiel wird ein anderer Führungsstil impliziert, der die Crew befähigt, hoch motiviert und eigenverantwortlich zu arbeiten und eher spontan Problemsituationen zu lösen als Routinen abzuarbeiten.

Innerhalb der Pilotenschaft bestehen jedoch Widerstände gegen die Entwicklung und erhebliche Zweifel an ihrem berufspolitischen Potenzial. Piloten kommen mit den Umstellungen unterschiedlich zurecht bzw. wollen sich mit den Veränderungen, so wie sie ablaufen, nicht abfinden. Je nach Stärke der Betroffenheit und individuellem Machtpotenzial kommt es zu Abgrenzungen des Flugpersonals untereinander, vor allem zwischen Beschäftigten ‚klassischer Airlines’ und denjenigen anderer Luftfahrtunternehmen. Zwar haben zum Beispiel Lufthansa-Piloten schon immer die Unterschiede zwischen ihrer und neueren

Airlines hervorgehoben, jedoch gewinnt dies an Schärfe und Brisanz und findet – auf Grund der Diversifizierung des Konzerns – vermehrt auch innerhalb des Lufthansa-Konzerns statt. Themen sind hier zum Beispiel unterschiedliche Beschäftigungsbedingungen, die divergenten Arbeitsanforderungen (Lang- versus Mittel- und Kurzstrecke), die Erfahrung und Qualifikation des Personals und letztlich auch die Sicherheit im Vergleich mit jüngeren (oftmals Lowcost-)Airlines. – An diesem Punkt muss darauf hingewiesen werden, dass nach der offiziellen Unfallstatistik deutsche Lowcost-Marken in punkto Sicherheit nicht schlechter dastehen als andere deutsche Airlines. – Dennoch stellen (vor allem Langstrecken-)Piloten mit Genugtuung und gleichzeitiger Sorge ein Gap in der Sicherheitskultur zwischen Piloten verschiedener Airlines fest. Mit Genugtuung, da dies Unterschiede und Gefahren (z.B. De-Qualifizierungstendenz) der Entwicklung aufzeigt. Mit Sorge, da sie ahnen, dass der Wettbewerbsdruck alle Airlines zur gemeinsamen Anpassung in diese Richtung zwingen kann. Die neue Arbeitskultur jüngerer (Lowcost-)Airlines wird als zu wenig hierarchiebetont beschrieben, sowohl innerhalb des Flugpersonals als auch nach außen. Zu junge Crews und zu schnelle Aufstiegsmöglichkeiten gefährden die Reproduktion der bislang vorherrschenden Sicherheitskultur. Junge Piloten auf der Suche nach Spaß und Abenteuer sind ein Sicherheitsrisiko – so die Meinung vieler altgedienter Piloten.[42] Die mangelnde Erfahrung zeigt sich nach Pilot H04 zum Beispiel daran, dass die Notfallfrequenz häufig aus Versehen für Bordansagen oder den Funk zum Boden benutzt wird, und am Fehlen von Ernsthaftigkeit und Disziplin bei den darauf folgenden Reaktionen:

> „Nach ‚You are on guard!' kommt dann der nächste Oberlehrer und sagt dann ‚You too', ‚Du auch'. Da müssen Kinder sitzen, das kann nicht anders sein. Das müssen Menschen sein, die den Ernst dieser Angelegenheit, diesen Bogen etwas überspannen." (H04)

Ein weiteres Beispiel ist der Umgang mit den technischen Geräten an Bord. Handys und Laptops werden manipuliert und zum Spielen und für lustige ‚Gimmicks' genutzt. Die These hinter derartigen Aussagen ist, dass der durch die Lowcost-Airlines ausgelöste Kostendruck zur De-Qualifizierung führt. Die Lockerheit der Arbeitsdisziplin ist Ausdruck der verschlechterten Arbeitsbedingungen und Resultat der Strategie, durch jüngeres Personal bestehende Arbeitsverträge auszuhebeln. Langstreckenpiloten grenzen sich von solchen Entwick-

---

42 In diesem Zusammenhang wird oft auf einen Werbespot der Lufthansa verwiesen, der (anhand vieler Actionszenen) aussagen soll, dass Piloten kein Abenteuer benötigen. „Survival Camp, Bungee-Jumping oder Bull Riding sind out, denn ‚man braucht kein aufregendes Hobby, wenn man einen aufregenden Beruf hat'" (Lufthansa Report 2002). Viele Piloten interpretieren dies jedoch so, dass dieser Spot gerade actionhungrige Charaktere anlockt bzw. anlocken soll.

lungen teilweise stark ab und betonen, dass auf der Langstrecke (auf Grund der Navigationsanforderungen und der Abwesenheit von alternativen Landemöglichkeiten) mehr Erfahrung und Disziplin gefragt ist. Hier werde noch professionell gearbeitet und auch die Standards und Verfahren würden noch ernst genommen. Gerade mit Blick auf die Tendenz der stärkeren Mischung von Streckenkonzepten ist es wohl eine Frage der Zeit, wie lange die Langstrecke das Bild einer Sonderrolle noch aufrecht erhalten kann.

Ein weiterer Punkt, an dem sich das bisherige mit einem potenziell neuen Berufsverständnis reibt, sind die sich wandelnden Service-Konzepte. Viele Piloten haben Probleme, sich mit veränderten Service-Konzepten und dem neuen Passagierklientel zu identifizieren. Sie verstehen sich als Gastgeber und Lebensversicherung für Passagiere, die sich etwas Exklusives leisten können, und nicht als Dienstleister mit einem erweiterten Angebot für ein sehr breites Klientel. Der Aspekt der Verantwortung für andere und das Gesamtsystem Flugzeug wandelt sich zusehends in Egozentrismus: ‚Ich sitze ja auch mit drin' (so oder so ähnlich in mehreren Interviews). Was aber alle Piloten betrifft, ist das veränderte Bild von Piloten in der Öffentlichkeit und der damit sinkende Status dieses Berufs, wie im nächsten Abschnitt gezeigt wird.

Veränderter Berufsstatus

Mit dem Wandel der Arbeit von Piloten im Kontext der Transformationen des Luftverkehrs verändert sich auch der Status, der mit der Ausübung der Tätigkeit verbunden ist. Die wesentlichen auslösenden Faktoren wurden oben beschrieben: Technikentwicklung und Automatisierung, organisationaler Wandel und Ökonomisierung und die in der Folge veränderten Arbeits- und Beschäftigungsbedingungen. Im Abschnitt zur Automatisierung wurde ausführlich dargelegt, wie sich technische Veränderungen (vor allem im Cockpit) auf die Arbeitsinhalte und die benötigten Qualifikationen von Piloten auswirken. Es liegt nahe, dass sich damit auch das Berufsbild und der Status verändern. Dies zeigt sich auch in der öffentlichen Diskussion. Früher war das Fliegen mit einer auf den Piloten bezogenen Mystik behaftet – die Herrschaft über die Natur: „Früher waren wir ja so ein kleiner Herrgott" (B01) –, heute zeichnen Medienberichte, zum Beispiel zur Automatisierung des Fliegens, ein eher rationales Bild vom Fliegen. Immer wieder erscheinen neue Berichte, die zum Beispiel schildern, wie genau Flugsimulatoren für Heimcomputer die fliegerische Realität bereits abbilden oder wie Laien im professionellen Simulator mit Anweisung ein Verkehrsflugzeug landen. Solche und ähnliche Darstellungen kratzen am Image des Piloten.[43]

43 Entzaubert wird die Fähigkeit zu fliegen nicht nur durch Berichte zur Automatisierung, z.B. über einen vollautomatisierten Flug einer 14 Tonnen schweren Drohne mit über 35 Metern Spannweite über den Atlantik (Frankfurter Rundschau 2008), sondern auch durch

Im Zuge der Automatisierung, aber auch mit zunehmender Verschlankung organisationaler Abläufe müssen sich Piloten stärker in ein rationalisiertes System einpassen, das weniger Platz für Sonderstellungen einzelner Personengruppen lässt. Dies zeigt sich zum Beispiel auch in den Selbstbeschreibungen und der Werbung von Fluggesellschaften: Der Kapitän steht immer weniger im Mittelpunkt. Auch die Ökonomisierung und der organisatorische Wandel im Luftverkehr, also Unternehmensumformungen, angepasste Unternehmens- und Managementstrategien und veränderte Organisations- und Arbeitskulturen, wirken sich negativ auf den gesellschaftlichen Status aus, der dem Beruf zugemessen wird. Insgesamt kommt es zu mehr Belastungen und weniger Anerkennung. Die interviewten Piloten sehen einen deutlichen Zusammenhang zwischen dem gesunkenen Berufsstatus und verschlechterten Arbeits- und Beschäftigungsbedingungen und schildern die negativen Folgen für ihre Motivation. Zentrale, den Status degradierende Faktoren sind zusammengefasst:

Veränderte Strecken und Aufenthalte: Auf Grund der Zunahme der Verkehrsbewegungen lässt sich die Streckenplanung weiter rationalisieren. Je häufiger eine Destination angeflogen wird, desto eher lässt sich eine ‚optimale' Flug- und damit auch Personaleinsatzplanung erstellen. In der Folge werden die Aufenthalte an den Destinationen kürzer. Es besteht die Tendenz, auf Hotels in Flughafennähe zurückzugreifen anstelle derer im Stadtzentrum, um Wege und Übernachtungskosten einzusparen. Die langen Aufenthalte in attraktiven Hotels werden rarer. Zudem hat das Reisen insgesamt an Exklusivität verloren, da immer mehr Menschen sich Flüge auch zu fernen Orten leisten können.

Verdichteter Personaleinsatz, Fliegen am gesetzlichen Limit: Vor allem auf der Kurzstrecke machen die hohen Flugfrequenzen eine Personaleinsatzplanung am gesetzlichen Limit bereits möglich. Durch die Mischung von Streckenprofilen (also die Kombination von Kurz-, Mittel- und Langstrecke) kommt es aber für alle Piloten potenziell zu einer arbeitszeitlichen Verdichtung und in der Folge zu einer Erhöhung der Jahresflugstunden. Die Belastungen und der Druck, auch andere Streckenprofile zu fliegen, sorgen insgesamt für eine Statusreduktion. Manche europäische Lowcost-Airlines mit einem stark rationalisierten Personaleinsatz arbeiten mit (für den Luftverkehr untypischen) festen Schichten, die für die Piloten die private Planbarkeit erhöhen und manche Belastungen reduzieren. Solche Arbeitsmodelle werden vom Gros der Piloten abgelehnt, denn ein wesentlicher Faktor der Abgrenzung zu anderen Berufen und zur Legitimation des relativ hohen Gehalts würde dann wegfallen.

---

die Diskussion um die Gefahren durch Terroristen, die als fliegerische Laien Flugzeuge in ihre Gewalt bringen und steuern.

Zeitdruck und höhere Fremdbestimmung in der Arbeit: Der in vielen Bereichen zunehmende Zeitdruck ist ein wesentlicher Aspekt der verschlechterten Arbeitsbedingungen von Piloten. Er ist auch ein Ausdruck der zunehmenden Fremdbestimmung in der Arbeit. Piloten mussten sich schon immer in einer hochgradig regulierten Arbeitsumgebung zurechtfinden, jedoch kommen nun, vor allem unter dem Diktat der Ökonomie, weitere Aspekte der externen Einflussnahme hinzu, zum Beispiel über die Kontrolle von Performance-Daten und andere technisch oder organisatorisch vermittelte Leistungssteuerungsformen. Fremdbestimmung, die nicht direkt mit dem Prozess des Fliegens verbunden ist, steht in einem Gegensatz zu der hohen Verantwortung, die mit dem Pilotenberuf assoziiert wird und den wesentlichen Teil von dessen Status ausmacht.

Verringertes Einkommen bzw. erhöhte Einkommensungleichheiten: Piloten sehen vor allem einen engen Zusammenhang zwischen den verschlechterten finanziellen Bedingungen und dem getrübten Bild ihrer Tätigkeit in der Öffentlichkeit. Hier scheint ein sich gegenseitig verstärkendes Wechselverhältnis zu bestehen. Sinken die Verdienstchancen in dem Berufsfeld, verliert es an Attraktivität und zugleich auch an Status. Verstärkt wird dieser Prozess noch, wenn Piloten, zum Beispiel auf Grund einer erhöhten Technikgläubigkeit in der Gesellschaft, immer weniger Verantwortung an Bord zugesprochen wird. Aber auch der reale Automatisierungsgrad im Cockpit kann das Verhandlungspotenzial von Piloten bei Gehaltsfragen einschränken. Von verringerten Verdienstmöglichkeiten sind Piloten recht unterschiedlich betroffen, vor allem abhängig vom Arbeitgeber bzw. der Marke, für die sie fliegen, und von ihrer Seniorität, was zu Konflikten führt.

Ausgeweitete Arbeitsinhalte: Die beschriebenen Formen der Entgrenzung des Arbeitsinhalts von Piloten, also die Organisations- und Dokumentationsanteile, die Serviceaspekte etc., liegen oftmals quer zum bestehenden bzw. alten Berufsbild von Piloten: dem sicheren Fliegen von A nach B. Arbeitsausweitungen verändern zwangsläufig das Berufsbild. Die Frage ist nur, welches Statusniveau mit den neuen Tätigkeiten verbunden wird. Service impliziert den niedrigeren Status des Kabinenpersonals, Dokumentation weist eher eine Nähe zum Boden auf, während Organisation und Führung oft als „Management" bezeichnet wird – was auf eine Vergleichsgruppe mit einem eher hohen Bildungs- und ähnlichen Gehalts-, aber unspezifischen Statusniveau abzielt. Es ist offen, wie sich die inhaltlichen Veränderungen auf den Status von Piloten auswirken. Nicht zuletzt kommt es darauf an, wie diese in ein aktualisiertes Berufsbild eingebunden und institutionell abgesichert werden.

Qualifikation: Die veränderte Arbeit von Piloten erfordert auch andere Fähigkeiten und Fertigkeiten. In der Folge werden zum Beispiel Trainingsmaßnahmen und Einstellungskriterien stetig angepasst. Letztere sind immer weniger am fliegerischen Können und zunehmend an Persönlichkeitsmerkmalen orientiert. Ebenso werden körperliche Aspekte (wie Größe, Sehschärfe etc.) weniger wichtig. Jedoch haben gerade die harten, messbaren Anteile der Auswahl von Piloten lange deren Selbstverständnis als Elite geprägt. Nur sehr wenige Menschen erfüllen all diese Kriterien, nur wenige Prozent können überhaupt Piloten werden – eine häufige Äußerung von Piloten. Mit der Verschiebung auf soziale und psychologische Aspekte wird die Auswahl nicht unbedingt weniger selektiv, jedoch angreifbarer und weniger klar abgrenzbar. Fluggesellschaften reagieren auf die starken Schwankungen im Markt und passen die Durchfallquote an den Personalbedarf an. Dies stellt die Elitevorstellung in Zeiten hohen Bedarfs in Frage. Auch der schnelle Aufstieg zum Kapitän in Teilen des Felds kann sich negativ auf den Berufsstatus auswirken. Zudem findet durch die Verbreitung privater Flugschulen und erweiterte Karrierewege (z.B. Quereinsteiger) eine weitere Öffnung des Zugangs zum Beruf statt. Zum Teil besteht der Verdacht, dass sich der Zugang erkaufen lässt. Auf jeden Fall entsteht dadurch eine größere Masse an Piloten auf dem Arbeitsmarkt mit hohem Einstellungsdruck (Schulden), was das interessenpolitische Machtpotenzial der Berufsgruppe insgesamt senkt.

Konkurrenz aus dem Ausland – globalisierter Arbeitsmarkt: Nicht zuletzt verringert auch die zunehmende Konkurrenz aus dem Ausland auf Grund eines weiter globalisierten Arbeitsmarkts die interessenpolitische Macht von Piloten und zugleich den Berufsstatus. Mit der Zunahme der internationalen Flugbewegungen in Schwellenländer und der Gewöhnung der Passagiere an ausländische Airlines in Deutschland bieten sich auch für inländische Airlines immer mehr Möglichkeiten, auf kostengünstigeres und hoch qualifiziertes ausländisches Flugpersonal zurückzugreifen. Dieses Themenfeld wird für die Interessenorgane immer präsenter.

Neue Security-Maßnahmen: Die in Reaktion auf die Ereignisse des 11. Septembers 2001 beschlossenen strengeren Regeln bezüglich der Sicherheit des Cockpits schränken den Bewegungsraum der Piloten erheblich ein. Wo bislang die Piloten ihre Autorität unter Beweis stellen konnten, zum Beispiel bei Konflikten mit Passagieren, oder den Nachwuchs und Interessierte beeindrucken konnten, zum Beispiel durch kurze Besuche im Cockpit, besteht nun die Regel, die Cockpittüre geschlossen zu halten. Dies verhindert wichtige Möglichkeiten der Statusreproduktion während der täglichen Arbeit an Bord.

> „Und da habe ich es dann ganz häufig geschafft, einfach durch ein vertrauensvolles Gespräch, eben den Stress von dieser Reise zumindest zu nehmen und ihnen auch mal zu zeigen, dass da zwei ganz normale Menschen sitzen, die ihren Job tun, und dass das nichts anderes ist als Busfahren, nur eben dass es dreidimensional abläuft. Und das fand ich eigentlich immer, weil es auch ein positives Feedback gab, einen ganz angenehmen Teil meiner Aufgaben. Habe Zeitungsartikel noch davon, wo darüber berichtet wurde über solche Events.“ (H01)

Das Interviewzitat zeigt, wie es Piloten möglich war, ihre Professionalität zur Schau zu stellen und ängstlichen Passagieren damit ein Gefühl der Sicherheit zu vermitteln. Solche „Events" werden sowohl von den Passagieren und der Öffentlichkeit wahrgenommen, aber auch die Piloten selbst zehren von solchen bestätigenden Ereignissen nachhaltig. Diese interaktiven Formen der gemeinsamen Stärkung des Berufsbilds zusammen mit den Passagieren sind nun nur noch sehr eingeschränkt möglich – zum Beispiel beim Einsteigen der Passagiere, wenn Zeit bleibt.

Bedeutungsgewinn des Lowcost-Segments: Seit ein paar Jahren findet das Wachstum im Luftverkehr vor allem im Lowcost-Bereich und hauptsächlich auf der Kurz- und Mittelstrecke statt. Dies zwang alle Airlines zur Ausgründung entsprechender Marken oder gar zur vollständigen Umformung zur „Billig-Airline" (E02). Solche Umformungen wurden von einigen der betroffenen Piloten extrem negativ aufgenommen.

> „Da dachte ich immer, hoffentlich treffe ich keinen von [ehemalige Airline], denn die würden mich ja auslachen. ‚Bei uns bist du weggegangen, weil du gedacht hast, super [aktuelle Airline], und jetzt, sieh dich an, wo bist du hingekommen?' [...] Also, diese Zeit empfand ich als äußerst bedrückend." (E02)

Den Wechsel zu einer vermeintlich angeseheneren klassischen Airline empfand der zitierte Pilot letzten Endes als beruflichen Abstieg, da die Airline kurz darauf ihr Konzept völlig in Richtung Lowcost umstellte. Nun bereut er seine Entscheidung, empfindet Scham gegenüber seinen ehemaligen Kollegen und fühlt sich demotiviert.[44] Denn mit dem Airline-Konzept wird eine niedrigere Qualität und vor allem geringeres Ansehen verbunden.

> „Und leider ist es mit dieser Geiz-ist-geil-, Billig-Billig-Mentalität so, dass man glaubt, für 19,99 wäre das auch alles nichts wert. Was wenig kostet, ist ja auch wenig wert." (F03)

Hier werden Werbesprüche von Einzelhandelsketten, die Massen ansprechen, aufgegriffen und damit auf die Entwicklung angespielt, dass der Luftverkehr mit den günstigen Ticketpreisen einen weiteren Schritt zum Massenverkehrsmittel getan hat. Mit dem ausgeweiteten Passagierklientel ist die Exklusivität des Fliegens verloren gegangen und damit auch ein Stück des Berufsstatus. Wenn „Hinz und Kunz für 20 Euro mal kurz übers Wochenende nach Barcelona fliegt" (F07) und die Kunden den Flug nur noch als billige Dienstleistung sehen, dann sinkt auch die Wertschätzung, die dem Beruf entgegengebracht wird, so die Befürchtung.

---

44 Die Formulierung „und jetzt, sieh dich an, wo bist du hingekommen?" ist ein Zitat aus einem Lied der Band *Die Fantastischen Vier*, in dem es um das deprimierende und herunterziehende, aber schwer abschüttelbare Nachtrauern einer verflossenen Liebe geht. Ergänzt wird sie durch: ‚Ich sag's dir, sie ist weg und hat mich mitgenommen.'

Insgesamt kommt es zu einem Anstieg der Diversifizierung und Ungleichheit im deutschen Luftverkehr. Auch hier existieren ‚schwarze Schafe', die mit stark verschlechterten Arbeitsbedingungen der Konkurrenz auf dem Markt begegnen. Zwischenfälle, die möglicherweise auf Rationalisierungsmaßnahmen zurückzuführen sind, werden von der Presse schnell aufgegriffen. Die Abnahme des Status steht in Verbindung mit dem zunehmenden globalen Wettbewerbsdruck, dem Airlines ausgesetzt sind. Piloten diagnostizieren einen degradierenden Kreislauf zwischen den sich gegenseitig verstärkenden Faktoren: gesunkenes Ansehen von Piloten in der Öffentlichkeit, verschlechterte Arbeits- und Beschäftigungsbedingungen und Rationalisierungsinteresse der Unternehmen. In der Folge ist ein struktureller Anreiz für Fluggesellschaften entstanden, das Ansehen von Piloten in der Öffentlichkeit (etwas) zu reduzieren, um kostengünstigere Verträge durchzusetzen.

Nachfrage und Kundendruck

Oftmals wird die Ursache für die Entwicklungen im Luftverkehr auf Seiten der Kunden gesehen. So appelliert Pilot B01 mit Blick auf die sinkenden Ticketpreise an die anonyme Masse der Passagiere: „Ihr kauft euch eure eigene Sicherheit" (B01). Die Nachfrage der Kunden nach immer billigeren Tickets geht nach Ansicht vieler Piloten auf Dauer auf Kosten der Sicherheit – nicht zuletzt auf Grund der Mehrbelastungen für die Piloten. Mehr oder weniger direkt geben viele Piloten den Passagieren zumindest eine Mitschuld an den Entwicklungen im Luftverkehr und der Verschlechterung ihrer Arbeitsbedingungen. Entsprechend kritisch wird das neue „Klientel" begutachtet:

> „Also das hat sich schon erheblich geändert. Da haben wir früher eine gewisse Exklusivität gehabt. Schon alleine durch das Finanzielle. Weil sich eben ... nur ein bestimmter Prozentsatz an Klientel konnte sich die Fliegerei leisten. Ganz einfach. [Heute läuft das] so nach dem Motto: Kauf ich mir ein Ticket, kauf ich die ganze Fluggesellschaft." (B01)

Früher wollten die Passagiere nur Pünktlichkeit und Ruhe, heute wollen sie immer mehr immer billiger – so einige Piloten in den Interviews. Es wird nicht gespart an Beispielen für die Raffgier (z.B. Bordzeitschriften) und die Unkultiviertheit (z.B. im Umgang mit den Flugbegleitern) der neuen Passagiere. Fragt man verschiedene Flugbegleiter, zeichnen diese ein differenzierteres Bild. Businesspassagiere, die viel für ihr Ticket zahlen, waren und sind in mancherlei Hinsicht auch kein einfaches Klientel. Der Unterschied ist jedoch der Status, den sie mit an Bord bringen. Wenn die Schuld für (aus der Sicht der Piloten) negative Entwicklungen auf die Passagiere übertragen wird, ist dies der Atmosphäre an Bord und letztlich auch der Arbeitszufriedenheit sicherlich nicht dienlich. Die starke Produktdiversifizierung führt nicht nur zu sehr ungleichen Arbeits- und Beschäftigungsbedingungen auf der Seite der Piloten, sondern auch zu erhöhten Ungleichheiten unter den Passagieren. Die Folgen bleiben abzuwarten.

> „Ja, wir haben also auch echte Befürchtungen, dass sich das Nadelstreifenbusiness mit Sicherheit nicht in die Ballermanntouristenschlange eincheckt." (B04)

Auch das Management schiebt die Schuld für die verschärften Bedingungen gerne auf die Kunden. Von ihnen gehe ein Marktdruck aus, dem nichts entgegengesetzt werden könne:

> „Ihr habt jederzeit die Möglichkeit, in eurem Beruf euer Betätigungsfeld frei zu wählen. Wenn das, was ihr hier tut, euch so stark belastet, dann müsst ihr für euch selber die Entscheidung treffen, das zu ändern. Wir als Firma können weder unseren Kunden ändern noch die Passagiere und deren Verhalten, noch unseren Hauptkunden [anderes Unternehmen]." (D02)

Kunden, von denen der Druck ausgeht, sind in diesem Fall nicht nur Passagiere, sondern auch kooperierende Unternehmen oder Eigentümer (bzw. Shareholder).

Interessen, Interessenhandeln und -konflikte

Es ist offensichtlich, dass der beschriebene aktuelle Wandel im Luftverkehr erhebliches Konfliktpotenzial birgt. In den Interviews wird geschildert, dass es häufig zu Schuldzuweisungen und Konflikten zwischen Piloten und anderen Interessengruppen innerhalb des jeweiligen Unternehmens kommt. Genannt werden dabei neben den Eigentümern, die auf Rendite aus seien, dem Management, das zunehmend nicht mehr mit Piloten besetzt werde und Airlines wie normale Unternehmen führen wolle, und den Bodenmitarbeitern, die nur kosteten, andere Pilotengruppen. Auch innerhalb der Pilotenschaft werden also verschiedene Gruppen von ‚Schuldigen' ausgemacht: Managementpiloten, zu sehr intrinsisch motivierte Piloten, Junge und Militärpiloten. Diesen ‚Randgruppen' ist gemein, dass sie sich aus Sicht gut positionierter und stark am Berufsstand orientierter Piloten durch mangelndes Interessenhandeln auszeichnen.

Als Managementpiloten werden diejenigen bezeichnet, die Aufgaben des Flugbetriebs übernehmen und am Boden arbeiten: zwischen einer Woche im Monat und nahezu vollständig. Ihnen wird oft eine zu starke Arbeitgeberorientierung unterstellt und dies entweder mit ihrer individuellen Karriereorientierung oder mit einer unreflektierten Übernahme der Unternehmensrationalität bzw. -ideologie begründet. Laut Pilot D07 zum Beispiel sind diese „Managementpiloten" den „Buchhaltern auf den Leim gegangen" und unterstützen eine nicht nachhaltige Strategie, die auf kurzfristigen Gewinn aus ist, wenn sie sich zum Beispiel an Restrukturierungen in Richtung Lowcost beteiligen. Die damit gemeinten Piloten äußern in den Interviews jedoch, dass sie die langfristige Wettbewerbs- und Überlebenssicherheit des Unternehmens sichern wollen. Hier bestehen also Wahrnehmungsdiskrepanzen und Konflikte, die auf unterschiedlichen Tätigkeiten, unterschiedlichen Zugängen zu Informationen, Bereichsrationalitäten und eventuell auch verschiedenen individuellen Vorstellungen von Beruf und Karriere (siehe den Typenvergleich auf der Ebene Arbeit – vor allem Typ A versus Typ C) beruhen.

Hoch intrinsisch motivierten Piloten bzw. jenen, die ‚einfach nur fliegen' wollen, wird vorgeworfen, dass sie ohne Protest ‚alles mitmachen'. Die Begeisterung für das Feld und die Tätigkeit bringt Piloten dazu, Forderungen der Unternehmensleitung zu schnell nachzugeben – so die Argumentation. In den Interviews ließen sich einige Passagen finden, in denen Piloten, die sich selbst dieser Gruppe zuordnen, zum Beispiel die Höhe des Gehalts eher als nebensächlich bezeichnen und auf Arbeitsplatzsicherheit setzen, da ihnen die Tätigkeit so viel gibt (siehe Typ B, Ebene Arbeit).

Wenn innerhalb der Pilotenschaft nach den Ursachen, unterstützenden Faktoren und ‚Schuldigen' für die aktuellen Umstrukturierungen gesucht wird, wird oftmals noch eine weitere Gruppe erwähnt: ehemalige Militärpiloten. Es liegt nahe, diesen zu unterstellen, dass sie autoritätshörig, also die Befehlsausübung ohne Hinterfragen gewohnt sind und eine gering ausgeprägte individuelle Widerständigkeit besitzen. Inwieweit dies zutrifft, kann hier nicht geklärt werden. Militärpiloten bringen andere Erfahrungen mit, mit Auswirkungen vor allem auf soziale Aspekte, wie Zusammenarbeit im Cockpit, Führung und Berufsverständnis. In der Empirie ist der Vorwurf häufig anzutreffen, dass ehemalige Militärpiloten oft gegen die eigenen Berufsinteressen handeln.

Der analytisch interessanteste Konflikt innerhalb der Pilotenschaft ist der zwischen Jung und Alt, da dieser die Entwicklung des Luftverkehrs, aber auch der Gesellschaft abbildet (vgl. Abschnitt 7.2.2). Junge Leute bzw. Piloten mit weniger Erfahrung befolgen die Anweisungen der Vorgesetzten zu unkritisch – so ein gängiger Vorwurf. Sie geben dem Druck auf Mehrleistung zu schnell nach und erhöhen damit den Zeitdruck für alle Piloten.

> „Bei [Airline] ist ein sehr hoher Zeitdruck. Also, wenn die Flugzeuge nicht möglichst schnell wieder zurückkommen, dann diese ganze [Destination]-Regel und was auch immer, das fällt dann alles auseinander. Es gibt viele Gründe, warum da sehr hoher Druck ist: Junge Leute mit wenig Erfahrung lassen sich von so was beeindrucken. Wenn der Chef sagt: ‚Ihr müsst einfach ein bisschen mehr Stoff geben!' Dann sagen die: ‚Ja, ja, machen wir, super.'" (H08)

Sie sind noch nicht voll integriert im Spiel um die Arbeitsleistung[45] und setzen nach Ansicht der bereits etablierten Piloten ihre Leistungsreserven zu leichtfer-

45 Arbeitnehmer und Management sind täglich Akteure in einem gegenseitigen Macht-‚Spiel' um die Leistungsverausgabung (vgl. Burawoy 1982).

tig ein. Da dies einen stetigen Anstieg des als normal geltenden Arbeitspensums erzeugt und in der Folge alle Piloten betrifft, wird ihr Verhalten negativ beobachtet und zum Teil informell sanktioniert. Dies liegt auch an der erhöhten Anfangsmotivation junger Piloten.[46] Schaffen es junge Piloten zum ersten Mal in eine der großen traditionellen Airlines, schließen sich viele von ihnen dem Interessenhandeln der etablierten Piloten nicht an.

> „Wir haben ja viele junge Leute eingestellt, und die verstehen nicht, was los ist. Die verstehen die anderen nicht, weil die sagen: ‚Das ist ja das Paradies. Und wenn das hier jetzt so bleibt, wie es ist, dann können wir uns das gar nicht vorstellen, wie schön das hier ist, weil es ist alles geregelt, es gibt Tarifverträge.' Die sind vorher bei [Airline] geflogen. Viele von [Airline], die sagen: ‚Hier, das ist ja das Paradies hier. Da sind wir geflogen, da mussten wir ja noch während des Turnarounds putzen, Müll mit abräumen, da mussten wir mit.' Da wird ja viel gespart in der Richtung. ‚Wir mussten nicht proceeden mit dem Flugzeug, sondern mit dem Taxi oder mit dem Zug.'" (H09)

Viele Airlines setzen deshalb (z.B. durch Aus- und Neugründungen) auf ein verjüngtes und vermeintlich noch formbares Personal, von dem erwartet wird, dass es eine höhere Leistungsbereitschaft und Arbeitszufriedenheit mitbringt. Zumindest verfügt es über geringere Machtressourcen.

Das ungleiche Interessenhandeln zwischen alten, bereits etablierten und jungen, gerade eingestiegenen Piloten beruht jedoch nicht nur auf Machtunterschieden, die sich am Alter bzw. der Erfahrung ausmachen lassen, sondern auch auf einem Generationenunterschied. Das heißt, die Bedingungen im Luftverkehr haben sich geändert, aber auch die Erwartungen der neuen Pilotengeneration. Jüngere Piloten sind mit dem Status quo bei den Airlines auch deshalb eher zufrieden, da sie die „glorreichen Zeiten" (H06) nicht mehr als Kontrastfolie im Kopf haben.

> „Ich denke, dass die Generation, die jetzt zu [Airline] gekommen ist, ich habe mich ja auch mit einem Kollegen darüber unterhalten, es ist einfach eine andere Generation. Wir kommen von einer Airline, bei der es ‚schlechter' war, von den Arbeitsbedingungen, vom Gehalt, als es bei der [Airline] ist. Für uns ist [Airline] nach wie vor ein Schritt nach vorne. Und die kennen nur diese glorreichen Zeiten, wo sie einen Wochenstopp [Inseln], Wochenstopp [Ferienort], Wochenstopp

---

46 Ein Grund für den Eindruck: ‚Die jungen Piloten machen alles mit!' liegt auch in dem geringen Machtpotenzial dieser Beschäftigtengruppe, das dagegen spricht, Widerständigkeit offen zu zeigen. Ihre reduzierten Ansprüche und ihre höhere Leidensschwelle lassen sich nicht allein durch die Anfangseuphorie und den noch belastbareren Körper erklären. Dies zeigt sich daran, dass ältere Piloten, die mit einem ähnlich geringen Machtpotenzial ausgestattet sind, ähnlich handeln. Zu weiteren Gründen und zur geringen Machtposition von jungen Piloten siehe Abs. 7.2.2.

> [Stadt im Ausland] hatten, wo sie sehr viel mehr Freizeit hatten. Das sind für sie halt diese glorreichen alten Zeiten, von denen sie sprechen.“ (H06)

Die jüngeren Piloten wollen die alten Zeiten auch nicht unbedingt zurück. Manchen Aspekten der Entwicklung ihrer Arbeit stehen sie eher positiv gegenüber. Häufige Beispiele betreffen die Zusammenarbeit und Führungsaspekte – sowohl im Cockpit als auch an Bord insgesamt und auch im Verhältnis Boden-Luft.

> „Aber was schöner geworden ist, sagen auch viele, dass dieses Hierarchiegefälle im Cockpit anders geworden ist. Viele Kapitäne sind auch nicht mehr so alleiniger Chef, sondern der Copilot ist gleichberechtigt, mehr oder weniger. Dass es die ganzen alten Säcke nicht mehr gibt. Und auch die Checks haben sich geändert. Das waren früher wohl ganz bösartige Checks und jetzt geht es darum, was zu lernen.“ (H06)

In den Interviews zeigt sich auch, dass jüngere Piloten weniger Statusunterschiede betonen und die Arbeit anderer Bereiche eher anerkennen. Dies ist vor allem dann der Fall, wenn sie studiert haben oder von anderen Tätigkeiten aus quer eingestiegen sind. Junge, oftmals mit zusätzlichen Qualifikationen ausgestattete Piloten bringen einen anderen Habitus mit und damit auch andere Erwartungen an Arbeit, Beruf und Karriere. Nach einer starken Beanspruchung in der Anfangsphase ist die Begrenztheit des reinen Fliegens von A nach B schnell nicht mehr ausreichend für sie. Sie greifen neue Anforderungen gerne auf und sind deshalb offen für Arbeitsausweitungen durch das Management – sie suchen Abwechslung und Entwicklungsmöglichkeiten. Sie haben noch keinen Grund, sich um Besitztumspflege und Statusverteidigung zu kümmern und zwischen Arbeit und Leben strikt zu trennen. Die entsprechenden Themen der älteren Kapitäne, die im Cockpit neben ihnen sitzen, langweilen sie eher – wie die nachfolgende Interviewpassage verdeutlicht:

> „Ich sitze da auf einem Flug fünf Stunden und fühle mich völlig unterfordert. Ich komm nach Hause und habe eigentlich nichts zu tun. Also man kennt das eigentlich, wenn man im Büro arbeitet oder studiert hat, man kommt heim und man hat eigentlich den Schreibtisch voller Arbeit. Auch hier ist es, in dem Beruf, eigentlich muss man sich ständig weiterbilden. Man müsste eigentlich sich jeden Abend hinsetzen und noch mal Handbücher lesen und so was, um sich fit zu halten. Aber, ja, wie gesagt, wenn kein Prüfungsdruck da ist, dann stumpft man ab und was macht man?! Im Laufe des Fluges. Ich habe immer was dabei, ja. Also entweder irgendwelche Unterlagen, Prüfungs-, also es gibt so Multiple-Choice-Fragen, die man machen kann, die, wo man sich vornimmt, was zu machen. Aber man unterhält sich dann entweder drei Stunden lang mit dem Kapitän über seine Eheprobleme, ja, oder über die Firma oder über Geld oder über Häuser oder über Autos. Also das ist wirklich, wie es ist.“ (I01)

Junge Piloten – vor allem solche mit weiteren Berufsqualifikationen – bringen auch andere Vorstellungen von Beruf und Privatleben mit. Es muss nicht das ganze Leben derselbe Beruf, noch dazu beim selben Arbeitgeber ausgeübt werden. Berufliche Umorientierungen und die Möglichkeit eines phasenweisen beruflichen Abstiegs, zum Beispiel mit Blick auf Partnerschaft, werden (auch von männlichen Piloten) zumindest nicht ganz ausgeschlossen. Es wird nach verschiedenen Formen der Selbstverwirklichung gesucht und es herrscht das Leitbild, dass sich der Beruf mit den Karrierevorstellungen des Partners und mit der Familie vereinbaren lassen soll. Die klassische Laufbahn als Pilot lässt sich mit diesen Bedürfnissen nur zum Teil in Einklang bringen.

> „Also viele sagen, das ist so eine Art Weiterbildung über die Jahre hinweg, dann wird man irgendwann vielleicht Trainings-FO, das heißt, man macht so die Grundzüge der Ausbildung, trainiert andere Copiloten. Irgendwann wird man Kapitän und dann wird man vielleicht Ausbildungskapitän, dann wird man, keine Ahnung, Check-Kapitän. Und irgendwie so entwickelt sich das weiter über die Karriere hinweg. Das ist halt nur Fliegerei und das ist, denke ich, so was, was viele Leute vielleicht machen, die nur mit der Fliegerei groß geworden sind, die mit zwanzig angefangen haben zu fliegen und nichts anderes kennen. Aber ich glaube, es gibt noch viele andere Bereiche, die auch faszinierend sind.“ (I01)

Es bestehen also sowohl Alters- als auch Generationenunterschiede. Jüngere Piloten verfügen über eine andere (Leistungs-)Kultur, andere Bedingungen in der Arbeit und privat, andere Erfahrungen und Referenzfolien, andere Wert- und Leitmotive und (Rollen-)Erwartungen. Wenn Piloten Erklärungen und ‚Schuldige' für die stille Akzeptanz veränderter Arbeitsbedingungen suchen, sind die jüngeren Piloten auch nur eine von mehreren Gruppen, an deren Handeln Kritik laut wird.

Insgesamt herrscht eine große Ungleichheit in den Machtpositionen zwischen den Piloten, jedoch noch auf relativ hohem Niveau. Denn alle Piloten besetzen eine zentrale Schnittstelle im System Luftverkehr, verfügen über aufwändige Qualifikationen und sind gewerkschaftlich recht gut aufgestellt.

Je nach Karriereprofil und Erfahrung, familiärem Background (z.B. Mobilitätsmöglichkeiten), Präferenzen bezüglich Arbeit und Leben, individueller Einschätzung der eigenen Chancen auf dem Arbeitsmarkt, konkretem Arbeitsvertrag und Einfluss der Personal- und Interessenvertretung auf das Unternehmen sind manche Piloten anfälliger für den Druck seitens der Arbeitgeber. Diese komplexe Gesamtkonstellation muss berücksichtigt werden, wenn ihnen mangelndes Interessenhandeln vorgeworfen wird, wie in der nachfolgenden Interviewpassage:

> „Und da sage ich eben, da sind die Leute bei uns zu doof. Piloten sind doof! Das sagen auch die Leute, die in Kommissionen drinnen sitzen, dass die Piloten zu

> devot sind. Die Leute kommen auch jetzt vom Werdegang her ... Bei der [Airline] werden sie alle geschönt und haben dann dieses [Airline]-Ständedenken: ‚Wir sind [Airline]! Wir sind die Besten!' Bei uns: ‚Hey! Du kannst froh sein, dass du bei uns fliegst! Aber jetzt reiß dich mal zusammen, sonst bist du wieder draußen!' Und das ist bei uns da. Bei [andere Airline] ist das extrem stark ausgeprägt. Da werden Leute durch den Simulator durchgeschickt: ‚Ha, ich bin schon mal durchgefallen, also muss ich leise sein!' Der soziale Druck ist extrem groß. Der Druck ist zwar bei uns auch da. Aber wir bräuchten den nicht. Die Leute ziehen sich Hosen an, die sich nicht anziehen müssen. Wenn wir sagen: ‚Nö, wir machen das nicht!'" (D07)

Es ist Aufgabe der Interessenvertretung, die Ungleichheit in den Griff zu bekommen und zum Beispiel nicht nur die führende(n) Airline(s) oder einen bestimmten Typ von Pilot (bzw. ein bestimmtes Lebensführungsarrangement) zu vertreten. Unklar bleibt, inwieweit Zugeständnisse für die nachhaltige Überlebensfähigkeit des Arbeitsgebers notwendig sind. Viele Piloten sind, vor allem mit dem Blick auf die allgemeine Entwicklung der Arbeit in der Gesellschaft, skeptisch, ob die Ansprüche, die ihrer Ansicht nach zuletzt immer weiter gesenkt wurden, in zukünftigen Phasen des Aufschwungs wieder abgegolten werden. Einige reagieren bereits mit Resignation hinsichtlich interessenpolitischen Handelns.

Vor allem die Vereinigung Cockpit, aber auch die Berufsverbände müssen den Spagat bewältigen, auf der einen Seite die Vorteile bisheriger Pilotenarbeit, die bei klassischen Airlines teilweise noch vorhanden sind, zu verteidigen und auf der anderen Seite sich aktuellen Veränderungen im Luftverkehr und einem wachsenden Anteil von Beschäftigten, die unter veränderten Bedingungen arbeiten, nicht zu verschließen. Weiterhin gibt es im Feld den Vorwurf, dass vor allem die Vereinigung Cockpit nur die Interessen der größten deutschen Airline bzw. „richtige Airlines" (H05) und deren Mitarbeiter vertritt und damit andere Fluglinien und deren Mitarbeiter ausbremst. Kleinere Fluggesellschaften können sich hohe Forderungen und lange Blockadezeit oftmals nicht leisten. Zudem ist für manche Piloten die Frage, inwieweit bestimmte unternehmerische Entscheidungen eventuell doch notwendig sind, kein Tabu-Thema mehr. Entscheidungen, die den Erhalt von Arbeitsplätzen sichern, sollten ihrer Ansicht nach nicht von vornherein abgeblockt werden. Hier schätzen manche Piloten auch die Rolle der eigenen Personalvertretung im Betrieb kritisch bzw. als „geschäftsschädigend" (H09) ein. Dennoch müssen die Interessenvertretungsorgane einen Wettbewerb nach unten verhindern.

> „Das Problem ist eigentlich nicht so der Berufsverband in der Firma selber, sondern der Zusammenhalt in der deutschen Luftfahrt generell. Da lassen sich halt in gewissen Airlines andere Leute immer weiter drücken, in den Arbeitsbedingungen, nicht nur gehaltstechnisch, auch in den Arbeitsbedingungen, und solange

man da nicht zusammenhält, wirkt sich das peu à peu natürlich dann auch auf die anderen Arbeitgeber aus." (H03)

Viele Piloten empfinden es als „nicht mehr zeitgemäß" (A01), bei der Interessenpolitik nur auf das Thema Gehalt abzuzielen. Themen der Vereinbarkeit von Arbeit und Leben werden traditionell nur sehr nachrangig behandelt.

Viel kann auch an der Informationspolitik liegen bzw. an der Problematik, dass der Kontakt zwischen Interessenvertretungsorganen und Piloten grundsätzlich erschwert ist, da Piloten wenig Zeit im Betrieb verbringen und sich in der Regel eher untereinander im Lay-over oder im Cockpit über betriebliche Themen verständigen. Viele Piloten treffen sich privat mit Kollegen aus anderen Unternehmen und vergleichen die Arbeitsbedingungen. Hierbei geht es neben dem Gehalt vor allem um Details bezüglich der Einsatzplanung und um den allgemeinen Erschöpfungsgrad. Zudem greifen Piloten zunehmend auf das Internet und die zahlreichen Piloten-Blogs und Foren zurück, um sich diesbezüglich zu orientieren. Interessenpolitik muss sich auch hier neuen Entwicklungen anpassen.

Abnehmende Identifikation mit dem Unternehmen

Als mobil Arbeitende waren Piloten schon immer die meiste Zeit räumlich von ihrem Betrieb getrennt. Anders gesagt, sie arbeiteten schon immer in großer Distanz zum Betrieb bzw. zum Arbeitsort der restlichen Arbeitnehmer. Hieraus folgte auch eine gewisse soziale bzw. kulturelle Abgrenzung zwischen dem mobil und dem lokal arbeitenden Personal. Aber auch innerhalb des fliegenden Personals sorgt die herrschende Arbeitsorganisation, allem voran der ständige Crewwechsel, für eher perforierte soziale Beziehungen. Befindet sich dann eine Airline in einer angespannten finanziellen Situation und auf der Suche nach Einsparmöglichkeiten, treten Bereichskonflikte als Folgen gegenseitiger Wahrnehmungsdiskrepanzen, die latent schon immer vorhanden waren, verstärkt zutage. Daraus resultierende Abgrenzungen zwischen Beschäftigtengruppen können sich im Falle anhaltender starker Bedrohungsszenarien zu Individualisierungs- bzw. Isolierungsprozessen zuspitzen und eine Abnahme der Identifikation der Piloten mit der Airline zur Folge haben. Die mobilitätsspezifische Arbeitsorganisation bringt dieses Risiko also bereits verstärkt mit sich. In jüngerer Zeit kommen jedoch noch weitere Faktoren hinzu: die oben beschriebenen Entgrenzungsprozesse, Elemente der indirekten Leistungssteuerung und vor allem sich wandelnde Unternehmensstrategien und -umformungen (Ausgründungen, Outsourcing, Leasing etc.). Das oben gezeichnete Bild des ‚Flugzeugs als eigenständiger Betrieb' kann auch als Sinnbild für die desintegrativen Aspekte dieser Entwicklung dienen. Hier soll, vor dem Hintergrund der oben aufgezeigten transformierenden Entgrenzungsprozesse im Luftverkehr, verstärkt auf das veränderte Verhältnis zwischen Person und Betrieb eingegangen werden.

Der Konflikt zwischen Boden und Luft ist ein Phänomen klassischer raumzeitlicher Entgrenzung, das für Mobilitätsunternehmen typisch ist. Auf Grund recht unterschiedlicher Logiken und Bedingungen ihrer Arbeit herrscht hier traditionell viel Unwissen über die jeweiligen Arbeitsbedingungen (Belastungen, Qualifikation, Gehälter etc.), auf dessen Basis Vorurteile, Missgunst, geringe gegenseitige Anerkennung und letztlich Konflikte gedeihen, wie das folgende Zitat zeigt:

> „In dem Moment, wo Sie auf der operativen Ebene sind, wo wir unter bestimmten Notwendigkeiten bestehen, haben Sie halt diesen Bruch, weil bestimmte Sachen gehen halt nicht. Nur weil die, die da drüber in den Entscheidungsebenen liegen, von der operativen Ebene, wie ich vorhin schon sagte, weniger Kenntnis und Erfahrung haben, können sie, ich sage jetzt mal brutal, skrupellos die Entscheidungen durchdrücken, weil es ihnen auch egal ist, was in der operationellen Ebene passiert. Und schon haben wir den clash of cultures zwischen der bodenseitigen Kultur und der fliegerischen Kultur." (F03)

Oftmals ist der gegenseitige Kontakt auf ein Minimum reduziert. Kulturelle Konflikte zwischen ‚Luft' und ‚Boden' zeigen sich jedoch sehr gut in der Kommunikation mit der wichtigsten Schnittstelle zwischen diesen beiden Bereichen: dem ‚Crew Contact' bzw. ‚Crew Control' – der Stelle im Flugbetrieb, die mit den Piloten Kontakt hält und vor allem bei unvorhergesehenen Ereignissen[47] den kurzfristig veränderten Personaleinsatz koordiniert. Die dort gepflegte Kommunikationskultur erweist sich oftmals als beiderseitiger Spiegel sowohl der Unternehmens- als auch der individuellen Arbeitskultur. Hier treten in einem recht engen Zeitrahmen, also stark zugespitzt, klassische Formen von Abstimmungsproblemen und dazugehörigen Handlungsstrategien auf, wie sie in den Sozialwissenschaften diskutiert werden.

So kann sich die Kooperation zum Beispiel an Reziprozität orientieren: „Eine Hand wäscht die andere" (H02), „Geben und Nehmen" (H02). Es besteht das Vertrauen darauf, dass das eigene Entgegenkommen wahrgenommen und – falls es nötig wird – gegebenenfalls auch aufgegriffen wird. Die Herausbildung einer gemeinsamen Kooperationskultur wird also erwartet. Treten nun jedoch verstärkt Bereichskonflikte auf, lässt sich beobachten, dass der Kontakt auf reine unpersönliche Tauschbeziehungen reduziert wird, mit den entsprechenden Folgeproblemen.[48] Oder es kommt zu aktiveren gegenseitigen Machtspielen, wofür sich in den Interviews viele Beispiele finden lassen: Die Personaleinsatzplanung

---

47 Krankmeldungen, Flugplanänderungen, technische Probleme, Verzögerung auf Grund des Wetters etc.

48 Grundlegende allgemeine Koordinations- und Kooperationsprobleme sind z.B. das Allmende- und das Trittbrettfahrerproblem oder auch das Gefangenendilemma, eine typische Strategie wäre z.B. das bekannte *Tit-for-Tat*-Vorgehen: ‚Wie du mir, so ich dir'.

straft nicht kooperative Piloten durch unattraktive und belastende Einsatzpläne ab. Auf der anderen Seite nutzen die Mobilen das Informationsdefizit des Betriebs bzw. unkontrollierbare Bereiche in ihrer Arbeit zur Blockade, um eigene Zeitpläne zu realisieren (z.B. mit dem Argument gegen einen spontanen Einsatz: „schon ein Bier getrunken") und um den Betrieb gegebenenfalls auch interessenpolitisch informell zu sanktionieren.

Zunehmender Wettbewerbsdruck und Rationalisierungsstrategien verschärfen aktuell die schon immer bestehende Distanz zwischen dem mobilen Personal und dem lokalen Betrieb. Auf der Suche nach Kürzungsmöglichkeiten und möglichen Stellenstreichungen wird der Schwarze Peter gerne zwischen Luftfahrtunternehmen, Flugbetrieb und Flugpersonal hin- und hergeschoben, wie das folgende Zitat eines teilweise am Boden tätigen Piloten veranschaulicht:

> „Die Produktivität im Flugbetrieb ist unserer Ansicht nach, weil unsere Gehälter auch nicht besonders hoch sind, nicht mehr zu steigern. Was also unser wirtschaftliches Ergebnis drückt, das ist die große Verwaltung in [der Zentrale]. Und das ist ein Riesenknackpunkt. Natürlich sehen die das anders. Aber ja, daraus resultiert also keine besonders große Freundschaft zwischen diesen Abteilungen." (H08)

In diesem Interessenkonflikt nehmen die Piloten schon allein auf Grund der hohen Ausbildungsinvestitionen, aber auch wegen ihrer engen beruflichen Verknüpfungen zu Entscheidungsträgern am Boden eine besonders machtvolle Stellung ein – im Vergleich zum Standing der Mitarbeiter in der „Verwaltung". Dies wird noch zusätzlich unterstützt durch die relativ gute Lage für erfahrene Piloten am internationalen Arbeitsmarkt:

> „Man möchte ja immer seinen eigenen Arbeitsplatz schützen. Wobei wir eben wissen, also wir sind in der komfortablen Lage jetzt, dass unsere Beschäftigtengruppe extrem gefragt ist, wir sehr, sehr viele Angebote aus dem Ausland bekommen und da ist es einfach so, dass wir wissen, bei uns kann man nicht weniger Leute noch haben oder so. Und beim Boden zeigen es auch andere Firmen, dass es auch anders geht. Also das heißt, denen steht natürlich – vieles ist Outsourcing – Ähnliches bevor. Und ja, natürlich ist es schwierig, weil wenn man in den Abteilungen nicht drin ist, weiß man auch nicht genau, was sie alles wirklich tun." (H08)

Der Verweis auf die Arbeitsmarktchancen zeigt aber, dass es letzten Endes auch bei Piloten um den Arbeitsplatz geht. Die Hauptgründe, weshalb Piloten die Chancen des internationalen Arbeitsmarkts nicht wahrnehmen, liegen im privaten/familiären Bereich und nicht (mehr) in der kulturellen Bindung an den Arbeitgeber, wie Pilot D04 schildert:

> „Ich weiß auch aus Gesprächen mit Kollegen, dass viele so denken. Und da hängt dann meistens die familiäre Bindung dran, es nicht zu tun [Unternehmenswech-

> sel/Ausland]. Aber dieses Gefühl, [Airline] ‚my home is my castle', das ist bei den meisten durch, mittlerweile." (D04)

Mehrere der untersuchten Airlines befanden sich während der Erhebungsphase in starken organisationalen Wandlungsprozessen, deren desintegrative Wirkungen auf die betroffenen Piloten sich in den Interviews deutlich niederschlugen. Zum Beispiel reagierte die Pilotenschaft einer Airline auf ihre Umwandlung zum Lowcost-Anbieter mit den für solche Situationen typischen Vorwürfen an das Management: Es lasse zu, dass die Airline von den Investoren „ausgesaugt" werde, was nur den Schluss erlaube, dass das Management entweder „inkompetent" und „blind" oder nicht an nachhaltigen Zielen, sondern an eigenen kurzfristigen Interessen orientiert sei. Es handle wie „Buchhalter" und nicht wie „Unternehmer", das heißt, es wage nichts, habe nur die Kosten im Blick und orientiere sich nur an aktuellen Zahlen (so z.B. Pilot D07). Piloten reagieren oftmals recht emotional auf solche Umstrukturierungen, da nicht nur ihre Arbeitsbedingungen davon massiv betroffen sind, sondern auch ihr berufliches Selbstverständnis und ihre Identifikation mit dem Unternehmen, für das sie fliegen. Für Pilot E02 war der Einstieg seines Arbeitgebers in das Lowcost-Segment sein „persönliches Firmenwaterloo". Es ging ihm „elendig schlecht" „aus einem ganz einfachen Grund: die [Airline] wurde uns vor die Nase gesetzt." Inwieweit in diesem Fall die Einbindung der Piloten in die Entscheidungsprozesse geholfen hätte, kann nicht beantwortet werden. Das Beispiel zeigt jedoch, wie sehr sich Piloten mit ihrem Produkt bzw. mit ihrer Marke – Strecken, Flugzeuge, Image, Passagierklientel etc. – identifizieren, nicht zuletzt auf Grund der daran gekoppelten Arbeits- und Beschäftigungsbedingungen.

Im Zuge der Diversifizierung des Luftverkehrs verändern sich also die Beschäftigungsbedingungen für einen nicht unerheblichen Anteil der Piloten. Zu nennen sind hier nicht nur Umwandlungen zur ‚Billig-Airline', sondern auch die oben erwähnten neueren Konzepte wie Dry- und Wet-Leasing sowie Unternehmenszusammenschlüsse und neue Kooperationsformen zwischen Airlines. Wie weit fortgeschritten der Wandel in Teilen des kommerziellen Luftverkehrs in Deutschland schon ist, veranschaulicht die nachstehende kurze Interviewpassage:

> *I:* „Was macht das mit den Leuten, wenn sie als [Airline1]-Leute für [Airline2] fliegen?"
>
> *P:* „Die fliegen auch für [Airline3] und für [Airline4]. Es gab Zeiten, da sind die für vier [weitere] Firmen geflogen." (B02)

Zwar gibt Pilot B06 an, dass es den Piloten und Flugbegleitern letztlich egal sei, welche Farbe das Flugzeug hat bzw. welches Logo darauf abgebildet ist, denn ausschlaggebend „sind ja die Flieger und die Piloten. Wenn Sie auf die Piloten und die Stewardessen gucken, die fliegen das Ding, auch wenn da irgendein [anderer Name] draufsteht." Dennoch drängt sich die Frage auf, welche mittel- und langfristigen Auswirkungen die beschriebenen Wandlungsprozesse auf die kulturelle Bindung an das Unternehmen haben, welche ja mühsam über Jahre hinweg zum Beispiel über Corporate-Identity-Maßnahmen aufgebaut worden ist. Zwar sprechen Airlines dem eigenen Logo noch eine gewisse Relevanz zu.[49] Meistens denken sie dabei jedoch an die Wahrnehmung von außen, also an die Kundenbindung, und nicht an die Identifikation des eigenen Personals.

Ständige Umformungen und Neugestaltungen von Marken gehören mittlerweile dazu. Neu entstandene oder ausgegründete Airlines sind hier besonders stark betroffen. In der Folge findet eine Flucht zu den großen Airlines statt, in der Hoffnung auf stabile Arbeitsbedingungen. Da ein solcher Quereinstieg oder Markenwechsel nur bedingt und begrenzt möglich ist, wird aus dem Feld auch eine ‚Verschwörungstheorie' kolportiert, dass die Strategie sinnvoll sein könnte, das eigene Unternehmen ökonomisch ‚plattzumachen', um dann von einem vermeintlich ‚besseren' Arbeitgeber übernommen zu werden. Dies ist aber wohl eher eine Unterstellung seitens des nachfolgend zitierten Mitglieds der obersten Managementebene in einem Luftfahrtunternehmen, die als Uminterpretation von Widerständen auf Seiten der Piloten in seiner Airline gedeutet werden kann.

> „Also es gibt die Glückseligkeit selbst, der Heilige Gral ist Lufthansa, und es gibt dann so Verschwörungstheoretiker, die sagen: Na ja, die Lufthansa braucht ja die [Airline1]. Die gibt es. Und deswegen, wenn die [Airline1] mal platt wäre, dann würden wir ja alle zu Lufthansa kommen. Und das glauben die im Moment bei der [Airline2] auch. Die schreiben das auch so, die [Interessenvertretung] sagen: ‚Wir machen [Airline2] platt und dann kommen wir alle zu Lufthansa.' Ich bin jetzt seit fünfzehn Jahren in der deutschen Luftfahrt. Es hat noch niemand geschafft, über den Weg dahin zu kommen. Weil bei der Aero Lloyd haben sie noch gestreikt, da war die Firma schon zu; bei Sabena auch. Die Kollegen, die das behauptet haben damals, die fliegen halt heute irgendwo in Asien. Ja, es ist aber so. Die Leute erzählen Ihnen im kleinen Kreis: ‚Es ist so.'"[50]

Wie auch immer der Informationsgehalt dieses Zitats einzuschätzen ist, es zeigt jedenfalls die Anziehungskraft der Lufthansa als weiterhin mit Abstand größter Airline in Deutschland. Aber mit Blick auf die zunehmende Ausdifferenzierung auch dieses Konzerns verschwimmt allmählich das Bild vom „Heiligen Gral". Die Angestellten einer pleite gegangenen und vom Lufthansakonzern aufgekauften Fluglinie würden sicherlich nicht zu den Bedingungen beschäftigt, wie sie gemeinhin mit der Lufthansa bzw. mit ihren Kernmarken verbunden werden.

---

49 So scheitern lange Verhandlungen um weitreichende strategische Kooperationen zwischen Airlines gelegentlich auch einmal an der Einigung auf ein neues gemeinsames Logo bzw. daran, welche Airline ihre ‚Farbe' behalten darf.

50 Zitiert aus einem zusätzlichen Experteninterview mit einem Mitglied der obersten Managementebene einer Airline.

Auch die großen Luftfahrtkonzerne greifen auf die gesamte Bandbreite an Unternehmensstrategien zurück. Vor allem zur Flexibilisierung ihrer Personalstrategien und Produkte gründen sie Töchter aus, kaufen Unternehmen zu, leasen und verleasen Crews und Flugzeuge, kooperieren mit anderen Airlines etc. In der Folge erhöht sich die Ungleichheit zwischen den Piloten auch innerhalb dieser Konzerne und es kommt zu unklaren und separierten Identitäten. Oftmals fühlen sich die Mitarbeiter in solchen Randmarken eines Konzerns nicht als vollwertige Mitglieder, da sie nicht in das offizielle Image der Hauptmarke passen. Sie beklagen, dass sie mit schlechteren Verträgen und Arbeitsbedingungen ältere Flugzeuge fliegen, nicht prestigeträchtige Strecken bedienen und dass die Randmarken auch nach außen nicht richtig als Teil des Konzerns auftreten (z.B. mit einem abgewandelten Logo). Das Verhältnis zwischen Hauptmarke und neuer Marke wird oft als nur einseitig von Vorteil empfunden.

> „Wir haben einen eigenen Flugbetrieb, wir haben eine eigene Verkehrszentrale, wir haben eine eigene Maintenance, wir haben alles selber, sondern bringen eigentlich nur diese Leistung in den [Airline]-Konzern ein. Wir sind eigentlich etwas ganz Eigenes, sollen aber ein Produkt verkaufen für eine Firma, die wir eigentlich gar nicht sind." (C01)

Die neue Marke arbeitet als wirtschaftlich eigenständiger Bereich, ihr wird aber keine eigene kulturelle Identität zugestanden. Piloten machen dies oft an der Existenz eines eigenen Logos oder dem Besitz eigener Flugzeuge aus, also an greif- bzw. vorzeigbaren Elementen ihrer Arbeit. Fehlt dies, fällt es Piloten auf Dauer gleichermaßen schwer, sich mit ihrem Produkt und mit dem Konzern zu identifizieren. Das, was auf ihre Uniformen und ihr Fluggerät gedruckt ist, ist ihnen also doch wichtig.

> „Es gibt eigentlich so nichts, überhaupt nichts Eigenes mehr. Man gehört zu irgendwas, aber eigentlich gehört man doch nicht so richtig dazu." (C01)

Oftmals besteht bei aufgekauften oder ausgegründeten Marken oder Tochtergesellschaften etc. auch keine wirtschaftliche Unabhängigkeit, sie haben zum Beispiel keine eigenen Strecken bzw. Rechte bezüglich Slots, keine eigenen Flugzeuge und keine Entscheidungsgewalt über wesentliche (z.B. strategische) Fragen. Hier entscheidet in der Regel der Konzern. Die Randständigkeit als Mitarbeiter zweiter Klasse zeigt sich auch in der täglichen Arbeit an vielen kleinen Symbolen und auch im Umgang mit dem Management.

> „Obwohl sonst auf allem ziemlich groß [Konzern] drauf steht: Wir haben eigene Uniformen, wo das Logo drin ist, zum Teil mehr oder weniger sichtbar, und wir haben so eine Fuß-, so eine Schmutzmatte im Eingangsbereich, wo das [Airline]-Logo drauf ist. Aber ansonsten haben wir wirklich viel Identität verloren dadurch. Was gerade für die Mitarbeiter nicht immer einfach ist. Ich soll ein Produkt vertreten, wo ich eigentlich bei der Firma nicht angestellt bin. Es kommen manchmal

> Anrufe von den Herrschaften von [Konzern], die ja eigentlich mir gegenüber gar nicht weisungsbefugt sind." (C01)

Ungleichbehandlungen, ungleiche Machtpositionen und fehlender Imageaufbau sorgen für eine verringerte Identifikation mit dem Produkt und Unternehmen und gehemmte Motivation. Auf Dauer die gleiche Arbeit wie die Mitarbeiter in anderen Marken des Konzerns für weniger Geld zu leisten, die einseitige Abhängigkeit und die fehlende Anerkennung hinterlassen Spuren bei den Piloten. Für ein gegenseitiges wertschätzendes Arbeitgeber-Arbeitnehmer-Verhältnis ist eine gewisse Stabilität notwendig, die den Aufbau einer nachhaltigen Identifikation ermöglicht. Die gegenwärtige Situation der zum Teil sehr schnellen Unternehmensumbrüche verstärkt die gefühlte Distanz zwischen dem mobilen Personal und dem lokalen Betrieb. Hinzu kommt ein weiterer desintegrativer Faktor. Im Kontext sich schnell wandelnder Umwelten, angepasster Unternehmensstrategien und Managementkonzepte, zum Teil hoher Personalfluktuation auf Managementebene und nicht zuletzt auf Grund des hohen Rationalisierungsdrucks werden individuelle und betriebliche Absprachen zwischen Managementvertretern und Mitarbeitern des Öfteren nicht eingehalten; wann neue Flieger kommen, ob zusätzliches Personal eingestellt wird, dass nicht outgesourct wird, dass Strecken fremdvergeben werden etc. In der Folge verlieren die Piloten auf Dauer das Vertrauen in die Unternehmensführung. Folge des dauernden Drucks auf die Arbeitsleistung und -bedingungen ist, dass das Management nicht mehr ernst genommen und schließlich eine innere Distanz zur Situation des Unternehmens aufgebaut wird.

> „Jetzt Zukunftsangst in dem Sinne habe ich früher gehabt. Wir haben uns da mal mit meinem früheren Arbeitgeber unterhalten. Da war es immer so, dass es so eine Art Damoklesschwert gab, was einem über dem Schädel gehalten wurde mit diversen Horrorszenarien, worst-case-Szenario und Sozialplan. Und ich war ja acht Jahre dort und jedes Jahr, sieben Jahre lang wurde also erzählt: ‚Mensch, wenn ihr nicht abgebt, dann müssen wir also den Laden zumachen. Und wir brauchen das als Geste für die neuen Investoren und die wollen auch ein Zeichen.' Das interessiert mich auch nicht mehr." (H04)

Die Unsicherheiten des Unternehmens lassen diese Piloten nicht mehr ohne Widerstand an sich heran. Wenn die Unsicherheit des Markts durchgängig und andauernd als Argument für Mehrleistung auf Seiten des Personals und für weniger Leistung auf Seiten des Betriebs Verwendung findet, verliert dieses Argument irgendwann an Legitimität und wird nicht mehr akzeptiert.

In Folge dessen hat das fliegende Personal bereits Strategien ausgebildet, mit der zunehmenden Individualisierung umzugehen: Eine Strategie ist das ‚Lockerlassen', also sich möglichst wenig an Strukturen zu binden, ob mit Erwartungen oder Verpflichtungen, um Veränderungen leichter akzeptieren und mit den Folgen einfacher umgehen zu können.

> „Sie meinen dieses Verlieren der Identität? Bringt halt die Zeit mit sich, dieser schnelle Wechsel. Flugzeuge sind auf einmal umlackiert, wenn man sich da an irgendwas festbeißt oder dann hinterher jammert: ‚Ja, es ist nicht mehr so wie früher' – Zahn der Zeit." (B08)

Eine weitere Reaktion ist, wie oben erwähnt, die Bindung der Identifikation, genauer: der eigenen Zukunftserwartung, an die Flugzeuge und nicht an schnell wandelbare Dinge wie die Marke, das Logo, den Namen des Unternehmens, den Arbeitgeber etc. Die zentrale Frage aber ist: Wem gehört das Flugzeug? Die Rationalität dieser Bindung gründet auf der Annahme bzw. Hoffnung, dass der Transportbedarf (weltweit) zunimmt bzw. (in Deutschland) zumindest gleich bleibt. Die Crews und die Flugzeuge würden folglich immer gebraucht, da die Strecken ja bedient werden müssten, egal unter welcher Marke oder für welches Unternehmen. Das Flugzeug werde es immer geben (zumindest für 20 bis 30 Jahre), nur die Arbeitsbedingungen würden wahrscheinlich schlechter – so die Vorstellung.

> „Selbst wenn sie die [Airline] zumachen, Passagiere müssen befördert werden. Und dann wird halt den Tag drauf eine ‚[Airline-]-X' oder sonst irgendwas aus der [Airline] gemacht. Gut, ich fände es natürlich sehr viel schöner, wenn [Airline] weiter bestehen würde, weil es halt doch ein Traditionsunternehmen ist und eins der ältesten Unternehmen hier in Deutschland. Also ich fände es sehr schade, wenn [Airline] pleite gehen würde. Nur wenn es leider Gottes passieren wird oder muss, dann glaube ich, dass doch die Leute dann am nächsten oder übernächsten Tag einen Job haben bei irgendeinem Nachfolgeunternehmen. Natürlich dann zu schlechteren Bedingungen und alles." (H06)

Eine Folge der Entwicklung der Arbeitsbedingungen im Luftverkehr ist nach Aussage der interviewten Piloten auch eine Abnahme der Identifikation mit dem Unternehmen speziell bei jüngeren Piloten. Ältere Piloten bemerken negativ, dass jüngere Piloten keine Verbundenheit zum Unternehmen mehr aufwiesen und die materiellen Arbeitsbedingungen (und zunehmend auch Work-Life-Balance-Aspekte) in den Vordergrund rückten. Dass die Ursachen hierfür auch in den ungleichen Chancen zwischen den Pilotengenerationen zu suchen sind, wurde bereits aufgezeigt.

> „Und auch da jetzt der Unterschied zwischen den Alten und den Jungen. Die alten Leute sind groß geworden in einer Tradition eines [Airline] Unternehmens. Sie sind um die Welt geflogen. Sie haben so ein Wir-Gefühl entwickelt. So, das ist jetzt total weg. Darum hat Motivation, Selbstverständnis im Job eben auch unglaublich viel zu tun mit so Softfaktoren, wie das Flugzeug bemalt ist, wobei sie sich auf den Standpunkt stellen: ‚Ist doch shitegal, und wenn es pink ist. Hauptsache, mein Scheck kommt jeden Monat.'" (D02)

Der psychologische Vertrag zwischen Mitarbeiter und Arbeitgeber wird zwar nicht voll aufgekündigt, aber er wird zusehends schwerer zu realisieren und verliert in der Folge vermehrt seine Bindungskraft. Nur eine geringe Zahl an Piloten ersetzt diese ‚psychologische' Bindung durch die „Etablierung transaktionaler Verträge" (Hauff 2007, S. 50), also durch ein rein ökonomisch-instrumentelles Verhältnis;[51] schon allein deshalb, weil hierfür oftmals die nötigen (materiellen) Grundlagen fehlen. Eine andere Strategie ist es entsprechend, sich nur an bestimmte Teile oder Bereiche des Unternehmens zu binden.

Geht die Strategie der Airlines auf, sich immer mehr allein auf den bindenden Effekt des Senioritätsprinzips zu verlassen, also auf die Bindungskraft der Abhängigkeit der Request- und Karrieremöglichkeiten etc. von der Dauer der Zugehörigkeit zu setzen? Diese ist zwar ein recht ausschlaggebender Faktor in Bezug auf Wechselentscheidungen, da mit ihm hohe Wechselkosten vielfacher Art verbunden sind. Zu bestimmten Zeitpunkten kann dieser Effekt einen Unternehmenswechsel jedoch kaum verhindern, zum Beispiel in der Zeit nach der Kapitänswerdung.

> „Und ich war damals so weit, dass ich auch sagte, ich möchte diese Commandstunden mitnehmen, weil das ist meine Versicherung. Dann sollen sie den Schuppen zumachen. Dann habe ich mit dem Laden sowieso abgeschlossen. Und dann bewerbe ich mich weltweit. Und da habe ich einfach bessere Chancen, wenn ich das eben vorweisen kann. Und das kann mir keiner mehr nehmen." (E02)

Die geschilderten Prozesse könnten letztlich zu einer Konzentration auf Erfahrung und Zertifikate führen – also auf an die Person gebundene Werte. Als Pendant zum Bild des Flugzeugs als eigenständiger Betrieb lässt sich so – in Anspielung auf den Arbeitskraftunternehmer (Voß/Pongratz 1997a) – das (noch weiter zugespitzte) Bild des Piloten als Schein- oder Alleinselbstständigen zeichnen; also das Bild eines auf sich selbst zurückgeworfenen vereinzelten Individuums in einer unsicheren, sich schnell wandelnden ökonomischen Umwelt.

Ungleichheit auf allen Ebenen – multilokale Eliten

Im Luftverkehr herrschten schon immer an verschiedenen Stellen große Ungleichheiten, zum Beispiel zwischen Privatfliegern (im Executive-Bereich) und den Piloten großer Airlines. Mit der Liberalisierung und der daraufhin erfolgten Ausdifferenzierung des Luftverkehrs diversifizierten sich die Airlines weiter,

---

51 Für die allgemeine Wirtschaft bestätigt dies die Studie von Hauff (2007). Jedoch muss bedacht werden, dass ein anhaltendes Streben nach Beschäftigungssicherheit nicht unbedingt mit einer Aufrechterhaltung der Bindung an das Unternehmen einhergehen muss. Wie gezeigt wurde, können Mitarbeiter auf unternehmensseitige (psychologische) Vertragsbrüche vielfältig reagieren.

etwa entlang von Streckenkonzepten und Produktstrategien. Die Folge waren unter anderem stark unterschiedliche Arbeits- und Beschäftigungsbedingungen, u.a. was Strecken-, Flug- und Personaleinsatzsysteme, Strecken und Destinationen, Stationierung (z.B. Nachtflugverbot), Anzahl des Flugpersonals und der Flugzeuge, Infrastruktur (z.B. eigene Technik), die tägliche Zusammenarbeit mit dem Flugbetrieb sowie Altersstruktur und Standing der Piloten gegenüber der Geschäftsführung betrifft. Zudem hat die Konkurrenz im Feld zugenommen, und damit auch der Rationalisierungsdruck. Aktuell wird deshalb versucht, zum Beispiel mittels organisationaler Umstrukturierungen, etwa Ausgründungen oder Zukäufen von Marken und Outsourcing, flexiblere und Kosten sparende Personalstrategien durchzusetzen, in deren Folge sich die Beschäftigungsbedingungen für Piloten bestimmter Marken verschlechtern. Neu gegründete Marken locken in der Regel mit einem schnelleren Aufstieg zum Kapitän als Ausgleich für schlechtere Arbeits- und Beschäftigungsbedingungen. Die beschriebenen Folgen aktueller Wandlungsprozesse im Luftverkehr – wie der zunehmende Zeitdruck, die ausgeweiteten Arbeitsinhalte und die zugleich sinkenden Einstiegsgehälter – treffen damit bestimmte Pilotengruppen besonders intensiv. Auf diese Weise nimmt die Ungleichheit zwischen Piloten im Luftverkehr weiter zu. Auch innerhalb einzelner Airlines und vor allem innerhalb größerer Luftfahrtkonzerne differenzieren sich durch eine Diversifizierung des Angebots entlang der Marken verschiedene Beschäftigungsbedingungen und -formen aus. Damit hat sich in den letzten Jahren auch innerhalb der Betriebe die Ungleichheit drastisch erhöht. Zudem wird vor allem bei Airlines neueren Typs die Belegschaft oftmals geteilt in eine Kern- und eine weniger erfahrene, teilweise nur saisonal beschäftigte Randbelegschaft.

Wie ungleich die Bedingungen sind, wird in Phasen von Personalengpässen bei den großen Airlines deutlich. Diese öffnen sich dann für Quereinsteiger, was zu einem „Exodus" (F06) bei kleineren Marken führen kann. Nach dem Motto: „Wenn du in den [Airline-]Konzern reinkommst, hast du ausgesorgt" (B01). Erschreckend viele Piloten weisen in den Interviews darauf hin, dass sie die Arbeit als Pilot unter den Bedingungen, die bei manchen Airlines herrschen, nicht bis zur Rente durchhalten könnten. Es bleibt nur der Ausstieg, Teilzeit oder ein Unternehmens- bzw. Marken-Wechsel.

> „Es sind halt zwei Sachen. Also das eine ist natürlich erst mal, die Einsatzplanung ist bei uns schon oft so, jetzt bei der jetzigen Firma, dass ich mehr Freizeit habe oder einfach entspannter bin, was bei [Airline] nicht so war. Also das Raster, was ich da geflogen bin, muss ich ehrlich sagen, hätte ich nicht noch 33 Jahre durchgehalten. Das würde meine Gesundheit nicht mitmachen." (H08)

Es geht aber nicht nur um die Beschäftigungsbedingungen und die gesundheitlichen Belastungen, sondern auch um die Arbeitsplatzsicherheit. Die Beschäftigten unterschiedlicher Airlines sind auch höchst ungleich mit Zukunftsängsten konfrontiert.

> „Grade die Attitüde, die die Leute haben, weil sie arbeiten in einem ganz anderen Bewusstsein. Karriereperspektiven, Jumbo fliegen, erträgliche Langstrecke haben hat eine ganz andere Wertigkeit als hier, wo bei den Leuten wirklich teilweise Existenzängste ... Die würden zwar auch gerne mal einen Jumbo fliegen, aber viel wichtiger ist erst einmal hier, pensioniert zu werden." (D02)

Von der Konkurrenz innerhalb der Pilotenschaft bleiben auch die Bedingungen bei den bislang attraktiven Arbeitgebern nicht unberührt. Zum Beispiel werden Quereinsteiger oftmals zu anderen Bedingungen eingestellt, was bestehende Verträge untergräbt. Da vor allem der Ersteinstieg in eine Airline für Piloten extrem wichtig ist (Schulden, Lizenzerhalt, Flugstunden), können Airlines besonders bei Neueinstellungen bestehende Niveaus leichter unterlaufen. Noch stärker trifft dies für neu gegründete Marken zu. Die Folge sind Konkurrenzkämpfe innerhalb der Pilotenschaft – zwischen und innerhalb von Airlines. Der Konflikt zeigt sich auch in der Beziehung zum größten Interessenvertretungsorgan von Piloten: der Vereinigung Cockpit e.V. Kleinere Airlines mit weniger Beschäftigten fühlen sich durch sie selten vertreten, zum Beispiel wenn Standards festgeschrieben werden, die die Bedingungen kleinerer Airlines außen vor lassen, oder Konkurrenz verhindert wird. So kommt es zum Konkurrenzkampf verschiedener Organe der Interessenvertretung und verschiedener Belegschaftsgruppen zwischen verschiedenen Airlines, aber auch innerhalb von Luftfahrtkonzernen, zum Beispiel wenn es um die Arbeits- bzw. Streckenverteilung geht:

> „Also [Name der Marke] selber ist nur eine Ticket-Bude, die chartern halt Flieger an, das machen die eben von uns, von [Mutter-Airline der Marke], oder beziehungsweise von der [Airline2]. Also wird das fliegende Personal der [Marke] von uns [Personalvertretung der Mutter-Airline] genauso mitbetreut. Wir als Piloten möchten, dass die [Airline2] verschwindet." (D03)

Die „Ticket-Bude" in dem Zitat ist eine im Zuge der Produktdiversifizierung eingeführte Marke mit verschlechterten Bedingungen für Teile der Belegschaft. Noch im Verlauf der Erhebungsphase wurde diese zum Hauptprodukt der Airline, was zeigt, mit welcher Vehemenz und Konsequenz derartige Prozesse angestoßen und durchgeführt werden. Bei der „Airline2" handelt es sich um eine geleaste Fremdfirma mit eigenen Flugzeugen, eigenen Crews und eigenen Beschäftigungsbedingungen. Auf diese Weise wurde Druck bei Vertragsverhandlungen ausgeübt.

Besonders fortgeschritten ist die Entwicklung bei den Flugbegleitern, da diese, u.a. auf Grund des geringeren Qualifizierungsaufwands, leichter zu ersetzen sind. Die Prozesse dort finden aber im gleichen Kontext statt und können zum Teil auch auf Piloten übertragen werden. Deshalb wird hier exemplarisch kurz die Situation in der Kabine angesprochen. Interessant ist dabei auch der Blickwinkel, aus dem die zitierten Piloten die Entwicklung in der Kabine beobachten. Vor allem beim Kabinenpersonal setzen die Unternehmen zunehmend auf eine feste, qualifizierte Kernbelegschaft einerseits und eine flexibler einsetzbare, oftmals weniger qualifizierte Randbelegschaft andererseits; also auf erhöhte Ungleichheit. So werden neue Flugbegleiter oftmals nur noch befristet, zum Beispiel für zwei Jahre, eingestellt.

> „Kabine hat eine sehr hohe Fluktuation. Das ist gewollt. Einfach zwei Jahre lang treten, ausgerissen, dann sollen sie gehen.“ (E02)

Wer sich in diesen zwei Jahren bewährt – vor allem durch wenige oder keine Ausfalltage und hohe Flexibilitätsbereitschaft –, kann auf eine der wenigen Festanstellungen und eventuell auch eine Karriere zum Purser hoffen.[52] Insgesamt wird versucht, die Fluktuation unter den Flugbegleitern möglichst hoch zu halten, auf der Suche nach jungem, adrettem und möglichst flexiblem Kabinenpersonal, welches in Bezug auf seine Arbeit wenig Ansprüche und noch keine sozialen Beziehungen zu deren Durchsetzung ausgebildet hat. So werden sowohl die Beschäftigungsbedingungen verändert als auch das Personal angepasst.

Die Situation der Flugbegleiter sagt jedoch auch etwas über die Airline insgesamt aus. Auch die Piloten nehmen die Veränderungen in der Kabine vielschichtig wahr, wie zum Beispiel die Schilderungen zum Führungsaufwand (z.B. Abschnitt 8.2.3 „Führung“) gezeigt haben. In dem nachfolgenden Zitat eines Piloten wird in äußerst fragwürdiger Weise das Erscheinungsbild des Kabinenpersonals als Maßstab für die Attraktivität des Arbeitsplatzes und für die gesamte Unternehmenssituation angenommen. Die These ist: Je attraktiver die Beschäftigungsbedingungen in einem Job, desto ‚attraktiver' sind die Personen, die diesen Job besetzen. ‚Unattraktive' Mitarbeiter weisen nach dieser Logik auf einen unattraktiven Arbeitgeber hin. In der Interviewpassage wird die Attraktivität allerdings zunächst über Bildung, dann aber auch stark über das äußere Erscheinungsbild und das Verhalten definiert:

> „Und da merkt man eine extreme Veränderung in den letzten Jahren. In der Kabine habe ich es besprochen. Als ich hier zu [Airline] kam, da waren sehr viele Studentinnen da, gute Leute, die auf ein Semester gewartet haben oder die dann vom Studium wieder zum Fliegen gekommen sind. Da waren Gespräche möglich. Muss ich auch wirklich sagen: attraktive Menschen. Frauen wie Männer: wirklich attraktive Typen, die sie da zusammengesucht haben. Und jetzt muss ich sagen: Eigentlich, hin und wieder frage ich mich, wie passt der Körper in diese Konfek-

---

52 Die neu eingeführten Spezialisierungsmöglichkeiten von Flugbegleitern auf die erste Klasse können zur weiteren Aufspaltung der Belegschaft innerhalb des Kabinenpersonals führen.

tionsgröße rein? Wo ich sagen würde: Wenn ich derjenige wäre oder diejenige wäre, die so was jetzt anziehen müsste, würde ich mich so was von unwohl fühlen. Das ist nicht nur, wie es nach außen hin wirkt, sondern ich frage mich, wie die sich quälen müssen, wie die sich vorkommen müssen, so durch die Gegend zu laufen. Und da merkt man, das ist da absolut abgerutscht. Ich bin hier in den Anfangszeiten gestanden. Da waren Frauen, die ... Was war das für ein Weg, Chef der Kabine bei [Airline] zu sein! So was wird jetzt mittlerweile nach zehn Monaten erteilt. Das sind Kinder, die da herumschippern. Die kichern bei jeder Gelegenheit.“ (E02)

Nach den Aussagen dieses Piloten ist der momentane Rückgang an geistiger und körperlicher „Attraktivität“ beim Kabinenpersonal also ein Indiz für die verschlechterten Bedingungen in diesem Beschäftigungsfeld insgesamt.[53] Handfester als diese generelle, recht subjektive Feststellung ist der Hinweis auf die schnelleren Aufstiegsmöglichkeiten zum Purser. Vor dem Hintergrund der kargen Karriereperspektiven von Flugbegleitern ist der beschleunigte Aufstieg eine bedeutsame Veränderung, die tatsächlich, neben einer geringeren Attraktivität der Arbeit, auf eine Reduzierung der für diese Position vorausgesetzten persönlichen und fachlichen Fähigkeiten und Fertigkeiten bzw. auf De-Qualifizierung hindeutet.

Aber auch für viele Piloten läuft es nicht mehr so rosig. Ähnliche Prozesse der De-Qualifizierung einzelner Teile der Pilotenschaft wurden oben bereits angesprochen. Sie zeigen sich besonders deutlich in den Berichten zu Qualifizierung und Karrierewegen, zu Alters- und Generationsunterschieden und zum Wandel des Berufsverständnisses. Bereits der Berufseinstieg ist geprägt von einer hohen Ungleichheit. Wer nicht in den Genuss einer betrieblich vorfinanzierten Ausbildung bzw. eines Studiengangs bei einer der beiden großen deutschen Airlines kommt, trägt ein sehr hohes Risiko auf Grund der dann nötigen umfangreichen finanziellen Investitionen in den Erwerb der Lizenzen.

„Für mich aktuell ist es jetzt so, dass ich jetzt gerade jetzt so meine Ausbildung refinanziert habe. Also jetzt bin ich quasi schuldenfrei. Was allerdings eher so das Schockierende ist, wir waren 14 in der Klasse und es sind nur vier geflogen bis jetzt. Also es sind zehn, die diese Ausbildung gemacht haben, natürlich mit ähnlichen Kosten, wie ich sie hatte, und wieder in ihren alten Beruf zurückkehren mussten oder was ganz anderes gemacht haben.“ (H08)

Die Tendenz, die Ausbildungskosten noch weiter zu externalisieren (z.B. Musterberechtigungen), sorgt für eine weitere ‚Entsicherung' des Berufs. Zuneh-

---

53 Die Beschreibung des veränderten Auftretens des Kabinenpersonals lässt sich wohl am ehesten noch mit dem Begriff des ‚Habitus' fassen (Bourdieu 1982). Die These wäre dann, dass ein Zusammenhang zwischen verschlechterten Arbeitsbedingungen und der ‚sozialen Klasse' der Mitarbeiter besteht.

mend werden Piloten selektiert, die entweder das entsprechende Elternhaus im Rücken haben, um die Kosten zu decken, oder bereit sind, sehr hohe finanzielle Risiken zu tragen. Diese müssen dann eine hohe Flexibilität hinsichtlich sich bietender Beschäftigungsmöglichkeiten zeigen. Damit gewinnt ein Faktor deutlich an Relevanz: das individuelle Lebenskonzept. Bereits bestehende ungleiche Chancen zwischen verschiedenen Lebenskonzepten und -bedingungen verschärfen sich. Vom international wachsenden Arbeitsmarkt profitiert nur ein bestimmter Teil der Piloten. Und auch heimische Unternehmen suchen verstärkt ‚multilokale Eliten'. Im Vergleich zu lokal Gebundenen bringen sie die notwendige (auf die Arbeit und das Privatleben bezogene) Flexibilität mit, um alle Optionen auf dem Markt zu nutzen. Erfahrene und ungebundene Piloten stehen Einsteigern und familiär oder anderweitig gebundenen Piloten mit ungleich besseren Chancen gegenüber. Mit der Strategie, sich Piloten zu ‚erziehen', die sich mit den Zielen der Unternehmen identifizieren und nach der Logik der Unternehmen ‚ökonomisch denken und handeln', fördern die Unternehmen aber auch jene Piloten, die sich nicht einfach binden (lassen), sich ihre Flexibilität bewahren und sich auch nicht unbedingt sehr abhängig vom Unternehmen machen, sondern sich permanent auf dem Weltmarkt umschauen: eben multilokale Eliten. Eventuell sind das ja genau diejenigen Piloten, von denen andere sagen, dass sie sich nicht integrieren. Sie können es sich leisten, die Bedingungen abzuwägen, und haben keine Angst vor betrieblichen Veränderungen. Zumindest sind Positionierungen wie in der nachstehenden Interviewpassage nicht selten und gehören wohl auch zum Habitus des relativ autonom arbeitenden, interessenbewussten, multilokalen Piloten.

> *P:* „Also ich habe da keine Zukunftsangst davor, wenn wir outgesourct werden. Habe ich nicht. Ich als Pilot. Für mich persönlich habe ich sowieso gar keine Zukunftsangst, weil ich brauch nur die Internetzeitungen für Piloten aufzuschlagen, da könnte ich zehn Jobs auf einmal kriegen. Die suchen händeringend Piloten draußen. Die Konditionen sind nicht überall so schön, wie es hier in meinem [Airline]-Hause ist. Das Geld stimmt überall, ob ich zu Ryanair oder Easy gehe, gutes Geld verdiene ich da auch."
>
> *I:* „Aufgrund ihrer Erfahrungen?"
>
> *P:* „Ja, alles nur aufgrund meiner Erfahrungen. Als Newcomer von der Flugschule sieht es ja ganz anders aus. Aber als erfahrener Kapitän. Ich hab jetzt auch 1.500 Stunden auf dem Großraumflugzeug in Command. Da räum ich mir schon persönlich [große Chancen] auf dem Weltmarkt ein. Ob das immer da ist, wo ich hin will, das ist eine andere Frage. Aber wirtschaftliche Ängste habe ich deswegen in keinster Weise." (D04)

Insgesamt ist der Luftverkehr also durch zunehmende Ausdifferenzierung geprägt: in verschiedenartige Unternehmen und innerhalb von Konzernen in verschiedene Gesellschaften mit anderen Produkten, unterschiedlichem Image und differierenden Arbeitsbedingungen. Innerhalb von einzelnen Betrieben tritt zwischen den Beschäftigungsgruppen und auch innerhalb ein und derselben Beschäftigungsgruppe ebenfalls vermehrt Ungleichheit zu Tage: zum Beispiel zwischen neuen und alten Verträgen, zwischen Jung und Alt und nicht zuletzt zwischen Lebenskonzepten, -erwartungen und -bedingungen. Ungleichheit nimmt also im Luftverkehr auf allen Ebenen zu. Die jüngste Entwicklung auf dem Markt legt den Anschein einer Abschwächung des Wettbewerbs und einer Konsolidierung im deutschen Luftverkehr nahe. Inwieweit dies eventuell homogenisierende Effekte bezüglich sozialer Ungleichheit mit sich bringt, bleibt zu beobachten. Ebenso ist offen, ob dies allein als eine Anpassung nach unten geschieht.

Unsicherheit – individuell und kollektiv

Der Luftverkehr diversifiziert sich weiter aus, gleichzeitig bilden sich wieder Allianzen und Konzernverbünde. Ziel ist es, im Wettbewerb unterschiedliche Produktfelder zu besetzen, Konkurrenz zu verdrängen und mit ‚wettbewerbsfähigen' Beschäftigungsbedingungen Konkurrenten zu unterbieten etc. Oftmals verdienen die Konzerne dann nur mit ein paar wenigen Produktbereichen Geld, zum Beispiel nur auf bestimmten Strecken, mit besonderen Kunden, nur mit einem Teil der verkauften Tickets pro Flug oder sogar nur mit Nebengeschäften, während andere Bereiche subventioniert werden, um die Konkurrenz zu bekämpfen. Mit den Ticketpreisen aus der Werbung vor Augen ist es dann für Piloten oftmals nicht mehr ersichtlich, wie der Arbeitgeber eigentlich wirtschaften kann. „Und ich sehe da momentan keine Möglichkeit, dass die Firmen Geld verdienen" (E02). Der harte Konkurrenzkampf sorgt für eine hohe Verunsicherung bei den Mitarbeitern bezüglich der Zukunftsfähigkeit des Wirtschaftskonzepts des Arbeitgebers und damit der Sicherheit des eigenen Arbeitsplatzes. Zudem wird eine Abwärtsspirale der Beschäftigungsbedingungen befürchtet. Diese Ängste kollidieren mit einer großen Sehnsucht nach Jobsicherheit auf der anderen Seite.

> „Vor einem knappen halben Jahr hätte ich noch gesagt: ‚Ich will unbedingt weg. Ich will unbedingt zu [Lowcost-Airline] gehen.' Weil mir die ganze Zukunft hier einfach zu ungewiss war. Jetzt bin ich wieder optimistischer. Wobei ich glaube, in diesem halben Jahr wird sich die Zukunft der [Airline] entscheiden. Wer uns übernimmt oder mit wem wir irgendwie in einer strategischen Allianz zusammengehen. Und dann muss man mal sehen, ob man da die Zukunft sieht weiterhin bei der [Airline]. Oder die [Airline2] kauft uns. Und die sagen dann: ‚Okay, Ihr könnt alle bei uns bleiben. Wir wollen die Flugzeuge behalten. Aber jeder verdient 2.000 € weniger.' Dann würde hier der Exodus einsetzen." (H05)

Die Arbeitsplatzsicherheit ist für Piloten offensichtlich geringer geworden. Ob im Zuge der sich wandelnden Bedingungen im Luftverkehr nicht nur neue individuelle Unklarheiten (z.B. hinsichtlich der Arbeitsziele), Ungleichheiten und Unsicherheiten entstehen, sondern diese Prozesse auch Auswirkungen auf die allgemeine Sicherheit im Luftverkehr haben, kann hier nicht pauschal und abschließend in einem Absatz beantwortet werden. Denn alle oben erwähnten Punkte haben je spezifische Auswirkungen auf die Sicherheit im Luftverkehr. Die wesentlichen Bezüge wurden an den entsprechenden Punkten hergestellt. Aber so eindeutig ist die Frage auch bezüglich einzelner Aspekte nicht zu beantworten. Viele Entwicklungen – allen voran die technischen Veränderungen – sind in ihren Auswirkungen ambivalent zu beurteilen. Oftmals überwiegen die positiven Aspekte für alle Beteiligten im Luftverkehr – von den Eigentümern der Airlines über das Management und die Piloten bis zu den Passagieren. Vor allem aber die jüngeren Organisations- und Arbeitsveränderungen, die unter dem Diktat der Ökonomie bzw. Effizienzsteigerung stattfanden, bergen je spezifische Risiken. Zusammenfassend lässt sich sagen, dass die Arbeitsausweitung, -intensivierung und -flexibilisierung zwar kurzfristig durch die Piloten (individuell unterschiedlich) aufgefangen werden können, dass sie aber ohne Integration in absichernde formale betriebliche Regelungen mittel- und langfristig ein Gefahrenpotenzial bergen. So gehen zum Beispiel laut Meinung von Experten aktuell bereits rund 20% aller Flugunfälle auf Erschöpfung zurück (Spiegel 2011).

Der Luftverkehr ist zwar eingebettet in ein umfangreiches und für andere Arbeitsbereiche vorbildliches absicherndes institutionelles Kontrollsystem, dennoch befindet er sich in einem derart starken Wandel, dass immer wieder von neuem überprüft werden muss, ob dieses seine Funktionen noch voll erfüllt. Ein Kontrollorgan, das für Sicherheit sorgt, sind auch die Medien. Sie berichten zum Beispiel sehr leidenschaftlich über Vorfälle im Luftverkehr, was ein hohes allgemeines gesellschaftliches Interesse an diesem Feld vermuten lässt. Aber die lange vorherrschende Argumentation – ‚Auf Grund der Beobachtung durch die Medien kann es sich keine Airline leisten, bei der Sicherheit Einsparungen vorzunehmen, da sie sich bei einem Unfall nicht mehr erholen würde'[54] – gilt so nicht mehr. Zum einen berichten mehrere Piloten, dass auch die Medien als klassische Kontrollorgane versagen, zum Beispiel da einzelne Airlines Einfluss auf bestimmte Medien ausüben, über Sponsoring, Einladungen (Flüge, Übernachtungen, Veranstaltungen), Werbeverträge und nicht zuletzt über die Bordmagazine. Zum anderen ist das Handeln auf den Entscheidungsebenen der Unternehmen zusehends nicht mehr am langfristigen Erhalt der Airline, sondern an den Interessen der Investoren orientiert, die eher kurz- und mittelfristige Ziele mit ihrem Investment in eine Airline verbinden. Sicherheit wird damit anders

54 So oder so ähnlich äußern sich viele Piloten.

kalkuliert als bisher, nämlich zunehmend kurzfristig und allein unter dem Aspekt des Monetären – als Risikokalkulation.

Zudem ist die Sicherheit auf Grund der steigenden technischen und vor allem organisatorischen Komplexität schwer zu kontrollieren. Deshalb orientieren sich Airlines in ihren Standards in Bezug auf Technik und Verfahren etc. zunehmend einfach an den anderen Airlines.[55] Eigene Befragungen von Sicherheitsverantwortlichen in der Luftfahrt bestätigten das Bild eines zunehmenden, aber schwer fassbaren Risikos in der Luftfahrt. Der Grad an erreichter Sicherheit wurde zwar recht hoch eingeschätzt, die aktuelle Tendenz jedoch als stark abnehmend.[56]

8.3 Fazit: Automatisierung und Ökonomisierung – Szenarien transformierender Entgrenzung

Wohin geht die Entwicklung im Luftverkehr? Es wurden verschiedene parallel laufende Entwicklungstendenzen aufgezeigt und in ihren Folgen beschrieben. Zu unterscheiden sind vor allem die Technikentwicklung und die Ökonomisierungstendenzen, die sich an verschiedenen Stellen wechselseitig verstärken, zum Beispiel beim Wandel der Arbeitsaufgaben von Piloten, die einander aber auch an entscheidenden Punkten entgegenstehen. Während der aktuelle technische Wandel größtenteils auf das Szenarium eines vollautomatisierten Luftverkehrs abzielt, werden den aktuellen Tendenzen der Ökonomisierung folgend die Aufwendungen für technische Standards möglichst gering bzw. auf dem gesetzlich vorgeschriebenen Level gehalten. Im Szenarium ‚Ökonomisierung' werden die Kosten für den Faktor Arbeit derart gesenkt, dass es sich nicht lohnen würde, auf die aufwändige und kostspielige Vollautomatisierung zu setzen. Zudem kann das Arbeitskraftpotenzial von Piloten für viele weitere Arbeiten genutzt werden, die sich dann an der entsprechenden Stelle einsparen lassen. Das Szenarium einer fortschreitenden Ökonomisierung lässt sich recht klar an den zugespitzten Bildern ‚das Flugzeug als Betrieb' und ‚die Piloten als Einpersonenselbstständige' (bzw. Arbeitskraftunternehmer) festmachen.

In der Praxis zeichnet sich aktuell eine spannungsreiche Gleichzeitigkeit dieser Tendenzen ab, die sich in ihrer Widersprüchlichkeit jedoch nicht auflösen lassen. Realistisch ist, sofern an dieser Stelle eine vorsichtige Zukunftsprognose abgegeben werden soll, dass sich diese Szenarien parallel entwickeln, in ihrer

55 Vgl. den mimetischen Isomorphismus bei DiMaggio/Powell 1991.

56 Die Befragungen fanden 2009 und 2010 im Rahmen von zwei Workshops zum Thema Sicherheit mit jeweils ca. 20 Sicherheitsverantwortlichen bzw. -experten in der deutschen Luftfahrt statt.

Widersprüchlichkeit zunehmen und deshalb stetig auseinander driften. Die Folge ist eine verstärkte Diversifizierung und Ungleichheit im Luftverkehr. Teilbereiche werden hochtechnisiert und auch vollautomatisiert stattfinden, während sich dieser Aufwand (zumindest für eine gewisse Zeit) für einen großen Teil des Luftverkehrs nicht lohnen wird – soll der Luftverkehr ein Massentransportmittel bleiben bzw. als solches ausgebaut werden und nicht nur ein Exklusivprodukt für einige wenige. Gerade mit Blick auf die aufstrebenden Schwellenländer ist das Szenarium eines vollautomatisierten Luftverkehrs nicht zuletzt auf Grund der Infrastrukturkosten eher unrealistisch. Auch in den USA geht die Entwicklung zu einem bedeutsamen Teil in die Richtung einer Prekarisierung des Arbeitsfelds Luftverkehr. Wenn man den aktuellen Umgang mit Unsicherheit im Luftverkehr verfolgt, ist es zudem fraglich, inwieweit die Eigentürmer der Airlines in das Versprechen eines weiteren Zugewinns an Sicherheit durch automatisierte Technik investieren wollen. Vieles wird sich wohl auch mit den Zukunftsvisionen der zwei großen Hersteller entscheiden und vor allem mit der zukünftigen Entwicklung dieses Oligopols.

Hier geht es jedoch darum, entlang der Begriffe Automatisierung und Ökonomisierung die zentralen aktuellen – transformierenden – Entgrenzungsprozesse im Luftverkehr aufzuzeigen. Die aktuelle Technikentwicklung, vor allem aber die veränderten ökonomischen Bedingungen im Luftverkehr erzeugen einen neuen Entgrenzungsdruck, der systematisch von jenen Entgrenzungsaspekten getrennt betrachtet werden muss, die mit der mobilen Arbeit von Piloten bzw. dem Fliegen quasi inhärent einhergehen, also mit der raum-zeitlichen Entgrenzung und ihren Folgen auf den übrigen Sozialdimensionen (sozial, beruflich, kulturell etc.). Vor allem die veränderten ökonomischen Bedingungen haben vehemente Auswirkungen auf zentrale Aspekte der Lebensführungsarrangements von Piloten in Entgrenzung, wie das Berufsverständnis und den Berufsstatus, die Arbeitsorientierungen und den kulturellen Bezug zur Arbeit, zum Betrieb und zum Feld. Zudem führen verstärkte Ungleichheiten und Unsicherheiten zu einer weiteren Belastung bereits stark belasteter Arrangements in und zwischen Arbeit und Privatleben.

Im nächsten Kapitel werden die hier ausführlich dargestellten neueren Entwicklungsprozesse der transformierenden Entgrenzung den zuvor unter dem Schlagwort ‚konstitutive Entgrenzung' abgeleiteten empirischen Entgrenzungstypen gegenübergestellt. Es geht darum, zu erfahren, wie sich die aktuelle Entwicklung auf die verschiedenen Arbeits- und Lebensarrangements von Piloten auswirkt. Erweisen sich im Kontext aktueller Entwicklungen bestimmte Lebensführungskonzepte als erfolgreicher? Sind bestimmte Arrangements besonders gefährdet? Diese und weitere Fragen sollen nachfolgend beantwortet werden.

9 „Entgrenzung hoch zwei“: Die Transformation konstitutiver Entgrenzung und ihre Anforderungen an die Lebensführung von Piloten

Bislang wurden die ‚konstitutiven' Entgrenzungsaspekte der mobilen Arbeit von Piloten und die neueren, vor allem auf technische und ökonomische Veränderungsprozesse im Luftverkehr zurückgehenden Entgrenzungsformen jeweils getrennt beschrieben und in ihren möglichen Folgen analysiert. In der systematischen Betrachtung der konstitutiven Entgrenzung wurde zunächst nach den drei Lebenskontexten Arbeit, Privatleben und Vermittlung von Arbeit und Leben getrennt und dann wurden über alle drei Ebenen hinweg Typen bzw. Arrangements im Umgang mit Mobilität bzw. Entgrenzung entwickelt. Die resultierenden vier Grundtypen der Lebensführung in Entgrenzung werden nun den aktuellen Wandlungsprozessen im Luftverkehr ‚gegenübergestellt'. Das heißt, es werden speziell jene Erkenntnisse aus der Analyse des Datenmaterials vorgestellt, die auf typenspezifische Umgangsformen mit einzelnen Aspekten dieser Veränderungen schließen lassen. Ziel ist es, mehr darüber herauszufinden, welche der Mobilitäts- bzw. Entgrenzungsarrangements wie – und wie stark – von den aktuellen Entwicklungen betroffen sind. Es geht darum, einerseits neue Gefährdungen aufzuzeigen, andererseits aber auch (neue) Strategien im Umgang mit alten und neuen Entgrenzungsformen zu identifizieren. Denn hieraus könnte auf Möglichkeiten und Muster im Umgang mit sozialem Wandel allgemein geschlossen werden.

Die aktuellen Tendenzen transformierender Entgrenzung lassen sich oft als Rationalisierungsprozesse identifizieren. Unter anderem deshalb ist es sehr sinnvoll, diese von den Grundanforderungen des mobilen Berufs Pilot (also von ‚konstitutiver' Entgrenzung) erst einmal systematisch abzutrennen. In diesem Sinne kann von einer *‚doppelten Entgrenzung'* gesprochen werden. Die Entgrenzungsarrangements von arbeitsbedingt mobilen Piloten werden mit neuen Flexibilitätsanforderungen konfrontiert und in der Folge wird die Lebensführung in Entgrenzung noch einmal entgrenzt. Es findet eine Entgrenzung der Lebensführung in Entgrenzung statt. Dies resultiert in einer Komplexitätserhöhung des bereits komplexen Zusammenspiels der multiplen Entgrenzung der Arbeit und der Lebensführung von Piloten.

Dieser Abgleich soll entlang der Sozialdimensionen der Entgrenzung von Arbeit (vgl. Abs. 4.3) erfolgen. Die neuen transformierenden bzw. rationalisierenden Aspekte im kommerziellen Personenluftverkehr werden in der Tabelle 9.1 entlang der Dimensionen noch einmal stichpunktartig zusammengefasst, entlang derer sich die entgrenzte Arbeit von Piloten schon immer konstituierte: *zeitlich, räumlich, sozial, inhaltlich* (Arbeitsinhalt), *beruflich/qualifikatorisch, technisch, organisational, sinnhaft/kulturell/motivational* und *Arbeit und Leben*. Dann werden ebenso stichpunktartig für jeden der vier Entgrenzungstypen die spezifischen ‚Reaktionsweisen' aufgelistet.

Die vier in Kapitel 7 entwickelten Typen im Umgang mit arbeitsbedingter Mobilität bzw. mobilitätsbedingter (‚konstitutiver') Entgrenzung werden nachfolgend mit den Aspekten der aktuellen transformierenden Entgrenzung kontrastiert und um die spezifischen ‚Reaktionsweisen' der Typen ergänzt. Hierfür werden je Typ kurz die wesentlichen Kernaspekte und Problematiken des ursprünglichen Entgrenzungsarrangements zusammengefasst und dann entlang der

Tab. 9.1: Umgang der Typen mit entgrenzter Entgrenzung

Entgrenzung 2.0	**Aktuelle transformierende Entgrenzung**	**Typ A: Berufsstatus**	**Typ B: Familie**	**Typ C: Karriere**	**Typ D: Spaß**
Zeitlich	Zeitdruck, weniger Pausen, kürzerer Turnaround, kürzere Aufenthalte	Festhalten an formalen Abläufen	Mehrarbeit	Hohe Leistung	Druck akzeptiert, weniger Freizeit bedauert
	Flexibilisierung: verdichteter Personaleinsatz, Fliegen am gesetzlichen Limit	Blockaden, Argument: Zeitdruck versus Qualität	Belastung (Arbeit und Leben)	Flexibilität	Flexibilität, zum Teil begrüßt
	Standardisierung (festes Schichtsystem)	abgelehnt	eher positiv	(still) abgelehnt	eher negativ
Räumlich	Kombinierte Strecken	Belastung und negativ für Karriere	höhere Arbeitsbelastung für Vereinbarkeit	negativ (Image)	OK
	kürzere Aufenthalte, Hotels an Flughäfen	negativ (Statusverlust)	positiv	negativ	demotivierend
	Arbeit zu Hause durch Internet-Briefing	nur freiwillige Qualifizierung	auch Vorteile	begrüßt	wenig Lust
Sozial	Führung und Teamarbeit wichtiger	Festhalten an autoritärer Führung, Konflikte mit jungem Personal	Führung als Arbeitsaufgabe, Probleme bei starken Abweichungen	Normal: lockere bis keine Führung. Wenn Probleme: autoritäre Reaktion	Anti-autoritäre bis gar keine Führung
	Weniger Hierarchie, lockeres Arbeitsklima, kollektives situatives Entscheiden	Berufsbild und Status verletzt, Kompensationsarbeit abgelehnt	Verständnis für andere. Ziel: harmonische Zusammenarbeit	Weiterhin wenig Kontakt zu anderen	Sehr positiv gesehen, privat genutzt

→

Sozialdimensionen die besonders herausstechenden Formen der Auseinandersetzung dieses Arrangements mit den neueren Aspekten des Wandels im Luftverkehr beschrieben. Die Überlegung ist, ob sich in diesem Abgleich je Typ eine allgemeinere Strategie bzw. ein Muster ableiten lässt, wie mit sozialem Wandel umgegangen wird. Dies mündet jeweils in ein abschließendes Fazit.

Tab. 9.1: (Fortsetzung)

Entgrenzung 2.0	**Aktuelle transformierende Entgrenzung**	**Typ A: Berufsstatus**	**Typ B: Familie**	**Typ C: Karriere**	**Typ D: Spaß**
Inhaltlich	Reduzierte ‚fliegerische' Tätigkeit, mehr Systemüberwachung, Kommunikation und ‚Management'	Befürchtet De-Qualifizierung, spürt Belastung	‚Fliegerisches' nicht zentral	‚Fliegerisches' eher gering geschätzt	‚Fliegerisches' nicht zentral
	Vermehrt: Schnittstellen- und Kompensationsarbeit, Organisatorisches, Führung, Dokumentation, Service- und Produktverantwortung, Servicetätigkeit (Ansagen, Aufräumen etc.)	Bekämpft Outsourcing, Konflikte mit Betrieb, vor allem Servicetätigkeiten abgelehnt/boykottiert	Neue Arbeitspflichten. Teilweise hohes Interesse am Organisieren, Führen und Dienstleistung. Beteiligung Service: fair, mitzuhelfen	Neue Karriereoptionen, Mögl. für Kontakte, Qualifizierung, Kabinentätigkeit (schweigend) abgelehnt	Kommunikation interessant, Organisation und Führung: teilw. überfordert, Dienstleistung und Service: Abwechslung, Gelegenheit für soz. Kontakte
	Ökonomische Ziele, Kennzahlen. Gleichzeitigkeit statt Rangfolge: Sicherheit, Pünktlichkeit, Wirtschaftlichkeit	Ökonomische Ziele: nachrangig behandelt, alte Rangfolge	Zielerfüllung trotz hoher Belastung	Zielverschiebung internalisiert	Mindestmaß erfüllt
	Standardisierung zur Flexibilisierung von Personalstrategien	Standardisierung abgelehnt, wenn Aufweichung alter Standards	Kritisch gesehen, aber nicht blockiert	Kein Problem mit flexibilisierender Standardisierung	Arbeitserleichterung und Abwechslung

→

Tab. 9.1: Umgang der Typen mit entgrenzter Entgrenzung (Fortsetzung)

Entgrenzung 2.0	**Aktuelle transformierende Entgrenzung**	**Typ A: Berufsstatus**	**Typ B: Familie**	**Typ C: Karriere**	**Typ D: Spaß**
Beruflich/qualifikatorisch	Sinkendes Gehalt: gekappte Gehaltsgruppen, externalisierte Ausbildungskosten, leistungsbezogene Bezahlung	Massives Anerkennungs- und Statusproblem	Gehaltseinbußen: akzeptiert	Einsparungen: notwendig, Gehalt über Karriere	Als normal akzeptiert
	Verringerter Status: Einsparungen, unattraktivere Strecken, kürzere Aufenthalte, Low-Cost etc.	Sinkendes Ansehen des Berufs wird beklagt	Status nicht wesentlich	Negativ, Flucht ins Management	Status unwesentlich, reduz. Symbole u. Bedingungen negativ
	Verjüngtes Personal, teilw. schneller Aufstieg. Gekappte Karrieremodelle	Negativ (Sicherheitsrisiko, Berufsbild, Interessen). Weniger ‚fliegerische' Karriere sehr negativ gesehen	Zum Teil positiv gesehen, aber auch De-Qualifizierungsge-fahr im Blick. Keine hohe Position angestrebt	Schneller Aufstieg und Wechsel: wird genutzt. Fokus auf Karriere am Boden	Schneller Aufstieg und häufiger Wechsel: favorisiert (Abwechslung). Keine hohe Position angestrebt
	Externalisierte Ausbildungskosten	positiv	negativ	Herausforderung, Exklusivität	akzeptiert
	Fremd-Ausbildung, erhöhter Simulatoranteil, verändertes Qualifikationsprofil	negativ, De-Qualifizierung (Beruf)	Gut, wenn Fokus auf Softskills und Führung und keine Überforderung	Bedarfsorientiert, zusätzliche Managementqualifikationen notwendig	Gut, zusätzliche Qualifikation als verbesserte Wechselmögl.
Technisch	Technischer Wandel u. veränderte Arbeitsinhalte	Ambivalent: Technikaffin, keine inhaltliche Veränderung	Normaler Prozess	Neue Herausforderung und Chance	Abwechslung
	Automatisierung: ‚Maschinenbediener', ‚Systemüberwacher'	De-Qualifikation	Arbeitserleichterung, Kraft für anderes	Notwendig, qualifizierend, langfristig Exit	Normal, interessant
	Neue Formen der Mensch-Maschine-Interaktion, neue Kommunikationstechnik, ‚Informationsmanager'	Profilierungschance, Rationalisierungsgefahr. Weiterhin zentral: ‚fliegerische' Inhalte	Akzeptiert, Belastung	Qualifizierungs- und Profilierungschance	Interessiert leichter Zugang, Möglichkeiten nutzen
	Zunehmende technische Heterogenität (Ausstattung, Muster)	Sicherheitsrisiko, aber auch ‚fliegerische' Nischen	Gehört dazu	Negativ, belastend	Interessant, Abwechslung

→

Tab. 9.1: (Fortsetzung)

Entgrenzung 2.0	**Aktuelle transformierende Entgrenzung**	**Typ A: Berufsstatus**	**Typ B: Familie**	**Typ C: Karriere**	**Typ D: Spaß**
Organisational	Ökonomisierung/ Rationalisierung	Arbeitsintensivierung akzeptiert. Veränderte Inhalte: negativ. Bedingt höhere raum-zeitliche Flexibilität	Mehrarbeit und Gehaltsverzicht	Notwendig, höhere eigene Flexibilität	Akzeptiert, nur neg. wenn Freizeitcharakter betroffen, höhere Flexibilität
	Betrieblicher Wandel: Leasing, Outsourcing, Markenwechsel, Eigentümer und Management verändert etc.	Demotivierend (Downgrading). Widerstand gegen Veränderungen, manage-mentskeptisch	Sehr belastend, Identifikationsprobleme	Kein Problem, Flexibilitätsbeweis, Karriereoption	Flexibilität, teilw. motivierend
	Wirtschaftlicher Druck durchlässiger	Abgelehnt: nicht eigene Sache	Akzeptiert, belastend	Internalisiert	Angenommen
Sinnhaft/kulturell/motivational	Reduzierte extrinsische Motivatoren (Status und Gehalt etc.)	Starker Motivationsverlust	Weniger problematisch	Negativ registriert, nicht kritisiert	Nicht so bedeutsam
	Gestiegener Druck, Zielkonflikte (Ökonomie, Sicherheit, Pünktlichkeit)	Eigener Arbeitsanspruch/Ziele werden weiter verfolgt	Akzeptiert, Abfangen durch Mehrarbeit	Vorbildliche Konzentration auf formale Ziele	Angenommen
	Ständige Bedrohungsszenarien	‚Abstumpfen'	Eingeständnisse	Unterstützt	Kaum wahrgenommen
	Schneller betrieblicher Wandel	Stark verringerte Identifikation	Identifikationsprobleme, Unsicherheit	Zum Aufstieg genutzt	Kein Suchen nach Sicherheit
	Zunehmende Bereichskonflikte	verstärkt	belasten	genutzt	kaum wahrgenommen
	Hohe Ungleichheit, gestiegene Unsicherheit	Festhalten an eigener Machtposition	Von Ungleichheit betroffen, da anfällig im Privatleben	Versucht zu profitieren, Flexibilität	Nicht als solche wahrgenommen, private Flexibilität
	Setzen auf intrinsische Motivatoren, ‚lockere' Kultur	Nicht angenommen	Positiv, muss nicht zusätzlich motiviert werden	Greift nicht	Aktiv gelebt

→

Tab. 9.1: Umgang der Typen mit entgrenzter Entgrenzung (Fortsetzung)

Entgrenzung 2.0	**Aktuelle transformierende Entgrenzung**	**Typ A: Berufsstatus**	**Typ B: Familie**	**Typ C: Karriere**	**Typ D: Spaß**
Arbeit und Leben	Allmähliche Aufhebung der inhaltlichen Trennung zw. Arbeit u. Leben (Abgeschlossenheit Flug, Flugvorbereitung, Qualifikation etc. zu Hause)	Verordnet: abgelehnt Freiwillig: häufig	Verordnet: Bedrohung Freiwillig: gewissenhaft	Eher interessiert, Profilierung und Effizienzsteigerung	Selbstverständlicher Umgang Freiwillige Nutzung für eigene Zwecke

9.1 Typ A – Berufsstatus – traditionale Lebensführung

Das Mobilitäts- bzw. Entgrenzungsarrangement des Typs A ist (wie im Abs. 7.4.1 beschrieben) gekennzeichnet durch einen starken Fokus auf die Rahmenbedingungen der Arbeit, besonders die Beschäftigungs- und Arbeitsbedingungen, da diese die Basis bilden für die wesentlichen Motivationsfaktoren des Typs A: für den (Berufs-)Status und das Einkommen. Hier findet eine intensive bis konfliktreiche Auseinandersetzung mit Veränderungen statt. Das Privatleben des Typs A ist geprägt durch externalisierte Mobilitätsanforderungen, meistens ermöglicht durch ein traditionelles Partnerschafts- und Familienmodell. Auch gegenüber dem weiteren privaten Umfeld besteht eine hohe Anpassungserwartung. Legitimiert wird dies durch den Rekurs auf die besonderen Anforderungen des Berufs, welche auch zelebriert werden. Insgesamt verfolgt Typ A eine stark instrumentelle Lebensplanung, inklusive einer strengen Disziplin in Arbeit und Privatleben, die auf den Erhalt der Arbeitsfähigkeit ausgerichtet ist (Regenerationszeiten, Essen, Sport, berufliches Detailwissen etc.). Er lässt sich sowohl in Bezug auf die Arbeit als auch auf das Privatleben als statusorientierter Berufspilot („Halbgott in Blau", Ramge 2003) bezeichnen. Die Zuspitzung des Arrangements A läuft in letzter Konsequenz auf eine traditionale Lebensführung hinaus (vgl. Abs. 7.5.1).

9.1.1 Umgang mit transformierender Entgrenzung in der Arbeit

Mit welchen Anforderungen ist nun speziell dieses in Arbeit und Leben stark am Beruf ausgerichtete Arrangement in Hinblick auf die aktuellen Entwicklungen im Luftverkehr konfrontiert? Das Arrangement A, das dem traditionellen Berufsverständnis von Piloten am nächsten kommt, zeichnet sich über die untersuchten Sozialdimensionen hinweg durch einen eher konfrontativen Bezug zum Gros der transformierenden bzw. rationalisierenden Entgrenzungsprozesse aus.

So wird zum Beispiel der zunehmende *Zeitdruck* als Gefährdung der Standards wahrgenommen und die zeitliche Arbeitsausweitung auf Dauer als potenziell gefährliche Überforderung der Piloten eingeschätzt. Deshalb wird trotz des Zeitdrucks versucht, streng an den formalen Abläufen festzuhalten, wobei auch Blockaden durchaus in Kauf genommen werden.

Verstimmt reagiert Typ A auch auf *räumliche* Veränderungen. Kombinierte Strecken (also z.B. Langstrecken ergänzt mit Kurzstrecken) kratzen am Image des Berufs, unterlaufen das angestrebte ‚fliegerische' Karrieremodell (hin zu großen Fliegern) und verringern die Möglichkeiten, spezifischen Belastungen auszuweichen (z.B. denen der Kurzstrecke: häufige und schnelle Turnarounds etc.). Einsparungen zum Beispiel in Bezug auf die Lage der Hotels werden nicht deshalb bemängelt, weil für den Typ A eine Innenstadtlage einen wesentlichen Motivationsaspekt darstellt, sondern weil er damit einen Anerkennungs- bzw. Statusverlust der Berufsgruppe verbindet. Aus interessenpolitischer Überzeugung heraus wird auch die Heimarbeit (z.B. Homebriefing) abgelehnt, obwohl sich Typ A auch in der Freizeit intensiv mit fliegerischen und arbeitsbezogenen Themen beschäftigt.

Was die *soziale* Kooperation in der Arbeit angeht, sieht er die Tendenz zu vermehrt jungem und unerfahrenem Personal (vor allem in der Kabine) kritisch und lehnt hierdurch möglicherweise anfallende kompensierende Anforderungen, zum Beispiel in Form einer intensiveren Führung, als unhonorierte und fachfremde Mehrarbeit ab. Auch die bessere Bezahlung einer Kapitänsstelle rechtfertigt nicht den zusätzlichen Führungsaufwand, vor allem weil die Schuld für die Erfahrungsdefizite des Personals bei der Fluggesellschaft liegt – so Typ A. Insgesamt verletzt der Hierarchieabbau die auf Abgrenzung beruhenden zentralen Aspekte Position und Status. So hält Typ A an autoritärer Führung fest, was teilweise zu Konflikten vor allem mit jüngerem Personal führt.

In Bezug auf den *Arbeitsinhalt* wird die Reduktion der ‚fliegerischen' Anteile der Tätigkeit als De-Qualifizierung wahrgenommen und die intensivierte Schnittstellenarbeit als Belastung. An das Cockpit übertragene ehemalige Bodentätigkeiten werden als unnötige Rationalisierungsmaßnahmen abgelehnt und teilweise in der Arbeit direkt bekämpft. Ökonomische Ziele werden nicht ganz abgelehnt, aber deutlich nachrangig zu den bislang kultivierten Qualitätsmerkmalen Sicherheit und Pünktlichkeit behandelt. Wenn Betriebe ökonomische Ziele vorgeben, entsprechende Maßnahmen einleiten und deren Einhaltung anhand von Daten kontrollieren, kommt es oft zu Konflikten. Typ A ist nicht geübt im flexiblen Umgang mit widersprüchlichen Arbeitsstrukturen bzw. Zielsetzungen. Zusätzliche Servicetätigkeiten werden von ihm vehement abgelehnt bzw. boykottiert. Sie kratzen derart am Status des Berufs, dass es hier zu einem elementaren Bruch mit dem Unternehmen kommen kann. Standardisierungsmaßnahmen werden eigentlich begrüßt, wenn sie jedoch die alten Standards eher aufweichen als verbessern, um zum Beispiel die (internationale) Austauschbarkeit des Personals zu erleichtern, kritisiert Typ A auch diese Maßnahmen und argumentiert mit eigener Expertise und Erfahrung dagegen.

Insgesamt wird vor allem das sinkende Ansehen des *Berufs* und reduzierte Anerkennung beklagt, was auf Rationalisierungsmaßnahmen, vor allem aber auf die Einkommensreduktion zurückgeführt wird. Berufspolitisch nachvollziehbar wird auch die zunehmend diversifizierte Landschaft in der Pilotenausbildung beklagt. Hierbei geht es nicht um die Höhe der Ausbildungskosten (hohe Kosten werden eher als positiv für den Berufsstand angesehen), sondern um die Gefahr sinkender Standards und des Imageverlusts, der durch erleichterte Zugangskriterien und den Anschein entsteht, dass sich die Lizenzen ‚erkaufen' lassen. Typ A kritisiert auch die Reduktion fliegerischer Anteile in der Ausbildung und die erhöhte Bedeutung sozialer Aspekte als De-Qualifizierung des Berufs. Ebenso werden schnelle Karrieren als negativ gesehen, explizit als Sicherheitsrisiko, implizit jedoch auch für den Berufsstand.

Der Technikentwicklung steht Typ A ambivalent gegenüber. Einerseits macht die komplexe *Technik* einen wesentlichen Teil der Faszination des Berufs aus und stellt eine Qualifizierungschance dar, andererseits muss Typ A jedoch zunehmend feststellen, dass bestimmte Aspekte der Technikentwicklung, wie Automatisierungsprozesse, zur De-Qualifizierung und Verdrängung von Piloten beitragen. Hier spielt eine wesentliche Rolle, dass Typ A weiterhin auf die ‚fliegerischen' Arbeitsinhalte fokussiert und andere ablehnt. Die Tendenz zur technischen Heterogenität (Ausstattung, Muster etc.) wird als Sicherheitsrisiko eingestuft. Die hierdurch eröffneten ‚fliegerischen' Nischen werden andererseits von ihm auch genutzt.

In Bezug auf die Folgen des *organisationalen* Wandels, dem Airlines aktuell unterliegen, wird eine Arbeitsintensivierung eher akzeptiert als veränderte Inhalte. Vor allem wenn Unternehmen Lowcost-Produkte ausgründen oder sich vollständig in diese Richtung transformieren, nagt dies intensiv an der Status-Motivation des Typs A und blockiert auch die von ihm angestrebte ‚fliegerische' Karriere. Die wirtschaftliche Lage des Unternehmens erklärt Typ A nicht zu seiner eigenen Sache, er übt Widerstand gegen Rationalisierungsmaßnahmen, sobald diese direkt die Arbeits- und Beschäftigungsbedingungen von Piloten betreffen. Eine gewisse zeitliche Arbeitsintensivierung und höhere raum-zeitliche Flexibilität wird bedingt akzeptiert.

Kulturell ist Typ A prinzipiell recht eng gebunden an seine Airline. Motivation wird vor allem über extrinsische Faktoren (vor allem Gehalt) erzeugt, aber auch Imageaspekten kommt eine hohe Bedeutung zu. Jedoch nimmt seine Identifikation mit dem Unternehmen ab – gerade mit Blick auf die organisationalen Veränderungen. Da Motivation und Identifikation tendenziell sinken, ist Typ A vehement von Demotivation und Unzufriedenheit bedroht. Die von Typ A seit jeher betonten Unterschiede zwischen Bereichen (z.B. ‚Boden' und ‚Luft') verstärken sich tendenziell zu Bereichskonflikten. An der eigenen Sonderstellung bzw. Position (Erfahrung, Qualifikation etc.) hält er weiter fest und orientiert sich in der Arbeit weiter an den traditionellen Leitlinien. Typ A lässt sich von den ständig neu aufgemachten Bedrohungsszenarien nicht mehr beeindrucken. Er deutet diese als Arbeitgeberstrategien, die auf Rationalisierung abzielen. Auch auf neue Maßnahmen der Leistungssteuerung, die auf eine forcierte intrinsische Motivation setzen, springt er nicht an. Massive Irritation erzeugen bei ihm der schnelle Aufstieg, die ähnlichen (auf Grund der hohen Flugstundenzahl teilweise sogar höheren) Gehälter, die regelmäßigen Arbeitszeiten und die statistisch gleichen Sicherheitswerte bei Lowcost-Airlines. Insgesamt ist Typ A sehr managementskeptisch.

Auswirkungen der aktuellen Tendenzen transformierender Entgrenzung auf das Verhältnis von *Arbeit und Leben* bzw. Eingriffe in das Privatleben werden von Typ A abgelehnt. Auf freiwilliger Basis beschäftigt sich Typ A jedoch relativ viel mit seinem Beruf (Vorbereitung auf Flüge und Tests, Informationen, Weiterbildung etc.).

Wie lassen sich die Auswirkungen der transformierenden Entgrenzung auf die Arbeit des Mobilitäts- bzw. Entgrenzungstyps A zusammenfassen? Typ A hält an seinem angestammten Berufsstatus fest und verteidigt diesen intensiv. Eigentlich müsste Typ A daher sehr eng mit den interessenpolitischen Organen verbunden sein, jedoch sieht er auch von diesen seine Interessen oft nicht ausreichend vertreten, vor allem bei Zugeständnissen gegenüber dem Arbeitgeber.

Seine Reaktion auf veränderte Arbeitsbedingungen ist der (angedrohte) *Konflikt* unter Einsatz des persönlichen Machtpotenzials. Seinem Arbeitsethos folgend, leistet Typ A mehr oder weniger offenen Widerstand, zum Beispiel indem er sich auf den Dienst nach Vorschrift verlegt. Hierfür bieten der hochreglementierte Luftverkehr und die Entscheidungsgewalt der Position Pilot/Kapitän unzählige Möglichkeiten, zum Beispiel in der Ausdehnung von Verfahren oder in Bürokratieaufblähung.

> „Und da gibt es noch so ein paar Mohikaner, die mit dem System sich noch nicht in der Form abgefunden haben. Dazu zähle ich auch mich ganz klar. Ich sage, ich unterschreibe mit meinem Namen dafür und so ein großes Flugzeug unterschreibe ich nicht unkommentiert. Da schreibe ich mir den Wolf. Und wenn ich einen schlechten Tag habe, weil da viel Kleinkrams eben ist, dann habe ich bis zu zwölf Einträge da am Abend. Ich sage, ich verlerne immer mehr eigentlich meine fliegerischen Fähigkeiten, wofür ich eigentlich da bin. Ich bin nur noch der Stratege an Bord und der, der die Entscheidungen trifft, der Lob oder Kritik austeilen muss und der letztendlich irgendwo zerrieben wird an sehr vielen Fronten.“ (E02)

In der Folge stehen die Typ-A-Piloten nicht selten in einem offenen Konflikt zu verschiedenen Stellen im Management. Da sie jedoch bislang in der Regel über ein recht gutes Standing im Unternehmen verfügen, erhalten sie in letzter Konsequenz nicht selten eine Sonderbehandlung, um offene Konflikte zu vermeiden, zum Beispiel bei der Personaleinsatzplanung. Eine wesentliche Rolle spielt hierbei auch, dass diese Piloten tendenziell eher mit einer höheren Seniorität ausgestattet sind. Das bedeutet zum Beispiel, dass es dem Typ A oft noch eher möglich ist, auf weniger belastende Streckenprofile auszuweichen.

Es zeigt sich aber auch, dass das Arrangement des Typs A – zumindest was den Arbeitsbezug betrifft – nach und nach konfliktträchtiger wird und von zukünftigen Pilotengenerationen immer schwerer einzurichten sein wird. Dies liegt nicht nur an der aktuellen, teilweise massiven Reduktion der zentralen Motivatoren Status und Einkommen. Gerade die veränderten Unternehmensstrategien, die in Richtung Kostenreduktion, Streckendurchmischung, flexible Personalstrategien oder auch auf das wachsende Lowcost-Segment abzielen, führen zu einer stetigen Abkehr von dem für Typ A so wesentlichen klassischen Berufsbild Pilot.

9.1.2 Folgen für die traditionale mobile Lebensführung des Typs A

Die in der hier vorliegenden Untersuchung erfassten Aspekte transformierender Entgrenzung beziehen sich allesamt auf den Bereich Arbeit. Direkt am Privatleben ansetzende Veränderungen, wie zum Beispiel staatliche familienpolitische Programme, bleiben weitestgehend unberücksichtigt. Eine systematische Auseinandersetzung mit den parallel laufenden gesellschaftlichen Prozessen kann hier nicht erfolgen. Jedoch sind zwei Aspekte für das Lebensführungsarrangement des Typs A besonders bedeutsam: die allgemeine relative Reduktion der Einkommen, verbunden mit der zunehmenden ökonomischen Notwendigkeit von Doppelverdienerhaushalten, und der Wertewandel weg von den an typischen Geschlechterrollen orientierten Partnerschafts- und Familienmodellen. Das Arrangement, auf das sich Typ A im Privatleben typischerweise verlegt, wird also zusehends ökonomisch und normativ problematisch. Auch im Privatleben fordert Typ A qua Beruf eine Sonderstellung ein. Die speziellen Anforderungen des Berufs legitimieren im Arrangement A das Durchreichen der Kosten der betrieblichen Flexibilitätserwartungen an die Partner, die Familie, Freunde und weitere soziale und institutionelle Kontakte, zum Beispiel in der familialen Arbeitsteilung oder in Form einer generellen Rücksichtserwartung an das soziale Umfeld. Schmilzt nun zusammen mit dem Berufsstatus die kulturelle und ökonomische Basis dieses Arrangements ab, ist es auch im Privatleben gefährdet. Auch hier sind Konflikte zunehmend wahrscheinlich, da die bisherigen Rechtfertigungsmöglichkeiten abnehmen. In der Folge kommt es vermehrt zu offenen Abstimmungsproblemen mit Partnern, Familie, Freunden etc. – zum Beispiel zu Scheidungen in Reaktion auf traditionelle Rollenzuweisungen. Die Folge sind

Tendenzen der verstärkten Abkapselung im Privatleben (vor allem zusammen mit anderen Typ-A-Piloten). Verstärkt wird dies durch die Tatsache, dass wenig sphärenübergreifende Bearbeitung von Problemen stattfindet; dass also keine privaten Probleme in der Arbeit und vor allem auch keine arbeitsspezifischen Probleme mit der Familie besprochen werden. Dies reduziert die Möglichkeit der Kompensation von Belastungen und zur Festigung familiärer Beziehungen.

Es lässt sich grob eine Gesamtstrategie des Typs A im Umgang mit Wandel identifizieren: Diese basiert vor allem auf dem *Festhalten an einer traditionellen Machtposition* in Arbeit und Privatleben, legitimiert durch den Beruf (und alles, was zum Beruf gehört). Es kommt zur verstärkten Äußerung von Interessen und zum offenen, vor allem aber zum inneren Widerstand. Bei den hier interviewten Piloten mündete dies teilweise in ein Ansammeln von berufsspezifischem Expertenwissen und in ein außerbetriebliches Engagement für den Berufsstand, jedoch selten in Kooperation mit den üblichen Organen der Interessenvertretung. Weitere Reaktionsweisen sind das Festhalten an Traditionen, Abschottung, das Umgeben mit Gleichgesinnten und eine Glorifizierung des Berufs, der sich gleichzeitig zur Quelle steigender Lebensunzufriedenheit entwickelt.

9.2 Typ B – Familie – gemeinschaftliche Lebensführung

Das ursprüngliche Mobilitäts- bzw. Entgrenzungsarrangement des Typs B kennzeichnet ein auf die inhaltliche und soziale Stimmigkeit und Harmonie ausgerichteter Arbeitsbezug. Typ B schöpft viel Motivation aus der Arbeitstätigkeit. Im Privatleben versucht Typ B möglichst eine Synchronisierung mit der Normalarbeit herzustellen und sich auch hier in die Strukturen zu integrieren. Typ B versucht, den an ihn sowohl aus der Arbeit als auch aus dem Privatleben herangetragenen inhaltlichen und sozialen Anforderungen gerecht zu werden. Insgesamt weist sich Typ B durch eine starke Privatlebensorientierung aus, die eine hohe individuelle Mobilität und viel Einbringung und Initiative verlangt. Das hinter diesem Arrangement liegende Grundmuster wurde oben als eine (schon immer existierende) vierte Form der Lebensführung neben den drei aus der Literatur bekannten Mustern identifiziert: die gemeinschaftliche Lebensführung (vgl. Abs. 7.5.2).

9.2.1 Umgang mit transformierender Entgrenzung in der Arbeit

Welche Möglichkeiten und speziellen Problematiken bringt nun dieses Arrangement in Bezug auf den Umgang mit den neueren, transformierenden Entgrenzungsprozessen mit?

Mit Blick auf die *zeitliche* Dimension kann festgestellt werden, dass Typ B dem erhöhten Zeitdruck in der Arbeit durch Mehrarbeit und bedingt auch durch das Anpassen einzelner Arbeitsprozesse begegnet. Probleme hat Typ B mit einer zeitlichen Ausdehnung und kaum planbaren Eingriffen, die in das Privatleben hineinreichen. Zur besseren Planbarkeit wird ein festes Schichtsystem, wie es in jüngeren Airlines zum Teil praktiziert wird, nicht abgelehnt. Es käme dem Lebensführungsarrangement des Typs B entgegen.

> „Also mit einer Partnerschaft sollte man sich wirklich überlegen, ob man das machen sollte. Da sind Firmen wie [Lowcost-Airline 1] oder [Lowcost-Airline 2] viel besser. Da kommt man abends immer nach Hause. Das ist, wie wenn ich ins Büro gehe. Zumal man da planen kann. Die können für das komplette Jahr schon vorplanen, die wissen genau, wann sie Dienst haben und wann nicht." (H08)

Die bisherige *räumliche* Mobilitätsstrategie des Typs B war nicht an den besonderen Möglichkeiten der Aufenthalte ausgerichtet. Die freie Zeit wurde nicht vordringlich ausgekostet, sondern mit Blick auf das Privatleben zu Hause zur Regeneration genutzt. Die Entwicklung hin zu weniger und kürzeren Aufenthalten, Hotels mit unattraktiverer Lage etc. kommt dem Typ B tendenziell eher entgegen. Zumindest fallen für ihn damit keine wesentlichen Motivationsfaktoren weg. Die durch die räumliche Verdichtung entstehende höhere Arbeitsbelastung wird in Kauf genommen, wenn dadurch die Vereinbarkeit von Beruf und Privatleben gleich bleibt oder sogar erleichtert wuird. In der Arbeit zu Hause (Flugvorbereitung per Internet) werden auch Vorteile gesehen. Stationsverlegungen, also auf Dauer gestellte Mobilitätsanforderungen, belasten das Arrangement des Typs B hingegen sehr.

Im *sozialen* Arbeitshandeln bzw. in Bezug auf die Arbeitskooperation weisen sich Typ-B-Piloten durch ihr Streben nach einem harmonischen Klima in der Zusammenarbeit aus. Dabei zeigen sie Empathie für die Situationen anderer und verstehen sich durchaus als Führungskräfte. Sie versuchen Konflikte zu vermeiden und greifen erst ein, wenn deutlich von den Standards abgewichen wird. Mit neuen Anforderungen an die sozialen Beziehungen und an Kooperation (z.B. in Bezug auf Führungsaspekte) in der Arbeit kommen sie gut zurecht.

Offiziell veränderte *Arbeitsinhalte* werden als neue Arbeitspflichten angenommen. Mit den inhaltlichen Veränderungen hat Typ B wenig Probleme, da sich für ihn das ‚Fliegerische' noch nie allein auf die rein manuelle Tätigkeit begrenzt hat, sondern bereits ein hohes Interesse am Organisieren, am Führen und an Dienstleistungsaspekten besteht. Selbst eine gewisse Beteiligung am Service wird nicht abgelehnt, sondern Mithelfen eher als fair angesehen, wenn dafür Zeit bleibt. Die objektiven Belastungen des zunehmenden Zeitdrucks und Dokumentationsaufwands spürt jedoch auch Typ B. Daher werden neue ökonomische Zielsetzungen und flexibilisierende Standardisierungsprozesse kritisch gesehen, sie werden aber nicht blockiert. Auf Grund seines Pflichtbewusstseins tut sich Typ B jedoch schwer im flexiblen Umgang mit widersprüchlichen Arbeitsanforderungen. Wenn ökonomische Zielsetzungen und standardisierte Verfahren einander entgegenstehen, versucht Typ B dennoch beides zu erfüllen (z.B. durch Mehrarbeit), was zu Belastungen und zur Überforderung führen kann.

Der *berufliche* Status wird nicht verteidigt. In diesem Sinne stellen Gehaltseinbußen, abgeschwächte Incentives (schöne Hotels, Strecken etc.) und ein reduziertes gesellschaftliches Ansehen keine Gefährdungen des Arrangements B dar; schon eher alltägliche Symbole der Anerkennung (wie z.B. die Qualität der Uniform). Die erhöhten Kosten und das zunehmende Risiko in der Pilotenausbildung werden negativ eingeschätzt, denn hier hätte der Typ B massive Probleme.[1] Der zunehmende Fokus auf Soft Skills in der Ausbildung wird als notwendig erachtet. Neuen Pilotengenerationen spricht Typ B die gleiche Qualifikation und eine stärkere Affinität zum Umgang mit neuen Techniken im Cockpit zu. Deshalb wird auch im erhöhten Simulatoranteil in der Ausbildung prinzipiell weniger ein Problem gesehen.

Allgemein werden die *technische* Veränderung im Cockpit und die Automatisierung als normale Prozesse akzeptiert. Sie stellen oft eine Arbeitserleichterung dar und setzen Kraft für andere Tätigkeiten frei. Der Umgang mit der gestiegenen technischen Heterogenität zwischen einzelnen Fluggeräten gehört dazu.

In Bezug auf den *organisationalen* Wandel reagiert Typ B auf Rationalisierungsprozesse und stärker durchgereichten wirtschaftlichen Druck mit Arbeitsintensivierung und Gehaltsverzicht. Schmerzlich ist für ihn jedoch das Gros der flexibilisierten Personaleinsatzstrategien, allen voran raum-zeitliche Flexibilisierungen wie zum Beispiel das Verleasen von Crews, denn dies wirkt sich besonders auf das Lebensführungsarrangement B sehr belastend aus.

Im *kulturellen* Bezug zum Unternehmen belastet den Typ B ein angespanntes Betriebsklima, zum Beispiel dauerhafte Bereichskonflikte, die er vermeiden will. Hinweise auf gestiegenen wirtschaftlichen Druck und daraufhin veränderte Zielsetzungen und Arbeits- und Beschäftigungsbedingungen werden akzeptiert. Typ B muss nicht durch Maßnahmen, die instrumentell auf eine Steigerung der intrinsischen Leistungsmotivation abzielen, motiviert werden. Diesbezüglich bringt er bereits ein hohes Potenzial mit. Eine aufgelockerte Kultur mit einem geringeren Hierarchiebezug empfindet er dennoch positiv. Neben der verschärften Vereinbarkeitsproblematik ist die Arbeitsmotivation des Typs B eher durch den Identifikationsverlust gefährdet, der durch den schnellen betrieblichen Wandel verursacht wird. Auf Grund seines Arrangements ist Typ B tendenziell von

1 Unter das Arrangement B fallen tendenziell eher Piloten, die eine private und zum Teil auch selbstfinanzierte Ausbildung absolviert haben (keine betrieblich organisierte Ausbildung, kaum Unterstützung durch Elternhaus und nur wenig über Kredite).

Ungleichheit betroffen und gehört auf Grund seines Anspruchs an sein Arbeitsverhalten zu den belasteteren Beschäftigten.

Zusätzliche raum-zeitliche Eingriffe in das Privatleben *(Arbeit und Leben)* empfindet Typ B auf Dauer als Bedrohung. Auch was die Arbeitsinhalte angeht (Flugvorbereitung, Training etc.), reduziert er die Beanspruchung der privaten Zeit zu Hause auf das Notwendige.

Insgesamt fällt auf, dass Typ B erst einmal versucht, weiterhin die Anforderungen in der Arbeit und im Privatleben auf hohem Niveau zu erfüllen. Es besteht jedoch zunehmend ein Konflikt zwischen der recht hohen Arbeitsethik des Pilotentyps B und den verschärften Arbeitsbedingungen und widersprüchlichen Zielsetzungen. Dieses Dilemma versucht er durch Mehrarbeit in den Griff zu bekommen, was wiederum zur Überforderung und entsprechenden Folgeproblemen (vor allem gesundheitlicher Art) führen kann. Als (letzter) Ausweg bietet sich für den Typ B die Reduzierung der Arbeitszeit bzw. Teilzeit an. Weniger Probleme hat er mit den Anteilen der transformierenden Entgrenzung, die auf eine Verschlechterung der materiellen Vergütung, der Incentives und auf Statusaspekte abzielen. Wesentlich sind für ihn der Erhalt des Arbeitsplatzes und Stabilität (inklusive Lokalität).

9.2.2 Folgen für die gemeinschaftliche mobile Lebensführung des Typs B

Das Lebensführungsarrangement des Typs B ist durch hohe Einbringung geprägt. Er verfolgt nicht die Strategie des Durchreichens betrieblicher Flexibilitätsanforderungen an die private soziale Umwelt. Im Gegenteil: Typ B versucht die einander entgegenstehenden Anforderungen der beiden Sphären Arbeit und Privatleben durch eine individuelle raum-zeitliche Flexibilität zu kompensieren und so Stabilität im Privatleben zu erzeugen. Gängige Strategien sind das Pendeln, Ausnutzen erzwungener Ruhepausen in der Arbeit zur Regeneration, nicht selten aber auch Schlafentzug etc.

Das spezielle Mobilitätsarrangement des Typs B im Privatleben basiert auf der Strategie, arbeitsbedingte Mobilität durch hohe private – strukturelle und soziale – Stabilität zu konterkarieren und letztere wiederum durch die eigene, stark körperlich geprägte (raum-zeitliche) Flexibilität bzw. Mobilität zu sichern. Dies ist ein bislang unberücksichtigter Aspekt bei der Betrachtung von ‚Work-Life'-Themen. Bisher wird gewöhnlich eher umgekehrt argumentiert: Die Arbeit erfordert raum-zeitliche Mobilität, auf welche mit sozialer Flexibilität im Privatleben reagiert werden soll, um sich körperlich zu regenerieren und den Anforderungen der Arbeit auf Dauer entsprechen zu können. Es geht also hier um die Gewichtung, was der Arbeit untergeordnet wird: das (soziale) Privatleben oder die eigene Gesundheit (in Bezug auf die körperliche Belastung). Typ B tendiert zur Selbstüberlastung. Hinzu kommt, dass die Anstrengung und Kompetenz entgrenzt Arbeitender, sich ihrer *privaten* Umwelt anzupassen, gesellschaftlich kaum und betrieblich nicht honoriert wird – familiär und im näheren sozialen Umfeld jedoch durchaus.

Im Umgang mit den zusätzlichen Entgrenzungsaspekten jüngerer Rationalisierungsmaßnahmen deutet sich bei Typ B eine interessante Strategie an: ein noch stärkerer Ausbau des inneren Gleichgewichts, der sich gut mit den Worten *„Dickfelligkeit“* und vor allem *„Gelassenheit“* umschreiben lässt. Diese Ausdrücke stammen aus den folgenden beiden Zitaten, beide aus Interviews mit Pilotinnen.

Pilot C01 wünscht sich mehr „Dickfelligkeit“, um trotz des zunehmenden Koordinationsaufwands am Boden sowohl die Kernarbeit als auch die zusätzliche Arbeit qualitativ hochwertig und bei einem angenehmen Arbeitsklima zu erfüllen und dabei zugleich auf einen nachhaltigeren Umgang mit den eigenen Arbeitsressourcen zu achten. Dabei ist es Pilot C01 wichtig, darauf hinzuweisen, dass keinesfalls der *„Prestigegedanke“* im Mittelpunkt steht (in Abgrenzung zu den Typen A und C), sondern das hohe Interesse an einer guten Arbeitsleistung.

> „Ich kabbel mich ab am Boden, nur um die Passagiere pünktlich hin und her zu bekommen, und telefoniere mit dem und tue das und treibe den Tankwagenfahrer an oder so was, um dann hinterher so schlapp und kaputt zu sein, dass ich das nicht mehr handlen kann, was eigentlich meine originäre Aufgabe wäre. Also insofern eine gewisse Dickfelligkeit, das bringt man auch nicht von alleine mit, sondern das muss man halt auch lernen, mal zu sagen: ‚Stopp. Ganz ruhig. Und dann wieder von vorne.‘ Aber das meine ich mit Dickfelligkeit. Nicht zu versuchen, alles zum Eigenen zu machen, sondern auch mal zu sagen, was nicht geht: ‚Das geht halt einfach nicht‘, um die Kapazitäten zu erhalten, die man nun doch nur begrenzt hat. In jedem Fall Interesse dafür. Also keinesfalls der Prestigegedanke, sondern da muss schon ein echtes Interesse dadran da sein. Wobei man nicht notwendigerweise auf dem Segelplatz groß geworden sein muss.“ (C01)

In ähnlichem Sinn wünscht sich Pilot B08 mit Blick auf den zunehmenden Zeitdruck, vor allem bei Turnaround, und die aufreibende Arbeit an den Schnittstellen zum Flugzeug mehr Gelassenheit. Es geht um die Herstellung eines produktiven inneren Gleichgewichts, um besser als Führungskraft zwischen den Kooperationspartnern vermitteln zu können und Ruhe zu übertragen. Auch privat wünscht sich B08 etwas mehr Ruhe.

> „Ich wünsch mir Gesundheit und die notwendige Gelassenheit für die Zukunft und Glück. Ich denk, mit Gelassenheit lässt sich einiges einfacher nehmen, egal ob ich jetzt arbeite. Wenn man da irgendwo noch mit sich im Gleichgewicht ist und eine bestimmte Ruhe für sich bereitstellen kann, dann kann man das vielleicht auch auf die andern übertragen, wenn mehrere Dinge auf einmal ein-/auftreten. Das kann sich ganz schnell entwickeln bei einem richtigen Wintertag,

> wenn man aus [Ort] erst gar nicht rauskommt, immer wieder enteisen muss. Die Passagiere wollen aussteigen, weil sie den Termin sowieso nicht mehr wahrnehmen können. Es gibt unwahrscheinlich viel Unruhe. Man muss organisieren und machen und tun und viel mit vielen Leuten Kontakt aufnehmen, am Boden, OPS, mit der Kabine, Tür auf, Tür zu, Koffer raus. ‚Ja, wir wissen jetzt nicht, wann wir an der Reihe sind. Die sagen uns auch nichts.' Der vom Rollfeld und alle sind genervt und gestresst. Und jeder hat sein Ziel in den Augen und das will er auf Biegen und Brechen ... Jeder will irgendwo dann wieder ankommen." (B08)

Gerade vor dem Hintergrund der transformierenden Entgrenzung scheint es sinnvoll, eine gewisse ‚Gelassenheit' zu entwickeln und zu kultivieren, da sich auf Grund des Rationalisierungsdrucks solche und ähnliche Situationen künftig häufen dürften. Jedoch besteht die Gefahr, dass sich bei andauernder oder zunehmender Belastung und anderweitiger Demotivation diese professionelle Gelassenheit in Passivität, Distanzierung und eventuell auch Fatalismus wandelt. Mit dem Blick auf den zunehmenden betrieblichen Wandel und die zunehmende Gefährdung des Arbeit-Lebens-Arrangements des Typs B durch raum-zeitliche Eingriffe stehen dessen ansonsten starke Loyalität und ausgeprägte intrinsische Arbeitsmotivation auf dem Spiel. Zudem erhält die spezielle ‚Doppelbelastung' des Typs B in Bezug auf die Anforderungen aus Arbeit und Privatleben von betrieblicher Seite keine Anerkennung. Im Gegenteil, seine Haltung wird eher sanktioniert, durch geringeren Status, weniger Karrierechancen, geringeres Einkommen, und sie geht zudem mit hohen körperlichen (potenziell gesundheitlichen) Belastungen und hohen privaten Mobilitätskosten einher. Das Lebensführungsarrangement B birgt zunehmend die Gefahr der Überforderung in Bezug auf die Vermittlung von Arbeit und Privatleben. Offen bleibt, ob dies die Strategien, stärker auf ‚Dickfelligkeit' und ‚Gelassenheit' zu setzen, verhindern können.

9.3 Typ C – Karriere – strategische Lebensführung

Das Arrangement, wie Typ C mit den speziellen Entgrenzungsanforderungen seines mobilen Berufs in der Arbeit und im Privatleben umgeht, wurde seinem Grundprinzip nach der strategischen Lebensführung zugeordnet. Im Umgang mit Entgrenzungsaspekten in der Arbeit zeichnet es sich durch eine hohe Karrieremotivation aus. Veränderungen werden als Gelegenheiten zur Profilierung und Machtakkumulation angesehen, was letztlich einen strategischen Opportunismus nahelegt. Zentral ist für den Typ C die (instrumentalisierte) Selbstverwirklichung in der Arbeit, festgemacht an der persönlichen Karriere. Hier verortet er seinen Lebenssinn, das Privatleben ist nachrangig. In der Folge wird das Privatleben instrumentell an der Arbeit ausgerichtet, Mobilitätsanforderungen werden externalisiert und es besteht eine entsprechend hohe Anpassungserwartung gegenüber dem sozialen Umfeld.

9.3.1 Umgang mit transformierender Entgrenzung in der Arbeit

Wie reagieren nun Piloten, die sich im Umgang mit Entgrenzung prinzipiell an dem Arrangement C ausrichten, auf die Veränderungen in ihrer Arbeit, die hier als ‚transformierende Entgrenzung' beschrieben wurden?

Typ C begegnet gestiegenen Arbeitsanforderungen, zum Beispiel dem Zeitdruck, durch hohe Leistung. Vor allem erweiterte raum-zeitliche Flexibilitätsanforderungen werden vorbildlich erfüllt. Hier kann sich Pilot C beweisen. Diese Veränderungen werden nicht als Statusverlust thematisiert, sondern als weitere Besonderheit des Berufs nach außen getragen. Veränderungen, die die Tätigkeit in Richtung eines ‚Normalberufs' rücken, wie ein festes Schichtsystem, werden innerlich abgelehnt.

Das Gleiche gilt für die sinkende Attraktivität mancher räumlichen Aspekte. Offiziell wird aber das mit der räumlichen Mobilität verbundene Image weiterhin hochgehalten. Verbesserte Möglichkeiten, von zu Hause aus zu arbeiten (Flugvorbereitung), werden eher begrüßt.

Veränderungen in der *sozialen* Zusammensetzung und den allgemeinen Kooperationsformen begegnet Typ C durch Festhalten an der gepflegten Distanz zum erweiterten Kollegenkreis (z.B. zur Kabine und zum Boden). Hier vermeidet Typ C den engen Kontakt möglichst, um potenziellen Belastungen von vornherein aus dem Weg zu gehen. Daher hat er kein Problem mit Personalverjüngung, weniger Hierarchie etc. Auch im Nahbereich, also im Cockpit oder in der direkten Interaktion mit anderen am Boden, übernimmt er den geforderten lockeren, managerialen Führungsstil. Bei Problemen kann er jedoch auch schnell in einen autoritären Stil wechseln.

Da er das ‚Fliegerische' als ausführende Routinetätigkeit eher gering schätzt, hat er kein Problem mit den veränderten *Arbeitsinhalten.* Sie entsprechen seinem Leitbild – Manager – sowieso besser. Die neuen organisatorischen Aufgaben nimmt er als zusätzliche Karriereoptionen wahr und nutzt sie zum Aufbau neuer Kontakte und neuer Qualifikationen. Die mit den veränderten Arbeitsinhalten einhergehende Zielverschiebung hin zu ökonomischen Kriterien hat er voll internalisiert. Auf Grund dieser Orientierung und seiner hohen Flexibilitätsbereitschaft ist für ihn die auf flexibilisierte Personalstrategien abzielende Standardisierung kein Problem. Allein die zusätzliche Übernahme von Tätigkeiten in der Kabine wird als Karriererückschritt angesehen und stillschweigend abgelehnt.

Auch mit Blick auf die *beruflichen* Veränderungen werden viele einschneidende Entscheidungen des Arbeitgebers als notwendig nachvollzogen (weniger gilt das jedoch für die sinkende gesellschaftliche Anerkennung des Berufs). Obwohl Typ C relativ stark an Image- und Statusaspekten orientiert ist, ist ihm diese Haltung dennoch möglich, da den verschlechterten Bedingungen und Karrieremöglichkeiten in der Kerntätigkeit durch die Übernahme von zusätzlichen Bodentätigkeiten begegnet werden kann. Auf diese Weise kann er sich vom Beruf Pilot distanzieren und sich eher mit den Entscheidern im Flugbetrieb und in der Airline identifizieren. Auch bezogen auf die Ausbildung und Einstellung stuft er Flexibilisierungsmaßnahmen (Fremdausbildung, bedarfsorientierte Einstellung) als sinnvoll und die gestiegenen Kosten als Herausforderung für Piloten und Förderung der Exklusivität des Tätigkeitsfelds ein. Zusätzliche Managementqualifikationen hält er für notwendig. Karrieremodelle, die einen schnellen Aufstieg durch häufigen Wechsel versprechen, nutzt er selbst intensiv.

Die aktuelle *Technikentwicklung* und die in der Folge erweiterten Arbeitsinhalte stuft er ebenfalls als neue Chance ein, zum Beispiel zum Erwerb von Qualifikationen im Umgang mit neuer Technik, aber auch, um sich am Arbeitsplatz zu beweisen. In Bezug auf die Automatisierung werden die qualifizierenden Anteile genutzt und die rationalisierenden Aspekte als notwendig erachtet.

Auch im Hinblick auf den aktuellen *organisatorischen* Wandel wird Rationalisierungsmaßnahmen zugestimmt. Denn betrieblicher Wandel eröffnet neue Karriereoptionen. Auf Grund seiner hohen Flexibilitätsbereitschaft hat Typ C kein Problem mit Leasingkonzepten. Im Gegenteil, sie ermöglichen es ihm, seine Flexibilität unter Beweis zu stellen. Mit Blick auf die eigene Karriere hat Typ C den wirtschaftlichen Druck internalisiert.

Was die Auswirkungen der transformierenden Entgrenzung auf seine kulturelle Bindung und Leistungsmotivation angeht, kann festgehalten werden, dass Typ C viele der Veränderungen durchaus in ihrer Konsequenz als negativ für den Beruf und die meisten Piloten einschätzt. Jedoch will er nicht zu den Verlierern gehören und versucht, die Chance dieses Prozesses zu nutzen. Auf den gestiegenen Druck und die veränderten Zielsetzungen reagiert er ganz im Sinne des Arbeitgebers und kritisiert die entsprechenden Entscheidungen auch nicht. Im Gegenteil: Die Drohszenarien des Arbeitgebers werden reproduziert, um auf die Seite der Drohenden zu wechseln, also zu jenen, die in der aktuellen Entwicklung vermeintlich an Macht gewinnen.

Zunehmende Eingriffe der Arbeit in das *Privatleben* sind Teil des Berufsstatus. So werden zum Beispiel die Möglichkeiten der elektronischen Flugvorbereitung zur Profilierung in der Arbeit und im Privatleben und zur Effizienzsteigerung bei der Arbeitsvorbereitung genutzt.

Insgesamt deutet sich beim Typ C eine strategisch opportunistische Handlungsleitlinie ab, die bis zur Internalisierung passender Ziele geht. Typ C will zu den Gewinnern im Wandlungsprozess gehören und nutzt dafür alle Chancen, die sich ihm bieten.

Einen Weg, sich weiterhin Chancen auf einen beruflichen Aufstieg zu sichern, bietet die Übernahme von zusätzlichen Aufgaben am Boden. Seine starke Arbeitgeberorientierung ist nicht mit Loyalität gleichzusetzen. Sie ermöglicht ihm gleichzeitig eine hohe Flexibilität, was Möglichkeiten betrifft, sich auf neue Eigentümer einzulassen, die Airline zu wechseln oder auch Karrierechancen außerhalb der Luftfahrt zu ergreifen. Typ C distanziert sich immer weiter von den ‚normalen' Piloten, da der Beruf Pilot an Attraktivität verliert. Die von traditionalen Bezügen befreite Selbstdefinition des Typs C als Elite erleichtert den Umstieg vom ‚Flieger' zum ‚Manager'. Wenn jedoch zusätzliche, aufbauende Karrieremöglichkeiten wegfallen, steckt Typ C in einer Klemme. Ein massives Problem stellt für Typ C zum Beispiel die Tendenz dar, dass immer weniger Stellen am Boden mit Piloten besetzt werden. Zudem besteht schon im Vorfeld die Gefahr, dass das von ihm gezeigte Extra-Engagement nicht honoriert wird und seine hohe raum-zeitliche Flexibilitätsbereitschaft keine zusätzlichen Karrierechancen eröffnet. Daneben steht Typ C durch sein abgrenzendes und ‚arbeitgebernahes' Verhalten oftmals im Konflikt mit anderen Piloten (vor allem mit dem Typ A). Auch im Verhältnis zum Unternehmen können der dem Arrangement C zugrundeliegende ausgeprägte Opportunismus und die geringe Loyalität negative Effekte erzeugen.

9.3.2 Folgen für die strategische mobile Lebensführung des Typs C

Das Lebensführungsarrangement des Typs C ist geprägt durch seine starke Ausrichtung auf Karriere. Den Karrierevorstellungen wird auch das Privatleben untergeordnet, was zum Teil auf Kosten enger sozialer Kontakte geht. Um die Karrieremöglichkeiten trotz verschärfter Bedingungen in der Arbeit weiterhin aufrecht zu erhalten, reagiert Typ C mit zusätzlicher privater (vor allem raumzeitlicher) Flexibilität. Dies ist ihm insbesondere deshalb möglich, weil er seine ‚Organisationskosten' im Privaten möglichst gering hält, zum Beispiel durch ein traditionales Partnerschafts- oder Familienarrangement oder auch durch lockere Partnerschaften ohne Kinder bzw. Verzicht auf Partnerschaften. Bindungen, aus denen möglicherweise mehr (als nur finanzielle) Verpflichtungen hervorgehen, werden tendenziell eher vermieden. Typ C weist sich im Privatleben durch eine hohe Unverbindlichkeit gegenüber dem sozialen Umfeld, durch das Nutzen der Vorteile von „weak ties“ (Granovetter 1973) und durch ein verstärktes Durchreichen von betrieblichen Flexibilitätserwartungen aus.

Typ C verfügt nur über wenig belastbare soziale Beziehungen. Soziale Distanz und die instrumentelle Beziehungsbasis sorgen auch im Privatleben für Unstetigkeit (z.B. Scheidungen). Reduzieren sich die Karrieremöglichkeiten und fällt Typ C in ein Karriereloch, fehlen ihm tendenziell die starken sozialen Kontakte, um ihn aufzufangen. Aber auch die Karriere sichert nur begrenzt das

Erhalten von Anerkennung im sozialen Nahbereich. Typische Folgen sind Einsamkeit, Sinnleere und Ersatzhandlungen (vor allem Konsum). Nicht zuletzt hat Typ C verstärkte Probleme, wenn die Leistungsfähigkeit sinkt (Krankheiten, Alter). Diese verschärfen sich auf Grund seiner Strategie im Umgang mit transformierender Entgrenzung, die sich durch eine *erweiterte Rationalisierung, Flexibilisierung und Selbst-Disziplinierung im Privatleben* auszeichnet (vor allem auf Kosten bestimmter Formen von Lebensqualität wie Genuss, Ruhe, soziale Bindung). Die Frage ist, inwieweit hier unbegrenzte Steigerungen möglich sind.

9.4 Typ D – Spaß – situative Lebensführung

Das Arrangement des Typs D ist an der situativen Lebensführung ausgerichtet. Typ D passt sich flexibel an die verschiedenen Arbeitsanforderungen an. Sein Ziel ist es, eine hohe Arbeitsmotivation aufrecht zu erhalten, die vor allem auf Spaß, Abwechslung und sozialen Bezügen in der Arbeit basiert und weniger an einem festen Arbeitsinhalt oder Berufsbild oder an Karrierevorstellungen orientiert ist. Typ D weist in Bezug auf die Arbeitsanforderungen eine hohe raumzeitliche Flexibilität auf. Für ihn ist aber vor allem das Privatleben wichtig. Beides zu vereinen gelingt Typ D durch das Aufheben von Trennungen zwischen Arbeit und Privatheit, wodurch das Privatleben auch in der Arbeit (und an diese angepasst) stattfinden kann. Hierdurch kann der situative Genuss vermehrt werden, auf den das Arrangement D letztlich abzielt. Dies stellt jedoch hohe Anforderungen an die raum-zeitliche und soziale Mobilität und Flexibilität des Typs D und seiner sozialen Umwelt.

9.4.1 Umgang mit transformierender Entgrenzung in der Arbeit

Wie setzt sich Typ D mit den einzelnen Aspekten der transformierenden Entgrenzung auseinander?

Der gestiegene *Zeitdruck* scheint ihm weniger auszumachen, oft kennt es Typ D auch nicht anders. Einige Aspekte der zeitlichen Flexibilisierung, zum Beispiel was den Personaleinsatz betrifft, werden sogar positiv gesehen, als Abwechslung in der situativen Lebensführung. Ein festes Schichtsystem wird eher als langweilig und abschreckend empfunden. Die verkürzten und weniger häufigen Aufenthalte reduzieren allerdings den Spaßfaktor in der Arbeit erheblich.

Auch räumlich erweist sich Typ D als flexibel. Einsparungen, die den Freizeitcharakter der Arbeit verringern (z.B. die Lage der Hotels), werden sehr bedauert. Abgesehen von den Effekten auf die Anzahl und Dauer von Aufenthalten besteht keine (z.B. statusbezogene oder inhaltliche) Abneigung gegenüber kombinierten Streckenprofilen.

Die veränderte *soziale* Zusammensetzung der Crews, mit jüngeren und unerfahreneren Mitgliedern, empfindet Typ D eher als angenehm. Wenig Hierarchie, ein lockeres Arbeitsklima und kollektives Entscheiden kommen ihm entgegen. Er nutzt diese Veränderungen wie gewohnt zum Aufbau privater sozialer Beziehungen. Jedoch weist das Arbeitshandeln des Typs D bestenfalls anti-autoritäre Führungsanteile auf, wenn diese nicht sogar ganz fehlen. Gerade vor dem Hintergrund eines zunehmenden Arbeitsdrucks werden Konflikte eher verschleppt oder sie eskalieren.

Ein bestimmter *Arbeitsinhalt,* wie zum Beispiel das ‚Fliegerische', ist für das Arrangement des Typs D in der Arbeit nicht zentral. Veränderte Inhalte und allen voran die kommunikativen Anteile sind jedoch interessant. Aber auch in Bezug auf Organisationsaspekte ist Typ D potenziell schneller überfordert. Das Mindestmaß an Standards und Vorgaben (z.B. ökonomische Ziele) wird erfüllt und teilweise als Arbeitserleichterung empfunden. Deren Befolgung stellt jedoch auf Dauer auch eine belastende Routine dar. Flexibilisierende Standardisierung, wie zum Beispiel Cross-Border-Leasingkonzepte, wird als Abwechslung angenommen, ebenso wie neue Dienstleistungs- und Serviceanteile, die zudem neue Gelegenheiten für soziale Kontakte bieten.

In Bezug auf *berufliche* Aspekte befindet sich Typ D weit ab von interessenpolitischen Überlegungen. Für ihn ist ein geringeres und leistungsbezogenes Gehalt normal, ein verringerter Berufsstatus erscheint ihm als unwesentlich. Fokussiert wird auf interessante Incentives, Freizeit- und soziale Aspekte in der Arbeit und technische Tools (Mobiltelefon, Laptop etc.), die Abwechslung bieten. Mit einer diversifizierten Ausbildungslandschaft verbindet Typ D Optionenvielfalt. An die veränderten Anforderungen angepasste Ausbildungsinhalte stuft er als sinnvolle und zusätzliche Qualifikation ein, auch mit Blick auf Um- und Ausstiegsszenarien. Die erhöhten Ausbildungskosten und das gesteigerte Einstellungsrisiko werden akzeptiert.

In Bezug auf die *technischen* Veränderungen wird Informatisierungsprozessen mit Interesse begegnet. Typ D ist geübt im Umgang mit neuer (Kommunikations-)Technik. Auch die durch die Automatisierung angestoßenen Veränderungen werden angenommen, neue Fähigkeiten eignet er sich schnell an. Angst vor Verdrängung aus dem Cockpit besteht kaum. Die zunehmende technische Heterogenität bietet eine willkommene Abwechslung.

Die mit dem *organisationalen* Wandel einhergehenden schnelleren Aufstiegs- und häufigeren Wechselmöglichkeiten werden sehr positiv gesehen. Dem flexibilisierten Personaleinsatz wird durch hohe Flexibilitätsbereitschaft begegnet. Veränderte Leitlinien in der Arbeit, zum Beispiel Einsparungsziele, werden befolgt. Es erfolgt auch eine gewisse Leistungsintensivierung.

Was die *kulturellen* bzw. motivationalen Auswirkungen der transformierenden Entgrenzungsprozesse angeht, nimmt Typ D die verschärften Bereichskonflikte und Drohszenarien kaum wahr. Wandel wird nicht negativ gesehen und auf Seiten des Typs D besteht kein Verlangen nach Sicherheit. Extrinsische Motivatoren sind ebenso wenig bedeutsam, weshalb auch hier die Veränderungen die Arbeitsmotivation des Typs D kaum beeinträchtigen. Gestiegener Druck und veränderte Ziele werden akzeptiert und übernommen. Auch die gestiegene Ungleichheit wird nicht als solche wahrgenommen, obwohl Typ D auf Grund seiner Flexibilitätsbereitschaft tendenziell selten zu den gut situierten Piloten gehört. Die damit einhergehende Unsicherheit wird als private Flexibilität und Befreiung von Planungsaufwand angesehen. Das Aufkeimen instrumentalisierter kultureller Motivationsstrategien seitens des Managements und vor allem die Entwicklungen hin zu einer veränderten Arbeitskultur werden vom Pilotentyp D intensiv aufgegriffen.

Typ D pflegt einen selbstverständlichen Umgang mit *Arbeit und Leben* übergreifender Technik. Er nutzt diese freiwillig und für eigene Zwecke. Inhaltliche Eingriffe der Arbeit in das Privatleben werden jedoch, ganz im Gegensatz zu raum-zeitlichen Eingriffen, als belastend empfunden. Freizeit ist wichtig, ob in der Arbeit oder zu Hause.

Insgesamt begegnet Typ D den transformierenden Aspekten relativ passiv. Die meisten Veränderungen nimmt er an, wie sie kommen. Allein die Freizeitanteile der Arbeit betreffende Rationalisierungsmaßnahmen berühren sein Arbeitsarrangement negativ. Andere Aspekte des Wandels scheinen sein Arrangement sogar noch zu unterstütztzen, zum Beispiel die veränderten Personalstrukturen. Aber gerade ein wenig reflektierter Umgang mit geänderten Verfahren, neuer Technik, verdichteten organisatorischen Abläufen und neuen sozialen Anforderungen (z.B. Führung) birgt die Gefahr der Selbstüberschätzung und Überforderung. Dasselbe gilt für den Umgang mit den körperlichen Belastungen anhaltend hoher raum-zeitlicher Flexibilität. Eine weitere Gefahr besteht, wenn die Arbeit keine Abwechslung bietet, zum Beispiel in Form von zusätzlichen Einbringungsmöglichkeiten, wenn der Typ D keine soziale Anerkennung erhält und vor allem wenn er keine sozialen Beziehungen in der Arbeit aufbauen kann. Auf Grund seiner geringen inhaltlichen Bindung und hohen Flexibilität ist für den Typ D der Ausstieg aus einer Airline oder auch aus dem Luftverkehr insgesamt von allen Typen noch am leichtesten möglich.

9.4.2 Folgen für die situative mobile Lebensführung des Typs D

Nimmt man das Lebensführungsarrangement des Typs D insgesamt in den Blick, zeichnet es sich durch die Strategie aus, sich *auf den Moment zu konzentrieren* und *sich treiben zu lassen,* vor allem um belastende Komplexität und Planungsaufwand zu reduzieren. So wird zum Beispiel die arbeitsbedingte Fremdplanung im Privatleben durchaus positiv empfunden, als Entlastung und Möglichkeit für

Abwechslung im Privatleben. Die Fremdplanung wird als Selbstplanung interpretiert und angenommen. Zu dieser Strategie im Umgang mit neuen, transformierenden Entgrenzungsprozessen gehört es auch, die Vermengung von Arbeit und Privatleben voranzutreiben. Da die Arbeit zunehmend mehr Zeit beansprucht, wird in der Konsequenz versucht, mehr in der Arbeit zu leben. Jedoch machen dieselben Prozesse die Zeit in der Arbeit zum Teil auch unattraktiver. Typ D nimmt veränderte Bedingungen hin, kostet positive Anteile aus und weicht negativen Aspekten aus. Letzteres ist in der Arbeit von Piloten jedoch nur schwer möglich. Von Unternehmensseite wird gerade die Variante D der Lebensführung stark nachgefragt: vor allem die sehr hohe raum-zeitliche Flexibilität und auch die soziale Integrations- und Anpassungsfähigkeit. Besonders unter sich stark wandelnden Bedingungen scheinen diese Fähigkeiten besonders gefragt zu sein.

> „Die Unplanbarkeit ist eigentlich die Normalität geworden. Das kann man, damit kann man halt umgehen oder man kann damit nicht umgehen. Wenn Sie natürlich jetzt so ein Typ sind, der wissen muss, was ist heute in zwei Jahren, dann haben Sie natürlich ein Problem in der Fliegerei, das ist ganz klar, ne? Das kann man aber eigentlich nirgendswo mehr absehen." (H02)

Typ D ist der flexibelste Pilotentyp und sehr ‚pflegeleicht', jedoch kann er seine Flexibilität auch dafür nutzen, andere Wege zu gehen, wenn die Flexibilität zu sehr ausgenutzt wird und der Luftverkehr weiter an Attraktivität und Freiräumen verliert. Die Kosten eines solchen Wechsels sind in der Luftfahrt jedoch enorm (z.B. in Bezug auf die Investitionen in die Ausbildung). Daher verfolgt das Gros der Typ-D-Piloten die persönliche Strategie, sich die Unsicherheit und die Belastungen in der Arbeit nicht zu Herzen zu nehmen und, um flexibel zu bleiben, im Privatleben keine sozialen und materiellen Bindungen aufzubauen, wie Haus, Frau, Kinder etc.

> *I:* „Wie geht man damit um, persönlich?"
>
> *P:* „Gar nicht, weil wenn Sie sich das jetzt persönlich zu Herzen nehmen würden, dann wären Sie entweder Alkoholiker oder suizidgefährdet oder sonst was. Das muss man ganz klar sagen. Das ist ein normaler Prozess in der Fliegerei. Aber natürlich gerade, was jetzt im Moment ist, da ändert sich die Landschaft von heute auf morgen. Wenn ich mir das alles zu Herzen nehmen würde, dann ... Da ist halt eine Flexibilität gefragt. Wenn ich natürlich hier ein Haus habe, was ich abbezahlen muss, eine Frau habe mit drei Kindern und sonst was noch und dann nicht wechseln kann, könnte es ein Problem werden. Das ist meine persönliche Meinung."
>
> *I:* „Wie ist das bei Ihnen so?"
>
> *P:* „Na, ich bin ledig. Also relativ mobil, sage ich mal." (H02)

Die für den Typ D typische Lockerheit im Umgang mit Veränderungen in der Arbeit und seine Anpassungsbereitschaft, kombiniert mit seiner hohen raumzeitlichen Flexibilität, machen viele Arrangements im Privatleben unwahrscheinlich und schließen bestimmte Formen der Lebensführung nahezu aus. Sein Arrangement erschwert eine feste Partnerschaft mit Kindern und lokale dauerhafte Bindungen sehr. Insgesamt gehen sein Arbeitsbezug und die Strategie, im Moment zu leben, einher mit einer kultivierten Unverbindlichkeit gegenüber dem gesamten sozialen Umfeld. Andererseits erwartet Typ D von diesem ebenfalls keine größere Verbindlichkeit. Auf Dauer kann die Aufrechterhaltung dieser arbeitsbezogenen und privaten Flexibilität jedoch zum Verlust von Bindungsfähigkeit und letztlich zu Einsamkeit führen, obwohl Typ D oft über eine hohe Zahl an sozialen (oft arbeitsbezogenen und medienvermittelten) Kontakten verfügt. Wirklich belastbare Beziehungen fehlen jedoch häufig. Typ D reagiert auf dieses Defizit tendenziell mit einer Erhöhung der Zahl an Kontakten und verringert damit die Chance auf tiefergehende soziale Beziehungen weiter. Eine andere Variante ist, dass Typ D mit seinem Lebensführungsarrangement im Laufe des Lebens ‚bricht' und sich auf Kosten seiner privaten raum-zeitlichen Flexibilität doch stärker lokal und/oder sozial bindet. Es kann zusammengefasst werden, dass Typ D über ein hoch flexibles Arrangement verfügt, das mit den aktuell hinzukommenden Entgrenzungsaspekten für eine gewisse Zeit recht gut umgehen kann. Die Frage ist, wie nachhaltig die Strategie des Sich-Treibenlassens ist. Getriebensein und Vereinsamung sind, neben der starken Tendenz zur Prekarisierung, auf Dauer die Gefahren dieses Lebensführungsarrangements.

10 Zwischenfazit

Mit Hilfe einer systematischen Zweitauswertung von 40 qualitativen Interviews wurden in einem ersten Schritt vier typische Umgangsformen mit den vielseitigen Entgrenzungsaspekten mobiler Arbeit sondiert. Dies geschah zuerst getrennt nach den zentralen Lebenskontexten Arbeit und Privatleben sowie in Bezug auf die Vermittlung der beiden Kontexte. Es ließen sich aber sehr enge Zusammenhänge zwischen den jeweiligen Teilarrangements über die Ebenen hinweg identifizieren, so dass anschließend vier Gesamtarrangements bzw. Lebensführungsmuster im Umgang mit mobilitätsbedingter – für die Arbeit von Piloten ‚konstitutiver' – Entgrenzung festgehalten werden konnten. In einem zweiten Schritt wurden dann unter dem Schlagwort ‚transformierende' Entgrenzung neue Prozesse im Luftverkehr sondiert und in ihren Folgen diskutiert. Schließlich wurden in einem dritten Schritt die bisherigen Lebensführungsarrangements im Umgang mit Entgrenzung mit den neuen transformierenden, letztendlich rationalisierenden Entgrenzungsaspekten der Arbeit von Piloten ‚konfrontiert'. Hier zeigte sich, dass die im kommerziellen Personenluftverkehr schon immer parallel existierenden und recht beständigen Lebensführungsarrangements unterschiedlich stark und an unterschiedlichen Punkten von den aktuellen technischen und ökonomischen Veränderungen im Luftverkehr betroffen sind.

- Aufbauend auf diesen Erkenntnissen werden nun *zuerst* aus den unterschiedlichen ‚Reaktionsweisen' der vier Entgrenzungsarrangements auf erneute Entgrenzung vier aktuelle ‚Strategien' im Umgang mit sozialen Wandel allgemein abgeleitet: *Festhalten an Macht* (traditional), *Dickfelligkeit und Gelassenheit* (gemeinschaftlich), *Opportunismus und Selbst-Disziplinierung* (strategisch) und *auf den Moment konzentrieren und sich treiben lassen* (situativ). Diese zeichnen sich durch eine unterschiedliche Nachhaltigkeit aus.
- Als *zweites* wird dann intensiver auf das vom Wandel im Luftverkehr am meisten betroffene Arrangement A eingegangen, da dieses bislang am ehesten das ‚klassische' Bild des Berufs Pilot repräsentierte. Entlang der Begriffe ‚Captaincy' und ‚Airmanship' wird der *Auflösungsprozess dieses Berufsbilds* dargestellt. In der Folge steht das damit verbundene Lebensführungsarrangement für immer weniger Piloten als Option zur Verfügung.
- Nachfolgend werden *drittens* beispielhaft bestimmte Anteile der Leistungssteuerung und neuere Überlegungen und Kalküle hinter der Personalauswahl der Airlines in den Blick genommen, um der diesen Prozessen zugrunde liegenden unternehmerischen Logik auf die Spur zu kommen. Hier wird ein neues *Anforderungsprofil* an Piloten erstellt, so wie es sich aus dem Datenmaterial konstruieren lässt. Dieses zielt vor allem auf die rationalisierenden

Effekte einer hohen *Flexibilität* bezüglich betrieblicher (raum-zeitlicher, sozialer, inhaltlicher ...) Fremdplanung und auf Selbst-Motivation ab.

- Hieran schließt *viertens* die Frage an, ob die aufgezeigte Entwicklung auf einen eindeutigen Leittypus hinausläuft oder ob nur versucht wird, die produktivsten Aspekte der einzelnen Lebensführungsarrangements miteinander zu kombinieren. Es zeigt sich, dass die Unternehmen auf *widersprüchliche Typenbilder* abzielen: hohe Flexibilität bei gleichzeitiger Gewährleistung von Stabilität und Leistungsmotivation. Letztlich zeigt sich auch hier die mit *Subjektivierung* von Arbeit überschriebene Tendenz einer zunehmenden *Externalisierung der Bearbeitung von Widersprüchen* unternehmerischen Handelns. Das Management stellt den Mitarbeitern die Bearbeitung der Widersprüche anheim.
- Letztlich lässt sich *fünftens* feststellen, dass es zum einen zu in sich ‚gebrochenen', also ‚inkonsistenten' Lebensführungsmustern kommt, zum anderen aber eine Tendenz zu einem bestimmten Grundarrangement vorliegt, das sich durch eine sehr hohe ‚situative' Flexibilitätsbereitschaft sowohl in der Arbeit als auch im Privatleben auszeichnet. Zudem deutet sich an, dass *Lebensführung* allgemein auf Grund des hohen Anpassungsdrucks zunehmend *‚reflexiv'*, also zur individuellen Gestaltungsaufgabe wird bzw. *Arbeitscharakter* erhält.

10.1 Die vier Entgrenzungstypen: Umgang mit entgrenzter Entgrenzung

Auch mit den neuen (vor allem technischen und ökonomischen) Veränderungen im Luftverkehr gehen Piloten recht unterschiedlich um. Es gibt also weiterhin kein einheitliches Muster im Umgang mit arbeitsbedingter Mobilität bzw. mit multiplen, sich im Subjekt schneidenden Entgrenzungsformen.

Für die Erklärung dieser Heterogenität bieten die bereits sondierten vier Gesamtarrangements ein sehr stimmiges Konzept. Das heißt, je nach Entgrenzungsarrangement sind die Piloten unterschiedlich von neuen, zusätzlichen Aspekten sich verändernder Handlungskontexte betroffen. Dies spricht zunächst einmal für die Stabilität von Lebensführungsmustern.

- Das Arrangement A (Berufsorientierung), das der *traditionalen* Lebensführung zugeordnet werden konnte, ist am meisten von den aktuellen Veränderungen der Arbeit im Luftverkehr betroffen. Hier geht es vor allem um den Wandel (zum Teil Verfall) des Berufs Pilot (Einkommen, Status, Anerkennung etc.), da die traditionelle Berufskonzeption im Arrangement des Typs A sowohl in der Arbeit als auch im Privatleben die zentrale Rolle spielt.
- Das Arrangement B (Familienorientierung) wird ebenfalls relativ stark von bestimmten Aspekten des aktuellen Wandels der Arbeit von Piloten berührt.

Hier geht es vor allem um die Verschärfung der für den Typ B bereits von vornherein sehr belastenden raum-zeitlichen Flexibilitätsanforderungen, die seine *gemeinschaftliche* Lebensführungskonzeption bzw. ihn selbst in seiner Gesundheit besonders gefährden.

- Das Arrangement C (Karriereorientierung) ist akut nur mittelintensiv betroffen. Vor allem die rationalisierenden Anteile der Automatisierung und Ökonomisierung erhöhen jedoch für den Typ C den Druck, der Veranlagung seiner *strategischen* Lebenskonzeption folgend noch stärker auf zusätzliche Karrieremöglichkeiten zu setzen. Die Flucht nach oben wird jedoch erschwert, weil sich diese Karrieremöglichkeiten tendenziell verringern. Die Folge ist ein mittelfristig durchaus nicht unwesentlicher Druck auf das gesamte Lebensführungsmuster C.
- Das Arrangement D (Freizeitorientierung/Spaß) schließlich ist prinzipiell erst einmal nicht viel mehr belastet als bislang. Jedoch werden genau die Aspekte des Arrangements verstärkt, die einerseits die Systematik der *situativen* Lebensführung in Mobilität bzw. Entgrenzung ausmachen und die andererseits fraglich erscheinen lassen, inwieweit es sich (vor allem mit Blick auf Piloten) um eine nachhaltige Konzeption handelt. Hier geht es vor allem um die hohe Flexibilität und die (an die Arbeit angepasste) Vermengung von Arbeit und Privatleben.

Die Arrangements sind also von den neuen Entwicklungen besonders an ihren bereits bekannten Schwachstellen negativ berührt und weisen unterschiedliche Möglichkeiten für einen positiven, kompensierenden oder neue Chancen nutzenden Umgang mit diesen auf.

Des Weiteren ließen sich vier Teil-Strategien identifizieren, anhand derer sich die unterschiedlichen ‚Reaktionsweisen' der vier Entgrenzungstypen auf die aktuellen Rationalisierungstendenzen (transformierender Entgrenzung) im Luftverkehr abbilden lassen: *‚Festhalten an Macht'*, *‚Dickfelligkeit und Gelassenheit'*, *‚Opportunismus und Disziplinierung'* und *‚sich treiben lassen'* (vgl. Abb. 10.1).

Typ A verfolgt eine recht konservative Strategie. Er hält an den bisherigen Machtstrukturen des traditionalen Berufsbilds Pilot fest. Dies geschieht nicht nur, aber relativ oft aus einer bereits erreichten guten Position heraus. Es handelt sich um eine recht aktive, Interessen äußernde und auch Expertise einbringende Strategie, die mit einem kritischen Blick auf die aktuellen Veränderungen verbunden ist. Ihr Anspruch konfligiert aber oft stark mit gegenläufigen Interessen anderer Personen, weshalb Typ A zugleich eine sehr konfliktträchtige, kämpferische Handlungsorientierung vertritt, die oft mit gekränktem Stolz und Verzweiflung einhergeht. ‚Verarmter Adel' oder ‚Don Quichote' sind Bilder, die die Reaktionsweisen dieses Typs recht gut beschreiben.

Abb. 10.1: Die aktuellen Entgrenzungsstrategien der Typen

Typ C: *strategisch* Opportunismus: erweiterte Rationalisierung und Selbst-Disziplinierung im Privatleben	**Typ D:** *situativ* auf den Moment konzentrieren und sich treiben lassen
Typ A: *traditional* Festhalten an Machtpositionen	**Typ B:** *gemeinschaftlich* Dickfelligkeit und Gelassenheit

Typ B verfolgt vor dem Hintergrund der jüngsten Veränderungen im Luftverkehr und der damit gestiegenen Anforderungen primär in der Arbeit, aber auch mit Blick auf manche Situationen im Privatleben die Strategie, sich ein etwas dickeres Fell zuzulegen und mehr Gelassenheit zu üben. Seine Ansprüche an die eigene Arbeitsleistung und sein Engagement im Privatleben werden dadurch jedoch nicht gesenkt. Im Gegenteil, es handelt sich hier um den Versuch, durch die Stärkung der eigenen Bearbeitungskompetenz von Stresssituationen den hohen Ansprüchen in der Arbeit und vor allem im Privatleben weiterhin gerecht zu werden. Hier liegt auch die Gefahr dieses Vorgehens: die Selbstüberforderung.

Typ C lässt sich auf die jüngsten Veränderungen ein und nutzt die sich ergebenden Chancen für die Profilierung und Karriere in der Arbeit. Ziel ist es, den auch aus Sicht des Typs C zum Teil wesentlich verschlechterten Bedingungen durch einen schnelleren Aufstieg zu entkommen. Hierfür wird das Privatleben durch Maßnahmen der Selbst-Rationalisierung, privaten Flexibilisierung und Selbst-Disziplinierung noch weiter den Anforderungen des Erfolgs in der Arbeit untergeordnet – mit den entsprechenden Folgen, vor allem wenn die erhofften Ziele nicht erreicht werden.

Typ D schließlich geht die aktuellen Wandlungsprozesse locker an und beschäftigt sich nicht mit den negativen Auswirkungen, sofern sie den momentanen Lebensgenuss nicht wesentlich beeinträchtigen. Er lebt im Hier und Jetzt und entlastet sich von Planungs- und Organisationsaufwand, was seine (raumzeitliche und soziale) Flexibilität erheblich erhöht. So wird er jedoch auch zum Spielball betrieblicher Rationalisierung.

Inwieweit es sich hierbei um zukunftsfähige Strategien handelt, kann im Rahmen dieses Buchs nicht geklärt werden. Hier bieten sich weiterführende Untersuchungen an. Ebenso kann an dieser Stelle nicht geklärt werden, inwieweit sich diese Strategien in Hinblick auf den Umgang mit den (transformierenden) Entgrenzungsprozessen – die für den aktuellen Wandel in der Arbeitswelt typisch sind – verallgemeinern lassen. Jedoch werden anschließend weitere Folgerungen für die Lebensführung von Piloten diskutiert.

10.2 Der klassische Pilot – Captaincy und Airmanship: Verfall eines Leitbilds

An verschiedenen Stellen dieser Untersuchung wurden bereits einzelne Aspekte des klassischen Bilds des Berufs Pilot nachgezeichnet: als ‚Herrscher der Lüfte', ‚Halbgott in Blau' (Ramge 2003) etc. Ebenso wurde bereits umfangreich auf die Prozesse eingegangen, die bestimmte Grundlagen dieses Berufsbilds Stück für Stück verändern. Im Folgenden nähere ich mich nun kursorisch dem inneren Kern dieses Berufsbilds, so wie es besonders vom Typ A noch verfolgt bzw. angestrebt wird, um so die Folgen der aktuellen Rationalisierungsprozesse im Luftverkehr für das klassische Lebensarrangement von Piloten (Typ A) und den Beruf allgemein aufzuzeigen und nach den dahinterliegenden Intentionen und Erwartungen der beteiligten betrieblichen Akteure, vor allem des Managements, zu fragen.

Wenn in Bezug auf Piloten von einer Berufsethik oder einem beruflichen Leitbild gesprochen wird, wird dies in der Regel an den Begriffen „Airmanship" oder „Captaincy" festgemacht. Eine häufig anzutreffende Definition von Airmanship ist die folgende:

> „Good airmanship is that indefinable something, perhaps just a state of mind, that separates the superior airman/airwoman from the average. It is not particularly a measure of skill or technique, nor is it just common sense. Rather, it is a measure of a person's awareness of the aircraft and its flight environment, and of her/his own capabilities and behavioral characteristics, combined with good judgement, wise decision-making, attention to detail and a high sense of self-discipline." (Morris 2007, S. X)

Airmanship unterscheidet also gute Piloten von „Normalsterblichen" (A01). Airmanship zeichnet eine Kompetenz aus, die sich aus speziellen Fähigkeiten und Fertigkeiten zusammensetzt und zudem eine Haltung widerspiegelt. Diese kann durchaus als tätigkeitsbezogene ‚Professionalität' gefasst werden, die die berufspolitischen Implikationen des Begriffs zunächst einmal nicht inkludiert. Kern (1997, S. 22) definiert den Begriff in seinem „airmanship model" folgendermaßen:

> „Airmanship is the consistent use of good judgment and well-developed skills to accomplish flight objectives. This consistency is found on a cornerstone of uncompromising flight discipline and developed through systematic skill acquisition and proficiency. A high state of situational awareness completes the airmanship picture and is obtained through knowledge of one's self, aircraft, team, environment, and risk."

Diese allein auf das Fliegen bezogenen Definitionen (letztere vor allem mit Blick auf Militärpiloten) sind im kommerziellen Luftverkehr aufgeladen mit vielen weiteren äußeren Aspekten, die nur sehr bedingt mit den angesprochenen fliegerischen Fähigkeiten zu tun haben. Hier geht es vor allem um die berufspolitischen Anteile, wie Einkommen, Status, Anerkennung, Qualifizierungsprozesse etc. Das Resultat aus der Kombination der fliegerischen mit den berufspolitischen Aspekten ist das vorherrschende ‚klassische' Berufsbild, das hier am stärksten durch den Pilotentyp A repräsentiert wird. Dieses gerät jedoch mit den veränderten Rahmenbedingungen im Luftverkehr zunehmend ins Wanken. Die Frage ist nun, inwieweit dies auch zu Lasten der ‚Professionalität' von Piloten geht, also zu Lasten der Form der Arbeitsorientierung, die an den Begriffen ‚Captaincy' und ‚Airmanship' festgemacht wird. Zentral sind hier die oben beschriebenen Prozesse der Ökonomisierung: Es verschlechtern sich nicht nur die materiellen Rahmenbedingungen für eine Vielzahl von Piloten, sondern es wird auch ihre tradierte Sicherheitsethik allmählich untergraben. Die Folgen sind noch nicht abzusehen, werden aber von vielen Piloten durchaus als höchst bedenklich und sicherheitsrelevant eingeschätzt.

Der nachfolgend zitierte Pilot kritisiert, dass zunehmend weniger Piloten diese Kompetenz und vor allem Einstellung aufweisen. Immer weniger Piloten zeigen eine zusätzliche Leistungsmotivation, überprüfen und kontrollieren über das Geforderte hinaus, orientieren sich an der klaren Zielpriorität: Sicherheit vor Ökonomie und setzen die eigene Arbeitsethik auch gegenüber dem Unternehmen durch.

> *P:* „Pilot hat wahnsinnig viel mit Airmenschlichkeit zu tun. Das kann man nicht definieren. Das haben auch nicht alle Leute. Das ist: Wie stehe ich dazu? Wo ziehe ich mir Grenzen? Über das Normalmaß hinaus ist mein Engagement für den Beruf. Es kostet meine Firma Geld, den anderen Kollegen vorzulassen, aber ich lasse ihn vor, weil der hat ein Problem oder so. Das ist airmenschlich. Ich kontrolliere noch irgendwas, obwohl da nichts vorgeschrieben ist, weil ich das machen will. Ja, einfach sich um alles kümmern. Man kann es nicht definieren! Ein Selbstverständnis. Airmenschlichkeit. Und was noch ganz wichtig ist, ist Captaincy, die Entscheidungssouveränität ist das. Wenn ich den Beruf Pilot anschaue: Es gibt leider Gottes, aufgrund des großen Marktdurchsatzes, immer weniger Leute, die Kapitän sind, sondern Piloten, die links sitzen. Das ist auch: Wie vertrete ich die eigene Position gegenüber der Firma? Sage ich meinem Flottenchef: ‚So wie ihr das macht, ist das Krampf!'? Ich schreibe dem [Name] gerne eine Mail. Und das haben wir nicht. Wir haben viel zu wenige Leute, die Rückgrat haben. Und dann saufen noch die Tarifverhandlungen ab, weil die Leute ja sagen: ‚Ja ich bin doch zufrieden.' Ich nicht! Also was soll man da mit uns machen? Außer Pilot gibt es fast keine Berufsgruppe, die derart eine Machtstellung hätte."
>
> *I:* „Also auch ein Selbstbewusstsein entwickeln."
>
> *P:* „Ja, das kommt dazu. Leute sagen, Selbstbewusstsein sei da völlig fehl am Platz. Das ist ein Selektionskriterium. Speziell auch für Firmen wie [Airline]. Die

degradieren das Ganze. Das heißt nicht, dass die Leute schlecht fliegen. Es ist sehr schwer für Einzelne. Das erzeugt einen sozialen Druck. Die Zeiten sind beschissen, oder?“ (D07)

Diese Arbeitseinstellung ist nun vielfach gefährdet, etwa durch die sinkende Leistungsbereitschaft (z.B. auf Grund geringer Einkommen und hohen Zeitdrucks). Oft fehlen auch die zeitlichen Ressourcen für zusätzliches Engagement oder weitergehende kontrollierende Arbeitsschritte. Es wird massiv auf ein Bewusstsein für die ökonomischen Ziele (wie z.B. Spritsparen) hingesteuert, was die Prioritätensetzung verschiebt auf ‚sicher und wirtschaftlich'. Im Zweifel wird dann der Kollege (Konkurrent) eben nicht vorgelassen, da man sich dafür beim Management rechtfertigen müsste. Neu einsteigenden Piloten fehlt einfach die Machtposition, hier auf individueller Ebene etwas entgegenzusetzen. Manche haben den wirtschaftlichen Druck und die Unternehmensrationalität aber auch internalisiert. Letztlich wird die ursprünglich rein am ‚Fliegerischen' festgemachte Arbeitsethik von Piloten zum Brennpunkt interessenpolitischer Kalküle. So vermutet Pilot D07, dass manche Airlines zumindest die mit dem Berufsbild verbundene Haltung (Captaincy) zum negativen „Selektionskriterium“ machen. Auf der anderen Seite verknüpft er die mit der Verantwortung einhergehende Machtstellung von Piloten mit interessenpolitischen Forderungen, wobei es hier oftmals primär um das Gehalt und nicht um Sicherheitsaspekte geht.

Andere Definitionen von Airmanship beschränken sich nicht auf das Arbeitshandeln, sondern schließen auch teilweise das Privatleben ein. So beinhalten die zwei Aspekte „Personal Minimums“ und „Discipline“ (neben „Situational Awareness“, „Assessing and Managing Risk“ und „Common Sense“) in der Beschreibung von DeMaria (2006) durchaus auch Anforderungen an das Verhalten von Piloten im Privatleben, was zum Beispiel eine gewisse Enthaltsamkeit betrifft oder die körperliche und geistige Fitness, Ausgeglichenheit etc. Das klassische Berufsbild Pilot umfasst nahezu das gesamte Lebensführungskonzept (vor allem des Typs A). Das nachfolgende Zitat stellt (in etwa) das Arrangement des Typs A einem neuen geforderten Arbeitsbezug gegenüber. Die an Sicherheit und Qualität, an absichernden, formalisierten Prozessen mit sehr hohen Standards, an der strikten Befolgung von Routinen, an einer strengen Hierarchie, an einer bestmöglichen fachlichen Qualifikation, an der klaren Trennung von Arbeit und Privatleben und an Disziplin im Privatleben ausgerichtete Arbeits- und Lebensorientierung des Berufspiloten alten Schlags gerät zunehmend in Konflikt mit der Arbeits- und Lebensrealität von Piloten.

„Also ich habe jetzt kürzlich erst einmal so einen interessanten Fall gehabt, von einem Kollegen, der genau so war meines Erachtens: exzellent vorbereitet in allen Bereichen, fliegerisch eine enorme Übersicht, das Wissen auch jederzeit parat, auch durch die Art und Weise, wie er selbst organisiert war. Privat aber ein absolutes Trümmerfeld. Also er ist 40 Jahre, alleinlebend, führt eine Fernbeziehung

> mit einer Freundin, Familie ist scheinbar nicht dran gedacht. Im Nachhinein habe ich auch erfahren: Er hat sich bereits einen Namen gemacht durch die Art und Weise, wie er an die Themen rangeht. Aber vermutlich ist er einer von den Leuten, die es dann ja auch im häufigen Maße gibt, die einfach nicht wahrhaben wollen, dass dieser gewünschte Idealzustand, so wie er ja auch von der Firma projiziert wird oder auch von der Werbung, so nicht eintreten wird. Also dass da vorne zwei bestens ausgebildete, jederzeit über alles informierte Kollegen sitzen, die immer wissen, was jetzt grade an aktuellen Updates da rein kam. Und das ist ja eine Flut. Und dort vorne herrscht dann ein entspanntes leichtes Hierarchiegefälle von links nach rechts und die verstehen sich bestens. Sondern der Alltag sieht ja eigentlich anders aus: Es wird Kollegen geben, die privat unterschiedlichst belastet sind, weil sie sich auf das Wagnis eines noch restlichen Lebens eingelassen haben, es wird Kollegen geben, die vielleicht nicht immer perfekt vorbereitet sind, sondern Gründe haben, weshalb sie das gerade nicht sein können. Sprich: Es wird darauf ankommen, ein Arbeitsumfeld zu schaffen, was es ermöglicht, unter den Bedingungen auch das Beste darzustellen, sprich einen Flug von A nach B. Und da prallen zwei Welten aufeinander. Weil das eine ist ein technokratischer Ansatz, der sich in einer sehr großen Regulierungswut äußert. Und das andere ist ein mehr, wie soll ich sagen, vernetzt denkender, vielleicht mehr schwebender Ansatz, bei dem man sagt: ‚Leute, wir müssen Fertigkeiten entwickeln, die uns erspüren [lassen], in welchem Umfeld bewegt sich mein Nebenmann gerade.' Sprich: Der psychologische Aspekt wird mehr zum Tragen kommen." (F06)

Diese Interviewstelle zeigt viele der neueren Probleme des klassischen Arrangements A auf. Es fängt an mit dem privaten „Trümmerfeld". Bislang wurde das Privatleben des Typs A idealtypisch vor allem mit dem traditionellen Familienmodell verbunden. Jedoch haben sich die Arbeitsanforderungen und auch das soziale Arbeitsumfeld geändert, so dass der Typ A zunehmend aneckt, beim Management, aber auch bei den Kollegen. Auch gegenüber letzteren tritt er sehr fordernd, hierarchiebetonend und wenig kooperativ auf. Diese fühlen sich ihrerseits in ihrem eigenen Lebenskonzept bedrängt, zum Beispiel weil Typ A die Prioritätensetzung ‚Arbeit vor Privatleben' für Piloten voraussetzt.

Den Aussagen des Interviewausschnitts folgend, sind zunehmend neue Skills und neue Pilotentypen gefragt, die die Tendenz der Entwicklung aufgreifen: weg vom „technokratischen Ansatz" bzw. von der Regulierung, aber auch weg von typischen fliegerischen Qualifikationen und Erwartungen an eine professionelle Arbeitsumgebung, hin zu sozialen und psychologischen Aspekten. Der technokratische Idealist ist damit zunehmend überfordert, was sich auch in seiner Unzufriedenheit ausdrückt. Piloten müssen neue (vor allem soziale) Fertigkeiten ausbilden, zum Beispiel um mit dem zunehmend komplexer werdenden Arbeitsumfeld umzugehen, aber auch um Arbeit und Familie weiterhin zu vereinbaren. Dies ist die typische Entwicklung weg vom Fachwissen hin zu Soft Skills. Piloten müssen beispielsweise die zunehmend komplexer werdende Technik nicht mehr voll verstehen, vielmehr müssen sie neue Informationen schnell verknüpfen, um Prozesse auch spontan organisieren zu können.

10.3 Betriebliche Mobilitätsregime: Anforderungen an die Lebensführung

Andere Pilotentypen sind also gefragt. Zumindest verschieben sich die strukturellen Bedingungen in der Arbeit von Piloten mit unterschiedlichen Auswirkungen auf ihre jeweiligen Lebensführungsarrangements. Handelt es sich hier nur um Folgeerscheinungen der oben vorgestellten Rationalisierungsprozesse oder stellen die Airlines auch gezielt auf veränderte Pilotentypen ab? Dies müsste sich anhand der zentralen Instrumente der Leistungssteuerung und -sicherung von Airlines aufzeigen lassen, wie zum Beispiel Personalmaßnahmen und betriebliche Unterstützungsleistungen.

Bei den kommerziellen Airlines im Personenluftverkehr existiert ein komplexes, aber immer noch überschaubares ‚Paket' betrieblicher Unterstützungsleistungen, das den Beruf bisher attraktiv gemacht hat. Die unterschiedlichen Ausprägungen dieses „Gesamtpakets" (F03), das sich Piloten mit ihrer privaten raum-zeitlichen Flexibilität „erkaufen" (D03), sind das große Gesprächsthema, wenn sich Piloten unterschiedlicher Airlines über ihre Arbeit austauschen. Es beinhaltet unter anderem ...

- die materiellen Leistungen (Gehalt etc.) und Absicherungen (z.B. Versicherungen),
- betriebliche Regelungen und die betriebliche Praxis bezüglich der Arbeits- und Beschäftigungsbedingungen (vor allem Arbeitszeitregelungen und die Stabilität der Einsatzpläne),
- Produktstrategie (Streckenprofile, Streckenkonzept, Flugzeugtypen, Servicekonzept etc.),
- Standing des Arbeitgebers (Ansehen, Arbeitsplatzsicherheit etc.),
- Gestaltungsmöglichkeiten seitens der Piloten (Request, Teilzeit, Streckenwahl etc.),
- die Organisation der täglichen Mobilität (Anrufe, Hotel, Fahrten etc.),
- weitere Hilfsprogramme (z.B. bei Umzug, professionelle Hilfe bei Erkrankungen) und
- Statussymbole und Incentives (Uniform, Attraktivität der Hotels, Laptop etc.).

Für die Piloten ermöglichte die Kombination dieser Faktoren bislang vor allem eine Reduktion des mit ihrer Mobilität einhergehenden Organisationsaufwands und eine Kompensation der mit der hohen raum-zeitlichen Flexibilität und der geringen Planbarkeit verbundenen materiellen und sozialen Kosten. Primäres unternehmerisches Ziel dieses Pakets war die Sicherung und eventuell auch Steigerung der Leistungsmotivation und der Mitarbeiterbindung trotz Arbeitskraftoptimierung (etwa in Richtung Flugplanoptimierung und Flexibilisierung des Personaleinsatzes). Damit ergänzte es Personalmaßnahmen, die in die gleiche Richtung zielen, wie *Auswahl, Selektion* und *Training,* und andere indirekte Methoden der Mitarbeiterbindung, wie *qualifikatorische* (Muster) und *materielle Bindung* (Ausbildungskosten), sowie nicht zuletzt die Regelung wesentlicher Aspekte der Arbeit von Piloten (Karriere, Request- und Teilzeitmöglichkeiten etc.) abhängig von der zeitlichen Zugehörigkeit (Seniorität). Aktuell sind jedoch viele dieser Motivationsfaktoren im Wandel, vor allem weil Teile des betrieblichen Backups gestrichen wurden. Zugleich sind neue Belastungen entstanden bzw. bestehende haben sich verstärkt.

In der Folge haben sich die berufsspezifischen Anforderungen an Piloten verschoben. Im Fokus stehen weiterhin die Voraussetzungen und Kompetenzen, die Chancen arbeitsbedingter Mobilität (bzw. von Entgrenzung) zu nutzen und mit den entsprechenden Risiken umzugehen, was hohe Ansprüche an die Selbst-Organisation der Piloten stellt. Aus den Interviews ließen sich diesbezüglich die folgenden zentralen Punkte sondieren (jeweils gefolgt von ihrer aktuellen Veränderung). Um dauerhaft mit den Entgrenzungsaspekten ihres mobilen Berufs umgehen zu können, müssen Piloten ...

- eine hohe intrinsische Motivation (z.B. in Bezug auf Fliegen, Luftverkehr, Technik, Zusammenarbeit, Spaß und soziale Kontakte) oder eine extrem instrumentelle Arbeitsorientierung (ausgerichtet z.B. an Einkommen und Status) mitbringen. ⇔ Aktuell werden jedoch vor allem die letzteren Faktoren beschnitten und die Leistungsmotivation stärker auf den intrinsischen Bezug verlegt. Doch auch diese Motivationsform bleibt von rationalisierenden Einschnitten nicht unberührt.[1]
- eine Bereitschaft zur umfangreichen raum-zeitlichen Fremdplanung aufweisen, die weit in das Privatleben hineinreicht. ⇔ Dieser Aspekt verstärkt sich aktuell vor allem durch die dichtere Streckenplanung, neue Personalstrategien (z.B. Leasingkonzepte) und häufigeren organisationalen Wandel (z.B. Stationsverlegungen). Im hoch verdichteten Bereich des Personaleinsatzes besteht aber auch eine Tendenz zu festen Schichtplänen.

---

1 Zum einen weil auch die intrinsische Motivation einer gewissen absichernden Basis bedarf, wie die Motivationspsychologie gezeigt hat, zum anderen weil die Gelegenheiten, die jeweiligen inhaltlichen Interessen auszuleben (Fliegen, Technik, Soziales etc.), rarer werden.

- die inhaltliche und zeitliche Begrenztheit ihrer hoch reglementierten und standardisierten Arbeit akzeptieren bzw. genießen (z.B. immer gleiche und vor allem täglich abgeschlossene Arbeitsroutinen). ⇔ Nicht standardisierbare Arbeitsaufgaben nehmen erheblich zu und auch die tägliche Abgeschlossenheit wird ansatzweise aufgehoben (z.B. bei der Flugvorbereitung).
- sehr teamfähig sein und schnell eine professionelle Form der Arbeitskooperation finden (ständiger Crew-Wechsel). ⇔ Durch Hierarchieabbau, jüngere und weniger erfahrene Kooperationspartner, verdichtete Arbeitsprozesse etc. sind hier mehr und oftmals neue Kompetenzen gefordert.
- eher lose, oberflächliche soziale Beziehungen in der Arbeit akzeptieren und eine gewisse Einsamkeit aushalten. ⇔ Mit dem Zeitdruck und verringerten Möglichkeiten zum Aufbau sozialer Beziehungen in der Arbeit (z.B. weniger und kürzeres Lay-over) gewinnt dieser Aspekt an Bedeutung.
- erhöhte Eigeninitiative und großen Aufwand zur Pflege außerberuflicher sozialer Beziehungen aufbringen oder auch hier Abstriche machen. ⇔ Auf Grund von Flexibilisierungsmaßnahmen verschärft sich dieser Punkt extrem. Zum Teil wird die Aufgabe bestimmter privater Lebenskonzepte (indirekt) nahezu eingefordert.
- Euphorie und zugleich Gleichmut gegenüber wechselnden Örtlichkeiten aufbringen, sich also auf neue Orte freuen und gleichzeitig nicht an bestimmten Orten festhalten (bzw. ‚aus dem Koffer leben' können). ⇔ Mit höherer Flugstundenzahl nimmt dieser Aspekt zu, jedoch verlagert sich diese ‚Kompetenz' mit der sinkenden Attraktivität der Aufenthalte in Richtung Gleichmut.
- eine gewisse Risikobereitschaft bezüglich des Arbeitsplatzes mitbringen, zum Beispiel auf Grund der hohen Ausbildungskosten und der regelmäßigen Gesundheits- und Simulatortests, oder über den entsprechenden familiären Hintergrund verfügen bzw. über eine sehr hohe – auch internationale – Mobilitätsbereitschaft. ⇔ Die Ausbildungskosten steigen weiter, kombiniert mit einem erhöhten Anstellungsrisiko. Insofern erhöht sich die Bedeutung der Risikobereitschaft, des Elternhauses und der Mobilitätsbereitschaft.

Zudem ist es im Umgang mit den Anforderungen und Belastungen der mobilen Arbeit hilfreich, ...

- die ‚fliegerische Kultur' zu pflegen, also über eine entsprechende Sozialisation zu verfügen und an den Traditionen festzuhalten. ⇔ Diese Kultur steht aber zunehmend in einem offenen Widerspruch zur Arbeitspraxis.
- eine Sicherheitsorientierung in Arbeit und im Privatleben aufrechtzuerhalten, zum Beispiel eine Sensibilität für ungewöhnliche Vorkommnisse und mögliche Gefährdungen in der Arbeit, aber auch mit Blick auf eine gesunde Lebensführung im Privatleben. ⇔ Hierfür nimmt sowohl in der Arbeit als

auch im Privatleben der Spielraum ab (vgl. den Wandel von Captaincy und Airmanship).

Sowohl das veränderte Motivationspaket des Berufs als auch die gewandelten Anforderungen belasten alle vier der bekannten Arrangements A, B, C und D neuartig, jedoch jeweils auf sehr unterschiedliche Weise und mit abgestufter Intensität. Es bestätigt sich erneut, dass Typ A am stärksten gefährdet ist und darauf Typ B und Typ C folgen, während Typ D relativ am wenigsten akut gefährdet ist.

Die Frage ist nun, ob sich die Tendenzen der jüngeren, transformierenden Entgrenzung im Luftverkehr zu einem einheitlichen Bild verdichten, das die aktuelle unternehmerische Rationalität widerspiegelt und sich an der unterschiedlichen Betroffenheit der vier Pilotentypen bzw. ihrer Lebensführungsarrangements festmachen lässt.

10.4 Ambivalenz: Spielball und eierlegende Wollmilchsau

Lässt sich aus den aufgezeigten Veränderungen der Arbeit eine mehr oder weniger reflektierte Strategie ableiten, die gezielt an einem bestimmten (neuen) Leittypus ausgerichtet ist? Sind diese Entwicklungen nur ein ‚Kollateralschaden' der Rationalisierungsmaßnahmen, die im Zuge des zunehmenden globalen Wettbewerbs ergriffen wurden, oder spiegelt sich hierin auch die reflektierte Strategie einer gezielten Förderung eines bestimmten Arbeits- und Lebensarrangements wider?

Wenn die aufgezeigte strukturell forcierte Entwicklung weg vom klassischen Pilotentyp A hin zu eher situativen Mobilitätsarrangements in Arbeit und Privatleben (Typ D) Teil der Suche der Unternehmen nach dem idealen Mitarbeiter im Cockpit ist, dann würde der mittlerweile schon ältere actionorientierte Werbeslogan der Lufthansa[2] vom Gros der Piloten richtig interpretiert: Es würde damit eben nicht auf den zukünftigen seriösen Kapitän, sondern auf den Abwechslung und Spaß suchenden Piloten abgezielt. Wenn dies der Fall ist, dann müsste sich dies auch in den Kriterien der Personalauswahl widerspiegeln.

Dass Druck in Richtung einer Anpassung der Personalauswahl existiert, zeigen zum Beispiel die stärker an den momentanen Pilotenbedarf angepassten Verfahren (z.B. Quereinsteiger) und veränderte Auswahlkriterien – genauso wie

2 In diesem Zusammenhang wurde schon einmal auf einen Werbespot der Lufthansa verwiesen, der (anhand der Darstellung von vielen Actionszenen) aussagen soll, dass Piloten kein Abenteuer benötigen. „Survival Camp, Bungee-Jumping oder Bull Riding sind out, denn ‚man braucht kein aufregendes Hobby, wenn man einen aufregenden Beruf hat'" (Lufthansa Report 2002).

die Zunahme von Leasingkonzepten, unterschiedliche Anforderungen für unterschiedliche Marken derselben Airline, die weiter privatisierte Ausbildung etc. Dies alles sind Beispiele für die Abkehr vom in der Luftfahrt oft zelebrierten Objektivitäts- und Elitegedanken, der mit fest definierten Kriterien der Eignung für den Beruf verbunden ist. Es kursieren zwar vielfältige Informationen zu den Auswahltests der Airlines (vgl. z.B. Schwahn 2001 und 2009), aber das genaue Profil und die letztendlichen Intentionen hinter den Auswahlkriterien sind ein wohlgehütetes Geheimnis, nicht nur um Manipulationen vorzubeugen, sondern auch, weil bestimmte Intentionen nicht offen kommunizierbar sind. Dies betrifft die Prioritätensetzung von Aspekten der Wirtschaftlichkeit, die immer mit der Sicherheitskultur in Konflikt gerät, aber auch interessenpolitische Überlegungen schon bei der Personalauswahl. Daher geht es an dieser Stelle nicht um die konkreten Auswahlkriterien der ausgefeilten Tests, sondern um die grundlegenden Vorstellungen und Forcierungen der Airlines bezüglich bestimmter Typen im Umgang sowohl mit den konstitutiven Entgrenzungsaspekten ihrer Arbeit als auch mit transformierender Entgrenzung (vor allem Rationalisierungsmaßnahmen). Recht offen werden einige Teilaspekte dieser Grundüberlegungen in den nachfolgenden Interviewpassagen angesprochen. Hierbei handelt es sich um zwei Interviewbeispiele, die einen relativ offenen Einblick in die Überlegungen der Personalauswahl geben. Dies geschieht jedoch nur ausschnitthaft und hoch selektiv, es soll hier daher nur zur Veranschaulichung der Argumentation dienen.

> „Wenn man so mit Leuten oder mit Kollegen spricht, die am Boden beschäftigt sind, die sagen, man würde immer ziemlich schnell diesen 08/15-[Airline]-Piloten irgendwo erkennen. Die werden halt immer alle irgendwo gleich gestrickt. Sie sind meistens bescheidene, liebe, nette Typen – die wenn sie sehen, das hat Hand und Fuß. Vielleicht wissen Sie, was ich meine. So relativ sportliche Typen, solche, wo man immer sagt: ‚Wenn ich Kinder hätte, die so wären, da würde ich mich auch drüber freuen.' Die suchen wir: Ganz normal, aber so." (D01)

Aber wie „werden" diese bescheidenen, lieben, netten 08/15-Wunsch-Schwiegersöhne denn „gestrickt"? Wie schafft es eine Airline, sich durch einen bestimmten Typ Pilot auszuzeichnen? Dies führt derselbe Pilot, der eine hohe Position im Management hat, in der folgenden Passage weiter aus. Hier spielen grundsätzliche Überlegungen hinter der formalisierten Personalauswahl eine zentrale Rolle.

> „Um das auf einen Nenner zu bringen: Er sollte einerseits jemand sein, der diszipliniert ist. Das ist erst einmal – ist bei allen anderen sicherlich genauso. Er muss Disziplin haben. Des Weiteren sollte er jemand sein, der teamorientiert ist. Das meine ich nicht nur so hingestellt. Der eben sich auch – das können wir darin eben letztendlich auch gut überprüfen, wenn wir im Simulator mit demjenigen sind, wenn er also sein sogenanntes Screening da durchläuft auf einer 737, im rechten Sitz sitzt mit einem unserer Trainer, mit einem unserer Checker – dass er

> entsprechend sich so dort einführt oder einfügt. [...] Er kann natürlich Fehler machen, aber er muss insofern auch belastbar sein und teamorientiert, dass er auch mit diesen Problemen oder mit den Fehlern, die er macht, auch letztendlich auskommt und denen nicht nachhängt. Wenn er immer sagt: ‚Ach so ein Mist. Ach so ein Mist.' Denn das sind für uns nicht unsere Wunschkandidaten. Wir wollen, dass sie das eben in dem Moment wegtun und sich dem nächsten widmen und sich letztendlich der Disputation stellen. [...] Er sollte zum anderen jemand sein, der offen und ehrlich ist. Was ich damit meine, ist, wenn man sie auf irgendwelche unangenehmen Sachen im Leben anspricht, die man immer irgendwo findet, irgendwelche unangenehmen Dinge, die sich vielleicht erst hier im Interview auftun, wenn wir dann so richtig mit dem Finger reingehen, dann wollen wir einfach nur mal hören: ‚Ja, da habe ich einfach mal in der Zeit keine gute Phase gehabt.' Anstelle von: ‚Ja, ich hatte zu dem Zeitpunkt eben letztendlich andere Interessen und hatte mich deshalb so entschieden. Aber grundsätzlich will ich das auch nicht missen und so.' Wissen Sie, das muss man auch so einfach mal eingestehen, ob er nun wirklich mal dunklere Phasen im Leben hatte. Und das muss ich sagen, da sind wir eigentlich so mittlerweile trainiert, dass wir bei jedem sowas feststellen und ganz bewusst irgendwo mal reingehen. Also diese Art von Offenheit ist für uns auch wichtig. Und zum anderen eben sollte er im Höchstmaß flexibel sein. Und das meine ich genau, wie ich es sage. Er muss flexibel sein, zum einen wegen der Arbeitsbedingungen, zum anderen wegen der Einsatzorte und eben auch zum anderen, weil natürlich immer jeder in einem neuen Arbeitsteam arbeitet. Wer hat das schon? Man hat zum Teil jeden Tag komplett neue Leute. Man muss sich auf engstem Raum mit denen verstehen. Und da geht es eben dahin, dass wir natürlich insgesamt dann Leute suchen, die auch in so einem Team sich eben einfügen können, so eine gewisse Art von Empathie. Das spielt auch eine große Rolle. Empathien sollten sein. Er sollte bescheiden sein. Er sollte nicht zu anspruchsvoll sein, so nach einem halben Jahr jetzt nicht lieber A380 oder so was fliegen. Spielt auch eine große Rolle. Bescheidenheit und, ja, auch eine offene, gewisse Art von – trotz allem, was man beim Piloten eigentlich gar nicht so erwartet – Sensibilität sollte er auch mitbringen, um einfach zu merken, da stimmt was gar nicht. Er soll ein gutes Bauchgefühl haben. Irgendwo stimmt was nicht." (D01)

Der letzte Punkt bezieht sich wahrscheinlich auf die klassische, im weiteren Sinne ‚fliegerische' Anforderung einer möglichst hohen ‚Situation Awareness', also auf ein Gespür für problematische technische, organisationale und soziale Situationen. Auch der Punkt Disziplin wird als typische Anforderung an Piloten gekennzeichnet und nicht weiter ausgeführt. Zu den eher typisch fliegerischen Kompetenzen gehört auch die Belastbarkeit in Stresssituationen und dass Fehlern nicht nachgehangen wird. Die Teamorientierung wird jedoch bereits als besonderer Faktor betont, der (jetzt) wirklich ernstgenommen wird. Der Pilotenkandidat (auch hier immer männlich formuliert) soll sich in jeglicher Hinsicht durch ein „Höchstmaß" an Flexibilität ausweisen, nicht nur was die Arbeitsbedingungen (also die tägliche raum-zeitliche Fremdplanung, Arbeitsdruck etc.) oder die private rein räumliche Mobilität (Umzüge, Pendeln etc.) betrifft, sondern auch was soziale Beziehungen angeht. Es soll sich immer wieder neu in ein Team „einfügen" können und sicherlich auch in den betrieblichen Zusammenhang. Letzteres wird verdeutlicht durch die recht starke Betonung der Faktoren Bescheidenheit, Offenheit und Ehrlichkeit. Er soll nicht zu anspruchsvoll sein, was zum Beispiel fliegerische Statussymbole und die Karriere angeht, aber sicherlich auch in Bezug auf Gehaltsvorstellungen etc. Er soll Schwächen offen zugeben und nicht strategisch und interessenorientiert handeln.

Es werden also Piloten gesucht, die zumindest über die wesentlichen fliegerischen Skills (Airmanship) verfügen, sich darüber hinaus vor allem durch ein Höchstmaß an vielseitiger Flexibilität und Mobilität auszeichnen und schließlich (in zunehmendem Maß) offen und bescheiden sind. Hier werden fast ausschließlich Flexibilisierungsaspekte angesprochen, die sich auf den Typ D und seine situative Lebensführung beziehen. Teilaspekte der ‚Captaincy' wie Entscheidungssouveränität und Verantwortungsübernahme, Durchsetzungsfähigkeit, Repräsentanz (Typ A), Führungsstärke und Gelassenheit (Typ B) werden eher außen vor gelassen, ebenso wie fliegerische Interessen. Zudem wird eine verstärkte Karriereorientierung (Typ C) eher negativ beurteilt. Auch anhand anderer Interviews lässt sich die allgemeine Tendenz feststellen, dass zunehmend auf einen Piloten abgezielt wird, der zu den flexibilisierten Arbeits- und Beschäftigungsbedingungen – anscheinend – am besten passt: ein möglichst flexibler und mobiler, bescheidener Erfüllungsgehilfe, der seine gesamte Lebensführung (inklusive der sozialen und materiellen Interessen) an die betrieblichen Bedingungen anpasst. Geht es also letztlich allein um die Steigerung der Durchsetzungsmöglichkeiten von Rationalisierungsmaßnahmen?

Insgesamt zeigt sich eine Entwicklung im Luftverkehr weg von ‚aktiven' Leittypen im Umgang mit Mobilität und Entgrenzung – dem „klassischen Piloten" („traditional") und dann auch dem „Managementpiloten" („strategisch") – hin zu einem eher ‚passiven' *neuen Leittypus* im Umgang mit Rationalisierung – dem hoch flexiblen Piloten bzw. dem „Lebenskünstler" („situativ"). Hier kann durchaus von einem neuen (postmodernen) Typus im Umgang mit arbeitsbedingter Mobilität, Flexibilität und Entgrenzung bzw. vor allem im Umgang mit *Fremdbestimmung* gesprochen werden: einem, der sich auf den Moment konzentriert, es leicht nimmt und sich treiben lässt.

Schaut man jedoch in die Praxis von Piloten, fällt auf, dass dort viele weitere Anforderungen auf die Piloten zukommen, die durch dieses Leitbild nicht abgedeckt werden. In der täglichen Arbeit ist eben doch die „eierlegende Wollmilchsau" (B07) gefordert. Denn hier sind Erfahrung und Stabilität weiterhin wesentlich. Systematisch unterschätzt wird der Lebensführungstyp B (‚gemeinschaftlich') als Garant für Zusammenhalt, gutes Arbeitsklima und das Funktionieren auch bei hohem Stress. Dies liegt zum einen daran, dass Typ B nicht auffällig in Erscheinung tritt, zum anderen aber auch daran, dass er sich durch eine zu geringe Flexibilität, was Eingriffe in das Privatleben angeht, auszeichnet. Eigentlich wäre der Typ B der verlässlichere „Schwiegersohn“.

Die Strategie der Unternehmen, systematisch nach raum-zeitlich und sozial möglichst flexiblen Mitarbeitern zu suchen, das entsprechende Lebensführungsarrangement strukturell durch die Arbeits- und Beschäftigungsbedingungen zu forcieren und *gleichzeitig* auf andere, stabilisierende und Sicherheit garantierende Kompetenzen und Erfahrungen – und damit auch auf andere Lebensführungsarrangements – zu setzen, entspricht der aktuell typischen Grundtendenz moderner Rationalisierung: der *Externalisierung der Bearbeitung von Widersprüchen* bzw. der *Subjektivierung* von Arbeit. So müssen die im Zuge immer weiterer Rationalisierungsmaßnahmen tendenziell zunehmend widersprüchlichen oder überfrachteten Arbeitsanforderungen von den Beschäftigten durch einen verstärkten selbstkontrollierten Rückgriff auf die eigenen persönlichen Ressourcen in der Arbeit und im Privatleben gemanagt werden, nicht ohne Auswirkungen auf die eigene Person und auf das soziale Umfeld.

Die Strategie, formal auf einen neuen Leittypus, indirekt aber zugleich auf die Kompetenzen der anderen Arrangements zu setzen, ignoriert – ebenso wie die Vorstellung, von jedem Typ nur ‚das Beste’ zu kombinieren – die komplexe Zusammensetzung der von Grund auf verschiedenen Lebensführungsarrangements von Piloten (bzw. allen Arbeitenden). Dieses Vorgehen resultiert in einer zunehmenden Überforderung, da letztlich ein idealer Mix aus widersprüchlichen Orientierungen in Arbeit und Privatleben erwartet wird.

Welche Auswirkungen hat dies auf die Lebensführung von Piloten? Resultiert aus den aufgezeigten Prozessen und besonders aus dem strukturellen Druck eine Tendenz zu einem einheitlichen, ‚gleichgeschalteten’ Arbeits-Leben-Arrangement (also in Richtung der situativen Lebensführung Typ DDD) oder führen die widersprüchlichen Anforderungen in der täglichen Arbeitspraxis tendenziell zu eher gebrochenen Lebensführungsmustern (z.B. BDA) – also zur „eierlegenden Wollmilchsau“ (B07) der Lebensführung?

10.5 Lebensführungsmuster im Wandel

Im Abschnitt zur zeitlichen Variabilität (Abs. 7.2) wurde bereits darauf hingewiesen, dass sich Lebensführungsarrangements im biografischen Verlauf ändern können. Auf die Bedeutung biografischer Übergänge, sogenannter „Passagen“, haben auch Canzler und Franke (2000) hingewiesen. Sie zeigen auf, dass sich verfestigte Mobilitätspraktiken durch besondere Einschnitte (wie Kinder, Scheidung etc.) im Lebensverlauf ändern können. In der Empirie fallen bestimmte

Tendenzen auf: Akute und aktive Anpassungen der Lebensführung seitens der Piloten geschehen im Gros nicht etwa entlang der strukturellen Forcierung mittels Arbeits- und Beschäftigungsbedingungen und nach den personalpolitischen Intentionen der Airlines – also in Richtung einer zunehmenden Flexibilisierung der Lebensführung (Typ D). Wenn Piloten Pläne oder konkrete Wünsche bezüglich einer Anpassung ihres Arrangements in der Arbeit oder im Privatleben äußern, dann zielen diese fast immer auf mehr Stabilität ab, sei es fordernd, auf traditionelle Positionen setzend, oder sich eingliedernd und auf Ruhe und Gelassenheit fokussiert (also Richtung A oder B). Im Vordergrund stehen hier die körperlichen und sozialen Belastungen des Berufs. Allein für die Lebensphase, wenn die Kinder aus dem Haus sind, wird auch das Modell C (flexible [internationale] Karriere) als echte Option angesehen. Diese selbstgewählte Tendenz in der Lebensorientierung steht also im Widerspruch zu der Grundlogik hinter den von den Betrieben eingeschlagenen Wegen in Bezug auf die Arbeits- und Beschäftigungsbedingungen. Die Anforderungen der Arbeitenden und der Unternehmen scheinen auseinander zu driften.

Im Abschnitt zur Konsistenz der Lebensführungsmuster (7.3) konnten die folgenden zentralen Erkenntnisse gewonnen werden: Untersucht man die Lebensführung einzelner Piloten getrennt nach den Kontexten Arbeit, Privatleben und Vermittlung von Arbeit und Leben, lässt sich erkennen, dass ...

- die resultierenden Muster etwas konsistenter sind als statistisch erwartbar, sich aber auch erhebliche Durchmischungen aufzeigen,
- sich die Ursachen für Abweichungen bzw. ‚Brüche' in den einzelnen Interviews inhaltlich identifizieren und auch aus den individuellen Zusammenhängen erklären lassen,
- diese ‚Brüche' nicht selten Resultat besonderer Ereignisse sind (wie plötzliche schwere Krankheit, Geburt eines Kindes etc.),
- diese Abweichungen in den Interviews häufig indirekt, aber gelegentlich auch bewusst reflektiert als zum Teil erhebliche Belastungen gefasst werden,
- diese ‚Inkonsistenzen' in den Lebensführungsarrangements zum Teil Übergangsphasen im Lebenskonzept beschreiben oder zumindest erhebliche Anpassungswünsche bestehen, die in Richtung einer stärkeren Konsistenz (in der Regel in Richtung Stabilität) zielen.

Zur vertiefenden Veranschaulichung dieser Erkenntnisse werden nachfolgend ein paar kurze Fallbeispiele vorgestellt, an denen sich unterschiedliche Hintergründe für ‚inkonsistente' Lebensführungsmuster und deren Folgen aufzeigen lassen.

ABB – Pilot (Kapitän) D07 ist 36 Jahre alt, verheiratet, hat zwei Kinder und hat ein Haus erworben. Dadurch hat sich seine Prioritätensetzung zwischen Arbeit und Privatleben stark in Richtung des letzteren verschoben. Er versucht, negative Einflüsse seines Berufs auf das Privatleben zu vermeiden. Er will nicht mehr umziehen, passt seinen Zeitrhythmus an die Zeiten zu Hause an, auch wenn das Schlafentzug bedeutet, vermeidet Arbeitsthemen in seiner Freizeit und pflegt keinen privaten Kontakt mehr zu Kollegen aus der Fliegerei. Gleichzeitig hält er sein ehemaliges Arrangement (AAA) im Bereich Arbeit weiterhin aufrecht, inklusive einer relativ hohen raum-zeitlichen Flexibilität, hoher Ansprüche an seine Stellung im Arbeitsprozess, Einbringens von Expertenwissen etc. Er stellt fest, dass sich diese zwei Orientierungen zunehmend beißen, und fühlt sich vor allem in Bezug auf das Privatleben extrem überlastet.[3]

ABB – Pilot (Kapitän) E02 verfolgt dasselbe Gesamtarrangement, weniger selbstgewählt, aber ebenfalls aus dem Arrangement A (bzw. AAA) kommend. Er ist 32 Jahre alt, verheiratet, die Frau ist nicht berufstätig, sie haben zwei Kinder und ein Haus. Dieser Pilot ist nach einem plötzlichen Pflegefall von dem bisherigen traditionellen Pilotenarrangement abgerückt. Er hat seine Arbeitszeit leicht reduziert und die Prioritätensetzung stärker in Richtung Privatleben verschoben, vor allem was die raum-zeitliche Präsenz anbelangt. Dies erfordert einen erheblichen Mehraufwand, besonders mit Blick auf die körperlichen Belastungen (Pendeln, Synchronisierung der Zeitstrukturen etc.).

BBD – Pilot (Copilot) E01 ist 37 Jahre alt, verheiratet, hat ein Kind, seine Frau arbeitet Teilzeit. Auch er hat nach einem Pflegefall in der Familie sein klassisches Pilotenarrangement (AAA) schweren Herzens aufgegeben. Er hat seine Karrierelaufbahn radikal beschnitten (Airlinewechsel mit Degradierung zum Copiloten), seine Arbeitszeit auf 80% reduziert und pendelt nun sehr weit, um mehr Stabilität zu erreichen und Zeit für das Privatleben zu haben. Sein jetziges Arrangement ist relativ gut auf diese Situation abgestimmt. Pilot E01 äußert jedoch weiterhin den Wunsch nach einer klassischen fliegerischen Karriere, einem traditionalen Familienmodell und mehr Zeit für die Arbeit (zurück zu AAA).

DBA – Die Pilotin (Kapitänin) C01 ist 40 Jahre alt, verheiratet, ihr Mann arbeitet ebenfalls, sie sind vor einiger Zeit in ihr eigenes Haus eingezogen. Sie verfügt über ein sehr anspruchsvolles Arrangement mit einer hohen raum-zeitlichen und sozialen Flexibilität in der Arbeit und hohen Verpflichtungen und Ansprüchen an die Selbst-Organisation im Privatleben. In der Folge äußert sie auch Probleme hinsichtlich ihrer sehr hohen arbeitsbezogenen Mobilität. Sie will ihre persönliche Orientierung in der Arbeit in naher Zukunft weniger an dem Beweis ihrer hohen Mobilitätsbereitschaft ausrichten, sondern eher einen pragmatischeren, Ressourcen schonenderen Arbeitsbezug aufbauen, zur Not auch gegen betriebliche Widerstände oder auf Kosten der eigenen Karriere. Sie nutzt bereits die Möglichkeiten des Requestsystems und die freie Zeit in der Arbeit mit Blick auf das Privatleben. Mit den Erfahrungen einer längeren sehr mobilen Lebens-

---

3 Sehr ähnlich zeigt sich diese Überlastung auch in anderen Interviews, vor allem bei F06 – ebenfalls ABB.

phase (mit weitem Pendeln, Shutteln und Umzügen) hat sich ihre Prioritätensetzung zwischen Arbeit und Leben allmählich immer weiter verschoben. Ziel dieser Veränderungen ist im Prinzip das konsistente Lebensführungsarrangement B (bzw. BBB).

BDC – Pilot (Copilot) F05 ist noch nicht sehr lange Pilot, 32 Jahre alt und hat eine Beziehung zu einer Flugbegleiterin im selben Unternehmen. Außer einer gewissen Affinität zu seinem Wohnort zeichnet sich sein Arrangement durch eine extrem hohe, an der Arbeit ausgerichtete raum-zeitliche Flexibilität im Privatleben aus. Gefragt nach seiner zukünftigen Lebenskonzeption, zeichnet er jedoch das klassische Arrangement A (bzw. AAA) nach – auch bezüglich der Rollenverteilung zwischen ihm und seiner Lebensgefährtin. In dem Interview wird sehr deutlich geschildert, dass sein momentanes Arrangement nicht auf Dauer ausgelegt ist, obwohl es seinen gesamten Alltag bestimmt.

AAA – Aber auch konsistente Arrangements stehen unter Druck – allen voran das Arrangement A. Ein Beispiel hierfür ist der 37-jährige Pilot (Kapitän) D04, verheiratet mit einer berufstätigen Frau, zwei Kinder aus erster Ehe, eigenes Haus. Die Veränderungen in der Arbeit wie auch Beziehungsprobleme im Privatleben drängen zur Abkehr von diesem Lebensführungsarrangement hin zu B. Hinzu kommen gesundheitliche Gründe. Dieser Druck wird von dem interviewten Piloten sehr deutlich beschrieben.

Bislang konnte aufgezeigt werden, dass die jeweiligen Gesamtarrangements mit unterschiedlichen Belastungsszenarien einhergehen, die unterschiedlich intensiv in den Lebenskontexten Arbeit, Privatleben und Vermittlung von Arbeit und Leben ansetzen. In der Folge lassen sich Kombinationen aus Teilarrangements finden, die Belastungen verstärken oder tendenziell auch reduzieren. Im Großen und Ganzen zeigt sich jedoch, dass konsistente Arrangements am wenigsten mit akuten Belastungsspitzen einhergehen. Das erklärt auch, weshalb von den interviewten Piloten oft ‚stimmige' Lebensführungsmuster stringent verfolgt oder zumindest anvisiert werden. Interessant ist zudem, dass bestimmte Kombinationen gar nicht vorkommen. Zum Beispiel wird die Karriereorientierung in der Arbeit (C) nicht mit den Teilarrangements B oder D verbunden[4] – ein weiterer Beleg dafür, dass bestimmte Partnerschafts- und Familienmodelle oder auch Ansprüche an die freie Zeit mit der Karriere weiterhin – oder mehr denn je – nicht gut vereinbar sind.

Die Abweichungen von ‚geradlinigen' Lebensführungsarrangements werden in den Interviews oft in einen Zusammenhang mit veränderten Arbeitsbedingun-

---

4 In den Interviews ließen sich nur die folgenden Kombinationen mit C (Arbeit) finden: viermal CCC, zweimal CAA und einmal CAC. Die Karriereorientierung wurde also immer mit einem losen und/oder ungleichen Partnerschafts- und Familienmodell kombiniert.

gen (transformierender bzw. rationalisierender Entgrenzung) gebracht, da die Arrangements durch diese nicht selten erst konflikthaft werden. Aber auch anderweitige heftige Eingriffe in die Grundarrangements können diese zur Anpassung zwingen. Oftmals lassen sich die Arrangements jedoch nur in Teilbereichen verändern, da in manchen Lebensbereichen intensivere Verpflichtungen und Interessen bestehen. In der Folge kommt es zu ‚Brüchen'. Das heißt, je vehementer der Außendruck auf die Lebensführung ist und je heterogener die Anforderungen aus den einzelnen relevanten Lebensbereichen sind, desto eher kommt es zu einer ‚gebrochenen' Lebensführung. Empirisch zeigt sich aber zugleich eine gegenläufige Tendenz: Gerade wenn die Lebensführung sehr belastet ist, wünschen sich die Subjekte mehr ‚geradlinige' Muster in der Lebensführung – also Sicherheit und Orientierung zur Aufrechterhaltung der Handlungsfähigkeit.

Es ist eine offene Frage, inwieweit vor dem Hintergrund eines zunehmenden äußeren Drucks die bestehenden Lebensführungsarrangements einfach weitergeführt werden können oder inwieweit sie (von außen oder auch individuell) verändert werden (können). Wie stabil sind also Lebensführungsmuster und inwieweit können sie von den Subjekten gezielt gestaltet werden? Die Lebensführungsforschung positioniert sich hier nicht eindeutig (vgl. Abs. 4.5). Es wird ein Sowohl-als-auch konstatiert. All diese Aspekte spielen in die Lebensführung mit hinein. Sie ist stabil und zugleich mittel- bis langfristig (wohl jedoch auch durch einschneidende akute, oft krisenhafte Ereignisse) wandelbar – sei es durch veränderte äußere Umstände oder durch sich wandelnde Interessenkonstellationen und Sinnbezüge. Zur Wandelbarkeit und auch zur ‚Inkonsistenz' von Lebensführungsmustern konnte hier einiges gesagt werden. Es deutet sich an, dass mit zunehmender (multipler) Entgrenzung bzw. mit einem verstärkten Wandel in der Arbeit (und der Gesellschaft) die Anforderungen an eine immer effektivere, schnellere und in der Folge auch bewusstere Anpassung der Lebensführung steigen. Das Basteln an der persönlichen Lebensführung wird so tendenziell zur permanenten individuellen Gestaltungsaufgabe und erhält damit Arbeitscharakter. Im diesem Sinne lässt sich durchaus eine zunehmend *‚reflexive Lebensführung'* konstatieren.

Das Wechselspiel zwischen strukturellem äußerem Zwang und individueller Freiheit in Bezug auf die ‚Gestaltung' des eigenen Lebensführungsarrangements ist sehr interessant. Denn ‚Brüche' und ‚Inkonsistenzen' könnten auch als Ausdruck von Freiheitsgraden und guten Arbeits- und Lebensbedingungen gedeutet werden, die Platz für Individualität lassen. Hierfür liegen einige Beispiele vor – wobei diese individuelle Freiheit in der Gestaltung des Gesamtarrangements bei Piloten oft mit zusätzlichen Kosten einhergeht. Für Piloten deutet sich zudem an, dass bestimmte Abweichungen von ‚geradlinigen' Arrangements notwendig geworden sind, da die verschärften Bedingungen im Luftverkehr bestimmte konsistente Arrangements erschweren. Die ‚klassischen' Routinen und Arrangements können sich die Piloten aktuell zunehmend nicht mehr leisten. Gleichzeitig zu dieser Heterogenisierung innerhalb von einzelnen Lebensführungsmustern (also den ‚Brüchen' bzw. ‚Inkonsistenzen') zeichnet sich ein Shift zwischen den vier Grundarrangements der Lebensführung in Entgrenzung ab, der möglicherweise auch mit neuen Quellen sozialer Ungleichheit einhergeht. Zwischen den klassischen vier Lebensführungsformen wird Heterogenität also reduziert durch einen strukturellen Druck zur Homogenisierung von Lebensführung überhaupt in Annäherung an ein spezielles Konzept, das hier mit dem Typ des *„Lebenskünstlers"* beschrieben und in die Nähe der situativen Lebensführung gestellt wurde.

Im Bezug auf Mobilität kann in diesem Zusammenhang durchaus von einer umfassenden arbeitsbedingten *‚Mobilisierung'* der Subjekte gesprochen werden. Der betriebliche (aber auch der gesellschaftliche) Druck auf die Anpassung der Lebensführung ist aktuell so groß und zudem so richtungsweisend, dass von einem neuen Leittypus gesprochen werden kann: dem flexiblen und hörigen *‚Arbeitskraftsklaven'* (mehr dazu im Abs. 11.1.3).[5] Welche Auswirkungen dies langfristig auf den Beruf und die Tätigkeit von Piloten hat, ist offen. Die zentralen Aspekte der momentanen Tendenz im kommerziellen Personenluftverkehr wurden ausführlich dargelegt, inklusive möglicher Konsequenzen. Die Frage ist, ob die Entwicklung so weitergeht bzw. weitergehen kann oder ob auch Richtungsänderungen möglich sind.

5 Der vielleicht als die ‚dunkle Seite' des Arbeitskraftunternehmers (Voß/Pongratz 1997a; Pongratz/Voß 2003) angesehen werden kann.

11 Schlussfolgerungen und Diskussion

In diesem Buch geht es um die Frage, wie Menschen mit multipel entgrenzten Arbeits- und Lebensbedingungen umgehen. Dies wurde am Beispiel der arbeitsbedingten Mobilität von Piloten untersucht, um auf andere mobile Berufe oder anderweitig entgrenzte Tätigkeiten und die Folgen dieser Entgrenzung zu schließen und letztlich theoretische und empirische Erkenntnisse zu Entgrenzung allgemein zu generieren.

Es hat sich gezeigt, dass Menschen sehr unterschiedliche Arrangements und Strategien in Reaktion auf arbeitsbedingte multiple Entgrenzung entwickeln und dass sich diese Heterogenität weniger durch die Arbeits- und Lebensbedingungen an sich als vielmehr durch den individuellen Umgang mit diesen erklären lässt – also anhand der vier allgemeinen Formen Alltäglicher Lebensführung: *traditional, strategisch, situativ* und – hier neu – *gemeinschaftlich.*

Dabei konnte die Erkenntnis gewonnen werden, dass nicht bereits die Unterscheidungen zwischen *'Mobilität'* und *'Immobilität'* bzw. zwischen *'Entgrenzung'* und *'Begrenzung'* die erklärungskräftigen Differenzierungen darstellen, sondern eben erst die vier Lebensführungsformen, die sich entlang der Dimensionen *'strukturelle Flexibilität'* und *'soziale Flexibilität'* systematisieren lassen. Der *strukturelle Aspekt* von Mobilität und Entgrenzung wird damit als *unabhängig* von *sozialen* Implikationen konzipiert. (Mobilität und Entgrenzung können also zum Beispiel auch mit einer hohen Unflexibilität im Umgang mit anderen einhergehen.)

Gerade mit dem Blick auf durch betriebliche Rationalisierung verschärfte (widersprüchliche) Anforderungen an die Lebensführung Beschäftigter erweisen sich arbeitsbedingte Mobilität bzw. Entgrenzung als (mehr oder weniger manifestierte bzw. institutionalisierte) Aushandlungs- bzw. Gestaltungsprozesse. In der Folge wird Lebensführung zunehmend zur *permanenten Gestaltungsaufgabe* bzw. erhält *Arbeitscharakter* und droht ihre Orientierung gebende Funktion zu verlieren. Dabei sind die Arrangements und Strategien im Umgang mit arbeitsbedingter Mobilität bzw. Entgrenzung mit vielfältigen Ungleichheits- und Machtaspekten zwischen Mobilen untereinander, zwischen Mobilen und Residenten und zwischen Beschäftigten und Betrieben verbunden.

Diese und weitere zentrale Schlussfolgerungen der Arbeit werden nun zum einen mit dem Fokus auf die wesentlichen theoretischen Implikationen und zum anderen entlang empirischer Ergebnisse vorgestellt.

11.1 Schlussfolgerungen für die soziologische Theorie

Die hier vorgestellte Untersuchung lässt sich in drei große theoretische Themenfelder einteilen, die interdependent miteinander verwoben sind: Mobilität, Entgrenzung und Alltägliche Lebensführung. Empirisch wie theoretisch zeigt sich hier aus Sicht der mobilen Subjekte der folgende recht konkrete Zusammenhang: (Arbeitsbedingte) Mobilität erzeugt und verstärkt multiple Entgrenzung (von Arbeit), was wiederum Unsicherheit (also neue spezifische Chancen und Risiken) provoziert, deren Bearbeitung letztlich Gegenstand der Alltäglichen Lebensführung ist. Denn Lebensführung lässt sich als die Form verstehen, *wie* Menschen mit Unsicherheit bzw. Handlungsoptionen insgesamt (typischerweise) umgehen. Umgekehrt stellt die Lebensführung aber auch die *Basis* dar, auf Grund derer Subjekte in Entgrenzung handlungsfähig bleiben und mobil sein können. Zur Untersuchung des Funktionierens und der Folgen von multipler Entgrenzung hat es sich als sinnvoll erwiesen, vom Konkreten – also *Mobilität* – zum Allgemeinen zu gehen – also *Entgrenzung* – und beides letztlich mit der *Lebensführung* zu rahmen. Entlang dieses Vorgehens ist der folgende Abschnitt strukturiert.

11.1.1 (Arbeitsbedingte) Mobilität

> „Ja! Ist doch schön, wenn man mobil ist. Man muss doch nicht immer in einer Stadt geblieben sein. Also, das macht ja auch den Beruf so interessant. Und das ist auch der Grund, warum ich jetzt nochmal eine Auszeit möchte mit meinen Kindern. Und ein bisschen etwas haben sie mir ja schon in Aussicht gestellt. Also am Mittwoch weiß ich mehr. Aber drei Monate haben sie mir auf jeden Fall schon in Aussicht gestellt. Und das ist zwar nicht genug für das, was ich will, aber ich will meinen Kindern jetzt unbedingt noch ein internationales Feeling vermitteln. Wir haben ein Haus in [Ausland]. Und ich möchte jetzt einfach, bis wir sie einschulen, dass sie ein Jahr da unten leben. Und wenn ich jetzt nicht das ganze Jahr mit ihnen da unten teilen kann, dann muss meine Mama diesmal noch herhalten. Ich will ihnen auf jeden Fall ein mobiles Leben jetzt schon vermitteln. Damit sie sich später nicht schwer tun, weil nicht nur der Beruf des Piloten verlangt Mobilität, sondern viele andere Berufe auch. Und jeder, der nicht mobil sein will, hat keine Chance mehr. Jetzt zum Beispiel, ein Mitarbeiter von der [Firma], die ist von [Konzern] aus [entfernte Stadt] aufgekauft worden. Und jetzt müssen plötzlich alle [Stadt] alteingesessenen Mitarbeiter mobil sein und eventuell sogar ins Ausland gehen und so. Und die, die das nicht mitmachen wollen, sind sofort weg. Man muss einfach mobil sein heutzutage. Und das will ich meinen Kindern unbedingt vermitteln in der Erziehung. Auch mit sprachlicher Entwicklung und Fähigkeit. Auch wenn sie später in die Schule gehen. Unbedingt mit einem Auslandsjahr. Ich finde das ganz wichtig." (B03)

Diese Interviewpassage verdeutlicht noch einmal den starken allgemeinen Druck, mobil zu sein, und die starke Kopplung zwischen mobilem Leben und Arbeit. Für die Pilotin B03 ist Mobilität eine allgemeine gesellschaftliche Anforderung mit zunehmender Relevanz, die alle Berufe trifft und die sie ihren Kindern unbedingt vermitteln will – unter anderem durch gezielte Ortswechsel. Die implizite These lautet hier: Der Wechsel von Orten (und Kulturkreisen) über eine gewisse Dauer erzeugt spezielle Fähigkeiten und damit verbesserte Chancen auf dem Arbeitsmarkt. Sind diese speziellen Kompetenzen (sprachliche, kulturelle, soziale etc.) jedoch tatsächlich über forcierte räumliche Distanz instrumentell herstellbar? Und geht es bei der Verbesserung der späteren Chancen in Bezug auf die Arbeit nicht eher um Flexibilität, die sich durch die Fähigkeit zum Verzicht auf soziale Bindung auszeichnet? Auf diese und weitere Fragen wird im Folgenden eingegangen.

Zunächst werden verschiedene Aspekte der sozialen Einbindung von arbeitsbedingter Mobilität angeschnitten und in einen Zusammenhang gebracht. Hier geht es um die strukturellen Rahmenbedingungen als Voraussetzung für die verschiedenen Mobilitätsarrangements und um den ungleichen Umgang mit Lokalität und Residenten bzw. Immobilen. Danach wird aufgezeigt, inwiefern arbeitsbedingte Mobilität von den Mobilen als Machtressource verwendet werden kann. Anschließend folgt ein genauerer Blick auf die sozialen Kosten, die mit arbeitsbedingter Mobilität verbunden sind, und wie Mobile mit ihnen (unterschiedlich) umgehen. Der nächste Abschnitt behandelt die erneute Entgrenzung der auf Grund der Mobilität bereits multipel entgrenzten Arbeit im Zuge jüngerer Rationalisierungsmaßnahmen. Komplementiert wird dieser Abschnitt zur Rationalisierung durch einen genaueren Blick auf den damit eng verbundenen Prozess der Subjektivierung mobiler Arbeit. Hier wird die immer vordringlichere Bedeutung der Körperlichkeit mobiler Arbeit hervorgehoben, auf die Subjektivierung von Lebensführungskompetenzen (Lokalisierung und Navigation) eingegangen und letztlich auf verschärfte Ungleichheiten hingewiesen. Abschließend wird das obige einleitende Interviewzitat noch einmal aufgegriffen und der Frage nach den sozialen und kulturellen Chancen und Risiken arbeitsbedingter Mobilität nachgegangen.

Arbeitsbedingte Mobilität und soziale Arrangements

„Über den Wolken
muss die Freiheit wohl grenzenlos sein
alle Ängste, alle Sorgen, sagt man,
blieben darunter verborgen und dann
würde, was uns groß und wichtig erscheint
plötzlich nichtig und klein."
(Reinhard Mey)

„Ich habe die Erfahrung gemacht, dass je höher man fliegt, desto mehr vergisst man aus seinem Alltag. Das ist tatsächlich so, wenn man da so in die große weite Welt hinaus schaut aus zehn Kilometern Höhe, dass man die alltäglichen Probleme einfach hinter sich lässt. [...] Je länger die Flüge, desto oberflächlicher der Mensch." (B03)

In dem Interviewausschnitt werden verschiedene romantische Bilder bedient, die eng mit dem Luftverkehr verbunden sind: Vom ‚Hänschen klein', das in die ‚große weite Welt hinaus' bzw. hinein ging, über Reinhard Mey, der von der Freiheit „über den Wolken" singt, bis zur Devise der (mobilen) Leistungsgesellschaft ‚immer höher und weiter'.[1]

Im Verlauf der Untersuchung wurden diese mit Mobilität verknüpften (gesellschaftspolitisch reproduzierten und kulturell sedimentierten) Ideologien und Mythen, zumindest was die arbeitsbedingte Mobilität betrifft, ein Stück weit entzaubert. So hat sich zum Beispiel gezeigt, dass Piloten keineswegs jeden Tag ohne Grenzen und ohne Sorgen über den Wolken schweben. Selbst in den Phasen der Mobilität sind Piloten nicht gänzlich befreit von bodenständigen Alltagsproblemen.

Arbeitsbedingte Mobilität bringt nicht nur erhöhte Chancen und zugleich auch gesteigerte Risiken mit sich, sie fordert auch die Bearbeitung der mit ihr einhergehenden zusätzlichen *Aufwendungen* und *Belastungen.* Dies betrifft den gesamten mobilen Alltag mit allen beteiligten Personen – in der Arbeit wie auch im Privatleben.

Die vorangestellte Interviewpassage berührt viele Aspekte arbeitsbedingter Mobilität, die Gegenstand der hier vorliegenden Untersuchung waren. Die implizite These der interviewten Pilotin lautet ja: Mit der zunehmenden Höhe bzw. räumlichen Distanz von einem (von der Interviewten vorausgesetzten) zentralen Lebensmittelpunkt (‚Alltag') nimmt auch die inhaltlich-soziale Distanz zu diesem zu. Mobilität hat damit zwei Seiten. Die Distanz zum privaten Alltag kann zum einen entlastend wirken, zum anderen verbindet die Interviewte mit räumlicher Distanz aber auch einen Verlust an Bodenständigkeit bzw. geringeres Interesse an sozialer und inhaltlicher Einbringung im privaten Alltag, was sie als ‚Oberflächlichkeit' identifiziert. Arbeitsbedingte Mobilität birgt also spezifische Chancen und Risiken, die sich vor allem im *Zusammenspiel* von Arbeit und Privatleben zeigen.

Die These: „je länger die Flüge, desto oberflächlicher der Mensch" sagt jedoch noch nichts über die Kausalität des Zusammenhangs aus. Plausibel wäre es zu argumentieren, dass vor allem Piloten[2] auf der Langstrecke auf Grund ihrer Arbeitsbedingungen (der Zwänge, aber auch der Möglichkeiten) auf Dauer in Bezug auf den privaten Alltag zu Hause „oberflächlicher" werden. Eine weitere Interpretation wäre der Verweis auf eine andere, im Feld recht häufige ‚Typisie-

1 Sportmetaphern sind typisch für die Leistungsgesellschaft.

2 Oder allgemein Personen, die oft und regelmäßig über mehrere Tage hinweg unterwegs sind.

rung': Besonders ‚oberflächliche' Menschen suchen sich die Langstrecke und die mit ihr verbundenen Arbeits- und Lebensbedingungen aus. An beiden Aspekten, der strukturdeterministischen wie der individualistischen Argumentation, ist sicherlich etwas dran, aber die Realität ist wesentlich komplexer. Diese Komplexität wurde hier mit dem Konzept der *Alltäglichen Lebensführung* aufgefangen und bearbeitet. Letztlich wurde konstatiert, dass nicht die strukturellen Bedingungen oder die individuellen Präferenzen alleine den Umgang mit arbeitsbedingter Mobilität in der Arbeit und im Privatleben erklären können, sondern erst die Kombination dieser und vieler weiterer Aspekte, die durch das *Lebensführungskonzept* möglich ist.

Die in der Interviewpassage enthaltenen Deutungen spiegeln Haltungen und Orientierungen zu zentralen Aspekten des Arbeitens und des Lebens in arbeitsbedingter Mobilität wider. So existiert bei der Interviewten zum Beispiel die erfahrungsbasierte Vorstellung, dass der private Alltag regelmäßiger Anwesenheit bedarf, dass sich also die längere Abwesenheit stärker negativ auf das Leben auswirkt als die tägliche Abwesenheit. In Interviews mit arbeitsbedingt Mobilen lassen sich aber auch gegenteilige Aussagen finden.

Diese *Heterogenität* lässt sich nicht anhand der unterschiedlichen Mobilitätsformen oder anhand der Differenzierung mobil/immobil erklären, sondern anhand *unterschiedlicher Lebensführungsmuster,* die Mobile im Umgang mit arbeitsbedingter Mobilität ausgebildet haben. Je nach Lebenskonzept und individuellen Orientierungen nehmen Mobile die Anforderungen und Möglichkeiten, die Chancen und Risiken ihrer mobilen Arbeit ungleich wahr und arrangieren sich in ihrer Mobilität unterschiedlich, um Mobilität in ihr Leben zu integrieren.

Arbeitsbedingte Mobilität zeigt sich insgesamt zunächst einmal als eine *besondere Anforderung,* die oftmals mit speziellen Belastungen einhergeht und deshalb erweiterter Möglichkeiten zur körperlichen und sozialen Regeneration und Maßnahmen der Komplexitätsreduktion an allen Orten bedarf – ‚unterwegs' und ‚zu Hause', vor allem durch ‚Dienstleistungen' anderer. Eine Herausforderung an die Mobilen ist dabei der Aufbau individuell passförmiger, nachhaltiger Mobilitätsarrangements in der Arbeit und im Privatleben entsprechend den individuellen Präferenzen in Bezug auf diese beiden Lebenssphären. Die Formen mobiler Lebensführung können sich in ihrer inneren Logik, aber auch entlang ihrer äußeren Merkmale extrem voneinander unterscheiden.

Zusätzlich zu den individuellen Arrangements lässt sich ein allgemeines Paket von *äußeren Bedingungen* identifizieren, die die (unterschiedlichen) Umgangsformen von Piloten mit ihrer arbeitsbedingten Mobilität erst ermöglichen. Es bündelt notwendige Voraussetzungen für ‚gelungene' Mobilität und stellt Anforderungen an den Staat, die Betriebe, die Piloten und ihr soziales Umfeld, aber auch an die jeweiligen Aufenthaltsorte und andere Strukturbedingungen. Hier geht es zum Beispiel um die gesetzlichen und betrieblichen Rahmenbedingungen (z.B. Arbeits- und Ruhezeitregelungen), um Unterstützungsleistungen der Betriebe (Teilzeit, Requesten, Einkommen), um spezielle Kompetenzen der Mobilen (wie eine flexible und/oder professionelle Persönlichkeitsstruktur, Selbstorganisationskompetenz etc.), um die Form der sozialen Beziehungen im Privatleben (wie z.B. Akzeptanz, Rücksicht, Zurücknahme, Kompensationsarbeit), um die Gestaltung der Arbeits- und Aufenthaltsorte nach den jeweiligen arbeits- und lebensbezogenen Bedarfen (Regeneration, Freizeitwert etc.) und nicht zuletzt um die Konstitution des Arbeitsmarkts (Auswahl an Arbeitgebern mit passenden Arbeitsbedingungen und Exitmöglichkeiten aus der Mobilität, Lang-, Mittel- und Kurzstrecke, Grounding) (vgl. Abs. 10.3 und 11.2.4).

Je nach Mobilitätsarrangement nutzen die Mobilen die jeweiligen Rahmenbedingungen, in die ihre Mobilität eingebettet ist, unterschiedlich. So kann die mobilitätsbedingte klare (räumliche, zeitliche, inhaltliche etc.) Trennung zwischen Phasen der Arbeit und des Privatlebens sowohl als Belastung als auch als Entlastung wahrgenommen werden. Auch ganz konkret können Arbeitspflichten aus der Zeit zu Hause oder auch aus der freien Zeit unterwegs mehr oder weniger herausgehalten werden. Noch mehr trifft dies auf die freie Zeit während der arbeitsbedingten Abwesenheit zu. Hier kann der Mobile in weiten Teilen selbst entscheiden, wie intensiv er Verknüpfungen zwischen Arbeit und Privatleben zulässt. Um Mobilitätsbelastungen zu entkommen, nutzen manche Mobilen die Tatsache, dass sie arbeitsbedingt mobil sind, als Legitimation für einen weitreichenden Rückzug aus privaten Verpflichtungen selbst in der freien Zeit, zum Beispiel hinsichtlich einer ungleichen Arbeitsverteilung innerhalb von Partnerschaften oder in Bezug auf eine allgemeine Rücksichtserwartung seitens des sozialen Umfelds. Je nach Mobilitätsarrangement werden die Flexibilitätserwartungen der Betriebe also mehr oder weniger an das soziale Umfeld der Mobilen weitergegeben. Zudem kann die Fremdorganisation der Mobilität sowohl als Strukturierungshilfe und zur Reduktion von privatem Planungs- und Abstimmungsaufwand genutzt werden als auch genau in gegenteiliger Richtung wirken, also als Unsicherheitsfaktor, aus dem sich ein erhöhter privater Planungs- und Abstimmungsaufwand ableitet.

Es hat sich gezeigt, dass arbeitsbedingt Mobile zwar je nach Mobilitätsarrangement unterschiedlich, jedoch alle auf eine gewisse Weise auf *Residente angewiesen* sind. Auch Piloten bedürfen der Dienstleistung von Immobilen, ob von anderen Beschäftigten, der Familie, Freunden oder auch außerbetrieblichen Institutionen etc., um die Anforderungen der Mobilität zu kompensieren. Je nach Lebensführungsmuster in Bezug auf Mobilität sind die sozialen Arrangements von Mobilen unterschiedlich gestrickt und in der Folge auch mit unterschiedlichen Vorteilen und Gefahren verknüpft. Zum Beispiel gestaltet sich die Kooperation mit Residenten oft konfliktreich, es kommt zu Abstimmungs-, Arbeitsverteilungs-, Kontroll- und gegenseitigen Anerkennungsproblemen und in der

Folge häufig zu kulturellen Abgrenzungen zwischen Mobilen und Immobilen, zu angepassten atypischen, individualisierten Lebensstilen, zu Zusammenschlüssen mit ‚Gleichgesinnten' und den entsprechenden Folgeproblemen.

Gleich welches Arrangement angeeignet wurde, sind bestimmte *Verbindlichkeiten der Lokalität* weiterhin wichtig, wie betriebliche Optionen, soziale Beziehungen, ein fester Kern-Ort zur Regeneration, zusätzliche Möglichkeiten zur beruflichen und persönlichen Entwicklung. Hinzu kommen *situations- und lebensphasenspezifische* Anforderungs- und Interessenkonstellationen auf Seiten der Mobilen, die (zumindest partieller und/oder zeitweiliger) *Exit-Möglichkeiten* aus der Mobilität bedürfen. Insgesamt lässt sich also sagen, dass in jedem Mobilitätsarrangement eine *aktive Vermittlung* zwischen Arbeit und Privatleben, aber auch zwischen Mobilität und Lokalität allgemein notwendig ist.

Letztlich kann mit Blick auf die Heterogenität der sozialen Arrangements konstatiert werden, dass sich die Chancen, Risiken und Folgen arbeitsbedingter Mobilität mit offeneren Konzepten wie Entgrenzung und Alltäglicher Lebensführung besser erfassen lassen als mit solchen, die auf der Unterscheidung zwischen Mobilität und Immobilität basieren.

Fazit

Arbeitsbedingte Mobilität ist eine zusätzliche Anforderung, ein erhöhter Aufwand, der Einbettungsmaßnahmen erfordert. Hier sind die individuellen Arrangements der Mobilen in der Arbeit, im Privatleben und in Bezug auf Arbeit und Leben entscheidend. Wesentlich sind aber auch die äußeren Bedingungen in den Lebensbereichen (rechtliche, betriebliche, familiale etc. Einbettung). Mobile sind auf lokale Strukturen und Residente angewiesen und müssen sich mit Lokalität aktiv auseinandersetzen. Dies geschieht bei arbeitsbedingt Mobilen höchst unterschiedlich, vor allem entlang mobiler Lebensführungskonzepte mit unterschiedlichen Chancen und Risiken. Mit dieser Heterogenität vor Augen scheint die Unterscheidung zwischen Mobilen und Immobilen unterkomplex und in vielerlei Hinsicht problematisch.

Arbeitsbedingte Mobilität als Machtressource

In der Analyse des Datenmaterials zeigte sich der interessante, da erst einmal widersprüchlich anmutende Zusammenhang, dass die mit manchen Lowcost-Marken einhergehenden Möglichkeiten zur erhöhten Regelmäßigkeit (z.B. in Form eines festen Schichtsystems) von dem Gros der Piloten abgelehnt, aber gleichzeitig die hohe Planungsunsicherheit der Arbeit massiv beklagt wird. Dies geschieht vor allem mit Blick auf die damit verbundenen konkreten Arbeitsbedingungen. Es geht den Piloten aber auch darum, die Vorteile zu verteidigen, die mit den hohen Flexibilitätsanforderungen ihrer Arbeit einhergehen. Die arbeitsbedingte Mobilität sichert Piloten eine gewisse Machtstellung. Diese reicht von einem hohen Ansehen in der Gesellschaft bis zu zusätzlichen Möglichkeiten zur Wahrung ihrer Interessen gegenüber dem Gesetzgeber und dem Betrieb, aber auch innerhalb der Familie und im Umgang mit anderen sozialen Kontakten. Mobilität und die damit einhergehende eher unregelmäßige raum-zeitliche Arbeitsorganisation bieten die *Chance einer asynchronen Lebensgestaltung* und können als *Legitimation* für das Abgeben von Belastungen und Planungsaufwand sowie für unstetes bzw. situatives Verhalten dienen, zum Beispiel um Regenerationsbedarf durchzusetzen. Ortsgebundenheit und regelmäßige Arbeitszeiten würden die aktuellen Aushandlungen von Mobilitätsarrangements im Privatleben potenziell delegitimieren und neue Aushandlungen wären nötig. Daher werden die arbeitsbedingten raum-zeitlichen Flexibilitätsanforderungen im Kern oft verteidigt, auch wenn sie manchmal körperlich und seelisch belastend wirken. Allein der Typ B sucht in Bezug auf sein familienorientiertes Mobilitätsarrangement Regelmäßigkeit und Planungssicherheit, die anderen Mobilitätstypen schätzen eher die *Vorteile* einer stärker *fremdgeplanten* mobilen Tätigkeit. Für viele gehören die räumliche Mobilität und die zeitliche Flexibilität sowie das gemeinsame Leiden an den Anforderungen zum Nimbus Mobilität (bzw. Fliegen) dazu. Wird dies weggenommen, rücken mobile Berufe näher an ‚Normalberufe'. Jedoch basieren viele positive Implikationen bezüglich mobiler Berufe gerade auf der Distanzierung zum Bild des Normalberufs.

Fazit

Insgesamt kann konstatiert werden, dass Mobilität eine Macht- und Legitimationsressource von Lebensführungsarrangements darstellt, die von den Mobilen unterschiedlich genutzt wird, und dass die konkrete Ausgestaltung von Mobilitätsarrangements auch Gegenstand von Aushandlungen ist.[3] Die Ungleichheitsaspekte der jeweiligen Arrangements in Bezug auf ihre soziale Umwelt lassen sich recht gut entlang der Verteilung der sozialen Kosten der Mobilität nachzeichnen.

Die sozialen Kosten entgrenzter Mobilität

Mobilität geht mit einer *Alternativenwahl* bezüglich Intensität und Form der Bewegung einher. Hieran schließen sich wiederum verschiedene Kosten an:

3 Dass Mobilität von Piloten in Bezug auf ihr Privatleben als Machtressource verwendet wird, zeigt z.B. auch der vergleichende Blick auf Flugbegleiter. Trotz der gleichen raumzeitlichen Flexibilitätsanforderungen lassen sich manche Familienarrangements von Flugbegleitern (gleich welchen Geschlechts) nicht bzw. wesentlich schwerer praktizieren.

materielle, soziale, gesellschaftliche und energetische (körperliche und umweltbezogene). Vor allem, wenn diese Mobilitätsentscheidungen nicht frei getroffen werden, was bei arbeitsbedingter Mobilität in der Regel der Fall ist, entstehen Dynamiken um die Auslagerung der Mobilitätskosten, verstärkt natürlich durch den ökonomischen Kontext.

Die Kosten werden immer wieder neu verteilt zwischen den Kunden (hier Passagieren), den Betrieben, den arbeitsbedingt Mobilen, ihrem sozialen Umfeld, dem Staat, der Umwelt etc. Mit einem Teil der (negativen) sozialen Folgen der Mobilität mussten die Mobilen schon immer selbst zurechtkommen, jedoch gibt es auch hier betriebliche und gesetzliche Stellschrauben. Im Fall von Piloten wurden die Folgekosten ihrer arbeitsbedingten Mobilität anfangs vor dem Hintergrund einer fordistischen Gesellschaft verteilt: Der Gesetzgeber, aber auch die Unternehmen selbst sorgten dafür, dass arbeitsbedingte Mobilität auf Dauer möglich wurde, zum Beispiel in Form betrieblicher Absicherungen, betrieblicher und gesetzlicher Arbeitszeitregelungen, eines entsprechenden Gehalts etc. Zudem herrschte in der Gesellschaft das Bild eines entlang der Geschlechter geteilten klassischen Familienmodells vor. Das heißt, vor allem Frauen haben als Immobile einen nicht unerheblichen Teil der im Privatleben von Mobilen anfallenden Mobilitätskosten aufgefangen. Das *Normalarbeitsverhältnis* hat (z.B. mit dem entsprechenden Einkommen) dieses *Normalfamilienverhältnis* ermöglicht – und umgekehrt.

Liberalisierungs-, Deregulierungs- und Globalisierungsprozesse haben Rationalisierungsprozesse in der Arbeitswelt angestoßen, die zu verstärktem Wettbewerb und zu verschärften Arbeits- und Beschäftigungsbedingungen führen. Dabei wurde die institutionelle Rahmung mobiler Arbeit zu einem erheblichen Teil abgebaut, sowohl was die betrieblichen Bedingungen als auch was die Unterstützung im Privatleben angeht. Je nach Mobilitätsarrangement tragen nun die soziale Umgebung (vor allem die Partner) und zunehmend auch die Mobilen selbst die Kosten dafür, ihre arbeitsbedingte Mobilität dauerhaft aufrecht zu erhalten. Das heißt, bestimmte Kosten der Nutzung mobiler Arbeitskraft wurden an die Subjekte und ihre nähere Gemeinschaft externalisiert. Im Gegenzug sind die Mobilitätskosten für bestimmte Teile der mobilen Gesellschaft (z.B. die Passagiere) gesunken. Gestiegen sind die sozialen Kosten für die Mobilitätsdienstleister und ihre Zuarbeiter im Hintergrund. Absichernde Gewährleistungs- und Reproduktionsarbeit, die sich vor allem bei arbeitsbedingter Mobilität als sehr fordernd, aber auch notwendig auszeichnet, wird weiterhin betrieblich, interessenpolitisch, gesetzlich und zum Teil auch von den Mobilen selbst stark vernachlässigt. Sie ist jedoch ein wesentlicher Bestandteil aktueller Rationalisierung – in Form der *Subjektivierung von Mobilitätskosten.*

Fazit

Die Abkehr vom ‚fordistischen' Normalarbeits- und Normalfamilienverhältnis geht mit einer Verlagerung von Mobilitätskosten (Rationalisierung) einher – vom Markt und den Betrieben auf die Subjekte und ihr privates Umfeld.

Entgrenzte arbeitsbedingte Mobilität und Rationalisierung

In diesem Buch wurde bei der Auswertung, der Typenbildung und auch bezüglich des Aufbaus der Darstellung der Ergebnisse systematisch zwischen für mobile Arbeit *konstitutiven* Entgrenzungsaspekten und neueren aktuellen, die Mobilitätsarrangements eher *transformierenden* Entgrenzungsprozessen unterschieden (vgl. Ergebnisbericht 2010). Ähnlich wie bei der Unterscheidung von Kesselring und Vogl (2010) zwischen „alter" und „neuer" Mobilität geht es hierbei auch darum, aktuelle (teils neue) *Rationalisierungsprozesse* aufzudecken. Natürlich ist diese Unterscheidung eher künstlich, da auch zurückliegender Wandel Resultat von Rationalisierung ist. Sie ermöglicht es aber zumindest für den aktuellen Zeitpunkt, einzelne, die Zukunft bestimmende Richtungsentscheidungen aufzudecken und eventuell auch zu korrigieren. Zudem lassen sich aus den konstitutiven Entgrenzungsprozessen eher Aussagen über arbeitsbedingte Mobilität und aus der transformierenden Entgrenzung eher Erkenntnisse bezüglich aktueller Wandlungstendenzen von Arbeit gewinnen und verallgemeinern. Insofern ist diese künstliche Trennung durchaus sinnvoll. Zudem lässt sich auf diese Weise die intensive Wechselwirkung zwischen arbeitsbedingter Mobilität und Rationalisierung beobachten – also die *Mobilisierung von Arbeit* bzw. der *Arbeitskraft* von Subjekten.[4]

Der zentrale Aspekt, der arbeitsbedingte Mobilität von Mobilität allgemein unterscheidet, ist der *Erwerbskontext,* in dem sie stattfindet. Der betriebliche Zusammenhang bestimmt über die Zeitpunkte und Dauer, die Orte und Zwecke (Arbeitsinhalte), die Organisation der Mobilität etc. Mit dieser *Fremdbestimmung* gehen spezifische Belastungen einher. Die arbeitsbedingte Mobilität kann – je nach gesetzlicher, betrieblicher, individueller Einbettung und konkreter Ausgestaltung – auch viele Vorteile mit sich bringen. Die aktuellen Veränderungen in der Organisation der Mobilität führen jedoch zu einer Verdichtung, Verlängerung und oftmals zu einer geringeren Planbarkeit von Mobilitätsphasen und

4 Die Mobilisierung von Arbeitskraft geschieht im entgrenzten, globalen Kapitalismus natürlich nicht nur räumlich, also in Bezug auf die Arbeitskräfte aus anderen Gebieten, sondern auch durch eine erhöhte Freisetzung der Arbeitskraft einzelner Subjekte (vor Ort) für den betrieblichen Zugriff. Rationalisierung setzt an allen Sozialdimensionen von Arbeit an: zeitlich, räumlich, fachlich/sachlich/qualifikatorisch, technisch, sozial, sinnhaft/kulturell/motivational, emotional/körperlich, rechtlich/vertraglich und berufsstrukturell.

gleichzeitig zu einer Intensivierung von Arbeitsanforderungen. Die *aktuelle Ausgestaltung der Mobilität* sorgt für Probleme.

Dass arbeitsbedingte Mobilität prinzipiell recht unterschiedlich gestaltbar ist und dass vor allem das Gros der aktuellen Rationalisierungsprozesse mit den Mobilitätsanforderungen der Arbeit an sich recht wenig zu tun hat, wird in der Praxis (vom Management und den Mobilen selbst) und zum Teil auch von der Forschung nicht systematisch beachtet.

Zudem erschweren der mit der mobilen Arbeit (vor allem in der Fliegerei) verbundene *Mythos* und die individuellen Selbstverstrickungen der Mobilen in Mobilitätssymbolik das Erkennen solcher ‚Anhängsel' an die bisherige mobile Arbeit und ein lösungsorientiertes, kritisches Aufgreifen der damit verbundenen Probleme. Oftmals werden Mobilitätsbelastungen als zur Arbeit einfach dazugehörend ausgeblendet. Rationalisierungsprozesse, die nicht an erhöhter Mobilität, sondern an Stabilität ansetzen, werden tendenziell eher abgelehnt. Ansätze, die Mobilität an sich einschränken (wie das erwähnte feste Schichtsystem), unterstützen nur einen Teil der Mobilen. Die anderen gefährden sie eher, zum Beispiel dadurch, dass sie (neben der Einschränkung von Mobilitätsvorteilen) unterm Strich die Anforderungen erhöhen und weiter zur Entzauberung der mobilen Arbeit beitragen.

Die mit Mobilität allgemein und verstärkt mit arbeitsbedingter Mobilität einhergehende Dialektik zwischen *Freiheit* und *Zwang* (vgl. Abs. 4.1.4) ist ein zentrales Moment, wenn es um die Einschätzung ihrer (ambivalenten) Folgen geht (vgl. Kesselring/Vogl 2010, S. 160ff.). Arbeitsbedingte Mobilität birgt viele Vorteile für die Mobilen, u.a. die teilweise Abwesenheit bestimmter Formen betrieblicher, aber auch privater Kontrolle: die Freiheit von vielen Verpflichtungen, die zu Hause warten. Sie wirkt aber oft auch als Zwang.

An einer „grundlegenden Dialektik der Mobilität" wird die „soziologische Arbeitsforschung möglicherweise nicht vorbeikommen", so Voß (2010a, S. 17). Zur Erfassung des „dialektischen Zusammenhangs von Mobilität und Stabilität" (ebd., S. 2) schlägt Voß unter anderem einen anthropologischen Zugang zu Mobilität vor (ebd, S. 17). Hier wurde versucht, durch einen möglichst subjektnahen Blick auf die *konkrete Arbeits- und Lebenswirklichkeit* von Mobilen dem Zusammenspiel der Elemente des Zwangs und der Freiheit in arbeitsbedingter Mobilität näher zu kommen, so dass Folgen sondiert und eingeschätzt werden können.

Insgesamt konnte eine gewisse Richtung im Druck der Rationalisierung auf die Lebensführungsarrangements festgestellt werden, der tendenziell auf eine eher ‚situative' Lebensführung (Typ D) abzielt. Zudem zeigte sich, dass die jeweiligen Mobilitätsarrangements recht ungleich und unterschiedlich intensiv von Rationalisierung betroffen sind. Sie sind durch spezifische Belastungen gekennzeichnet, die an den jeweiligen (bereits bekannten) Schwachstellen der Arrangements ansetzen. Insgesamt lässt sich konstatieren, dass die hier aufgezeigte Rationalisierung auf der *Nutzbarmachung der stabilisierenden Wirkung der Lebensführung* für betriebliche Zwecke basiert – also auf Subjektivierung bzw. auf *Verbetrieblichung von Lebensführung.*

Fazit

Die systematische Trennung zwischen konstitutiver und transformierender Entgrenzung ermöglicht das Aufdecken aktueller (mobilitätsferner) Rationalisierung – der Mobilisierung von Arbeitskraft (welche durch einen allgemein herrschenden Mobilitätsmythos erleichtert wird). Auf diese Weise ist der (notwendige) Blick auf die konkrete Ausgestaltung arbeitsbedingter Mobilität – vor allem auf die je spezifischen Freiheiten und neuen Zwänge – möglich, ebenso wie eine genaue Betrachtung des Wandels von Mobilitätsarrangements und deren Folgen. Von besonderer Bedeutung ist der rationalisierende Zugriff auf die stabilisierende Wirkung der Lebensführung.

Entgrenzte arbeitsbedingte Mobilität und Subjektivierung

Mit dem Blick auf arbeitsbedingte Mobilität lässt sich das, was in der (Arbeits-) Soziologie als Transformationsproblem und in der Ökonomie als Transformationskosten beschrieben wird (also die Schwierigkeit und der Aufwand, mit denen betriebliche Maßnahmen der Überführung von potenzieller Arbeitskraft in tatsächlich veräußerte Arbeitsleistung verbunden sind), auch als Problem der *Mobilisierung* von Arbeitskraft fassen. Das Problem der Leistungssteuerung wird von den Unternehmen im Zuge jüngerer Rationalisierungsprozesse tendenziell anders als früher angegangen. Wo bislang die Betriebe die Kosten und den Organisationsaufwand für die Mobilisierung der Mitarbeiter übernahmen, wird nun eingespart und optimiert. Es besteht die Tendenz zur Rationalisierung über den Rückzug des Betriebs aus der Organisation und Unterstützung von arbeitsbedingter Mobilität – bei gleichzeitiger *Steigerung der Mobilitätserwartungen.* Die Rahmenbedingungen in der Arbeit werden immer mehr derart gestaltet, dass zum einen an den *direkten Kosten* der betrieblichen Mobilitätsunterstützung gespart wird, zum anderen die *Folgekosten* der erhöhten raum-zeitlichen Flexibilitätsanforderungen nicht mehr abgefedert werden. In der Folge wird also ein Teil der Kosten der Mobilisierung von den Mitarbeitern selbst übernommen – ganz im Sinne der These der Subjektivierung von Arbeit (vgl. Abs. 4.4). Diese *Selbst-Mobilisierung* stellt ein enormes Rationalisierungspotenzial dar. Der mit der Mobilisierung von Arbeitskraft verbundene Aufwand ist jedoch nicht kleiner geworden. Im Gegenteil, er ist mit den Arbeitsanforderungen noch gestiegen.

Die speziellen Anforderungen arbeitsbedingter Mobilität wurden zwar schon immer zu einem großen Teil von den mobilen Subjekten selbst getragen und auch zu einem nicht unerheblichen Teil von deren privater Umwelt. Dieser externalisierte Anteil – darunter vor allem die erwähnten sozialen Kosten – steigt aktuell jedoch massiv an. Die Subjektivierung arbeitsbedingter Mobilität entwickelt sich zur dominanten Rationalisierungsstrategie, in deren Folge „soziale Beziehungen [...] zu ökonomisch werthaltigen Arbeitsbeziehungen verobjektiviert" werden (Matuschek 2005, S. 350).

Ein Mechanismus dieser *rationalisierenden Subjektivierung* ist die stetige Steigerung von Arbeitsanforderungen und die Überfrachtung von Zielen, deren erfolgreiche Bearbeitung nicht mehr ohne einen persönlichen Mehraufwand möglich ist, der über das legitim betrieblich forderbare Maß hinausgeht. Daher geht Subjektivierung in der Regel nicht auf formalisierte Anforderungen zurück, sondern vor allem mit veränderten Kontexten und Maßnahmen der indirekten Leistungssteuerung einher. Wie dies im Luftverkehr geschieht, wurde im Kapitel zur transformierenden Entgrenzung an vielen Beispielen dargestellt. Auch hier kommt es mit den aktuellen Rationalisierungsmaßnahmen zu verstärkten (ungelösten) Zielkonflikten und vermehrten Anforderungen, denen Piloten zum Teil in Abweichung von den formalen Prozessen informell durch eigenen *Mehraufwand* begegnen, oftmals getrieben von persönlichen Vorstellungen von Qualität und der eigenen Berufsethik.

Die rationalisierende Subjektivierung greift systematisch über die Arbeit hinaus und schließt das *Privatleben* der Mobilen ein. Die erschwerten inhaltlichen Arbeitsanforderungen, aber auch die Beschäftigungsbedingungen wirken sich auf die Lebensführung der Mobilen insgesamt aus, zum Beispiel durch gestiegenen Regenerationsbedarf. Die „Sozialisierung von entgrenzter Erwerbsarbeit" (Matuschek 2005, S. 351) und in der Folge die Subjektivierung der Alltäglichen Lebensführung finden zu einem erheblichen Teil als Reproduktionsarbeit im Privatleben statt. Je nach Lebensführungsmuster sind die Mobilen dadurch unterschiedlich in ihrem Mobilitätsarrangement betroffen und es bieten sich jeweils anders geartete Möglichkeiten an, auf die erhöhten Arbeitsanforderungen zu reagieren, zum Beispiel durch verstärkte Externalisierung an das soziale Umfeld (A), durch verstärkte Belastung des eigenen Körpers (B), durch verstärkte Ausrichtung auf die Arbeit auch im Privaten (C) oder mittels Abbaus struktureller und sozialer Bindungen (D) (vgl. Kap. 9).

Letztlich läuft die rationalisierende Subjektivierung vor allem auf zwei wesentliche Brennpunkte hinaus:

Zum einen die Subjektivierung in Bezug auf die Vermittlung von *Arbeit und Privatleben:* Den Subjekten bleibt es zusehends selbst überlassen, wie sie Arbeit und Leben vermitteln bzw. wie sie die Reproduktion ihrer Arbeitskraft vor dem Hintergrund erweiterter Arbeitsanforderungen (nachhaltig) sicherstellen. Dabei muss beachtet werden, dass auch das Privatleben (je nach Lebensführungsarrangement unterschiedlich) eigene Anforderungen stellt, die sich ebenfalls verändern können.

Zum anderen die Subjektivierung in Bezug auf die Vermittlung von *individuellen Interessen:* Auf der gesellschaftlichen Ebene wird den Subjekten immer mehr die Entscheidung zugesprochen, wie sie die Anforderungen und Möglichkeiten aus beiden Sphären (Arbeit und Privatleben) mit ihren eigenen Wünschen und Lebensvorstellungen, mit Selbstentfaltung und der Verwirklichung selbstbezüglicher Ziele (nicht zuletzt auch der eigenen Gesundheit) vermitteln. Mit dieser Wahlfreiheit gehen neue Leitlinien und erhöhte Zielsetzungen einher, und damit auch neue, gesteigerte Zwänge. Dies wird dann verschärft, wenn Betriebe individuelle Entwicklungsziele anbieten und propagieren, die sich gut mit der Arbeit, aber nicht mit den Anforderungen des Privatlebens in bestimmten Lebensführungsarrangements vereinbaren lassen.

Entgrenzte Mobilität und begrenzte Körperlichkeit

Die Bedeutung, die Polanyi (1944) in seinem Buch „The Great Transformation" der *Körperlichkeit* der Arbeit insgesamt zuschreibt und aus der letztlich folgt, dass die Arbeitskraft von Subjekten eben nicht als bloße Ware behandelt werden kann, sollte auch in Zeiten einer Zunahme immaterieller dienstleistungsbezogener oder softwaregestützter Arbeit nicht vorschnell ad acta gelegt werden. Auch wenn in der fluiden Gesellschaft die Relevanz bloßen Geldvermögens, der Einkünfte aus Kapitalvermögen, der globalen Geldströme im aktuellen globalen Kapitalismus extrem zunimmt (Bauman 2003, S. 144f.), ist für die überwiegende Zahl der Menschen Arbeit noch untrennbar an ihren Körper gebunden – sei es handwerkliche Arbeit oder Dienstleistungshandeln, sei es mobile Arbeit oder die Bewegung zur, von der und an der Arbeitsstätte. Und selbst der solo-selbstständige Home-Office-Online-Broker muss während seiner Tätigkeit sitzen und wird dementsprechende Vorkehrungen treffen müssen, um den Folgen dieser einseitigen körperlichen Beanspruchung entgegenzuwirken. Die Körperlichkeit bleibt also ein zentrales Thema von Arbeit. Dies trifft umso mehr zu, als die Zahl arbeitsbedingt Mobiler stetig steigt und sich gezeigt hat, dass mit zunehmender medienvermittelter Arbeitskommunikation (Telefon, Skype etc.) die Notwendigkeit und Anzahl von Face-to-Face-Kontakten (z.B. von Dienstreisen) nicht abgenommen hat (vgl. Abs. 4.1). In der Folge wird auch die Zahl der im Transportwesen mobil Arbeitenden weiter zu- und die Relevanz von Körperlichkeit nicht wesentlich abnehmen.

Mit verschärfter Rationalisierung und Subjektivierung rückt der Aspekt der Körperlichkeit weiter in den Vordergrund. So steigen zum Beispiel im Luftverkehr aktuell die Anforderungen an die *körperliche Fitness* (in bestimmten Bereichen sogar extrem). Es zeichnet sich eine Tendenz ab, dass für die Eignung als

Pilot die Belastbarkeit (z.B. auf Grund raum-zeitlicher Flexibilitätsanforderungen) gegenüber Erfahrung und fliegerischen Fähigkeiten an Bedeutung gewinnt.[5] Bei mobiler Dienstleistungsarbeit deutet sich eine Drift weg von inhaltlichen und hin zu körperlichen (und psychischen) Aspekten an – was auch als ein Zeichen für *De-Qualifizierung* gedeutet werden kann.

An immer mehr Stellen setzt die *individuelle Belastbarkeit* das Limit für die Arbeitsleistung bzw. das Arbeitspensum, nicht mehr in erster Linie institutionelle Regelungen. Zunehmend müssen die Mobilen selbst Möglichkeiten finden, mit den Belastungen nachhaltiger umzugehen, indem sie ihr Privatleben anpassen oder die Arbeit ‚zurückfahren', zum Beispiel durch Teilzeit, Karriereverzicht oder auch (partiellen oder kompletten) Ausstieg. Hier sind die verschiedenen Formen der Lebensführung in arbeitsbedingter Mobilität unterschiedlich intensiv betroffen. Die Arrangements, die sich bislang bereits durch eine hohe körperliche Beanspruchung ausgezeichnet haben (z.B. durch Pendeln, Zeitsynchronisierung, hohe Anforderungen im Privatleben), werden tendenziell noch stärker belastet. Aber auch bei den hochmobilen Lebensarrangements zeigen sich die Kehrseiten immer deutlicher (vgl. Kap. 9). Der Anpassungsdruck kann so weit gehen, dass Mobile ihre eigentlich Stabilität garantierenden *Lebensführungsformen anpassen* müssen, was auf Grund des tiefen Eingriffs in ihre Lebensvorstellungen oft schwer fällt und mit einem erheblichen Aufwand und Mehrbelastungen einhergehen kann (vgl. Abs. 10.5 und 11.2.1).

Gerade mit Blick auf die Zunahme arbeitsbedingter Mobilität kann auf Grund der hier vorliegenden Erkenntnisse zu Piloten konstatiert werden, dass die (Arbeits-)Soziologie und die Mobilitätsforschung den Körper zunehmend systematisch in empirische und theoretische Konzeptionen einbeziehen sollten.

Subjektivität und Lebensführung: Lokalisierung und Navigation

In einem hoch fluiden Umfeld mit ausgeweiteten Mobilitätsanforderungen wird, unter anderem vor dem Hintergrund begrenzter körperlicher Ressourcen, die *Fähigkeit, sich selbst zu begrenzen,* relevanter. Jedoch wird auch sie zunehmend der betrieblichen Rationalisierung und letztlich insgesamt der gesellschaftlichen Ökonomisierung unterworfen. Die Folge ist eine ansteigende *Subjektivierung der Selbststeuerungskompetenz* von Subjekten. Mit Blick auf Mobilität bzw. Entgrenzung sind hier vor allem zwei Formen unterscheidbar:

Zum einen die Fähigkeit, sich (dauerhaft) entlang der Sozialdimensionen zu binden, also sich zeitlich (wie viel Zeit?), räumlich (an welchem Ort?), sozial (mit wem?), inhaltlich (mit welchem Thema?), qualifikatorisch (unter Einbezie-

---

5 Auch die körperlichen Anforderungen selbst werden anders ausgelegt, so spielt die Sehstärke eine geringere Rolle, dafür rückt die Konstitution bzw. Fitness stärker in den Blick.

hung welchen Wissens?), technisch (unter Rückgriff auf welche Hilfsmittel?), organisational (wie organisiert?), sinnhaft/kulturell/motivational (mit welchem Bezug?) und in Bezug auf die Vermittlung von Arbeit und Leben (mit welcher Prioritätensetzung und Durchmischung?) zu verankern und so die Basis für die individuelle Lebensführung zu schaffen. Subjektivierung betrifft hier also die Kompetenz der mobilen Subjekte zur vielseitigen *Lokalisierung.*

Zum anderen die Fähigkeit, sich im sozialen Raum zu bewegen. Das heißt, sich (wiederum entlang der genannten Sozialdimensionen) mit unterschiedlichen Orten, Kontexten, Personen etc. (eher kurz- und mittelfristig) auseinanderzusetzen, sie dann jedoch wieder zu wechseln – und dies nicht willkürlich, sondern entlang eines Plans bzw. entlang des individuellen Lebensführungsmusters zu tun. Das heißt, an einzelnen Punkten anzuschließen und sich von dort aus wieder weiter zu bewegen. Subjektivierung betrifft hier also die Kompetenz der mobilen Subjekte zur *Navigation.*

Beides, die *Lokalisierungsfähigkeit* und die *Navigationskunst,* sind zunehmend relevanter werdende Anforderungen an die Subjekte (und deren Lebensführung)[6] in der mobilen Gesellschaft bzw. Postmoderne, die durch erhöhte Offenheit bzw. Unsicherheit gekennzeichnet ist. Sie sind beide zentrale Aspekte der Subjektivität von Menschen. Sowohl die Fähigkeit als auch das Bedürfnis zur Bindung bzw. Lokalisierung und zur Navigation bzw. Bewegung sind untrennbar mit menschlicher Subjektivität verbunden.

Subjektivierung, im Sinne einer *betrieblichen Rationalisierungsstrategie,* zielt nun auf die Nutzbarmachung dieser Kompetenzen und Bedürfnisse ab. Damit steigt der *Zwangscharakter* beim Einsatz der Lokalisierungsfähigkeit und Navigationskunst. Zugespitzt lässt sich sagen, dass das mobile Subjekt zunehmend navigiert wird, auch wenn es selbst am Steuer steht. Die Ziele sind vorgegeben und werden herausfordernd (und tendenziell überfordernd) eng bzw. weit gesteckt – je nachdem, welches Bild bedient werden soll.[7] Mit Blick auf aktuelle Rationalisierungsprozesse (zumindest im hoch reglementierten Luftverkehr) lässt sich bezüglich arbeitsbedingter Mobilität weniger eine Tendenz zu einem aktiv gestaltenden, mobilen Arbeitskraftunternehmer (Voß/Pongratz 1997a, Pongratz/Voß 2003) als zu einem eher passiven und mobilisierten *‚Arbeitskraftsklaven'* als

6 Lebensführung stellt eine Orientierungshilfe in der Bewegung dar, auf der anderen Seite wird sie durch die Fähigkeit der Subjekte zur Bindung bzw. Lokalisierung erst möglich.

7 In der Management- und Zielvereinbarungsliteratur werden herausfordernde Ziele (wie bei einem Slalomlauf) als ‚eng gesteckt' bezeichnet. Je enger die Ziele gesteckt sind, desto weniger Zeit bleibt und desto mehr Kraft wird benötigt, um sie zu erreichen (bzw. zu umfahren). Jedoch sind auch sehr weit voneinander entfernt liegende Ziele herausfordernd (z.B. in der Schifffahrt).

Leittypus betrieblicher Regulierung ausmachen.[8] Zumindest lässt sich ein zunehmender betrieblicher, aber auch gesellschaftlicher Bedarf in diese Richtung ausmachen und es lassen sich die entsprechenden Strukturveränderungen aufzeigen.

Nicht zuletzt zielt die Subjektivierung mobiler Arbeit auf die *Lebensführung* der Mobilen. Wie bei der Lokalisierungsfähigkeit und der Navigationskunst gezeigt, stellt die Lebensführung sowohl die *Basis* für Mobilität dar als auch eine *Orientierungshilfe* in der Mobilität bereit. Die rationalisierende Subjektivierung erzeugt einen Anpassungsdruck auf die Lebensführung, welche in der Folge zunehmend *‚reflexiv'* wird und Arbeitscharakter erhält. Verschärfend kommt hinzu, dass – zumindest im Luftverkehr – dieser Anpassungsdruck zwar die verschiedenen Lebensführungsarrangements in Mobilität unterschiedlich betrifft und tendenziell in die Richtung eines bestimmten Lebensführungsmusters abzielt, letztendlich aber eine *‚unrealistische Mischung'* verschiedener Teilarrangements voraussetzt und von daher Lebensführung tendenziell überfordert (vgl. Abs. 10.4; zu den theoretischen Implikationen für das Lebensführungskonzept siehe Abs. 11.1.3).

Verschärfung sozialer Ungleichheit

Die starke Diversifizierung von Unternehmenskonzepten und Produkten und das damit einhergehende Auseinanderdriften unterschiedlicher Arbeits- und Beschäftigungsbedingungen legt (zumindest für den Luftverkehr) nahe, von einer *zunehmenden Ungleichheit* und einer Spaltung der Mobilen in eine *‚mobile Elite'* und eine Gruppe von *‚Mobilitätssklaven'* (z.B. Leiharbeiter, unfreiwillig Mobile, verleaste Mitarbeiter) zu sprechen. Jedoch deckt der Blick auf die Rationalisierungs- und Subjektivierungstendenzen ebenso eine besonders starke Gefährdung dieser mobilen ‚Elite' auf (vor allem bei Typ A, vgl. Abs. 10.2). Natürlich schaffen sich moderne globale Unternehmen ihre eigene Mobilitäts- bzw. „Motilitätsstruktur" und nutzen dabei die Potenziale von bereits vorhandenen „Infrastrukturen, Wissensbeständen und Kompetenzen" (Canzler/Kesselring 2006, S. 4172). Dies geschieht jedoch immer unter dem ökonomischen bzw. kapitalistischen Imperativ der Effizienz bzw. Rendite. So konstatieren Kesselring und Vogl, dass mit der zunehmenden „Normalisierung" arbeitsbedingter Mobilität ein steigender Druck zur „Rationalisierung" und „Subjektivierung" verbun-

---

8 Beide Typen stehen für aktuelle Entwicklungstendenzen in der Arbeit und beide greifen die Tendenz zur verstärkten Entgrenzung von Arbeit auf. Und natürlich umfasst das Konzept des Arbeitskraftunternehmers auch den Zwangscharakter entgrenzter Arbeit. Mit dem Begriff ‚Arbeitskraftsklave' soll nur die ‚dunkle Seite' des Arbeitskraftunternehmers in den Vordergrund gerückt werden, die sich vor allem dann zeigt, wenn nicht moderne Arbeitsformen (wie z.B. freie Medienschaffende oder gar Ein-Personen-Selbstständige) untersucht werden, sondern stark reglementierte und standardisierte Arbeit mit weniger Handlungsspielräumen.

den ist, was wiederum zu einer „Verdichtung" der mobilen Arbeit führt (Kesselring/Vogl 2010, S. 79). Letztendlich ist fraglich, ob vor dem Hintergrund einer wachsenden Zahl an mobil Arbeitenden und einer zunehmenden ökonomischen Rationalisierung noch länger von einer mobilen Elite gesprochen werden kann. Für viele Gruppen arbeitsbedingt Mobiler trifft dies immer weniger zu, vor allem für diejenigen, die als Mobilitätsdienstleister die Mobilität immer breiterer Bevölkerungsschichten gewährleisten (müssen).

Soziale Ungleichheit formt sich in diesem Zusammenhang zum einen entlang der Bedingungen in der Arbeit und im Privatleben der Mobilen. In der *Arbeit* äußert sich strukturelle Ungleichheit zum Beispiel in den unterschiedlichen Arbeits- und Beschäftigungsbedingungen und im *Privatleben* zum Beispiel in der unterschiedlichen Ausstattung mit Ressourcen oder unterschiedlichen Anforderungskonstellationen.

Soziale Ungleichheit zeigt sich zum anderen aber auch ganz konkret in den *alltäglichen Mobilitätspraktiken.* Der bisherige Umgang mit arbeitsbedingter Mobilität bestimmt zum großen Teil, wie gut Mobile die strukturellen Chancen ihrer mobilen Arbeit nutzen können, wie stark sie von den negativen Folgen betroffen sind und auch wie sie mit den sozialen Aspekten umgehen. Beides geschieht sowohl in der Arbeit als auch im Privatleben. In der Arbeit geht es um Ungleichheitsaspekte inmitten der Mobilität bzw. bei der Organisation und der Ausführung des Mobilitätshandelns, also darum, wie man mobil ist. Und im Privatleben steht die Frage im Mittelpunkt, wie man mit arbeitsbedingter Mobilität umgeht und umgehen kann, also um die private Einbettung der Mobilität in soziale Strukturen, um den Umgang mit den sozialen *Mobilitätskosten,* inwieweit die Arbeit zum Beispiel als *Legitimationskriterium* für soziale Ungleichheit herangezogen wird.

Insgesamt geht es beim Zusammenhang von Mobilität und sozialer Ungleichheit um die zwei Fragen: Wie ist Mobilität *strukturell gerahmt* und wie wird sie *individuell gestaltet?* Zudem müssen auf beiden Ebenen strukturelle und soziale Aspekte in ihrem Wechselverhältnis systematisch in den Blick genommen werden.

Mit den beschriebenen aktuellen Rationalisierungsmaßnahmen und Subjektivierungsprozessen verschärft sich Ungleichheit auf allen Ebenen, sowohl entlang struktureller Aspekte als auch in Verbindung mit den verschiedenen Lebensführungsformen in arbeitsbedingter Mobilität bzw. multipel entgrenzter Arbeit.

Fazit

Betriebe sparen die mit der Nutzung mobiler Arbeitskraft verbundenen spezifischen Kosten zunehmend ein. Gleichzeitig steigt die Mobilitätserwartung. In der Folge wird ein Teil der Mobilitätskosten auf die Mobilen übertragen –

Subjektivierung bzw. Selbst-Mobilisierung. Reagiert wird sowohl in der Arbeit (z.B. durch Mehrarbeit und Leistungsintensivierung) als auch im Privatleben (z.B. angepasste Reproduktionsformen mobiler Arbeitskraft). Letztlich sind die individuellen Lebensführungsarrangements umfassend – aber unterschiedlich – betroffen.

Im Zuge dieser Rationalisierungsstrategie gewinnt, trotz neuer (Kommunikations-)Technologie, Körperlichkeit an Relevanz – vor allem auf Grund des steigenden Arbeitspensums und der gelockerten institutionellen Regelungen mobiler Arbeit. Dies ist ein Ausdruck von De-Qualifizierung mobiler Arbeit und erzeugt weiter Anpassungsdruck auf die mobilen Lebensführungsarrangements.

Insgesamt lässt sich diese Entwicklung als Subjektivierung der Selbststeuerungskompetenz begreifen: erstens der Fähigkeit zur Bindung und zweitens der Fähigkeit zur Bewegung. Lokalisierungsfähigkeit und Navigationskunst werden in der mobilen postfordistischen Gesellschaft relevanter. Der Spielraum zur Anwendung dieser subjekteigenen Fähigkeiten wird im Zuge aktueller Rationalisierung aber immer enger und damit steigt der Zwangscharakter arbeitsbedingter Mobilität und der (zum Teil überfordernde und widersprüchliche) Anpassungsdruck auf die Lebensführung.

In der Folge verschärft sich Ungleichheit auf allen Ebenen, zum einen auf der Ebene der strukturellen bzw. institutionellen Rahmung arbeitsbedingter Mobilität (z.B. im Zuge der Diversifizierung von Arbeits- und Beschäftigungsbedingungen), zum anderen auf der Ebene der individuellen Gestaltung bzw. der Mobilitätspraktiken in der Arbeit und im Privatleben. Insgesamt scheinen sich die Bedingungen mobiler Arbeit tendenziell zu verschlechtern.

Die soziale und kulturelle Dimension: Mobile – kosmopolitische – Elite und traditional Immobile? Individuelle Unterschiede

Den Abschnitt zur arbeitsbedingten Mobilität abschließend, wird nun noch einmal auf die durch den anfangs zitierten Interviewausschnitt eingeführte Frage nach dem Zusammenhang zwischen Mobilität und *‚Weltoffenheit'* eingegangen werden.

Mobilität ist zwar eine besondere Anforderung, die auch spezielle Chancen mit sich bringt, aber der rein bipolare Vergleich zwischen Mobilen und Immobilen ist extrem unterkomplex, wie hier anhand der Differenzierung von Lebensführungsarrangements in Mobilität gezeigt wurde, und oftmals auch irreführend. Zum Beispiel lassen sich Mobilitätsanforderungen im *Privatleben* identifizieren, die in einigen Mobilitätsarrangements von den Lokalen bzw. Immobilen im Umfeld der berufsbedingt Mobilen übernommen werden. Beim Blick auf manche Lebensführungsarrangements wird ziemlich unklar, wer denn letztlich die ‚mobilere' Person ist – oftmals sind es die ‚Lokalen'.

Um ein verkürztes *fiktives Beispiel* zu geben: Person A und B sind verheiratet und haben zwei Kinder. Person A fährt jeden Tag alleine im Auto eine weite Strecke in die Arbeit. Dort interagiert sie mit den immer gleichen 20 Personen. Einmal im Monat fliegt sie zu einem festen ausländischen Kunden; der Betrieb übernimmt die Organisation der Reise. Person B organisiert alle Facetten des gemeinsamen Familienlebens, bringt jeden Tag beide Kinder zu zwei unterschiedlichen Orten und arbeitet halbtags in einem sozialen Beruf mit immer neuen Klienten – alles in Fahrradnähe. Zweimal in der Woche ist sie zusätzlich ehrenamtlich bei der Ausländerhilfe tätig. Person A überwindet (sitzend) sicherlich jeden Monat mehr Kilometer und würde vom Gros der Mobilitätsforscher als arbeitsbedingt mobil, eventuell auch als mobile Elite eingestuft. Jedoch bewegt sich Person B in vielerlei Hinsicht mehr, nicht nur körperlich. Sie muss sich mit wesentlich mehr unterschiedlichen Kontexten auseinandersetzen: mit den unterschiedlichen Interessen und Bedürfnissen von mehr Personen, mit heterogeneren Logiken von Institutionen, unterschiedlicheren räumlichen Bedingungen von Orten und eventuell auch Kulturen, also mit einer Vielzahl unterschiedlich strukturierter und kulturell geprägter Situationen. Es sprechen viele Gründe dafür, der *räumlich verhafteteren Person* B eher als der Person A den Titel *‚Kosmopolit'* zuzusprechen.

Dieser kleine Exkurs dient dazu, die aktuelle Mobilitätsforschung aufzufordern, ihren empirischen Gegenstand und den Begriff Mobilität weiterhin objektiv-kritisch zu betrachten und Überhöhungen zu vermeiden. Er zeigt aber auch, dass die *raum-zeitliche Mobilität* von Menschen zwar immer mit sozialen und weiteren Anforderungen einhergeht und auf allen Sozialdimensionen Effekte nach sich zieht, dass daraus aber nicht ohne Weiteres auf eine höhere Wahrscheinlichkeit für die Ausbildung bestimmter sozialer und kultureller Kompetenzen bzw. geistige Mobilität (vgl. Schneider 2005) geschlossen werden kann – zumindest was die arbeitsbedingte Mobilität betrifft. Die unterschiedlichen Lebensführungsarrangements in Mobilität verdeutlichen, dass raum-zeitliche Mobilität auch auf *sozialer und kultureller Verfestigung* basieren kann, zum Beispiel auf einer traditionalen Rollenteilung im Privatleben.[9]

Dass der Durchschnitt der Menschen auf der Welt immer mehr Kilometer immer schneller zurücklegt, muss nicht unbedingt heißen, dass die Menschen ‚mobiler' werden, weder körperlich noch inhaltlich, sozial, kulturell, im Raumbezug und qualifikatorisch. Hier wird in der einschlägigen Mobilitätsforschung

9 Diese Möglichkeit zeigen z.B. auch die Studien von Schneider et al. 2002 und Kesselring/Vogl 2010 auf.

jedoch oftmals mehr oder weniger implizit ein direkter Zusammenhang angenommen.

Zudem wird immer wieder konstatiert, dass Mobilität auch eine zentrale Basis für Demokratie bzw. *demokratische Teilhabe* ist.[10] Aber Mobilität kann auch genau das Gegenteil bewirken, da sie die Möglichkeit und das Bedürfnis zur Auseinandersetzung mit (oftmals eben lokalen bzw. sich erst nach einer gewissen Zeit an einem Ort zeigenden) Problemen be- oder verhindern kann. Dies ist vor allem dann der Fall, wenn die Mobilität im Arbeitskontext stattfindet, also recht dauerhaft, oftmals fremdorganisiert und immer auch mit einem gewissen Zwangscharakter (zumindest im Vergleich zur Freizeitmobilität). Die Bindungsproblematik bleibt bestehen, auch wenn es Anzeichen dafür gibt, dass mit neuen Kommunikationsmedien (vor allem Internet) auch neue Formen des intensiven gesellschaftspolitischen Engagements möglich sind.

Aus Sicht arbeitsbedingt mobiler Subjekte ist Mobilität manchmal ein Mittel zur Herstellung *sozialer Gleichzeitigkeit*, aber oftmals auch ein Hindernis für diese.[11] Entgrenzungs-, aber auch Individualisierungsprozesse allgemein stellen stetig steigende Integrationsanforderungen an die Subjekte, zum Beispiel in Paarbeziehungen oder Familien (Jurczyk 2009). Hier können technische Lösungen allenfalls kompensatorisch wirken, bestimmte regelmäßige und spontane Formen sozialer Nähe jedoch nicht ersetzen (vgl. Kesselring/Vogl 2010, S. 154f.).

Hinzu kommt eine weit verbreitete *Ideologie* (in Wirtschaft und Politik, aber auch in Teilen der Forschung), die Immobilität und Bindungen tendenziell negativ assoziiert, als traditional, rückwärtsgewandt, rückständig etc., und den Zusammenhang zwischen sozialer und raum-zeitlicher Bindung ausblendet. Systematisch wird der Bedarf an Bindung weniger thematisiert, da deren Notwendigkeit weniger anerkannt wird. In der Folge werden bestimmte *Mobilitätskosten ausgeblendet,* nämlich diejenigen, die die soziale Umgebung der Mobilen, aber oftmals auch diese selbst auf indirekten Wegen tragen. Zumindest werden sie nicht vollständig den Verursachern bzw. den Nachfragenden nach mobiler Arbeitskraft bzw. Mobilität, also den Betrieben und letztlich den Kunden in Rechnung gestellt.

Einerseits ist *Nicht-Mobilität* ein gängiges Mittel der *Disziplinierung,* zum Beispiel durch Gefängnisstrafe oder Führerscheinentzug etc. Andererseits hat sich gezeigt, dass soziale Festlegungen, wie das Eingehen von dauerhaften Verpflichtungen oder das Aufbauen (gleichberechtigter) lokal einbettender sozialer Beziehungen, oftmals mit einem sehr *‚weltoffenen'* oder einfach nur *‚sozial offenen'* Charakter einhergehen. Im Gegensatz dazu scheinen stark ungebundene

10 Bezogen auf den Luftverkehr z.B. Pompl 1991, S. 49.

11 Für die gesellschaftliche Ebene vgl. Rammler 2001, in Bezug auf Familie vgl. Schier et al. 2007.

Lokalisierungen und die mit Lokalität einhergehenden Verpflichtungen vermeidende Formen der Lebensführung entweder die Ausbildung eines stark egozentrierten Lebensstils (Typ C) oder die Tendenz zur Schnelllebigkeit, Unverbindlichkeit und Oberflächlichkeit (Typ D) zu fördern. Beides kann nicht im Sinne gesellschaftlicher Entwicklung sein. Räumliche Mobilität und soziale Bindungsfähigkeit zusammenzubringen ist also eine zunehmende Herausforderung, die sich nicht durch Mobilität ‚wie von selbst' ergibt, sondern durch diese tendenziell eher erschwert wird und aktiv hergestellt werden muss.

Nimmt man Mobilitätsarrangements in den Blick, die Arbeit und Privatleben übergreifend alle relevanten direkt oder indirekt mit der raum-zeitlichen Bewegung von Menschen verbundenen Entgrenzungsaspekte erfassen, fällt erst die Komplexität und auch die *Heterogenität von Mobilitätsarrangements* auf. Die in dieser Untersuchung sondierten vier Lebensführungsarrangements können hier einen guten Überblick geben und vielfach weiterhelfen, die Komplexität realer Praxis aufzugreifen und zu verarbeiten.

Menschen gehen mit (arbeitsbedingter) Mobilität unterschiedlich um – in Bezug auf Arbeit, Privatleben und das Verhältnis von Arbeit und Leben. So zeichnen sich manche beim alleinigen Blick auf die Arbeit hoch mobil erscheinende Arrangements auf der sozialen und kulturellen Ebene als extrem ‚immobil' aus – im Sinne von *‚geschlossen'* und eben nicht (welt-)*‚offen'*. Auf der anderen Seite ecken andere Personen in der *Arbeit* durch ihre Immobilität und raum-zeitliche Unflexibilität an, erweisen sich jedoch im *Privatleben* als hoch mobil, zum Beispiel indem sie für die Familie pendeln, ihrem Partner ebenfalls die Verwirklichung in der Arbeit ermöglichen, regen Kontakt zu ihren Kindern pflegen, über ein heterogenes soziales Umfeld verfügen etc. Das heißt, *die betrieblichen Flexibilitätsanforderungen stehen den familialen gegenüber.*

Um Mobilität in ihrer Komplexität zu verstehen, muss der Blick auch auf die *Lokalen* gerichtet werden, sei es in den Betrieben oder im Privatleben. So müssten zum Beispiel bei der Gestaltung betrieblicher und gesetzlicher Rahmungen von arbeitsbedingter Mobilität auch die verschiedenen Rollen der Residenten beachtet werden, die sie im individuellen Mobilitätsarrangement der Beschäftigten einnehmen. In der Regel werden in der (Interessen-)Politik Aspekte aus dem Privatleben gegenüber der Arbeit tendenziell nachrangig behandelt und auch seitens der (arbeitssoziologischen) Forschung findet das Privatleben weit weniger Aufmerksamkeit. Es soll noch einmal konstatiert werden, dass *Mobilität* in ihren *Chancen und Risiken* multidimensional gedacht werden muss. Eine pauschale kausale Verbindung von Mobilität und *sozialer und kultureller Flexibilität* (z.B. als ausgebildete Kompetenz bzw. ‚Motilität', vgl. Kaufmann 2003; Kaufmann et al. 2004) trifft angesichts der hier aufgezeigten Heterogenität der Lebensführungsmuster in Mobilität jedoch nicht die Wirklichkeit – zumindest nicht für arbeitsbedingte Mobilität. Bei manchen Arrangements zeigt sich, dass

Immobile (z.B. Partner, Freunde etc.) im Kontakt zu Mobilen mehr *multidimensionale Flexibilität* an den Tag legen müssen als die Mobilen selbst. Es hat den Anschein, dass nach den hier gewonnenen Erkenntnissen arbeitsbedingte Mobilität soziale und kulturelle Flexibilität zumindest nicht wahrscheinlicher macht.

Zugespitzt stellt sich die Frage, ob die zunehmende Forderung nach und Verbreitung von arbeitsbedingter Mobilität zwangsläufig zur *individuellen Vereinsamung* und *gesellschaftlichen Verwaisung* führt oder ob sich auch Gegentendenzen durchsetzen können (vgl. Abs. 4.1.1), zum Beispiel Forderungen nach einer *Entschleunigung* gesellschaftlicher Bereiche (Voß 2010a, S. 25). Gesellschaftspolitisch werden diese Überlegungen eher vermieden, wohl vor allem aus ökonomischen Wachstumsüberlegungen. So wird Mobilität primär als Raumproblem behandelt, das mit ökonomischen (und manchmal auch mit ökologischen) Kosten verbunden ist und das es vor allem mittels vermehrter Technik zu lösen gilt, zum Beispiel mit Blick auf Verkehr etc. Eher selten werden Forderungen an die (Verkehrs-)Politik laut, den gesellschaftlichen Mobilitätsanforderungen neben technischen Lösungen auch mit Vermeidungsstrategien und institutionellen Regelungen zu begegnen, unter anderem auch um Ungleichheit zwischen Mobilen und Lokalen zu vermeiden (Kesselring 2007, S. 844ff.).

Es ist offen, ob Entschleunigung oder andere (regulierte) Vermeidungsstrategien eine Chance haben. Ansätze für eine zumindest sozial nachhaltige arbeitsbedingte Mobilität müssen zum einen Arbeit und Privatleben zusammen in den Blick nehmen und zum anderen die individuellen Ausformungen von Lebensführungsarrangements beachten. So müsste nach passenden Karrieremodellen und Arbeits- und Beschäftigungsbedingungen gesucht werden, die nachhaltige Lebensführungskonzeptionen möglich machen. Im Moment forcieren die Zwänge der Arbeitswelt massiv eine Beschleunigung des Lebens, weitestgehend ohne die individuellen Lebenskonzeptionen systematisch zu beachten. Hier liegen Möglichkeiten der gesetzlichen und betrieblichen Regulierung brach. Ein weiterer Ansatz wäre, gezielt die tatsächlichen Kosten der Mobilität aufzudecken.

Fazit

Arbeitsbedingte Mobilität geht nicht zwangsläufig mit erhöhter sozialer und kultureller Kompetenz (bzw. Kosmopolitismus) einher. Teilweise zeigt sich genau das Gegenteil: soziale und kulturelle Verfestigung. Immobile können wesentlich ‚mobiler' bzw. flexibler sein als Mobile – vor allem in Partnerschaften zwischen arbeitsbedingt Mobilen und Residenten. Der von der Mobilitätsforschung oftmals konstatierte Zusammenhang zwischen einer erhöhten räumlichen Mobilität (Distanzen) und multipler Flexibilität (räumlich, zeitlich, sozial, inhaltlich, kulturell etc.) ist fraglich. Ebenso verhält es sich in der politischen Dimension: Eine gewisse Mobilität ist zwar notwendig für die demokratische Teilhabe, andererseits kann Mobilität aber (dauerhaftes) gesellschaftspolitisches Engagement auch verhindern. Inwieweit hier neuere Kommunikationsmedien neue Wege eröffnen, muss sich zeigen. Allgemein lässt sich eine Tendenz zur ideologischen Ausblendung der Notwendigkeit und Flexibilität von Lokalität feststellen. In der Empirie zeigt sich eine hohe Heterogenität im Umgang mit arbeitsbedingter Mobilität – ‚weltoffen' und auch ‚geschlossen'. Oftmals besteht eine Konkurrenz zwischen Flexibilität in der Arbeit und im Privatleben – wobei letzteres (in Wissenschaft und Praxis) selten anerkannt wird. Insgesamt ist eine Bewertung der ‚Beweglichkeit' von Subjekten als soziale und kulturelle Kompetenz auf der Basis des Zugangs zu räumlicher Mobilität anzuzweifeln. Für die Mobilitätsforschung bedeutet dies, Mobilität als eine Anforderung und Möglichkeit zu betrachten, bei deren Bearbeitung sich die gleichen Facetten des Umgangs von Subjekten mit Offenheit, Unsicherheit und sozialem Wandel (konstitutiver und transformierender Entgrenzung) zeigen, wie dies in anderen Lebensbereichen auch der Fall ist. Der Zugang zu Mobilität kann natürlich recht ungleich sein, der Umgang mit Mobilität ist jedoch ein Aspekt der alltäglichen Lebensführung, also ein Teil der Systematik der Bewältigung des gleichermaßen mobilen wie nicht mobilen Alltags.

Zusammenfassende Aussagen zu arbeitsbedingter Mobilität

- Arbeitsbedingte Mobilität ist eine zusätzliche *Anforderung,* die in allen Lebensbereichen verstärkte Einbettungsmaßnahmen und die individuelle Auseinandersetzung mit Lokalität (u.a. Residenten) erfordert.
- Arbeitsbedingte Mobilität äußert sich auch als *Machtressource* (z.B. als Legitimationsmöglichkeit von Lebensführungsarrangements), die unterschiedlich genutzt wird. Die konkrete Ausgestaltung von Mobilitätsarrangements ist Gegenstand von Aushandlungen (z.B. über die Verteilung der [sozialen] *Kosten* der Mobilität).
- Arbeitsbedingte Mobilität ist auch Gegenstand betrieblicher Rationalisierung. Hierbei geht es um die Einsparung von Mobilitätskosten bei gleichzeitiger Erhöhung von Mobilitätsanforderungen. In der Folge wird ein Teil der Mobilitätskosten auf die Mobilen übertragen – *Subjektivierung* der Selbstmobilisierungs- bzw. Selbststeuerungskompetenz. Lokalisierungsfähigkeit und Navigationskunst werden relevanter, der Spielraum zu ihrer Anwendung aber immer enger. Damit steigt der *Zwangscharakter* arbeitsbedingter Mobilität.
- Im Zuge dieser Rationalisierungsstrategie gewinnt der *körperliche* Aspekt arbeitsbedingter Mobilität an Relevanz. Dies ist ein Ausdruck von *De-Qualifizierung* mobiler Arbeit.

- In der Folge verschärft sich zudem *Ungleichheit* auf allen Ebenen, sowohl bei der strukturellen bzw. *institutionellen Rahmung* arbeitsbedingter Mobilität als auch zwischen den *individuellen Mobilitätspraktiken* der Mobilen.
- Je nach dem individuellen Umgang mit arbeitsbedingter Mobilität (in der Arbeit und im Privatleben) nimmt der Druck auf die Lebensführungsarrangements unterschiedlich zu, jeweils verbunden mit neuen Chancen und Risiken. *Ungleichheit strukturiert sich auch entlang von Lebensführung* – vor allem bezüglich der Verteilung von Mobilitätskosten (z.B. zwischen Unternehmen, Mobilen und Immobilen).
- Vor dem Hintergrund der Heterogenität im Umgang mit arbeitsbedingter Mobilität erscheint die typische Unterscheidung der Mobilitätsforschung zwischen *Mobilen* und *Immobilen* unterkomplex und in vielerlei Hinsicht problematisch. Auch der von der Mobilitätsforschung oftmals konstatierte Zusammenhang zwischen einer erhöhten *räumlichen Mobilität* und *multipler Flexibilität* ist höchst fragwürdig. So geht arbeitsbedingte Mobilität zum Beispiel nicht zwangsläufig mit erhöhter sozialer und kultureller Kompetenz (bzw. Kosmopolitismus) einher. Teilweise zeigt sich genau das Gegenteil. Immobile können wesentlich ‚mobiler' bzw. flexibler sein als Mobile – ganz besonders in Partnerschaften zwischen arbeitsbedingt Mobilen und Residenten. Die Differenzierung Mobilität/Immobilität ist also erheblich weniger aussagekräftig als die Differenzierung nach Lebensführungstypen im Umgang mit Mobilität.

11.1.2 Entgrenzung

Ein Ziel der Untersuchung war es, *multipler Entgrenzung* von Arbeit, also dem Zusammenwirken von verschiedenen Entgrenzungsprozessen (vgl. Abs. 4.3.5), auf den Grund zu gehen, diese in ihren Folgen einzuschätzen und dabei über die bloße Feststellung von Ambivalenz und prinzipieller Offenheit des Prozesses hinauszugehen. Hier wurde der empirische Zugang über arbeitsbedingte Mobilität gewählt. Die Überlegung war, dass arbeitsbedingte Mobilität nicht nur mit raum-zeitlicher Entgrenzung, sondern in der Folge auch mit vielen weiteren Formen der Auflösung von Gewissheiten und festen Strukturen einhergeht. Piloten eignen sich hier besonders gut als Untersuchungsgegenstand, da ihre Mobilität strukturell wie individuell intensiv eingebettet ist; zum Beispiel in gesetzliche und betriebliche Regelungen, in die Arbeitsorganisation, in Arbeitshandeln, aber auch in die entsprechenden privaten sozialen Strukturen – bzw. in Lebensführungsmuster insgesamt.

Dabei wurde arbeitsbedingte Mobilität auf *drei Ebenen* betrachtet, in dem gesellschaftlichen Kontext, in dem sie stattfindet, in ihrer (betrieblichen) Organisation und im konkreten Handeln der Mobilen. Dies geschah mit einem dezidiert subjektorientierten Blick (Bolte 1983; Pongratz/Voß 1997b; Kleemann et al. 2003) und insgesamt mit einem starken Fokus auf die tägliche Praxis der Mobilen. Auf diese Weise lassen sich Entgrenzungsaspekte als ‚Bündel' betrachten, da sie letztlich im *Subjekt* zusammentreffen und dort auch in ihren Folgen eingeschätzt werden können. Die besondere Rolle, die dem Subjekt dabei zukommt, macht eine *Arbeit und Leben* umfassende Konzeption notwendig, also ein Vorgehen, das Arbeit und Privatleben, inklusive der individuellen Prioritätensetzung und der Erwartungen in Bezug auf beide Sphären, einschließt und in Verbindung setzt.

Um dem Verständnis des komplexen Zusammenspiels von Entgrenzungsprozessen und ihrem Wandel näher zu kommen, bot sich zudem die Differenzierung von Entgrenzungsaspekten entlang der bekannten *Sozialdimensionen von Entgrenzung* an (also zeitlich, räumlich, sozial, inhaltlich, qualifikatorisch, technisch, organisational, sinnhaft/kulturell/motivational und Vermittlung von Arbeit und Leben). Gerade wenn verschiedenartige Entgrenzungsprozesse zusammentreffen und die Rahmenbedingungen für das Handeln von Subjekten verändern, hilft diese inhaltliche Unterscheidung weiter, um durch klare Trennung gegenläufige, kumulierende oder auch zueinander neutrale Strukturveränderungen unterscheiden zu können. So können zum Beispiel Möglichkeiten eröffnende und Möglichkeiten verhindernde Auswirkungen sondiert werden.

Wenn sich Piloten etwa für eine partielle Bodenarbeit entscheiden, geschieht dies oft mit dem Ziel, die arbeitsbedingte Mobilität *raum-zeitlich* zu begrenzen (Arbeit zu Bürozeiten an einem festen Ort). Zugleich wird jedoch die *inhaltlich-zeitliche* Begrenzung der mobilen Arbeit (abgeschlossene Arbeit) für diese Zeit zum Teil aufgehoben bzw. entgrenzt, da nun vermehrt auch Arbeitsinhalte in die private Zeit zu Hause getragen werden. Durch Bodenarbeit resultiert also ein *neuer Mix an Formen der Ent- und Belastung:* Die körperliche Beanspruchung und die Folgen der raum-zeitlichen Fremdplanung nehmen ab, dafür wachsen Belastungen, die mit Selbstorganisation verbunden sind. Eine eher körperbezogene Fremdplanung (im Sinne einer *Objektivierung*) wird teilweise ersetzt durch eine Fremdplanung, die das Subjekt eher umfassender betrifft. Sie kann sich zum Beispiel auf die Fähigkeit zur Selbstorganisation beziehen (im Sinne von *Subjektivierung*). Es lassen sich *verschiedene Stufen der Fremdplanung* unterscheiden, wie *körperliche* und *selbstorganisationale, inhaltliche* (Fachwissen etc.) und *soziale* etc.[12]

---

12 Es zeigen sich Parallelen zu den drei bzw. vier Grundlogiken der Lebensführung (traditional, strategisch, situativ und gemeinschaftlich). Modernisierungstheoretisch gedacht, steht die Lebensführung ja für Grundlogiken, die bestimmte historische Abschnitte des gesellschaftlichen Wandels kennzeichnen. Ein wesentlicher Aspekt, der diese Stufen gesellschaftlicher Entwicklung prägt, ist die jeweils vorherrschende typische Form der Ar-

Mit der Entscheidung, sich auf einen klaren *empirischen* Gegenstand zu konzentrieren (arbeitsbedingte Mobilität), hier die *Subjekte* umfassend in den Mittelpunkt zu stellen (Arbeit und Leben von Piloten) und Entgrenzungsprozesse entlang der *Sozialdimensionen* zu differenzieren, konnte die Komplexität multipler Entgrenzung handhabbar gemacht werden. Dennoch bleibt vor allem bei der Einschätzung der Folgen multipler Entgrenzung das Problem der Ambivalenz vorerst bestehen. Zum Beispiel folgt aus einer technischen Veränderung oftmals auch eine arbeitsinhaltliche, das Aufgabenspektrum betreffende Entgrenzung. So kann die Grenze zwischen ursprünglich fachlicher und administrativer Tätigkeit durch Informationsmanagementsysteme verwischen und die ursprüngliche Arbeit um neue Tätigkeiten erweitert werden. Dieser Vorgang kann zur Qualifizierung beitragen und eine Arbeitserleichterung darstellen, er kann aber auch so gestaltet werden, dass das Arbeitspensum und die Belastung steigen, und zudem mit De-Qualifizierung einhergehen. Deshalb ist es notwendig, Entgrenzung von Arbeit als *Gestaltungsprozess* zu betrachten und nach dessen Richtung (Ziel, Zweck etc.) und *Aufwand* bzw. *Kosten* (Ressourcen, Organisation etc.) zu suchen. Im Folgenden werden die wesentlichen Grundüberlegungen hinter dieser Herangehensweise an Entgrenzung vorgestellt.

Konstitutive und transformierende Entgrenzung: Entgrenzung als Handlung und Struktur

Ein erster Schritt in die Richtung, Entgrenzung als Gestaltungsprozess zu betrachten, ist die Unterteilung in *konstitutive* und *transformierende* Entgrenzung (vgl. Ergebnisbericht 2010). Mit Blick auf spezielle Berufe bzw. Tätigkeiten sollen jene Aspekte, die eher mit der Ausführung der Kerntätigkeit an sich zu tun haben, von solchen unterschieden werden, die eher auf die (veränderten) Rahmenbedingungen zurückgeführt werden können. Diese Unterscheidung verfügt natürlich über keine klare Trennlinie und zudem sind Kerntätigkeiten und Rahmenbedingungen interdependent und im ständigen Wandel. In Bezug auf die arbeitsbedingte Mobilität von Piloten wurden als ‚konstitutiv' die Entgrenzungsaspekte eingestuft, die von den interviewten Piloten als mehr oder weniger schon immer zu ihrer mobilen Arbeit dazugehörend beschrieben wurden. Mit

---

beitsorganisation. So versinnbildlicht die frühindustrielle Zeit eine tayloristische Arbeitsorganisation, die vor allem die körperlichen Aspekte (Fertigkeiten) der Arbeitenden nutzt, die entwickelte Industriegesellschaft steht für eine fordistische Einbettung der Arbeit, die verstärkt auch auf inhaltliche Fähigkeiten setzt, und eine Zunahme selbstorganisationaler Anteile wird als kennzeichnend für die postindustrielle Arbeitsorganisation angenommen. Hinzu kommt die schon immer parallel laufende Notwendigkeit und Nutzbarmachung der sozialen Fähigkeiten von Arbeitenden, wie kulturelle Bindung, Kooperation etc.

der ‚transformierenden' Entgrenzung wurde hingegen der aus ihrer Sicht für die Arbeit und den Beruf relevante aktuelle Wandel beschrieben, der eher von außen induziert ist und auf neueren gesamtgesellschaftlichen Entwicklungen beruht, wie Ökonomisierung, Liberalisierung, Deregulierung, Technisierung (Informatisierung, Automatisierung etc.) und den daraus folgenden betrieblichen Veränderungen. Diese eher methodische Trennung ermöglicht es, den *Prozesscharakter* von Entgrenzung genauer zu betrachten. Sie ist auch deshalb sinnvoll, weil sie es erlaubt, den aktuellen Wandel und die sich andeutenden Tendenzen deutlich und nachvollziehbar von denjenigen (Entgrenzungs-)Aspekten der Arbeit zu trennen, die es ‚schon immer' gegeben hat.

Konstitutive Entgrenzung erscheint als ein eher dauerhaftes und für den Beruf typisches abgestimmtes Bündel von einzelnen Entgrenzungsaspekten, die bereits durch Regulierungen gerahmt und in Strukturen und individuelle Arrangements und Strategien eingebettet sind. Sie ist Ort für auf Dauer gestellte Qualifikation, Berufsbildung, Spezialisierung etc. und konstitutive Basis für Lebensführungsarrangements im Umgang mit multipler Entgrenzung. Sie repräsentiert den strukturellen Aspekt bzw. institutionalisierten Anteil von Entgrenzung.

Transformierende Entgrenzung äußert sich eher durch ein oftmals konflikthaftes Zusammentreffen einzelner neuartiger Entgrenzungsprozesse, die stark interessengeleitet, strategisch und oftmals landnehmend ausgerichtet sind. Als umkämpfter Raum bieten diese Prozesse neue Chancen und zugleich neue Risiken. Hier zeigt sich die Handlungskomponente bzw. der Prozesscharakter von Entgrenzung.

Konstitutive und transformierende Entgrenzung unterscheiden sich also in ihrer jeweiligen ‚Eingespieltheit', in ihrer Dauer bzw. in ihrem ‚Alter' – oder auch in ihrer jeweiligen Affinität zu Struktur oder Handlung. Dennoch sind sie beide Teil sozialen Wandels. Konstitutive Entgrenzung bildet den Rahmen für transformierende Entgrenzung, transformierende Entgrenzung verändert auf Dauer aber auch konstitutive Entgrenzung (vgl. Kap. 9).

Fazit

Die (künstliche) Unterscheidung zwischen konstitutiver und transformierender Entgrenzung macht es möglich, Entgrenzung sowohl als strukturellen Aspekt bzw. einen fixen Zustand als auch als Prozess zu begreifen und beide Seiten von Entgrenzung konzeptionell voneinander getrennt zu betrachten. Damit entsteht ein Link zwischen Handlung und Struktur, der vor allem den Blick auf Macht bzw. die Gestaltbarkeit von Entgrenzung ermöglicht.

Richtung und Aufwand von Entgrenzung – eine Frage der Macht

Die Aufteilung in *konstitutive* und *transformierende* Entgrenzung ermöglicht es also, Entgrenzung auch als interessengeleitete Aushandlungsprozesse zu erkennen. Es wurde konstatiert, dass sich die aktuelle transformierende Entgrenzung – also der Prozesscharakter – vor allem als *Rationalisierung* äußert, die (sowohl in der Arbeit als auch im Privatleben) zunehmend auf die Selbststeuerungskompetenz von Subjekten setzt – also auf Subjektivierung. Dies kann – abhängig vom Gestaltungsspielraum – als erhöhter Druck, Risiko, Zwang etc. oder als Erleichterung, Chance, Freiheit bzw. als Mitbestimmungs- und Gestaltungsmöglichkeit wahrgenommen werden.

Will man die Vor- und Nachteile der einzelnen Veränderungsprozesse betrachten und deren Zusammenwirken – also multiple Entgrenzung – verstehen, ist es sinnvoll, Entgrenzung als Auflösung von institutionalisierten *Strukturierungskosten* oder geregeltem Organisationsaufwand zu begreifen. Gleichzeitig geht Entgrenzung oft mit der Möglichkeit, aber auch mit der Dringlichkeit neuer *Begrenzung* einher (vgl. Abs. 4.3.4). Im Wechselspiel zwischen Ent- und Begrenzung zeigt sich der dynamische Charakter von Entgrenzung als Strukturauflösung und Neubildung (bzw. Strukturierung). Strukturen sichern jedoch nicht nur *soziale Ordnung* und bieten *Orientierung,* sie sind auch mit einem gewissen Aufwand verbunden, sowohl bei ihrer Erstellung als auch vor allem bei ihrem (anschließenden) Erhalt. Entgrenzung setzt diese in Strukturen gebundene ‚Energie' bzw. *Arbeit* frei. Und auch die Einschränkungen, die als Folge der Strukturen entstehen (z.B. verhindertes Verwertungspotenzial), werden von ihrer strukturellen Begrenzung entbunden. Entgrenzung lässt sich damit (als Resultat und) als Prozess der *Freisetzung von Organisationskosten* bezeichnen. Sollen die bislang durch strukturelle Einbettung abgesicherten Funktionen zum Teil oder ganz aufrecht erhalten werden oder neue Funktionen erzielt werden, müssen *neue Formen der Bindung* geschaffen werden. Dies erfordert Begrenzungsleistungen und geht folglich mit neuen *Kosten* bzw. mit *Arbeit* einher. Die Frage ist, wer diese Arbeit leistet bzw. auf welche Ressourcen zurückgegriffen wird. Bezogen auf Arbeit wirkt (betriebliche) Entgrenzung oftmals als Externalisierung von *Kontroll-, Steuerungs-, Organisations-* und *Ordnungskosten,* die eher intransparent bleiben, deren Abwesenheit oft auch mit Freiheitsaspekten konnotiert ist und die häufig *Arbeit und Leben* (das Subjekt und seine soziale Umgebung) umfassen.

Entgrenzung als *Gestaltungsprozess* zu verstehen bedeutet aber auch, dass eine Richtung (bzw. eine Funktion, Intention etc.) impliziert wird. Prozesse zielen auf etwas ab, was nicht unbedingt eintreten muss, aber die Richtung des Handelns bzw. die Funktion der Strukturveränderung angibt. Ent- und Begrenzung sind also auch die *Auflösung* und *Neuausrichtung* der *Zielsetzung* bzw. *Funktion* von Strukturen.

Entgrenzung als *Prozess* (transformierende Entgrenzung) läuft auf der Handlungsebene damit auf die folgenden zwei Fragen hinaus:

- Wer *trägt* (in welchem Maß) den Strukturierungsaufwand bzw. die *Kosten* für Planung, Einrichtung und Aufrechterhaltung der neuen bzw. veränderten Strukturen?
- Wer *bestimmt* (in welchem Maß) über die *Ziele* bzw. Funktionen der neuen bzw. veränderten Strukturen?

Damit ist Entgrenzung eine Frage der *Macht*. Es geht um den Einfluss auf die *Richtung* von aktuellen, also transformierenden Entgrenzungsprozessen und die Neuverteilung von Ressourcen bzw. Aufwand. Nur in der systematischen Verbindung dieser zwei Faktoren – Aufwand und Ziele – lässt sich der Grad an Selbst- oder Fremdbestimmung in Entgrenzungsprozessen näher bestimmen. Es geht um die Macht, die Ziele zu setzen (zu kontrollieren und zu sanktionieren) und die Kosten zu verteilen.

Dies lässt sich zum Beispiel an den zwei *Seiten der Subjektivierung* festmachen:

Wenn bei der Auflösung von Strukturen die Möglichkeit und Aufgabe der Ordnung der neu entstandenen Handlungsspielräume und -zwänge den Subjekten überlassen bleibt, wird dies in der Soziologie üblicherweise als Subjektivierung bezeichnet.

- Trägt das Subjekt nur den *Strukturierungsaufwand* ohne die Möglichkeit, die Funktionen oder Ziele (neu) zu gestalten, dient die Subjektivierung (allein) der Rationalisierung in Form der Externalisierung von Organisationskosten.[13] Dies wird allgemein als negative Subjektivierung bezeichnet.
- Ist es Subjekten jedoch möglich, die *Ziele* und *Funktionen* bei veränderten Bedingungen zu bestimmen, ohne den Aufwand tragen zu müssen, entspricht dies der mächtigen, gestalterischen, mit Freiheit verbundenen Seite der – positiven – Subjektivierung.

Ähnlich verhält es sich für alle weiteren Grundformen von Entgrenzung, beispielsweise wenn in Betrieben (Re-)Strukturierungsaufgaben bei neu entstandenen Handlungsräumen der Gemeinschaft überantwortet werden („Vergemeinschaftlichung"), dem Markt übergeben werden („Vermarktlichung") oder wieder von den Betrieben übernommen werden („Verbetrieblichung") (Huchler et al. 2007, 2012; Huchler 2011).

---

13 Dies ist oft im betrieblichen Kontext, also bei der Subjektivierung von Arbeit, der Fall; z.B. beim Übergang von Fremdsteuerung zur indirekten Selbststeuerung bzw. bei der Übertragung der „Transformationskosten" (Huchler et al. 2007) auf die Subjekte.

Beides – also das alleinige Tragen der Kosten, aber auch die Macht, losgelöst von diesen über die Ziele zu entscheiden – birgt jedoch die Gefahr der *Entfremdung.* Je weiter die *Gestaltungsmacht* und die *Verpflichtung zur Umsetzung* auseinanderdriften, desto stärker wird das entfremdende Moment in der Arbeit. Dies ist vor allem bei der aktuell häufigen Form betrieblicher Rationalisierung der Fall, bei der das Management über die Zielsetzungen der Arbeit, ihre Ausgestaltung, ihre Bewertung etc. entscheidet und die Ressourcen zu deren Erreichung (vor allem Personalkosten) einschränkt. Oftmals bleibt den Beschäftigten dann nur noch die ‚Freiheit', geeignete Mittel und Wege zu finden und die damit verbundenen Kosten zu tragen (Mehrarbeit, Abstimmungsprobleme, Stress und Demotivation etc.).

An vielen Stellen der im Kapitel 8 beschriebenen aktuellen Rationalisierungsmaßnahmen zeigen sich solche Entfremdungsprozesse entlang unterschiedlicher Dimensionen, etwa eine Entfremdung vom *Arbeitsinhalt* und in der Folge auch eine Distanzierung vom Beruf, von den Kollegen, vom Management und vom Betrieb insgesamt. Im Luftverkehr nimmt die Entfremdung mit dem zunehmend – aus Sicht der Mitarbeiter – als ‚negative' Entgrenzungs- bzw. Rationalisierungs- und Subjektivierungsprozesse gestalteten Wandel der Arbeit aktuell zu.

Fazit

Die getrennte Betrachtung der transformierenden Entgrenzung ermöglicht es, Entgrenzung (auch) als interessengeleiteten Aushandlungs- bzw. Gestaltungsprozess zu verstehen. Bei der Entgrenzung von Arbeit äußert sich dieser Prozess aktuell vor allem als rationalisierende Subjektivierung von Organisations- bzw. Begrenzungskosten. Inwieweit über die Ziele und die Verteilung der Kosten von Strukturveränderungen entschieden werden kann, ist entscheidend für die Macht bzw. den Grad an Selbst- bzw. Fremdbestimmung im Entgrenzungs- bzw. Subjektivierungsprozess.

Entgrenzung als Gestaltungsprozess

Es hat sich gezeigt, dass sich Entgrenzung als *gestaltbare* Strukturveränderung begreifen lässt, die mit einer *Richtung* (Intention/Funktion) und einem *Aufwand* verbunden ist. Vor allem die jüngeren, hier als transformierende Entgrenzung bezeichneten Prozesse lassen sich recht klar in ihren Hintergründen verfolgen. Aber auch die als konstitutiv entgrenzend definierten Anteile traditionell entgrenzter (z.B. mobiler) Arbeit wurden einst auf demselben Wege eingerichtet. Während transformierende Entgrenzung vor allem den Wandlungsprozess bzw. Handlungen in den Blick nimmt, zielt die kontitutive Entgrenzung eher auf die strukturelle Komponente bzw. verfestigte Zustände ab. Mit Blick auf beide

Aspekte der Entgrenzung (Handlung und Struktur) lässt sich konstatieren, dass es letztlich eher darum geht, wer was in Entgrenzung wie gestalten kann. Dies ist eine Frage der *Macht,* also der Verfügungsgewalt über Ressourcen, Kompetenzen und Einstellungen zur Durchsetzung bestimmter Interessen.

Entgrenzung kann auf individueller Ebene gestaltet werden. Hier geht es jedoch eher um den *Umgang mit Entgrenzung.* Das hier hergeleitete Konzept von Entgrenzungs- bzw. Lebensführungstypen zeigt diesbezüglich die unterschiedlichen Möglichkeiten und Formen und die damit jeweils einhergehenden Folgen in Arbeit und Privatleben auf. Die bei der Typenbildung vollzogene Gegenüberstellung einer *sozialen* (horizontalen) und einer *strukturellen* (vertikalen) Dimension von Entgrenzung machte es möglich, eine implizite ‚(Wert-)Haltung' des Subjekts im Umgang mit Entgrenzung einzuführen. Die Bedeutung dieser Vorgehensweise lässt sich besonders gut in Bezug auf das Themenfeld Arbeit und Leben verdeutlichen. Hier wird Entgrenzung ganz offensichtlich mit einer ‚Richtung' versehen. Das heißt, anstatt nur von einer zunehmenden Entgrenzung von Arbeit und Leben zu sprechen, wird bei der Typenbildung formuliert: Mehr Entgrenzung zwischen Arbeit und Leben ist ...

- *bestimmt durch Arbeit:* Arbeit weitet sich in die Lebensbereiche aus, oder
- *bestimmt durch Privatleben:* Aspekte des Privatlebens nehmen in der Arbeit zu.

Diese Logik lässt sich auch auf andere Kontexte der Entgrenzung von Arbeit übertragen. Mit Blick auf die Lebensführung geht es um die Frage, wie sich das Subjekt in den Entgrenzungsprozess *einbringt.* Wie *eignet* es sich welche Spielräume der Entgrenzung *an,* um welche Ziele zu erreichen? Aber auch: Wie geht es mit den *Folgen* (bzw. *Kosten*) der Entgrenzung um? Denn verschiedene Lebensführungsmuster gehen mit einer unterschiedlichen Verteilung der Kosten der Entgrenzung einher. In der Regel entstehen für arbeitsbedingt Mobile umso weniger *direkte, individuelle* Kosten, je mehr sie die Ziele des Unternehmens übernehmen, dafür fallen dann jedoch erhebliche *indirekte, soziale* Kosten an. Ein besonders gut beforschtes Beispiel ist die Entscheidung für oder gegen einen arbeitsbedingten Umzug (arbeitsbedingte Flexibilität). Durch ihn können einerseits hohe individuelle Kosten vermieden werden (z.B. Pendeln). Andererseits bedeutet ein Umzug jedoch oftmals einen erheblichen Eingriff in das soziale Leben der gesamten Familie (Jobchancen des Partners, Verlust sozialer Bindungen etc.)[14] (vgl. Limmer 2005; Schneider/Limmer 2008).

---

14 Die ‚Gewinner' – finanziell, karrierebezogen, aber auch mit Blick auf familiäre Aspekte – sind nach Schneider und Limmer (2008) die Umzugsmobilen, während Pendler auf Dauer in all diesen Aspekten deutlich schlechter dastehen als Umzugsmobile oder auch Immobile.

Jedoch reicht es nicht, nur die *Handlungsseite* von Ent- und Begrenzung zu betrachten, also wie Subjekte mit Entgrenzung umgehen. Denn dies ist stark davon abhängig, wie Ent- und Begrenzungsprozesse gestaltet und in welche weiteren Strukturen sie eingebettet sind. Sie bestimmen die Freiheiten und Zwänge des Handelns in Entgrenzung. Ent- wie auch begrenzende Strukturbedingungen treten beide sowohl als Aspekte der Freiheit wie auch des Zwangs auf. Subjekte bewegen sich immer zwischen diesen beiden Polen. Ohne diese Gleichzeitigkeit ist Bewegung gar nicht möglich. Die Auflösung von Strukturen ist notwendig, um Handeln zu ermöglichen. Aber ebenso sind die ständige Strukturneubildung und der Strukturerhalt eine Bedingung für (orientiertes) Handeln.

Freiheit und Zwang sind daher erst einmal *unabhängig* von Ent- und Begrenzung und daher ein guter Indikator für die *Bewertung* von sozialem Wandel. Mit der Frage, ob Entgrenzungsprozesse jeweils von den Subjekten aktuell als Freiheit oder als Zwang empfunden werden, würde die Bewertung jedoch den einzelnen Subjekten überantwortet, was nicht selten zu Ungunsten der Subjekte ausgeht. Eine andere Möglichkeit wäre zu fragen, inwieweit die jeweiligen Einzelaspekte des Entgrenzungsprozesses tatsächlich nicht nur neue Handlungsräume eröffnen, sondern auch die *Mittel* für die Durchsetzung individueller *Interessen* in diesen Räumen bereit halten (inklusive der Möglichkeit zu entscheiden, dass sich nichts ändern soll). Entgrenzung als *Gestaltungsprozesse* zu begreifen bedeutet, die Sensibilität für die ‚dahinter liegenden' *Interessen* zu schärfen und den Möglichkeiten der Einflussnahme auf die Zielsetzung und die Verteilung des Aufwands nachzugehen.

Fazit

Sowohl die aktuellen als auch die bereits institutionalisierten Entgrenzungsprozesse können auf Interessen zurückgeführt werden. Zu deren Untersuchung bietet sich auf der individuellen Ebene die Lebensführung als Gegenstand an. Die bei der Typenbildung eingeführte Unterscheidung zwischen einer sozialen und einer strukturellen Dimension von Entgrenzung macht die Erfassung einer Werthaltung seitens der Subjekte bei der Gestaltung von Entgrenzung in/mittels ihrer Lebensführung möglich. So lassen sich verschiedene Positionierungen zwischen struktureller Ent- und Begrenzung sowie beim Umgang mit den sozialen Folgen erfassen (z.B. entgrenzt oder begrenzt, externalisierte oder selbst getragene Kosten). Letztlich lässt sich aus der grundlegenden Überlegung, dass für Handeln/sozialen Wandel immer beides – Ent- und Begrenzung – Voraussetzung ist, folgern, dass die Begriffspaare Freiheit/Zwang und Ent-/Begrenzung erst einmal unabhängig voneinander gedacht werden müssen. Handlungsräume in Entgrenzung lassen sich daher am ehesten anhand der Frage nach der Möglichkeit der Einbringung individueller Interessen beurteilen.

Zusammenfassende Aussagen zu Entgrenzung

- Entgrenzung muss als *Zustands-* (Struktur) wie als *Prozessbeschreibung* (Handlung) verstanden werden – was hier durch die Unterscheidung zwischen *konstitutiver* und *transformierender* Entgrenzung systematisch verfolgt wurde.
- Vor allem der Blick auf den *Prozesscharakter* (transformierende Entgrenzung) macht es möglich, die *Gestaltbarkeit,* die *Macht-* und die *Interessenaspekte* der Entgrenzung (von Arbeit) zu erfassen. Hier geht es um den Einfluss auf die Ziele und die Verteilung der Kosten von Ent- bzw. Begrenzungsprozessen. Die Möglichkeit der Einbringung individueller Interessen in den Prozess bestimmt den Grad an *Fremd-* bzw. *Selbstbestimmung.*
- Mit dem Blick auf Macht und Ungleichheit lassen sich auch die bereits *institutionalisierten Entgrenzungsprozesse* (konstitutive Entgrenzung) betrachten. Dies wurde hier möglich durch die Gegenüberstellung einer *strukturellen* und einer *sozialen Dimension* von Entgrenzung bei der Typenbildung. Die soziale Dimension spiegelt den Umgang mit den (möglichen) Folgen der Entscheidung zwischen Ent- und Begrenzung auf der strukturellen Ebene und damit eine gewisse Werthaltung wider.
- Letztlich kann konstatiert werden, dass Entgrenzung (sowohl als Prozess- als auch als Strukturbeschreibung) eine Begleiterscheinung und Folge von *interessengeleiteten Gestaltungsprozessen* ist. Entgrenzung bzw. Begrenzung lassen sich nicht von vornherein Freiheit bzw. Zwang zuordnen. Für eine solche Einschätzung müssen zum einen die Zielsetzungen, Funktionen und Interessen und die entsprechenden relevanten Akteure identifiziert werden, zum anderen muss die (Neu-)Verteilung der zur Gestaltung des Prozesses und vor allem zur Aufrechterhaltung des veränderten Zustands notwendigen Ressourcen, Mittel, Kosten aufgedeckt werden.

11.1.3 Alltägliche Lebensführung

In ihrer allgemeinsten Form spiegelt die Alltägliche Lebensführung Muster im Umgang von Subjekten mit ‚Offenheit' wider, also wie Subjekte ihren Alltag strukturieren (vgl. Abs. 4.5). Bereits recht früh in der Entstehung des Konzepts der Alltäglichen Lebensführung wurde diese Offenheit oder auch Unsicherheit mit arbeitsbedingter Mobilität in Verbindung gebracht (z.B. Jurczyk 1995; Behringer 1998, 2007; Pelizäus-Hoffmeister 2001; vgl. Abs. 4.5.6). Die Übertragung auf den Zusammenhang von arbeitsbedingter Mobilität und Entgrenzung lag daher sehr nahe. Im Anschluss an bereits bestehende Überlegungen zur multiplen Entgrenzung von Arbeit (vgl. Abs. 4.3.5) ging es hier darum, das Zusammenspiel verschiedenartiger Entgrenzungsprozesse und ihrer Folgen Arbeit und Leben übergreifend zu erfassen und Systematiken herauszuarbeiten, wie dieses

Zusammenspiel funktioniert. Hier bot sich das Konzept der Alltäglichen Lebensführung an, vor allem um Strategien und Arrangements der mobilen Subjekte im Umgang mit Entgrenzungsprozessen zu sondieren, aber auch um die jeweiligen Strukturbedingungen zu betrachten, die dafür notwendig sind bzw. die einem stabilen Arrangement entgegenstehen. Der Alltäglichen Lebensführung habe ich mich auf verschiedenen Abstraktionsstufen genähert: Zuerst wurden Formen und Strategien sondiert, wie Piloten in der Arbeit, im Privatleben und mit Bezug auf Arbeit und Leben mit dem Bündel an Entgrenzungsaspekten umgehen, das in ihrer arbeitsbedingten Mobilität begründet ist. Diese wurden dann zu Lebensführungsformen im Umgang mit arbeitsbedingter Mobilität und Entgrenzung zusammengeführt und schließlich auf die allgemeinen Formen Alltäglicher Lebensführung übertragen, wobei hier eine vierte Form identifiziert werden konnte: die gemeinschaftliche Lebensführung.

Lebensführung als individuelles Arrangement und allgemeine Handlungslogik

Lebensführung wurde hier also in unterschiedlichen Aggregationsgraden einerseits anhand von *individuellen Arrangements* in einem speziellen Gefüge (arbeitsbedingter Mobilität) untersucht, andererseits wurden systematisch Hinweise für verallgemeinerbare Aussagen in Richtung *allgemeiner Typen* im Umgang mit Entgrenzung aufgegriffen. Dieses abgestufte Vorgehen ist deshalb sinnvoll, weil die Lebensführung von Subjekten zum einen von einer Vielzahl an ganz *konkreten Lebensbedingungen* und Erfahrungen abhängt.

> „Die unterschiedlichen Typen können deshalb nur erklärt werden innerhalb eines bestimmten Gefüges von Arbeits- und Lebensbedingungen, innerhalb dessen sie jeweils funktionieren. [... Sie] sind nicht einfach Abbild bestimmter Persönlichkeitszüge, sondern sie funktionieren innerhalb dieses bestimmten Gefüges von Arbeits- und Lebensbedingungen, biographischen Erfahrungen sowie einer spezifischen Ressourcenlage." (Behringer 2007, S. 15)

Zum anderen lassen sich hieraus jedoch von den konkreten Lebenssituationen unabhängige *verallgemeinerbare Aussagen* ableiten, wie die Forschungen zum Konzept der Alltäglichen Lebensführung anhand der allgemeinen Lebensführungstypen gezeigt haben. Die Tiefenschärfe und Aussagekraft des Konzepts der Alltäglichen Lebensführung würden unterschätzt, wenn es allein auf die (sehr bedeutsame) Funktion reduziert würde, das komplexe Zusammenspiel von aktuellen Strukturbedingungen, Sozialisation, Erfahrungen und individuell unterschiedlich ausgeprägten Subjekteigenschaften umfassend *einzelfallspezifisch* zu erfassen. Durch geeignetes Sampling und entsprechende Methoden und Auswertungsverfahren (z.B. durch möglichst ähnliche Strukturmerkmale, einen eng definierten Gegenstandsraum und eine stark abstrahierende Typenbildung) können durchaus typische *allgemeine soziale Logiken* sondiert werden, die eine hohe Übertragbarkeit aufweisen. Was auf dieser allgemeinen Ebene in der Lebensführungsforschung als Umgang mit Offenheit bezeichnet wurde, lässt sich auf den Umgang mit Unsicherheit, Handlungsspielräumen, Entgrenzung oder sozialem Wandel übertragen.

Fazit

Das Konzept der Alltäglichen Lebensführung bietet die Möglichkeit, sowohl ganz konkret die individuelle Alltagspraxis von Subjekten systematisch zu analysieren als auch nach allgemeinen Grundmustern in verfestigten Handlungszusammenhängen bzw. sozialen Strukturen zu suchen. Empirisch ist durch ein geeignetes Sampling und eine methodische Abstraktion der Schluss von individuellen Arrangements auf allgemeine Logiken bzw. Lebensführungstypen gut möglich.

Alltägliche Lebensführung und soziale Mechanismen

Die modernisierungstheoretischen Implikationen des Konzepts auf der gesamtgesellschaftlichen Ebene wurden bereits aufgezeigt (vgl. Abs. 4.5.2). Die drei Grundtypen Alltäglicher Lebensführung, *traditional, strategisch* und *situativ,* werden jeweils bestimmten Phasen gesellschaftlicher Entwicklung primär zugeschrieben. Dennoch sind zu jeder Zeit alle drei Grundformen der Lebensführung zu finden. Komplettiert durch die Ergänzung mit einem vierten Grundtyp *gemeinschaftlich,* deuten sich interessante Parallelen zu den aktuellen Diskussionen um *allgemeine Handlungslogiken* an. Es wäre eventuell möglich, die allgemeinen Lebensführungsmuster traditional, strategisch, situativ und gemeinschaftlich mit den allgemeinen Handlungslogiken bzw. sozialen Mechanismen Herrschaft/Hierarchie, Markt, Subjektivität und Solidarität/Gemeinschaft (vgl. Huchler et al. 2007, 2012) systematisch in Beziehung zu setzen. So ließe sich das *traditionale* Lebensführungsmuster als eines beschreiben, das sich primär am Mechanismus *Herrschaft* bzw. an gegebenen *hierarchischen* Strukturen orientiert. Die *strategische* Lebensführung könnte als primär am Mechanismus Markt ausgerichtet bezeichnet werden, also an individualistischen Kosten-Nutzen-Abwägungen, Konkurrenz und Gewinnstreben. Recht nahe am Mechanismus *Subjektivität,* also dem Man-selbst-sein-Können, aber auch Auf-sich-selbst-Zurückgeworfensein, liegt die *situative* Lebensführung, als Leben im Hier und Jetzt und Konzentration auf den Moment. Hinzu kommt die *gemeinschaftliche* Lebensführung, die Orientierung an der sozialen Gemeinschaft. Ihre primäre Handlungsausrichtung lässt sich als verwandt zum Mechanismus *Solidarität* bzw. als vorwiegend gemeinschaftlich organisiert beschreiben. An diese Überlegung schließen sich viele weitere Fragen an. Eine mögliche Frage wäre zum Beispiel, wie soziale Mechanismen und Lebensführung zusammenhängen. Orientieren sich Subjekte bei der Strukturierung ihres Alltags an bekannten allgemeinen Mechanismen, die sich ja auch in allgemeine Gerechtigkeitsprinzipien übersetzen lassen (siehe Huchler 2011) und somit als tiefgehende Handlungslogiken sozialisiert wurden? Oder lassen sich Lebensführungsmuster identifizieren, in denen sich unterschiedliche Handlungslogiken mischen?[15] Die Verbindung von Mustern der *Allgemeinen Lebensführung* und sozialen Mechanismen unterstreicht die Chancen, die in einer Erweiterung der bisher bekannten drei allgemeinen Lebensführungsmuster um eine weitere vierte Form liegen.

Fazit

Die hier erfolgte Generierung eines vierten allgemeinen Lebensführungstyps komplettiert diese Typologie im Hinblick auf die von Huchler, Voß und Weihrich (2007, 2012) vorgestellten allgemeinen Handlungslogiken bzw. sozialen Mechanismen. Es zeigen sich deutliche Parallelen zwischen traditionaler Lebensführung und Herrschaft bzw. Hierarchie, zwischen strategischer Lebensführung und Markt, zwischen situativer Lebensführung und Subjektivität und zwischen gemeinschaftlicher Lebensführung und Solidarität bzw. Gemeinschaft. Modernisierungstheoretisch gesehen, wurde die gemeinschaftliche Lebensführung hier nicht als mit einer (neuen) gesellschaftlichen Phase (z.B. einer vor-traditionalen) primär verknüpft beschrieben, wie dies die Lebensführungsforschung für die bisherigen drei Formen getan hat. Ob sich die sozialen Mechanismen in eine gesellschaftshistorische Abfolge bringen lassen (z.B. Solidarität/Gemeinschaft, Herrschaft/Hierarchie, Markt, Subjektivität), muss hier offengelassen werden.

Sozialer Wandel: Gleichgeschaltete und zugleich reflexive Lebensführung

Dass die erste Typisierung von Arrangements und Strategien im Umgang mit Entgrenzung separat nach den drei Lebensbereichen Arbeit, Privatleben und Arbeit und Leben erfolgte und erst in einem zweiten Schritt zu einer umfassenden Lebensführung in Entgrenzung zusammengeführt wurde, ermöglichte es, systematisch die *,innere Konsistenz'* von Lebensführungsmustern bzw. deren *,Brüche'* zu untersuchen (vgl. Abs. 7.3 und 10.5). Es wurden *konsistente* von *inkonsistenten* Lebensführungsmustern unterschieden; also solche, die über die ver-

15 Das Konzept der sozialen Mechanismen unterscheidet prinzipiell zwischen realen Situationen (sogenannten „Kontexten"), in denen sich die sozialen Mechanismen situationstypisch mischen, und den abstrakten allgemeinen – idealtypisch konstruierten – Mechanismen (Huchler et al. 2007, 2012).

schiedenen Lebenskontexte hinweg recht einheitlich strukturiert sind, von solchen, die unterschiedliche Handlungslogiken vereinen. Letztere können Ausdruck von *individueller Gestaltungsfreiheit* in der Lebenskonzeption sein, sie lassen sich aber oft auf besonders einschneidende äußere Ereignisse (Geburt eines Kindes, Pflegefall, Krankheit, Scheidung, aber auch Verlegung des Arbeitsorts, Arbeitsplatzverlust) und daraus resultierende *Zwänge* zurückführen. Solche ‚gebrochenen' Muster gehen in der Regel mit *höheren Strukturierungsleistungen* der Subjekte und/oder ihrer sozialen Umwelt einher. Diese äußern sich als Mehraufwand bzw. Belastungen und werden von den Subjekten durchaus als *Abweichungen* von einer *‚Normallebensführung'* wahrgenommen.

Mit der systematischen Unterscheidung zwischen eher *dauerhaften Strukturbedingungen* des Arbeitens und Lebens in arbeitsbedingter Mobilität (bzw. mobilitätsbedingter multipler Entgrenzung), die die Basis bilden für die Lebensführung von Piloten, und den Herausforderungen des *aktuellen Wandels* der Arbeit für ihre verschiedenen Lebensführungsformen ließen sich Aussagen über den *Wandel* bzw. die *Resistenz,* also über die Dauerhaftigkeit von Lebensführung ableiten.

Zudem konnte so aufgezeigt werden, dass sich die aktuellen *Rationalisierungsstrategien* von Unternehmen oftmals in Form eines verstärkten Zugriffs auf die Lebensführungskompetenz von Subjekten äußern. Es kommt also zu einer *Subjektivierung der Lebensführung.* Mit Blick auf Rationalisierung und Subjektivierung hat sich gezeigt, dass Lebensführung mit steigendem Druck auch zunehmend fremdbestimmt und instrumentalisiert wird. Dies kann so weit gehen, dass Subjekte zur *Anpassung ihrer Lebensführungsmuster* gedrängt werden und sich dieses Drucks durchaus bewusst sind. Es zeichnet sich einerseits ein relativ deutlicher betrieblicher bzw. struktureller Druck in Richtung einer eher *situativen* Lebensführung ab, also eine gewisse *‚Gleichschaltung'* von Lebensführung in Richtung Typ D. Andererseits besteht jedoch auf Unternehmensseite gleichzeitig die Erwartung an die Mitarbeiter, auch die positiven (vor allem die die Arbeit strukturierenden und die Subjekte an den Betrieb bindenden) Anteile der anderen Lebensführungsformen weiterhin einzubringen. Es werden also zunehmend *widersprüchliche* und zum Teil *überfordernde Anforderungen* an die Lebensführung der Subjekte gestellt. Im Kontrast dazu hat sich gezeigt, dass Subjekte bei Belastungen anscheinend in Richtung *konsistenter* und vor allem eher *traditionaler* Lebensführungsmuster streben. In der Folge klafft die Schere zwischen betrieblichen und privaten Anforderungen tendenziell immer weiter auseinander.

Eine Konsequenz des vermehrten Zusammentreffens von einschneidenden Ereignissen (vor allem biografischen Ereignissen im Privatleben), arbeitsbedingtem äußerem, zum Teil widersprüchlichem Druck (vor allem betrieblichen Anforderungen) und zunehmendem Auseinanderdriften von äußeren Anforderungen und inneren Bedürfnissen ist, dass Lebensführung zunehmend *‚reflexiv'* wird und im

Zuge dessen *,Arbeitscharakter'* erhält. Das Basteln an der individuellen Lebensführung wird so tendenziell zur *permanenten Gestaltungsaufgabe.* Hiermit ist nicht ein beschleunigter oder gar situationsbezogener spontaner Wechsel zwischen höchst unterschiedlichen Lebensführungsmustern – von heute auf morgen – gemeint. Sondern es geht um das erzwungene oder auch wohlüberlegte Überdenken von Arrangements, also die Möglichkeit des In-Zweifel-Ziehens der eigenen Lebensführung. Die Alltägliche Lebensführung wird auch für ihre Träger, die Subjekte *kontingent.* In der reflexiven Moderne gewinnt die aktive Vermittlung zwischen den Grundformen Alltäglicher Lebensführung selbst an Bedeutung.

Angesichts dieser Entwicklung droht die Alltägliche Lebensführung jedoch zunehmend ihre ureigene Funktion zu verlieren, nämlich die Gewährleistung von Stabilität, Orientierung und Möglichkeit zur Widerständigkeit. Sie schirmt damit bestimmte Belastungen nicht mehr so wie bislang ab. Dies birgt die Gefahr, dass Lebensführung – eben auf Grund des verstärkten Drucks zur individuellen Gestaltung – zunehmend zu einem durch die gesellschaftlichen Bedingungen bestimmten Konstrukt wird. Denn der Druck zur Veränderung ist auch mit konkreten (An-)Forderungen verbunden, also zum großen Teil fremdbestimmt. Wird Lebensführung auf Grund des Zwangs zur Anpassung zunehmend ,reflexiv' bzw. gestaltbar, verschärft sich die für soziales Handeln typische *Ambivalenz* zwischen Freiheit und Zwang auch in Bezug auf die Alltägliche Lebensführung. Mit dem hier explizierten Vorgehen lassen sich die Anteile von Fremd- und Selbstbestimmung bzw. lässt sich der individuelle Gestaltungsspielraum in der Lebensführung genauer in den Blick nehmen. Insgesamt deutet sich in der Gesellschaft an, dass sich die Frage nach der *Strukturabhängigkeit* der Alltäglichen Lebensführung neu stellt und dass mit der steigenden Reflexivität Lebensführung ein immer präsenteres Thema der modernisierten Moderne wird.

Lebensführung wird eher als Basis für Anpassungen von Alltagspraktiken verstanden. Wie sich umgekehrt Lebensführung verändert und angepasst werden kann, ist jedoch noch eine weitgehend offene Frage (Kleemann 2001, S. 194f.). Allgemein wird konstatiert, dass sich die Alltägliche Lebensführung sowohl mit dem gesellschaftshistorischen als auch mit dem biografisch-individuellen Kontext verändert. Auf beiden Ebenen können „Übergänge" erfasst und beschrieben werden, zum Beispiel „von instabilen zu eher stabilen Zuständen" oder von einer eher „selbstläufigen" zu einer „aktiv gestalteten" Lebensführung bzw. von einer „präreflexiv traditionalen" zu einer „rationalisierten", also im Weber'schen Sinne methodischen Lebensführung (Voß 1991b, S. 78). Um jedoch der Frage näher zu kommen, wie genau diese Übergänge stattfinden, also inwieweit sie ,von außen' oder von den Subjekten bestimmt werden oder inwieweit sich selbst die traditionale Lebensführung zu einer rationalisierten Strategie im Umgang mit sozialen Wandlungsprozessen entwickelt, bietet das hier verfolgte Vorgehen einer systematischen Gegenüberstellung wesentlicher Lebensbereiche und einer

Trennung zwischen eher dauerhaften (konstitutive Entgrenzung) und eher aktuell veränderten Lebensbedingungen (transformierende Entgrenzung) einen erfolgversprechenden Ansatz, der systematisch weiterverfolgt werden sollte.

Fazit

Die separate Analyse von Lebensführungsmustern in verschiedenen Lebensbereichen (hier: Arbeit, Privatleben und Vermittlung von Arbeit und Privatleben) ermöglichte es, die ‚innere Konsistenz' von Lebensführungsmustern und deren ‚Brüche' zu untersuchen. Inkonsistenzen bzw. Abweichungen von ‚Normallebensführungsmustern' können sowohl Ausdruck von Gestaltungsfreiheit als auch von erheblichem äußerem Druck sein. Sie können auch auf einschneidende Ereignisse (Zwang) zurückgehen. Oft werden diese Inkonsistenzen von den Subjekten reflektiert, sie stellen einen Mehraufwand bzw. eine Belastung dar, die auch an andere externalisiert werden kann. Aktuelle betriebliche Rationalisierungsstrategien zielen unter anderem auf eine Subjektivierung der Strukturierungsleistung von Lebensführung ab. Dieser von außen herangetragene Anpassungsdruck resultiert jedoch häufig in überfrachteten und zum Teil auch widersprüchlichen Anforderungen an die Lebensführung. Zudem hat sich gezeigt, dass Subjekte bei erhöhtem äußerem Druck eher zu konsistenten und traditionalen Lebensführungsmustern tendieren. In der Folge werden alle Lebensführungsformen (also auch die traditionale) zunehmend ‚reflexiv' und Lebensführung wird zur permanenten Gestaltungsaufgabe. Damit verliert Lebensführung jedoch tendenziell ihre zentrale Funktion als Orientierungshilfe im Alltag.

Situative Lebensführung als Übergangsform

Arbeitsbedingte Mobilität und multiple Entgrenzung stellen hohe Anforderungen an die Alltagsorganisation. Eine besondere Herausforderung ist die *ständige Vermittlung* zwischen den Polen Mobilität und Immobilität, Ent- und Begrenzung. Die Alltägliche Lebensführung stellt verschiedene Formen bereit, wie Subjekte zwischen diesen Polen vermitteln. Hier erweist sich die *situative* Lebensführung als diejenige Form, die sich am stärksten auf ‚Offenheit' verlegt. Es ließ sich zeigen, dass die situative Praxis vor allem darauf beruht, materielle, räumliche, zeitliche, soziale, kulturelle etc. *Verpflichtungen zu vermeiden,* die die situative Entscheidungsoffenheit wieder einschränken würden.

Empirisch hat sich aber auch gezeigt, dass sich die Abhängigkeit der Lebensführung von Lebensphasen wesentlich stärker bei situativen Formen äußert als bei allen anderen. Obwohl die Unternehmen auf die hohe Flexibilitätsbereitschaft dieses Typs abzielen, ist (zumindest für das Gros der Piloten im deutschen Personenluftverkehr) eine situative Lebensführungsform höchstens so lange attraktiv, wie keine starken bindenden Anforderungen im Privatleben existieren – vor allem in Bezug auf Partnerschaft, Familie, soziales Netzwerk und Ortsgebundenheit. Aber auch *arbeitsbezogene* persönliche Erwartungen, zum Beispiel an die Karriere, können mit der situativen Lebensführung konfligieren. Insofern lässt sich die situative Lebensführung eher als ein *Übergangstypus* beschreiben.

Werden diese Bindungen jedoch nicht angestrebt, ist es durchaus möglich, die situative Lebensführung recht dauerhaft zu praktizieren. Diese ‚Unabhängigkeit' geht jedoch mit der Vermeidung potenzieller *sozialer Kosten,* also mit relativ schwachen, wechselnden und tendenziell eher beruflichen sozialen Beziehungen einher (Pelizäus-Hoffmeister 2001a, S. 12). Es gibt nur einen Interviewpartner höheren Alters, der annähernd ein situatives Lebensführungsmuster aufweist, jedoch nicht in der Form einer aktiven individuellen Nutzung sich spontan ergebender Möglichkeiten, sondern eher in der Form einer *extrem widerstandslosen* und *passiven* Haltung und einer hohen Bereitschaft zur *Fremdplanung.* Denn gerade die situative Lebensführung wird relativ stark zur betrieblichen Rationalisierung genutzt. In der Arbeitswelt haben sich kaum Rahmenbedingungen institutionalisiert, die dieses Lebenskonzept nachhaltig ermöglichen. Der situative Typ wird recht wenig in seiner Lebensführung unterstützt und vor allem nicht vor einer betrieblichen Vereinnahmung seiner Flexibilität geschützt. So ist er typischerweise nicht in kollektive Strukturen eingebunden, zum Beispiel gewerkschaftlich organisiert.

> „Diese ‚situative' Alltagsform basiert auf Offenheit und Flexibilität und auf Selbstvertrauen und Kompetenz. Vieles wird ad-hoc entschieden und man ‚laviert' sich durch." (Voß 1998, S. 481)

Ein aktives Ausleben der eher ‚positiven', selbstbestimmten Seite der situativen Lebensführung scheint jedoch nur in bestimmten Lebenssituationen und -phasen möglich. Die Konzentration auf den Moment und das Leben im Hier und Jetzt kann umschlagen in Passivität und ein *Überleben* im Hier und Jetzt. Die *‚negative' Seite* der situativen Lebensführung lässt sich mit Begriffen wie Schicksalsergebenheit, Blauäugigkeit, Konflikt- und Verbindlichkeitsscheu beschreiben. Die situative Lebensführung scheint in ihrer konkreten Ausgestaltung sehr hohe Ansprüche an die Subjekte zu stellen. Dass Lebensführung ‚gestaltet' werden muss, widerspricht zunächst einmal der Orientierung bietenden Funktion der Lebensführung. Sie stellt jedoch nur die Basis dar, auf der der Alltag bewältigt wird. Sie bestimmt also nicht die konkrete Umsetzung, sondern stellt nur die prinzipielle Logik bereit.

Die ersten Veröffentlichungen zur Alltäglichen Lebensführung (siehe Abs. 4.5) weisen tendenziell einen leichten Bias in Richtung einer *positiven Überzeichnung* der situativen Lebensführung auf. Es kann vermutet werden, dass dies unter anderem an der (damaligen)[16] Hoffnung lag, diese „Avantgarde“ werde „postmaterielle Werthaltungen“ entwickeln, die unter anderem auch zur Auflösung von Geschlechterunterschieden beitragen könnten (Behringer et al. 1989, S. 33f.). Diese von den Autor/inn/en angesprochenen Werthaltungen lassen sich jedoch nur insoweit der situativen Lebensführung zuordnen, als sie Freiheit und Ungebundenheit thematisieren, inklusive der Freiheit von sozialen Verpflichtungen. So konstatieren auch Behringer et al., dass die Infragestellung von Werten in der situativen Lebensführung zum Prinzip erhoben wird.

> „Damit bleibt nichts außer die Person selber und die Notwendigkeit – und Chance –, Fähigkeiten zu entwickeln, sich mit den immer neuen Anforderungen flexibel und reflexiv auseinanderzusetzen.“ (Ebd., S. 39)

Es handelt sich also um eine stark individuelle, wenn nicht gar egozentrierte Lebensführungsform.

Dennoch wurde die situative Lebensführung auch als mit sozialen Werten belegt beschrieben. Sie diene (zwar) sehr rational der „Optimierung selbstgesetzter Lebensziele“, (aber) mit „einem zum Teil hohen normativen oder ethischen Verpflichtungsgrad“ (ebd., S. 34). Empirisch ließ sich im Rahmen der hier durchgeführten Untersuchung für die Piloten, die der situativen Lebensführung zugeordnet werden konnten, eher das Pflegen einer rudimentären Grundbasis an Normen und Werten feststellen, die vor allem der *Konfliktvermeidung* dient. Personen mit diesem Lebensführungsmuster weisen sich durchaus durch ein gewisses Streben nach *harmonischen Verhältnissen* aus, jedoch vermeiden sie *dauerhafte* (auch soziale) *Verpflichtungen.* Auch konzeptionell passt eine normative oder ethische Verpflichtung dann nicht in das Typenbild der situativen Lebensführung, wenn sie deren Unabhängigkeit gefährdet.

An dieser Stelle zeigt sich erneut, dass die Konzeption eines weiteren Lebensführungstyps, nämlich der *‚gemeinschaftlichen'* Lebensführung, sinnvoll und sogar notwendig ist. Denn diese zeichnet sich eben durch soziale Verpflichtungsaspekte aus, welche sich vor allem in dauerhaften sozialen Beziehungen widerspiegeln, wie Partnerschaft, Familie, Freundschaften, aber auch bestimmten (vor allem lokalen) Formen des gesellschaftlichen Engagements. Dieser Typ strebt ebenso nach sozialer Harmonie und wirkt auf seine Weise Chancenungleichheiten entgegen, inklusive denen zwischen den Geschlechtern. Es hat sich gezeigt, dass zwischen einem gleichberechtigt auf seine soziale Umwelt eingehenden, sich dauerhaft verpflichtenden Lebensmuster und dem, was situa-

16 Es ist durchaus sinnvoll, diese Auslegung des die aktuelle Gesellschaft zunehmend prägenden Typs der situativen Lebensführung in ihrem zeitlichen Zusammenhang zu betrachten. Auch die ‚negativen' Seiten der Individualisierung, Entgrenzung und vor allem der Globalisierung wurden zu Zeiten der Entstehung des Konzepts der Alltäglichen Lebensführung lange nicht so breit diskutiert, wie es heute der Fall ist.

tive Lebensführung konzeptionell prägt, nämlich einer sozial offenen, situationsbezogenen Haltung unterschieden werden muss.

Einige der hier dargestellten Überlegungen zur situativen Lebensführung mögen dadurch geprägt sein, dass die (multipel entgrenzte bzw. mobile) Arbeit von Piloten ihre jeweilige Lebensführung zu einem sehr großen Teil mitbestimmt. Andere Arbeitsformen, die freier gestaltet werden können und/oder weniger Einfluss auf die Alltagsorganisation ausüben, könnten durchaus mehr Spielräume bieten. Noch größer mögen diese sein, wenn Erwerbsarbeit kein Bestandteil der Lebensführung ist. In der Regel existieren dann jedoch andere (zum Teil noch existenziellere) Zwänge.

Fazit

Aktuelle betriebliche Rationalisierungsstrategien zielen auf den situativen Typus der Lebensführung ab, auf Grund seiner hohen Flexibilität. Jedoch hat sich die situative Lebensführung tendenziell eher als Übergangsform erwiesen, da sie sich nicht mit dauerhaften Verpflichtungen vereinbaren lässt, wie sie in bestimmten Lebensphasen im Privatleben und auch in der Arbeit üblicherweise auftreten. Die Ungebundenheit und Offenheit der situativen Lebensführung hat eine ‚positive', selbstbestimmte, aber auch eine ‚negative', getriebene Seite. Welche zum Tragen kommt, hängt vom Subjekt und von den Bedingungen ab. Die positive Überzeichnung des situativen Lebensführungstyps, vor allem durch die Zuschreibung von Wertorientierungen durch die frühe Lebensführungsforschung, muss als inkonsistente Typenformulierung angezweifelt werden. Hier bietet sich die gemeinschaftliche Lebensführung an, um die Lebensführungstypen in ihrer Reinform bzw. stimmig zu erhalten.

Gemeinschaftliche Lebensführung: Eine schon immer existierende Praxis

Die drei allgemeinen Lebensführungsmuster – traditional, strategisch und situativ – bilden optimal die gesellschaftlichen Entwicklungsschritte ab, so wie sie vor allem in der Soziologie üblicherweise unterschieden werden: vormoderne, moderne, postmoderne Gesellschaft oder vorindustrielle, industrielle, postindustrielle Gesellschaft. Jedem gesellschaftlichen Entwicklungsschritt lässt sich ein symbolhaft für diese Zeit stehendes Lebensführungsmuster zuordnen. Dies spricht auf den ersten Blick gegen die Einführung eines vierten Lebensführungstyps. In der historischen Verknüpfung bleibt jedoch eine historisch eher konstante Form Alltäglicher Lebensführung unaufgedeckt, die die ureigene menschliche Seite der Lebensführung symbolisiert, die Subjekte als soziale Wesen auszeichnet.[17]

17 Historisch ließe sie sich auch als die Zeit der ‚vortraditionalen', eher in Familienverbänden und lockeren Solidargemeinschaften organisierten Gesellschaftsformen verorten.

Hier wird die *gemeinschaftliche* Lebensführung als eine weitere, vierte Form der Lebensführung vorgeschlagen. Jede Form der Lebensführung ist in dem Sinne ‚sozial', dass sie sowohl auf sozialem Handeln beruht als auch die Interaktion mit anderen strukturiert. Mit *gemeinschaftlich* ist hier jedoch – entsprechend dem Konzept der Alltäglichen Lebensführung – eine Logik bzw. Form gemeint, wie Subjekte ihren Alltag strukturieren. Wie alle Grundmuster der Lebensführung können auch Aspekte der Solidarität wie Empathie und Rücksichtnahme, aber auch soziale Anpassung, die Orientierung an anderen oder am Gemeinwohl, Imitation, Mitmachen etc. als rationales individuelles Handeln gelten. Menschen können reflektiert – und eben nicht traditional – in Orientierung und auch in Anpassung an andere handeln. Dies kann in einer Art und Weise geschehen, dass es die Grundlogik ihres Handelns bestimmt. Die *aktive soziale Selbst-Einbindung* und das *Herstellen von Gemeinschaft* ist ein schon immer notwendiges soziales Phänomen. *Solidarität* (wie auch soziale Anpassung) ist sowohl ein individueller *sozialer Mechanismus* als auch eine *Kompetenz.* Sie hat ihre ‚positiven' und ‚negativen' Seiten – so wie sie oben für die situative Lebensführung aufgezeigt wurden.

Auch in den ausführlichen empirischen Beschreibungen der Lebensführungsforschung lassen sich an einigen Stellen Beispiele der Orientierung an Werten und sozialen Verpflichtungen ausmachen; allen voran in den Forschungen zu Mobilität und sozialen Beziehungen (vgl. z.B. Behringer/Jurczyk 1995; Behringer 1998, 2007) und zur Familialen Lebensführung (vgl. z.B. Rerrich 1991; Jürgens/Reinecke 1997; Jürgens 2001). Dennoch wurde die gemeinschaftliche Lebensführung nicht als eigenständiges Prinzip eingeführt. Dies mag an ihrer ‚Normalität' liegen, an ihrer unauffälligen permanenten Organisation sozialen Lebens – in der Arbeit und im Privatleben. Zusammen mit Reproduktionsarbeit, Familienarbeit etc. wird die gemeinschaftliche Lebensführung einfach vorausgesetzt, teilweise auch systematisch ausgeblendet und von daher in ihrer Relevanz unterschätzt. Durch *soziale Flexibilität strukturelle Stabilität* im Privatleben zu erzeugen, um zum Beispiel die Anforderungen flexibilisierter Arbeitsbedingungen zu kompensieren, ist eine gesellschaftlich und vor allem betrieblich kaum anerkannte Kompetenz, die jedoch genauso wie die anderen Formen der Lebensführung schon immer wirksam war und die gesellschaftliche Ordnung bedeutend prägte. Erst mit der stärkeren Verknüpfung dieser weiblich konnotierten, ursprünglich dem Privatleben zugeordneten Form der Flexibilität mit Arbeit rückt auch die gemeinschaftliche Lebensführung in den Vordergrund betrieblicher und gesellschaftlicher Aufmerksamkeit und – angehängt an andere Themenfelder – auch in den Fokus der wissenschaftlichen Diskussion (z.B. in Verbindung mit Subjektivierung). Im Zuge von Wertewandel (z.B. Geschlechtergerechtigkeit) und der erhöhten Notwendigkeit von Doppelverdienerhaushalten werden einzelne Grundelemente der gemeinschaftlichen Lebensführung und die mit ihr verbundenen Kompetenzen für immer breitere Teile der Bevölkerung bedeutsamer. Die gemeinschaftliche Lebensführung gewinnt sowohl quantitativ als auch qualitativ an Relevanz. Sie lässt sich zunehmend nicht mehr auf einen Teilbereich des Lebens, die Familie, reduzieren, sondern entwickelt sich zu einem eigenlogischen Prinzip der Lebensführung, neben traditional, strategisch und situativ.

Es wurde bereits konstatiert, dass in der modernisierten Moderne zunehmend nach einer intensiveren Abwägung zwischen allen drei bzw. vier Mustern Alltäglicher Lebensführung, also nach einer erhöhten Reflexivität im Umgang mit verschiedenen möglichen Orientierungsformen im Alltag verlangt wird. Dies betrifft vor allem die Auseinandersetzung mit Gebundenheit und Ungebundenheit – sowohl in Bezug auf *Strukturen* als auch im *sozialen Handeln.*

Es hat sich gezeigt, dass sich viele Themen der Auseinandersetzung mit Entgrenzung in ihrer gesamten Komplexität am besten mit Hilfe der Gegenüberstellung einer *strukturellen Dimension* und einer *sozialen Dimension* des Handelns erfassen lassen. Anhand dieser Systematik lassen sich die grundlegenden Unterschiede zwischen den vier Lebensführungsformen darstellen und lässt sich die gemeinschaftliche Lebensführung schließlich in das Konzept der Alltäglichen Lebensführung integrieren. Die Vierfelder-Typologie ermöglicht es zum Beispiel, sich der Dialektik zwischen Freiheit und Zwang strukturiert zu nähern. Es wurde bereits argumentiert, dass eine erhöhte raum-zeitliche Mobilität nicht unbedingt mit einer ausgeprägteren sozialen bzw. kulturellen ‚Offenheit' einhergehen muss (vgl. Abs. 11.1.1). Für die Frage nach dem Umgang mit Mobilität, Entgrenzung oder ‚Offenheit' ist es sinnvoll, zwischen einer eher strukturellen und einer eher sozialen, handlungsbezogenen Offenheit, Flexibilität etc. zu unterscheiden.

- Im Umgang mit *sozialen Strukturen* (strukturelle Ebene) können sich Subjekte eher fest und dauerhaft einbinden und sich an diesen Strukturen orientieren – oder aber die strukturelle Rahmung ihres Handelns möglichst offen halten und sich nicht in soziale Strukturen dauerhaft einbinden. Letzteres wird hier als *strukturelle Flexibilität* bezeichnet.
- Unabhängig davon können Subjekte jedoch in *sozialen Beziehungen* bzw. in der direkten Interaktion mit anderen (Handlungsebene) festen Strukturen oder individuellen Konzepten und Strategien folgen, ohne auf ihre soziale Umgebung einzugehen – oder sich intensiv – diskursiv, empathisch, anpassend, angleichend etc. – auf andere einlassen und auf diese Weise situationsbezogene Entscheidungen treffen. Letzteres wird hier als *soziale Flexibilität* bezeichnet.

Abbildung 11.1 verdeutlicht die Gegenüberstellung dieser zwei Ebenen in der Systematik zur Einordnung der Grundmuster Alltäglicher Lebensführung.

Abb. 11.1: Grundmuster Alltäglicher Lebensführung

Soziale Strukturen/ *strukturelle Flexibilität*	*Ungebunden/Individuum*	**Strategisch**	**Situativ**
	Gebunden/Gesellschaft	**Traditional**	**Gemeinschaftlich**
		Unflexibel/geschlossen (Ego)	*Flexibel/offen (Alter)*
		Soziales Beziehungen (*soziale Flexibilität*)	

- *Traditionale Lebensführungsmuster* basieren auf der Orientierung an struktureller, eher kollektiver Gebundenheit. Im täglichen sozialen Handeln äußert sich diese Gesellschaftsorientierung eher durch ein unflexibles Festhalten und Befolgen von Normierungen.
- Aber auch die *strategische Lebensführung,* die das Individuum möglichst aus der Gesellschaft und ihren Verpflichtungen und Zwängen herauslöst, folgt einem recht klar definierten, in konkreten sozialen Situationen unhinterfragten individuellen ‚Plan'.
- Im Unterschied dazu ist dieser ‚Plan' bei der *situativen Lebensführung* auf ein Minimum reduziert, auf die Anpassung an das Hier und Jetzt. Zudem werden strukturelle Bindungen und dauerhafte soziale Verpflichtungen, ähnlich wie bei der strategischen Lebensführung, möglichst gering gehalten.
- Die *gemeinschaftliche Lebensführung* unterscheidet sich hiervon dadurch, dass sie einerseits im Alltagshandeln an der Gemeinschaft und an bindenden gesellschaftlichen Normen und Werten orientiert ist, andererseits konkreten Handlungssituationen dennoch prinzipiell offen begegnet und keine spezifischen Mittel, Pläne, Strategien paradigmatisch vorsieht, sondern auf den sozialen Austausch setzt. Diese (soziale) Offenheit ist elementarer Bestandteil der wertbasierten Orientierung.

Es trägt einiges zur Klarheit bei, zwischen *sozialer* und *struktureller Flexibilität* zu unterscheiden – vor allem was arbeitsbedingte Mobilität und multiple Entgrenzung betrifft. Denn wie bereits im Abschnitt zur Mobilität (Abs. 11.1.1) argumentiert, sind die sozialen Flexibilitätsanforderungen nicht selten gerade für diejenigen höher, die ein lokales Leben mit dauerhaften Beziehungen aufrechterhalten (wollen). Denn sie müssen sich wesentlich intensiver und verbindlicher mit ihrer sozialen Umwelt auseinandersetzen. Zu einer *strukturell gebundenen,* aber *sozial offenen* Lebensführung gehört es, auf allen Sozialebenen bestimmte Grundwerte des Zusammenlebens zu verfolgen (wie z.B. Gleichheit und soziale Nähe) und soziale Flexibilität zu zeigen (wie die Fähigkeit zum Perspektivenwechsel, zur Empathie etc.).

Die *soziale Flexibilität* äußert sich in der *Arbeit,* im Umgang mit Kollegen, Kooperationspartnern und Kunden, aber vor allem im „Doing Family" (Jurczyk et al. 2009, S. 68f.), also bei der Herstellung von Gemeinsamkeit in Familien bzw. im *Privatleben.* Die gemeinschaftliche Lebensführung steht hier für ein sehr umfangreiches Einbringen, das vor allem auf die direkte soziale Interaktion und Kopräsenz setzt und eine gleichberechtigte Partnerschaft anstrebt. Ein projektförmiges, an die Arbeit angepasstes Balancemanagement, das auf die Verdichtung von Familienzeit abzielt, entspricht eher nicht dieser Alltagspraktik. Auf der *gesellschaftlichen* Ebene äußert sich soziale Flexibilität (situativ oder gemeinschaftlich) vor allem durch gesellschaftspolitisches oder soziales Engagement. Während dies bei der situativen Lebensführung eher projektbezogen, für eine kurze Zeit mit wechselnden Themen und Kooperationspartnern und mit schwankendem Einsatz geschieht (aktuell vor allem unter Rückgriff auf neue Medien bzw. das Internet), zeichnet sich die *gemeinschaftliche* Lebensführung durch einen eher lokalen, dafür dauerhaften und konstanten Einsatz und eine stärkere Institutionalisierung aus. Die gemeinschaftliche Lebensführung reproduziert – auf eine von Grund auf andere Art als die traditionale – den *‚sozialen Kitt',* der die Gesellschaft zusammenhält. Dies ist eine hoch relevante Herstellungsleistung, die oftmals positive, zumindest *integrative* gesellschaftliche Effekte erzeugt.

Fazit

Die soziale Selbsteinbindung, soziale Anpassung und das Herstellen von Gemeinschaft kann als allgemeine Logik und als Kompetenz bzw. als eine vierte Grundform Alltäglicher Lebensführung konzipiert werden. Diese gewinnt aktuell theoretisch (z.B. in der Subjektivierungsdiskussion) und auch empirisch (z.B. auf Grund von mehr Doppelverdienerhaushalten) zunehmend an Aufmerksamkeit. Sie ist ein wesentliches Element des ‚sozialen Kitts', der die Gesellschaft zusammenhält, und äußert sich in ihrer integrativen und vermittelnden Art und Weise sowohl in der Arbeit als auch im Privatleben. Gemeinschaftliche Lebensführung zeichnet sich vor allem durch eine geringe strukturelle, aber hohe soziale Flexibilität aus und unterscheidet sich hierdurch von der traditionalen, der strategischen und der situativen Lebensführung. Die systematische Unterscheidung zwischen sozialer und struktureller Flexibilität lässt sich gewinnbringend auf Mobilität und Entgrenzung übertragen, zum Beispiel um zwischen räumlicher Mobilität und sozialer Beweglichkeit zu trennen oder wenn es um den Umgang mit entgrenzten Strukturen geht.

Zusammenfassende Aussagen zur Alltäglichen Lebensführung

- *Inkonsistenzen, Brüche* (unterschiedliche Lebensführungsmuster in verschiedenen Lebensbereichen, zum Beispiel Arbeit, Privatleben und Vermittlung von Arbeit und Privatleben) bzw. *Abweichungen* von *,Normallebensführungsmustern'* können sowohl Ausdruck von *Gestaltungsfreiheit* als auch von äußerem *Zwang* sein. Sie werden oftmals von den Subjekten *reflektiert* und stellen einen *Mehraufwand* bzw. eine *Belastung* dar, die auch externalisiert werden kann.
- Aktuelle betriebliche *Rationalisierungsstrategien* zielen zum einen vordringlich auf die Flexibilitätsbereitschaft des *situativen* Lebensführungstyps ab, zum anderen aber auch auf die *strukturierende Funktion* aller Lebensführungsmuster (Subjektivierung). Die Folge sind (oftmals zusätzlich noch überfrachtete) Anforderungen, die in sich *widersprüchliche* Lebensführungsmuster implizieren. Auf diese Weise steigt der Anpassungsdruck auf die Lebensführung, die letztlich zunehmend *,reflexiv'* und zur permanenten Gestaltungsaufgabe wird und Arbeitscharakter erhält.
- Wird Lebensführung gestaltbar, verliert sie jedoch ihre zentrale Funktion als Orientierungshilfe im Alltag.
- Es hat sich gezeigt, dass Subjekte bei erhöhtem äußerem Druck eher zu *konsistenten* und *traditionalen* Lebensführungsmustern tendieren. In der Folge klafft die Schere zwischen betrieblichen Anforderungen und individuellen Bedürfnissen weiter auseinander.
- Die *situative* Lebensführung hat sich tendenziell eher als *Übergangsform* erwiesen, da sie sich nicht mit dauerhaften Verpflichtungen vereinbaren lässt, wie sie in bestimmten Lebensphasen im Privatleben und auch in der Arbeit üblicherweise auftreten. Die Ungebundenheit und Offenheit der situativen Lebensführung hat eine *,positive',* selbstbestimmte, aber auch eine *,negative',* getriebene Seite. Die *positive Überzeichnung* des situativen Lebensführungstyps, zum Beispiel durch die Zuschreibung von Wertorientierungen, muss als inkonsistente Typenformulierung angezweifelt werden.
- Die soziale Selbsteinbindung, soziale Anpassung und das Herstellen von Gemeinschaft kann als allgemeine Logik und als Kompetenz bzw. als eine vierte Grundform Alltäglicher Lebensführung konzipiert werden: die *gemeinschaftliche* Lebensführung. Sie ist ein wesentliches Element des ,sozialen Kitts', der die Gesellschaft zusammenhält, und äußert sich in ihrer integrativen und vermittelnden Art und Weise sowohl in der Arbeit als auch im Privatleben. Gemeinschaftliche Lebensführung zeichnet sich vor allem durch eine *geringe strukturelle,* aber *hohe soziale Flexibilität* aus.
- Die systematische Unterscheidung zwischen *sozialer* und *struktureller Flexibilität* lässt sich gewinnbringend auf *Mobilität* und *Entgrenzung* übertra-

gen, zum Beispiel um zwischen räumlicher Mobilität und sozialer Beweglichkeit zu trennen oder wenn es um den Umgang mit entgrenzten Strukturen geht.

- Die hier durch das gemeinschaftliche Muster erweiterte Konzeption der Alltäglichen Lebensführung weist deutliche Parallelen zum Konzept der *sozialen Mechanismen* von Huchler et al. (2007, 2012) auf. So liegt die *traditionale* Lebensführung sehr nahe an dem, was mit *Herrschaft/Hierarchie* als soziale Handlungslogiken bzw. Koordinationsmechanismen beschrieben wird, die *strategische Lebensführung* nahe an *Markt,* die *situative* Lebensführung an *Subjektivität* und die *gemeinschaftliche* Lebensführung lässt sich gut mit dem Mechanismus *Solidarität/Gemeinschaft* zusammenbringen.

11.2 Schlussfolgerungen für die Praxis

Hier werden nun Interpretationen und Schlussfolgerungen für die Praxis im untersuchten empirischen Feld vorgestellt. Zunächst geht es um die Gruppe der Piloten, dann um die Airlines, den Luftverkehr im Allgemeinen und die Passagiere und schließlich um für die Interessenpolitik relevante Themen. Es folgt eine Sondierung der Übertragungsmöglichkeiten auf andere Berufe. Abschließend werden einige Überlegungen zur Relevanz für die mobile Gesellschaft angestellt.

11.2.1 ... für Piloten

Dieser Abschnitt unterteilt sich in direkt arbeitsbezogene Themen, berufliche Aspekte, die Bedeutung der Lebensführung und Geschlechterunterschiede bei Piloten.

Arbeit

Die Herausforderungen der vielfach entgrenzten mobilen Arbeit von Piloten sowie die entsprechenden Probleme und Umgangsformen waren Gegenstand der gesamten Darstellung. Unter anderem wurden in einem Fazit zur transformierenden Entgrenzung mögliche Folgen der zentralen Entwicklungsprozesse der Automatisierung und der Ökonomisierung skizziert und (zugespitzte) Szenarien zukünftiger Entwicklungen gezeichnet: die ‚Vollautomatisierung' und ‚das Flugzeug als Betrieb'. Anhand dieser Szenarien werden nun wesentliche Aspekte der Arbeit von Piloten geordnet und zusammengefasst. Dabei besteht die Einschätzung, dass es wohl nicht sehr bald (eventuell sogar nie) zur einem vollständig automatisierten Personenluftverkehr (Szenarium ‚Vollautomatisierung') kommen wird – vor allem was den weltweiten Luftverkehr angeht. Auch Flugzeuge als autonome Businesseinheiten bzw. ‚Flugzeuge als Betriebe' sind zumindest für den Großteil des kommerziellen Personenluftverkehrs noch unvorstellbar.

Das Szenarium der *Automatisierung* beachtet zu wenig den notwendigen Zusammenhang zwischen einer steigenden Komplexität der Technik und der Anwesenheit von Piloten an Bord. Nicht nur benötigt die Bedienung der modernen Technik, trotz aller Versuche der Förderung eher intuitiver oder stark standardisierter Anteile, dennoch oftmals mehr und teilweise spezifisches Wissen.[18] Vielmehr nimmt mit ihr auch die Anzahl und die Uneindeutigkeit von möglichen Problemkonstellationen zu und in der Folge auch das Risiko der Technik bzw. die Fatalität bei einem Ausfall der Technik. Hinzu kommt eine Tendenz, auf Vorkommnisse zu reagieren, auf die auch Piloten, zum Teil mit großem Bedauern, hinweisen: Wenn ‚menschliches Versagen' als Ursache identifiziert werden konnte, aber auch im Fall von Notsituationen, die auf Grund von technischen Problemen entstehen, werden meistens bessere technische Lösungen eingefordert. Sehr selten werden umgekehrt einmal automatisierte Bereiche wieder an den Menschen übergeben. Nur in wenigen Ausnahmefällen wird erfasst und noch seltener öffentlich gemacht, wenn Unfälle durch den Menschen verhindert werden (vgl. z.B. Frankfurter Rundschau 2008). Dies ist auch schwer möglich, da die vorbeugende Herstellung von Sicherheit zur täglichen Arbeit von Piloten gehört und hier die Grenzen zwischen Vorkommnis und Routine verschwimmen. Jedoch dürfte es in der hoch technisierten und reglementierten Arbeit von Piloten relativ häufig der Fall sein, dass Pilotenhandeln zur Vermeidung von Unfällen beiträgt. Denn Menschen kommt die enorm bedeutsame Fähigkeit zu, auch bei klaren Vorgaben und in standardisierten Prozessen kreativ, abweichend oder auch widersprüchlich zu handeln – also Flexibilität zu bewahren. Das berührt einen Kernpunkt professionellen Arbeitshandelns. Auch Piloten hören bei der Einschätzung von Ausnahmesituationen auf ihr Gefühl und ihre Erfahrungen und folgen nicht blindlings dem vorgegebenen Prozess. In der Luftfahrt ist der Hinweis auf derartige Abweichungen jedoch eher tabu – vor allem wenn der Erfolg nicht direkt durch einen eindeutig messbaren Sicherheitsgewinn nachgewiesen werden kann, was im Gros der Fälle so ist. Auch in Diskussionen um Veränderungsprozesse bezüglich der Arbeitsbedingungen an Bord wird selten auf das „Erfahrungswissen" (Böhle et al. 2004; Böhle/Weishaupt 2003; Böhle/Rose 1992) von Piloten verwiesen (vgl. Cvetnic 2008). Zum Teil verhindert dies auch die internalisierte Sicherheitskultur, die in der Pilotenschaft bzw. in der Luftfahrt vorherrscht: Existierende bzw. fortbestehende Unsicherheiten werden ungern thematisiert und Unkontrollierbarkeit wird kulturell ausgeblendet. Zugespitzt gesagt, herrscht eine ‚Unsicherheitsvermeidungskultur', welche die Komplexität von Unsicherheiten nicht verstehen kann, da sie bestehende bzw. unlösbare Un-

18 Angesichts der sich schnell verändernden Technologien konstatiert Hanke (2003), dass Piloten tagtäglich in ihrer Arbeit ein qualifikatorisches *Time-Lag* von fünf bis zehn Jahren ausgleichen müssen.

sicherheiten nicht akzeptiert. Zum Beispiel müsste die Rolle der gesamten Crew an Bord noch stärker hervorgehoben werden, und zwar nicht als Quelle von Unsicherheit, sondern als ständige Garanten und aktive Konstrukteure von Sicherheit in Unsicherheit – und dies nicht nur mittels Überwachung und Bedienung von Technik und Befolgung von vorgegebenen Prozeduren, sondern als ständiger Einsatz von genuin menschlichen Fähigkeiten wie Kreativität, Innovation, Widerständigkeit, Spontaneität, Einfühlung, Feingefühl, Gespür etc.[19]

Das Szenarium der Automatisierung fokussiert zudem auf ein zu enges Berufsverständnis. Piloten bedienen nicht nur eine Maschine und fliegen ein Gerät von A nach B. Zum Beruf Pilot gehört wesentlich mehr (siehe den folgenden Abschnitt „Beruf"). Es zeigt sich, vor allem in den letzten Jahrzehnten, ein Wandel der Arbeit von Piloten. Um die rein fliegerische Tätigkeit herum sind andere Felder angelagert, in welchen Piloten wichtige Aufgaben erfüllen. Hier herrschen neue, noch weniger vorhersehbare und standardisierte Unwägbarkeiten vor, deren erfolgreiche Bearbeitung erst die sichere Flugdurchführung ermöglicht. Auf Grund der Arbeitsausweitung und der gleichzeitigen Arbeitsverdichtung kommt Piloten eine neue, zum Teil wesentlich umfangreichere Rolle an Bord eines Passagierflugzeugs zu, als es die Bezeichnung ‚Systemüberwacher' impliziert. Parallel dazu laufen Automatisierungsprozesse, die eben diese neuen Arbeitsanforderungen und deren Ausweitung erst ermöglichen. Da die Automatisierung von Ökonomisierungsprozessen begleitet wird, nimmt die Bedeutung von Piloten aktuell zumindest nicht ab, nur die Arbeitsinhalte verändern sich.

Ein weiterer wichtiger Aspekt, der die Rolle von Piloten an Bord betrifft, ist die Tatsache, dass das Flugzeug – am Boden wie in der Luft – eine relativ geschlossene soziale und technische Einheit bildet, auf die von außen nur bedingt zugegriffen werden kann. Das Flugzeug lässt sich im übertragenen Sinne als (teil-)autonomes System betrachten, weshalb den in ihm agierenden bzw. arbeitenden Personen eine besondere – verantwortungsvolle – Position zukommt. Auf Grund der ‚Losgelöstheit' vom Betrieb kann der Flugbetrieb bzw. das Luftfahrtunternehmen die Arbeit an Bord nicht direkt kontrollieren, sondern muss auf Qualifikation, Identifikation und Verantwortung setzen (Kontrollproblem) (siehe Abs. 8.2).[20] Die Tatsache, dass für eine gewisse Zeit keine ‚Ausstiegsmöglichkeit' aus dem System besteht, verbindet Passagiere und Crew zu einer Art Schick-

---

19 Erste Ansätze finden sich in den ursprünglichen CRM-Konzepten (‚Crew Resource Management'). In der Soziologie, vor allem in der Arbeits- und Industriesoziologie, besteht seit längerem die Bestrebung, das Subjekt mit seinen Subjekt-Eigenschaften wieder stärker in den Blick zu nehmen – sowohl in der Theorieentwicklung als auch empirisch (Voß/Pongratz 1997b; Kleemann et al. 2003).

20 Zu den aus betrieblicher Entgrenzung entstehenden Anforderungen an die betriebliche Steuerung siehe Huchler et al. 2007.

salsgemeinschaft und schreibt den Piloten Verantwortung zu. Das Schicksal der Passagiere ist damit direkt an das ‚Wohlbefinden' der Piloten gekoppelt, nicht nur an ihre Fitness, sondern eben zum Teil auch an ihre Arbeits- und Beschäftigungsbedingungen. Beides – die Losgelöstheit (von außen) und die Verbundenheit (nach innen) – versetzt Piloten in eine gewisse Machtposition gegenüber den Passagieren, der Crew und auch dem Betrieb. Zieht man das Bild vom *Flugzeug als Betrieb* heran, so sind Piloten stärker als bisher ‚Manager' des gesamten – (teil-)autonomen – ‚Systems Flugzeug', und die Passagiere, die Crew und auch der Betrieb sind ihre ‚Klienten'. Diese Systemmanagementkompetenz (also erfahrungsgeleitetes, situatives Entscheiden und Problemlösen) kann (aktuell) nicht durch Technik ersetzt werden und ist auf Grund der Komplexität auch nicht allein formal steuerbar. Jedoch haben die Airlines neue Wege gefunden, indirekt auf diese subjektiven Kompetenzen zurückzugreifen: durch veränderte indirekte Maßnahmen der Leistungssteuerung bzw. -beeinflussung und veränderte Rahmenbedingungen – was im Abschnitt 8.2 als Prozess der ‚Ökonomisierung' überschrieben wurde. Zusammenfassend kann gesagt werden, dass die Formen aktueller Rationalisierung vor allem in einer verstärkten Subjektivierung von – auch in der hoch standardisierten und reglementierten Arbeit von Piloten zunehmenden – Unwägbarkeiten bestehen. Verstärkt durch die allgegenwärtigen ökonomischen Zwänge als Resultat von Einsparungen oder gesteigerten Ergebniserwartungen der Airlines, werden die schon immer in der Arbeit vorhandenen Ambivalenzen bzw. widersprüchlichen Ziele immer unvermittelter (also ohne klare betriebliche Regulierung) an die Piloten weitergereicht. Die Folge ist ein gestiegener Druck auf die Arbeitszeit (Flexibilität, Dauer und Dichte) und auf das Gehalt, aber auch auf die Arbeitsleistung und Performanz (Mehrleistung, Kompensationsarbeit, zusätzliche Inhalte etc.). Dies kann vor allem deshalb gelingen, weil sich die Airlines auf die Erfahrung und die Arbeits- bzw. Sicherheitsethik der Piloten verlassen, die diese (neben der Tatsache, dass sie selbst mit an Bord sitzen) dazu bringen, weiterhin die sichere Flugdurchführung im Auge zu behalten. Das Resultat ist eine gestiegene Belastung der Piloten mit Druck, Widersprüchlichkeit, Unsicherheit und Ungleichheit in ihrer Arbeit.

Viele der resultierenden Problematiken werden nur zum Teil offen angegangen, da sie als Quellen für Unsicherheit thematisiert werden müssten – was im Luftverkehr schwer ist; es würde einen Kulturbruch in der Luftfahrt voraussetzen. Das von den Piloten gepflegte Leitbild des „Halbgotts in Blau" (Ramge 2003) (hier vor allem repräsentiert durch den Typ A) und das von den Airlines zunehmend eingeforderte Leitbild der „eierlegenden Wollmilchsau" (B07) sind beide zunehmend unrealistisch und tendieren daher systematisch zur Überforderung (siehe Abs. 8.3). Während die absichernden Strukturen, die das Bild des „Halbgotts in Blau" bislang ermöglichten, zunehmend abgebaut werden (siehe Abs. 10.2), gibt es solche Strukturen für das unternehmensseitige Leitbild gar nicht – vor allem weil das Leitbild ein unterkomplexer Mix aus den Positivaspekten verschiedener komplexer realer Lebensführungsarrangements ist, der die jeweiligen (einander zum Teil widersprechenden) Bedingungen für diese Arrangements außen vor lässt (siehe Abs. 10.4). Dass die hier angelegte Überforderung eventuell weder im Interesse der Piloten noch der Unternehmen sein könnte, wird nicht offen kommuniziert und entspricht auch nicht der aktuell dominierenden Logik des Wirtschaftens bei den Airlines. So wird nicht systematisch Bezug darauf genommen, dass Sicherheit, Pünktlichkeit und Wirtschaftlichkeit kurz-, mittel- und langfristig gesehen nicht notwendigerweise auf dasselbe hinauslaufen müssen.

Insgesamt lässt sich sagen, dass die bislang mobilitätsbedingt entgrenzten Bedingungen der Arbeit von Piloten (konstitutive Entgrenzung) durch zusätzliche Rationalisierungsmaßnahmen (transformierende Entgrenzung) noch weiter entgrenzt werden – was im Kapitel 9 als ‚Entgrenzung hoch zwei' bezeichnet wurde. Die Folge ist eine Zunahme an Druck, Widersprüchlichkeit, Unsicherheit und Ungleichheit. Zusätzlich wird diese Tendenz durch die Gleichzeitigkeit der hier analytisch getrennten Prozesse der Automatisierung und Ökonomisierung in der Praxis verstärkt, deren innerer Antagonismus sich nicht auflösen lässt. Wie im Abschnitt 8.3 eingeschätzt wurde, ist eher eine parallele Entwicklung dieser Szenarien – zumindest für die nähere Zukunft – realistisch, während derer sie in ihrer Widersprüchlichkeit zunehmen und deshalb stetig auseinander driften. Die Folge ist eine verstärkte Diversifizierung und Ungleichheit im Luftverkehr, wie sie bereits in den zurückliegenden Jahrzehnten (auch in Deutschland) zu beobachten war. Teilbereiche des Luftverkehrs werden (in manchen Ländern) hochtechnisiert, ja eventuell vollautomatisiert stattfinden, während sich dieser Aufwand (zumindest für eine lange Zeit) für einen großen Teil des Luftverkehrs nicht lohnen wird. Ein wesentliches Kriterium für das sowohl von der Politik als auch von den Unternehmen angestrebte rasante Wachstum im Luftverkehr sind die sinkenden Ticketpreise. Solange der Luftverkehr ein Massentransportmittel bleiben bzw. als solches ausgebaut werden soll und sich nicht auf ein Exklusivprodukt für einige wenige beschränken soll, wird weiterhin enormer Kostendruck existieren. Gerade mit Blick auf die aufstrebenden Schwellenländer ist das Szenarium eines vollautomatisierten Luftverkehrs nicht zuletzt auf Grund der Infrastrukturkosten unrealistisch. Auch in den USA geht die Entwicklung eher in die Richtung einer Prekarisierung des Arbeitsfelds Luftverkehr.

Beruf

Vor allem im Exkurs zum Beruf Pilot (Abs. 4.7), bei der Beschreibung der Folgen transformierender Entgrenzung (Abs. 8.2.4) und bei den Überlegungen zur Abkehr vom Bild des ‚klassischen' Piloten (Abs. 10.2) wurde bereits auf die beruflichen Aspekte der Arbeit von Piloten und ihren Wandel eingegangen. Mehr oder weniger explizit schwang das Thema in der vorliegenden Untersuchung immer mit.

Die oben konstatierten Entgrenzungsprozesse im Luftverkehr – allen voran die, die mit der Technikentwicklung und Ökonomisierung einhergehen – greifen ineinander und lassen offen, in welche Richtung sich die Tätigkeit von Piloten zukünftig verändern wird. Sie berühren wesentliche berufliche Aspekte der Tätigkeit der Cockpitbesatzung und eröffnen damit einen Raum für Deprofessionalisierung und Entberuflichung, aber auch für neue Professionalisierung und Berufsbildung.[21]

Es findet einerseits eine Abkehr von gewissen professionellen Standards statt und andererseits eine Entwicklung von (teilweise neuen) professionellen Standards. Das bisherige Berufsbild (hier am deutlichsten repräsentiert durch den traditionalen Lebensführungstyp A) gerät entlang all seiner wesentlichen konstitutiven Merkmale in Bedrängnis (Abs. 10.2). Aktuell wird dies von vielen Piloten als ‚Verfall' beschrieben, da für sie kein alternatives Berufsbild existiert. Andere Piloten arrangieren sich jedoch leichter mit dem Wandel ihrer Arbeits- und Beschäftigungsbedingungen und der damit einhergehenden veränderten Berufskonzeption. Für das Gros der zweiten Gruppe spielen die beruflichen Anteile ihrer Arbeit eine weniger bedeutsame Rolle.

In den Arbeitsbeschreibungen mancher Piloten deuten sich in einzelnen Teilbereichen auch Ansätze für neues professionelles Handeln an. Die empirischen Ergebnisse dieser Untersuchung verweisen unter anderem auf jene Felder, die neue Belastungen für Piloten darstellen, zugleich aber auch ihr Tätigkeitsfeld zunehmend bestimmen. Sie bergen alle Aspekte, die im weitesten Sinne Platz und Chancen für eine stärkere Professionalisierung bieten, wie Unsicherheit und Komplexität, eine hohe gesellschaftliche Relevanz etc. (Abs. 4.7). Hierbei geht es vor allem um ‚nicht-fliegerische' Anteile der Arbeit, also eher um das „Drumherum" (F06). Zu nennen sind vor allem zunehmende bereichsübergreifende Kommunikations-, Koordinations- und Kooperationsanforderungen, Führungs- und Sicherheitsthemen (‚Safety' und ‚Security'), ökonomische Verantwortung und die hervortretenden Kunden- und Dienstleistungsaspekte der Arbeit von Piloten. Die sich wandelnden und verschärfenden Anforderungen an die Lebensführung könnten noch hinzugenommen werden. Zusammen mit dem Fliegen bilden all diese Felder das spezielle (professionelle) Berufsprofil von Piloten. Das heißt, erst die Gesamtheit der Aspekte bildet die komplexe Konstellation der beruflichen Professionalität von Piloten annähernd ab.

---

21 Teil der arbeitssoziologischen Diskussion um den Wandel von Arbeit ist immer auch der Beruf, z.B. „die immer problematischere starre berufliche Arbeitsteilung und Berufsordnung" (Gottschall/Voß 2005, S. 11). Zur Übertragung auf Piloten und Flugbegleiter siehe Huchler 2009 und Huchler/Dietrich 2009.

Ein derartiges ganzheitliches Berufsverständnis hätte das Potenzial, die hier aufgezeigten negativen Tendenzen der aktuellen Entwicklungen in der Arbeit von Piloten zwar nicht zu verhindern, aber zumindest wesentlich einzudämmen, sei es in Bezug auf den Grad an Verantwortung und Autonomie oder in Bezug auf Qualifikation, Einkommen, Anerkennung, Status, Spaß etc. Hierfür ist jedoch eine aktive Justierung des Berufsbilds und des Tätigkeitsprofils notwendig. Ansonsten wird die Entwicklung des Berufs allein dem Wandlungsprozess überlassen, der mit den unternehmensseitig veränderten Arbeits- und Beschäftigungsbedingungen einhergeht. Dieser kann über kurz oder lang nicht ignoriert werden. Mit Blick auf berufspolitische Interessen müsste versucht werden, aktiv auf die Veränderungsprozesse einzugehen und diese zur Qualifizierung und beruflichen Positionierung zu nutzen. Hierbei geht es primär um die genannten ‚nicht-fliegerischen' Anteile der Arbeit von Piloten. Bisher herrscht in der Luftfahrt noch eine eher geringe Anerkennung der Gesamtheit dieser ‚nicht-fliegerischen' Fähigkeiten. Sie schlagen sich auch nur gering in formalen Honorierungen nieder, zum Beispiel in Bezahlung oder Karriere. Dabei weist die Arbeit von Piloten an all diesen Punkten Ansatzpunkte von Professionalität aus – in dem Sinne, dass hier Piloten nicht nur als Anwender, sondern vor allem als Wissensträger fungieren, komplexe Situationen kontrollieren und sich mit ihrer ganzen Person und Erfahrung einbringen.

Aktuell treten diese Veränderungen im Großen und Ganzen jedoch nicht als Ausdruck zusätzlicher Chancen auf, sondern vor allem als zunehmende Rationalisierungsmaßnahmen und Brennpunkte eines stetig steigenden Drucks. Sie führen einseitig zu verstärkten und neuen Belastungen auf Seiten der Piloten. Diese Prozesse müssen weiter erforscht und betrieblich wie institutionell (Gesetzgeber, Interessenvertretung und Verbände) begleitet werden, nicht zuletzt um den Piloten für die qualitativ hochwertige – also sichere – Bearbeitung ihrer neuen Aufgaben die Möglichkeiten zu geben – vor allem Zeit und Qualifikation. Das breiter werdende Aufgabenfeld kann gleichzeitig aber auch als Chance für eine berufspolitische Professionalisierung von Piloten aufgegriffen und genutzt werden.

Es ist noch auf die unterschiedliche Bedeutung des Berufs für die hier konstruierten vier Lebensführungsarrangements hinzuweisen. Vor allem das dem ‚klassischen' Berufsbild am nächsten stehende Arrangement A geht mit Vorstellungen von einer professionellen Lebensführung (Pünktlichkeit, körperliche und geistige Fitness etc.) einher. Gerade im Umgang mit dem starken Einfluss der Arbeit auf das Private liegt ein entscheidender Anteil der Professionalität von Piloten. So gehört zum Beispiel die trotz anderweitiger Verpflichtungen und Gelegenheiten auf die Leistungsfähigkeit in der Arbeit ausgerichtete Gestaltung der Ruhezeiten (Regeneration) bzw. der freien Zeit insgesamt (im Lay-over oder zu Hause) im Berufsbild des Typs A zur ‚Disziplin' (vgl. Abs. 10.2). Insgesamt kann gesagt werden, dass der Beruf eine je nach Lebenskonzept mehr oder weniger bedeutsame Vermittlerrolle zwischen Arbeit und Privatleben einnimmt. Insofern wirken sich auch die aktuellen Veränderungen der Rahmenbedingungen, die das jeweilige Berufsbild prägen, unterschiedlich intensiv auf die entsprechenden Lebensführungsarrangements in Mobilität und Entgrenzung aus. Die Berufsorientierung ist ein wesentlicher Faktor, der die spezifische Zusammensetzung der Risiken und Chancen des aufgezeigten Wandels im Luftverkehr für die jeweiligen Arrangements bestimmt.

Lebensführung

Im Zentrum der Untersuchung stand die Frage nach dem Zusammenwirken verschiedener Formen arbeitsbedingter Entgrenzung und ihrer Folgen für die Subjekte. Fokussiert wurde dabei zum einen auf jene Entgrenzungsaspekte, die mit der mobilen Arbeit von Piloten überhaupt einhergehen, und zum anderen auf jene, die erst in jüngerer Zeit an Piloten herangetragen werden, zum Beispiel in Form von Rationalisierungsmaßnahmen. Bereits nach einer kurzen Zeit im Feld entstand der Eindruck einer unerwartet hohen Heterogenität, was den Umgang mit den Chancen und Risiken mobiler bzw. entgrenzter Arbeit und die entsprechenden Schilderungen von Belastungen und Motivationskomponenten betrifft. Diese ließen sich nicht primär aus strukturellen Aspekten (wie Streckenkonzept, Arbeitgeber, Rang etc.) erklären, sondern es deuteten sich enge Zusammenhänge mit den jeweiligen Arbeitsorientierungen und Berufskonzeptionen, Lebensformen und Lebenskonzeptionen an. Dies führte dann zu Fragen nach mehr oder weniger erfolgreichen Arrangements und Strategien in der Arbeit oder im Privatleben, nach unterschiedlichen Kosten, Gefahren und Ressourcen, also nach Ungleichheitsaspekten im Umgang mit den Risiken und Chancen der mobilen und entgrenzten Arbeit. Diesen Fragen wurde mit einer Typenbildung nachgegangen, zunächst getrennt nach den Handlungsfeldern ‚Arbeit', ‚Privatleben' und ‚Arbeit und Leben' (Abs. 7.1) und dann als Gesamtarrangements der Lebensführung über diese drei Ebenen hinweg (Abs. 7.4). Es handelt sich um die spezifischen Arrangements der Typen ‚Berufsstatus' (A), ‚Familie' (B), ‚Karriere' (C) und ‚Spaß' (D), die sich den – hier erweiterten – Grundformen alltäglicher Lebensführung zuordnen ließen: ‚traditional', ‚gemeinschaftlich', ‚strategisch' und ‚situativ'. Zuerst für die drei mal vier Teilarrangements einzeln und dann kombiniert entlang der vier Gesamtarrangements konnten in einem nächsten Schritt die jeweils unterschiedlichen Voraussetzungen und Vor- und Nachteile identifiziert und sondiert werden. Dabei wurde unter anderem der enge Zusammenhang zwischen Handlungsmustern in der Arbeit und der Organisation des Privatlebens deutlich. Zum Beispiel erwiesen sich bestimmte Gesamtarrangements tendenziell für den einzelnen Piloten als belastender, vor allem diejenigen, die nicht auf einer Externalisierung von berufsbedingten Mobilitätsbzw. Entgrenzungskosten an die soziale Umwelt im Privatleben basieren. Es kristallisierten sich auch Hinweise darauf heraus, dass es sich bei Typ D (‚situativ') um einen Übergangstyp handelt, da sich bei ihm sehr enge Zusammenhänge mit strukturellen Aspekten aufzeigen ließen: Alter, Lebensphase etc. (vgl. Abs. 7.2).

Die zunächst getrennte Betrachtung der drei wesentlichen Kernbereiche der alltäglichen Lebensführung ermöglichte zudem den Blick auf die ‚innere Konsistenz' von Lebensführungsmustern. Es ließen sich also eher konsistente von tendenziell ‚inkonsistenten' bzw. ‚gebrochenen' Lebensführungsmustern unterscheiden. Diese ‚Brüche' ließen sich auf Übergänge zwischen verschiedenen Lebensphasen und auf einschneidende Erlebnisse zurückführen und wurden in den Interviews häufig als Belastungen und mehr oder weniger indirekt als Abweichungen von typischen Lebenskonzeptionen thematisiert (vgl. Abs. 7.2 und 7.3), zum Teil sind sie jedoch auch Ausdruck einer gewissen Gestaltungsfreiheit (vgl. Abs. 10.5).

Die aus den Umgangsformen von Piloten mit den ‚konstitutiven' Entgrenzungsaspekten ihrer mobilen Arbeit gebildeten Mobilitäts- bzw. Entgrenzungsarrangements wurden dann in einem systematischen Abgleich mit den neuen, rationalisierenden bzw. ‚transformierenden' Entgrenzungsprozessen konfrontiert (Kap. 9). Hier ging es um die Frage, wie sich der aktuelle Wandel im deutschen Personenluftverkehr auf die über lange Zeit eingespielten Lebensführungsarrangements von Piloten im Umgang mit Entgrenzung von Arbeit bzw. arbeitsbedingter Mobilität auswirkt. Es zeigte sich recht deutlich, dass das Arrangement A, das dem ‚klassischen' Berufsbild Pilot am nächsten kommt, am stärksten von den aktuellen (vor allem technischen und ökonomischen) Veränderungen in der Arbeit von Piloten betroffen ist (zum Teil verstärkt durch einen allgemeinen gesellschaftlichen Wandel, der vor allem im Privatleben wirkt). Jedes Lebensführungsarrangement verfügt über je eigene Strategien im Umgang mit Wandel: *„Festhalten an Macht"* (A: ‚traditional'), *„Dickfelligkeit und Gelassenheit"* (B: ‚gemeinschaftlich'), *„Opportunismus und Disziplinierung"* (C: ‚strategisch') und *„sich treiben lassen"* (D: ‚situativ'). Strukturell begünstigt der Wandel im Luftverkehr, der sich auf Seiten der Piloten vor allem durch Rationalisierungsmaßnahmen der Airlines bemerkbar macht, tendenziell das durch eine gewisse ‚Losgelöstheit' von sozialen Verpflichtungen gekennzeichnete Arrangement D (‚situativ') (vgl. Abs. 10.3). Andererseits zeigt sich in der Analyse der ‚Reaktion' der jeweiligen Typen auf die aktuell verschärften Entgrenzungsprozesse im Luftverkehr, dass Piloten bei zunehmender Belastung möglichst stringente Lebensführungsmuster anstreben, und hier vor allem die sozial und räumlich stärker verankerten Formen A (‚traditional') und B (‚gemeinschaftlich'). Die Folge sind also zwei auseinander driftende Tendenzen: die zunehmenden (raum-zeitlichen) Flexibilitätsanforderungen der Arbeit und das Stabilisierungsbedürfnis der

Arbeitenden. Interessant sind hierbei die Strategien der Airlines bei der Personalselektion. Die Überlegungen hinter den Auswahlkriterien der Airlines zielen aktuell primär auf eine Mischung von höchst unterschiedlichen Pilotentypen ab. Es gibt eine starke Schwerpunktverlagerung weg von Typ A (‚traditional') in Richtung Typ D (‚situativ'), was mit neuen spezifischen Problemen einhergeht. Jedoch werden einzelne spezifische Vorteile der übrigen Typen – vor allem diejenigen, die Sicherheit und Stabilität, Zuverlässigkeit und Loyalität in der Arbeit garantieren (sollen) – ebenfalls dem anvisierten neuen ‚Leittypus' Pilot zugeschrieben. Die Folge ist eine systematische Überforderung, die paradigmatisch für die Entwicklung der Arbeits- und Beschäftigungsbedingungen bzw. für die betrieblichen Erwartungen allgemein ist. Es wird die „eierlegende Wollmilchsau" (B07) gefordert, ohne darauf zu achten, dass diese aus einem Mix höchst unterschiedlicher, sich zum Teil gegenseitig ausschließender Lebenskonzeptionen besteht (vgl. Abs. 10.4). Letztlich kann konstatiert werden, dass die sehr verschiedenen bewährten Lebensführungsmuster im Umgang mit mobiler bzw. mehrfach entgrenzter Arbeit aktuell zwar mit dem gleichen Druck konfrontiert, aber entsprechend ihrer Heterogenität höchst unterschiedlich und in unterschiedlicher Stärke betroffen sind. Es zeigt sich auch, dass vor allem ‚inkonsistente' Lebensführungsmuster, die schon seit jeher mit einem höheren Aufwand für die Subjekte einhergingen, verstärkt belastet sind. Die Freiheit zu ‚abweichenden', an besondere (Problem-)Konstellationen angepassten Lebenskonzeptionen wird zunehmend beschnitten. Die Lebensführung allgemein wird zur Disposition gestellt und in der Folge ‚reflexiv'. Sie erhält zunehmend Arbeitscharakter.

Mit Blick auf ihre Arbeit, zunehmend aber auch mit Blick auf den sozialen Nahbereich im Privatleben (vor allem Familie) würden Piloten gerne ‚alles richtig' machen: Flexibilität beweisen, die Vorteile des Berufs auskosten, Karriere machen, den eigenen Qualitätsanspruch hoch und zugleich die Arbeitsbelastung gering halten, eine gleichberechtigte Partnerschaft und eine nachhaltige und gesunde Ausrichtung des Privatlebens anstreben etc. ‚Anspruchsvolle' Kombinationen aus ‚inkonsistenten' Teilarrangements in Arbeit und Privatleben werden jedoch zunehmend erschwert. Die ‚Gestaltungsfreiheit' der Lebensführung wird eingeschränkt. Dies betrifft auch den lebensphasenspezifischen oder an individuellen Interessen ausgerichteten Wechsel von Arrangements. Bislang war dies zumindest auf die Dauer möglich: klassischerweise von D (Flexibilität) über C (Karriere) oder B (Pflicht) hin zu A (Verfestigung) und eventuell dann wieder zu C (siehe Abs. 7.2). Mit den veränderten Bedingungen im Luftverkehr wird auch dies schwieriger. Vor allem das Arrangement A ist immer weniger zu erreichen und auch die Karrieremöglichkeiten (C) werden rarer. Es besteht die Tendenz zu einem Verlauf nach dem folgenden Muster: Nach der Phase des Einstiegs und hoher Flexibilität (D) folgt der Versuch, auf Karriere zu setzen (C), was dann jedoch wieder in Arrangement D mündet. Dieses ‚Karrieremuster' beißt sich jedoch massiv mit den Anforderungen eines klassischen Biografieverlaufs im Privatleben (Kinder, Phase der Lokalisierung etc.). Auch hierzu gibt es konkrete Beispiele in den Interviews bzw. recht ‚dichte Interviewfälle'. Bestimmte Lebensführungsmuster und typische Verläufe veränderter Lebensführung werden unwahrscheinlicher bzw. gehen strukturell mit zunehmenden Belastungen einher. Es verschärfen sich also die für die einzelnen Arrangements typischen Gefahren und zugleich strukturiert sich Ungleichheit im Luftverkehr (bzw. unter Piloten) zunehmend entlang ihrer jeweiligen Lebensführungsmuster.

Gender

Geschlechterunterschiede und die soziale Konstruktion von Geschlecht sind den Luftverkehr und speziell den Pilotenberuf ständig begleitende Themen (vgl. Anhang 1.2). In dieser Untersuchung wurde der Genderaspekt jedoch nur an einzelnen, besonders augenscheinlichen Punkten aufgegriffen. Deshalb kann hier nur eine kurze Zusammenschau einzelner Themenkomplexe geboten werden, vor allem jener, die bei der Typenbeschreibung besonders hervortraten (Kap. 7).

Je zwei der insgesamt vier interviewten Pilotinnen sind Kapitäninnen bzw. Copilotinnen. Sie decken alle Streckenprofile ab, eine Hälfte fliegt Voll-, die andere Teilzeit, drei sind verheiratet und eine in einer Beziehung zu einem Copiloten im selben Unternehmen, alle Partner arbeiten Vollzeit, eine hat zwei Kinder, eine weitere ein Kind, die übrigen zwei haben keine Kinder.

Aus Gründen der Anonymisierung werden einige weitere personenbezogene Daten zusammengefasst: Das Alter variiert zwischen 28 und 47 Jahren, die Seniorität zwischen zwei und zwölf Jahren. Eine Pilotin ist nebenher selbstständig tätig. Alle betonen soziale und teilweise auch räumliche Verpflichtungen im Privatleben (Eltern, Bekannte und Ort). Besonders fällt auf, dass jede der vier

Tab. 11.1: Samplestruktur (Pilotinnen)

Interview	B03	B08	C01	H06
Rang	Co-Pilot	Kapitän	Kapitän	Co-Pilot
Strecke	Kurz, mittel	Kurz, mittel	Kurz	alle
Geschlecht	w	w	w	w
Voll-/TZ	50%	50%	Voll	Voll
Partner	Verheiratet, Partner arbeitet, sie pendelt	Verheiratet, Partner arbeitet	Verheiratet, Partner arbeitet	Beziehung zu Co-Pilot (im Unternehmen)
Kinder	2	1	Nein	Nein
Typ Arbeit	B	B	D	B
Typ Privat	B	B	B	D
Typ A & L	A	B	A	D

Pilotinnen vor ihrer – immer privat finanzierten – Pilotenausbildung studiert hat (ein Studienabbruch) und damit über weitere Qualifikationen verfügt. Die Hälfte hat Erfahrungen bei anderen Airlines gesammelt. Sie sind alle relativ spät in den Beruf eingestiegen und haben sich mit zusätzlichen Qualifikationen abgesichert.

Auch hinsichtlich der Lebensführungsarrangements weisen sie Unterschiede zu ihren männlichen Kollegen auf. Denn jedes der zwölf Teilarrangements und jedes der vier Gesamtarrangements (A, B, C oder D) impliziert auch bestimmte Formen von Geschlechterarrangements. Auch Behringer (2007, S. 8) konstatiert in Bezug auf die alltägliche Lebensführung:

> „Wie die Erfahrungen in den Lebensbereichen jeweils gebündelt werden, hängt von der Lebensphase, der Relevanz der Lebensbereiche, aber auch ganz entscheidend vom Faktor Geschlecht ab."

So ließen sich zum Beispiel im Themenfeld Arbeit keine der vier Interviews mit Pilotinnen den Typenfeldern A oder C zuordnen. Das heißt, dass keine der interviewten Frauen auf den klassischen Berufsstatus von Piloten rekurriert, Hierarchieunterschiede betont, sich an offenen Machtspielen beteiligt etc. Diese Formen ‚männlichen' Verhaltens lehnen sie eher ab. Sie orientieren sich nicht an denselben Karrierevorstellungen wie ein Teil ihrer männlichen Kollegen (Typen A und C) und verteidigen ihre persönlichen Arbeitsbedingungen auch weit weniger heftig als diese.

Das Gleiche lässt sich im Privatleben beobachten. Keine Pilotin verlegt sich auf die Verhaltensmuster der Typen A oder C. Das heißt, sie bringen sich alle mindestens gleichwertig zu ihrem Partner in das gemeinsame Leben ein. Sie verwenden den Beruf weniger als Legitimationsbasis für Ungleichbehandlungen bzw. Rücksichtserwartungen gegenüber dem sozialen Umfeld oder für sie begünstigende Formen der Arbeitsteilung im Privatleben.[22] In den Interviews lassen sich Beispiele dafür finden, dass mobile Frauen stärker als ihre männlichen Kollegen darauf achten, typische mobilitätsbedingte Abstimmungsprobleme innerhalb von Familien zu vermeiden. Frauen zeigen dabei eine hohe Kompetenz und äußern eine Verpflichtung, mit Mobilität so umzugehen, dass keine mobilitätsbedingten Arbeiten hinterlassen und Mehrbelastungen für den lokalen Partner vermieden werden. Zum Beispiel versuchen sie, das Verlassen des gemeinsamen Lebensorts so zu organisieren, dass er fair an den Lokalen übergeben werden kann. In der Folge steigen die Belastungen für mobile Frauen.[23] Das

---

22 Schneider et al. (2002) stellen in ihrer quantitativen Untersuchung fest, dass vor allem mobile Männer verstärkt auf eine klassische Rollenaufteilung zwischen den Geschlechtern setzen.

23 Dies wäre eine Erklärung dafür, dass Männer häufiger arbeitsbedingt mobil sind als Frauen, und vor allem für den Zusammenhang, dass Partnerschaften, in welchen die Frauen mobil sind, häufiger kinderlos sind als die mit mobilen Männern (vgl. Schneider et al. 2002).

hier vorliegende Material bestätigt die Tendenz, dass sich Frauen – auch unter den gleichen strukturellen (z.B. beruflichen) Bedingungen – mehr in die gemeinsame Lebensorganisation einbringen. In Bezug auf die Vermittlung zwischen Arbeit und Privatleben zeichnen sich jedoch keine Geschlechterunterschiede ab. Jeweils zwei Pilotinnen geben eher der Arbeit (A) oder eher dem Privatleben Vorrang (B und D). Insgesamt verfolgen die hier interviewten Pilotinnen eher ‚gemeinschaftliche' und ‚situative' Lebensführungskonzeptionen als ‚traditionale' oder ‚strategische' und begegnen dem beschleunigten Wandel im Luftverkehr eher durch das Einüben von mehr *‚Dickfelligkeit und Gelassenheit'* oder mit der Tendenz, *‚sich treiben zu lassen'*, als durch ein *‚Festhalten an Macht'* oder durch *‚Opportunismus und Disziplinierung'* (zu den Strategien siehe Abs. 10.1). Insofern passen die Lebensführungsarrangements von Pilotinnen (zumindest der interviewten Frauen) sehr gut zum jüngsten Wandel im Luftverkehr. Die Strukturbedingungen ändern sich ja eher in Richtung des Pilotentyps D und auch die Airlines setzen verstärkt auf einen Mischtyp, der vor allem Anteile der in der obigen Tabelle angegebenen Teilarrangements enthält (vgl. Abs. 10.4). Dies muss jedoch nicht unbedingt bedeuten, dass Pilotinnen besser mit den sich wandelnden Bedingungen im Luftverkehr zurechtkommen. Vielmehr passen ihre Lebensführungsarrangements besser zu den Rationalisierungsstrategien der Airlines, was Vor-, aber auch Nachteile hat – und zuallererst auf bereits bestehende (ungleiche) Strukturbedingungen verweist.

11.2.2 ... für die Airlines, den Luftverkehr und die Passagiere

Airlines

Die Rolle der Airlines bzw. des höheren Managements wurde vor allem im Kapitel 8 zu den aktuellen, transformierenden Entgrenzungsbedingungen verstärkt in den Blick genommen und im Fazit dieses Kapitels betont (Abs. 8.3). Zentrale Punkte waren hier die Folgen der Rationalisierungsstrategien und der veränderten Arbeits- und Beschäftigungsbedingungen für die Belastung, die Qualität (vor allem Sicherheit), die Motivation und die Identifizierung der Mitarbeiter mit dem Unternehmen. Auch die gestiegene Unsicherheit und Ungleichheit in und zwischen Airlines tritt immer deutlicher zu Tage. Im Fazit des Vergleichs konstitutiver und transformierender Entgrenzung im Luftverkehr wurde noch einmal besonders auf die Airlines und ihr Management eingegangen (Kap. 10). Hier ging es vor allem um die Frage nach den ‚hinter' den Prozessen liegenden Interessen, Erwartungen und Strategien.

Die Rationalisierungsstrategien der Airlines, die sich vor allem in veränderten Arbeits- und Beschäftigungsbedingungen niederschlagen, aber auch in Bezug auf Personalstrategien deutlich werden, zielen neben der direkten Einsparung von Kosten (Gehälter, Incentives etc.) vor allem auf eine Steigerung der raum-zeitlichen Flexibilität des Flugpersonals – sei es mit Blick auf den täglichen Personaleinsatz, verdichtete Streckenkonzepte oder verschiedene Leasingstrategien. Die Strukturbedingungen werden so auf einen bestimmten Pilotentyp (D – ‚situativ') zugeschnitten – nicht unbedingt zu dessen Vorteil. Mit dieser Strategie geht auch ein Abbau von eher extrinsischen Motivationsfaktoren und ein stärkerer Appell an die intrinsische Motivation einher – an den ‚Spaß' in der Arbeit.

> „Was natürlich auch extrem gefordert wird, und das merke ich, wenn es immer wieder um die Diskussion mit den Erwerbslosen oder so geht: Bei uns ist das ganz normal, dass wir sehr viel investieren in die Ausbildung, wahnsinnig in Vorleistung gehen und dann arbeiten, Hauptsache irgendwo arbeiten. Also, ob wir jetzt eben nach [Stadt1] geschickt werden oder nach [Stadt2], das ist den meisten wirklich egal. Also, das ist schon eine gewisse Besonderheit. Ich habe jetzt auch einen Vertrag unterschrieben. Die könnten mich alle drei Monate woanders hinsetzen. Weil das eben Wahnsinn ist. Da würde ein anderer, der vielleicht Ingenieur bei BMW ist, sagen: ‚Ja, was soll das? Ich will jetzt in München bleiben!' Also, das ist für uns schon normal. Da wird einfach eine andere Flexibilität erwartet. Gut, und dass wir das mit dem Privatleben halt irgendwie hinbekommen, das ist so unsere eigene Geschichte. Wenn man sich für den Beruf quasi entschieden hat, dann kauft man das alles mit ein. Und die Firmenführung macht das ganz gerne, dass sie sagt: ‚Na ja, wir haben ja Spaß an dem Beruf.' Aber davon zahlt sich keine Miete. Und dass man halt da wieder so einen Ausgleich findet." (H08)

Pilot H08 greift die allgemeine Diskussion zu Mobilitätserwartungen an Erwerbslose auf, um die diesbezüglich hohen Anforderungen seines Berufs zu unterstreichen und sich von anderen Berufsfeldern abzugrenzen. Er zielt darauf zu betonen, dass die Einkommensunterschiede zu anderen Berufen auch heute noch gerechtfertigt sind, da Piloten sehr mobil sein müssen (vor allem Umzug und Pendeln). Der Verweis auf den Spaß an der Arbeit wird als interessenpolitischer Schachzug bzw. als Rationalisierungsstrategie des Managements entlarvt. Bislang wurden die Piloten mit ihrem Einkommen auch für die hohe Mobilitätsbereitschaft bezahlt. Aktuell wird diese jedoch zunehmend zu einer normalen bzw. selbstverständlichen Vor-Leistung der Arbeitnehmer, die nicht mehr besonders kompensiert werden muss. Vor allem die sozialen Kosten der Mobilität werden ausgeblendet und nicht mehr in materielle ‚übersetzt'. Oftmals geschieht dies mit dem Verweis auf Spaß in der Arbeit oder auf gestiegene Flexibilitätsanforderungen an andere Berufe (bzw. Arbeitslose). Der Motivationsfokus wird von extrinsischen Aspekten (Bezahlung) auf intrinsische (Spaß und Angst) verlagert. Dies scheint aus Unternehmenssicht eine kostenreduzierende Strategie zu sein, jedoch werden hierbei zwei wesentliche Dinge vernachlässigt. Zum einen ist das Garantieren einer intrinsischen Motivation eine komplexe Angelegenheit und kann mit hohen und lang andauernden Investitionen verbunden sein (z.B. Aufbau und Erhalt eines Berufsstatus mit dem entsprechenden Arbeitsethos). Hier ist über eine gewisse Zeit ein Raubbau durchaus lukrativ, die langfristigen Folgekosten sind jedoch schwer abzuschätzen und meist ungleich höher.[24] Zum anderen gehört die Erkenntnis, dass für eine intrinsische Motivation eine gewisse ‚materielle' Basis Voraussetzung ist, zum Grundwissen der (Arbeits- und Organisations-)Psychologie (z.B. Herzberg et al. 1959; Maslow 1977).

Diese Rationalisierungsstrategie funktioniert nur für eine gewisse Dauer und zielt vor allem auf die jüngeren Piloten mit neuen Arbeitsverträgen ab. Piloten beweisen ihre zeitliche Flexibilitäts- und räumliche Mobilitätsbereitschaft besonders stark beim Einstieg und Beginn ihrer Karriere. Zu diesem Zeitpunkt verfügen sie noch über ein geringes Machtpotenzial, was ihre Erfahrung und Qualifikation betrifft. Die hohen Ausbildungskosten tragen sie oftmals selbst, was sie dazu zwingt, möglichst schnell einen der begehrten Jobs in einer Airline anzunehmen. Später können sie mit ihrer Erfahrung punkten und Ansprüche an Gehalt und Stabilität eher durchsetzen. Mobilität fungiert folglich als eine Art Ressource, die als Teil der eigenen Arbeitskraft angeboten werden kann. Es besteht jedoch eine Tendenz zur Verortung, sobald eine bessere Machtposition erreicht wurde. Die Chancen dafür verringern sich im Luftverkehr allerdings zusehends. Wie der zitierte Pilot (H08) will ein Großteil der Piloten (vor allem Typ A, aber auch Typ D zumindest in näherer Zukunft) für seine hohe Mobilitätsbereitschaft auch entsprechend entgolten werden, sei es durch Gehalt oder Karriere.

Hinzu kommt, dass mit dem Erreichen bestimmter Lebensphasen die hohe Flexibilitätserwartung unter Ausblendung der privaten Lebenssituation bzw. die Vermittlung von Arbeit und Privatleben nicht mehr so einfach funktioniert. Die hier zugrunde liegende Rationalisierungsstrategie lässt veränderte Lebensbedingungen und andere Lebenskonzeptionen unbeachtet und überlastet diese damit systematisch – oder sie setzt direkt auf eine regelmäßige Erneuerung bzw. Verjüngung des Personals.

Eine weitere Problematik, die mit dieser Ausrichtung einhergeht, ist, dass das hoch flexible Personal oft auch weniger Bindungen in Bezug auf den Arbeitgeber aufweist und sich zudem leichter mit einem Arbeitsplatzwechsel tut, was sich allgemein auch in einer verringerten ‚Loyalität' und ‚Aufopferungsbereitschaft' gegenüber dem Arbeitgeber äußern kann. Eine höhere Personalfluktuation mag durchaus gewollt sein, jedoch verändert sich damit das Erfahrungs- und nicht zuletzt auch das berufliche Profil der Piloten der Airline. Dies äußert sich an vielen Stellen in der täglichen Arbeit bzw. in gewandelter Arbeitsorientierung, anderem Verantwortungsbezug und verändertem Sicherheitsverständnis (vgl. Abs. 10.2).

---

24 Die inhaltliche Nähe der Argumentation zur Umweltpolitik und zum nachhaltigen Umgang mit Naturressourcen ist durchaus stimmig.

Unberücksichtigt bleibt auch die Tendenz, dass die Piloten von morgen, also die jungen Piloten und die Typ-D-Piloten, zwar viel ‚mitmachen' (Einkommens- und Statusreduktion, Arbeitszeiten, Vermengung von Arbeit und Privatleben etc.), sich aber tendenziell auch wesentlich intensiver nach Möglichkeiten der Vereinbarkeit erkundigen. Teilzeit und andere vor allem auf Freizeit (und teilweise Familie) abzielende Modelle werden stark nachgefragt, da die Freizeit nicht mehr so rigoros einem strengen Berufsethos untergeordnet wird. Damit wird auch der Berufswechsel ein Stück weit enttabuisiert (vgl. Abs. 11.2.3).

Die Interessenpolitik muss sich massiv bezüglich der neuen Ziele dieser speziellen Pilotengruppe (Typ D) umstellen: Abwechslung, Spaß, soziale Beziehungen, Anerkennung und vor allem die Qualität der ‚freien Zeit' – sei es in der Arbeit oder zu Hause – rücken in den Vordergrund. Die Interessenpolitik kann sich nicht mehr allein auf bestimmte bzw. feste arbeitsbezogene Themen konzentrieren, sondern muss dezidiert – unterschiedliche – Formen der Lebensführung insgesamt in den Blick nehmen.

Nach diesen Erkenntnissen müssten vor allem jedoch die Airlines bzw. die Vertreter des Managements noch einmal sondieren, auf welche Pilotentypen sie eigentlich abzielen wollen und welche sie wirklich brauchen. Nachhaltig kann dies nur unter systematischem Einbezug der gesamten Lebenskonzeption einzelner Lebensführungsarrangements erfolgen. Auf diese Weise würden zumindest die Folgen deutlich, die die Forderung nach der „eierlegenden Wollmilchsau“ (B07) oder dem hoch flexiblen Pilotentyp D mit sich bringt. Eventuell würde dann auch die Frage aufkommen, ob es nicht auch wirtschaftlich sinnvoll ist, ein Bild von Piloten zu entwerfen, das eine dauerhafte Lebenskonzeption ermöglicht. Zumindest wird von den interviewten Piloten verstärkt eingefordert, dass Lebensführungskompetenzen und die Vereinbarkeit der Arbeit mit dem Privatleben schon in der Ausbildung thematisiert werden. Im Mittelpunkt stehen dabei Fragen wie: Womit müssen angehende Piloten in Bezug auf ihr Privatleben rechnen? Was sind die Vor- und Nachteile einzelner Lebenskonzeptionen? Wie lassen sich Kompetenzen in Bezug auf das Privatleben aufbauen?

Luftverkehr

Da hier vor allem die Arbeits- und Lebenswirklichkeit von arbeitsbedingt mobilen bzw. multipel entgrenzt arbeitenden Menschen im Mittelpunkt standen, geschah die Erhebung und auch die Auswertung aus subjektorientierter Perspektive und unter Zuhilfenahme vor allem qualitativer Methoden. Die Makroebene – also der Luftverkehr – und die dortigen Wandlungsprozesse wurden als wesentliche Rahmung des Handelns der interviewten Piloten so weit analysiert, wie es für die Erklärung der für die Subjekte wesentlichen Bedingungen notwendig ist. Kurz gesagt, der Luftverkehr stand nicht im Zentrum dieser Untersuchung und manche (z.B. politische, rechtliche, betriebswirtschaftliche, technische) Aspekte wurden nur selektiv und verkürzt angeschnitten. So wurden in Kapitel 3 einige zentrale Informationen zur Relevanz und zum aktuellen Wandel im Luftverkehr vorgestellt. Die für die Arbeit wesentlichen Teilaspekte der aktuellen Entwicklung im deutschen Personenluftverkehr wurden dann in Kapitel 8 zur transformierenden Entgrenzung ausgiebig expliziert und in einem Fazit (Abs. 8.3) zusammengefasst.

Der deutsche Personenluftverkehr hat eine lange Phase der Liberalisierung, Deregulierung und Differenzierung bzw. Diversifizierung von unterschiedlichen Produkt- und Unternehmenskonzepten hinter sich. Diese Prozesse sind keineswegs abgeschlossen, da sie im europäischen Kontext teilweise noch bevorstehen und da – vor dem Hintergrund des rasanten Aufschwungs in Asien und in vielen anderen Schwellenländern – die Globalisierung im Luftverkehr gerade erst begonnen hat.

Dennoch hat vor allem in Deutschland in den letzten Jahren auch eine Konsolidierung stattgefunden. In der Tendenz handelte es sich hierbei in vielfacher Hinsicht um eine ‚Konsolidierung nach unten' – nicht nur was die Ticketpreise angeht, sondern zum Beispiel auch mit Blick auf die Arbeits- und Beschäftigungsbedingungen, das Berufsbild von Piloten etc. Der Niedrigpreisbereich wurde ausgebaut und die differenzierten Ticketpreise haben sich insgesamt auf einem niedrigeren Niveau eingependelt. Parallel setzten die Airlines verstärkt auf neue Unternehmensformen (z.B. Ausgründungen, Flugzeuge als GmbHs etc.), Produktkonzepte (unterschiedliche Marken, Lowcost etc.) und Managementstrategien (Leasen und Verleasen von Crews und Fluggerät, indirekte Leistungssteuerung etc.).

Insgesamt zeichnet sich (trotz der Konsolidierung) eine weitere Zunahme an Unsicherheit und Ungleichheit (bezogen auf die Arbeits- und Beschäftigungsbedingungen) auf Seiten der Piloten ab – innerhalb einer Marke (z.B. entlang von Alter/Verträgen), innerhalb einer Airline (zwischen einzelnen Marken bzw. Produkten) und zwischen den Airlines.

Passagiere

Es soll nur eine interessante Tendenz im Verhältnis zwischen Piloten und Passagieren kurz angeschnitten werden. Auch im Luftverkehr nutzt das Management den Verweis auf einen anonymen ‚Marktdruck' als Argument für die Notwendigkeit von Rationalisierungsmaßnahmen und zur Durchsetzung unternehmerischer Interessen. Es wird mit dem allgemeinen Wettbewerbsdruck im Luftverkehr bzw. mit der Konkurrenz um Ticketpreise und Passagierzahlen argumentiert, um unangenehme Entscheidungen durchzudrücken. In der Wahrnehmung von Piloten zeigt sich ein enger Zusammenhang zwischen den stark gesunkenen

Ticketpreisen (vor allem in der Werbung)[25] bzw. dem Ausbau des Lowcost-Bereichs einerseits und sich größtenteils verschlechternden Arbeits- und Beschäftigungsbedingungen andererseits. Letztlich ist – aus Sicht vieler Piloten – also die Nachfrage der Passagiere nach günstigen Tickets ‚schuld' an der Gesamtentwicklung im Luftverkehr und der Misere der Piloten. Mit ihrer „Geiz-ist-geil-, Billig-Billig-Mentalität" (F03) verschlechterten die Passagiere die Arbeits- und Lebensbedingungen von Piloten. Es herrscht eine steigende Ungleichheit in den Arbeits- und oftmals auch Beschäftigungsbedingungen zwischen den verschiedenen Produkten bzw. Marken, was sich jedoch bislang nicht in den Messkriterien für Flugsicherheit niederschlägt. Dennoch legen Piloten, mit Blick auf die eigene Erfahrung, aber natürlich auch auf die eigenen Interessen, den Passagieren gerne nahe zu überdenken, dass sie sich mit dem Ticketpreis auch das Sicherheitsniveau einkaufen – ein Argument, das gegen diesen Abwärtstrend wirken soll. Verstärkt werden diese Spannungen noch zusätzlich durch (zumindest für die Piloten) eher symbolische Komponenten, wie zum Beispiel den Ansehensverlust, der mit der Entwicklung des Flugzeugs zum Massenverkehrsmittel einhergeht. Fliegen wird zunehmend zu einem für jedermann erschwinglichen Verkehrsmittel, das zumindest regional und kontinental mit anderen Verkehrsmitteln in Konkurrenz steht. In der Folge gleichen sich die Passagierklientele an und auch die Transportberufe werden vergleichbarer. Die Öffnung für einen weiteren Bevölkerungskreis und andere Reisezwecke zeigt sich in der täglichen Arbeit am veränderten Verhalten der Passagiere – woran sich dann viel Unmut anlagern kann, der eigentlich woanders herrührt.

Es ist eine offene Frage, was es für den Beruf Pilot als Transportdienstleister auf Dauer ausmacht, wenn das Verhältnis zu den ‚Klienten' derart belastet ist. Zum Teil kommt es bereits zu einer Verschiebung der beruflichen Orientierung auf Seiten der Piloten. Es fällt zum Beispiel auf, wenn die sichere Flugdurchführung oft weniger mit dem Verweis auf die berufsethische Verantwortung für Leib und Leben der Passagiere begründet wird als mit dem Verweis auf die eigene Person, nach dem Motto: ‚Ich sitze ja auch mit drin, auf die Passagiere kommt es gar nicht an.' Die Distanz zu den Passagieren scheint mit den veränderten Bedingungen zuzunehmen.

11.2.3 ... für die Interessenpolitik

Zu einem arbeits- und industriesoziologischen Zugang und einem subjektorientierten Blick gehört es, die Arbeits- und Lebenswirklichkeit der Subjekte in das

25 In den Argumentationen der Piloten mit unrealistisch niedrigen Ticketpreisen wird oft ignoriert, dass es sich bei den angepriesenen Angeboten nur um geringe Kontingente, also nur um Lockangebote handelt. Es werden mithin nicht alle Tickets für einen Flug auf diesem Kostenniveau verkauft.

Zentrum der Betrachtung zu stellen. Mit dieser Orientierung werden immer auch interessenpolitische Themen aufgeworfen. Auch in der hier vorliegenden Untersuchung schwingen durchgängig Macht- und Ungleichheitsaspekte mit; am stärksten expliziert bei den Folgen der transformierenden Entgrenzung (Abs. 8.2.4) und im Schlusskapitel.

In der Luft- und Schifffahrt besteht für Piloten/Kapitäne keine Möglichkeit, einen Betriebsrat zu gründen. Insofern erhalten die Interessenvertretung und die Personalvertretung als Hüterin der Tarifverträge eine erhöhte Bedeutung. Neben dem weitverbreiteten Vorwurf, dass das größte Interessenvertretungsorgan für Piloten, die Vereinigung Cockpit e.V., lange Zeit zu sehr von einer Luftfahrtgesellschaft dominiert wurde und die Belange von kleineren Unternehmen und ihren Beschäftigten vernachlässigt habe, wurde häufig auch negativ bewertet, dass vor allem Entlohnungsthemen die Aushandlungsprozesse bestimmten. Erst nach und nach wird die Ungleichheit zwischen den verschiedenen Arbeitgebern und Marken nach außen spürbar thematisiert und konkretere Aspekte der Vermittlung von Arbeit und Leben gewinnen an Gewicht. Bei der Analyse der Interviews wurden viele Themen aufgegriffen, die für die Arbeits- und Lebensqualität von Piloten von zentraler Bedeutung sind. Vor allem mit Blick auf die aktuellen Rationalisierungsprozesse im Luftverkehr tun sich hier einige neue Felder auf bzw. verschärfen sich bestimmte Konfliktpunkte. Viele dieser Themen wurden umfassend dargelegt, einige wenige sollen hier noch einmal kurz angeschnitten werden:

Piloten beklagen zusehends eine Spirale nach unten, was ihren *Beruf* angeht. Ein sinkender allgemeiner Berufsstatus geht einher mit einer verschlechterten Machtstellung in der Arbeit, diese zieht schlechtere Verträge bzw. verschärfte Arbeits- und Beschäftigungsbedingungen nach sich, woraus sich wiederum eine geringere Attraktivität des Berufs und ein sinkendes gesellschaftliches Ansehen ableitet. Das heißt, es wird ein sich aufschaukelnder Zusammenhang zwischen Statusaspekten, Arbeitsbedingungen und Interessendurchsetzungsmöglichkeiten konstatiert. Ein Ansatz, hier einzugreifen, wäre die gestaltende Transformation der neuen Arbeitsbedingungen in ein neues Berufsbild.

Hierfür ist auch eine Anpassung der *Ausbildung* notwendig, sowohl der der Airline-eigenen als auch der ‚freien' bzw. ‚privaten' Flugschulen. Die diversifizierte bzw. auf viele Flugschulen verteilte Ausbildung gestaltet zwar den Zugang zum Beruf etwas transparenter, andererseits erzeugt der ungesteuerte Zugang zum Beruf einen hohen Druck durch ein großes Angebot an neu ausgebildeten Piloten. Vor allem mit den stetig steigenden Ausbildungskosten und der Tendenz der Airlines, auch die Kosten der Musterzulassungen auf die Piloten zu externalisieren, steigt das Anstellungsrisiko (bzw. der Druck, schnell einen Vertrag zu unterschreiben) für neue Piloten zusehends. Von den oft hochverschuldeten Neuen kann dann immer weniger erwartet werden, dass sie an interessenpolitischen Prozessen teilnehmen, die sie zum einen oft nicht voll vertreten und die zum anderen ihre Chancen auf eine Tilgung der Schulden möglicherweise gefährden. An diesen Punkten müsste angesetzt werden, um für Chancengleichheit zu sorgen. Eine staatliche Ausbildung mit einer Zugangsbegrenzung wäre ein richtungsweisendes Szenarium, zumindest was die Professionalisierung des Berufs angeht. Damit würde auch der Tendenz entgegengewirkt, dass es zunehmend den Anschein hat, dass sich die Lizenzen und auch ein späterer Job in einer größeren Airline ‚erkaufen' lassen. Längst gibt es eine hohe Differenzierung entlang der Ausbildungskosten und der damit verbundenen Jobchancen.

Es wurde bereits darauf hingewiesen, dass sich trotz der Konsolidierung in jüngerer Zeit eine weitere Zunahme an *Unsicherheit* und *Ungleichheit* im Luftverkehr abzeichnet, was die Arbeits- und Beschäftigungsbedingungen von Piloten betrifft: innerhalb und zwischen den Marken einzelner Airlines und zwischen den Airlines in Deutschland. Hinzu kommt die stetig steigende Relevanz des globalen Luftverkehrs. In Abschnitt 8.3 wurde konstatiert, dass das Szenarium eines globalen, aber zunehmend ungleichen Luftverkehrs (in Bezug auf Technik, Organisation, Arbeits- und Beschäftigungsbedingungen, Ticketpreise etc.) recht wahrscheinlich ist. Dies stellt die Interessenvertretung vor neue Herausforderungen. Aktuell gewinnen zum Beispiel länderübergreifende Personalstrategien zunehmend an Relevanz. Was Globalisierungseffekte angeht, steht der Luftverkehr jedoch noch am Anfang.

Insgesamt wäre es Aufgabe der Interessenpolitik, die hier beschriebenen *Rationalisierungsprozesse* und ihre Folgen genau zu verfolgen und vereinfachenden ‚Schuldzuschreibungen' (Passagiere/Nachfrage) und legitimierenden Erklärungsmustern (Marktzwänge) durch Expertise zu begegnen. Vor allem zur Abschätzung der Folgen ist ein genauerer Blick auf die konkreten Zusammenhänge der Arbeits- und Lebenswirklichkeit von Piloten notwendig.

Ein wesentlich entlastender – und daher sehr bedeutsamer – Aspekt der Arbeit von Piloten ist die *tägliche Abgeschlossenheit.* Erst auf Grund der recht starken *inhaltlichen* Trennung zwischen Arbeit und Privatleben ist für viele Piloten der tägliche Umgang mit den Belastungen ihrer raum-zeitlich entgrenzten Arbeit überhaupt möglich. Rationalisierungsmaßnahmen, die hier ansetzen, müssen deshalb äußerst genau beobachtet werden, auch wenn sie Win-win-Situationen zwischen Unternehmen und Beschäftigten versprechen. Ein Punkt ist hier zum Beispiel das Homebriefing auf freiwilliger Basis. Es kann eine Erleichterung für manchen Piloten darstellen und für den Betrieb eine Kostenersparnis. Auf der anderen Seite liegen bereits Berichte vor, dass Piloten (mehr oder weniger direkt) angewiesen werden, bei manchen Strecken das Briefing zu Hause zu erledigen, um die zulässigen Ruhezeiten einzuhalten bzw. um Strecken ohne einen dritten Piloten realisieren zu können.

Ein weiterer zentraler Aspekt ist neben den verschiedenen, sehr bedeutsamen *Requestmöglichkeiten* vor allem die *Planstabilität.* Denn mit ihr steht und fällt die Planungssicherheit für Piloten im Privatleben. Interessant ist jedoch auch, dass das Gros der Piloten *festen Schichtplänen* gegenüber ablehnend eingestellt ist. Hier müsste genauer nachgesehen werden, ob dies nur auf Statusaspekte zurückzuführen ist oder ob (was zu vermuten wäre) andere Gründe, wie zum Beispiel eine Arbeitszeitausdehnung und Arbeitsverdichtung, dagegen sprechen. Auch hier könnte eine systematische Untersuchung der unterschiedlichen Arbeits- und Lebenskonzeptionen von Piloten weiterhelfen.

Im Folgenden wird in Ausschnitten dargestellt, in welcher Form das Modell der vier Lebensführungsmuster in Entgrenzung der Interessenpolitik nützlich sein kann.

Die interessenpolitischen Organe stehen allgemein vor der Herausforderung, wie sie die – mit der wachsenden Ungleichheit und strukturellen Heterogenität im Feld – zunehmend unterschiedlichen Interessenkonstellationen unter einen Hut bekommen. Da Interessenlagen nur selektiv aufgegriffen werden und von Pilot zu Pilot unterschiedliche Ansprüche und Erwartungen an die Interessenvertretung bestehen, existiert in der Folge auch ein unterschiedlicher Bezug einzelner Pilotengruppen zum Thema Interessenvertretung. In dem folgenden Interviewausschnitt werden diese verschiedenen Interessenlagen und Umgangsformen mit arbeitspolitischen Themen aufgegriffen und eingeteilt in: „Mantafahrer“, „glauben, bei allem mitreden zu können“ und „Hör doch mal auf zu jammern!“

> „Ja Selbstverständnis, vielleicht ist das ketzerisch, aber ich sehe das so: Viele von uns haben eine Mantafahrer-mit-Fuchsschwanzantennen-Einstellung. Ihre persönliche Genugtuung besteht daraus, dass sie ein großes Flugzeug fliegen oder ein Flugzeug, das was weiß ich was kann. Maßgeblich groß muss es sein. Ist für viele schon wichtig. Und sie lassen es schon im Bekanntenkreis gerne wissen, was sie da für ein großer Meister der Lüfte sind. Aber wenn es um wirklich wichtige Themen und entsprechendes Engagement geht, dann sind die da nicht dabei. Es gibt viele, die glauben, bei allem mitreden zu können. Wie gesagt, aus dem Denken heraus: ‚Wir haben die Problemlösung für alles.‘ Und genauso gibt es aber auch viele, die sich eigentlich überhaupt nicht interessieren und wo man immer denkt: ‚Mein Gott! Was bist du eigentlich für ein schlichtes Gemüt! Das muss dir doch mal auffallen, was da drumherum abgeht.‘ Die kennen halt nur ihren fliegerischen Bereich. Dafür werden sie gut bezahlt, stellenweise sehr gut bezahlt. Und man sagt: ‚Was willst du eigentlich? Hör doch mal auf zu jammern! Andere Leute, ein Diplom-Ingenieur oder sonst irgendwas, der muss sich für den Job, den du da machst, der muss sich 70 Stunden die Woche den Hintern aufreißen. Und du jammerst hier rum und unternimmst aber auch sonst nichts.‘ Und ich denke, die Geschäftsleitung weiß das. Die kennen uns gut genug, als dass wir da nicht so ernst zu nehmen sind, in der Hinsicht. Deswegen gelingt es ihnen ja auch immer wieder, die Rahmenbedingungen erneut anzuziehen.“ (F06)

Es ist jedoch zu kurz gegriffen, diese Verhaltensweisen einfach als quasi ‚naturgegebene' Unterschiede zwischen Menschen abzutun. Denn hinter diesem Verhalten in Bezug auf Arbeit und Interessenpolitik stehen komplizierte Strategien der Vermittlung zwischen den Anforderungen und Möglichkeiten, die die Arbeit bietet, und den Anforderungen und Möglichkeiten aus dem Privatleben der Piloten. Es geht also um die Formen der Lebensführung von Subjekten.

Hier besteht eine hohe Heterogenität innerhalb der Belegschaft, mit der auch Ungleichheit einhergeht. Hinter jeder der oben erwähnten Reaktionsweisen steht ein unterschiedliches Standing im Unternehmen. Aus ganz unterschiedlichen Gründen (Position, Alter, Qualifikation etc.) können manche Piloten bzw. Kapitäne eher auf bestimmte Rahmenbedingungen pochen als andere. So wird zum Beispiel davon berichtet, dass auf Strecken, die schnell aus dem legalen Bereich (also aus der regulären Arbeitszeit) fallen, nur diejenigen Kapitäne eingesetzt werden, von denen kein Widerstand zu erwarten ist und von denen bekannt ist, dass sie bereit sind, das erhöhte Risiko einer außerordentlichen Dienstzeitverlängerung der Crew per Kapitänsentscheid auf ihre eigene Kappe zu nehmen. (Zu diesem Thema ließen sich noch viele weitere Beispiele finden, wie zum Beispiel das Fliegen bestimmter technisch anfälliger Flugzeuge etc.) Die Gründe hierfür liegen jedoch nicht nur im unterschiedlichen ‚Standing' oder in der Arbeitsorientierung, sondern sind auch mit bestimmten Bedingungen im Privatleben kausal verknüpft.

Zugespitzt kann konstatiert werden, dass die Interessen von Subjekten in der Arbeit nur verstanden werden können, wenn Arbeit und Privatleben gleichermaßen in den Blick genommen werden und die verschiedenen Arrangements in diesen Sphären in ihrer enormen Heterogenität Beachtung finden. Entlang der hier konstruierten vier Grundmuster der Lebensführung in Entgrenzung lassen sich nicht nur sehr gut die heterogenen Anforderungen der Arbeit und des Privatlebens an die Piloten sondieren, sondern es lässt sich auch das unterschiedliche Zusammenwirken dieser Lebenssphären aufzeigen, und zwar in einer der dahinter stehenden Komplexität wenigstens annähernd gerecht werdenden Art und Weise.

Eine Schlussfolgerung aus der aufgezeigten Heterogenität und der resultierenden Ungleichheit wäre, dass sich die Interessenpolitik (stärker als bislang) an allen Lebensführungsarrangements ausrichten muss, was einen Spagat zwischen sehr unterschiedlichen Anforderungen und Interessen bedeutet. Bislang wurde vor allem das traditionale Arrangement A vertreten, das auch am stärksten für das ‚klassische' Berufsbild steht (vgl. Abs. 10.2). Jedoch zeigt sich, dass selbst der Pilotentyp A immer unzufriedener mit der Arbeit der interessenpolitischen Organe wird. In der Regel ist er enttäuscht, dass seine Interessen nicht mehr so kompromisslos verfolgt werden können, wie dies einmal der Fall gewesen sein mag. Typ A will keine Kompromisse eingehen, was sein Arbeits-, aber auch was sein gesamtes Lebensarrangement angeht. Jedoch wächst die Gruppe der Piloten, die sich das Arrangement A nicht mehr leisten können oder nicht verfolgen wollen. Diesen Piloten wirft Typ A einen mangelnden Einsatz für die Interessen der Pilotenschaft vor. Dabei bedenkt er nicht, dass diese zum Teil nicht über die entsprechende Machtposition verfügen, aber auch nicht dieselben Interessenkonstellationen haben. Mit den unterschiedlichen Lebenskonzeptionen gehen unterschiedliche Interessen und ungleiche Machtpositionen einher – und zwar in der Arbeit und im Privatleben. Bezüglich der zu vertretenden Lebensarrangements muss sich die Interessenpolitik massiv umstellen, denn die Erwartungen und Ziele sowohl an die Arbeit als auch an das Privatleben (und besonders die Gewichtung zwischen verschiedenen Zielsetzungen) sind von Typ zu Typ unterschiedlich. So visiert Typ D (ganz im Gegensatz zu Typ A) Abwechslung, Spaß, soziale Beziehungen, Anerkennung und vor allem die Vereinbarkeit der Arbeitsbedingungen mit ‚freier Zeit' (sowohl in der Arbeit als auch im Privatleben) an. Es besteht ein wechselseitiger Einfluss der beiden Teilarrangements, was Anforderungen und Möglichkeiten angeht (siehe dazu ausführlich die Typenbeschreibung in Kap. 7). Auch hier wäre es Aufgabe einer kollektiven Interessenvertretung, ausgleichend einzuwirken und gezielt jene Arrangements zu fördern, die auf eine nachhaltige Lebenskonzeption ausgerichtet sind, oder zumindest die Chancengleichheit zwischen den Arrangements zu gewährleisten. Gerade mit Blick auf die aktuellen Tendenzen gilt es, die aufgezeigte Verschiebung zwischen Arrangements aufmerksam zu beobachten, um auch hier Chancenungleichheiten zwischen Lebenskonzeptionen zu verhindern.

Beachtet werden müssen jedoch nicht nur die Heterogenität zwischen den jeweiligen Arrangements, die jeweils stabilisierenden bzw. motivierenden Ressourcenkomponenten und die jeweiligen spezifischen Belastungen und Anforderungen, sondern es ist auch von Bedeutung, dass es sich teilweise um lebensphasenspezifische Arrangements handelt. Bestimmte Lebensarrangements, allen voran Familie mit Kindern, müssen auch bei mobilen Berufen (weiterhin oder besser) möglich sein. Letztlich müsste es auch darum gehen, nachhaltige Lebenskonzeptionen gegebenenfalls zu fördern. Das hieße, nicht nur auf die Chancengleichheit zu setzen, sondern (eventuell lebensphasenspezifisch) bestimmte Lebenskonzepte zu vertreten bzw. darauf zu achten, dass besonders diese verwirklichbar bleiben.

Das setzt jedoch voraus, auch das Privatleben in den Blick zu nehmen. Konsequenterweise würden dadurch neue Fragen aufgeworfen, zum Beispiel wie sich die Interessenvertretung gegenüber verschiedenen Arrangements im Privatleben positioniert. Zuallererst sollten hier die Ungleichheitsanteile in den Blick genommen werden, die auf die Arbeit zurückzuführen sind. Zum Beispiel geht es hier um die Verteilung der (sozialen) Kosten der arbeitsbedingten Mobilität.

Insgesamt deutet dies alles auf die bekannte Individualisierungsproblematik der Interessenvertretung hin, deren Lösung immer dringender wird und die vollkommen neuer Konzepte bedarf. Arbeitende müssen in ihrem spezifischen Lebenszusammenhang und mit ihren individuellen Interessen wahrgenommen werden, zum Beispiel bezüglich ihrer unterschiedlichen Lebensstile und verschiedenen Vorstellungen von ‚guter Arbeit' und ‚gutem Leben', und es müssen die entsprechenden Instrumente entwickelt werden.

Aus der Betrachtung der umfassenden Bedeutung verschiedener Lebensführungsmuster für die individuelle Performanz in der Arbeit und im Privatleben, für Belastung und Motivation etc. kann gefolgert werden, dass es letztlich am meisten Sinn machen würde, Menschen entlang ihrer Lebensführung zu vertreten – betrieblich wie überbetrieblich, am besten jedoch unabhängig vom betrieblichen Kontext, da dieser seine Bindungswirkung immer weiter verliert. Diversifizierte Eigentumsformen (Ausgründungen, Beteiligungen etc.), Leiharbeit, Scheinselbstständigkeit, Befristungen etc. lösen den betrieblichen Zusammenhang zusehends auf. Mit diesen Prozessen sind auch Piloten immer stärker konfrontiert, jedoch stand hier die Interessenpolitik auf Grund der hohen arbeitsbedingten Mobilität, die mit dem Beruf einhergeht, schon immer vor der Herausforderung, mit der Belegschaft überhaupt in Kontakt zu treten und einen Austausch innerhalb der Belegschaft zu fördern. Eine wichtige Rolle spielen dabei dezentrale Konzepte und neue Medien, die dem Umstand gerecht werden, dass sich Piloten untereinander über ihre Interessen meist zu zweit im Cockpit oder im Privatleben oder zunehmend in Online-Foren austauschen und dort ihre Meinung bilden. Mit Blick auf die zunehmende Bedeutung bestimmter Internetforen für die kollektive Bindung (siehe die politischen Umstürze in jüngster Zeit) eröffnen sich hier neue Chancen der Teilhabe und der Meinungsbildung, die individuellen Interessenlagen bestimmter Arbeitnehmer- bzw. Bevölkerungsgruppen eher gerecht werden.

11.2.4 ... für andere (mobile) Berufe bzw. (mobile) Arbeit

Im einleitenden Abschnitt zur Untersuchungsgruppe Piloten wurden Übertragungsmöglichkeiten auf andere Berufe und Tätigkeitsfelder bereits angeschnitten (vgl. Abs. 3.1). Sie existieren vor allem bezüglich arbeitsbedingter Mobilität und der Entgrenzung von Arbeit. Die Tätigkeit von Piloten vereint alle Formen arbeitsbedingter Mobilität: Dienstreisen (im weiten Sinne), häufig auch Pendeln, in der Regel mehrfache arbeitsbedingte Umzüge und natürlich mobile Arbeit, da der Hauptteil der Arbeit unterwegs stattfindet. Der Beruf Pilot ist also prädestiniert für empirische Untersuchungen arbeitsbedingter Mobilität und Teile der Ergebnisse lassen sich gut auf andere (mobile oder nicht-mobile) Berufe übertragen. Dazu kommen zeitliche Aspekte, wie Schichtarbeit, die kurzfristige Personaleinsatzplanung, Bereitschaftsdienste (Standby), spontanes ‚Einspringen' etc., und neue Personaleinsatzstrategien, wie Verleasen und Leasen von Flugzeugen mit Crews (teilweise über Monate und Ländergrenzen hinweg), Leiharbeit, Befristungen etc. Insgesamt vereint die Arbeit von Piloten also viele verschiedene Formen der raum-zeitlichen Entgrenzung, wobei in der Untersuchung auch die Folgen der hohen Mobilität und Flexibilität in den Blick genommen wurden. Soziale Aspekte entgrenzter Arbeit kommen ebenfalls ins Bild: stetig wechselnde Kollegen und Kooperationspartner, wie es über Piloten hinaus zum Beispiel bei Außendienstmitarbeitern, aber auch bei kurzfristiger Projektarbeit gehäuft der Fall ist. Daneben verändern sich aktuell die Arbeitsinhalte und Piloten sind mit neuen Formen der Arbeitsorganisation konfrontiert. So kommt Piloten immer mehr die Verantwortung für das relativ geschlossene Teilsystem Flugzeug zu, was zum Beispiel Führungs-, Organisations- und Kommunikationsaspekte betrifft. Die Arbeit von Piloten deckt zum Teil auch Dienstleistungsaspekte ab. Schließlich bildet sich an der aktuellen Berufsproblematik von Piloten eine Tendenz ab, mit der viele weitere Berufe konfrontiert sind.

Letztlich liegt diesem Buch die Annahme zugrunde, dass zukünftig immer mehr Berufe und Tätigkeiten mit verschiedenen Formen von raum-zeitlicher Mobilität (und ihren Folgen) zu tun haben werden und immer mehr verschiedene bzw. multiple Entgrenzungsaspekte aufweisen werden. Ein zentrales Argument, warum gerade die privilegierte Gruppe der Piloten als Untersuchungsgruppe zur Erforschung dieser Entwicklung geeignet ist, war ja, dass Piloten schon sehr lange Erfahrungen mit raum-zeitlicher Mobilität gesammelt haben und es daher recht wahrscheinlich ist, dass sich in der Luftfahrt Strukturen herausgebildet und verfestigt haben, die arbeitsbedingte Mobilität auf Dauer möglich machen. Dies ist vor allem auch deshalb wahrscheinlich, weil die institutionelle Einbettung bereits in einer Zeit stattgefunden hat, die durch fordistische Arbeitsstrukturen geprägt war. Im Allgemeinen impliziert die Zuordnung zu dieser Phase gesellschaftlicher Entwicklung feste und tiefgreifend absichernde staatliche und betriebliche Regelungen sowie familiäre Gewissheiten. Natürlich befindet sich die Arbeit von Piloten immer schon im Wandel. Aktuell findet dieser seinen Höhepunkt in den unter dem Schlagwort ‚transformierende Entgrenzung' umfangreich vorgestellten aktuellen Liberalisierungs- und vor allem Rationalisierungsprozessen. Dennoch ist, neben dem Sicherheitsaspekt, eben auch der gesellschaftshistorische Entstehungshintergrund des kommerziellen Personenluftverkehrs immer noch ein entscheidender Faktor für die aktuelle betriebliche bzw. institutionelle Rahmung der arbeitsbedingten Mobilität von Piloten. Einige Komponenten dieser Rahmung werden im Folgenden kurz zusammengestellt:

Es existiert ein umfangreiches Paket an *materiellen Leistungen.* Das Gehalt sichert nicht nur die notwendige Grundmotivation, sondern kann auch der Kompensation mancher Folgeprobleme der Mobilität dienen, wie zum Beispiel der Inanspruchnahme haushaltsnaher Dienstleistungen und Kinderbetreuung, oder Ausgleichshandlungen in Form von erhöhtem Konsum sowie ein projektförmiges intensives Familienleben ermöglichen. Bonuszahlungen bei hohen ‚Blockstunden' (also vielen Flugstunden im Monat) und Prämien beim freiwilligen Einspringen (in der Off-Zeit) sichern die monatsbezogene und spontane Flexibilitätsbereitschaft.

Hinzu kommen betriebliche *Absicherungen* gegen Mobilitätsbelastungen und -risiken in Form von Versicherungen und *Hilfsprogrammen,* zum Beispiel bei Umzügen oder auch bei mobilitätsspezifischen Erkrankungen (Herz-Kreislauf-, Rücken- und Schlafprobleme und weitere Folgeprobleme). Dem dienen letztlich auch die regelmäßigen Gesundheitschecks. Teilweise werden hier (sehr begrenzt) *Lokalisierungsmöglichkeiten* für bestimmte Lebenssituationen angeboten (Schwangerschaft, Krankheit etc.) – neben den üblichen raren Exitoptionen aus der Mobilität bzw. von der ‚Luft' auf den ‚Boden' –, indem am Boden in unterschiedlichem (zeitlichem) Umfang zusätzliche Arbeiten übernommen werden.

Ein zentrales Element der Einbettung der arbeitsbedingten Mobilität von Piloten sind die umfangreichen *betrieblichen und gesetzlichen Arbeits- und Ruhezeitregelungen und weiteren Bestimmungen.* Diese begrenzen nicht nur den betrieblichen Zugriff auf die Arbeitskraft – und zwar in Bezug auf einen Tag, mehrere Tage am Stück, den Monat und das Jahr insgesamt –, sondern weisen auch die Piloten im Privatleben zu nachhaltigen Verhaltensweisen an (Schlaf, Alkohol, Pendeldistanz etc.).

Wesentlich in Bezug auf die Arbeitszeit sind auch die *Gestaltungsmöglichkeiten.* Hier existieren von Airline zu Airline unterschiedliche Konzepte, denen die Piloten große Bedeutung beimessen. Sie reichen von Requestmöglichkeiten hinsichtlich einzelner Flüge (und damit der Destinationen und auch der Ruhezeiten nach den Flügen) über sicher freie Tage („Off"-Tage) und Partner-Request bis zu Teilzeitmöglichkeiten. Teilweise ist auch eine Festlegung auf Schichten und Streckenprofile und der Ausschluss von Lay-over möglich.

Von hoher Bedeutung ist die tägliche *Abgeschlossenheit der Arbeit,* die die regelmäßige hohe raum-zeitliche Mobilität erst ermöglicht. Sie sichert die Erholung in der freien Zeit, also zu Hause und unterwegs, und ermöglicht so auch immer Regeneration und Zeit für private Interessen. Hinzu kommt die erhebliche betriebliche Entlastung von der *Organisation der täglichen Mobilität,* zum Beispiel beim Buchen der Hotels, bei der Organisation des Transports, bei Abweichungen und Problemen etc. Auf diese Weise können die Phasen der Mobilität zum Teil auch sehr genossen werden.

Eher *symbolische und kulturelle Aspekte* sind in der Luftfahrt bzw. für Piloten oft von erheblicher Bedeutung, wie zum Beispiel der Berufsstatus bzw.

das Ansehen des Berufs, die Uniform, die Qualität der Hotels, Ausstattung mit Mobiltelefon und Laptop etc.

Nicht zuletzt verfügen Piloten über eine gut *etablierte Interessenvertretung,* die es ihnen ermöglicht, ihre Schlüsselstelle als mobil Arbeitende und die damit verbundene Qualifikation zu ihren Gunsten zu nutzen. Insgesamt kommen Piloten auch die hohe Sicherheitsrelevanz und die damit verbundene große Aufmerksamkeit von Seiten der Gesetzgeber, der Medien und der Kunden entgegen.

Dieses Gesamtpaket unterstützt Piloten im dauerhaften Umgang mit den Anforderungen arbeitsbedingter Mobilität und könnte zumindest in Teilen auch auf andere Tätigkeitsfelder übertragen werden. Trotz dieser umfangreichen Einbettung wünschen sich Piloten Verbesserungen, zum Beispiel hinsichtlich situations- und vor allem lebensphasenspezifischer Gestaltungsmöglichkeiten. Dies geschieht primär mit Blick auf die Vereinbarkeit von Beruf und Familie, aber auch auf die körperliche Belastung bzw. Gesundheit, im Hinblick auf das Alter sowie im Hinblick auf Möglichkeiten zum (zeitweisen) Exit aus der Mobilität. Zudem erhoffen Piloten sich oft mehr Planungssicherheit, sei es kurzfristig, was die Planstabilität oder Möglichkeiten angeht, Zeiten am Stück zu sichern, um regelmäßig und planbar gemeinsame Zeit mit der Familie verbringen zu können, oder mittel- bis langfristig, zum Beispiel was die Verlässlichkeit von betrieblich bestimmten Ortsentscheidungen angeht (z.B. Versetzungen, Stationsverlegungen und -schließungen etc.).

Vor allem die betrieblichen Anteile dieser Einbettung arbeitsbedingter Mobilität werden aktuell auf der Suche nach Rationalisierungspotenzialen stark hinterfragt (vgl. Kap. 8). Hier eröffnet sich ein weites Feld an Übertragungsmöglichkeiten auf andere Berufe. Dasselbe gilt für die Arrangements und Strategien, die Piloten entwickelt haben, mit Mobilität bzw. multipler Entgrenzung in Arbeit und Privatleben umzugehen, und die damit verbundenen spezifischen Chancen und Risiken – also für die hier aufgezeigten Lebensführungsformen.

11.2.5 ... für die flexible/mobile Gesellschaft

Die Relevanz des Untersuchungsfelds und die gesellschaftliche Bedeutung der Fragestellung wurden im Abschnitt 3.2 bereits kurz umrissen. Die gesellschaftliche Relevanz der Untersuchung lässt sich grob in drei zentrale Themenkomplexe unterteilen. Die ersten zwei sind die Chancen und Risiken mobiler Arbeit einerseits und aktueller Rationalisierungsprozesse andererseits. Beides wurde hier mit dem Blick auf die jeweiligen konstitutiven bzw. transformierenden (multiplen) Entgrenzungsaspekte untersucht. Als dritter großer Themenkomplex kam die Lebensführung hinzu, also die Formen, wie Subjekte mit Unsicherheit alltäglich umgehen – sei es bezogen auf Mobilität oder betrieblichen Wandel. Alle drei Themenfelder sind von zunehmend hoher gesellschaftlicher Relevanz.

Das zentrale Moment, das arbeitsbedingte Mobilität von anderen Formen der Mobilität unterscheidet, ist der Erwerbskontext, in dem sie stattfindet. Er lässt sich vor allem durch einen relativ höheren Grad an *Fremdbestimmung* beschreiben. Die Fremdbestimmung über die Zeitpunkte und Dauer, die Orte und Zwecke (Arbeitsinhalte) und die Organisation der Mobilität geht mit spezifischen Belastungen einher. Sie kann aber auch als Quelle für Entlastung auftreten, zum Beispiel hinsichtlich des Strukturierungsaufwands – nicht nur in der Arbeit, sondern auch im Privatleben (vgl. Typ D). Auch in der täglichen Arbeit hängt es von der konkreten Ausgestaltung ab, ob die Mobilität eine Quelle für erhöhte Belastungen ist (z.B. wenn nur auf kurzfristige Rationalisierung abgezielt wird) oder Vorteile mit sich bringt (z.B. durch eingeplante freie Zeit). Ob arbeitsbedingte Mobilität (in ihrer Fremdbestimmung) positiv empfunden wird, hängt insgesamt sowohl vom institutionellen (staatlichen und betrieblichen) Kontext als auch vom individuellen Lebenskonzept der Mobilen ab.

Auffällig ist im Zusammenhang mit arbeitsbedingter Mobilität die hohe Bedeutung der *Körperlichkeit*. Zum einen ist die Mobilitätsphase selbst mit spezifischen Belastungen verbunden: starke Schwankungen zwischen unterschiedlichen Graden der Beanspruchung (Stress, Herz-Kreislauf), lange Sitzphasen und räumliche Enge (Rücken-, Durchblutungsprobleme etc.), eingeschränkte Ruheoptionen und Ernährungsmöglichkeiten, teilweise auch Probleme bei der Überschreitung von Zeitzonen (Time-Lag); speziell für Piloten: trockene Luft, Höhenstrahlung etc. Zum anderen kommen Belastungen hinzu, die vor allem im Zusammenwirken von Arbeit und Privatleben auftreten: weitere Mobilitätsbelastungen (z.B. durch Pendeln), Schwierigkeiten bei der Zeitsynchronisierung, Schlafmangel und Schlafprobleme mit den entsprechenden Folgeerkrankungen und Risiken etc. Vor allem mit Blick auf die Lebensführung lässt sich die körperliche Dimension von arbeitsbedingter Mobilität gut erfassen. Hier zeigt sich auch, dass bestimmte Formen der Lebensführung in arbeitsbedingter Mobilität bzw. Entgrenzung mit höherer körperlicher Beanspruchung der Mobilen einhergehen, zum Beispiel wenn manche Mobile mobilitätsbedingte Schwierigkeiten bei der Vermittlung der beiden Sphären Arbeit und Privatleben durch erhöhte persönliche Anstrengungen (hier vor allem Typ B) kompensieren, was sich letztlich auch auf die Gesundheit auswirken kann. Allgemein lässt sich beobachten, dass die hier aufgegriffenen Formen von Rationalisierung tendenziell den körperlichen Aspekt arbeitsbedingter Mobilität verstärken. Dies trifft gerade jene Arrangements besonders stark, die Anforderungen aus dem Privatleben hohe Priorität einräumen.

Des Weiteren ist arbeitsbedingte Mobilität verschiedenartig mit sozialer *Ungleichheit* verbunden. Zwar sind die Preise im Luftverkehr im Zuge der Privatisierung und Liberalisierung der letzten Jahrzehnte stark gesunken und das Flugzeug als Massenverkehrsmittel wurde für breitere Bevölkerungsschichten zugänglich, dennoch handelt es sich beim Personenluftverkehr weltweit betrachtet weiterhin um eine Transportform, die relativ wenigen Menschen offen steht. Für die Arbeit im Luftverkehr bedeutet die Erweiterung des Kundenklientels, dass sie näher an die Arbeits- und Beschäftigungsbedingungen anderer Massenverkehrsmittel herangerückt ist. Die Arbeit im Luftverkehr hat ein Stück ihrer Exklusivität verloren. Dieser Prozess ging mit erheblichen Rationalisierungsmaßnahmen und auch mit einer erhöhten Diversifizierung zwischen verschiedenen Produkt- und Unternehmensformen im Personenluftverkehr einher. Auch nach der Phase einer gewissen Konsolidierung des Marktes in den letzten Jahren herrscht eine hohe Heterogenität in den Arbeits- und Beschäftigungsbedingungen zwischen Airlines, innerhalb von Airlines (entlang von Marken) und innerhalb von Marken (entlang von Verträgen bzw. Alter) vor. Parallel zeigt sich eine ungleiche Verteilung der Chancen und Risiken mobiler Arbeit entlang verschiedener Mobilitäts- bzw. Entgrenzungsarrangements. Zudem basieren die Teilarrangements, die Mobile in Bezug auf die Arbeit und in ihrem Privatleben eingehen, ebenso oftmals auf ungleichen Positionen. Es lassen sich jeweils spezifische Ausformungen sozialer Ungleichheit zwischen Mobilen und Immobilen (Institutionen, Fremde, Freunde und Bekannte, Familie etc.) identifizieren, zum Beispiel entlang der (Geschlechter-)Rollen- bzw. Arbeitsverteilung innerhalb von Partnerschaft und Familie. Mit den aktuellen rationalisierenden Entgrenzungsprozessen im Luftverkehr kommt es zu einer Verschiebung, aber teilweise auch Verstärkung der Ungleichheiten entlang von Mustern der Lebensführung in Mobilität sowie innerhalb einzelner Formen.

Von zentraler Bedeutung sind in diesem Zusammenhang die *,Kosten'* der arbeitsbedingten Mobilität. Entlang der eben aufgezeigten Muster sozialer Ungleichheit werden auch die mit Mobilität einhergehenden direkten und indirekten Kosten ungleich verteilt. Vom Wettbewerb um günstige Tickets und hohe Renditen angetriebene betriebliche Rationalisierungsmaßnahmen verlagern den Kostendruck in Richtung der Mitarbeiter. Ein wesentlicher Punkt ist hierbei die Erhöhung der raum-zeitlichen Flexibilitätsanforderungen. Je nach Mobilitätsarrangement wird dann ein mehr oder weniger großer Teil dieser Anforderungen von den Beschäftigten auf ihre soziale Umwelt im Privatleben übertragen, vor allem auf den Partner bzw. die Familie. Es lässt sich also quasi eine Hierarchie externalisierter Mobilitätskosten nachzeichnen. Wenn dann im Privatleben, zum Beispiel bei der Kindererziehung, auf erwerbsförmige Unterstützung zurückgegriffen wird, verlängert sich dieser Prozess noch weiter. Auch hier werden zunehmend die Möglichkeiten der Globalisierung genutzt, zum Beispiel in Form günstiger Arbeitskräfte für haushaltsnahe Dienstleistungen und Pflege aus dem Ausland (vgl. die „Global Care Chains“ von Hochschild 2000).

Arbeitsbedingte Mobilität geht zudem mit einer erhöhten Wahrscheinlichkeit zur *sozialen Entwurzelung* einher. So lassen sich je nach Mobilitätsarrangement unterschiedliche Tendenzen in der Auswirkung von arbeitsbedingter Mobilität auf Form und Intensität sozialer Beziehungen sondieren. Natürlich ist Mobilität eine Grundvoraussetzung für Demokratie und gesellschaftliche Teilhabe. Dies trifft allerdings eher auf ‚freiwillige' bzw. ‚Freizeitmobilität' zu. Arbeitsbedingte Mobilität kann jedoch auch genau das Gegenteil bewirken, zum Beispiel da die intensive Auseinandersetzung mit Problemkonstellationen vor Ort, die eben oftmals nach längerer, regelmäßiger oder auch spontaner Anwesenheit verlangen, verhindert wird und Legitimierungsmöglichkeiten geboten werden, sich mit solchen Problemen erst gar nicht zu belasten. Dies kann zu Lasten der verschiedensten Formen der Interaktion mit lokalen sozialen Strukturen gehen, wie zum Beispiel politisches und kulturelles Interesse und Bildung, gesellschaftliches Engagement, Vereinstätigkeiten und Vereinssport, private soziale Netzwerke, Familie und Kinder etc. – und zu den entsprechenden Folgeproblemen führen. Diese reichen von Vereinsamungstendenzen auf Seiten der mobilen Subjekte über inkonsistente (also eher ‚projektförmige', kompensatorische) Kindererziehung und Partnerschaftspflege bis zu erhöhten Scheidungsraten und geringerer Fertilität. Je stärker arbeitsbedingte Mobilität von betrieblicher Rationalisierung geprägt ist, umso wahrscheinlicher werden die negativen Folgen in Bezug auf die soziale Umwelt von Mobilen. Es zeigt sich zunehmend, dass neue Medien bzw. Kommunikationstechniken (von Internettelefonie bis zu sozialen Plattformen) keinen vollwertigen Ersatz für soziale Beziehungen mit Face-to-Face-Kontakt und für gesellschaftliche Teilhabe bieten.

Hinzu kommen die hier weitestgehend ausgeblendeten globalen Folgen arbeitsbedingter Mobilität. Dies sind zum Beispiel mobilitätsspezifische Umweltproblematiken, wie die Klimabelastung und andere Verschmutzungen (Müll, Wasser etc.), Flächenverbrauch, Lärm etc. Ein weiterer Punkt von gesellschaftlicher Relevanz sind die typischen *Globalisierungsrisiken,* wie zum Beispiel der Unterbietungswettbewerb zwischen Ländern, was Regulierung und Arbeits- und Beschäftigungsbedingungen angeht. Die betrifft vor allem länderübergreifende Personalstrategien (Leasen und Verleasen von Crews, Rückgriff auf ausländische Besatzungen etc.), aber auch die Seite der Piloten, indem die Möglichkeiten einer mobilen Arbeit beispielsweise zum Einsparen von Steuern genutzt werden (durch einen Wohnsitz im Ausland). Arbeitsbedingte Mobilität verstärkt jedoch nicht nur ökonomische Globalisierungsrisiken, sondern sie kann auch das Zusammenrücken auf politischer und kultureller Ebene fördern, mit positiven und negativen Folgen. Zum Beispiel kann ein erhöhtes länderübergreifendes Verkehrsaufkommen Ungleichheit offensichtlicher machen und Demokratisierungsprozesse anstoßen, zugleich jedoch ein erhöhtes Sicherheitsrisiko darstellen. So nutzte das globale Netzwerk al-Qaida das weltumspannende Verkehrsmittel Flugzeug, um das Symbol des globalen Finanzmarkts ins Visier zu nehmen, was weltweit live betrachtet wurde und globale Folgen nach sich zog.

11.3 Ausblick: Ein Entwicklungsszenarium arbeitsbedingter Mobilität (im Personenluftverkehr)

Im Abschnitt 8.3 wurden, im Rahmen eines die aktuellen Automatisierungs- und Ökonomisierungstendenzen zusammenfassenden Fazits, bereits mehrere mögliche Entwicklungsszenarien des internationalen Luftverkehrs angeschnitten. Verallgemeinert man die dort aufgezeigten Tendenzen und ergänzt sie um aktuelle gesellschaftliche Entwicklungen (wie z.B. zunehmende Einkommensungleichheiten), lässt sich recht vage und grob folgendes mögliches Entwicklungsszenarium arbeitsbedingter Mobilität prognostizieren:

Die Freizeitmobilität immer breiterer Bevölkerungsschichten wird aller Voraussicht nach weiter zunehmen. Immer mehr Menschen wird ein (finanzierbarer) Zugang zu Verkehrsmitteln mit unterschiedlichster Reichweite möglich sein. Mit dem gestiegenen Verkehrsangebot wird auch die arbeitsbedingte Mobilität – sowohl auf der Seite der Kunden als auch auf der Seite der Mobilitätsdienstleister – weiter zunehmen. Zumindest im Luftverkehr hat sich gezeigt, dass diese erhöhten Partizipationsmöglichkeiten auf Kundenseite (vor allem durch gesenkte Ticketpreise) auch auf Kosten der Beschäftigungsbedingungen verwirklicht wurden. Zumindest haben sich für das Flugpersonal höchst ungleiche Arbeits- und Beschäftigungsbedingungen ausdifferenziert. Es ist zu erwarten, dass parallel zur allgemeinen gesellschaftlichen Entwicklung auch die Ungleichheitsschere zwischen verschiedenen Formen arbeitsbedingter Mobilität weiter auseinander geht. Die Folge wäre eine Verschärfung der bereits vorhandenen ‚Mobilitätshierarchie' unter arbeitsbedingt Mobilen: An oberster Stelle stehen wenige beruflich mobile Eliten, deren Mobilität betrieblich und/oder gesetzlich gut abgesichert ist, die nicht unter den Mobilitätsbelastungen leiden und die auch nicht in der Karriere zurückstecken müssen. Diese haben geeignete flexible (z.B. situative) Lebensführungsformen adaptiert und/oder sich mit den entsprechenden finanziellen Mitteln ein passendes Arrangement zwischen Arbeit und Privatleben ermöglicht (z.B. strategisch). Weiter unten findet sich ein großer Teil an Personen, die über ein schwaches, tendenziell immer löchriger werdendes institutionelles (gesetzlich, betrieblich) und soziales Netz verfügen, das ihre Mobilität absichern soll, und die nahezu täglich versuchen (durch Einsatz ihrer Gesundheit, ihrer sozialen Beziehungen oder von Technik), ihre Lebensführung an die Anforderungen der Arbeit und des Privatlebens anzupassen. Sie balancieren ständig auf dem Seil zwischen Selbstbestimmung und Überforderung bzw. sind permanent der Gefahr einer drohenden Prekarisierung ausgesetzt. Hier wird es wohl zu einer verstärkten Ausdifferenzierung von mehr oder weniger gelungenen und auch gescheiterten Lebensführungsformen kommen, unter ihnen auch ehemalige Eliten. Eine Art Gegenstrategie könnte sein, nur auf Zeit bzw. auf bestimmte Lebensphasen begrenzt mobil zu sein.

Insgesamt wird mit den Mobilitätsanforderungen der modernen Gesellschaft der Anteil an prekärer arbeitsbedingter Mobilität höchstwahrscheinlich weiter steigen. Mobilität wird also mehr denn je mit erhöhter Ungleichheit und Risiko verbunden sein. Die bekannten negativen (vor allem sozialen) Folgen bzw. Gefahren arbeitsbedingter Mobilität (wie Vereinzelung, Bindungslosigkeit, verringerte Teilhabe etc.) könnten auf breite Bevölkerungsschichten durchschlagen mit den entsprechenden gesellschaftlichen Auswirkungen (vgl. z.B. Sennett 1998). Jedoch werden sich auch weiterhin neue (z.B. technische) Formen der Einbringung und veränderte Lebensstile entwickeln. Eine wesentliche Rolle spielt dabei vor allem die Ausdifferenzierung neuer Formen des Konsums, die an den allgemeinen Individualisierungsprozess andocken und eben diese Vereinzelungsphänomene aufgreifen und kapitalisieren und damit auch in gewisser Weise bearbeiten.[26] Zudem werden weiter technologische Lösungen zur Entwicklung neuer Formen sozialer Bindung entwickelt werden – mit welchem Erfolg bzw. welchen Effekten, muss beobachtet werden.

26 Auch in Teilen der hier geführten Interviews zeigen sich die sinnstiftenden Effekte der Teilhabe am Massenkonsum und von besonderen Anschaffungen. Am (kompensatorischen) Konsum ausgerichtete Lebensstile werden sich wohl noch weiter verbreiten. Zudem wäre es z.B. möglich, dass verstärkt an den jeweiligen Lebensstil angepasste Konsumpakete (Konsumgüter und Dienstleistungen) angeboten werden, die den Ausdruck von Individualität ermöglichen sollen. Letztlich werden wohl Produkte weiter zunehmen, die direkt soziale Beziehungen zum Gegenstand haben (Dienstleistungs- sowie technische oder auch pharmazeutische Lösungen).

Literatur

Adam, Eugene C. (1993): Fighter cockpits of the future. In: Proceedings of the 12th DASC, the 1993 IEEE/AIAA Digital Avionics Systems Conference, Santa Monica, USA, October 25–28, S. 318–323

Albrow, Martin (1997): Auf Reisen jenseits der Heimat. Soziale Landschaften in einer globalen Stadt. In: Beck, Ulrich (Hg.): Kinder der Freiheit. Frankfurt/M.: Suhrkamp, S. 288–314

Albrow, Martin (1998): Abschied vom Nationalstaat. Staat und Gesellschaft im Globalen Zeitalter. Frankfurt/M.: Suhrkamp

Almond, Peter (2003): Fliegen. Geschichte der Luftfahrt in Bildern. Köln: DuMont

Arbeitsgruppe SubArO (Hg.) (2005): Ökonomie der Subjektivität – Subjektivität der Ökonomie. Berlin: edition sigma

Bachmann, Peter (2002): Berufe in der Luftfahrt. Stuttgart: Motorbuch

Baethge, Martin (1991): Arbeit, Vergesellschaftung, Identität – Zur zunehmenden normativen Subjektivierung der Arbeit. In: Soziale Welt, Jg. 42/Heft 1, S. 6–19

Barth, Hans J. (1998): Mobilität in der postindustriellen Gesellschaft. In: Wüstenrot Stiftung Deutscher Eigenheimverein e.V. (Hg.): Mobilität in der postindustriellen Gesellschaft. Referate und Diskussionsbeiträge zu Formen, Folgen und Auswirkungen gesteigerter Mobilität. Stuttgart: Kohlhammer, S. 3–6

Baukrowitz, Andrea/Boes, Andreas/Schmiede, Rudi (2001): Die Entwicklung der Arbeit aus der Perspektive ihrer Informatisierung. In: Matuschek, Ingo/Henninger, Annette/Kleemann, Frank (Hg.): Neue Medien im Arbeitsalltag. Empirische Befunde – Gestaltungskonzepte – Theoretische Perspektiven. Wiesbaden: Westdeutscher Verlag, S. 219–235

Bauman, Zygmunt (2003): Flüchtige Moderne. Frankfurt/M.: Suhrkamp

Bauman, Zygmunt (2007): Flaneure, Spieler und Touristen. Essays zu postmodernen Lebensformen. Hamburg: Hamburger Edition

Bechtle, Günter/Sauer, Dieter (2001): Fordismus als Zwischenspiel? – Zur heterogenen und ambivalenten Entwicklung des gegenwärtigen Kapitalismus. In: Wagner, Hilde (Hg.): Interventionen wider den Zeitgeist, Hamburg: VSA, S. 86–99

Beck, Ulrich (1986): Risikogesellschaft. Auf dem Weg in eine andere Moderne. Frankfurt/M.: Suhrkamp

Beck, Ulrich (1997): Ortspolygamie. In: Beck, Ulrich (Hg.): Was ist Globalisierung? Irrtümer des Globalismus – Antworten auf Globalisierung. Frankfurt/M.: Suhrkamp, S. 127–135

Beck, Ulrich (1999): Schöne neue Arbeitswelt. Vision: Weltbürgergesellschaft. Frankfurt/M.: Campus

Beck, Ulrich/Beck-Gernsheim, Elisabeth (1990): Das ganz normale Chaos der Liebe. Frankfurt/M.: Suhrkamp

Beck, Ulrich/Beck-Gernsheim, Elisabeth (1994): Riskante Freiheiten. Individualisierung in modernen Gesellschaften. Frankfurt/M.: Suhrkamp

Beck, Ulrich/Bonß, Wolfgang (2001): Theorie reflexiver Modernisierung – Fragestellungen, Hypothesen, Forschungsprogramme. In: Beck, Ulrich/Bonß, Wolfgang (Hg.): Die Modernisierung der Moderne. Frankfurt/M.: Suhrkamp, S. 11–59

Behringer, Luise/Bolte, Karl Martin/Dunkel, Wolfgang/Jurczyk, Karin/Kudera, Werner/Rerrich, Maria S./Voß, G. Günter (1989): Auf dem Weg zu einer neuen Art der Lebensführung? In: SFB 333 (Hg.): Mitteilungen 1. München, S. 31–44

Behringer, Luise (1998): Lebensführung als Identitätsarbeit. Der Mensch im Chaos des modernen Alltags. Frankfurt/M., New York: Campus

Behringer, Luise (2007): Lebensführung als Identität als alltägliche Gestaltungsaufgabe. In: Forum Gemeindepsychologie, Jg. 12/Heft 1, S. 1–19

Berger, Peter A. (1996): Individualisierung. Statusunsicherheit und Erfahrungsvielfalt. Opladen: Westdeutscher Verlag

Beveren, Tim van (1996): Runter kommen sie immer. Die verschwiegenen Risiken des Flugverkehrs. Frankfurt/M., New York: Campus

Böhle, Fritz/Pfeiffer, Sabine/Sevsay-Tegethoff, Nese (Hg.) (2004): Die Bewältigung des Unplanbaren – Fachübergreifendes erfahrungsgeleitetes Arbeiten und Lernen. Wiesbaden: VS

Böhle, Fritz/Rose, Helmuth (1992): Technik und Erfahrung – Arbeit in hochautomatisierten Systemen. Frankfurt/M., New York: Campus

Böhle, Fritz/Schulze, Hartmut (1997): Subjektivierendes Arbeitshandeln – zur Überwindung einer gespaltenen Subjektivität. In: Schachtner, Christina (Hg.): Technik und Subjektivität. Frankfurt/M.: Suhrkamp, S. 26–46

Böhle, Fritz/Voß, G. Günter/Wachtler, Günther (Hg.) (2010): Handbuch Arbeitssoziologie. Wiesbaden: VS

Böhle, Fritz/Weishaupt, Sabine (2003): Unwägbarkeiten als Normalität – Die Bewältigung nichtstandardisierbarer Anforderungen in der Pflege durch subjektivierendes Handeln. In: Büssing, André/Glaser, Jürgen (Hg.): Qualität des Arbeitslebens und Dienstleistungsqualität im Krankenhaus. Schriftenreihe Organisation und Medizin. Göttingen: Hogrefe, S. 149–162

Böttinger, Helmut (2007): Die Mobilität des Menschen. Über Wege, Bahn und Grenzen hinaus. Fulda: Imhof

Bohnsack, Ralf (1999): Rekonstruktive Sozialforschung. Einführung in Methodologie und Praxis qualitativer Forschung. Opladen: Leske + Budrich

Bolte, Karl M. (1983): Subjektorientierte Soziologie – Plädoyer für eine Forschungsperspektive. In: Bolte, Karl M./Treutner, Erhard (Hg.): Subjektorientierte Arbeits- und Berufssoziologie, Frankfurt/M., New York: Campus, S. 12–36

Bolte, Karl M./Treutner, Erhard (Hg.) (1983): Subjektorientierte Arbeits- und Berufssoziologie, Frankfurt/M., New York: Campus

Bonß, Wolfgang/Kesselring, Sven (1999): Mobilität und Moderne. Zur gesellschaftstheoretischen Verortung des Mobilitätsbegriffs. In: Tully, Claus T. (Hg.): Erziehung zur Mobilität. Jugendliche in der automobilen Gesellschaft. Frankfurt/M., New York: Campus, S. 31–66

Borchers, Carsten/Borchers, Martin (2009): Akteure im Cockpit der Zukunft. In: Faber, Gerhard (Hg.): Die 4. Jetgeneration der Verkehrsflugzeuge – zunehmende Automatisierung. Darmstadt: Forschungszentrum für Verkehrspilotenausbildung (FHP), S. 59–72

Bourdieu, Pierre (1982): Die feinen Unterschiede. Kritik der gesellschaftlichen Urteilskraft. Frankfurt/M.: Suhrkamp

Braunburg, Rudolf (1991): Der Pilot. Traum, Beruf, Abenteuer. Von der Faszination des Fliegens. München: Calley

Bröckling, Ulrich (2000): Totale Mobilmachung. Menschenführung im Qualitäts- und Selbstmanagement. In: Bröckling, Ulrich/Krassmann, Susanne/Lemke, Thomas (Hg.): Gouvernementalität der Gegenwart. Studien zur Ökonomisierung des Sozialen. Frankfurt/M.: Suhrkamp, S. 131–167

Burawoy, Michael (1982): Manufacturing Consent. Changes in the Labor Process under Monopoly Capitalism. Chicago, London: University of Chicago Press

Burchell, Bill (2002): A giant leap for CRM. In: CAT Magazine – The Journal for Civil Aviation Training, Heft 1, S. 30–33

Burgner, Norbert (1997): Menschengerecht? High-Tech im Cockpit. In: Flug Revue, Jg. 42/ Heft 5, S. 58–60

Canzler, Weert/Kesselring, Sven (2006): ‚Da geh ich hin, check ein und bin weg!'. Argumente für eine Stärkung der sozialwissenschaftlichen Mobilitätsforschung. In: Rehberg, Karl-Siegbert (Hg.): Soziale Ungleichheit, Kulturelle Unterschiede. Verhandlungen des 32. Kongresses der Deutschen Gesellschaft für Soziologie in München 2004. Frankfurt, New York: Campus, S. 4161–4176

Canzler, Weert/Kaufmann, Vincent/Kesselring, Sven (Hg.) (2008): Tracing Mobilities. Towards a Cosmopolitan Perspective. Burlington, Aldershot: Ashgate

Canzler, Weert/Franke, Sassa (2000): Soziale Innovation Cash car. Wer sind die Nutzer, und wie leben sie. In: WZB-Mitteilungen, Jg. 87, S. 7–10

Castells, Manuel (1996): The Information Age: Economy, Society and Culture. Volume I. The Rise of the Network Society. Malden: Blackwell Publishers

Croy, Alexis von (2010): Was Sie über das Fliegen wissen sollten. 100 Fragen und Antworten. Herbig: München

Cvetnic, Tanja (2008): Cockpitautomatisierung und das erfahrungsgeleitet-subjektivierende Arbeitshandeln von Piloten. In: Matuschek, Ingo (Hg.): Luft-Schichten. Arbeit, Organisation und Technik in der kommerziellen Luftfahrt. Berlin: edition sigma, S. 73–92

Cwerner, Saulo (2009): Introducing Aeromobilities. In: Cwerner et al. 2009, S. 1–22

Cwerner, Saulo/Kesselring, Sven/Urry, John (2009): Aeromobilities. Oxon, New York: Routledge

Demszky von der Hagen, Alma (2006): Alltägliche Gesellschaft. Netzwerke alltäglicher Lebensführung in einer großstädtischen Wohnsiedlung. München, Mering: Hampp

Deutschmann, Christoph (2002): Postindustrielle Industriesoziologie. Theoretische Grundlagen, Arbeitsverhältnisse und soziale Identitäten. Weinheim, München: Juventa

Dietrich, Nicole/Huchler, Norbert (2007): Soziale Beziehungen im Luftverkehr. In: Rehberg, Karl-Siegbert/Dumke, Thomas/Giesecke, Dana (Hg.): Die Natur der Gesellschaft. Verhandlungen des 33. Kongresses der Deutschen Gesellschaft für Soziologie in Kassel 2006. Frankfurt/M., New York: Campus

DiMaggio, Paul/Powell, Walter (1991): The Iron Cage Revisited: Institutional Isomorphism and Collective Rationality in Organizational Fields. In: Powell, Walter/DiMaggio, Paul (Hg.): The New Institutionalism in Organizational Analysis. Chicago: University of Chicago Press, S. 63–82

Dobson, Alan P. (2007): Globalization and Regional Integration. The origins, development and impact of the single European aviation market. London, New York: Routledge

Döhl, Volker/Kratzer, Nick/Sauer, Dieter (2003): Krise der NormalArbeit(s)Politik. Entgrenzung von Arbeit – neue Anforderungen an die Arbeitspolitik. In: WSI-Mitteilungen, Jg. 53, S. 5–17

Drinkuth, Andreas (2007): Die Subjekte der Subjektivierung. Handlungslogiken bei entgrenzter Arbeit und ihre lokale Ordnung. Berlin: edition sigma

Eccard, Carmen (2004): Ich bin erst glücklich, wenn ich fliegen kann! Berufliche Orientierungen von Pilotinnen. Königstein, Taunus: Ulrike Helmer

Ehmer, Hansjochen/Berster, Peter/Basedow, Jürgen/Jung, Christian (2000): Liberalisierung im Luftverkehr Deutschlands – Analyse und wettbewerbspolitische Empfehlungen. In: DLR-Verkehrswissenschaftliche Beiträge. Forschungsbericht 2000-17

Eißfeldt, Hinnerk (1995): Effektives Arbeiten im Team: Crew-Resource-Management-Training für Piloten und Fluglotsen. Köln: DLR

Eißfeldt, Hinnerk (2009): Aviator 2030 – Bericht aus einem DLR-Projekt zu zukünftigen Fähigkeitsanforderungen. In: Faber, Gerhard (Hg.): Die 4. Jetgeneration der Verkehrsflugzeuge – zunehmende Automatisierung. Darmstadt: Forschungszentrum für Verkehrspilotenausbildung. (FHP), S. 74–77

Ergebnisbericht (2010): Arbeits- und Ergebnisbericht zum Projekt: Multiple Entgrenzung der Arbeit des fliegenden Personals im kommerziellen Luftverkehr (unveröffentlicht)

Englisch, Gundula (2001): Jobnomaden: Wie wir arbeiten, leben und lieben werden. Frankfurt/M., New York: Campus

Faber, Gerhard (2008): Verkehrspilotenausbildung in Deutschland. In: Matuschek, Ingo (Hg.): Luft-Schichten. Arbeit, Organisation und Technik in der kommerziellen Luftfahrt. Berlin: edition sigma, S. 27–50

Faber, Gerhard (2009): Vom hochautomatisierten zum unbemannten Verkehrsflugzeug – eine Utopie? Einführung in die Thematik. In: Faber, Gerhard (Hg.): Die 4. Jetgeneration der Verkehrsflugzeuge – zunehmende Automatisierung. Darmstadt: Forschungszentrum für Verkehrspilotenausbildung (FHP), S. 3–13

Faber, Gerhard (Hg.) (2010): Virtuelle Welten – Flugsimulatoren in der Aus-, Fort- und Weiterbildung von Verkehrspiloten. Darmstadt: Forschungszentrum für Verkehrspilotenausbildung (FHP)

Fischer, Peter (1997): Arbeiten im virtuellen Zeitalter: Den Arbeitsplatz neu denken. Wiesbaden: Gabler

Fitzsimons, Bernard (2002): Paperless Cockpits in prospect. In: Touchdown, Vol. 2/No. 6, S. 33–37

Freudendal-Pedersen, Marlene (2009): Mobility in Daily Life: Between Freedom and Unfreedom. Farnham, Burlington: Ashgate

Fricke, Manfred/Dehn, Doris/Müller, Thomas. (2000): „Co-operative Air Traffic Management – Human Factor Aspects of Air/Ground Data Link and Multi-Sector Planning“, Fortschritt-Berichte VDI, Reihe 22, Nr. 4. Düsseldorf: VDI

Fricke, Manfred/Hüttig, Gerhard/Jungermann, Helmut (2001): Mensch-Maschine-Interaktion in kooperativen Systemen der Flugsicherung und Flugführung. Abschlussbericht des Instituts für Luft- und Raumfahrt, TU Berlin. Berlin: DLR

Gergen, Kenneth (1996): Das übersättigte Selbst. Identitätsprobleme im heutigen Leben. Heidelberg: Carl-Auer-Systeme

Gerstenberger, Heide (2007): Arbeit auf See. Zur Ökonomie und Ethnologie der Globalisierung. Münster: Westfälisches Dampfboot

Giddens, Anthony (1988): Die Konstitution der Gesellschaft. Grundzüge einer Theorie der Strukturierung. Frankfurt/M., New York: Campus

Giddens, Anthony (1999): Konsequenzen der Moderne. Frankfurt/M.: Suhrkamp

Gläser, Jochen/Laudel, Grit (2006): Experteninterviews und qualitative Inhaltsanalyse als Instrumente rekonstruierender Untersuchungen (2. Aufl.). Wiesbaden: VS

Glaser, Barney/Strauss Anselm L. (1967): The Discovery of Grounded Theory. Chicago: Aldine

Götting, Thomas (2002): Code-Sharing. Rechtliche Betrachtung einer Kooperationsform im Luftverkehr. Frankfurt/M.: Lang

Gottschall, Karin/Voß, G. Günter (Hg.) (2003): Entgrenzung von Arbeit und Leben. Zum Wandel der Beziehung von Erwerbstätigkeit und Privatsphäre im Alltag. München, Mering: Hampp

Gräbe, Sylvia/Ott, Erich (2003): „ – man muß alles doppelt haben“: Wochenendpendler mit Zweitwohnung am Arbeitsort. Münster: Lit

Granovetter, Mark (1973): The Strength of Weak Ties. In: American Journal of Sociology, Vol. 78/No. 6, S. 1360–1380

Günther, Johann (2002): Die neue Mobilität der Gesellschaft. Innsbruck: Studien

Härlen, Ingo/Vierboom, Carl (2003): Überlegungen zur Psychologie des Briefings. In: planung & analyse, Jg. 6, S. 36–40

Hanke, Harald (2003): Einflüsse Digitaler Glascockpits von Verkehrsflugzeugen auf das Qualifikationsprofil der Piloten. München: Dr. Hut

Hauff, Sven (2007): Flexibilisierung von Beschäftigung und die Erosion psychologischer Verträge aus Sicht der ArbeitnehmerInnen. In: Arbeit, Jg. 16/Heft 1, S. 36–53

Havel, Brian F. (2009): Beyond Open Skies. A New Regime for International Aviation. Alphen aan den Rijn: Wolters Kluwer Law & Business

Heitmeyer, Wilhelm (1997): Was hält die Gesellschaft zusammen? Bundesrepublik Deutschland: Auf dem Weg von der Konsens- zur Konfliktgesellschaft. Frankfurt/M.: Suhrkamp

Heidenreich, Martin (1996): Die subjektive Modernisierung fortgeschrittener Arbeitsgesellschaften. In: Soziale Welt, Jg. 47/Heft 1, S. 24–43

Hemker, Heinrich (1996): Neues Konzept „Free Flight“: Freier Flug ohne Luftstraßen. In: Flug Revue, Jg. 41/Heft 2, Stuttgart, S. 62–63

Hensel, Anja (2002): Mobilität privater Haushalte. Frankfurt/M.: Lang

Herzberg, Frederick/Mausner, Bernard/Snyderman, Barbara Bloch (1959): The Motivation to Work (2. Aufl.). New York: Wiley

Hess, Klaus (2007): Mobile Arbeit: Erfahrungen, Anforderungen und Gestaltungsbedingungen für die Interessenvertretung. In: Gute Arbeit, Heft 4, S. 17–18

Hesse, Hans Albrecht (1972): Berufe im Wandel. Ein Beitrag zur Soziologie des Berufs, der Berufspolitik und des Berufsrechts. Stuttgart: Enke

Hilti, Nicola (2009): Multilokales Wohnen: Bewegung und Verortung. In: Informationen zur Raumentwicklung (IzR), Heft 1/2, S. 77–86

Hochschild, Arlie R. (1979): Emotion Management, Feeling Rules and Social Structure. In: American Journal of Sociology, Vol. 85/No. 3, S. 551–575

Hochschild, Arlie (1990): Das gekaufte Herz. Zur Kommerzialisierung der Gefühle. Theorie und Gesellschaft, 13. Frankfurt/M.: Campus

Hochschild, Arlie (2000): Global Care Chains and Emotional Surplus Value. In: Hutton, Will/ Giddens, Anthony (eds.): On The Edge: Living with Global Capitalism. London: Jonathan Cape, S. 130–146

Hochschild, Arlie (2002): Keine Zeit. Wenn die Arbeit zum Zuhause wird und die Familie zum Arbeitsplatz. Opladen: Leske + Budrich

Hoffmann, Eric/Nicolaon, Jean-Pierre/Zeghal, Karim (1999): Transfer of separation responsibilities to aircraft. The Freer-Flight evolutionary Air-Ground cooperative ATM Concepts. In: Skyway – The Eurocontrol Magazine, Vol. 4/No. 13, S. 26–30

Hofinger, Gesine (Hg.) (2005): Kommunikation in kritischen Situationen. Schriftenreihe der Plattform Menschen in komplexen Arbeitswelten e.V. Frankfurt/M.: Verlag für Polizeiwissenschaft

Honegger, Claudia/Hradil, Stefan/Traxler, Franz (Hg.) (1999): Grenzenlose Gesellschaft? Verhandlungen des 19. Kongresses der Deutschen Gesellschaft für Soziologie, des 16. Kongresses der Österreichischen Gesellschaft für Soziologie, des 11. Kongresses der Schweizerischen Gesellschaft für Soziologie in Freiburg i.Br. Opladen: Leske + Budrich

Hormann, Jörg-Michael/Zegenhagen, Evelyn (2008): Deutsche Luftfahrtpioniere. 1900–1950. Bielefeld: Delius

Huchler, Norbert (Hg.) (2008a): Ein Fach wird vermessen. Positionen zur Zukunft der Disziplin Arbeits- und Industriesoziologie. Berlin: edition sigma

Huchler, Norbert (2008b): Perspektiven der Krise. Zur Einleitung. In: Huchler (2008a), S. 7–20

Huchler, Norbert (2009): Der „Beruf“ Pilot. (unveröffentlichtes Manuskript)

Huchler, Norbert (2011): Ergebnissteuerung von Arbeit: Begrenzende Entgrenzung? Entgrenzung im Konzept sozialer Mechanismen. In: Bolte, Michael/Bösl, Elsbeth: Verflüssigung von Arbeit und Zeit. eBook des Promotionskollegs „Arbeit – Gender – Technik. Koordinaten postindustrieller Modernisierung“ der Hans-Böckler-Stiftung (1. Aufl.). Neubiberg: Universität der Bundeswehr München, S. 27–51

Huchler, Norbert/Dietrich, Nicole (2008): Das Briefing als Instrument der Mitarbeiterführung. Zur zunehmenden Bedeutung sozialer Beziehungen in der Arbeit des fliegenden Personals. In: Matuschek, Ingo (Hg.): Luft-Schichten. Arbeit, Organisation und Technik in der kommerziellen Luftfahrt. Berlin: edition sigma, S. 119–139

Huchler, Norbert/Dietrich, Nicole (2009): Soziologische Perspektiven auf den „Beruf Pilot“ angesichts zunehmender Automatisierung. In: Faber, Gerhard (Hg.): Die 4. Jetgeneration der Verkehrsflugzeuge – zunehmende Automatisierung. Darmstadt: Forschungszentrum für Verkehrspilotenausbildung (FHP), S. 158–171

Huchler, Norbert/Dietrich, Nicole (2012): Mobility and Flexibility in Commercial Aviation. Flying Personnel's Arrangements of Mobile Work and Mobile Life. In: Kesselring, Sven/Vogl, Gerlinde/Witzgall, Susanne: New Mobilities Regimes. Aldershot: Ashgate (im Erscheinen)

Huchler, Norbert/Dietrich, Nicole/Matuschek, Ingo (2009): Multilokale Arrangements im Luftverkehr. Voraussetzungen, Bedingungen und Folgen multilokalen Arbeitens. In: Informationen zur Raumentwicklung (IzR), Heft 1/2, S. 43–54

Huchler, Norbert/Dietrich, Nicole/Matuschek, Ingo (2010): Multilokalität in der kommerziellen Luftfahrt: Bedingungen des multilokalen Arbeitens und Lebens von Flugbegleitern und Piloten. In: Unsichere Zeiten. Herausforderungen gesellschaftlicher Transformationen. Verhandlungen des 34. Kongresses der Deutschen Gesellschaft für Soziologie in Jena 2008. CD-ROM. Frankfurt/M., New York: Campus

Huchler, Norbert/Voß, G. Günter/Weihrich, Margit (2007): Soziale Mechanismen im Betrieb. Theoretische und empirische Analysen zur Entgrenzung und Subjektivierung von Arbeit. München, Mering: Hampp

Huchler, Norbert/Voß, G. Günter/Weihrich, Margit (2012): Markt, Herrschaft, Solidarität und Subjektivität. Ein Vorschlag für ein integratives Mechanismen- und Mehrebenenkonzept. In: Arbeits- und industriesoziologische Studien (AIS), Jg. 5/Heft 1, S. 78–99

Jeannot, Emanuelle/Kelly, Chris/Thompson, David (2003): The development of situation awareness measures in ATM systems. Brussels: Eurocontrol

Jensen, Richard S. (2000): Pilot judgement and crew resource management. Aldershot: Ashgate

Jochum, Georg (1996): „Penneralltag“ – Eine soziologische Studie zur Lebensführung von „Stadtstreichern“ in München. In: Kudera, Werner/Voß, G. Günter (Hg.): „Penneralltag“ – Eine soziologische Studie von Georg Jochum zur Lebensführung von „Stadtstreichern“ in München. München, Mering: Hampp, S. 67–215

Johnsson, Larry (2001): ATM projects in Europe may have far-reaching implications for concepts such as free flight. In: ICAO Journal, Vol. 56/No. 3, S. 5–8; S. 37–39

Jürgens, Kerstin/Reinecke, Karsten (1997): Die „28,8.Stunden-Woche“ bei Volkswagen: Ein neues Arbeitszeitmodell und seine Auswirkungen auf familiale Lebenszusammenhänge von Schichtarbeitern. In: Geiling, Heiko (Hg.): Integration und Ausgrenzung. Hannover: Offizin, S. 309–328

Jurczyk, Karin (1991): Flexibilisierung der Erwerbsarbeit – Flexibilisierung der Lebensführung? In: Voß, G. Günter (Hg.): Die Zeiten ändern sich – Alltägliche Lebensführung im Umbruch. Sonderheft II der Mitteilungen des SFB 333. München: SFB 333, S. 29–47

Jurczyk, Karin/Schier, Michaela/Szymenderski, Peggy/Lange, Andreas/Voß, G. Günter (2009): Entgrenzte Arbeit – entgrenzte Familie. Grenzmanagement im Alltag als neue Herausforderung. Berlin: edition sigma

Jurczyk, Karin/Voß, G. Günter (1995): Zur gesellschaftsdiagnostischen Relevanz der Untersuchung von alltäglicher Lebensführung. In: Projektgruppe „Alltägliche Lebensführung“ (Hg.): Alltägliche Lebensführung. Arrangements zwischen Traditionalität und Modernisierung. Opladen: Leske + Budrich, S. 371–407

Kaufmann, Vincent (2002): Re-Thinking Mobility. Contemporary Sociology. Aldershot, Burlington: Ashgate

Kaufmann, Vincent/Bergman, Manfred M./Joye, Dominique (2004): Motility: Mobility as Capital. In: International Journal of Urban and Regional Research. Vol. 28/No. 4, S. 745–756

Kelle, Udo (1994): Empirisch begründete Theoriebildung. Zur Logik und Methodologie interpretativer Sozialforschung. Weinheim: Deutscher Studien-Verlag

Kern, Tony (1997): Redefining airmanship. New York: McGraw-Hill

Kesselring, Sven (2007): Globaler Verkehr – Flugverkehr. In: Schöller et al. 2007, S. 826–853

Kesselring, Sven (2008): The Mobile Risk Society. In: Canzler et al. 2008, S. 77–102

Kesselring, Sven (2009): Global transfer points: the making of airports in the mobile risk society. In: Cwerner et al. 2009, S. 39–59

Kesselring, Seven/Vogl, Gerlinde (2010): Betriebliche Mobilitätsregime. Die sozialen Kosten mobiler Arbeit. Berlin. edition sigma

Kleemann, Frank (2001): Zur weiteren Entwicklung des Konzepts „Alltäglicher Lebensführung". Überlegungen auf der Grundlage einer Untersuchung zu Teleheimarbeit. In: Voß/ Weihrich 2001, S. 191–202

Kleemann, Frank/Matuschek, Ingo/Voß, G. Günter (2003): Subjektivierung von Arbeit – Ein Überblick zum Stand der soziologischen Diskussion. In: Moldaschl, Manfred/Voß, G. Günter (Hg.): Subjektivierung von Arbeit. München, Mering: Hampp, S. 57–114

Klußmann, Niels/Malik, Arnim (2004): Lexikon der Luftfahrt. Berlin, Heidelberg, New York: Springer

Knie, Andreas (2007): Ergebnisse und Probleme sozialwissenschaftlicher Mobilitäts- und Verkehrsforschung. In: Schöller et al. 2007, S. 43–62

Knoll, Michael (2008): „Der Fahrer ist das letzte Glied in der Kette" – Ergebnisse einer empirischen Studie zum beruflichen Umgang mit Gefährdung am Beispiel der Fernfahrer. Wiesbaden: VS

Kramer, Caroline (2005): Zeit für Mobilität. Räumliche Disparitäten der individuellen Zeitverwendung für Mobilität in Deutschland. In: Kohlhepp, Gerd/Leidlmair, Adolf/Scholz, Fred (Hg.): Erdkundliches Wissen. Schriftenreihe für Forschung und Praxis, Bd. 138. Stuttgart: Steiner

Kratzer, Nick. (2003): Arbeitskraft in Entgrenzung. Grenzenlose Anforderungen, erweiterte Spielräume, begrenzte Ressourcen. Berlin: edition sigma

Kratzer, Nick/Sauer, Dieter (2003): Entgrenzung von Arbeit – Konzept, Thesen, Befunde. In: Gottschall, Karin/Voß, Günter: Entgrenzung von Arbeit und Leben. Zum Wandel der Beziehung von Erwerbstätigkeit und Privatsphäre im Alltag. München, Mering: Hampp, S. 87–123

Kreutzer, Florian/Roth, Silke (2006a): Transnationale Karrieren. Biografien, Lebensführung und Mobilität. Wiesbaden: VS

Kreutzer, Florian/Roth, Silke (2006b): Einleitung zu Transnationale Karrieren. Biografien, Lebensführung und Mobilität. In: Kreutzer/Roth 2006a, S. 7–31

Kress, Ulrike (1998): Vom Normalarbeitsverhältnis zur Flexibilisierung des Arbeitsmarktes – Ein Literaturbericht. In: Mitteilungen aus der Arbeitsmarkt- und Berufsforschung, Jg. 31/Heft 3, S. 488–505

Kudera, Werner (1995): Anlage und Durchführung der empirischen Untersuchung. In: Projektgruppe „Alltägliche Lebensführung" (Hg.): Alltägliche Lebensführung. Arrangements zwischen Traditionalität und Modernisierung. Opladen: Leske + Budrich, S. 45–66

Kudera, Werner/Voß, G. Günter (Hg.) (2000): Lebensführung und Gesellschaft. Beiträge zu Konzept und Empirie alltäglicher Lebensführung. Opladen: Leske + Budrich

Kurtz, Thomas (2003): Professionen und Wissensberufe. Sind Professionen Wissensberufe, sind alle Wissensberufe Professionen? In: Arbeit, Jg. 12/Heft 1, S. 5–15

Lash, Scott/Urry, John (1994): Economies of Signs and Space. London: Sage

Lassen, Claus (2009): A life in corridors. Social perspectives on aeromobility and work in knowledge organizations. In: Cwerner et al. 2009, S. 177–193

Leadbeater, Charles. (2001): Der mobile Mensch. Warum wir mehr Unternehmergeist brauchen. Stuttgart: Deutsche Verlags-Anstalt

Leifeld, Ulrich/Schröer, Norbert (2006): Fremde Eigenheiten und eigene Fremdheiten: zu kommunikativen Aushandlungen in gemischtkulturellen Flugbegleitercrews. In: Kreutzer/Roth 2006a, S. 158–173

Limmer, Ruth (2005): Berufsmobilität und Familie in Deutschland. In: Zeitschrift für Familienforschung, Jg. 17/Heft 2, S. 96–114

Lohr, Karin. (2003): Subjektivierung von Arbeit. Ausgangspunkt einer Neuorientierung der Industrie- und Arbeitssoziologie? In: Berliner Journal für Soziologie, Heft 4, S. 511–529

Lüthi, Barbara/Purtschert, Patricia (2009): Sicherheit und Mobilität: Making the World a Safer Place? In: Traverse. Zeitschrift für Geschichte: Sicherheit und Mobilität, Jg. 16/ Heft 1, S. 15–19

Luhmann, Niklas (1997): Die Gesellschaft der Gesellschaft. Frankfurt/M.: Suhrkamp

Luhmann, Niklas/Schorr, Karl Eberhardt (Hg.) (1982): Zwischen Technologie und Selbstreferenz. Fragen an die Pädagogik. Frankfurt/M.: Suhrkamp

Lutz, Klaus (1999): Geeignete Darstellungstiefen komplexer Flugsysteme zur Optimierung der System Awareness von Verkehrspiloten. Technologische und psychologische Aspekte des Systembeschreibungsumfangs in Cockpitdisplays, Hersteller-Dokumentation und im Pilotentraining. Berlin: Technische Universität Berlin (Diplomarbeit)

Lutz, Klaus (2000): Geeignete Darstellungstiefen komplexer Flugsysteme zur Optimierung der System Awareness von Verkehrspiloten. In: Jahrbuch der DGLR, Bd. 2, Bonn, S. 1115–1124

Maslow, Abraham H. (1977): Motivation und Persönlichkeit. Olten: Walter

Matuschek, Ingo (2005): Hilfreiche Ko-Produktion: Die Sozialisation entgrenzter Arbeit. In: Gottschall, Karin/Voß, G. Günter (Hg.): Entgrenzung von Arbeit und Leben. Zum Wandel der Beziehung von Erwerbstätigkeit und Privatsphäre im Alltag (Band 5 der Reihe „Arbeit und Leben im Umbruch"). München, Mering: Hampp, S. 333–358

Matuschek, Ingo (2008): Die Leichtigkeit des Fliegens? Soziologische Blicke auf die kommerzielle Luftfahrt. In: Matuschek, Ingo (Hg.): Luft-Schichten. Arbeit, Organisation und Technik in der kommerziellen Luftfahrt. Berlin: edition sigma, S. 7–26

Matuschek, Ingo/Voß, G. Günter (2008a): Multiple Entgrenzung des fliegenden Personals im kommerziellen Luftverkehr. In: Matuschek, Ingo (Hg.): Luft-Schichten. Arbeit, Organisation und Technik in der kommerziellen Luftfahrt. Berlin: edition sigma, S. 181–204

Matuschek, Ingo/Voß, G. Günter (2008b): Die Schwingen ausbreiten ... Hochleistungsmanagement in der kommerziellen Luftfahrt. In: Pawlovsky, Peter/Mistele, Peter (Hg.): Hochleistungsmanagement – Entwicklung und Nutzung vorhandener Leistungspotenziale in Organisationen. Wiesbaden: Gabler, S. 269–291

Matuschek, Ingo/Kleemann, Frank/Brinkhoff, Cornelia (2004): Bringing subjectivity back in – Notwendige Ergänzungen zum Konzept des Arbeitskraftunternehmers. In: Pongratz, Hans J./Voß, G. Günter (Hg.): Typisch Arbeitskraftunternehmer? Berlin: edition sigma, S. 115–138

Maurer, Peter (2006): Luftverkehrsmanagement. München, Wien: Oldenbourg

Mayring, Philipp (2003): Qualitative Inhaltsanalyse. Grundlagen und Techniken (8. Aufl.). Weinheim: Beltz

Mensen, Heinrich (2004): Moderne Flugsicherung. Organisation, Verfahren, Technik. Berlin, Heidelberg: Springer

Merkel, Ina (2002): Außerhalb von Mittendrin. Individuum und Kultur in der zweiten Moderne. In: Zeitschrift für Volkskunde. Jg. 98, S. 229–256

Merki, Christoph Maria (2009): Verkehrsgeschichte und Mobilität. Stuttgart: Eugen Ulmer

Meuser, Michael/Nagel, Ulrike (1991): ExpertInneninterviews – vielfach erprobt, wenig bedacht. In: Garz, Detlef/Kraimer, Klaus (Hg.): Qualitativ-empirische Sozialforschung. Konzepte, Methoden, Analysen. Opladen: Westdeutscher Verlag, S. 441–471

Meyer, Karin (2009): Kritik der Sicherheit. Vom gouvernementalen Sicherheitsdenken zur Politik der ‚geteilten Sorge'. In: Traverse. Zeitschrift für Geschichte: Sicherheit und Mobilität. Jg. 16/Heft 1, S. 25–40

Mikl-Horke, Gertrud (2000): Industrie- und Arbeitssoziologie. München, Wien: Oldenbourg

Minssen, Heiner (1999): Begrenzte Entgrenzungen. Wandlungen von Organisation und Arbeit. Berlin: edition sigma

Moldaschl, Manfred/Sauer, Dieter (2000): Internalisierung des Marktes – Zur neuen Dialektik von Kooperation und Herrschaft. In: Minssen, Heiner (Hg.): Begrenzte Entgrenzungen. Wandlungen von Organisation und Arbeit . Berlin: edition sigma, S. 205–224

Moldaschl, Manfred/Voß, G. Günter (Hg.) (2003): Subjektivierung von Arbeit. München, Mering: Hampp

Morris, Doug (2007): From the flight deck: plane talk and sky science. Toronto, Ontario: ECW PRESS

Nowicka, Magdalena (2006): „Feste Beziehung oder one-night stand?" Hochmobile und ihre Bindung zu Orten. In: Kreutzer/Roth 2006a, S. 190–208

Ortlepp, Anke (2009): Airport Security and the Limits of Mobility. The Case of the United States. In: Traverse. Zeitschrift für Geschichte: Sicherheit und Mobilität, Jg. 16/Heft 1, S. 75–88

Ott, Erich/Gerlinger, Thomas (1992): Die Pendlergesellschaft. Zur Problematik der fortschreitenden Trennung von Wohn- und Arbeitsort. Köln: Bund

Parsons, Talcott/Platt, Gerald M. (1990): Die amerikanische Universität. Ein Beitrag zur Soziologie der Erkenntnis. Frankfurt/M.

Pelizäus-Hoffmeister, Helga (2001b): Mobilität: Chance oder Risiko? Soziale Netzwerke unter den Bedingungen räumlicher Mobilität. Opladen: Leske + Budrich

Polanyi, Karl (1978): The Great Transformation. Frankfurt/M.: Suhrkamp

Pompl, Wilhelm (2001): Luftverkehr. Eine ökonomische und politische Einführung. Berlin, Heidelberg: Springer

Pongratz, Hans J./Voß, G. Günter (1997a): Fremdorganisierte Selbstorganisation. Eine soziologische Diskussion aktueller Managementkonzepte. In: Zeitschrift für Personalforschung, Jg. 11/Heft 1, S. 30–53

Pongratz, Hans J./Voß, G. Günter (1997b): Subjekt und Struktur – die Münchener subjektorientierte Soziologie. Zur Einführung. In: Voß, G. Günter/Pongratz, Hans J. (Hg.): Subjektorientierte Soziologie. Opladen: Leske+ Budrich, S. 7–29

Pongratz, Hans .J./Voß, G. Günter (2003): Arbeitskraftunternehmer – Erwerbsorientierungen in entgrenzten Arbeitsformen. Berlin: edition sigma

Pongratz, Hans J./Voß G. Günter (Hg.) (2004): Typisch Arbeitskraftunternehmer? Befunde der empirischen Arbeitsforschung. Berlin: edition sigma

Poppitz, Angela/Brückner, Eva (2004): „Aber die stehen halt vorne dran" – über Gefühlsarbeit im Zugbegleitdienst der Bahn. In: Dunkel, Wolfgang/Voß, G. Günter (Hg.): Dienstleistung als Interaktion. Beiträge aus einem Forschungsprojekt Altenpflege-Deutsche Bahn-Call Center. München: Hampp, S. 105–132

Potthast, Jörg (2007): Die Bodenhaftung der Netzwerkgesellschaft. Eine Ethnografie von Pannen an Großflughäfen. Bielefeld: transcript

Pries, Ludger (1998): „Transmigranten" als ein Typ von Arbeitswanderern in pluri-lokalen sozialen Räumen. Das Beispiel der Arbeitswanderungen zwischen Puebla/Mexiko und New York. In: Soziale Welt, Jg. 49, S. 135–150

Projektgruppe „Alltägliche Lebensführung" (Hg.) (1995): Alltägliche Lebensführung. Arrangements zwischen Traditionalität und Modernisierung. Opladen: Leske + Budrich

Przyborski, Aglaja/Wohlrab-Sahr, Monika (2008): Qualitative Sozialforschung. Ein Arbeitsbuch. München: Oldenbourg

Rammert, Werner (2002): Technik als verteilte Aktion. Wie technisches Wirken als Agentur in hybriden Aktionszusammenhängen gedeutet werden kann. In: Technical University Technology Studies Working Papers 3. Berlin: Manuskript

Rammler, Stephan (1999): Die Wahlverwandtschaft von Moderne und Mobilität – Vorüberlegungen zu einem soziologischen Erklärungsansatz der Verkehrsentstehung. In Buhr, Regina/Canzler, Weert/Knie, Andreas (Hg.): Bewegende Moderne. Fahrzeugverkehr als soziale Praxis. Berlin: edition sigma, S. 39–72

Rammler, Stephan (2001): Mobilität in der Moderne. Geschichte und Theorie der Verkehrssoziologie. Berlin: edition sigma

Rammler, Stephan (2008): The Wahlverwandtschaft of Modernity and Mobility. In: Canzler et al. 2008, S. 57–75

Reuschke, Darja (2009): Raum-zeitliche Muster und Bedingungen beruflich motivierter multilokaler Haushalte. In: Informationen zur Raumentwicklung (IzR), Heft 1/2, S. 31–42

Rolshoven, Johanna (2004): Mobilität und Multilokalität als moderne Alltagspraxen. Ethnographien kultureller Mobilität. In: Gyr, Ueli/Rolshoven, Johanna (Hg.): Zweitwohnsitze und kulturelle Mobilität. Projektberichte. Zürich: Volkskundliches Seminar, S. 213–220

Rolshoven, Johanna (2006): Woanders daheim. Kulturwissenschaftliche Ansätze zur multilokalen Lebensweise in der Spätmoderne. In: Zeitschrift für Volkskunde II, S. 179–194

Rolshoven, Johanna/Winkler, Justin (2009): Multilokalität und Mobilität. In: Informationen zur Raumentwicklung (IzR), Heft 1/2, S. 99–106

Rosenbaum, Wolf (2007): Mobilität im Alltag – Alltagsmobilität. In: Schöller et al. 2007, S. 549–574

Ruppenthal, Silvia/Lück, Detlev (2009): Jeder fünfte Erwerbstätige ist aus beruflichen Gründen mobil. Berufsbedingte räumliche Mobilität im Vergleich. In: Informationssystem Soziale Indikatoren (ISI), Nr. 42, S. 1–5

Sauer, Dieter (2005): Arbeit im Übergang. Zeitdiagnosen. Hamburg: VSA

Schlönhardt, Frank (2008): Weitgehend bordautonome Verkehrsführung von Flugzeugen als mögliche Perspektive der Luftfahrt. In: Matuschek, Ingo (Hg.): Luft-Schichten. Arbeit, Organisation und Technik im Luftverkehr. Berlin: edition sigma, S. 227–238

Schier, Michaela (2009): Räumliche Entgrenzung von Arbeit und Familie. Die Herstellung von Familie unter Bedingungen von Multilokalität. In: Informationen zur Raumentwicklung (IzR), Heft 1/2, S. 31–42

Schmeiser, Martin (2006): Soziologische Ansätze der Analyse von Professionen, der Professionalisierung und des professionellen Handelns. In: Soziale Welt, Jg. 57/Heft 3, S. 295–318

Schmidt, Eberhard (2000): Handbuch Airlinemanagement. München, Wien: Oldenbourg

Schmitt, Dirk-Roger (2009): Ferngesteuert von New York nach Frankfurt – Fiktion oder Vision? In: Faber, Gerhard (Hg.): Die 4. Jetgeneration der Verkehrsflugzeuge – zunehmende Automatisierung. Darmstadt: Forschungszentrum für Verkehrspilotenausbildung (FHP), S. 22–25

Schmitt, Stefan (2003): Wettbewerb und Effizienz im Luftverkehr. Baden-Baden: Nomos

Schneider, Joachim (2009): Sozialer Wandel, Raum und Mobilität. Empirische Untersuchungen zur Subjektivierung der Verkehrsnachfrage. Wiesbaden: VS

Schneider, Norbert (2002): Berufsmobilität und Lebensform. Sind berufliche Mobilitätserfordernisse in Zeiten der Globalisierung noch mit Familie vereinbar? München: Kohlhammer

Schneider, Norbert (2005): Einführung: Mobilität und Familie. Wie Globalisierung die Menschen bewegt. In: Zeitschrift für Familienforschung, Jg. 17/Heft 2, S. 90–95

Schneider, Norbert/Limmer, Ruth (2008): Job Mobility and Living Arrangements. In: Canzler et al. 2008, S. 119–139

Schneider, Norbert/Limmer, Ruth/Ruckdeschel, Kerstin (2002): Mobil, flexibel, gebunden. Familie und Beruf in der mobilen Gesellschaft. Frankfurt/M., New York: Campus

Schneiderer, Joachim (1999): Fehlermanagement und Risikobewusstsein. Über Risiken im täglichen Linienbetrieb. VC Info, Heft 1–2, Frankfurt/M., S. 24–26

Schöller, Oliver/Canzler, Weert/Knie, Andreas (Hg.) (2007): Handbuch Verkehrspolitik. Wiesbaden: VS

Schultz, Petra M. (2008): Völlig losgelöst in der Freiheit des Hotelzimmers. Das Layover und die Absenz temporaler Strukturen als psychosoziale Belastung bei Piloten. In: Matuschek, Ingo (Hg.): Take off. Arbeit, Organisation und Technik in der kommerziellen Luftfahrt. Berlin: edition sigma, S. 112–133

Schwahn, Klaus-Jürgen (2001): Beruf Pilot. Anspruch und Wirklichkeit. Stuttgart: Motorbuch

Schwahn, Klaus-Jürgen (2009): Beruf Pilot. Voraussetzungen Ausbildung Alltag. Stuttgart: Motorbuch

Seidel, Wolfgang (2010): Es geht um die Wurst. Was hinter unseren Wörtern steckt. München: DTV, S. 101–103

Sennett, Richard (1998): Der flexible Mensch. Berlin: Berlin Verlag

Siegrist, Hannes (1990): Professionalisation as a Process. Patterns, Progression, and Discontinuity. In: Burrage, Michael; Torstendahl, Rolf (Hg.): Professions in Theory and History. Rethinking the Study of the Professions. London: Sage, 177–202

Simmel, Georg (1908): Soziologie. Untersuchungen über die Formen der Vergesellschaftung. Leipzig: Verlag von Duncker & Humblot

Stark, Niels H. (2000): Der digitale Datenaustausch zwischen Flugzeug und Bodenstellen – eine Voraussetzung für Free Flight. In: Internationales Verkehrswesen, Jg. 52/Heft 10, Hamburg, S. 428–431

Stein, Petra (2006): Lebensstile im Kontext von Mobilitätsprozessen. Entwicklung eines Modells zur Analyse von Effekten sozialer Mobilität und Anwendung in der Lebensstilforschung. Wiesbaden: VS

Sterzenbach, Rüdiger/Conrady, Roland (2009): Luftverkehr. Betriebswirtschaftliches Lehr- und Handbuch. München, Wien: Oldenbourg

Stichweh, Rudolf (1994): Wissenschaft, Universität, Professionen: Soziologische Analysen. Frankfurt/M.: Suhrkamp

Stichweh, Rudolf (1996): Professionen in einer funktional differenzierten Gesellschaft. In: Combe, Arno; Helsper, Werner (Hg.): Pädagogische Professionalität. Frankfurt/M.: Suhrkamp, S 49–70

Stock, Mathis (2009): Polytopisches Wohnen – ein phänomenologisch-prozessorientierter Zugang. In: Informationen zur Raumentwicklung (IzR), Heft 1/2, S. 107–116

Strauss, Anselm (1991): Grundlagen qualitativer Sozialforschung. Datenanalyse und Theoriebildung in der empirischen soziologischen Forschung. München: Wilhelm Fink

Strauss, Anselm/Corbin, Juliet (1996): Grounded Theory: Grundlagen qualitativer Sozialforschung. Weinheim: Beltz

Strohschneider, Stefan (Hg.) (2003): Entscheiden in kritischen Situationen. Schriftenreihe der Plattform Menschen in komplexen Arbeitswelten e.V. Frankfurt/M.: Clemens Lorei

Sturm, Gabriele/Meyer, Karin (2009): Was können Melderegister deutscher Großstädte zur Analyse residenzieller Multilokalität beitragen? In: Informationen zur Raumentwicklung (IzR), Heft 1/2, S. 15–30

Taylor, Frederick W. (1977, zuerst 1919): Die Grundsätze wissenschaftlicher Betriebsführung. Weinheim: Beltz

Tully, Claus (1999): Erziehung zur Mobilität. Jugendliche in der automobilen Gesellschaft. Frankfurt/M., New York: Campus

Tully, Claus J./Baier, Dirk (2006): Mobiler Alltag. Mobilität zwischen Option und Zwang – Vom Zusammenspiel biographischer Motive und sozialer Vorgaben. Wiesbaden: VS

Urry, John (2000): Sociology beyond Societies. Mobilities for the twenty-first Century. London: Sage

Urry, John (2003): Global Complexity. Cambridge: Polity

Urry, John (2007): Mobilities. Cambridge: Polity

Urry, John (2008): Moving on the Mobility Turn. In: Canzler et al. 2008, S. 13–23

Urry, John (2009): Aeromobilities and the global. In: Cwerner et al. 2009, S. 25–38

Voß, G. Günter (Hg.) (1991a): Die Zeiten ändern sich – Alltägliche Lebensführung im Umbruch. Sonderheft II der Mitteilungen des Sonderforschungsbereichs 333. München: SFB 333

Voß, G. Günter (1991b): Lebensführung: Ein integratives Konzept für die Soziologie. In: Voß 1991a, S. 69–88

Voß, G. Günter (1991c): Lebensführung als Arbeit. Über die Autonomie der Person im Alltag der Gesellschaft. Stuttgart: Enke

Voß, G. Günter (1995): Entwicklung und Eckpunkte des theoretischen Konzepts. In: Projektgruppe „Alltägliche Lebensführung" (Hg.): Alltägliche Lebensführung. Arrangements zwischen Traditionalität und Modernisierung. Opladen: Leske + Budrich, S. 23–44

Voß, G. Günter (1998): Die Entgrenzung von Arbeit und Arbeitskraft. Eine subjektorientierte Interpretation des Wandels der Arbeit. Sonderdruck aus: Mitteilungen aus der Arbeitsmarkt- und Berufsforschung. Jg. 31/Heft 3. Stuttgart: Kohlhammer, S. 473–487

Voß, G. Günter (2001): Der eigene und der fremde Alltag. In: Voß/Weihrich 2001, S. 203–218

Voß, G. Günter (2010a): Subjektivierung und Mobilisierung. Und: Was könnte Odysseus zum Thema „Mobilität" beitragen? In: Götz, Irene/Lemberger, Barbara/Lehnert, Katrin/ Schondelmayer, Sanna (Hg.): Mobilität und Mobilisierung. Frankfurt/M., New York: Campus, S. 95–136

Voß, G. Günter (2010b): Was ist Arbeit? Zum Problem eines allgemeinen Arbeitsbegriffs. In: Böhle et al. 2010, S. 23–79

Voß, G. Günter/Pongratz, Hans J. (1997a): Der Arbeitskraftunternehmer. Eine neue Grundform der „Ware Arbeitskraft"? In: Kölner Zeitschrift für Soziologie und Sozialpsychologie, Jg. 50/Heft 1, S. 131–158

Voß, G. Günter/Pongratz, Hans J. (Hg.) (1997b): Subjektorientierte Soziologie. Karl Martin Bolte zum 70. Geburtstag. Opladen: Leske + Budrich

Voß, G. Günter/Rieder, Kerstin (2006): Der arbeitende Kunde. Wenn Konsumenten zu unbezahlten Mitarbeitern werden. Frankfurt/M., New York: Campus

Voß, G. Günter/Weihrich, Margit (Hg.) (2001): Tagaus – Tagein. Neue Beiträge zur Soziologie Alltäglicher Lebensführung. München, Mering; Hampp

Voß, G. Günter/Weiss, Cornelia (2005): Subjektivierung von Arbeit – Subjektivierung von Arbeitskraft. In: Kurz-Scherf, Ingrid/Corell, Lena/Janczyk, Stefanie (Hg.): In Arbeit: Zukunft. Münster: Westfälisches Dampfboot, S. 139–155

Walther, Erhard (2009): Zukünftiges Qualifikationsprofil für Verkehrspiloten. In: Faber, Gerhard (Hg.): Die 4. Jetgeneration der Verkehrsflugzeuge – zunehmende Automatisierung. Darmstadt: Forschungszentrum für Verkehrspilotenausbildung (FHP), S. 73

Walzer, Michael (1993): Kritik und Gemeinsinn. Berlin: Rotbuch

Weber, Max (1934): Die protestantische Ethik und der Geist des Kapitalismus. Tübingen: J. C. B. Mohr

Weihrich, Margit (1998): Kursbestimmungen. Eine qualitative Paneluntersuchung der alltäglichen Lebensführung im ostdeutschen Transformationsprozess. Pfaffenweiler: Centaurus

Weiske, Christine/Petzold, Knut/Zierold, Diana (2009): Multilokale Haushaltstypen. Bericht aus dem DFG-Projekt „Neue multilokale Haushaltstypen" (2006-2008). In: Informationen zur Raumentwicklung (IzR), Heft 1/2, S. 67–76

Wieske-Hartz, Helge C. (2004): Airline Operation. Praxishandbuch für Personal von Fluggesellschaften und Flughäfen. Norderstedt: Books on Demand

Willke, Gerhard (1999): Die Zukunft unserer Arbeit. Frankfurt/M., New York: Campus

Winkelmann, Ulrike (2003): Wohnen hier – Arbeiten dort. Sechs von zehn Erwerbstätigen arbeiten nicht in ihrer Wohngemeinde. Statistisches Monatsheft Baden-Württemberg, Heft 10, S. 52–55

Wiessmann, Fritzi (2002): Notfallmanagement im Cockpit – Wie Piloten mit sicherheitsrelevanten Ereignissen umgehen (unveröffentlichtes Manuskript)

Wolf, Harald/Mayer-Ahuja, Nicole (2002): Grenzen der Entgrenzung. SOFI-Mitteilungen, Nr. 30, S. 197–205

Wollschläger, Stefan/Zadek, Hartmut (2005): Reorganisation möglich. Der Weg zu einem effizienten und profitablen Bodenverkehrsdienst. In: Internationales Verkehrswesen, Jg. 57/Heft 10, S. 451–453

Wrangell, Nikolas von (1999): Globalisierungstendenzen im internationalen Luftverkehr. Entwicklung der Regulierung und Liberalisierung unter Berücksichtigung strategischer Allianzen und des Code-Sharing. Frankfurt/M.: Lang

Zimmermann, Stefan (2005): Simulatoren in der Ausbildung von Piloten, München: Dr. Hut

Zegenhagen, Evelyn (2007): „Schneidige deutsche Mädel". Fliegerinnen zwischen 1918 und 1945. Göttingen: Wallstein

Quellen aus Internet und Zeitungen

Anderson, Martin/Embrey, David/Hodgkinson, Chris (2001): The Human Factors implications for flight safety of recent developments in the airline industry. A research study for the JAA. (Final report). Internet: http://www.icon-consulting.com/study_reports/ executivesummaryv2_0.pdf [letzter Aufruf: 25.4.2011]

Augsburger (2010): Ryanair-Chef will Co-Piloten abschaffen. Internet: http://www. augsburger-allgemeine.de/Home/Nachrichten/Wirtschaft/Artikel,-Ryanair-Piloten-Sparen-_arid, 2236256_regid,2_puid,2_pageid,4557.html vom 6.9.2010 [letzter Aufruf: 25.4.2011]

Beck, Ulrich (2000): Freiheit statt Kapitalismus. In: DIE ZEIT, 6.4.2000, Nr. 15, S. 33

Blettner, Maria/Zeeb, Hajo/Langer, Ingo/Hammer, Gael P. (2002): Epidemiologische Studie beim fliegenden Personal der Deutschen Lufthansa und der LTU. Internet: http://www. aerzteblatt.de/archiv/34974/ vom 14.10.2002 [letzter Aufruf: 25.4.2011]

Brandt, Cornelia (2010): Mobil arbeiten – gesund arbeiten? In: Brandt, Cornelia (Hg.): Mobile Arbeit – Gute Arbeit? Arbeitsqualität und Gestaltungsansätze bei mobiler Arbeit. Internet: http://www.onforma.de/upload/m4c8f58659bed3_verweis1.pdf, S. 9–16 [letzter Aufruf: 25.4.2011]

Cichorowski, Georg/Führ, Martin (2005): Strukturwandel im Luftverkehr. Ergebnisse aktueller Szenarien und ihre Bedeutung für die Entwicklung des Rhein-Main-Flughafens. In: Sofia Diskussionsbeiträge zur Institutionenanalyse. Darmstadt. Internet: http://www. sofia-darmstadt.de/fileadmin/Dokumente/Diskussion/2005/Diss-05-6.pdf [letzter Aufruf: 25.4.2011]

DeStatis (2002): Datenreport 1999. Bundeszentrale für politische Bildung Herausgeber Statistisches Bundesamt

DeStatis (2010): Statistisches Bundesamt: Pressemitteilung Nr.059 vom 19.2. 2010

DFS (2003): Navigation in der Luftfahrt. Systeme und Verfahren im Wandel. Broschüre der Deutschen Flugsicherung, Offenbach. Internet: http://www.fis-bmvbw.de/servlet/is/83288/ [letzter Aufruf: 25.4.2011]

DFS (2005): DFS Mobilitätsbericht 2005. Deutsche Flugsicherung. Internet: http://www. dfs.de/dfs/internet/deutsch/default/newsletter_base/newsletter_dfs_newsletter/dfs_ newsletter_nummer_3_27_2_2006/mobilitaetsbericht_2005_deutsch.pdf [letzter Aufruf: 25.4.2011]

EATCHIP (1998): European Air Traffic Control Harmonisation and Integration Programme. http://www.eurocontrol.be/dgs/publications/brochures/onesky/corpor9.html [letzter Aufruf: 25.4.2011]

FAZ (2004): Ryanair leidet unter Preiskampf der Billigflieger. Internet: www.faz.net/s/ RubC8BA5576CDEE4A05AF8DFEC92E288D64/Doc~E151917C10C514EF48D80A5 B1F72DB58E~ATpl~Ecommon~Scontent.html vom 28.1.2004 [letzter Aufruf: 25.4. 2011]

finanznachrichten (2006): Ein erster Schritt Preiskampf führt Fluglinien zusammen. Internet: www.finanznachrichten.de/nachrichten-2006-08/artikel-6865976.asp vom 17.8.2006 [letzter Aufruf: 25.4.2011]

Focus (2008a): Flugstatistik: Mehr Flüge, weniger Unfälle. Internet: http://www.focus.de/reisen/fliegen/airline-sicherheit/flugstatistik-mehr-fluege-weniger-unfaelle_aid_326680.html vom 21.8.2008 [letzter Aufruf: 25.4.2011]

Focus (2008b): Sind Piloten bald überflüssig? Internet: http://focus.de/wissen/wissenschaft/aeronautik/luftfahrt-sind-piloten-bald-ueberfluessig_aid_319811.html vom 23.7.2008 [letzter Aufruf: 25.4.2011]

Focus (2009): New York. Gans hartes Vorgehen. Internet: http://www.focus.de/panorama/welt/new-york-gans-hartes-vorgehen_aid_413633.html vom 2.7.2009 [letzter Aufruf: 25.4.2011]

Frankfurter Rundschau (2008): Die Zukunft hat schon begonnen. Internet: http://www.fr-online.de/wissenschaft/die-zukunft-hat-schon-begonnen/-/1472788/3262992/-/item/1/-/index.html vom 2.12.2008 [letzter Aufruf: 25.4.2011]

Ginten, Ernst August (2007): Freie Flugbahn. In: Die Welt, 23.3.2007, S. 16

Hoppe, Till/Krummheuer, Eberhard (2007): Zwei Große ringen nun um die Lufthoheit. In: Handelsblatt, 28.3.2007, S. 16

Korn, Juliane (2006): Transiträume als Ort des Konsums – eine Analyse des Standorttyps unter besonderer Berücksichtigung der Bahnhöfe. Dissertation an der Humboldt-Universität zu Berlin. Internet: http://edoc.hu-berlin.de/dissertationen/korn-juliane-2006-06-13/PDF/korn.pdf

Lufthansa Report (2000): You have control. Der Weg ins Lufthansa-Cockpit, Heft 10

McKinsey & Company (2005): Business Breakfast. Billigflieger in Europa – eine Boombranche vor dem Wendepunkt. Internet: www.mckinsey.de/_downloads/Presse/sb_050623_bb_airlines.pdf

Mobilitymanager (2010): Low Cost Carrier bauen Marktanteil aus. Internet: http://www.mobilitymanager.de/4555.html [letzter Aufruf: 25.4.2011]

N24 (2008): Flapsiger TUIfly-Kapitän verunsichert Fluggäste. Internet: http://www.n24.de/news/newsitem_3851072.html vom 17.9.2008 [letzter Aufruf: 25.4.2011]

Nullmeyer, Robert T./Stella, David/Montijo, Gregg A./Harden, Stephen W. (2005): Human factors in Air Force flight mishaps: Implications for change. Proceedings of the 27th Annual Interservice/Industry Training, Simulation, and Education Conference (paper no. 2260). Arlington, VA: National Training Systems Association

Pelizäus-Hoffmeister, Helga (2001a): Mobilität: Chance oder Risiko für soziale Beziehungen? Soziale Netzwerke unter den Bedingungen räumlicher Mobilität. Arbeitspapier des SFB 536. Internet: http://www.sfb536.mwn.de/arbeitspapiere/ap5-pelizaeus.pdf [letzter Aufruf: 25.4.2011]

Pilotenboard (2009): Rückgang des Pilotenbedarfs? Internet: http://www.pilotenboard.de/viewtopic.php?p=219312 vom 23.7.2009 [letzter Aufruf: 25.4.2011]

Poppitz, Angela (2007): Bahnalltag im Arbeitsalltag. Über die Rolle von Technik beim Bahnfahren und körperliche Folgen erwerbsbedingter Mobilität. Veröffentlicht vom Promotionskolleg der Hans-Böckler-Stiftung „Arbeit, Gender, Technik“. Internet: http://www.agt-kolleg.mwn.de/pdfs/Poppitz2.pdf

Ramge, Thomas (2003): „Halbgötter in Blau". In: brand eins, Jg. 5/Heft 08 – Schwerpunkt: Eliten. Internet: http://www.brandeins.de/archiv/magazin/die-selbstverstaendliche-elite/artikel/halbgoetter-in-blau.html [letzter Aufruf: 25.4.2011]

Schier, Michaela/Szymenderski, Peggy (2007): Arbeitsbedingungen im Einzelhandel und in der Film- und Fernsehproduktion. Rahmenbedingungen für die familiale Alltagsgestaltung. EntAF – Arbeitspapier, Nr. 1, DJI. Internet: http://www.dji.de/cgi-bin/projekte/output.php?projekt=359&Jump1=RECHTS&Jump2=L3&EXTRALIT=EntAF-Arbeitspapiere

Schier, Michaela/Szymenderski, Peggy/Jurczyk, Karin (2007): Eltern in entgrenzter Erwerbsarbeit – differenzierte und flexible Betreuungsbedarfe. Teilergebnisse einer qualitativen Studie im Einzelhandel und in der Film- und Fernsehbranche. EntAF – Arbeitspapier, Nr. 2, DJI. Internet: http://www.dji.de/cgi-bin/projekte/output.php? projekt=359&Jump1=RECHTS&Jump2=L3&EXTRALIT=EntAF-Arbeitspapiere

Schwaebische (2008): Ärzte und Piloten haben in ihren Berufen vieles gemeinsam. Internet: http://www.schwaebische.de/lokales/ravensburg/rund-um-ravensburg_artikel,-Aerzte-und-Piloten-haben-in-ihren-Berufen-vieles-gemeinsam-_arid,2537439.html vom 30.10.2008 [letzter Aufruf: 25.4.2011]

Spaeth, Andreas (2004): In der Wartungsschleife. In: Wochenzeitung „Die Zeit", Ausgabe 4/04

Spiegel (2011): Todmüde am Steuerknüppel. In: Der Spiegel, Heft 7, 2011, S. 119

Stern (2010): Diese 278 Jobs hängen an einem Airbus A340-600. In: Stern 2010, Ausgabe 9. S. 80–81

SZ (2007a): Beruf im Detail. Pilot/in. Internet: http://www.seuddeutsche.de/app/ jobkarriere/gehaltstest/index.html?action=detail&detail=gehalt&id=90&searchAction=abisz [letzter Aufruf: 25.4.2011]

SZ (2007b): Ferngesteuerte Fernreisen. Ingenieure wollen das Cockpit dem Computer überlassen – und hoffen auf weniger Abstürze. Internet: http://www.sueddeutsche.de/reise/2.220/flugzeuge-ohne-piloten-ferngesteuerte-fernreisen-1.536071 vom 23.1.2007 [letzter Aufruf: 25.4.2011]

SZ (2008): Einstellungsstopp trotz guter Gewinne. Internet: http://www.sueddeutsche.de/wirtschaft/lufthansa-einstellungsstopp-trotz-guter-gewinne-1.587611 vom 30.7.2008 [letzter Aufruf: 25.4.2011]

SZ (2010): Mehr Freiheit im Luftverkehr. Süddeutsche Zeitung, 25.6.2010

Tagesschau (2007): Internet: http://www.tagesschau.de/wirtschaft/meldung19180.html vom 26.6.2007

Treber, Dirk (2004): Flugverkehr und Umwelt. In: Verkehrsclub Deutschland (VCD): VCD Newsletter, Ausgabe 3. Internet: http://www.fluglaerm.de/koeln/Newsl03.pdf [letzter Aufruf: 25.4.2011]

Victor, Jörg/Rippert, Ulrich (2001): Gewerkschaftsfunktionäre greifen streikende Piloten an. In: World Socialist Web Site. Internet: http://www.wsws.org/de/2001/mai2001/luft-m18.shtml vom 18.5.2001 [letzter Aufruf: 25.4.2011]

Welt (1998): Am Absturz sind meistens die Piloten schuld. Internet: http://www.welt.de/article620162/Am_Absturz_sind_meistens_die_Piloten_schuld.html, vom 18.2.1998 [letzter Aufruf: 25.4.2011]

Welt (2008): Verunsicherte Passagiere verlassen Flugzeug. Internet: http://www.welt.de/vermischtes/article2457976/Verunsicherte-Passagiere-verlassen-Flugzeug.html vom 17.9.2008 [letzter Aufruf: 25.4.2011]

Welt (2009): Pilotengewerkschaft warnt vor Airbus-Maschinen. Internet: http://www.welt.de/vermischtes/article3888919/Pilotengewerkschaft-warnt-vor-Airbus-Maschinen.html vom 9.6.2009 [letzter Aufruf: 25.4.2011]

Welt (2010): Ein Jahr danach. Fluggäste bejubeln Sully, den Held vom Hudson. Internet: http://www.welt.de/reise/article5804311/Fluggaeste-bejubeln-Sully-den-Held-vom-Hudson.html vom 11.1.2010 [letzter Aufruf: 25.4.2011]

Zeit (2009): Geisterzug. Internet: http://www.zeit.de/zeit-wissen/2008/02/Fahrerlose-U-Bahn vom 8.6.2009 [letzter Aufruf: 25.4.2011]

Verzeichnis der Abbildungen und Tabellen

Tabellen

Abbildungen

FSC
www.fsc.org
MIX
Papier | Fördert gute Waldnutzung
FSC® C083411

Kolibri 360 GmbH
Ferdinand-Jühlke-Straße 7
99095 Erfurt, Deutschland
produktsicherheit@kolibri360.de